LERNFELDER 9–12

BÜSCH | DÖHLER | KOST | PIEK

AUTOMOBIL KAUFLEUTE 3

IN ZUSAMMENARBEIT
MIT DER VERLAGSREDAKTION

Cornelsen

AUTOMOBIL KAUFLEUTE

Dieses Buch wurde erstellt unter Verwendung von Materialien von:
Hans-Peter von den Bergen, Roland Budde, Markus Fleitmann, Christian Fritz, Ariane Hoffmann, Hans-Peter Hrdina, Ludger Katt, Steffen Minter, Ute Morgenstern, Klaus Otte, Roswitha Pütz, Claudia Simons-Kövér, Alfons Steffes-lai, Ralf Wimmers.

Verlagsredaktion: Sascha Heinrich
Außenredaktion: Veronika Kühn, Köln
Bildredaktion: Gertha Maly; Christina Scheuerer, Rohrbach; Joscha Belling
Layout und technische Umsetzung: SOFAROBOTNIK GbR, Augsburg und München; LemmeDESIGN, Berlin
Covergestaltung: Sergio Vitale, vitaledesign, Berlin

www.cornelsen.de/cbb

1. Auflage, 2. Druck 2020

Alle Drucke dieser Auflage sind inhaltlich unverändert und können im Unterricht nebeneinander verwendet werden.

Druck: Mohn Media Mohndruck, Gütersloh

ISBN 978-3-06-451292-4 (Schülerbuch)
ISBN 978-3-06-451293-1 (E-Book)

PEFC
PEFC/04-31-1033

PEFC zertifiziert
Dieses Produkt stammt aus nachhaltig bewirtschafteten Wäldern und kontrollierten Quellen.

www.pefc.de

Vorwort

Lernen und Lehren, das bedeutet schon längst nicht mehr nur Erweiterung des Wissens. Gerade in der beruflichen Bildung muss auch Urteils- und Handlungskompetenz erworben werden. Das ist mit Lehrbüchern herkömmlicher Art nur eingeschränkt möglich.

Deshalb haben die Autoren auf der Basis ihrer langen Unterrichtsarbeit im Bereich Automobilkaufleute eine Lehrwerksreihe erarbeitet, die den umfassenden Kompetenzerwerb ermöglicht und genau zum Berufsbild Automobilkauffrau/-mann passt.

Leitmedium dieses Lehrwerks ist das Arbeitsbuch, in dem Sie durch die Bearbeitung von Lernsituationen aus dem beruflichen Alltag in zunehmendem Maße Selbstständigkeit im Planen, Entscheiden, Durchführen und Überprüfen erwerben können. Zusätzliche Arbeitsaufträge und Aufgaben, die auf die beruflichen Anforderungen in einem Autohaus abgestimmt sind, können Ihre berufliche Handlungskompetenz als Automobilkauffrau/-mann erweitern.

Alle Lernsituationen beziehen sich auf ein (fiktives) Autohaus in Bonn, die Autoland Murschall GmbH. Die notwendigen Hintergrundinformationen zu diesem Unternehmen sind in den betreffenden Lernsituationen enthalten.

Neben diesem Arbeitsbuch sind im vorliegenden Schülerbuch die notwendigen Fachinformationen enthalten. Es folgt im Aufbau sowohl den Lernfeldern des Rahmenlehrplans als auch den Lernsituationen im Arbeitsbuch. Das Schülerbuch soll für die Lösung der Lernsituationen genutzt werden. Zur Orientierung finden Sie dazu im Fachbuch an den jeweiligen Stellen Verweise.

Das Lehrwerk sichert damit alle notwendigen Kompetenzen und Fakten, die für Sie, die Auszubildenden, zum Bestehen der IHK-Prüfung notwendig sind. So ist es auch im besonderen Maße zur Prüfungsvorbereitung geeignet.

Um Arbeitsbuch und Fachkunde nicht zu umfangreich werden zu lassen, gibt es für jedes Ausbildungsjahr jeweils einen eigenen Band.

Bonn, März 2019

Norbert Büsch
Benjamin Döhler
Antje Kost
Michael Piek

Inhalt

LERNFELD 9

Personalwirtschaftliche Aufgaben wahrnehmen

Folgende Lernsituationen finden Sie im Arbeitsbuch:

LERNFELD 10

Wertschöpfungsprozesse erfolgsorientiert steuern

LERNFELD 11

Wirtschaftliche Einflüsse auf unternehmerische Entscheidungen beurteilen und danach handeln

Hinweis: Die englischen Lernsituationen 102, 117, 126 und 133 sind in der Zuordnung der Lernsituationen zu den Kapiteln nicht enthalten.
Die genaue Zuordnung dieser Lernsituationen zu den Lernfeldern entnehmen Sie bitte dem Inhaltsverzeichnis des Arbeitsbuches.

LF9

Personalwirtschaftliche Aufgaben wahrnehmen

1 Personalwirtschaft

SITUATION *Autoland Murschall GmbH*

David Rose hat mittlerweile verschiedene Bereiche der Autoland Murschall GmbH kennengelernt. Nun steht seine Ausbildung ganz im Zeichen der Personalwirtschaft. Allerdings ist ihm nicht klar, warum für diesen Ausbildungsabschnitt mehrere Wochen eingeplant sind. Befasst sich die Personalwirtschaft nicht nur mit den Gehaltsabrechnungen? Ist das nicht schnell gelernt?
Als die Personalverantwortliche, Frau Gentsch, das hört, muss sie schmunzeln: „Die Entgeltabrechnung ist nur eine unserer Aufgaben. Und glauben Sie mir, sie hat so ihre Tücken. Darüber hinaus übernehmen wir z. B. Aufgaben der Personaleinsatzplanung und der Personalbedarfsplanung. Unser Aufgabenfeld ist also doch sehr viel umfangreicher."

Die Mitarbeiter im Autohaus sind ein wichtiger Erfolgsfaktor für das Unternehmen. Die Bindung der Kunden an das Autohaus funktioniert nur mit engagiertem, qualifiziertem und zufriedenem Personal. Selbstverständlich schreitet auch im Autohaus durch die Digitalisierung der Rationalisierungsprozess voran. Durch digital vereinfachte Arbeitsabläufe kann auf Personal verzichtet werden. Aber anders als im primären und sekundären Sektor kommt der tertiäre Sektor, zu dem das Autohaus als Händler und Dienstleister zählt, nicht ohne Personal aus. Im Gegenteil: Dieses wird immer wichtiger, um Kunden durch den Aufbau persönlicher Beziehungen an das Autohaus zu binden. Nur durch das Personal kann sich ein Autohaus heutzutage von den Mitbewerbern abheben, denn die Qualifikation und eine hohe ***Motivation*** der Mitarbeiter sichern bei zunehmender Qualität und Vergleichbarkeit der Produkte und des Service einen entscheidenden Wettbewerbsvorteil für das Autohaus. Deshalb spricht man beim Personal auch vom Humankapital eines Unternehmens, das neben den Maschinen und dem Finanzkapital eines Unternehmens existenzsichernd ist.

Primärer, sekundärer und tertiärer Sektor ☞ Band 1, LF 1, S. 19 f.

Motivation innerer Antrieb für eine Handlung

Andererseits verursacht das Personal im Autohaus aber auch erhebliche Kosten: Gehälter, Sozialbeiträge, freiwillige soziale Leistungen und nicht zuletzt Fortbildungen oder auch Krankheitstage müssen vom Unternehmen im Rahmen der Kostenkontrolle im Auge behalten werden.

Die Bedeutung des Mitarbeiters für das Autohaus wird somit schnell ersichtlich. Folglich haben viele größere Autohäuser oder Händlergruppen eine eigene Personalabteilung, die sich mit allen Belangen der Mitarbeiter beschäftigt. Die Personalwirtschaft wird somit zum Bindeglied zwischen der Unternehmensleitung und den Mitarbeitern.

Das Ziel der Personalwirtschaft ist die Bereitstellung und der zielgerichtete Einsatz von qualifiziertem und motiviertem Personal für alle betrieblichen Aufgabenbereiche im Autohaus.

Das Besondere an der Personalwirtschaft ist aber der „lebendige" Aspekt des Humankapitals. Im Gegensatz zur Warenbeschaffung können die Beschaffenheit und Güte des Produktionsfaktors Mensch durch Fortbildungen, gute Mitarbeiterführung, positives Betriebsklima, Boni und andere Motivationsinstrumente auch nach der Einstellung noch deutlich gesteigert werden.

Für die Personalabteilung ergeben sich im Einzelnen die folgenden Aufgabenbereiche:

- Mittels der **Personalbedarfsplanung** wird unter Beachtung zahlreicher Einflussgrößen der Personalbedarf, d. h. die Gesamtzahl der benötigten Mitarbeiter und deren Qualifikation ermittelt. Die Mitarbeiter müssen nicht nur für ihre Aufgaben unterschiedlich qualifiziert sein, sie müssen auch ausreichend vorhanden sein. Sind zu wenig Mitarbeiter eingestellt, leidet die Arbeitsqualität, sind aber zu viele Mitarbeiter eingesetzt bzw. in einer Abteilung zur gleichen Zeit beschäftigt, werden die Kosten in die Höhe getrieben. Deshalb sind sowohl eine verantwortungsvolle Personalbedarfsplanung als auch eine präzise **Personaleinsatzplanung** außerordentlich wichtig. Die ***demografische Entwicklung*** des Personalbestands ist hier sorgfältig zu beobachten, sodass langfristig Nachwuchskräfte aufgebaut werden können als Ersatz für scheidende Mitarbeiter, die die Altersgrenze erreicht haben. Nur so kann wichtiges Fachwissen weitergegeben werden und dem Unternehmen erhalten bleiben.

Die ***Demografie*** befasst sich mit der Entwicklung und der Struktur von Bevölkerungen. Wesentliche Aspekte sind dabei die Geburtenraten, das Alter sowie die Migration der Menschen.

- Im Rahmen der **Personalbeschaffung** spricht die Personalabteilung geeignetes Personal an und wählt dieses aus.
- Neue Mitarbeiter werden eingestellt und müssen im Unternehmen eingewiesen werden. Dies erfordert eine organisierte Abwicklung und Verwaltung persönlicher Daten, welche im Rahmen der Personalverwaltung geleistet werden. Der **Abschluss eines Arbeitsvertrages** muss unter Berücksichtigung der geltenden rechtlichen Vorgaben erfolgen.
- Da die Personalabteilung den besten Überblick über den Personalbestand hat, ist in ihrem Zuständigkeitsbereich häufig auch eine koordinierende Tätigkeit im Bereich des **Personaleinsatzes** zu finden.
- Zur originären Tätigkeit der personalverantwortlichen Mitarbeiter gehört natürlich auch die **Erstellung der Entgeltabrechnung** aller Mitarbeiter und die Überweisung der **Sozialbeiträge an die Sozialkassen** des Staates.
- Zudem ist es für alle Mitarbeiter hilfreich, wenn die Personalverantwortlichen über Kenntnisse aus dem Bereich des **Einkommensteuerrechts** verfügen. Eine Unterstützung der Mitarbeiter in diesem Bereich kann die Arbeitszufriedenheit der Belegschaft erhöhen.
- **Mitarbeitermotivation** ist in Zeiten des Fachkräftemangels ein entscheidender Erfolgsfaktor für ein Unternehmen. Zufriedene Mitarbeiter arbeiten besser und streben seltener einen Unternehmenswechsel an. Eine kostenverursachende Personalfluktuation kann durch diverse Möglichkeiten der Mitarbeitermotivation gering gehalten werden.
- Mitunter ergibt die Personalbedarfsplanung aber auch einen Personalüberhang oder Mitarbeiter liefern unzufriedenstellende Arbeitsergebnisse ab. In diesen Fällen organisiert die Personalabteilung die Beendigung des **Arbeitsverhältnisses.**

LS 93

2 Personalbedarfsplanung

***SITUATION** Autoland Murschall GmbH*

Sven, ein Freund von David Rose, der auch eine Ausbildung zum Automobilkaufmann absolviert, erzählt, was in seinem Ausbildungsbetrieb passiert ist. „Ein Kfz-Mechatroniker ist zu einem anderen Autohaus gewechselt. Das war aber schon angekündigt. Leider ist jetzt noch ein weiterer Mitarbeiter krankheitsbedingt ausgefallen. Ersatz ist nicht in Sicht. Für die restlichen Mitarbeiter ist es ein echtes Problem, die Mehrarbeit aufzufangen."
„Ein ähnliches Problem gab es vor einigen Jahren auch einmal bei uns", entgegnet David Rose. „Daher wird jetzt konsequent für jedes Jahr eine Personalbedarfsplanung durchgeführt. So entstehen personelle Engpässe erst gar nicht."

Als Teilgebiet der Personalwirtschaft ist es die Aufgabe der **Personalbedarfsplanung,** abzuschätzen, wie groß der Personalbedarf eines Unternehmens in der Zukunft sein wird. Dabei geht es im Rahmen der **Personalbedarfsermittlung** nicht nur um absolute Zahlen (Quantität), sondern auch um die notwendigen Qualifikationen (Qualität), die die Mitarbeiter haben müssen. Somit ergeben sich zwei Bereiche der Personalbedarfsplanung: die quantitative und die qualitative Bedarfsplanung.

2.1 Quantitative Personalbedarfsplanung

Die quantitative Personalbedarfsplanung beschäftigt sich mit der Anzahl der zukünftig benötigten Mitarbeiter. Die Berechnung des Personalbedarfs innerhalb eines geplanten Zeitraums erfolgt in drei Schritten:

1. Ermittlung des **Ist-Personalbestandes** am Ende des Planungszeitraums unter Berücksichtigung vorhersehbarer Personalveränderungen.
2. Ermittlung des Soll-Personalbestandes am Ende des Planungszeitraums unter Berücksichtigung **geplanter** Personalveränderungen (Mehrbedarf oder Minderbedarf)
3. Berechnung der notwendigen personellen Anpassungen (Neueinstellungen oder Personalabbau) durch einen Soll-Ist-Vergleich.

1. Ermittlung des Ist-Personalbestandes am Ende der Planungsperiode
Ausgangspunkt hierfür ist der aktuelle Personalbestand, der **Ist-Personalbestand am Anfang der Planungsperiode.** Dieser Istbestand kann sich durch vorhersehbare Ereignisse verändern.

Vorhersehbare Personalabgänge, z. B.:

- Ein Mitarbeiter erreicht das Rentenalter und scheidet aus dem Erwerbsleben aus.
- Ein befristetes Arbeitsverhältnis läuft aus.
- Ein junger Mitarbeiter geht in Elternzeit.

Vorhersehbare Personalzugänge, z. B.:

- Eine Mitarbeiterin kehrt aus der Elternzeit zurück.
- Eine Auszubildende wird nach der Ausbildung übernommen.

Nicht vorhersehbar, sondern allenfalls schätzbar sind Personalveränderungen durch langfristige Krankheit, Kündigung oder gar Tod eines Mitarbeiters. Um durch solch unvorhersehbare Personalabgänge keine Personallücke entstehen zu lassen, kann man in großen Unternehmen Erfahrungswerte (Schätzwerte) berücksichtigen. Durch die Ermittlung eines Schätzwertes können bei der Berechnung des voraussichtlichen Ist-Personalbestandes auch unvorhergesehene Personalereignisse berücksichtigt werden.

Unternehmen, die eine feste Stammbelegschaft mit einer geringen Fluktuation oder eine geringe Mitarbeiterzahl aufweisen, bilden in der Regel keinen Schätzwert für unvorhersehbare Personalabgänge.

Alle genannten Personalabgänge führen dazu, dass bei gleichbleibender Geschäftslage ein ***Ersatzbedarf*** besteht, der rechtzeitig gedeckt werden muss. Gleichzeitig müssen aber auch die bekannten **Personalzugänge** für den Planungszeitraum berücksichtigt werden, denn diese gleichen ggf. die Personalabgänge aus. Die Summe aller Personalzu- und -abgänge bezeichnet man auch als ***Fluktuation*** im Personalbestand.

Ersatzbedarf ergibt sich, wenn bei gleichbleibender Geschäftslage Personal ausscheidet.

Fluktuation
Schwankung

Berechnung des voraussichtlichen Ist-Personalbestands

Ist-Personalbestand am Anfang der Planungsperiode
– *voraussichtliche Personalabgänge*
(einschl. Schätzwert für unvorhersehbare Abgänge)
\+ *voraussichtliche Personalzugänge*
= *voraussichtlicher Ist-Personalbestand am Ende der Planungsperiode*

Summe aller vorhersehbaren und unvorhersehbaren Personalveränderungen zuzüglich Kündigungen von Mitarbeitern innerhalb einer Periode

BEISPIEL *Autoland Murschall GmbH*

Im Teile- und Zubehörbereich der Autoland Murschall GmbH arbeiten zu Beginn der Planungsperiode sieben Mitarbeiter/innen. Ein Mitarbeiter wird in einem Monat für zwei Jahre in Elternzeit gehen, eine weitere Mitarbeiterin wird in den Ruhestand eintreten. Eine Auszubildende, die bisher nicht im Personal-Istbestand geführt wird, wird in einem Monat ihre Ausbildung beenden und dann in ein unbefristetes Arbeitsverhältnis übernommen.

Berechnung:

	Ist-Personalbestand am Anfang der Planungsperiode		*7 Mitarbeiter/innen*
–	*voraussichtliche Personalabgänge*	–	*2 Mitarbeiter/innen*
+	*voraussichtliche Personalzugänge*	+	*1 Mitarbeiterin*
=	*voraussichtlicher Ist-Personalbestand am Ende der Planungsperiode*	=	*6 Mitarbeiter/-innen*

Der Ist-Personalbestand am Anfang der Planungsperiode kann z. B. aus dem Personalinformationssystem (PIS) oder aus den Personalakten ermittelt werden.

2. Ermittlung des Soll-Personalbestandes am Ende der Planungsperiode

Nach der Ermittlung des voraussichtlichen Ist-Personalbestandes am Ende der Planungsperiode muss im 2. Schritt überprüft werden, ob ggf. durch Vorgaben der Geschäftsleitung der Personalbestand grundsätzlich erhöht oder auch verringert werden soll. Entscheidet die Geschäftsleitung aufgrund der unternehmerischen Zielsetzung, dass der Personalbestand erhöht wird, entsteht ein ***Neubedarf* (Mehrbedarf).** Es kann aber auch gute Gründe für Personaleinschränkungen geben. Dieser **Minderbedarf** muss natürlich auch geplant werden.

Ein *Neubedarf* ergibt sich z. B. bei einer Betriebserweiterung oder höherer Beschäftigung.

Mögliche Gründe für Neubedarf, z. B.:

- Es werden weitere Geschäftsstellen eröffnet.
- Es werden neue Sortimentsbereiche angeboten.
- Das Kundenbindungskonzept hat Erfolg und die Kundenfrequenz steigt.

Mögliche Gründe für Minderbedarf, z. B.:

- ***Rationalisierungsmaßnahmen*** (Arbeitsverdichtung)
- Kundenfrequenzrückgang durch Neueröffnung eines Wettbewerbers
- Strukturveränderungen beim Einkaufsverhalten, z. B. durch das Internet

Rationalisierung Automatisierung von Arbeitsabläufen zur Effizienzsteigerung

BEISPIEL *Autoland Murschall GmbH*

In unmittelbarer Nähe zur Autoland Murschall GmbH hat ein Teilespezialist eine Filiale eröffnet. Dadurch ist ein Rückgang der Kundenfrequenz im Teile- und Zubehörbereich wahrnehmbar. Aus diesem Grund wird weniger Personal benötigt, es entsteht ein Minderbedarf von einer Stelle.

Berechnung:

	Ist-Personalbestand am Anfang der Planungsperiode		*7 Mitarbeiter/innen*
+/–	*geplanter Neubedarf/Minderbedarf*	*–*	*1 Stelle Minderbedarf*
=	*Soll-Personalbestand am Ende der Planungsperiode*	*=*	*6 Mitarbeiter/innen*

3. Berechnung des notwendigen Personalabbaus / der notwendigen Neueinstellungen

Nachdem nun feststeht, wie viele Mitarbeiter voraussichtlich noch im Bestand sind und wie hoch der tatsächlich benötigte Personalbestand noch ist, muss im letzten Schritt der voraussichtliche Personal-Ist-Bestand mit dem geplanten Sollbestand verglichen werden **(Soll-Ist-Vergleich).**

	Soll-Personalbestand am Ende der Planungsperiode		*6 Mitarbeiter/innen*
–	*Ist-Personalbestand am Ende der Planungsperiode*	*–*	*6 Mitarbeiter/innen*
=	*notwendiger Personalabbau (negatives Ergebnis) oder notwendige Neueinstellungen (positives Ergebnis)*	*=*	*0 Mitarbeiter/innen*

In diesem Beispiel ist es möglich, den Minderbedarf durch natürliche Fluktuation aufzufangen. Dies ist aber nicht immer möglich. Häufig führt ein geplanter Minderbedarf zu einem **Personalabbau,** d.h., Mitarbeitern muss betriebsbedingt gekündigt werden. Ein geplanter Mehrbedarf, der nicht durch voraussichtliche Personalzugänge ausgeglichen werden kann, muss dagegen durch **Neueinstellungen** gedeckt werden.

Betriebsbedingte Kündigung ☞ S. 93 f.

Personalbeschaffung ☞ S. 19 ff.

2.2 Qualitative Personalbedarfsplanung

Die qualitative Personalplanung geht nicht von absoluten Zahlen aus, sondern von den **Qualifikationen der Mitarbeiter.** Der Abteilungsleiter braucht beispielsweise ein anderes Qualifikationsprofil als die Teilzeitkraft in der Telefonzentrale. Die jeweilige Stellenbeschreibung im Unternehmen gibt über diese erwarteten Qualifikationen Auskunft.

Eine **Stellenbeschreibung** ist innerbetrieblich ein wichtiges Organisationsmittel, denn sie enthält eine genaue Beschreibung der jeweiligen Stelle und ihre **Einordnung in den betrieblichen Prozessablauf.** Sie beschreibt, welche Kompetenz der Stelleninhaber hat, welchem anderen Mitarbeiter die Stelle unterstellt ist und wem gegenüber dieser Stelleninhaber weisungsbefugt ist. Sie legt aber auch fest, welche Anforderungen an den Stelleninhaber gestellt werden.

Stelle ☞ Band 1, LF 1, S. 42

Neben diesem eher tabellarischen Teil enthält die Stellenbeschreibung auch eine ausformulierte **Beschreibung der Tätigkeit.** Die Stellenbeschreibung dient als Grundlage z. B. für Stellenausschreibungen im Rahmen der Personalbeschaffung, ist aber auch eine wichtige Hilfe bei der Einarbeitung neuer Mitarbeiter.

Stellenausschreibung ☞ S. 19 f.

Stellenbeschreibung für einen Disponenten/Verkäufer für Teile und Zubehör Pkw	
1. Bezeichnung der Stelle	Erster Disponent/Verkäufer für Teile und Zubehör Pkw
2. Einordnung der Stelle in die Hierarchie	
2.1 Vorgesetzte Stelle	Abteilungsleiter Teile und Zubehör
2.2 Nachgeordnete Stelle	keine
2.3 Zu übernehmende Vertretung bei Abwesenheit von	Zweiter Verkäufer für Teile und Zubehör Pkw
3. Zielsetzung der Stelle	Der Stelleninhaber muss in der Lage sein, in jeder Situation auf den Kunden freundlich und kundenorientiert zuzugehen und die Kaufmotive des Kunden zu erforschen. Er versteht es, im Rahmen eines Verkaufsgespräches zielgerichtet über die Warenvorlage und die kundenorientierte Argumentation den Verkaufsabschluss herbeizuführen. Dabei beachtet er die Möglichkeit des Zusatzverkaufs, ohne dass dies dem Kunden aufdringlich vorkommt. Diese Zielsetzung berücksichtigt er im Rahmen der folgenden Aufgaben: • Teiledisposition und -beschaffung • Betreuung freier Werkstätten • Verkauf von Teilen und Zubehör • GW-Teileabwicklung • telefonische Kundenbetreuung • Marketing

Stellenbeschreibung für einen Disponenten/Verkäufer für Teile und Zubehör Pkw	
4. Aufgaben/Tätigkeiten im Einzelnen	• Lagerergänzungen • Eilaufträge • Beschaffungsaufträge • Rückstandsbearbeitung • Bestandsmanagement • Fremdteilebeschaffung • Rückführungen • Inventuren • Verschrottungen • Teilestamm • Lagerplätze • Betreuung der freien Werkstätten mit Teilen • sorgt in Verbindung mit Außendienstmitarbeiter für Neukunden • Beratung und Verkauf von Teilen und Zubehör • Komplettpreiserstellung • sorgt für Bestellungen und Fakturen • Marktanalysen für Produkte • sorgt für Sauberkeit und Ordnung in der Verkaufsboutique und die Preisauszeichnung • organisiert Abverkaufs- und Sonderverkaufsaktionen
5. Befugnisse des Stelleninhabers	• Bestellungen bis zu einem Nettowert in Höhe von 7.500,00 € • Rabattgewährung bis zu 3 %
6. Anforderungen an den Stelleninhaber	
6.1 Ausbildung, Qualifikation, Kenntnisse	• kaufm. Ausbildung • technische Zusatzqualifikation • PC-Kenntnisse • Kenntnisse im Forderungsmanagement • Englischkenntnisse B1
6.2 Erfahrungen	• drei Jahre Berufserfahrung
6.3 Fähigkeiten	• kommunikative Fähigkeiten • Durchsetzungsvermögen • Kontaktfreude • Flexibilität • hoch belastbar • sicheres Auftreten

3 Personalbeschaffung: geeignete Bewerber ansprechen

LS 94

***SITUATION** Autoland Murschall GmbH*

David Rose unterstützt Frau Gentsch bei der der anstehenden Personalbeschaffung. Mittlerweile liegt Frau Gentsch die Stellenbeschreibung des Abteilungsleiters vor, der Bedarf für eine neue Kraft angemeldet hat. Fau Gentsch: „So David, dann möchte ich Sie bitten, eine entsprechende Stellenanzeige zu verfassen und diese in allen infrage kommenden Medien zu veröffentlichen."
David will daraufhin die Stellenbeschreibung an den Bonner Generalanzeige zur Veröffentlichung mailen. Frau Gentsch stoppt ihn und erklärt ihm den Unterschied zwischen der Stellenbeschreibung und einer Stellenanzeige: „David, die Stellenbeschreibung ist viel umfangreicher. Sie enthält Informationen für die tatsächlich eingestellte Arbeitskraft. Für die Suche geeigneter Bewerber enthält diese zu viele Informationen. Unsere Aufgabe ist es, aus der Stellenbeschreibung eine Stellenanzeige zu erstellen. Diese wird dann veröffentlicht. Auch ist der Bonner Generalanzeiger nur eine Option. Es gibt noch weitere Möglichkeiten, geeignete Bewerber anzusprechen."

Will ein Autohaus eine Stelle neu besetzen, muss die zu findende Kraft den Anforderungen der zu besetzenden Stelle entsprechen, denn eine Fehlbesetzung verursacht unnötige Kosten und bringt Unruhe in das Betriebsklima, das dadurch empfindlich gestört werden kann.

Das Ziel der Personalbeschaffung ist die **Auswahl des geeignetsten Bewerbers/der geeignetsten Bewerberin.** Dies muss nicht unbedingt der beste Bewerber oder die beste Bewerberin sein. Mitunter kann der beste Bewerber nämlich auch überqualifiziert sein, sodass sich schnell auf Seiten des Bewerbers eine Unzufriedenheit mit seiner aktuellen Stelle einstellt und ein erneuter Wechsel droht.

Auf Grundlage der vorliegenden Stellenbeschreibung erstellt die Personalabteilung nun eine Stellenausschreibung (Stellenanzeige), die sich direkt an mögliche Bewerber richtet. Dabei kann die **Stellenausschreibung** sowohl intern als auch extern erfolgen. Sollte der Betriebsrat des suchenden Unternehmens auf eine interne Stellenausschreibung bestehen, muss die neu zu besetzende Stelle nach **§ 93 Betriebsverfassungsgesetz (BetrVG)** auch intern erfolgen, damit auch interne Mitarbeiter die Chance erhalten, sich ggf. beruflich zu verbessern oder zu verändern.

§ 93 BetrVG Ausschreibung von Arbeitsplätzen

Der Betriebsrat kann verlangen, dass Arbeitsplätze, die besetzt werden sollen, allgemein oder für bestimmte Arten von Tätigkeiten vor ihrer Besetzung innerhalb des Betriebs ausgeschrieben werden.

Grundsätzlich muss der zukünftige Bewerber bzw. die zunkünftige Bewerberin der Stellenausschreibung Folgendes entnehmen können:

- Aufgabengebiet, für das der Mitarbeiter bzw. die Mitarbeiterin gesucht wird
- Einsatzort
- Anforderungen und Erwartungen des Unternehmens
- Ausbildung
- Berufserfahrung
- Dauer der Beschäftigung
- mögliche Aufstiegschancen
- Hinweis auf tarifliche oder übertarifliche Bezahlung
- Ansprechpartner für die Bewerbung

3.1 Interne Personalbeschaffung

Die **innerbetriebliche (interne) Stellenausschreibung,** welche z. B. am Schwarzen Brett, in der Unternehmenszeitung oder im Intranet des Autohauses erfolgen kann, hat den Vorteil, dass der zukünftige Mitarbeiter das Unternehmen schon kennt und nicht erst eingearbeitet werden muss. Die Fähigkeiten und Fertigkeiten des Mitarbeiters sind dem Autohaus bekannt, sodass eine Fehlbesetzung weitgehend vermieden werden kann. Wenn es um einen Aufstieg geht, fördert das die Motivation anderer Mitarbeiter, sich innerbetrieblich einzusetzen. Teure Stellenanzeigen und Auswahlverfahren können so vermieden werden.

Nachteile der internen Personalbeschaffung können eine zu geringe Bewerberauswahl und hohe Fortbildungskosten sein. Abgelehnte Bewerber können sich zurückgesetzt fühlen, was negative Auswirkungen auf die Mitarbeitermotivation und das Betriebsklima haben kann.

Ein weiterer Nachteil der internen Stellenausschreibung ist, dass ggf. Führungskräfte, die aus den eigenen Reihen stammen, Akzeptanzprobleme bei den Mitarbeitern haben könnten oder alte Freundschaftsbande zu den alten Kollegen die Objektivität der neuen Führungskraft einschränken.

Sollte der Neubedarf durch eine interne Stellenausschreibung gedeckt werden, löst das weiterhin nicht grundsätzlich das Problem der Personalbeschaffung, denn meist wird das Problem der Personalbeschaffung in eine andere Abteilung verlagert.

3.2 Externe Personalbeschaffung

Bei der externen Suche nach geeigneten neuen Mitarbeitern stehen folgende Möglichkeiten zur Verfügung, die zeitgleich genutzt werden können.

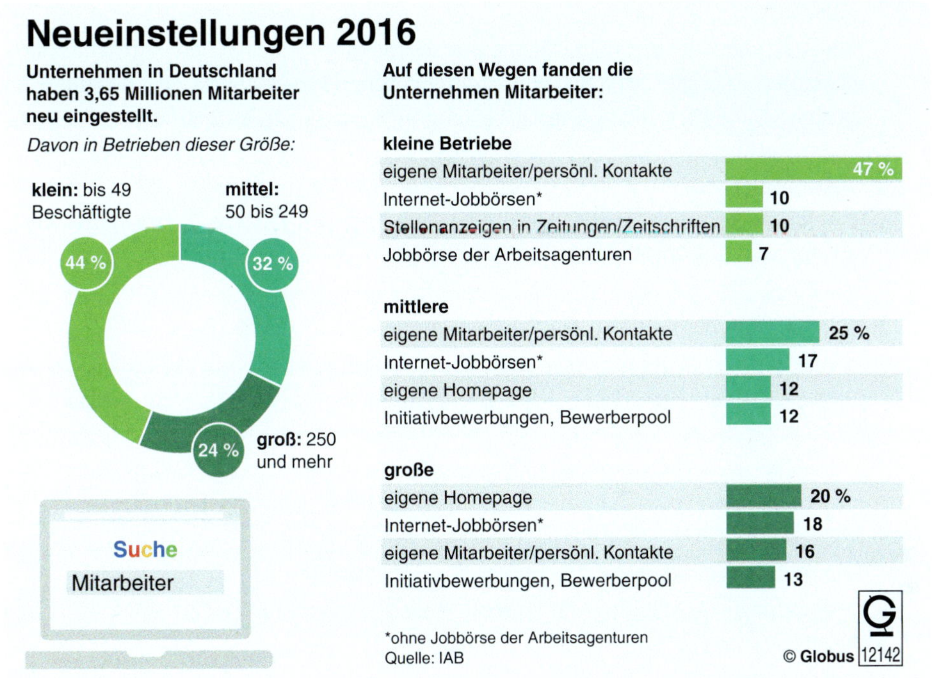

3.2.1 Stellenanzeigen

Der Stellenmarkt der regionalen und überregionalen Tageszeitungen oder Fachzeitschriften und des Internets (z. B. auf Portalen wie www.monster.de) gibt eine gute Chance, möglichst viele Interessenten anzusprechen. Um die spätere Bewerberauswahl zu vereinfachen, sollte die Stellenanzeige ein genaues Profil der geforderten Qualifikationen aufweisen. Eine Bewerbung ist nur dann lohnenswert, wenn der Bewerber die in der Anzeige benannten Anforderungen erfüllen kann.

Als Informationen für die möglichen Bewerber gehören folgende Bestandteile zu einer Stellenausschreibung als Annonce:

- Name und Adresse des ausschreibenden Unternehmens
- Bezeichnung der Stelle
- Gründe für die Stellenanzeige
- Informationen zum Unternehmen oder Hinweise auf das suchende Unternehmen, z. B. Branche, Sortiment
- Anforderungen an den möglichen Bewerber
- eventuell Hinweise auf das Entgelt oder Sozialleistungen des Unternehmens
- Hinweise auf die Vorgehensweise bei Bewerbungen

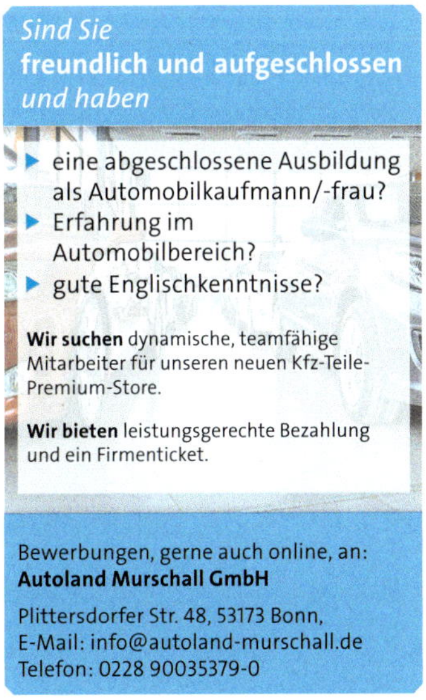

3.2.2 Aushänge

Ein Stellengesuch auf einem Plakat z. B. in der eigenen Filiale hat den Vorteil, dass sich interessierte Bewerber gleich ein Bild von ihrem möglichen Arbeitsplatz machen können. Außerdem besteht die Chance, relativ schnell, kostengünstig und unkompliziert eine Stelle zu besetzen.

3.2.3 Arbeitsagentur

Die Bundesarbeitsagentur unterstützt bei der Suche nach neuen Mitarbeitern. Sie ist der größte Arbeitsvermittler. Daneben gibt es aber noch viele weitere private Arbeitsvermittler. Die Agentur für Arbeit nutzt selbstverständlich auch die umfangreichen Möglichkeiten des Internets. Über die Jobbörse der Arbeitsagentur können sich Stellensuchende online oder an den Infoterminals der Arbeitsagentur über offene Stellen informieren. Dazu ist es notwendig, dass sich Unternehmen, die einstellen möchten, bei der Arbeitsagentur registrieren lassen. Auch Arbeitssuchende können sich bei der Arbeitsagentur registrieren lassen und entsprechende Bewerberprofile erstellen. Passende Arbeitsplatzangebote werden dann den Arbeitssuchenden per E-Mail zugesandt oder im persönlichen Gespräch bekannt gegeben.

Wesentliche Aufgaben der Bundesagentur für Arbeit sind:

- Vermittlung in Ausbildungs- und Arbeitsstellen
- Berufsberatung
- Arbeitgeberberatung
- Förderung der Berufsausbildung
- Förderung der beruflichen Weiterbildung
- Förderung der beruflichen Eingliederung von Menschen mit Behinderung
- Leistungen zur Erhaltung und Schaffung von Arbeitsplätzen
- Entgeltersatzleistungen, wie z. B. Arbeitslosengeld oder Insolvenzgeld

3.3 Diskriminierung vorbeugen

Diskriminierung Benachteiligung, Herabsetzung

Wer in seinem Leben schon einmal eine ***Diskriminierung*** aufgrund von Merkmalen seiner Person erfahren hat, weiß wie schmerzhaft und verletzend dieser Vorgang ist. Neben diesen persönlichen Verletzungen kann Diskriminierung aber auch klare wirtschaftliche Nachteile für die benachteiligten Menschen bewirken.

Dabei ist Diskriminierung aufgrund des Geschlechts, der Abstammung, der Rasse, der Sprache, der Herkunft, des Glaubens sowie der politischen oder religiösen Anschauung verboten. Dies ist in unserer Verfassung, dem Grundgesetz, in Artikel 3, Abs. 3 so festgeschrieben.

> **i** *Grundgesetz Artikel 3, Abs. 3*
>
> *„Niemand darf wegen seines Geschlechts, seiner Abstammung, seiner Rasse, seiner Sprache, seiner Heimat und Herkunft, seines Glaubens, seiner religiösen oder politischen Anschauungen benachteiligt oder bevorzugt werden. Niemand darf wegen seiner Behinderung benachteiligt werden."*

Dieses hohe Rechtsgut, das Diskriminierung verbietet, wurde von den Müttern und Vätern des Grundgesetzes 1949 wohlwissend aufgrund der Erfahrungen aus der Zeit des Nationalsozialismus in Deutschland von 1933–1945 in die Verfassung aufgenommen. Leider kommt es aber selbst im 21. Jahrhundert immer noch zu Diskriminierungen im Alltag und in der Berufswelt.

Frauen verdienen im Schnitt 21% weniger als Männer, Menschen mit Migrationshintergrund klagen über Benachteiligungen u. a. bei der Vergabe von Arbeitsplätzen allein aufgrund ihres Namens, Schwerbehinderte werden aufgrund Ihrer Behinderung nicht eingestellt, obwohl diese keinen Einfluss auf Ihre Arbeitsleistung haben muss. Dies sind nur wenige Beispiele aus der Berufswelt, welche von Diskriminierung zeugen.

Um die Umsetzbarkeit und auch mögliche Rechtsansprüche von Diskriminierungsopfern durchzusetzen, wurden weitere Gesetze erlassen, u. a. das **Allgemeine Gleichbehandlungsgesetz (AGG).**

Für den Arbeitgeber ergeben sich dadurch diverse Pflichten, die er insbesondere bei der Personalbeschaffung beachten muss, um nicht mit diesen Gesetzen in Konflikt zu geraten. Für den Arbeitnehmer ergeben sich folglich diverse Rechtsansprüche, die seine Rechtsposition stärken und deren Kenntnis nur von Vorteil sein kann.

Im Folgenden werden rechtliche Vorgaben vorgestellt, die insbesondere im Rahmen der Personalbeschaffung berücksichtigt werden müssen, um Diskriminierung zu vermeiden und drohende Klagen bei Zuwiderhandlung zu vermeiden:
- das Allgemeine Gleichbehandlungsgesetz (AGG)
- die Förderung von Schwerbehinderten in der Beschäftigungswelt

3.3.1 Allgemeines Gleichbehandlungsgesetz (AGG)

Das Allgemeine Gleichbehandlungsgesetz, das am 18. 08. 2006 in Kraft getreten ist, stellt eine Konkretisierung des Grundgesetzes dar. Die Förderung nach Kontrolle des Gleichheitsgrundsatzes im Sinne des Grundgesetzes richtet sich in erster Linie an die öffentliche Gewalt, d. h. an den Gesetzgeber, die Behörden und die Gerichte. Das AGG bietet die Möglichkeit bei Diskriminierung zwischen Privatpersonen oder zwischen Privatperson und Unternehmer einfacher und schneller rechtlichen Beistand zu finden.

Durch das Allgemeine Gleichbehandlungsgesetz können Benachteiligungen in der Arbeitswelt oder im Geschäftsleben zur Anklage gebracht werden. Bei Verstoß gegen das Allgemeine Gleichbehandlungsgesetz besteht ein Rechtsanspruch auf Entschädigung für die benachteiligten/diskriminierten Menschen. Das Allgemeine Gleichbehandlungsgesetz will Benachteiligungen aus Gründen der ethnischen Herkunft, des Geschlechts, der Religion oder Weltanschauung, des Alters und der sexuellen Identität verhindern.

Es wird von Benachteiligung gesprochen, wenn eine Person in einer vergleichbaren Situation ohne sachlich gerechtfertigten Grund – aufgrund eines der im Allgemeinen Gleichbehandlungsgesetz genannten Merkmale – eine weniger günstige Behandlung als eine andere Person erhält. Unter Benachteiligung versteht das Allgemeine Gleichbehandlungsgesetz: Diskriminierung, die Anweisung zur Diskriminierung und (sexuelle) Belästigung.

BEISPIEL

Benachteiligung in Beschäftigung und Beruf

- *Über 50-Jährige werden ohne einen sachlich gerechtfertigten Grund in einer Stellenanzeige aufgefordert, sich nicht mehr zu bewerben.*
- *Die Bewerbung einer Stewardess wird aufgrund ihres Alters von 46 Jahren mit der Begründung des wesentlich höheren wirtschaftlichen Risikos krankheitsbedingter Ausfälle bei älteren Menschen abgelehnt.*
- *Ein Unternehmen schließt Teilzeitbeschäftigte von Weiterbildungsmaßnahmen aus.*
- *Bei der Beförderungsauswahl werden Mitarbeiter, die Elternzeit in Anspruch genommen haben, nicht berücksichtigt.*
- *In Anwesenheit eines homosexuellen Mitarbeiters werden wiederholt anzügliche Witze erzählt.*
- *ungewollte sexuelle Berührungen, Aufforderungen, Bemerkungen sowie das Zeigen von pornografischen Darstellungen*

Bei der Ausgestaltung des Allgemeinen Gleichbehandlungsgesetzes musste der Gesetzgeber verschiedene Gesetze und Ansprüche der Bürger gegeneinander abwägen. Beispielsweise besagt die Vertragsfreiheit, dass jeder Bürger grundsätzlich erst einmal einen Vertrag schließen kann mit wem er möchte. Kommt es nun jedoch zu keinem Vertragsabschluss, weil ein möglicher Vertragspartner Träger eines der eben genannten Merkmale ist, so liegt der Tatbestand der Benachteiligung vor. Hier konkurrieren nun die Ansprüche/Gesetze „Vertragsfreiheit" und „allgemeine Gleichbehandlung" miteinander.

Der Gesetzgeber hat entschieden, dass in diesem Fall die allgemeine Gleichbehandlung höher zu bewerten ist als die Vertragsfreiheit. In Ausnahmefällen ist eine Ungleichbehandlung aber auch im Sinne des Allgemeinen Gleichbehandlungsgesetzes zulässig.

BEISPIEL

Ungleichbehandlung im Sinne des AGG ist zulässig, wenn

- *es darum geht, bereits bestehende Nachteile auszugleichen oder zu verhindern, z. B. die bevorzugte Einstellung oder Beförderung behinderter Arbeitnehmer. Diese sind überdurchschnittlich arbeitslos oder unterrepräsentiert in der Führungsebene.*
- *berufliche Anforderungen dies erfordern, z. B. wird eine weibliche Psychologin in einem Frauenhaus gesucht. Dies ist aufgrund der Rahmenbedingungen am Arbeitsplatz eine zulässige geschlechtliche Einschränkung.*
- *diese angemessen und durch ein legitimes Ziel gerechtfertigt ist, z. B. die Angabe eines Mindestalters, um Jugendliche zu schützen.*

Der Arbeitgeber muss

- die Mitarbeiter über das Allgemeine Gleichbehandlungsgesetz informieren und ggf. auch weiterbilden.
- eine Beschwerdestelle einrichten, an die sich die Beschäftigten mit ihrer Beschwerde bezüglich Benachteiligung richten können.
- Benachteiligungen im Unternehmen unterbinden, indem er Arbeitsverträge, betriebliche Strukturen, Beförderungsrichtlinien hinsichtlich der Merkmale des Allgemeinen Gleichbehandlungsgesetzes überprüft.
- Mitarbeiter vor Benachteiligung durch Kollegen, Kunden und Lieferanten schützen.

Im Zuge des Allgemeinen Gleichbehandlungsgesetzes ist aus Sicht des Arbeitgebers insbesondere das Bewerberauswahlverfahren ein sensibler Bereich geworden. Bereits bei der Stellenausschreibung sollte neutral formuliert werden, d.h., es sollten keine Alters- und Geschlechtsangaben und keine Hinweise auf bevorzugte Altersgruppen oder die Muttersprache gemacht werden. Die Bewerbungsgespräche sollten aus Beweisgründen möglichst nicht alleine geführt werden. Grundsätzlich sollte der Arbeitgeber seine Entscheidungen ohne Hinweise auf die Merkmale des Allgemeinen Gleichbehandlungsgesetzes gut begründen und dokumentieren. Die Absagen sollten fachlich und sachlich formuliert werden.

Arbeitnehmer, die eine Benachteiligung im Berufsleben erfahren haben, haben das Recht, eine Beschwerde bei der vom Arbeitgeber einzurichtenden Beschwerdestelle einzulegen. Bei fortdauernder Belästigung oder sexueller Belästigung am Arbeitsplatz hat der Arbeitnehmer das Recht zur Leistungsverweigerung.

Bei einem Verstoß gegen das Benachteiligungsverbot besteht kein Anspruch auf Einstellung, Berufsausbildung oder beruflichen Aufstieg. Jedoch besteht ein Schadensersatz oder Entschädigungsanspruch. Für die Geltendmachung des Schadensersatz- und Entschädigungsanspruches gilt eine Frist von zwei Monaten.

3.3.2 Förderung von Schwerbehinderten in der Arbeitswelt

Bei der Begründung eines Arbeitsverhältnisses dürfen schwerbehinderte Menschen nicht wegen ihrer Behinderung benachteiligt werden (§ 81 Abs. 2 SGBIX). Die im Einzelnen geltenden Bestimmungen sind im Allgemeinen Gleichbehandlungsgesetz (AGG) geregelt. Das AGG untersagt eine Benachteiligung wegen einer Behinderung.

Eine unterschiedliche Behandlung wegen der Behinderung ist allerdings dann zulässig, wenn die Tätigkeit der zu besetzenden Stelle bestimmte Anforderungen an die körperliche, geistige oder seelische Gesundheit stellt. Sollte im Streitfall ein schwerbehinderter Bewerber Tatsachen vorbringen, die für eine Benachteiligung wegen der Behinderung sprechen, muss der Arbeitgeber darlegen, dass die Absage nicht aufgrund der Behinderung erfolgt ist. Dem Arbeitgeber obliegt hier die Beweislast. Da dies im Streitfall den Arbeitgeber mitunter vor Probleme stellt, sind schwerbehinderte Bewerber bei fachlicher Eignung auch immer zu einem Vorstellungsgespräch einzuladen. Etwaige Absagen sollten dann, wie bei nichtbehinderten Bewerbern, stets fachlich begründet werden.

Öffentliche Arbeitgeber sind laut § 82 Sozialgesetzbuch (SGB) Neuntes Buch (IX) dazu sogar verpflichtet, andernfalls droht eine Entschädigungszahlung an den abgewiesenen schwerbehinderten Bewerber.

Arbeitgeber nehmen häufig Abstand von der Einstellung schwerbehinderter Menschen, auch wenn deren Behinderung keinen Einfluss auf ihre Arbeitsleistung hat. Hintergrund für dieses Verhalten ist oft die Sorge der Arbeitgeber vor möglichen Kosten, die ggf. mit der Einstellung von schwerbehinderten Menschen für das Unternehmen entstehen könnten. Manche Behinderungen erfordern zusätzliche Arbeitsausstattungen, die mitunter auch Umbauten im Unternehmen nötig machen. Obwohl hierbei keine Kosten für das Unternehmen anfallen, denn diese Kosten werden vom Integrationsamt übernommen, scheuen manche Unternehmen den organisatorischen Aufwand solcher Umbaumaßnahmen.

Darüber hinaus müssen schwerbehinderten Mitarbeitern besondere Rechte gewährt werden:

- ein besonderer Kündigungsschutz
- eine längere Kündigungsfrist
- ein Anspruch auf Zusatzurlaub
- das Recht auf Freistellung von Mehrarbeit

Die zuvor genannten Aspekte führen leider auch heute noch häufig zu einer Diskriminierung schwerbehinderter Menschen auf dem Arbeitsmarkt.

Um dieser offenen Diskriminierung im Sinne der **Inklusion** entgegenzuwirken, existiert für private und öffentlich-rechtliche Arbeitgeber eine Beschäftigungspflicht von schwerbehinderten Mitarbeitern. Unternehmen, die über mindestens 20 Arbeitsplätze verfügen, müssen auf wenigstens 5 % der Arbeitsplätze schwerbehinderte Menschen beschäftigen.

> *Der Begriff der Inklusion bezeichnet ein gesellschaftliches Konzept, welches durch die Gleichberechtigung, Selbstbestimmung und Akzeptanz eines jeden Menschen gekennzeichnet ist. Unwichtig sind in diesem Zusammenhang Alter, Geschlecht, Bildung, Religion, Herkunft, Behinderungen etc.*

Allerdings kann der einzelne schwerbehinderte Arbeitnehmer aus dieser Beschäftigungspflicht des Arbeitgebers keinen Anspruch auf Beschäftigung gegen einen einzelnen Arbeitgeber ableiten. Die Einstellungspflicht des Arbeitgebers ist eine öffentlich-rechtliche Verpflichtung, die gegenüber dem Staat besteht. Unternehmen, die dieser Beschäftigungspflicht nicht nachkommen, begehen deshalb nur eine Ordnungswidrigkeit, die mit der Zahlung einer Ausgleichsabgabe nach § 77 Abs.1 Satz 1 SGB IX abgegolten wird:

§ 77 Ausgleichsabgabe

(1) [1]Solange Arbeitgeber die vorgeschriebene Zahl schwerbehinderter Menschen nicht beschäftigen, entrichten sie für jeden unbesetzten Pflichtarbeitsplatz für schwerbehinderte Menschen eine Ausgleichsabgabe. [2]Die Zahlung der Ausgleichsabgabe hebt die Pflicht zur Beschäftigung schwerbehinderter Menschen nicht auf. [3]Die Ausgleichsabgabe wird auf der Grundlage einer jahresdurchschnittlichen Beschäftigungsquote ermittelt.

(2) [1]Die Ausgleichsabgabe beträgt je unbesetzten Pflichtarbeitsplatz

1. *105 Euro bei einer jahresdurchschnittlichen Beschäftigungsquote von 3 Prozent bis weniger als dem geltenden Pflichtsatz,*
2. *180 Euro bei einer jahresdurchschnittlichen Beschäftigungsquote von 2 Prozent bis weniger als 3 Prozent,*
3. *260 Euro bei einer jahresdurchschnittlichen Beschäftigungsquote von weniger als 2 Prozent.*

(...)

Mitunter wird in diesem Zusammenhang der Vorwurf laut, dass Unternehmen, die die Ausgleichsabgabe zahlen, sich von der Beschäftigungspflicht schwerbehinderter Menschen freikaufen.

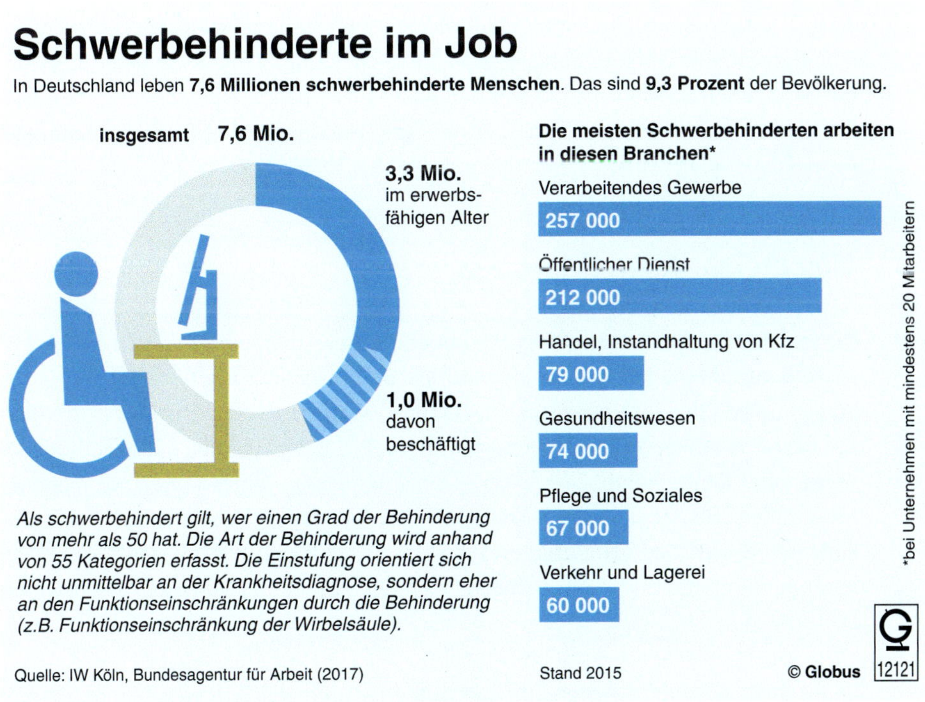

LS 95

4 Personalbeschaffung: geeignete Bewerber auswählen

SITUATION *Autoland Murschall GmbH*

Die Stellenanzeige, die David Rose für den neu zu beschaffenden Mitarbeiter erstellt hatte, hat mögliche Bewerber erfolgreich angesprochen. Frau Gentsch ruft David Rose zu sich und übergibt ihm einen Stapel von 55 Bewerbungen: „Lieber David, ich möchte Sie mit der Vorbereitung der Auswahl beauftragen. Sie kennen die Stellenbeschreibung, wissen somit welche Anforderungen unser Bewerber erfüllen muss. Treffen Sie eine sinnvolle Vorauswahl möglicher Bewerber bzw. Bewerberinnen, die wir zunächst zu einem Vorstellungsgespräch einladen sollten. Sie kennen ja bereits das Instrument der Nutzwertanalyse, die Ihnen schon bei der Auswahl möglicher Lieferanten geholfen hat, eine transparente Auswahlentscheidung für einen Lieferanten zu treffen." „Oh je, Frau Gentsch, da sitze ich ja Stunden dran", entgegnet David.

„Ja, Personalbeschaffung ist auch für das suchende Unternehmen ein zeitintensiver und kostenverursachender Vorgang. Aber keine Sorge, ich werde Sie natürlich unterstützen."

Nutzwertanalyse (Entscheidungstabelle) ☞ Band 1, LF 4, S. 212 f.

Ziel des Vorgehens ist die Auswahl des Bewerbers bzw. der Bewerberin, welcher bzw. welche die geforderten Fähigkeiten und Qualifikationen am passgenausten abdeckt. Wichtig ist dabei eine transparente Entscheidung, d. h. eine Entscheidung, die kriteriengeleitet ist und somit auf der Grundlage von begründeten und nachvollziehbaren Aspekten getroffen wird. Jedem Entscheider muss aber auch klar sein, dass sein Handeln und seine Entscheidungen bei der Auswahl nie völlig frei von Sympathie geprägt sein können.

4.1 Allgemeiner Auswahlprozess

Die in der Praxis gebräuchlichsten Methoden zur Bewerberauswahl sind die Auswertung der Bewerbungsunterlagen, die zunehmend als Online-Bewerbung erwartet werden, und das Vorstellungs- oder Auswahlgespräch. Daneben werden auch Einstellungstests (Persönlichkeitstests) oder biografische Fragebogen eingesetzt. Häufig werden diese Methoden in einem Assessment-Center kombiniert, welches ein Gruppenauswahlverfahren mit mehreren Beobachtern darstellt, bei dem unterschiedliche Auswahlinstrumente (z. B. Gruppendiskussionen, Rollenspiele, Vorträge, computergestützte Planspiele) angewendet werden. Häufig dauert ein Assessment-Center zwei Tage, wobei auch in den Pausen das Verhalten der Bewerber beobachtet wird.

Ist die Stelle nur intern ausgeschrieben worden, wird in der Regel das hier beschriebene Verfahren – wenn überhaupt – nur sehr stark verkürzt Anwendung finden. Dies ergibt sich aus der Tatsache, dass der Mitarbeiter seinem Arbeitgeber durch seine bisherige Tätigkeit ja schon bestens bekannt ist.

4.1.1 Prüfung der schriftlichen Bewerbungsunterlagen

Auf eine Annonce in der örtlichen oder einer überregionalen Tageszeitung oder dem Aushang im eigenen Unternehmen bewerben sich in der Regel viele Interessenten. Durch eine große Anzahl von Bewerbern wird es möglich und nötig, ein geeignetes Auswahlverfahren durchzuführen, mit dessen Hilfe der richtige Mitarbeiter gefunden werden kann.

Ein ernsthaft durchgeführtes Auswahlverfahren nimmt einige Zeit in Anspruch, daher ist es fair, den Bewerbern zunächst den Eingang ihrer Bewerbungsunterlagen zu bestätigen. Ebenso ist es fair, die Bewerbungsunterlagen von abgelehnten Bewerbern zurückzusenden. Aus Kostengründen wird dies aber häufig versäumt. Um den organisatorischen Aufwand möglichst gering zu halten, werden häufig Online-Bewerbungen erwünscht.

Zu einer schriftlichen Bewerbung gehören gewöhnlich nachstehende Bewerbungsunterlagen, die, neben einem übersichtlich gestalteten Deckblatt, von jedem Bewerber erwartet werden können:

- Bewerbungsschreiben (Anschreiben)
- Lebenslauf
- Lichtbild
- Zeugniskopien (in logischer Reihenfolge)

Außerdem können entsprechend der Stellenausschreibung besondere Unterlagen verlangt werden:

- Zertifikate über besuchte Kurse und Schulungen
- Praktikumsbescheinigungen
- polizeiliches Führungszeugnis
- Motivationsschreiben

Das Anschreiben oder Bewerbungsschreiben soll dem Personalbeauftragten die Informationen der gesamten Bewerbung auf einen Blick darstellen und die wesentlichen Dinge betonen. Es soll den bisherigen Berufsweg kurz erklären und Auskunft über Kenntnisse, Fähigkeiten und Erfahrungen geben, die für die angestrebte Stelle wichtig sind. Der Bewerber sollte genau begründen können, warum er für die ausgeschriebene Stelle besonders geeignet ist und auch, warum er sie haben möchte. Das Anschreiben sollte vor allem im kaufmännischen Bereich den Normen für die Geschäftsbriefe nach **DIN 5008** genügen.

Da es darum geht, die Qualität der eigenen Bewerbung gegenüber anderen Bewerbern herauszustellen, sollte auch beim Papier nicht gespart werden und mindestens 80 g Schreibpapier gewählt werden. Selbstverständlich müssen alle Schriftstücke in korrekter Rechtschreibung verfasst werden. Das Anschreiben und der Lebenslauf müssen **eigenhändig unterschrieben** werden.

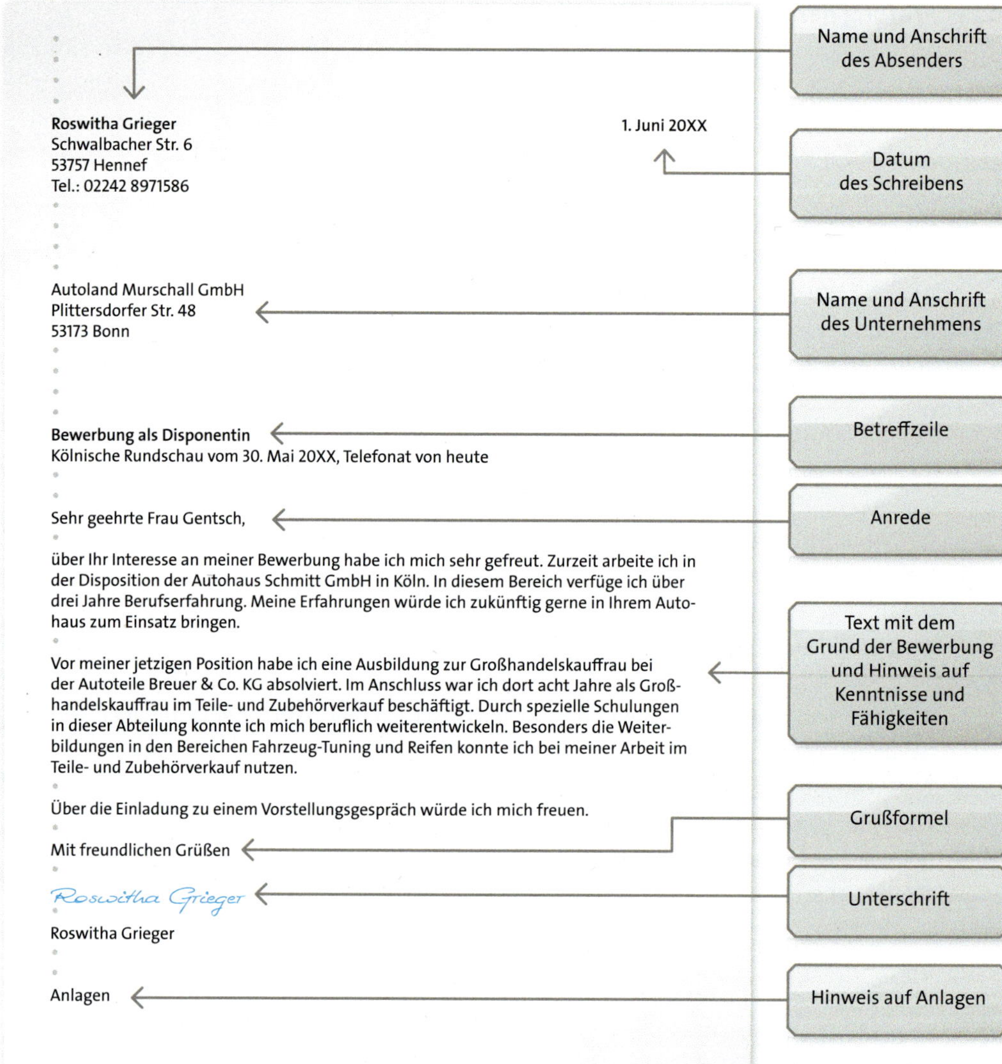

Roswitha Grieger
Schwalbacher Str. 6
53757 Hennef
Tel.: 02242 8971586

1. Juni 20XX

Autoland Murschall GmbH
Plittersdorfer Str. 48
53173 Bonn

Bewerbung als Disponentin
Kölnische Rundschau vom 30. Mai 20XX, Telefonat von heute

Sehr geehrte Frau Gentsch,

über Ihr Interesse an meiner Bewerbung habe ich mich sehr gefreut. Zurzeit arbeite ich in der Disposition der Autohaus Schmitt GmbH in Köln. In diesem Bereich verfüge ich über drei Jahre Berufserfahrung. Meine Erfahrungen würde ich zukünftig gerne in Ihrem Autohaus zum Einsatz bringen.

Vor meiner jetzigen Position habe ich eine Ausbildung zur Großhandelskauffrau bei der Autoteile Breuer & Co. KG absolviert. Im Anschluss war ich dort acht Jahre als Großhandelskauffrau im Teile- und Zubehörverkauf beschäftigt. Durch spezielle Schulungen in dieser Abteilung konnte ich mich beruflich weiterentwickeln. Besonders die Weiterbildungen in den Bereichen Fahrzeug-Tuning und Reifen konnte ich bei meiner Arbeit im Teile- und Zubehörverkauf nutzen.

Über die Einladung zu einem Vorstellungsgespräch würde ich mich freuen.

Mit freundlichen Grüßen

Roswitha Grieger

Roswitha Grieger

Anlagen

Lebenslauf

Ein lückenloser Lebenslauf ist ein wichtiger Bestandteil einer aussagekräftigen und vollständigen Bewerbung. Er muss den Leser über den persönlichen Lebensweg des Bewerbers und über seine fachliche Eignung informieren. Ein **tabellarischer Lebenslauf,** der fehlerfrei mit einem Textverarbeitungsprogramm geschrieben ist, gilt als Standard. So lassen sich Informationen übersichtlich gliedern, damit wichtige Daten schnell erfasst werden können.

Für die **Prüfung der Vollständigkeit** eines tabellarischen Lebenslaufes kann man sich an nachstehender Grundform orientieren:

1. Persönliche Angaben
   - Vor- und Nachname
   - Anschrift
   - Telefonnummer und evtl. E-Mail-Adresse
   - Geburtsdatum und -ort
   - Familienstand
   - Zahl und Alter der Kinder
   - Staatsangehörigkeit
2. Schulausbildung
   - Schulform und -ort
   - Abschluss
3. Berufsausbildung
   - Ausbildungsdauer
   - Art der Berufsausbildung
   - Ausbildungsbetrieb
   - Abschluss
4. Berufspraxis
   - Zeitdauer
   - Stellenbezeichnung, Position
   - Unternehmen, Ort
   - Arbeitsgebiet
5. Sonstige Kenntnisse
   - Fremdsprachen
   - EDV-Kenntnisse
6. Hobbys

Lebenslauf

Persönliche Daten

Name	Roswitha Grieger
Adresse	Schwalbacher Str. 6 53757 Hennef
Telefon	02242 8971586
Geburtstag	13. April 1982
Geburtsort	Bonn
Familienstand	geschieden
Staatsangehörigkeit	deutsch
Schulausbildung	
1988–1994	Astrid-Lindgren-Grundschule, Bonn
1994–1998	Wilhelm-Maybach-Schule, Realschule, Hennef (Abschluss: mittlere Reife)
Berufstätigkeit	
1998–2001	Ausbildung zur Großhandelskauffrau, Autoteile Breuer & Co. KG
2001–2009	Großhandelskauffrau im TuZ-Verkauf Autoteile Breuer & Co. KG
2009–20XX	Disponentin TuZ-Bereich Autohaus Schmitt GmbH
Sonstige Kenntnisse	Kenntnisse mit dem MS-Office-Paket (Word, Excel, PowerPoint) gute Englisch- und Russischkenntnisse in Wort und Schrift
Hobbys	Tennis, Lesen, Reisen

Hennef, 1. Juni 20XX

Roswitha Grieger

Lichtbild

Das Lichtbild ist zwar nicht objektiv zu beurteilen, aber gerade deswegen ein ausschlaggebendes Beurteilungskriterium. Wer auf dem Foto sympathisch und kompetent wirkt, hat gute Chancen, auch mit seiner Bewerbung Erfolg zu haben. Es sollten z. B. keine Urlaubsfotos als Bewerbungsfotos genutzt werden, auf denen Bewerber sich besonders vorteilhaft getroffen fühlen. Das Format eines Bewerbungsfotos beträgt 4,5 cm × 6 cm.

Das Gesicht sollte in allen Bereichen gut ausgeleuchtet, scharf abgebildet und kontrastreich sein. Reflexionen, Schatten oder gar rote Augen sind auf jeden Fall zu vermeiden. Insofern sollte in die Bewerbung investiert und kein Foto aus einem preiswerten Schnellfotoautomaten genommen werden. Die eigene Bewerbung soll ansprechender sein als die der Mitbewerber.

In verschiedenen Großunternehmen, z. B. bei der Telekom, wurde im Rahmen von Pilotprojekten bereits versucht, gezielt auf Bewerbungsfotos zu verzichten, um keine Diskriminierung zu ermöglichen (z. B. im Hinblick auf das Alter oder die Herkunft). Bei Siemens wird bereits komplett auf ein Bewerbungsfoto verzichtet.

Zeugnisse

Der Bewerbung liegen in der Regel Zeugniskopien von Ausbildungsabschlüssen und Arbeitszeugnissen in logischer, z. B. zeitlicher Reihenfolge, bei. Zeugnisse haben häufig einen hohen Aussagewert bei der Beurteilung und Auswahl von Bewerbern, obwohl Zeugnisnoten nur bedingt etwas über die Berufseignung aussagen.

Außerdem wird die Aussagekraft von Zeugnissen noch dadurch vermindert, dass Leistungen nur in seltenen Fällen wirklich objektiv vergleichbar sind. So unterscheidet sich das Niveau von Ausbildungsabschlüssen oft und Arbeitszeugnisse sind unter Umständen Gefälligkeitsbeurteilungen.

Im Hinblick auf Arbeitszeugnisse werden zwei Arten unterschieden. Das **einfache Arbeitszeugnis** beinhaltet lediglich die Personalien des Arbeitnehmers und Angaben über die Art und Dauer der Beschäftigung. Auf Verlangen des Arbeitsnehmers muss ein **qualifiziertes Arbeitszeugnis** ausgestellt werden, das zusätzliche Angaben enthält über

- die Leistungsbeurteilung,
- das Verhalten gegenüber Vorgesetzten, Kollegen und Kunden,
- die Arbeitsbefähigung, -weise und -erfolg,
- das Fachkönnen,
- das Gesamtbild bezüglich Charakter und Persönlichkeit,
- die Weiterbildungen sowie
- den Grund der Beendigung des Arbeitsverhältnisses.

Grundsätzlich sollen einmalige Vorfälle oder Umstände positiver oder negativer Art unberücksichtigt bleiben. Da die Angaben im Zeugnis der Wahrheit entsprechen müssen, können auch negative Aussagen darin enthalten sein. Dabei hat der Arbeitgeber aber zu berücksichtigen, dass die gewählten Formulierungen von einem Wohlwollen geprägt sind. Die Folge, die sich daraus für die Zeugnissprache ergibt, sind bestimmte Formulierungen, die mit Noten gleichgesetzt werden können. In der betrieblichen Praxis sind folgende Formulierungen in Zeugnissen häufig anzutreffen:

Formulierung	Note
„... stets zu unserer vollsten Zufriedenheit ..."	sehr gut
„... stets zu unserer vollen Zufriedenheit ..."	gut
„... zu unserer vollen Zufriedenheit ..."	befriedigend
„... zu unserer Zufriedenheit ..."	ausreichend
„... im Allgemeinen zu unserer Zufriedenheit ..."	mangelhaft
„... hat sich bemüht, die ihm übertragenen Aufgaben zu unserer Zufriedenheit ..."	ungenügend

Bewerbungsmappe

Die vollständigen Bewerbungsunterlagen sollten sich ungelocht in einem Klemmhefter befinden, wobei das Anschreiben obenauf liegt. Alles zusammen kommt in einem festen DIN-A4-Umschlag entweder mit der Post oder die Bewerber bringen ihre Unterlagen persönlich zum Briefkasten des Unternehmens.

4.1.2 Bewerbung per E-Mail

Die E-Mail-Bewerbung entspricht inhaltlich der klassischen Bewerbung per Post mit dem aussagekräftigen Anschreiben, dem Lebenslauf und Zeugniskopien. Auf dem Lebenslauf ist das Bewerbungsfoto eingefügt. Die Bewerbungsunterlagen werden der Mail **als Anhang** angehängt. Der Anhang der E-Mail-Bewerbung ist damit das „Herzstück" dieser Bewerbungsart. In der Regel werden alle Dokumente in einer PDF-Datei zusammengefasst.

Online-Tools zum Erstellen einer PDF-Datei:
- Smart PDF
- PDF 24

Damit der gesamte Anhang die Größe von maximal 5 MB nicht überschreitet, muss sich dieser auf das Wesentliche beschränken. Nur wirklich relevante Zeugnisse sollten angehängt werden. Die PDF-Datei sollte einen aussagekräftigen Dateinamen erhalten (z. B. „Bewerbung_Personalabteilung_Autohaus_Schmidt").

Der **E-Mail-Text** nimmt kurz auf die ausgeschriebene Stelle Bezug und enthält auch die Kontaktdaten des Bewerbers. Insgesamt sollte der E-Mail-Text aber nicht länger als 3–4 Zeilen sein. Aus dem Betreff muss eindeutig hervorgehen, dass es sich um eine Bewerbung handelt.

4.1.3 Online-Bewerbung

Die Online-Bewerbung ist für viele Unternehmen sehr interessant, da hier alle notwendigen Informationen über den Bewerber kurz und übersichtlich zusammengefasst dargestellt werden. Bei einer Online-Bewerbung fehlt das klassische Bewerbungsanschreiben. Dieses wird durch ein Freitextfeld im Bewerbungstemplate ersetzt. Trotz des oft geringen Platzes im Freitextfeld wird hier vom Arbeitgeber in der Regel das übliche Anschreiben nach den allgemeinen Regeln des klassischen Bewerbungsanschreibens (persönliche Anrede, Grußformel usw.) erwartet.

Zusätzlich besteht natürlich die Möglichkeit, Anlagen hochzuladen. Dazu werden Lebenslauf und Zeugnisse in einer PDF-Datei zusammengefasst und dann hochgeladen. Das Bewerbungsfoto wird wie bei der E-Mail-Bewerbung im Lebenslauf integriert.

Die **Unterschrift** unter das Bewerbungsanschreiben und den Lebenslauf ist bei einer Bewerbung per E-Mail oder online keine unbedingte Voraussetzung für eine vollständige Bewerbung. Statt einer Unterschrift kann der Name in Druckbuchstaben unter das jeweilige Schreiben gesetzt werden. Eine weitere Möglichkeit ist das sorgfältige Einscannen und Einfügen der Unterschrift als Grafik.

Für das Unternehmen sind die Vorteile von Online-Bewerbungen, die z. T. auch für eine Bewerbung per E-Mail gelten, offensichtlich:

- Die Bewerbungsunterlagen gehen schneller ein.
- Die Bewerber zeigen bereits mit der Bewerbung eine informationstechnische Basiskompetenz.
- Der Verwaltungsaufwand wird deutlich reduziert.
- Bewerbungsdaten können direkt in die Bewerberdatei übernommen werden.
- Ungeeignete Bewerber erhalten sofort eine entsprechende Rückmeldung.
- Die Rücksendung der Bewerbungsunterlagen entfällt.

4.1.4 Vorstellungsgespräch

Eine Einladung zu einem Vorstellungsgespräch ist eine erste Vorentscheidung für die eingeladenen Bewerber.

Vorstellungsgespräche erfüllen verschiedene Funktionen:

- Ergänzung oder Klärung von Einzelheiten des Lebenslaufes
- Schließen von Lücken und Ungereimtheiten in den Bewerbungsunterlagen
- Abklärung der potenziellen Harmonie zwischen Bewerber und Unternehmen
- Erkenntnisse über die Motivation des Bewerbers
- Erkundigung des Bewerbers über seinen möglichen Arbeitsplatz

Der Arbeitgeber informiert sich im Vorstellungsgespräch über persönliche Eigenschaften, die anhand schriftlicher Unterlagen nicht oder nicht hinreichend überprüft werden können wie

- Kontaktfähigkeit,
- Selbstbewusstsein,
- Entschlusskraft,
- Energie,
- Beharrlichkeit,
- Anpassungsfähigkeit
- Aussehen und Benehmen,
- Körpersprache,
- Sprechweise sowie
- Kleidung und Frisur.

Im Vorstellungsgespräch kann der Bewerber aufgefordert werden, nochmals seinen Werdegang zu erzählen und seine Zukunftspläne zu beschreiben. Viele Stelleninteressenten sind darauf nicht gefasst, weil sie der Meinung sind, dass sie das schon alles im Lebenslauf angegeben haben. Gerade in dieser Situation können sich Bewerber aber hervortun, indem sie die ihnen natürlich geläufigen Gegebenheiten des eigenen Lebens frei vortragen.

Zur Erhöhung der Objektivität und besseren Vergleichbarkeit der Bewerber werden **strukturierte Interviews** durchgeführt (d. h. der Gesprächsablauf wird im Voraus festgelegt).

Außerdem ist bei der **Bewertung von Vorstellungsgesprächen** zu berücksichtigen, dass der gewonnene Eindruck subjektiv ist und durch persönliche Sympathie oder Antipathie verzerrt werden kann. Daher wird häufig eine zweite Person (z. B. der zukünftige Vorgesetzte) zum Gespräch hinzugezogen.

Zum Protokollieren der Gespräche können vorbereitete Auswertungsbögen während des Vorstellungsgesprächs genutzt werden. Dies stellt sicher, dass die Beobachtungen und Aussagen möglichst genau festgehalten werden.

Das Vorstellungsgespräch

Die 5 Phasen eines Vorstellungsgesprächs

Phase 1: Einstieg, Smaltalk	**Phase 2:** Kennenlernen	**Phase 3:** Selbstpräsentation und Fragen an den Bewerber	**Phase 4:** Rückfragen	**Phase 5:** Abschluss, Verabschiedung
z. B.: • Begrüßung durch Händeschütteln • Vorstellung der Gesprächsteilnehmer	z. B.: • Motivation des Bewerbers (zum Stellenwechsel) • Grund für die Bewerbung im Unternehmen	z. B.: • schulischer und beruflicher Werdegang des Bewerbers • auf Erfolge verweisen • erklären, warum man geeignet ist für die Stelle	z. B.: • Zeit für den Bewerber, um offen gebliebene Fragen zu klären • Fragen zum Unternehmen (Weiterbildung, Aufstiegsmöglichkeiten oder Einarbeitung)	z. B.: • bedanken für das Gespräch • Infos zum weiteren Ablauf des Bewerbungsprozesses • Ansprechpartner für weitere Fragen nennen

Hinweis: Da nicht jedes Vorstellungsgespräch gleich ist, kann der Ablauf auch von dieser Reihenfolge abweichen. Dennoch trifft man in jedem Vorstellungsgespräch auf die hier dargestellten Themenschwerpunkte.

Folgender Fragenkatalog kann den Bewerber ein wenig „aus der Reserve locken" und aufschlussreiche Informationen bringen:

Fragen zur Bewerbung

- Weshalb haben Sie sich bei uns beworben?
- Was erwarten Sie von uns?
- Weswegen wollen Sie Ihre bisherige Stelle wechseln?
- Was hat Ihnen an unserer Stellenanzeige besonders gefallen?
- Was wissen Sie über unser Unternehmen?

Fragen zur Selbstkritik

- Was sind Ihre Stärken?
- Was sind Ihre Schwächen?
- Warum kaufen Ihre Kunden gerade bei Ihnen gerne einen Neuwagen?
- Was berichten Ihre Kunden Ihren Bekannten über Sie?
- Warum sollen wir Sie einstellen?

Fragen zu Ausbildung und Beruf

- Warum haben Sie Ihren Ausbildungsberuf gewählt?
- Was hat Ihnen an Ihrer Ausbildung besonders gefallen und was nicht?
- Welcher ist Ihr Traumberuf?
- Wie stellen Sie sich Ihre berufliche Zukunft vor?

Fragen zur Freizeitgestaltung

- Was tun Sie in Ihrer Freizeit?
- Welche Hobbys haben Sie?

Von einem gelungenen Vorstellungsgespräch kann man sprechen, wenn sich ein Gespräch auf Augenhöhe entwickelt, bei dem sich Bewerber und Personaler kennen- und einschätzen lernen. Der Bewerber ist dabei angehalten, alle Fragen wahrheitsgemäß zu beantworten, es sei denn, es handelt sich um eine unzulässige Frage, bei deren wahrheitsgemäßer Beantwortung der Bewerber für sich ggf. Nachteile bezüglich der Auswahlentscheidung zu befürchten hat.

Nicht zulässig sind Fragen nach Gewerkschaftszugehörigkeit, Betriebsratstätigkeit oder bei Frauen die Frage nach einer bestehenden Schwangerschaft oder anstehender Familienplanung. Um Bewerber effektiv vor unzulässigen Fragen zu schützen, wird ihnen in diesen Fällen das **„Recht zur Lüge“** eingeräumt. Eine Schwangere darf also z. B. die Schwangerschaft leugnen, ohne dass der Arbeitgeber deshalb das Recht hat, den Arbeitsvertrag später wegen arglistiger Täuschung anzufechten.

Das „Recht zur Lüge“ wird einem Bewerber dabei ganz bewusst eingeräumt, da das Nichtbeantworten einer unzulässigen Frage durchaus zu einer Benachteiligung im Bewerbungsverfahren führen kann. Darüber hinaus darf eine „falsche“ Antwort auf eine unzulässige Frage laut Bundesarbeitsgericht allerdings keine negativen Folgen für einen Bewerber haben.

***BEISPIEL** Unzulässige bzw. verbotene Fragen im Rahmen eines Vorstellungsgesprächs*

- *Sind Sie momentan schwanger?*
- *Wollen Sie zukünftig Kinder haben?*
- *Haben Sie vor zu heiraten?*
- *Welche sexuelle Orientierung haben Sie?*
- *Sind Sie Mitglied in einer Gewerkschaft oder Partei?*
- *Welcher religiösen Gemeinschaft gehören Sie an?*
- *Welche Krankheiten gibt es in Ihrer Familie?*
- *Woher stammen Sie?*

Beachten Sie immer, dass im Einzelfall auch unerlaubte Fragen zulässig sein können, sofern ein begründetes Interesse vorliegt. Dabei ist auch zu berücksichtigen, dass der Arbeitgeber seinen Fürsorgepflichten nachkommen muss.

BEISPIEL

- *Bewerben Sie sich bei einer Kirche oder kirchlichen Institution, ist die Frage nach der religiösen Einstellung bzw. der Konfession durchaus wichtig.*
- *Für den anstehenden Ausbau einer Autobahn werden Straßenbauer gesucht. Da es sich hierbei um eine schwere körperliche Arbeit handelt, ist die Frage nach dem Gesundheitszustand des Bewerbers von Interesse.*

Am Ende eines erfolgreichen Bewerbungsgespräches können bereits Rahmenbedingungen eines eventuell folgenden Arbeitsverhältnisses sowohl vom Unternehmen als auch vom Bewerber angesprochen werden:

- die genaue Beschreibung der Tätigkeit, des Aufgabengebietes und der Kompetenzen
- Aufstiegsmöglichkeiten
- der genaue Eintrittstermin, Dauer der Probezeit, Festlegung der Vertragsdauer
- Kündigungsfristen
- Höhe des Entgelts entsprechend dem Tarifvertrag
- vermögenswirksame Leistungen, Weihnachtsgeld, Urlaubsgeld
- Überstundenregelung
- Urlaubstage
- Sozialleistungen wie Jobticket und Kantinenzuschüsse

4.2 Einstellungsentscheidungen treffen

Im Rahmen der Entscheidungsfindung wird die Person ausgewählt, deren Qualifikationen den Stellenanforderungen weitestgehend entsprechen.

Um eine transparente Entscheidung zu treffen, ist es hilfreich, kriteriengeleitet vorzugehen. Ausgehend von der Stellenbeschreibung werden Kriterien benannt und ggf. gewichtet, deren Erfüllung vom Bewerber erwartet werden.

Mögliche auswahlbestimmende Kriterien:

- Ausbildung
- Berufserfahrung
- Fremdsprachenkenntnisse
- fachliche Qualifikationen
- Teamfähigkeit
- Kreativität
- sicheres Auftreten

Anhand der Bewerbungsunterlagen und Notizen aus dem Vorstellungsgespräch kann nun für jeden Bewerber eine kriteriengeleitete Bewertung durchgeführt werden. Ein bereits bekanntes klassisches Auswahlinstrument der Betriebswirtschaftslehre, die Nutzwertanalyse, kann z. B. auch bei dieser Auswahlentscheidung eingesetzt werden.

Nutzwertanalyse (Entscheidungstabelle)
☞ Band 1, LF 4, S. 212 f.

Die Endauswahl für die Stellenbesetzung erfolgt meist im Kreis derer, die das Vorstellungsgespräch geführt haben.

Schließlich hat in Betrieben mit mehr als 20 Mitarbeitern der Betriebsrat ein Mitwirkungsrecht, er ist von jeder Einstellung zu unterrichten (mindestens eine Woche im Voraus), dabei sind ihm die Bewerbungsunterlagen aller Bewerber vorzulegen. Der Betriebsrat kann seine Zustimmung verweigern, wenn

- entgegen seinem Verlangen keine interne Ausschreibung der Stelle erfolgte.
- gegen ein Gesetz, eine Verordnung oder eine Tarifverhandlung verstoßen wird.
- gegen eine betriebliche Auswahlrichtlinie verstoßen wird.
- die begründete Besorgnis besteht, dass die Einstellung zu Nachteilen für die bereits beschäftigten Mitarbeiter führen könnte.
- der neue Mitarbeiter einem internen Bewerber vorgezogen wird, ohne dass dies aus betrieblichen oder in der Person des Bewerbers liegenden Gründen gerechtfertigt ist.

Verweigert der Betriebsrat unter Bezugnahme auf einen der vorgenannten Gründe seine Zustimmung, so gilt die Einstellung als ausgesetzt. Der Arbeitgeber kann ggf. vor dem Arbeitsgericht die benötigte Zustimmung erstreiten.

Nach der Personalentscheidung und Zusendung des Einstellungsschreibens ist ggf. noch eine wichtige Formalie zu prüfen: die ärztliche Eingangsuntersuchung. Diese sind bei Mitarbeitern in der Personenbeförderung oder Jugendlichen gesetzlich vorgeschrieben. Erst dann kommt es zum Abschluss eines Arbeitsvertrages.

4.3 Assessment-Center

Mit der Hierarchieebene der zu besetzenden Position steigt im Allgemeinen auch der Aufwand, mit dem die Personalauswahl vorgenommen wird. Bei der Suche nach geeignetem Führungskräftenachwuchs wird fast schon traditionell zu einem ***Assessment-Center*** eingeladen.

Bei einem ***Assessment-Center (AC)*** handelt es sich um eine Methode, bei der mehrere Personen über einen längeren Zeitraum hinweg verschiedene Aufgaben zu bewältigen haben.

Im Unterschied zu konventionellen Testmethoden werden die Kandidaten hier oft für mehrere Tage in einer Tagungsstätte einquartiert und meist im gesamten Tagesablauf intensiv auf ihre Schlüsselqualifikationen hin untersucht. So sind Teamfähigkeit, Belastbarkeit, Flexibilität, Rhetorik oder Entscheidungsfähigkeit in den verschiedensten Situationen unter Beweis zu stellen.

Das Einschätzen der Ergebnisse wird durch Beobachter übernommen. Sofern es sich um Mitarbeiter des Unternehmens handelt, sind dies in der Regel Führungskräfte und Personaler. Darüber hinaus kann es auch sein, dass entsprechende Dienstleister zusätzlich beauftragt werden, wenn z. B. auch Psychologen mit einbezogen werden sollen. Um fundierte Ergebnisse zu erhalten, sollte das Verhältnis zwischen Beobachtern und Teilnehmern bei 1:1 oder 1:2 liegen.

Ein Assessment-Center folgt dabei der Zielsetzung, den Kandidaten zu finden, der die erforderlichen Voraussetzungen und Fähigkeiten für den Job mitbringt. Die Entscheidung soll dabei unter der Berücksichtigung möglichst objektiver Kriterien erfolgen. Daher ist es besonders wichtig, dass die gestellten Testaufgaben sehr realitäts- und arbeitsnah sind.

Assessment-Center

Eine der bekanntesten Einzelaufgaben ist die sogenannte Postkorbübung. Hier geht es darum, vorgegebene Aufgaben nach eigener Einschätzung hinsichtlich ihrer Wichtigkeit zu beurteilen und sie zu bearbeiten. Dabei steht einem allerdings nur ein begrenzter Bearbeitungszeitraum zur Verfügung. Die Übung soll zeigen, ob der Kandidat in der Lage ist, Aufgaben zu priorisieren sowie strukturiert und organisiert zu arbeiten.

Bei Gruppen-/Teamaufgaben steht nicht nur das fachliche Wissen des Kandidaten im Vordergrund. Er soll auch zeigen, dass er mit anderen Personen zusammenarbeiten und auf diese eingehen kann. Wichtig ist dabei, dass er in Diskussionen seine Argumente vertreten und überzeugen kann. Ein typisches Beispiel sind Rollenspiele, wie z. B.: Der Bewerber übernimmt die Rolle eines Kundenberaters, der einen neuen Kunden akquirieren soll.

4.4 Headhunter

Die Besetzung der obersten Führungsspitze ist eine besonders heikle Angelegenheit, da hier nicht nur die getroffene Personalentscheidung, sondern bereits ein langwieriger oder missglückter Auswahlprozess (der mit dem Rückzug des favorisierten Kandidaten endet) das Vertrauen der Investoren und Mitarbeiter in das Unternehmen stark erschüttern könnte. Aus diesem Grund – und wegen des relativ übersichtlichen Kreises möglicher Kandidaten – werden die obersten Führungspositionen nicht öffentlich ausgeschrieben, sondern geeignete Nachfolger direkt angesprochen und ggf. abgeworben.

Diese Aufgabe übernehmen zumeist zwischengeschaltete Personalberatungsunternehmen, die auf diskrete Weise Kontakt zu den gewünschten „Köpfen“ suchen (daher der Begriff „Headhunter“) oder dem Unternehmen selbst wechselwillige Spitzenkräfte vorschlagen.

LS 96

5 Abschluss eines Arbeitsvertrages

SITUATION *Autoland Murschall GmbH*

David Rose begleitete den gesamten Auswahlprozess des neuen Mitarbeiters bis hin zum mündlichen Einstellungsangebot, das der Bewerber im Vorstellungsgespräch annahm. Damit müsste der Vorgang der Personalbeschaffung aus seiner Sicht doch nun endgültig abgeschlossen sein. Frau Gentsch muss ihn da aber leider enttäuschen: „Jetzt beginnt für uns die eigentliche Verwaltungsarbeit: Bitte bereiten Sie doch den schriftlichen Arbeitsvertrag vor und lege die Personalakte für den neuen Mitarbeiter an. Auch wenn der eigentliche Arbeitsvertrag bereits mündlich geschlossen wurde, müssen wir das Arbeitsverhältnis auch noch schriftlich festhalten. Das schreibt uns das Nachweisgesetz so vor."

5.1 Rechtliche Grundlagen des Arbeitsverhältnisses

Für das Arbeitsverhältnis, das zwischen Arbeitgeber und Arbeitnehmer gegründet wird, sind verschiedene rechtliche Grundlagen von Bedeutung:

- Arbeitsvertrag
- Betriebsvereinbarungen
- Tarifvertrag
- nationales Arbeitsrecht
- EU-Recht
- ggf. **Gewohnheitsrecht**

Das Gewohnheitsrecht entsteht nicht durch ein Gesetz, sondern durch die wiederkehrende Anwendung einer bestimmten Gepflogenheit. Zahlt der Arbeitgeber z. B. drei Jahre hintereinander Weihnachtsgeld, so entsteht ein Gewohnheitsrecht.

Der Arbeitsvertrag wird individuell zwischen Arbeitnehmer und Arbeitgeber geschlossen und zählt damit zum **individuellen Arbeitsrecht.**

Die Betriebsvereinbarung und das Tarifrecht zählen hingegen zum **kollektiven Arbeitsrecht,** da diese Verträge nicht nur für einen individuellen Arbeitnehmer, sondern für eine Gesamtheit von Arbeitnehmern und ggf. auch Arbeitgebern gelten.

Darüber hinaus gibt es weitere Gesetze, die das Arbeitsverhältnis zwischen dem Arbeitgeber und dem Arbeitnehmer regeln.

Rechtsgrundlagen von Arbeitsverhältnissen

- *Bundesurlaubsgesetz*
- *Arbeitszeitgesetz*
- *Teilzeitbefristungsgesetz*
- *Allgemeines Gleichbehandlungsgesetz*
- *Schwerbehindertenrecht nach SGB*
- *Jugendarbeitsschutzgesetz*
- *Kündigungsschutzgesetz*
- *Entgeltfortzahlungsgesetz*
- *Mutterschutzgesetz*
- *Bundesdatenschutzgesetz/DSGVO*
- *Bundeseltern- und Elternzeitgesetz*
- *Arbeitnehmerüberlassungsgesetz*
- *Arbeitsschutzvorschriften*
- *Bürgerliches Gesetzbuch (BGB)*
- *Handelsgesetzbuch (HGB)*
- *Gesetz zur Regelung eines allgemeinen Mindestlohnes*
- *Nachweisgesetz*

Somit entstehen für die rechtliche Ausgestaltung des Arbeitsverhältnisses konkurrierende Rechtsgrundlagen, die sich auch widersprechen können. Aus Arbeitnehmersicht gilt hier das sogenannte **Günstigkeitsprinzip.** Dies besagt, dass es grundsätzlich eine Hierarchie im Rahmen der Gesetze und Verträge gibt, wonach für den Arbeitnehmer die bessere Bestimmung gilt.

Die Hierarchie der rechtlichen Grundlagen bei Gründung eines Arbeitsverhältnisses stellt sich dabei wie folgt dar:

Das Grundgesetz, die Verfassung der Bundesrepublik Deutschland, geht allen anderen Rechtsvorschriften vor. Auch im Arbeitsrecht muss es vorrangig berücksichtigt werden.

Vorschriften und Regelungen des jeweils höher zu gewichtenden Rechts/Vertrags stellen eine Mindestanforderung dar, die nicht unterschritten werden darf. Das jeweilige nachgeordnete Gesetz bzw. der nachgeordnete Vertrag darf aber eine Besserstellung der Vertragspartner wiederum ermöglichen.

§ 77 Abs. 3 BetrVG: Arbeitsentgelte und sonstige Arbeitsbedingungen, die durch Tarifvertrag geregelt sind oder üblicherweise geregelt werden, können nicht Gegenstand einer Betriebsvereinbarung sein. Dies gilt nicht, wenn ein Tarifvertrag den Abschluss ergänzender Betriebsvereinbarungen ausdrücklich zulässt.

Das ***Bundesurlaubsgesetz*** regelt den Erholungsurlaub und definiert einen Mindesturlaubsanspruch.

BEISPIEL

- *In vielen Tarifverträgen wird den tariflich gebundenen Arbeitnehmern 30 Arbeitstage als Urlaub zugesichert, obwohl das **Bundesurlaubsgesetz** nur 24 Werktage als Urlaub vorschreibt.*
  Daraus folgt: Der Tarifvertrag ist zulässig, da die Arbeitnehmer, für die der Tarifvertrag gilt, bessergestellt werden als das Gesetz vorschreibt.
- *Laut einem Arbeitsvertrag soll ein Arbeitnehmer nur 20 Werktage als Urlaub erhalten.*
  Daraus folgt: Der Arbeitsvertrag ist nicht zulässig, da er dem höherrangigen Bundesurlaubsgesetz widerspricht.

Ebenso müssen Verordnungen und Richtlinien des Europarechts berücksichtigt werden, denn das Europarecht ist gegenüber dem nationalen Recht der EU-Mitgliedstaaten regelmäßig das stärkere Recht. Beispielsweise haben richtungsweisende europäische Entscheidungen zur Gleichbehandlung von Männern und Frauen bei Entlohnungsfragen oder zur Nichtdiskriminierung Jüngerer bei den Kündigungsfristen dazu geführt, dass Veränderungen im nationalen Arbeitsrecht in Deutschland vorgenommen wurden.

Urlaub
☞ Band 1, LF 1, S. 63

5.1.1 Arbeitsvertrag

Der Arbeitsvertrag kommt durch **zwei inhaltlich übereinstimmende Willenserklärungen** zustande (§ 611 BGB). Grundsätzlich kann ein Arbeitsvertrag auch mündlich abgeschlossen werden, denn für die Gültigkeit des Vertrages muss keine bestimmte Form eingehalten werden.

§ 2 NachwG
(1) Der Arbeitgeber hat spätestens einen Monat nach dem vereinbarten Beginn des Arbeitsverhältnisses die wesentlichen Vertragsbedingungen schriftlich niederzulegen, die Niederschrift zu unterzeichnen und dem Arbeitnehmer auszuhändigen. (...)

Aber im Rahmen des Arbeitsvertrages ist das Gesetz über den „Nachweis der für ein Arbeitsverhältnis geltenden wesentlichen Bedingungen“, (kurz: Nachweisgesetz) zu berücksichtigen. Der Arbeitgeber muss nach dem ***Nachweisgesetz*** dem neuen Arbeitnehmer spätestens einen Monat nach der Einstellung einen schriftlichen Vertrag vorlegen, es sei denn, der neue Arbeitnehmer arbeitet weniger als 400 Stunden pro Jahr für das Unternehmen.

Da für die Kündigung eines unbefristet geschlossenen Arbeitsvertrages Kündigungsfristen und ggf. das Kündigungsschutzgesetz einzuhalten sind, liegt es insbesondere im Interesse des Unternehmers aber auch der neuen Kraft, zunächst mittels einer Probezeit zu überprüfen, ob der ausgewählte Mitarbeiter / die Mitarbeiterin bzw. die neue Stelle und das neue Unternehmen die Erwartungen entsprechend erfüllen können. Während der Probezeit kann ohne Angabe von Gründen mit einer Frist von zwei Wochen gekündigt werden.

Kündigungsschutzgesetz
☞ S. 92

Anders als beim Ausbildungsvertrag gibt es keine gesetzlichen Vorgaben bzgl. der Dauer der Probezeit. In der Regel beträgt die Probezeit drei bis sechs Monate. Eine längere Probezeit ist schwierig, da nach sechs Monaten Betriebszugehörigkeit in Unternehmen, die regelmäßig mehr als zehn Arbeitnehmer beschäftigen, das Kündigungsschutzgesetz greift. Kündigungen sind dann nach Ablauf von sechs Monaten nur noch eingeschränkt möglich. Wird in der Probezeit nicht vom Kündigungsrecht Gebrauch gemacht, geht das Arbeitsverhältnis in ein unbefristetes Arbeitsverhältnis über.

Möchte ein Arbeitnehmer einen neuen Mitarbeiter noch länger prüfen, so ist ein befristeter Arbeitsvertrag für die Höchstdauer von zwei Jahren eine Alternative. Diese Möglichkeit besteht jedoch nur, wenn zwischen dem Arbeitnehmer und dem Arbeitgeber bisher noch nie zuvor ein Arbeitsverhältnis bestand.

Mit dem Arbeitsvertrag gehen Arbeitgeber und Arbeitnehmer eine gegenseitige Verpflichtung ein, aus der eine Reihe von Pflichten für die Vertragspartner entstehen:

Pflichten des Arbeitgebers	Pflichten des Arbeitnehmers
• Vergütungspflicht • Beschäftigungspflicht • Urlaubsgewährungspflicht • Fürsorgepflicht • Zeugnispflicht	• Arbeitspflicht • Verschwiegenheitspflicht • Verbot der Annahme von Schmiergeldern • Wettbewerbsverbot

Die wesentlichen Inhalte des Arbeitsvertrages sind:

- Name und Anschrift der Vertragsparteien
- Art und Umfang der Tätigkeit
- Einsatzort
- Beginn und Dauer des Arbeitsverhältnisses
- Probezeit
- Kündigungsfristen
- Entgelt
- ggf. freiwillige soziale Leistungen
- Dauer der Arbeitszeit
- Urlaub
- ggf. **Wettbewerbsverbot** nach Beendigung des Vertragsverhältnisses

> *Ein vertragliches Wettbewerbsverbot verpflichtet den Arbeitnehmer dazu, nach dem Ausscheiden aus dem Unternehmen für eine bestimmte Zeit kein Gewerbe oder keine Anstellung auszuüben, die in Konkurrenz zum ehemaligen Arbeitgeber steht. Nach § 74a HGB darf die Dauer des Wettbewerbsverbotes maximal zwei Jahre betragen. Daraus resultierende Gehaltsausfälle sind vom ehemaligen Arbeitgeber durch eine monatliche Zahlung auszugleichen.*

In der Ausgestaltung der Inhalte des Arbeitsvertrages, wie z. B. wie viele Urlaubstage oder wie viel Gehalt der Arbeitnehmer erhält, sind Arbeitgeber und Arbeitnehmer aufgrund der geltenden Vertragsfreiheit grundsätzlich frei in ihren Vereinbarungen. Aber aufgrund höherrangiger Rechtsgrundlagen wird diese Gestaltungsfreiheit wieder stark eingeschränkt. Grundsätzlich darf der Arbeitgeber den Arbeitnehmer im Arbeitsvertrag stets besserstellen als z. B. Gesetze dies mindestens vorschreiben, aber nie schlechter. Im folgenden Abschnitt werden weitere Rechtsgrundlagen vorgestellt, die Einfluss auf den Arbeitsvertrag haben.

Arbeitsvertrag für Angestellte

unter Verweisung auf den Tarifvertrag

AUTOLAND GMBH MURSCHALL

Zwischen der Autoland Murschall GmbH, Plitterdorfer Str. 48, 53173 Bonn (Arbeitgeber)

und Herrn/Frau Roswitha Grieger geb. am 13.04.1982,
wohnhaft 53757 Hennef,
Schwalbacher Str. 6 (Arbeitnehmer)

wird folgender Arbeitsvertrag geschlossen.

§ 1 Inhalt und Beginn des Arbeitsverhältnisses

I. Der/die Arbeitnehmer(in) tritt ab 01.09.20XX als Disponentin auf unbestimmte Zeit in die Dienste des Arbeitgebers.

II. Der Arbeitsvertrag bezieht sich auf eine Tätigkeit in Bonn. Der Arbeitgeber behält sich vor, dem/der Arbeitnehmer(in) im Rahmen des Unternehmens auch an einem anderen Ort eine andere oder zusätzliche, der Vorbildung und den Fähigkeiten entsprechende Tätigkeit zu übertragen.

§ 2 Arbeitszeit

I. Die Arbeitszeit richtet sich nach den für den Betrieb geltenden tariflichen und betrieblichen Bestimmungen.

II. Der/die Arbeitnehmer(in) ist verpflichtet, im Rahmen des AZG und des MTV Mehrarbeit zu leisten.

§ 3 Arbeitsvergütung und Urlaubsanspruch

I. Der/die Arbeitnehmer(in) erhält eine monatliche Vergütung nach dem Gehalts-Tarifvertrag.
   a) Gehalt nach der Tarifgruppe 4
   b) eine außerordentliche monatliche Zulage in Höhe von 70,00 €

II. Die Arbeitsvergütung ist jeweils am Monatsanfang auszuzahlen.

III. Der Urlaubsanspruch beträgt 25 Arbeitstage pro Kalenderjahr.

§ 4 Besondere Vergütungen

Neben dem in § 3 festgelegten Arbeitsentgelt werden noch folgende besondere Vergütungen gezahlt:

I. Urlaubsgeld 1.400,00 €

II. Sonstiges VL 13,29 €

§ 5 Arbeitsfähigkeit

Der/die Arbeitnehmer(in) ist verpflichtet, im Falle der Dienstverhinderung den Grund und die voraussichtliche Dauer der Verhinderung vorher bzw. unverzüglich mitzuteilen und im Falle der Erkrankung diese bis zum Ablauf des 3. Werktages nach Eintritt der Dienstverhinderung nachzuweisen.

§ 6 Verschwiegenheitspflicht

Der/die Arbeitnehmer(in) ist verpflichtet, über alle Betriebs- und Geschäftsgeheimnisse sowie über alle betriebsinternen vertraulichen Angelegenheiten Stillschweigen zu bewahren.

§ 7 Beendigung des Arbeitsverhältnisses

I. Das Arbeitsverhältnis endet mit Ablauf des Monats, in dem der/die Arbeitnehmer(in) das 67. Lebensjahr vollendet.

II. Das Arbeitsverhältnis kann mit der Frist von 1 Monat zum Monatsende gekündigt werden. Bei längerer Betriebszugehörigkeit verändert sich die Kündigungsfrist entsprechend (siehe MTV und KSchG).

§ 8 Änderungen des Arbeitsvertrages

Änderungen dieses Vertrages bedürfen der Schriftform.

§ 9 Bestandteile des Vertrages

Die Angaben im Einstellungsfragebogen und in den Bewerbungsunterlagen sind Bestandteil des Arbeitsvertrages. Die unwahre Beantwortung der Fragen berechtigt zur Anfechtung oder außerordentlichen Kündigung des Arbeitsvertrages.

Bonn, den 27.07.20XX

Nolte
Arbeitgeber

Roswitha Grieger
Arbeitnehmer(in)

5.1.2 Tarifvertrag

Grundlage für die Entlohnung, den Urlaubsanspruch, die Arbeitszeiten und die Arbeitsbedingungen der Auszubildenden im Autohaus bildet meist ein Tarifvertrag. Er wird zwischen den Gewerkschaften und Arbeitgeberverbänden, den sogenannten **Tarifparteien,** ausgehandelt.

Dabei handelt es sich um einen einzelnen Arbeitgeber oder einen Arbeitgeberverband auf der einen Seite und um eine Gewerkschaft als Interessenvertretung der Arbeitnehmer auf der anderen Seite. Gegenstand eines solchen Tarifvertrages ist die Regelung arbeitsrechtlicher Fragen. In der Regel gilt ein Tarifvertrag für einen ganzen Wirtschaftszweig.

Den Tarifpartnern ist es also gestattet, die Tarife für Arbeitsleistungen durch vertragliche Verhandlungen eigenverantwortlich und ohne Einflussnahme des Gesetzgebers zu bestimmen. Deshalb spricht man auch von der **Tarifautonomie.** Man unterscheidet zwei Arten von Tarifverträgen:

Der **Manteltarifvertrag,** der in der Regel über mehrere Jahre gilt, regelt allgemeine Arbeitsbedingungen wie

- regelmäßige Arbeitszeit,
- Urlaub,
- Dauer der Probezeit und Kündigungsfristen in der Probezeit,
- Mehr-, Nacht-, Sonntags- und Feiertagsarbeit,
- Sonderzahlungen sowie
- Kündigung.

Der Lohn- und **Gehaltstarifvertrag** gilt meist ein bis zwei Jahre und regelt

- die Einteilung der Beschäftigungsgruppen, häufig nach Ausbildungs- und Tätigkeitsmerkmalen sowie Beschäftigungsdauer gegliedert, und
- die Lohn- und Gehaltshöhen für die jeweiligen Beschäftigungsgruppen.

Ein Tarifvertrag gilt nur innerhalb eines bestimmten geografischen Gebiets. Nach dem Geltungsbereich unterscheidet man Landes-, Bezirks-, Orts- und Werkstarife, d. h., der Tarifvertrag kann für das ganze Bundesgebiet gelten oder für ein oder mehrere Bundesländer, Landesbezirke oder einzelne Unternehmen.

Die Regelungen des Tarifvertrages gelten unmittelbar und zwingend für die Arbeitsverhältnisse der Mitglieder der Tarifvertragspartner. Wird ein Arbeitsvertrag zwischen Mitgliedern der Tarifvertragspartner (Gewerkschaften und Arbeitgeber bzw. Arbeitgeberverbände) geschlossen, so sind die Regelungen des Tarifvertrages auf das Arbeitsverhältnis anzuwenden.

> i *Grundsätzlich gelten Tarifverträge nur für die Mitglieder der Tarifparteien. Hierbei spricht man von **Tarifgebundenen.***

Somit findet der Tarifvertrag auf ein Arbeitsverhältnis auch dann Anwendung, wenn im Einzelnen Arbeitsvertrag nicht ausdrücklich auf den Tarifvertrag Bezug genommen wird.

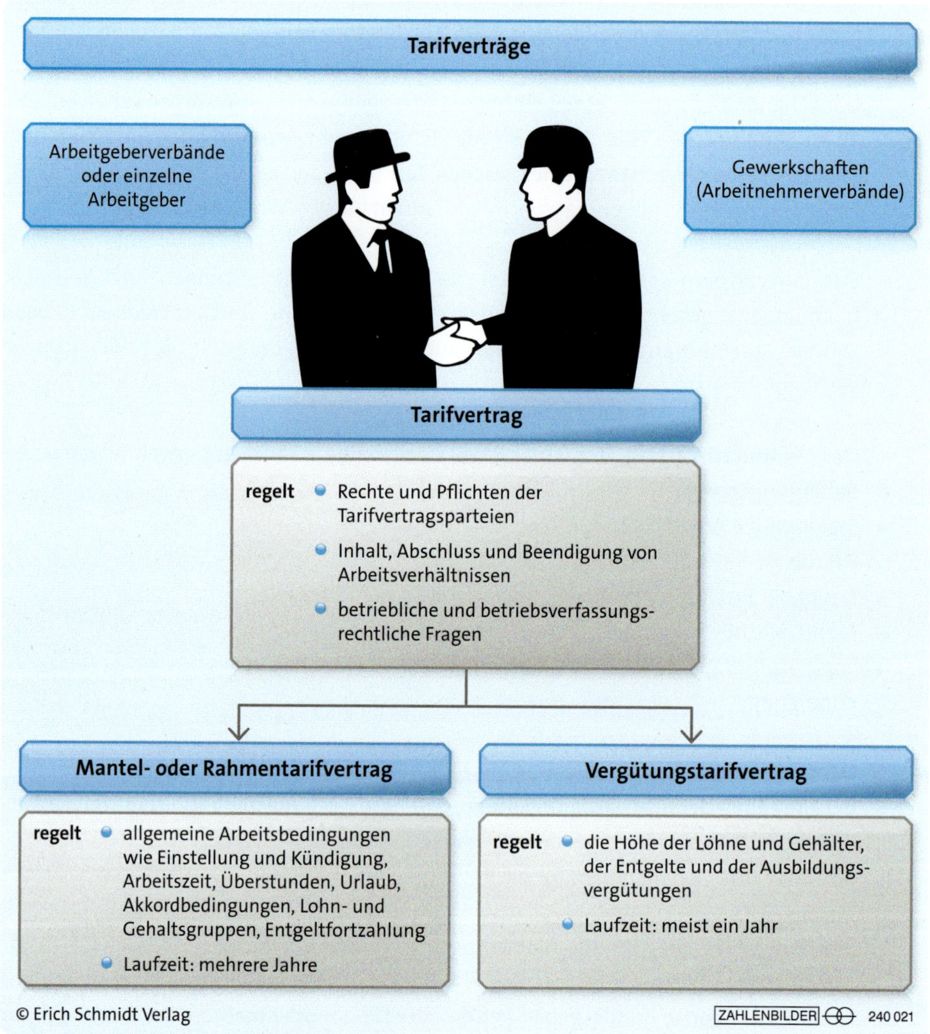

Wirkung entfaltet ein Tarifvertrag aber nicht nur zwischen den Tarifpartnern. Durch eine sogenannte **Allgemeinverbindlichkeitserklärung** des Bundesministeriums für Arbeit und Soziales kann ein Tarifvertrag auch über die Vertragsbeteiligten hinaus erstreckt werden. Sie sichert den nicht gewerkschaftlich organisierten Arbeitnehmern die rechtliche Gleichstellung mit den Gewerkschaftsmitgliedern zu.

> i *In vielen Unternehmen werden die nicht tarifgebundenen Mitarbeiter den tarifgebundenen auch über eine Betriebsvereinbarung oder eine individuelle Klausel im Arbeitsvertrag gleichgestellt.*

5.1.3 Betriebsvereinbarung

Die Betriebsvereinbarung wird laut Betriebsverfassungsgesetz (BetrVG) zwischen dem Arbeitgeber und dem Betriebsrat eines Unternehmens geschlossen und stellt einen Vertrag dar, der verbindliche Normen für alle Arbeitnehmer **eines Betriebes** regelt.

Im Prinzip können alle dem Mitbestimmungsrecht des Betriebsrates unterliegenden Sachfragen durch Betriebsvereinbarungen geregelt werden. Dies sind nach § 87 Abs. 1 BetrVG insbesondere: Fragen der Betriebsordnung wie Rauchverbot oder Bekleidungsvorschriften, Arbeitszeitregelungen inkl. Arbeitszeiterfassung, Krankmeldung der Arbeitnehmer, Urlaubsregelungen, private Nutzung von Firmeneigentum (Telefon, Internet, Firmenwagen), Zahlungszeitpunkt der Arbeitsentgelte, übertarifliche Vergütungen, Vorruhestandsregelungen.

5.2 Personalverwaltung

Die Aufgaben der Personalverwaltung beziehen sich in erster Linie auf administrative personalbezogene Maßnahmen. Dazu zählen u. a. Aufgaben des Personalberichtswesens, der Verwaltung von Personaldaten oder der Entlohnung sowie Sozialversicherung. Die auf diesem Weg erhobenen Daten können dann im Rahmen des ***Personalcontrollings*** genutzt werden.

Personalcontrolling Planung, Steuerung und Kontrolle von personalwirtschaftlichen Maßnahmen

5.2.1 Erfassung neuer Mitarbeiter

Mit dem Eintritt neuer Mitarbeiter fällt in der Personalabteilung eine Reihe von Verwaltungsaufgaben an:

1. Es ist eine **Personalakte** anzulegen: In diese werden das Personalstammblatt mit allen wesentlichen Personalangaben, der Arbeitsvertrag, die zugesandten Bewerbungsunterlagen, die Versicherungsbescheinigung der Krankenkasse, der Sozialversicherungsausweis (sofern dieser nicht mitgeführt wird), ärztl. Gutachten u. a. m. abgelegt. Im Laufe der beruflichen Laufbahn eines Mitarbeiters wird die Personalakte später noch um Krankmeldungen, Fortbildungszertifikate oder Beurteilungen, aber ggf. auch durch Abmahnung und Kündigung ergänzt. Grundsätzlich darf der Arbeitgeber alle im Zusammenhang mit dem Arbeitsverhältnis entstehenden Informationen sammeln. Allerdings hat der Mitarbeiter das Recht, jederzeit und umfassend in seine Personalakte Einsicht zu nehmen. Er kann verlangen, dass unrichtige Angaben korrigiert und unberechtigte nachteilige Vermerke (z. B. eine gegenstandslose Abmahnung) gelöscht werden. Schließlich darf er zu jeder Leistungs- oder Verhaltensbewertung des Arbeitgebers, die in die Personalakte eingeht, eine eigene Erklärung („Gegendarstellung“) verfassen. Dabei ist der vertrauliche Umgang mit diesen **personenbezogenen Daten** von jedem Unternehmen sicherzustellen. Gesetzliche Grundlagen sind die Datenschutz-Grundverordnung ***(DSGVO)*** der Europäischen Union sowie das neue deutsche Bundesdatenschutzgesetz (BDSG-neu), welches ergänzende Regelungen zur DSGVO beinhaltet.

   § 83 BetrVG

   Ziel der ***DSGVO*** ist es, ein einheitliches Datenschutzrecht innerhalb der EU zu gewährleisten, um den Umgang mit personenbezogene Daten stärker zu schützen.

2. Es ist ein **Personaldatensatz** anzulegen: Der neue Mitarbeiter erhält eine Personalnummer, unter der alle verwaltungstechnisch wichtigen Kenndaten wie Einsatzstelle, Vergütung, tarifliche Arbeitszeit usw. abgespeichert werden. Damit ist auch der Eingang ins Personalinformationssystem, in die Arbeitszeiterfassung oder ins Lohnberechnungsprogramm verbunden. Heutzutage sind auch diese Personalverwaltungsmodule zumeist in einer ERP-Software miteinander verknüpft.

SGB
Sozialgesetzbuch

3. Der Arbeitnehmer ist zur **gesetzlichen Sozialversicherung anzumelden:** Nach § 28a ***SGB*** IV findet die Anmeldung zu allen Versicherungszweigen nur noch elektronisch gegenüber der Einzugsstelle der gesetzlichen Krankenversicherung statt. Diese ist für eine evtl. notwendige Weiterleitung zuständig. Gemeldet werden beispielsweise die Sozialversicherungsnummer, die persönlichen Daten des Versicherten, der Grund der Meldung (hier: Beschäftigungsaufnahme) und die Betriebsnummer des Arbeitgebers.
4. Dem Mitarbeiter müssen die notwendigen **Berechtigungen** ausgestellt werden: Ohne Firmenausweis, Chip für die elektronische Parkschranke, Büroschlüssel, Passwort für den PC usw. kann auch der kompetenteste Mitarbeiter seinen Dienst nicht versehen. Deshalb sollten die entsprechenden Ausweise und Zugangscodes spätestens am ersten Arbeitstag bereitstehen.
5. Der Mitarbeiter benötigt **Informationen zur Orientierung** im Betrieb: Wird von Betriebsseite aus keine entsprechende Informationsveranstaltung angeboten, wird die Personalabteilung größerer Unternehmen meist eine **Einführungsmappe** zusammenstellen, die beispielsweise einen Raumplan, Rettungshinweise, Datenschutzvorschriften, ein Organigramm sowie gültige Verhaltensregeln enthält.
6. Schließlich müssen **Begrüßung und Einweisung** am Arbeitsplatz organisiert sein: Dies geschieht zumeist in enger Absprache mit der anfordernden Abteilung. Mögliche Gestaltungselemente wären eine Vorstellungsrunde im Kreis der Kollegen, die Benennung von Verantwortlichen für die sachgerechte Einarbeitung oder regelmäßige Gespräche zwischen neuem Mitarbeiter und Abteilungsleitung zur Besprechung und Lösung von Einstiegsschwierigkeiten.

5.2.2 Ständige Verwaltungsaufgaben

Jenseits der fallbezogenen Personalbeschaffungs- und -freisetzungsaktivitäten beschäftigt sich die Personalverwaltung hauptsächlich mit der administrativen Führung des Personalbestands. Zu den immer wiederkehrenden Aufgaben gehören:

- das Erstellen von Lohn- und Gehaltsabrechnungen (vgl. Kap. 7)
- das Führen der Arbeitszeitkonten
- das Bearbeiten von Fehlzeiten (Urlaubsansprüche, Krankheiten, Freistellungen)
- das Führen der Personalstatistik
- das Ausstellen von Bescheinigungen
- das Aktualisieren von Personalakten
- das Ermitteln der Ausgleichsabgabe für Schwerbehinderte
- das Abführen einbehaltener Steuern und Sozialversicherungsabgaben u. v. m.

Das Führen von bereichsbezogenen Personalstatistiken sollte z. B. auch Fehlzeitenanalysen und Unfallstatistiken beinhalten. Sie können darüber Aufschluss geben, ob möglicherweise Arbeitsplatzbestimmungen oder Unfallschutzvorschriften nicht eingehalten werden und es deshalb zu Ausfallzeiten kommt.

Da es in diesem Zusammenhang auch stets um den Umgang mit personenbezogenen Daten geht, sind die Anforderungen des Datenschutzes zu berücksichtigen. Darüber hinaus muss auch sichergestellt werden, dass die gewährleistet ist. Dabei geht es um die technischen Aspekte, die dem Schutz der Daten dienen. Dazu zählen der Missbrauch sowie die Zerstörung bzw. der Verlust der Daten. Auch der unbefugte Zugriff auf die Daten ist auszuschließen.

6 Personaleinsatzplanung

LS 97

SITUATION *Autoland Murschall GmbH*

In der Vergangenheit ist es David Rose immer wieder aufgefallen, dass es Tage gibt, an denen nicht alle Mitarbeiter bereits morgens im Autohaus anwesend sind. Durch die Personaleinsatzplanung, in die er jetzt Einsicht hat, wird ihm einiges klarer. Allerdings versteht er nicht ganz, nach welchen Kriterien diese Planungen aufgestellt werden. Frau Gentsch gibt ihm einen ersten Einblick. „Bei der Personaleinsatzplanung spielen unterschiedliche Kriterien eine Rolle. So muss beispielsweise die im Arbeits- oder Tarifvertrag vereinbarte Arbeitszeit berücksichtigt werden. Auch die Geschäftszeiten und die an den einzelnen Tagen zu erwartende Kundenfrequenz haben Einfluss auf die Personaleinsatzplanung.“

Mithilfe der Personaleinsatzplanung versucht das Autohaus die Anwesenheit der Mitarbeiter zu planen bzw. festzulegen, die während der Geschäftsöffnungszeiten die anfallenden Arbeiten, wie z. B. die Reparatur der Kundenfahrzeuge, erledigen. Hierbei versucht das Autohaus den Personaleinsatz so zu planen, dass auf der einen Seite ausreichend Personal vorhanden ist, auf der anderen Seite aber auch nicht die Kosten des Personaleinsatzes, z. B. durch eine Überbesetzung der Werkstatt, zu hoch werden. Bei der Personaleinsatzplanung sind folgende Punkte zu berücksichtigen:

Arbeitszeit des Mitarbeiters

Arbeitszeit
☞ Band 1, LF 1, S. 61 f.

Jeder Mitarbeiter steht dem Autohaus nur für einen begrenzten Zeitraum zur Verfügung. Dieser Zeitraum ergibt sich aus dem Arbeitsvertrag oder dem Tarifvertrag. Unter Umständen haben einige Mitarbeiter auch eine Teilzeitbeschäftigung in ihrem Arbeitsvertrag vereinbart, auch dies muss bei der Personaleinsatzplanung berücksichtigt werden. Eine Beschäftigung über die vertraglich festgelegte Arbeitszeit hinaus ist zwar prinzipiell möglich, kann aber im Autohaus zu stark steigenden Personalkosten führen. Dies ist immer dann der Fall, wenn Überstunden nicht durch zusätzliche Freizeit, sondern durch Zuschläge zum Entgelt abgegolten werden.

Geschäftsöffnungszeiten

Im Rahmen der gesetzlichen Geschäftsöffnungszeiten der Länder steht es dem Autohaus frei, wann und wie lange es öffnet. Es wird sich hierbei zum einen durch die Geschäftsöffnungszeiten seiner direkten Mitbewerber, zum anderen nach den Bedürfnissen seiner Kunden, z. B. bei einem hohen Anteil von Gewerbekunden, beeinflussen lassen. Es ist selbstverständlich, dass während der gesamten Öffnungszeit ausreichend Personal vorhanden sein muss.

BESUCHEN SIE UNS.

Reparaturannahme:
Montag – Freitag: 7:00 – 17:00 Uhr

Verkauf:
Montag – Freitag: 8:00 – 18:00 Uhr
Samstag: 8:00 – 14:00 Uhr

Teile und Zubehör:
Montag – Freitag: 8:00 – 17:00 Uhr
Samstag: 8:00 – 14:00 Uhr

Sonntagsbesichtigung:
12:00 – 16:00 Uhr

Ihr Team der Autoland Murschall GmbH.

Kundenfrequenz

Kunden besuchen das Autohaus und seine verschiedenen Abteilungen nicht gleichmäßig über den Tag verteilt. Es kommt immer darauf an, welche Leistung der Kunde von dem Autohaus erwartet. So wird der Werkstattkunde tendenziell in den frühen Morgenstunden sein Fahrzeuge zur Reparatur oder Inspektion bringen. In den Abendstunden nach 17:00 Uhr wird er es in der Regel wieder abholen wollen und können.

Für den Verkauf von Neu- und Gebrauchtwagen gilt grundsätzlich der Samstag als sehr umsatzstarker Tag. Ähnliche Beobachtungen können auch im Verlauf des gesamten Kalenderjahres gemacht werden. So ist das Frühjahr in der Regel die Zeit im Jahr, in der viele Kunden über den Kauf eines neuen Fahrzeuges nachdenken und in die Autohäuser kommen. In den Monaten vor den Sommerferien sind die Werkstätten der Autohäuser gut besucht, da viele Kunden ihr Auto fit für die anstehende Urlaubsfahrt machen wollen.

Auch die Herbst- und frühen Wintermonate führen in der Regel zu einem verstärkten Andrang in der Werkstatt, da hier z. B. viele Kunden ihre Sommerreifen auf Winterreifen wechseln lassen. Dafür sind diese Monate für den Verkauf eher ruhigere Monate, da nur wenige Kunden den Kauf eines Fahrzeuges in dieser Zeit planen. Diese Schwankungen in der Kundenfrequenz in den einzelnen Abteilungen des Autohauses müssen auch in der Personaleinsatzplanung berücksichtigt werden. Dabei kann sich das Autohaus gerade bei der Personalplanung in der Werkstatt durch geeignete Softwarelösungen unterstützen lassen.

Es ist also darauf zu achten, dass in den Zeiten, in denen mit einem verstärkten Kundenaufkommen zu rechnen ist, auch ausreichend Mitarbeiter zur Verfügung stehen. Daher sollte der Einsatz des Personals auch in enger Abstimmung mit der **Urlaubsplanung** erfolgen. Ist ein Mitarbeiter im Urlaub, so muss zudem geklärt sein, wer ihn im Bedarfsfall vertritt (Vertretungsregelung).

Beeinflusst wird die Personaleinsatzplanung dabei auch von den **Arbeitszeitmodellen,** die genutzt werden. Sind alle Mitarbeiter in Vollzeit beschäftigt oder gibt es auch Teilzeitbeschäftigte? Gibt es Schichtarbeit, z. B. in der Werkstatt, oder eine Gleitzeitregelung? Welche Modelle zum Einsatz kommen, muss individuell vom Unternehmen entschieden werden. Eine optimale Abstimmung der Möglichkeiten kann aber viele Vorteile bieten, wie beispielsweise

- die Steigerung der Kundenzufriedenheit, da immer ausreichend Mitarbeiter verfügbar ist,
- die Erhöhung der Produktivität, da keine Leerzeiten entstehen,
- die Einsparung von Kosten, da nicht immer alle Mitarbeiter zeitgleich am Arbeitsplatz sein müssen, oder
- eine höhere Arbeitszufriedenheit bei den Mitarbeitern, da sie (z. B. bei einer Gleitzeitregelung) Familie und Beruf besser vereinbaren können.

7 Entgeltabrechnung

LS 98

> *SITUATION Autoland Murschall GmbH*
>
> *„Einen guten Morgen, Herr Rose. In den letzten Wochen haben Sie ja schon einiges über die Tätigkeiten der Personalwirtschaft gelernt. Ab heute werden wir uns intensiv mit allen Aufgaben beschäftigen, die sich mit der Entgeltabrechnung befassen. Obwohl Sie an Ihrem ersten Tag bei uns ja noch der Meinung waren, die Entgeltabrechnung wäre recht schnell gelernt, werden Sie sehen, dass sie doch so ihre Tücken hat."*
>
> *„Mittlerweile habe ich gesehen, wie umfangreich und interessant die Aufgaben hier bei Ihnen in der Personalabteilung sind, Frau Gentsch. Auf die Entgeltabrechnung bin ich aber besonders gespannt. So ist es sehr viel leichter zu verstehen, wie sich mein Gehalt am Ende des Monats genau zusammensetzt."*

Das Entgelt eines Arbeitnehmers kann aus zwei Perspektiven betrachtet werden: Aus **Sicht des Autohauses** verursacht die Entgeltzahlung an den Arbeitnehmer Personalkosten. Diese Personalkosten werden über die Handlungskosten mit in die Preise einkalkuliert und letztendlich zahlt jeder Kunde mit seinem Auftrag oder Einkauf einen Teil des monatlichen Entgelts eines jeden Angestellten im Autohaus.

Gemeinkosten
☞ LF 10, Kap. 1.2.2, S. 114

Aus **Sicht des Arbeitnehmers** stellt die monatliche Entgeltzahlung das Einkommen, seine Lebensgrundlage, dar. Allerdings besteht ein wesentlicher Unterschied zwischen dem Bruttoentgelt, das in seinem Arbeitsvertrag festgeschrieben ist, und dem Nettoentgelt, das er am Monatsende tatsächlich zur Verfügung hat.

Stufen der Entgeltabrechnung

Ermittlung des Bruttoentgelts lt. Arbeitsvertrag
+ Sonderzahlungen
(z. B. Weihnachts- und Urlaubsgeld, vermögenswirksame Leistungen, Provisionen)
+ geldwerter Vorteil (z. B. Firmenwagen)

= sozialversicherungspflichtiges Bruttoentgelt
– Steuerfreibetrag

= steuerpflichtiges Bruttoentgelt
– steuerliche Abzüge
– Sozialversicherungsbeiträge

= Nettoentgelt
– Vorschuss
– vermögenswirksames Sparen (Arbeitgeber- + Arbeitnehmeranteil)
– geldwerter Vorteil (z. B. Firmenwagen)

= Nettoauszahlungsbetrag

steuerpflichtiges Bruttoentgelt
☞ S. 52

Berechnung der steuerlichen Abzüge
☞ S. 53 ff.

Sozialversicherungsbeiträge
☞ S. 56 f.

Berechnung des Nettoauszahlungsbetrags
☞ S. 57 f.

7.1 Ermittlung des Bruttoentgelts

Ausbildungsvergütung
☞ Band 1, LF 1, S. 63 ff.

Die Höhe des Entgelts wird im Arbeitsvertrag schriftlich fixiert. Sind Arbeitnehmer und Arbeitgeber tariflich gebunden (Mitglied der Tarifparteien) oder wurde der Tarifvertrag für allgemein verbindlich erklärt, ist die Mindesthöhe des Entgelts abhängig von der Einstufung des Arbeitnehmers in eine **Beschäftigungsgruppe.** Diese richtet sich nach der Ausbildung und dem Aufgabengebiet des Arbeitnehmers.

Zudem ist die Entgelthöhe abhängig von der **Beschäftigungsdauer** innerhalb der jeweiligen Gruppe (Beschäftigungsjahr). Trotz Tarifgebundenheit kann zwischen Arbeitnehmer und Arbeitgeber ein höheres Entgelt vereinbart werden als tariflich vorgeschrieben; ein niedrigerer Verdienst ist aber arbeitsrechtlich nicht möglich (Günstigkeitsprinzip). Sind Arbeitnehmer und Arbeitgeber tariflich nicht gebunden und wurde der Tarifvertrag vom Minister für Arbeit und Soziales nicht für allgemein verbindlich erklärt, so kann das Entgelt zwischen Arbeitgeber und Arbeitnehmer frei von tariflichen Vorgaben vereinbart werden. Allerdings darf es in der Regel nicht um mehr als 20 % vom Tarifvertrag abweichen.

7.2 Ermittlung des sozialversicherungspflichtigen Bruttoentgelts

Zum Bruttoentgelt gehören alle Leistungen, die dem Arbeitnehmer im Rahmen seines Arbeitsverhältnisses gezahlt werden. Auch die neben dem Bruttoentgelt gezahlten sonstigen Vergütungen, wie z. B. Urlaubsgeld, Weihnachtsgeld, Provisionen, Fahrtkostenerstattung, vermögenswirksame Leistungen und Firmenwagen, erhöhen das Bruttoentgelt.

Sozialversicherung
☞ S. 56 f.

Das Bruttoentgelt ist Grundlage für die Berechnung der gesetzlichen Sozialversicherungsbeiträge und wird auch als sozialversicherungspflichtiges Bruttoentgelt bezeichnet.

7.3 Ermittlung des steuerpflichtigen Bruttoentgelts

Das steuerpflichtige Bruttoentgelt bildet die Grundlage für die Berechnung der steuerlichen Abzüge. Das sozialversicherungspflichtige Bruttoentgelt und das steuerpflichtige Bruttoentgelt können übereinstimmen. Nur wenn der Arbeitnehmer beim zuständigen Finanzamt einen Steuerfreibetrag beantragt hat, muss dieser vom sozialversicherungspflichtigen Bruttoentgelt abgezogen werden, um das steuerpflichtige Bruttoentgelt zu erhalten.

Einkommenssteuer-
erklärung
☞ S. 79 ff.

Steuerfreibeträge mindern das steuerpflichtige Arbeitsentgelt. Die Steuerfreibeträge werden unter der Steueridentifikationsnummer des Arbeitnehmers in die Datenbank des Bundeszentralamtes für Steuern eingetragen. Die Steuerersparnis kann aber auch vom Arbeitnehmer am Jahresende durch die Einkommensteuererklärung zurückgefordert werden. Steuerfreibeträge können vom Finanzamt bei erhöhten Werbungskosten, Sonderausgaben oder außergewöhnlichen Belastungen eingetragen werden.

7.4 Berechnung der steuerlichen Abzüge

Die steuerlichen Abzüge setzen sich zusammen aus:
- Lohnsteuer/Einkommensteuer
- Kirchensteuer
- Solidaritätszuschlag

Grundlage für die Berechnung der steuerlichen Abzüge bilden das steuerpflichtige Bruttoentgelt und die individuellen Lebensverhältnisse eines jeden Arbeitnehmers:
- der Familienstand
- die Anzahl der Kinder
- der steuerliche Freibetrag

Der Staat erhebt auf die Einkommen aller natürlichen Personen im Inland **Einkommensteuer.** Diese stellt eine der wichtigsten Einnahmequellen des Staates dar. Die **Lohnsteuer** ist eine Vorauszahlung auf die Einkommensteuer, die nur die Einkünfte aus nichtselbstständiger Arbeit besteuert.

Arbeitnehmer, die einer steuererhebenden Religionsgemeinschaft (z. B. Katholiken, Protestanten) angehören, zahlen Kirchensteuer. Die derzeitige **Kirchensteuer** beträgt 9 % (in Bayern und Baden-Württemberg 8 %) von der zu zahlenden Lohnsteuer.

Als Maßnahme zur Bewältigung der finanziellen Erblasten im Zusammenhang mit der deutschen Wiedervereinigung und zur langfristigen Sicherung des Aufbaus in den neuen Ländern wird ein **Solidaritätszuschlag (Soli)** in Höhe von derzeit 5,5 % von der Lohnsteuer erhoben.

Beim Soli ist die sog. Nullzone zu beachten: für Steuerklasse III 162,00 €, für alle anderen 81,00 €.

Für die **Berechnung der lohnsteuerlichen Vorauszahlung** greift der Arbeitgeber vor allem auf zwei Hilfsmittel zurück. Zum einen benötigt er die Daten des Arbeitnehmers, zum anderen setzt er Lohnsteuertabellen ein.

Folgende Daten des Arbeitnehmers sind für die Berechnung der Lohn- und Kirchensteuer notwendig:
- die Steuerklasse
- die Zahl der Kinder
- der zu berücksichtigende Steuerfreibetrag
- die Religionszugehörigkeit

Steuerklassen ☞ S. 55

Diese Daten erhält der Arbeitgeber mithilfe der ***ELStAM***-Datenbank. Diese beim Bundeszentralamt für Steuern zentral verwaltete Datenbank ermöglicht es dem Arbeitgeber, mithilfe der **Steueridentifikationsnummer** und dem **Geburtsdatum des Arbeitnehmers** alle notwendigen Daten für die Berechnung der steuerlichen Vorauszahlung zu erhalten.

ELStAM
Elektronische Lohnsteuerabzugsmerkmale

Die Steueridentifikationsnummer ist von der Geburt des Steuerpflichtigen an lebenslänglich gültig. Auch wenn der Arbeitnehmer umzieht, behält er seine Steuernummer.

Die jeweils aktuelle Lohnsteuertabelle finden Sie z. B. auf www.imacc.de.

Die Höhe der steuerlichen Abzüge ermittelt der Arbeitgeber z. B. mithilfe der **Lohnsteuertabellen.** Aus diesen Tabellen lässt sich in Abhängigkeit der Steuerklasse und der Anzahl der Kinder für jedes Bruttoentgelt die jeweilige Höhe der Lohn- und Kirchensteuer sowie des Solidaritätszuschlags ablesen. Auch EDV-gestützte Lohn- und Gehaltsabrechnungsprogramme ermitteln die Steuerabzüge nach amtlich anerkannten Formeln.

Der Grundfreibetrag beträgt bei Ledigen 2019 9.168,00 €.

Arbeitnehmer, deren Jahresverdienst unter dem steuerlichen Grundfreibetrag liegt, zahlen keine Lohnsteuer, denn der Grundfreibetrag stellt das rechnerische Existenzminimum dar.

MONAT bis 2.474,99 € **Allgemeine Tabelle**

Lohn/ Gehalt bis	Steuerklasse	Lohn- steuer	ohne Kinderfreibetrag			Anzahl Kinderfreibeträge (nur Steuerklassen I–IV)																	
						0,5			1,0			1,5			2,0			2,5			3,0		
			SolZ 5,5%	Kirchensteuer 8%	Kirchensteuer 9%	SolZ 5,5%	Kirchensteuer 8%	Kirchensteuer 9%	SolZ 5,5%	Kirchensteuer 8%	Kirchensteuer 9%	SolZ 5,5%	Kirchensteuer 8%	Kirchensteuer 9%	SolZ 5,5%	Kirchensteuer 8%	Kirchensteuer 9%	SolZ 5,5%	Kirchensteuer 8%	Kirchensteuer 9%	SolZ 5,5%	Kirchensteuer 8%	Kirchensteuer 9%
2.432,99	I	279,91	15,39	22,39	25,19	10,65	15,50	17,43	6,20	9,02	10,15	0,00	3,22	3,62	0,00	0,00	0,00	0,00	0,00	0,00	0,00	0,00	0,00
	II	236,16	12,98	18,89	21,25	8,39	12,20	13,73	0,00	5,94	6,68	0,00	0,96	1,08	0,00	0,00	0,00	0,00	0,00	0,00	0,00	0,00	0,00
	III	64,66	0,00	5,17	5,81	0,00	0,90	1,01	0,00	0,00	0,00	0,00	0,00	0,00	0,00	0,00	0,00	0,00	0,00	0,00	0,00	0,00	0,00
	IV	279,91	15,39	22,39	25,19	12,98	18,89	21,25	10,65	15,50	17,43	8,39	12,21	13,73	6,20	9,02	10,15	0,00	5,95	6,69	0,00	3,22	3,62
	V	546,83	30,07	43,74	49,21																		
	VI	580,16	31,90	46,41	52,21																		
2.435,99	I	280,66	15,43	22,45	25,25	10,69	15,55	17,49	6,24	9,08	10,21	0,00	3,26	3,66	0,00	0,00	0,00	0,00	0,00	0,00	0,00	0,00	0,00
	II	236,83	13,02	18,94	21,31	8,42	12,26	13,79	0,00	5,99	6,74	0,00	0,99	1,11	0,00	0,00	0,00	0,00	0,00	0,00	0,00	0,00	0,00
	III	65,16	0,00	5,21	5,86	0,00	0,94	1,06	0,00	0,00	0,00	0,00	0,00	0,00	0,00	0,00	0,00	0,00	0,00	0,00	0,00	0,00	0,00
	IV	280,66	15,43	22,45	25,25	13,03	18,95	21,32	10,69	15,55	17,49	8,43	12,26	13,79	6,24	9,08	10,21	0,00	6,00	6,75	0,00	3,26	3,66
	V	547,83	30,13	43,82	49,30																		
	VI	581,00	31,95	46,48	52,29																		
2.438,99	I	281,33	15,47	22,50	25,31	10,72	15,60	17,55	6,27	9,12	10,26	0,00	3,30	3,71	0,00	0,00	0,00	0,00	0,00	0,00	0,00	0,00	0,00
	II	237,50	13,06	19,00	21,37	8,46	12,31	13,85	0,00	6,04	6,79	0,00	1,02	1,15	0,00	0,00	0,00	0,00	0,00	0,00	0,00	0,00	0,00
	III	65,66	0,00	5,25	5,90	0,00	0,97	1,09	0,00	0,00	0,00	0,00	0,00	0,00	0,00	0,00	0,00	0,00	0,00	0,00	0,00	0,00	0,00
	IV	281,33	15,47	22,50	25,31	13,06	19,00	21,38	10,72	15,60	17,55	8,46	12,31	13,85	6,27	9,12	10,26	0,00	6,04	6,80	0,00	3,30	3,71
	V	548,83	30,18	43,90	49,39																		
	VI	582,16	32,01	46,57	52,39																		
2.441,99	I	282,00	15,51	22,56	25,38	10,76	15,66	17,61	6,31	9,18	10,32	0,00	3,34	3,75	0,00	0,00	0,00	0,00	0,00	0,00	0,00	0,00	0,00
	II	238,16	13,09	19,05	21,43	8,49	12,36	13,90	0,00	6,09	6,85	0,00	1,06	1,19	0,00	0,00	0,00	0,00	0,00	0,00	0,00	0,00	0,00
	III	66,16	0,00	5,29	5,95	0,00	1,01	1,13	0,00	0,00	0,00	0,00	0,00	0,00	0,00	0,00	0,00	0,00	0,00	0,00	0,00	0,00	0,00
	IV	282,00	15,51	22,56	25,38	13,10	19,06	21,44	10,76	15,66	17,61	8,50	12,36	13,91	6,31	9,18	10,32	0,00	6,09	6,85	0,00	3,34	3,75
	V	549,83	30,24	43,98	49,48																		
	VI	583,16	32,07	46,65	52,48																		
2.444,99	I	282,75	15,55	22,62	25,44	10,80	15,71	17,67	6,34	9,22	10,37	0,00	3,38	3,80	0,00	0,00	0,00	0,00	0,00	0,00	0,00	0,00	0,00
	II	238,83	13,13	19,10	21,49	8,53	12,41	13,96	0,00	6,14	6,90	0,00	1,09	1,22	0,00	0,00	0,00	0,00	0,00	0,00	0,00	0,00	0,00
	III	66,83	0,00	5,34	6,01	0,00	1,04	1,17	0,00	0,00	0,00	0,00	0,00	0,00	0,00	0,00	0,00	0,00	0,00	0,00	0,00	0,00	0,00
	IV	282,75	15,55	22,62	25,44	13,14	19,11	21,50	10,80	15,71	17,67	8,53	12,42	13,97	6,34	9,22	10,37	0,00	6,14	6,90	0,00	3,38	3,80
	V	550,66	30,28	44,05	49,55																		
	VI	584,00	32,12	46,72	52,56																		
2.447,99	I	283,41	15,58	22,67	25,50	10,83	15,76	17,73	6,38	9,28	10,44	0,00	3,42	3,84	0,00	0,00	0,00	0,00	0,00	0,00	0,00	0,00	0,00
	II	239,58	13,17	19,16	21,56	8,57	12,46	14,02	0,00	6,18	6,95	0,00	1,12	1,26	0,00	0,00	0,00	0,00	0,00	0,00	0,00	0,00	0,00
	III	67,33	0,00	5,38	6,05	0,00	1,08	1,21	0,00	0,00	0,00	0,00	0,00	0,00	0,00	0,00	0,00	0,00	0,00	0,00	0,00	0,00	0,00
	IV	283,41	15,58	22,67	25,50	13,17	19,16	21,56	10,83	15,76	17,73	8,57	12,47	14,03	6,38	9,28	10,44	0,00	6,19	6,96	0,00	3,42	3,84
	V	551,66	30,34	44,13	49,64																		
	VI	585,00	32,17	46,80	52,65																		
2.450,99	I	284,16	15,62	22,73	25,57	10,87	15,82	17,79	6,41	9,32	10,49	0,00	3,46	3,89	0,00	0,00	0,00	0,00	0,00	0,00	0,00	0,00	0,00
	II	240,25	13,21	19,22	21,62	8,60	12,51	14,07	0,00	6,23	7,01	0,00	1,15	1,29	0,00	0,00	0,00	0,00	0,00	0,00	0,00	0,00	0,00
	III	67,83	0,00	5,42	6,10	0,00	1,10	1,24	0,00	0,00	0,00	0,00	0,00	0,00	0,00	0,00	0,00	0,00	0,00	0,00	0,00	0,00	0,00
	IV	284,16	15,62	22,73	25,57	13,21	19,22	21,62	10,87	15,82	17,79	8,60	12,52	14,08	6,41	9,32	10,49	0,00	6,24	7,02	0,00	3,46	3,89
	V	552,66	30,39	44,21	49,73																		
	VI	586,00	32,23	46,88	52,74																		
2.453,99	I	284,83	15,66	22,78	25,63	10,91	15,87	17,85	6,44	9,38	10,55	0,00	3,50	3,93	0,00	0,00	0,00	0,00	0,00	0,00	0,00	0,00	0,00
	II	240,91	13,25	19,27	21,68	8,63	12,56	14,13	0,00	6,28	7,06	0,00	1,18	1,33	0,00	0,00	0,00	0,00	0,00	0,00	0,00	0,00	0,00
	III	68,33	0,00	5,46	6,14	0,00	1,14	1,28	0,00	0,00	0,00	0,00	0,00	0,00	0,00	0,00	0,00	0,00	0,00	0,00	0,00	0,00	0,00
	IV	284,83	15,66	22,78	25,63	13,25	19,28	21,69	10,91	15,87	17,85	8,64	12,57	14,14	6,44	9,38	10,55	0,00	6,28	7,07	0,00	3,50	3,93
	V	553,66	30,45	44,29	49,82																		
	VI	587,00	32,28	46,96	52,83																		
2.456,99	I	285,58	15,70	22,84	25,70	10,94	15,92	17,91	6,48	9,42	10,60	0,00	3,54	3,98	0,00	0,00	0,00	0,00	0,00	0,00	0,00	0,00	0,00
	II	241,58	13,28	19,32	21,74	8,67	12,62	14,19	0,00	6,32	7,11	0,00	1,22	1,37	0,00	0,00	0,00	0,00	0,00	0,00	0,00	0,00	0,00
	III	68,83	0,00	5,50	6,19	0,00	1,17	1,31	0,00	0,00	0,00	0,00	0,00	0,00	0,00	0,00	0,00	0,00	0,00	0,00	0,00	0,00	0,00
	IV	285,58	15,70	22,84	25,70	13,29	19,33	21,74	10,94	15,92	17,91	8,68	12,62	14,20	6,48	9,42	10,60	0,00	6,33	7,12	0,00	3,54	3,98
	V	554,50	30,49	44,36	49,90																		
	VI	588,16	32,34	47,05	52,93																		
2.459,99	I	286,25	15,74	22,90	25,76	10,98	15,98	17,97	6,51	9,48	10,66	0,00	3,58	4,03	0,00	0,00	0,00	0,00	0,00	0,00	0,00	0,00	0,00
	II	242,33	13,32	19,38	21,80	8,71	12,67	14,25	0,00	6,38	7,17	0,00	1,25	1,40	0,00	0,00	0,00	0,00	0,00	0,00	0,00	0,00	0,00
	III	69,33	0,00	5,54	6,23	0,00	1,21	1,36	0,00	0,00	0,00	0,00	0,00	0,00	0,00	0,00	0,00	0,00	0,00	0,00	0,00	0,00	0,00
	IV	286,25	15,74	22,90	25,76	13,32	19,38	21,80	10,98	15,98	17,97	8,71	12,68	14,26	6,51	9,48	10,66	0,00	6,38	7,17	0,00	3,58	4,03
	V	555,50	30,55	44,44	49,99																		
	VI	589,16	32,40	47,13	53,02																		
2.462,99	I	287,00	15,78	22,96	25,83	11,02	16,03	18,03	6,54	9,52	10,71	0,00	3,62	4,07	0,00	0,00	0,00	0,00	0,00	0,00	0,00	0,00	0,00
	II	243,00	13,36	19,44	21,87	8,74	12,72	14,31	0,00	6,42	7,22	0,00	1,28	1,44	0,00	0,00	0,00	0,00	0,00	0,00	0,00	0,00	0,00
	III	69,83	0,00	5,58	6,28	0,00	1,24	1,39	0,00	0,00	0,00	0,00	0,00	0,00	0,00	0,00	0,00	0,00	0,00	0,00	0,00	0,00	0,00
	IV	287,00	15,78	22,96	25,83	13,36	19,44	21,87	11,02	16,03	18,03	8,74	12,72	14,31	6,54	9,52	10,71	0,00	6,43	7,23	0,00	3,62	4,07
	V	556,50	30,60	44,52	50,08																		
	VI	590,00	32,45	47,20	53,10																		
2.465,99	I	287,66	15,82	23,01	25,88	11,05	16,08	18,09	6,58	9,57	10,76	0,00	3,66	4,12	0,00	0,00	0,00	0,00	0,00	0,00	0,00	0,00	0,00
	II	243,66	13,40	19,49	21,92	8,78	12,77	14,36	0,00	6,47	7,28	0,00	1,32	1,48	0,00	0,00	0,00	0,00	0,00	0,00	0,00	0,00	0,00
	III	70,50	0,00	5,64	6,34	0,00	1,28	1,44	0,00	0,00	0,00	0,00	0,00	0,00	0,00	0,00	0,00	0,00	0,00	0,00	0,00	0,00	0,00
	IV	287,66	15,82	23,01	25,88	13,40	19,50	21,93	11,05	16,08	18,09	8,78	12,78	14,37	6,58	9,57	10,76	0,00	6,48	7,29	0,00	3,66	4,12
	V	557,50	30,66	44,60	50,17																		
	VI	591,00	32,50	47,28	53,19																		
2.468,99	I	288,41	15,86	23,07	25,95	11,09	16,14	18,15	6,61	9,62	10,82	0,00	3,70	4,16	0,00	0,00	0,00	0,00	0,00	0,00	0,00	0,00	0,00
	II	244,33	13,43	19,54	21,98	8,81	12,82	14,42	0,10	6,52	7,33	0,00	1,35	1,52	0,00	0,00	0,00	0,00	0,00	0,00	0,00	0,00	0,00
	III	71,00	0,00	5,68	6,39	0,00	1,30	1,46	0,00	0,00	0,00	0,00	0,00	0,00	0,00	0,00	0,00	0,00	0,00	0,00	0,00	0,00	0,00
	IV	288,41	15,86	23,07	25,95	13,44	19,55	21,99	11,09	16,14	18,15	8,82	12,83	14,43	6,61	9,62	10,82	0,11	6,52	7,34	0,00	3,70	4,16

Auszug: Rehm Monats-Lohnsteuertabelle 2019, Verlagsgruppe Hüthig Jehle Rehm, Heidelberg (Januar 2019)

Die Steuerklassen spiegeln die familiären Lebensverhältnisse der Arbeitnehmer wider und führen zu einem unterschiedlichen Steuerabzug. Die geringsten steuerlichen Abzüge müssen bei der Steuerklasse III, die höchsten Abzüge bei Steuerklasse VI hingenommen werden.

Steuerklassen

Steuerklasse	Arbeitnehmer
I	ledige und geschiedene Arbeitnehmer sowie verwitwete Arbeitnehmer, sofern sie nicht in die Steuerklasse II oder III fallen
II	ledige, geschiedene und verwitwete Arbeitnehmer, denen der Entlastungsbetrag für Alleinerziehende zusteht; der Entlastungsbetrag für Alleinerziehende steht grundsätzlich einem im Übrigen alleinstehenden Arbeitnehmer zu, in dessen Haushalt mindestens ein Kind mit Haupt- oder Nebenwohnung gemeldet ist, das in den elektronischen Lohnsteuerabzugsmerkmalen (ELStAM) dieses Arbeitnehmers unter der Kinderfreibetragszahl zu berücksichtigen ist oder für das er Kindergeld erhält
III	*Verheiratete*, wenn der Ehepartner keine Einkünfte erzielt oder der arbeitende Ehepartner die Steuerklasse V gewählt hat; verwitwete Arbeitnehmer für das dem Todesjahr des Ehepartners folgende Kalenderjahr
IV	Verheiratete, wenn beide Ehepartner Arbeitslohn beziehen und anstelle der Steuerklasse III + V die Steuerklassen IV + IV gewählt haben
V	Verheiratete, wenn der Ehepartner die Steuerklasse III gewählt hat
VI	Arbeitnehmer, die gleichzeitig von mehreren Arbeitgebern Arbeitslohn erhalten

Verheiratete können seit 2010 die Kombination IV/IV mit Faktor wählen. Dadurch wird die Lohnsteuer besser an die tatsächliche Steuerschuld angepasst.

www.bundesfinanzministerium.de, Stichwort: Faktorverfahren

Die Lohnsteuer, Kirchensteuer und der Solidaritätszuschlag werden vom Arbeitgeber bei jeder Lohnzahlung vom Bruttoentgelt einbehalten und an das Finanzamt bis spätestens zum 10. des Folgemonats abgeführt. Der Arbeitgeber ist somit der Steuerschuldner, der Arbeitnehmer ist der Steuerträger. Am Jahresende erhält der Arbeitnehmer vom Arbeitgeber eine Lohnsteuerbescheinigung für das abgelaufene Kalenderjahr. Diese Bescheinigung dient dem Arbeitnehmer als Nachweis über das erhaltene Jahresbruttoentgelt und die darauf gezahlten Steuern sowie Sozialversicherungsbeiträge. Der Arbeitnehmer benötigt diese Information für eine mögliche Einkommensteuererklärung.

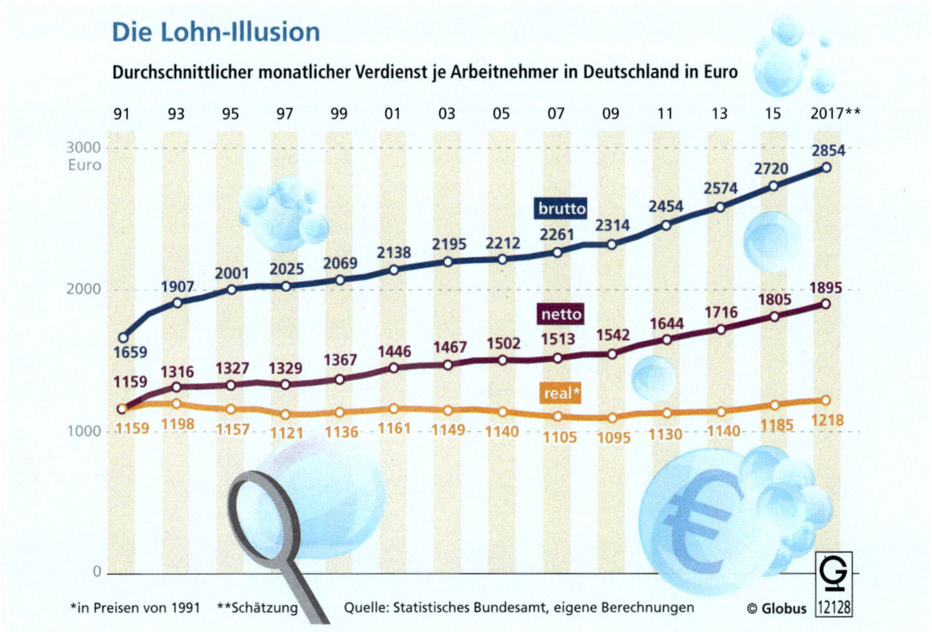

7.5 Gesetzliche Sozialversicherungsbeiträge des Arbeitnehmers

Neben den steuerlichen Abzügen sind die gesetzlichen Sozialversicherungsbeiträge der zweite große Block an Abzügen, die der Arbeitnehmer zahlen muss. Der Arbeitnehmer zahlt in folgende Sozialversicherungskassen ein: **Krankenversicherung, Pflegeversicherung, Rentenversicherung, Arbeitslosenversicherung.**

Aber nicht nur der Arbeitnehmer zahlt für seine soziale Absicherung in diese Sozialversicherungskassen ein, sondern auch der Arbeitgeber, der noch einmal fast die gleichen Beiträge einzahlt. Dies ist natürlich zum einen eine bemerkenswerte soziale Errungenschaft unseres Landes, zum anderen erhöht dieses System aber auch die Personalkosten aus Sicht des Unternehmers. Diese setzen sich somit zusammen aus den Entgeltzahlungen und dem Arbeitgeberanteil zu den Sozialversicherungen (Lohnnebenkosten).

Die Beitragssätze für die Sozialversicherungen beziehen sich auf das sozialversicherungspflichtige Bruttoentgelt. Je mehr ein Arbeitnehmer verdient, desto höhere Beiträge muss er entrichten, obwohl bei der gesetzlichen Krankenkasse und der Pflegeversicherung alle Mitglieder unabhängig von der Höhe ihrer Beiträge die gleiche Versichertenleistung erhalten. Diese Umverteilung wird in der Fachsprache als Solidaritätsprinzip bezeichnet.

Bei der Rentenversicherung und der Arbeitslosenversicherung erhalten die Mitglieder in Abhängigkeit von ihren geleisteten Beiträgen unterschiedlich hohe Versichertenleistungen, allerdings sind diese Leistungen in der Höhe gedeckelt.

Da die Versichertenleistungen später in der Auszahlungshöhe auch gedeckelt sind, wird auch bei der Berechnung der Sozialversicherungsbeiträge das sozialversicherungspflichtige Bruttoentgelt nur bis zu den jeweiligen Beitragsbemessungsgrenzen herangezogen. Liegt das Bruttoentgelt über der jeweiligen Beitragsbemessungsgrenze, so zahlen die Versicherten nur bis zu dieser Grenze Beiträge. Einkünfte, die darüber liegen, sind beitragsfrei.

Versicherungszweig	Gesamtbeitragssatz	Arbeitgeberanteil	Arbeitnehmeranteil	Bemessungsgrenzen	
				West	Ost
Rentenversicherung	18,6 %	9,30 % (50 % des Beitragssatzes)	9,30 % (50 % des Beitragssatzes)	6.700,00 €	6.150,00 €
Arbeitslosenversicherung	2,5 %	1,25 % (50 % des Beitragssatzes)	1,25 % (50 % des Beitragssatzes)		
Krankenversicherung	14,6 % + Zusatzbeitrag	7,3 % (50 % des Beitragssatzes) + 50 % des Zusatzbeitrags[1]	7,3 % (50 % des Beitragssatzes) + 50 % des Zusatzbeitrags[1]	4.537,50 €	
Pflegeversicherung	3,05 %[2]	1,525 % (50 % des Beitragssatzes)	1,525 % (50 % des Beitragssatzes) + Zuschlag für Kinderlose ab 23 Jahren 0,25 % (= 1,775 %)		

[1] Der durchschnittliche Zusatzbeitrag beträgt 0,9 %. Er kann von Krankenkasse zu Krankenkasse variieren.
[2] Sonderregelung für Sachsen, vgl. S. 74 Stand: Januar 2019

***BEISPIEL** Arbeitnehmerbeitrag für die KV und PV unter Berücksichtigung der Beitragsbemessungsgrenze*

Ein verheirateter Arbeitnehmer mit einem Kind verdient brutto 4.800,00 € im Monat. Der Krankenkassenbeitragssatz beträgt 14,6 %, der Zusatzbeitrag 1,0 %. Die Beiträge zur Kranken- und Pflegeversicherung werden nun nicht von den 4.800,00 € berechnet, sondern von der Beitragsbemessungsgrenze 4.537,50 € (Grundwert).

Krankenversicherung	*Pflegeversicherung*
Arbeitnehmeranteil: $\frac{14{,}6\,\% + 1{,}0\,\%}{2} = 7{,}8\,\%$	*Arbeitnehmeranteil:* $\frac{3{,}05\,\%}{2} = 1{,}525\,\%$
Beitrag: 7,8 % von 4.537,50 € = 353,93 €	*Beitrag: 1,525 % von 4.537,50 € = 69,20 €*

Arbeitnehmer, die gegen Entgelt oder zu ihrer Berufsausbildung beschäftigt sind, sind grundsätzlich in der gesetzlichen Kranken-, Renten-, Arbeitslosen- und Pflegeversicherung **pflichtversichert.** Ab einem gewissen Einkommen steht es aber einem Arbeitnehmer frei, die gesetzliche Kranken- und Pflegekasse zu verlassen und sich privat zu versichern. Voraussetzung ist aber, dass der Arbeitnehmer mit seinem Einkommen ein Jahr lang über der ***Versicherungspflichtgrenze*** liegt.

Versicherungspflichtgrenze
Stand 2019: 60.750,00 €/Jahr

Für die Renten- und Arbeitslosenversicherung besteht eine solche Möglichkeit nicht. Hier bleibt jeder abhängig Beschäftigte, unabhängig von seinem Verdienst, pflichtversichert. Auch die vom Arbeitnehmer zu tragenden Sozialversicherungsbeiträge werden direkt vom Arbeitgeber einbehalten. Der Arbeitgeber führt die Arbeitnehmer- und Arbeitgeberanteile an die Krankenkasse des jeweiligen Arbeitnehmers bis zum drittletzten ***Bankarbeitstag*** des jeweiligen Monats ab. Die jeweilige Krankenkasse hat dann die Aufgabe, die einzelnen Sozialversicherungsbeiträge an die entsprechenden Träger zu überweisen.

Bankarbeitstag
Montag bis Freitag

7.6 Berechnung des Nettoauszahlungsbetrags

Zieht man **vom sozialversicherungspflichtigen Bruttoentgelt** die vom Arbeitnehmer zu tragende Lohnsteuer, Kirchensteuer und den Solidaritätszuschlag sowie die Sozialversicherungsbeiträge (Kranken-, Renten-, Pflege- und Arbeitslosenversicherung) ab, so erhält man das Nettoentgelt. Das Nettogehalt stellt nicht zwangsläufig auch den Nettoauszahlungsbetrag dar. Häufig wird das Nettoentgelt um persönliche Abzugsbeträge gekürzt, wie z. B. vermögenswirksame Sparleistung, Vorschüsse und geldwerter Vorteil (Firmenwagen).

Für die Berechnung des Nettoentgelts spielt ein eventuell vom sozialversicherungspflichtigen Bruttoentgelt abweichendes steuerpflichtiges Bruttoentgelt keine Rolle. Dieses dient nur der Ermittlung eines verminderten steuerlichen Abzugs, sofern ein Steuerfreibetrag zu berücksichtigen ist. Für die Berechnung des Nettoentgelts wird das steuerpflichtige Bruttoentgelt nicht berücksichtigt, sondern ausschließlich das sozialversicherungspflichtige Bruttoentgelt stellt die Ausgangsgröße für die Berechnung des Nettoentgelts dar.

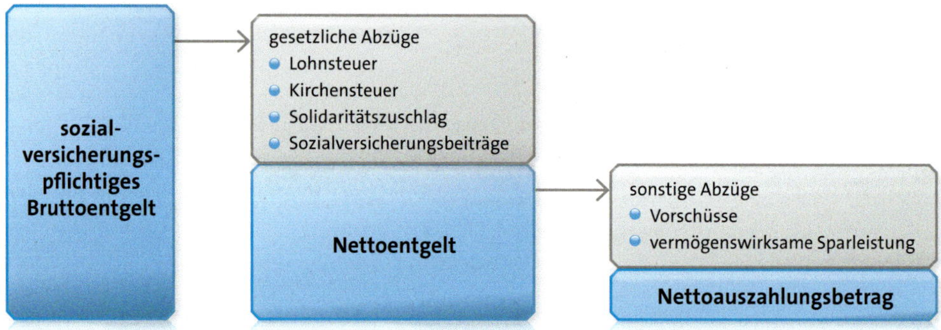

Der Auszahlungstermin für das Gehalt an den Arbeitnehmer kann sich aus einem Tarifvertrag, einer Betriebsvereinbarung, der betrieblichen Praxis oder dem Arbeitsvertrag ergeben. Trifft keiner der genannten Punkte zu, gilt § 614 BGB: "Die Vergütung ist nach der Leistung der Dienste zu entrichten. Ist die Vergütung nach Zeitabschnitten bemessen, so ist sie nach dem Ablauf der einzelnen Zeitabschnitte zu entrichten." Das bedeutet, dass das Gehalt am 1. des Folgemonats auf dem Konto des Arbeitnehmers eingegangen sein muss, wenn er pro Monat bezahlt wird.

7.7 Private Vorsorge

Neben der gesetzlichen Absicherung durch die Sozialversicherung kann jeder Einzelne auch privat vorsorgen. Die private Vorsorge wird aufgrund des sinkenden Rentenniveaus immer wichtiger, sodass der Staat die Vermögensbildung und die Altersvorsorge besonderes fördert.

7.7.1 Staatliche Förderung der Vermögensbildung

Aus gesellschaftspolitischen Gründen hält der Staat es für unterstützenswert, dass sich Arbeitnehmer ein eigenes Vermögen aufbauen. Deshalb hat der Staat Gesetze geschaffen, mit denen die Arbeitnehmer zum Sparen angeregt werden sollen. Ein solches Gesetz ist das **5. Vermögensbildungsgesetz (VermBG),** das alle Arbeitnehmer begünstigt, die abhängig beschäftigt sind. Vermögensbildung nach diesem Gesetz wird unter bestimmten Voraussetzungen sowohl vom Staat als auch vom Arbeitgeber gefördert.

Der Arbeitgeber fördert den Arbeitnehmer, indem er zusätzlich zum Gehalt **Vermögenswirksame Leistungen (VL)** zahlt, die vom Arbeitnehmer langfristig angelegt werden. Der Anspruch des Arbeitnehmers auf Vermögenswirksame Leistungen wird in Tarifverträgen, Betriebsvereinbarungen oder dem Arbeitsvertrag geregelt.

Damit ein Arbeitnehmer die VL erhält, muss er zunächst mit einem Anlageinstitut (z. B. Kreditinstitut oder Bausparkasse) einen Vermögenswirksamen Vertrag abschließen. Eine Durchschrift des Vertrags reicht er dann in der Personalabteilung ein, damit diese den entsprechenden Betrag an das Anlageinstitut überweisen kann.

Staatlich gefördert wird die Anlage der VL in **Bausparverträgen** und in ***Investmentsparverträgen.*** Die staatliche Förderung wird **Arbeitnehmersparzulage** genannt. Diese muss jährlich vom Arbeitnehmer mit der Einkommensteuererklärung beantragt werden. Das Anlageinstitut sendet dem Sparer automatisch eine Bescheinigung zu, die der Einkommensteuererklärung beigelegt wird. Die Arbeitnehmersparzulage wird nach Ablauf einer siebenjährigen Sperrfrist gezahlt. Der Sparer zahlt sechs Jahre in die gewählte Anlageform ein, im siebten Jahr ruht der Sparvertrag. Nach Ablauf der Sperrfrist kann sich der Sparer den gesamten Sparbetrag und die Arbeitnehmersparzulage auszahlen lassen. Die betrieblich gezahlte VL ist häufig geringer als die maximale staatlich geförderte Sparleistung. Deshalb kann es sinnvoll sein, wenn der Arbeitnehmer die betriebliche VL aus seinem Gehalt aufstockt. So kann er die maximale Arbeitnehmersparleistung erhalten. Erhält ein Arbeitnehmer keine Arbeitnehmersparzulage, weil er die Voraussetzungen nicht erfüllt, so kann er die VL auch in Banksparplänen oder in Form einer Kapitallebensversicherung anlegen.

Investmentsparverträge
Die Anlage der VL erfolgt in Aktienfonds.

Über die verschiedenen Anlageformen können Sie sich von Ihrem Kreditinstitut beraten lassen.

Die Anlageformen Bausparvertrag und Investmentsparverträge sind kombinierbar, d. h., beide Formen können gleichzeitig angespart und gefördert werden. Die maximale Sparzulage beträgt dann 122,30 €.

Voraussetzungen zur staatlichen Förderung

Anlageform	Arbeitnehmersparzulage	Maximal geförderte Sparleistung	Wer erhält die Arbeitnehmersparzulage (Einkommensgrenze)?
Bausparvertrag	9 %	470,00 € im Jahr	• Ledige: 17.900,00 € pro Jahr • Verheiratete: 35.800,00 € pro Jahr
Investmentsparverträge	20 %	400,00 € im Jahr	• Ledige: 20.000,00 € pro Jahr • Verheiratete: 40.000,00 € pro Jahr

BEISPIEL *Autoland Murschall GmbH*

Die Autoland Murschall GmbH zahlt ihrem Auszubildenden David Rose monatlich VL in Höhe von 6,65 €. Um die maximale staatliche Sparzulage zu erhalten, zahlt er monatlich 33,35 € aus eigener Tasche in einen Bausparvertrag ein.

Sparleistung: 6,65 € + 33,35 € = 40,00 € im Monat;	
im Jahr (40,00 · 12) sind das	*480,00 €*
Sparzulage: 9 % von 470,00 €	*42,30 €*
jährliche Sparleistung	*522,30 €*

7.7.2 Staatlich geförderte Altersvorsorge

Die Arbeitnehmer zahlen Beiträge in die gesetzliche Rentenversicherung, die sofort für die laufenden Renten ausgegeben werden ***(Umlageverfahren).*** Dieses System funktioniert langfristig nicht mehr, denn immer mehr Rentner stehen immer weniger Arbeitnehmern gegenüber. Die Höhe der Renten wird sinken. Die Differenz zwischen dem finanziellen Bedarf im Ruhestand und der tatsächlich gezahlten Nettorente wird als **Versorgungslücke** im Alter bezeichnet. Die Verbraucherzentrale Stiftung Finanztest schlägt vor, dass im Alter ca. 80 % des letzten Nettogehalts zur Verfügung stehen sollen. Eine betriebliche oder/und private Altersvorsorge wird immer wichtiger.

Umlageverfahren
Die eingezahlten Beiträge werden sofort wieder an die Leistungsberechtigten ausgezahlt.

Ein Beispiel für die private Altersversorgung ist die Riester-Rente, die es bestimmten Personen ermöglicht, vorzusorgen und dafür eine staatliche Förderung zu erhalten. Wer privat mit einer Riester-Rente vorsorgt, wird durch den Staat mit Geldzulagen und Steuerfreiheit der Beiträge gefördert. Am Ende der Sparphase – also zu Beginn der Rente – sind mindestens die eingezahlten Beiträge einschließlich der staatlichen Zulage garantiert. Die Förderung ist für alle Riester-Produkte gleich. Für kinderreiche Familien lohnt sich die Riester-Rente aufgrund der Kinderzulage besonders. Die Beiträge sind Aufwendungen, die vom zu versteuernden Einkommen abgesetzt werden können (max. 2.100,00 €).

Um die höchstmögliche Grundzulage (175,00 €) zu bekommen, müssen 4 % des rentenversicherungspflichtigen Bruttoeinkommens im Jahr gespart werden. Wer im Vorjahr kein oder nur ein sehr geringes Einkommen hatte, muss mindestens 60,00 € als Eigenbetrag zahlen, um die volle gesetzliche Zulage zu erhalten. Für jedes Kind erhält der Riester-Sparer 185,00 € pro Jahr dazu. Für alle ab dem 1. Januar 2008 geborenen Kinder beträgt die Zulage sogar 300,00 € pro Jahr.

Beim „Riestern“ ist das angesparte Kapital gegenüber Hartz IV sicher: Es muss, um Arbeitslosengeld II zu erhalten, nicht erst aufgebraucht werden.

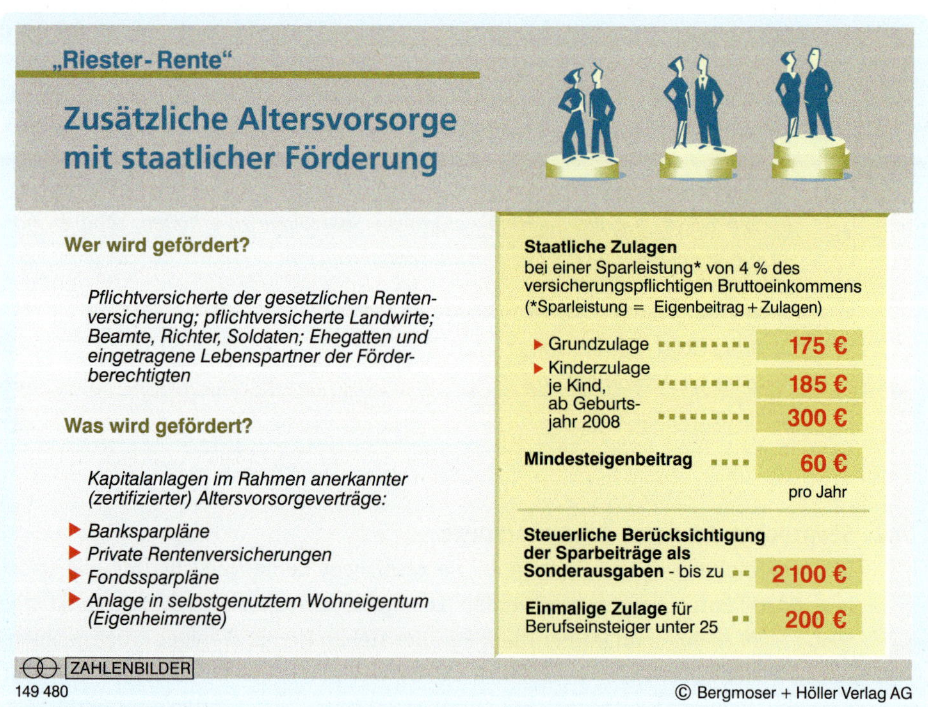

BEISPIEL

Ein kinderloser Arbeitnehmer, der monatlich 2.000,00 € verdient (Jahreseinkommen 24.000,00 €), muss, um die maximale staatliche Grundzulage in Höhe von 175,00 € zu erhalten, 4 % seines Bruttoeinkommens pro Jahr in die Riester-Rente einzahlen. D. h., er zahlt selbst nur 806,00 € in die Riester-Rente ein.

4 % von 24.000,00 €	*960,00 €*
– Grundzulage	*– 175,00 €*
= Arbeitnehmersparleistung	***= 785,00 € pro Jahr (= 65,42 € pro Monat)***

Gefördert werden nur die Altersvorsorgeverträge, die von der Zertifizierungsstelle der Bundesanstalt für Finanzdienstleistungsaufsicht (BaFin) zertifiziert wurden. Das können z. B. sein: Rentenversicherungen, Fondssparpläne, Banksparpläne oder sogar Bausparverträge.

Seit 2002 muss jeder Arbeitgeber seinen Arbeitnehmern die Möglichkeit anbieten, in eine **betriebliche Altersversorgung** einzuzahlen. Jeder Arbeitnehmer hat einen Anspruch auf eine förderfähige Entgeltumwandlung in Höhe von 4 % der Beitragsbemessungsgrenze. Der Arbeitgeber kann die betriebliche Altersversorgung zum Beispiel über eine Direktversicherung, eine Pensionskasse, einen Pensionsfond oder eine Unterstützungskasse organisieren.

7.8 Geldwerter Vorteil

Bei Elektrofahrzeugen, die ab Januar 2019 als Dienstwagen angeschafft wurden und privat genutzt werden, wird 1 % vom halben – auf volle hundert Euro abgerundeten – Brutto-Listenpreis berechnet, um den geldwerten Vorteil zu ermitteln.

Häufig werden Mitarbeitern der Führungsebene eines Autohauses, z. B. den Verkaufsleitern, Firmenwagen des Autohauses zur privaten Nutzung überlassen. Diese private Nutzung eines Firmenwagens stellt einen geldwerten Vorteil für den Arbeitnehmer dar, da er sich privat nun kein eigenes Auto anschaffen muss und private Kosten einspart. Daher hat der Gesetzgeber festgelegt, dass dieser geldwerte Vorteil steuer- und sozialversicherungspflichtig ist und somit in der Entgeltberechnung des Arbeitnehmers berücksichtigt werden muss.

Für die Ermittlung des zu versteuernden geldwerten Vorteils bei privater Pkw-Nutzung wird zunächst 1 % vom Bruttolistenpreis zum Zeitpunkt der Erstzulassung pro Monat berechnet. Dieser Betrag erhöht dann das monatliche steuer- und sozialversicherungspflichtige Bruttoentgelt des Arbeitnehmers.

BEISPIEL

Der Listenpreis des Firmenwagens beträgt inkl. USt 30.000,00 € (1 % = 300,00 €). Das Bruttogehalt des Arbeitnehmers Meyer beträgt 4.000,00 €. Das steuer- und sozialversicherungspflichtige Bruttoentgelt von Herrn Meyer beläuft sich nun durch diesen geldwerten Vorteil auf 4.300,00 € (4.000,00 € + 300,00 €).

Bei Anschaffung eines Elektrofahrzeugs ab 2019 als Dienstwagen wird auch bei der Fahrtenbuchmethode vom halbierten Bruttolistenpreis ausgegangen.

Des Weiteren werden auch die Fahrten zwischen Wohnung und Arbeitsstätte des Arbeitnehmers als geldwerter Vorteil angesehen. Als Wertansatz für diese Fahrten können entweder die

Eintragungen aus einem Fahrtenbuch oder aber pauschal monatlich 0,03 % des Bruttopreises des Firmenwagens je Entfernungskilometer angesetzt werden.

BEISPIEL

Herr Meyer möchte die private Nutzung des Firmenwagens pauschal abrechnen. Seine tägliche Fahrtstrecke beträgt 25 Kilometer.
0,03 % · 30.000,00 € · 25 km = 225,00 €
Das steuer- und sozialversicherungspflichtige Bruttoentgelt von Herrn Meyer beläuft sich nun auf 4.525,00 € (4.000,00 € + 300,00 € + 225,00 €).

Werbungskosten ☞ S. 81

Die Fahrten zwischen Wohnung und Arbeitsstätte kann der Arbeitnehmer als Werbungskosten im Rahmen seiner Einkommensteuererklärung am Jahresende geltend machen und somit seinen geldwerten Vorteil und die daraus resultierenden zusätzlichen Steuern und Sozialabgaben verringern.

Einkommensteuererklärung ☞ S. 79 ff.

Inwieweit sich die Nutzung eines Firmenwagens lohnt, kann pauschal nicht beantwortet werden. Eine Vielzahl von Faktoren, wie z. B. die Höhe des Bruttogehalts oder die Steuerklasse, müssen hier für eine Entscheidung berücksichtigt werden.

BEISPIEL

Herr Meyer ist ledig und hat keine Kinder, seine Krankenversicherung erhebt keinen Zusatzbeitrag. Er überlegt sich nun, ob die Nutzung eines Firmenwagens für ihn sinnvoll ist. Er stellt folgende Berechnungen an.

Ohne Firmenwagen		Mit Firmenwagen	
Bruttogehalt	4.000,00 €	Bruttogehalt	4.000,00 €
+ geldwerter Vorteil	0,00 €	+ geldwerter Vorteil	525,00 €
= steuer- und sozialversicherungspflichtiges Engelt	4.000,00 €	= steuer- und sozialversicherungspflichtiges Entgelt	4.525,00 €
– Lohnsteuer	693,16 €	– Lohnsteuer	851,58 €
– Solidaritätszuschlag	38,12 €	– Solidaritätszuschlag	46,83 €
– Kirchensteuer	62,38 €	– Kirchensteuer	76,64 €
– Rentenversicherung	372,00 €	– Rentenversicherung	420,83 €
– Arbeitslosenversicherung	50,00 €	– Arbeitslosenversicherung	56,56 €
– Pflegeversicherung	71,00 €	– Pflegeversicherung	80,32 €
– Krankenversicherung	292,00 €	– Krankenversicherung	330,33 €
= Nettoentgelt	2.421,34 €	= Nettoentgelt	2.661,91 €
– geldwerter Vorteil	0,00 €	– geldwerter Vorteil	525,00 €
= Auszahlungsbetrag	2.421,34 €	= Auszahlungsbetrag	2.136,91 €

Herr Meyer kann also nun für einen Betrag von 284,43 € (2.421,34 € – 2.136,91 €) einen Firmenwagen im Wert von 30.000,00 € nutzen. In diesem Fall lohnt sich die Nutzung eines Firmenwagens, da Herr Meyer ein Fahrzeug in dieser Preisklasse ganz bestimmt nicht zu vergleichbaren Bedingungen privat erwerben könnte.

7.9 Buchung der Entgeltabrechnung

Lohn- und Gehaltszahlungen stellen buchhalterisch einen Aufwand dar. Dieser Aufwand wird daher in der Kontenklasse 4 „Betriebliche Aufwendungen" gebucht.

Kontenklasse 4	Kontonummer	Erläuterungen
Produktive Löhne	4100	Aufwandskonto für Bruttolöhne der Werkstatt
Gehalt, Fixa	4200	Aufwandskonto für Bruttogehälter der Angestellten
Vermögenswirksame Leistungen	4380	Aufwandskonto für die Beteiligung des Arbeitgebers an Sparleistungen des Arbeitnehmers
Gesetzliche soziale Aufwendungen	4240	Aufwandskonto für die Arbeitgeberanteile an der Sozialversicherung der Arbeitnehmer
Mitarbeiterprovisionen	4300	Aufwandskonto für die Provisionen der Neu- und Gebrauchtwagenverkäufer

Der Auszahlungsbetrag für die Mitarbeiter wird über das Bankkonto des Autohauses in der Kontenklasse 1 „Finanz- und Privatkonten" gebucht. Die vom Arbeitgeber an das Finanzamt zu zahlenden Steuern und die an die Krankenkasse zu zahlenden Sozialversicherungsbeiträge werden aufgrund der unterschiedlichen Zahlungszeitpunkte zunächst als Verbindlichkeiten ebenfalls in der Kontenklasse 1 gebucht.

Kontenklasse 1	Kontonummer	Erläuterungen
Verbindlichkeiten aus Lohn- und Kirchensteuer	1741	Einbehaltene Lohnsteuer, Solidaritätszuschlag und ggf. Kirchensteuer müssen vom Arbeitgeber bis zum 10. des Folgemonats an das zuständige Finanzamt überwiesen werden.
Verbindlichkeiten im Rahmen der sozialen Sicherheit	1742	Einbehaltene Beiträge zur Renten-, Arbeitslosen-, Kranken- und Pflegeversicherung sowie der Arbeitgeberanteil zu diesen Versicherungen werden von der Krankenkasse des Arbeitnehmers am drittletzten Bankarbeitstag des Abrechnungsmonats dem Konto des Arbeitgebers belastet.
Verbindlichkeiten aus Vermögensbildung	1750	Einbehaltene Sparraten der Arbeitnehmer, die an verschiedene Empfänger (z. B. Banken, Versicherungen, Bausparkassen) zu überweisen sind.

BEISPIEL 1

Gehaltszahlungen ohne Sondereinflüsse

Roswitha Grieger ist ledig, 38 Jahre, katholisch und hat keine Kinder. Sie verdient 2.560,00 € im Monat. Der Zusatzbeitrag ihrer Krankenkasse beträgt 1,0 %.

Hinweis:
Für die nachfolgenden Gehaltsbuchungen wird das Konto „4200 Löhne und Gehälter unproduktive Mitarbeiter" des SKR 51 genutzt.

Sozialversicherungspflichtiges und steuerpflichtiges Bruttoentgelt	2.560,00 €
Steuern	
– Lohnsteuer	310,50 €
– Solidaritätszuschlag	17,07 €
– Kirchensteuer	27,94 €
= Summe Steuern	355,51 €
Sozialabgaben	
– Rentenversicherung: 9,30 % des Bruttoentgelts	238,08 €
– Arbeitslosenversicherung: 1,25 % des Bruttoentgelts	32,00 €
– Pflegeversicherung: 1,775 % des Bruttoentgelts	45,44 €
– Krankenversicherung: 7,8 % des Bruttoentgelts	199,68 €
= Summe Sozialabgaben	515,20 €
= Auszahlungsbetrag (= Nettogehalt)	1.689,29 €

Nr.	Soll	€	an	Haben	€
1	4200 Gehalt	2.560,00	an	1741 Verbindlichkeiten aus LSt und KSt	355,51
			an	1742 Verbindlichkeiten im Rahmen der sozialen Sicherheit	515,20
			an	1200 Bank	1689,29
2	4240 Gesetzliche soziale Aufwendungen	508,80	an	1742 Verbindlichkeiten im Rahmen der sozialen Sicherheit	508,80
3	1741 Verbindlichkeiten aus LSt und KSt	355,51	an	1200 Bank	355,51
4	1742 Vebindlichkeiten im Rahmen der sozialen Sicherheit	1.024,00	an	1200 Bank	1.024,00

BEISPIEL 2

Gehaltszahlungen unter Berücksichtigung vermögenswirksamer Leistungen

Attila Özkaya ist verheiratet, konfessionslos, hat zwei Kinder und verdient 3.200,00 € im Monat. Zum 1. dieses Monats hat Herr Özkaya einen Sparvertrag über 40,00 € nach dem Vermögensbildungsgesetz abgeschlossen. Sein Arbeitgeber zahlt ihm vermögenswirksame Leistungen in Höhe von 12,00 €. Seine Ehefrau ist nicht berufstätig. Der Zusatzbeitrag seiner Krankenkasse beträgt 1,0 %.

Sozialversicherungspflichtiges und steuerpflichtiges Bruttoentgelt	3.212,00 €
Steuern	
– Lohnsteuer	218,00 €
– Solidaritätszuschlag	0,00 €
– Kirchensteuer	0,00 €
= Summe Steuern	218,00 €
Sozialabgaben	
– Rentenversicherung: 9,30 % des Bruttoentgelts	298,72 €
– Arbeitslosenversicherung: 1,25 % des Bruttoentgelts	40,15 €
– Pflegeversicherung: 1,525 % des Bruttoentgelts	48,98 €
– Krankenversicherung: 7,8 % des Bruttoentgelts	250,54 €
= Summe Sozialabgaben	638,39 €
= Nettogehalt	2.355,61 €
– Sparrate vermögenswirksame Leistungen	40,00 €
= Auszahlungsbetrag	2.315,61 €

Nr.	Soll	€	an	Haben	€
1	4200 Gehalt	3.200,00	an	1741 Verbindlichkeiten aus LSt und KSt	218,00
	4380 Vermögenswirksame Leistungen	12,00	an	1742 Verbindlichkeiten im Rahmen der sozialen Sicherheit	638,39
			an	1750 Verbindlichkeiten aus Vermögensbildung	40,00
			an	1200 Bank	2.315,61
2	4240 Gesetzliche soziale Aufwendungen	638,39	an	1742 Verbindlichkeiten im Rahmen der sozialen Sicherheit	638,39
3	1741 Verbindlichkeiten aus LSt und KSt	218,00	an	1200 Bank	218,00
4	1742 Verbindlichkeiten im Rahmen der sozialen Sicherheit	1.276,78	an	1200 Bank	1.276,78
5	1750 Verbindlichkeiten aus Vermögensbildung	40,00	an	1200 Bank	40,00

BEISPIEL 3

Gehaltszahlungen unter Berücksichtigung von Vorschüssen

Holger Remsch, 40 Jahre, ist verheiratet, evangelisch und hat keine Kinder. Er verdient 1.940,00 € im Monat, der Verdienst seiner Ehefrau liegt in der gleichen Höhe. Am 5. dieses Monats bittet er seinen Chef um einen Gehaltsvorschuss. Sein Chef zahlt ihm einen Vorschuss in Höhe von 500,00 € am 6. des Monats bar aus. Der Zusatzbeitrag seiner Krankenkasse beträgt 1,0 %.

Der Vorschuss stellt am 6. des Monats noch keinen Gehaltsaufwand dar, da der Betrieb erst am Monatsende zur Zahlung verpflichtet ist. Der Vorschuss ist bis zur Gehaltsfälligkeit als zinsloses Darlehen zu betrachten und wird auf dem Konto „Forderungen gegenüber Mitarbeitern" gebucht.

Sozialversicherungspflichtiges und steuerpflichtiges Bruttoentgelt	**1.940,00 €**
Steuern	
– Lohnsteuer	168,83 €
– Solidaritätszuschlag	9,28 €
– Kirchensteuer	15,19 €
= Summe Steuern	193,30 €
Sozialabgaben	
– Rentenversicherung: 9,30 % des Bruttoentgelts	180,42 €
– Arbeitslosenversicherung: 1,25 % des Bruttoentgelts	24,25 €
– Pflegeversicherung: 1,775 % des Bruttoentgelts	34,44 €
– Krankenversicherung: 7,8 % des Bruttoentgelts	151,32 €
= Summe Sozialabgaben	390,43 €
= Nettogehalt	1.356,27 €
– Vorschuss	500,00 €
= Auszahlungsbetrag	856,27 €

Nr.	Soll	€	an	Haben	€
1	1530 Forderungen geg. Personal	500,00	an	1000 Kasse	500,00
2	4200 Gehalt	1.940,00	an	1741 Verbindlichkeiten aus LSt und KSt	193,30
			an	1742 Verbindlichkeiten im Rahmen der sozialen Sicherheit	390,43
			an	1530 Forderungen geg. Personal	500,00
			an	1200 Bank	856,27
3	4240 Gesetzliche soziale Aufwendungen	385,58	an	1742 Verbindlichkeiten im Rahmen der sozialen Sicherheit	385,58
4	1741 Verbindlichkeiten aus LSt und KSt	193,30	an	1200 Bank	193,30
5	1742 Verbindlichkeiten im Rahmen der sozialen Leistungen	776,01	an	1200 Bank	776,01

Bei den Gehaltsbuchungen kann es sein, dass der „Sozialaufwand" (also der Arbeitgeberanteil an den Sozialversicherungen) etwas geringer ausfällt als die „Verbindlichkeiten im Rahmen der sozialen Sicherheit" (der Arbeitnehmeranteil an den Sozialversicherungen). Dies liegt daran, dass der Arbeitgeberanteil an der Pflegeversicherung ggf. niedriger ist als der Arbeitnehmeranteil. Ist der Mitarbeiter älter als 22 Jahre und hat keine Kinder, dann zahlt der Arbeitnehmer 0,25 Prozentpunkte zusätzlich in die Pflegeversicherung ein. Diesen zusätzlich Beitrag leistet aber ausschließlich der Arbeitnehmer, der Arbeitgeberbeitrag zur Pflegeversicherung bleibt unabhängig vom Alter und Familienstand des Arbeitnehmers immer gleich.

7.10 Maßnahmen zur Schaffung von Lohngerechtigkeit zwischen den Geschlechtern

Das Empfinden von Gerechtigkeit bei der Entlohnung ist eine sehr individuelle Angelegenheit und kann aufgrund subjektiver Empfindungen sicherlich nie erreicht werden.

Objektiv ist die Höhe des Entgelts abhängig von:

- der Branche des Arbeitgebers
- der Größe des Arbeitgebers
- der Region des Arbeitgebers
- den persönlichen Fähigkeiten des Arbeitnehmers
- der Qualifikation und Berufserfahrung des Arbeitnehmers
- der Verantwortung des Arbeitnehmers
- der Tarifgebundenheit des Arbeitnehmers und Arbeitgebers

Auf keinen Fall darf ein Lohnunterschied aufgrund von Geschlecht, Rasse, ethnischer Herkunft, Religion, Weltanschauung, Behinderung, Alter oder sexueller Identität gegeben sein. Dies würde dem Allgemeinen Gleichbehandlungsgesetz (AGG) widersprechen.

Diskriminierung und Allgemeines Gleichbehandlungsgesetz (AGG) ☞ S. 23 ff.

Insbesondere Lohnunterschiede aufgrund des Geschlechts sind in den letzten Jahren immer wieder Thema in der Politik und der gesellschaftlichen Diskussion gewesen. Es wird ein faires und transparentes Vergutungssystem gefordert, das keine geschlechtsspezifischen Unterschiede zeigt. Anlass für diese Forderung ist die sogenannte Gender-Pay-Gap (Lohnlücke aufgrund des Geschlechts), wonach Frauen in unserer Gesellschaft deutlich weniger verdienen als Männer.

Laut dem Entgeltmonitor der Compensation Partner GmbH verdienten Männer 2018 im Durchschnitt 47.928,00 € brutto pro Jahr, Frauen erhielten 35.235,00 € brutto. Damit betrug die unbereinigte Entgeltlücke, wenn Männer und Frauen in ihrer Gesamtheit miteinander verglichen werden, zwischen Frauen und Männern 26,5 %.

Weitere Informationen können Sie dem Entgeltmonitor 2018 unter www.compensation-partner.de/de/news-und-presse/entgeltmonitor-2018-der-lohnunterschied-zwischen-frauen-und-mannern entnehmen.

Unberücksichtigt bleibt hierbei, dass Frauen häufiger schlecht bezahlte sogenannte „Frauenberufe" ergreifen, seltener eine Führungsposition innehaben, eine Babypause einlegen und dadurch keine Karriereschritte machen, häufiger in Teilzeit arbeiten und somit weniger Berufserfahrung aufweisen als männliche Kollegen.

Um der Entgeltlücke allein aufgrund des Geschlechtes auf die Spur zu kommen, ist der bereinigte Vergleich, in dem die Gehälter von Frauen und Männer in den gleichen Berufen verglichen wurden, sicherlich aussagekräftiger.

Hierfür wurden 2 Verdienstklassen gebildet:

- **Verdienstklasse 1 (30.000,00 € bis 35.000,00 € brutto pro Jahr):** Hierzu zählen z. B. Mitarbeiter und Mitarbeiterinnen in den Bereichen Steuerwesen, Buchhaltung, Verwaltung/Organisation, Versand, Gestaltung/Grafik, Personaldisposition, Disposition, Erziehung, Kundendienst und Sekretariat.
- **Verdienstklasse 2 (55.000,00 € bis 60.000,00 € brutto pro Jahr):** Hierzu zählen z. B. Mitarbeiter und Mitarbeiterinnen in den Bereichen Business Development, Ingenieurwesen (Projektabwicklung), Produktmanagement, Syndikus, Controlling, Pharmareferenz, IT-Beratung, Aktiv-/Passivgeschäft Bank, Unternehmensberatung, (Key) Account-Management.

In der Verdienstklasse 1 verdienten die Frauen 1,4 %, in der Verdienstklasse 2 hingegen 7,6 % weniger als die Männer. Insgesamt ergab sich über beide Verdienstklassen eine Entgeltlücke von 4,5 %.

Die Abweichung zwischen den beiden Verdienstklassen zeigt, dass mit dem Einkommen auch die Lohndifferenz zwischen den Geschlechtern steigt.

Die Regierung ergriff in den letzten Jahren diverse Maßnahmen und erließ diverse Gesetze mit dem Ziel, die existierenden Gehaltsunterschiede, ob nun bereinigt oder unbereinigt, zwischen Männern und Frauen aus dem Weg zu räumen:

- Um die Erwerbsunterbrechungen von Frauen zu minimieren, wurde das ElterngeldPlus eingeführt und es wurden und werden die Kinderbetreuungsmöglichkeiten ausgebaut.
- Um die genderbezogene Berufswahl von Mädchen und jungen Frauen zu verändern, soll die Bundesagentur Mädchen wie Jungen über das gesamte Spektrum möglicher Ausbildungsberufe und ihre jeweiligen Einkommensperspektiven informieren.
- Um den Anteil der Frauen in Führungspositionen zu erhöhen, wurde das Gesetz für die gleichberechtigte Teilhabe von Frauen und Männern in Führungspositionen eingeführt. Dieses schreibt eine feste Quote für Frauen von 30 % für neu zu besetzende Aufsichtsratsposten in börsennotierten und voll mitbestimmten Unternehmen vor (das sind Unternehmen, deren Aufsichtsräte jeweils zur Hälfte mit Vertretern der Kapitaleigner und der Beschäftigten besetzt sind).
- Um Transparenz in die Entgeltstruktur zwischen Männern und Frauen in Unternehmen zu bringen, wurde das Entgelttransparenzgesetz eingeführt. Das Entgelttransparenzgesetz hilft Frauen und Männern, ihren Anspruch auf gleiches Entgelt bei gleicher oder gleichwertiger Arbeit künftig besser durchzusetzen, indem es
  - die Entgeltgleichheit zwischen Frauen und Männern bei gleicher und gleichwertiger Arbeit regelt,
  - Beschäftigten in Betrieben und Dienststellen mit mehr als 200 Beschäftigten individuell zusichert, Auskunft zu dem durchschnittlichen monatlichen Bruttoentgelt und zu bis zu zwei einzelnen Entgeltbestandteilen verlangen zu können,
  - private Arbeitgeber mit mehr als 500 Beschäftigten auffordert, ihre Entgeltstrukturen zu überprüfen,
  - lageberichtspflichtige Arbeitgeber mit mehr als 500 Beschäftigten verpflichtet, einen Bericht zum Stand der Gleichstellung und der Entgeltgleichheit zu verfassen.

8 Leistungen des Staats und der Sozialkassen

SITUATION *Autoland Murschall GmbH*

Mittlerweile steht das Thema Entgeltabrechung auch im Mittelpunkt des Berufsschulunterrichts. Durch die Arbeit in der Personalabteilung seines Ausbildungsbetriebs ist David Rose das Vorgehen bei der Berechnung schon bestens bekannt. Am Ende einer Stunde kommt es jedoch zu einer intensiven Diskussion um die zu zahlenden Abzüge vom Bruttoentgelt. Dabei sind einige seiner Mitschüler der Meinung, dass die Abzüge nicht nur zu hoch sind, sondern dass der Arbeitnehmer keinen echten Gegenwert durch die zu zahlenden Abzüge erhält. David Rose sieht das allerdings etwas anders.

Die Gesamtabzüge vom Bruttoentgelt einschließlich der Sozialbeiträge eines Arbeitnehmers liegen je nach persönlichem Steuersatz zwischen 30 % und 50 %. Keine Frage, bei einem Blick auf die Entgeltabrechnung fragt sich der Arbeitnehmer, ob das richtig ist. Aber er zahlt dieses Geld nicht vergebens. Er bekommt dafür vom Staat und von den Sozialversicherungen eine Gegenleistung.

Entgeltabrechnung ☞ S. 51 ff.

8.1 Leistungen des Staats

Der Staat erfüllt eine ganze Reihe von öffentlichen Aufgaben. Beispielsweise finanziert er unseren Rechtsstaat, unterhält Krankenhäuser, baut Straßen, finanziert die Bildung und sorgt für die innere Sicherheit durch Polizei und Feuerwehr sowie für die äußere Sicherheit durch die Bundeswehr. Damit der Staat diese öffentlichen Aufgaben erfüllen kann, benötigt er entsprechende Einnahmen.

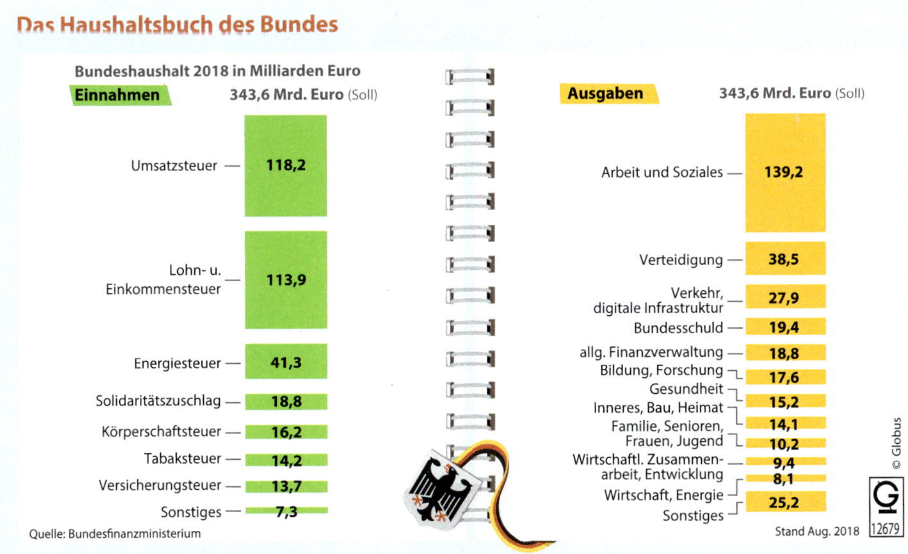

Der Staat finanziert seine Ausgaben aus verschiedenen Quellen:

- **Steuern** sind Geldleistungen des Steuerpflichtigen, ohne dass dieser eine konkrete Gegenleistung beanspruchen kann.
- **Beiträge** sind Geldleistungen, durch die sich der Beitragszahler einen Anspruch erwirbt, die Leistungen der beitragserhebenden Institution zu nutzen.
- **Gebühren** werden für bestimmte Leistungen des Staates oder öffentlicher Einrichtungen erhoben, z. B. für die Müllabfuhr oder für die Beantragung eines Reisepasses.

Steuern sind mit Abstand die wichtigste Einnahmequelle des Staates. Die Lohn- und Einkommensteuer stellt dabei eine wichtige Größe dar. Welche weiteren Einnahmequellen der Staat hat und wofür er dieses Geld verwendet, stellt die Grafik übersichtlich dar.

8.2 Leistungen der Sozialversicherungen

Im Rahmen der sozialen Absicherung spricht man in Deutschland auch von dem **Fünf-Säulen-System.** Die fünf Säulen symbolisieren dabei jeweils eine Sozialversicherung, die den Arbeitnehmer im Bedarfsfall absichert:

- Krankenversicherung
- Pflegeversicherung
- Rentenversicherung
- Arbeitslosenversicherung
- gesetzliche Unfallversicherung

Deutschland wird immer älter

Durchschnittliche **Lebenserwartung** der in diesen ausgewählten Jahren geborenen Menschen

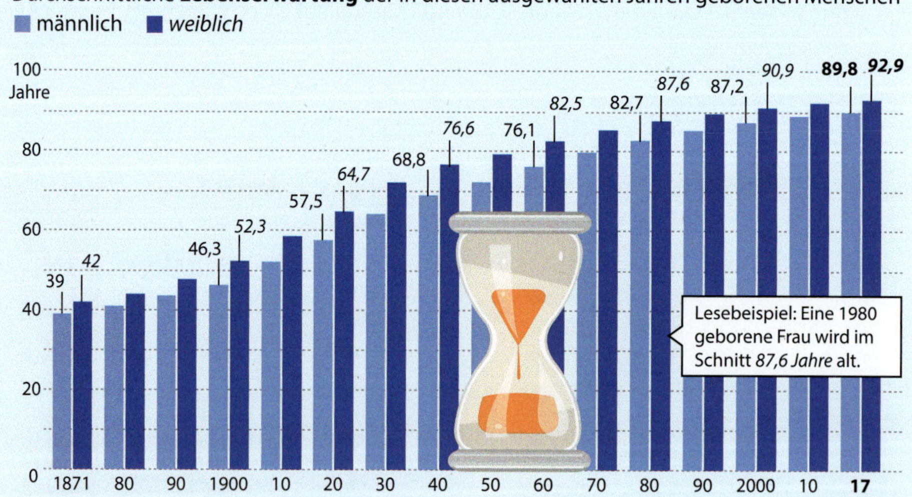

Die Werte werden mit einer **Modellrechnung** ermittelt.
Die Schätzungen der Lebenserwartung beruhen auf der Annahme, dass sich die **Lebensverhältnisse wie bisher** weiterentwickeln.

Quelle: Statistisches Bundesamt

Das System der Sozialversicherung beruht auf dem sogenannten **Versicherungsprinzip:** Nur wer vorher seinen Beitrag gezahlt hat, hat Anspruch auf eine Versicherungsleistung. Doch angesichts steigender Lebenserwartung und hoher Arbeitslosenzahlen beginnt dieses Säulensystem zu bröckeln. Die Ausgaben der Sozialversicherungen sind oft nicht mehr durch die Beitragszahlungen gedeckt. Bei finanziellen Engpässen springt immer häufiger der Staat ein und bezuschusst die Sozialkassen, damit diese die zugesagten Leistungen erfüllen können. Gleichzeitig steigen die Sozialversicherungsbeiträge und belasten Arbeitnehmer und Arbeitgeber zunehmend. Angesichts der schwerwiegenden Finanzierungsprobleme des Sozialversicherungssystems werden immer wieder Leistungskürzungen, private Zuzahlungen oder sogar die Reduzierung auf ein Grundsicherungssystem diskutiert.

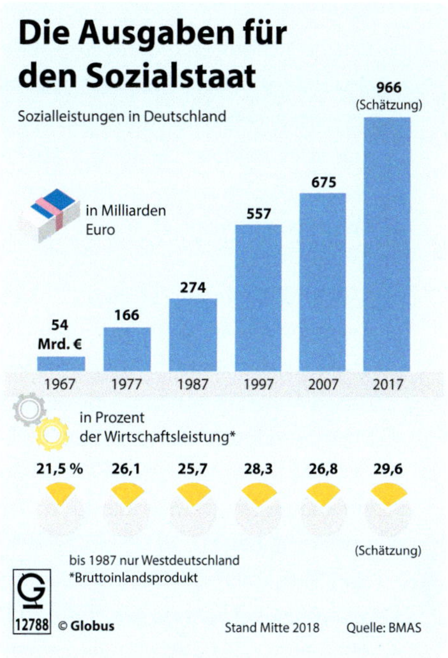

8.2.1 Gesetzliche Krankenversicherung

Aufgabe der gesetzlichen Krankenversicherung (KV) ist es, Arbeitnehmer und ihre Familien für den Krankheitsfall abzusichern. **Träger** der KV sind Orts-, Betriebs- und Innungskrankenkassen sowie die Ersatzkassen, denen ein Versicherter beitreten kann.

Unter www.bmg.bund.de finden Sie weitere Informationen zum Thema.

Kündige ich im Mai meine Mitgliedschaft bei der Krankenkasse, wird die Kündigung zum 31.07. wirksam.

Jedes Mitglied der gesetzlichen Krankenkasse kann frei wählen, bei welcher Krankenkasse es sich versichern lassen möchte. Beim Wechsel der Krankenkasse sind Fristen und Regeln einzuhalten. Nach einer Mindestmitgliedschaft von 18 Monaten ist der Wechsel zu einer anderen gesetzlichen Krankenkasse möglich, und zwar zum Ende des übernächsten Kalendermonats. Vor Ablauf der 18-Monats-Frist ist eine Kündigung nur dann möglich, wenn die Kasse den Zusatzbeitrag erhöht. In diesem Fall besteht ein Sonderkündigungsrecht und die Krankenkasse kann gewechselt werden.

Während die Regelleistungen bei allen gesetzlichen Krankenkassen gleich sind, können die einzelnen Kassen Mehrleistungen in ihrer Satzung vorsehen. Die Leistungen der gesetzlichen Krankenkassen sind zu über 90 % festgelegt. Die Versicherten der gesetzlichen Krankenkasse haben Anspruch auf folgende **Regelleistungen:**

- Maßnahmen zur Vorsorge und Früherkennung bestimmter Krankheiten
- ärztliche und zahnärztliche Behandlung mit freier Arztwahl
- Behandlung im Krankenhaus mit Transport
- Arznei-, Verband- und Heilmittel sowie Hilfsmittel (bei einigen Leistungen ist der Versicherte zur Übernahme von Eigenanteilen verpflichtet)
- Betreuung bei Schwangerschaft und im Mutterschutz
- Rehabilitationsmaßnahmen in entsprechenden Kliniken
- nach sechswöchiger Lohnfortzahlung durch den Arbeitgeber zahlt die Kasse 70 % des Bruttoarbeitsentgelts als Krankengeld für maximal 78 Wochen wegen derselben Erkrankung
- Haushaltshilfe, wenn bei Krankheit oder Kur der Haushalt nicht weitergeführt werden kann und ein Kind unter zwölf Jahren betreut werden muss
- Mutterschaftsgeld für die Schutzfrist von sechs Wochen vor und acht Wochen nach der Geburt

Beitragsbemessungsgrenze ☞ S. 56 f.

Die Leistungen der Krankenversicherung werden überwiegend durch die Beiträge der Versicherten finanziert. Allerdings werden die Beiträge nur bis zur ***Beitragsbemessungsgrenze*** erhoben. Der Beitragssatz der Krankenkasse wird nicht individuell kalkuliert, sondern ist gesetzlich vorgegeben und wird in einen **Gesundheitsfonds** eingezahlt.

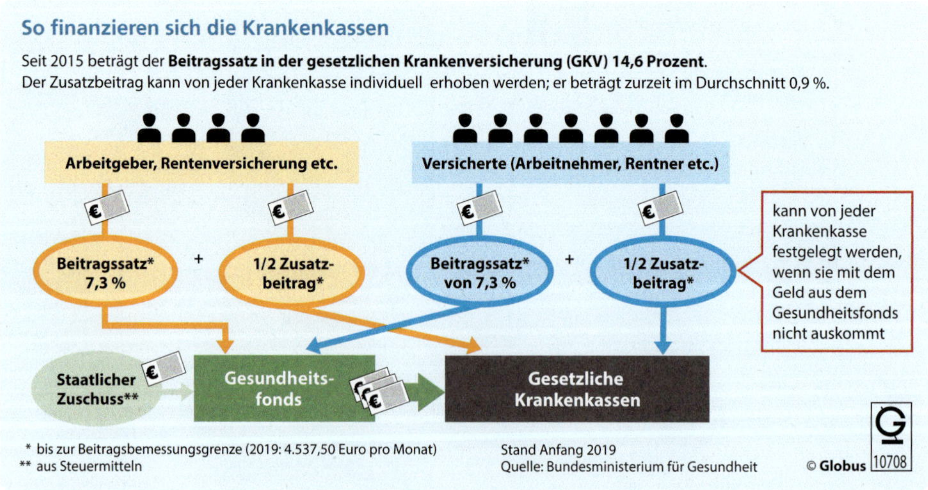

Der **Beitragssatz** beträgt zurzeit 14,6 % vom sozialversicherungspflichtigen Bruttoentgelt. Hinzu kommt ein **kassenindividueller Zusatzbeitrag,** den Arbeitnehmer und Arbeitgeber jeweils zur Hälfte zahlen. Er dient dazu, Finanzlücken der Krankenkassen zu füllen sowie als Wettbewerbsfaktor zwischen den Kassen.

Seit dem 01.01.2019 wird der Zusatzbeitrag paritätisch, also je zur Hälfte, von Arbeitnehmer und Arbeitgeber getragen. Vorher musste er nur durch die Arbeitnehmer gezahlt werden.

Im Rahmen der Lohn- und Gehaltsabrechnung überweist der Arbeitgeber den Krankenkassenbeitrag der Arbeitnehmer und des Arbeitgebers zusammen mit allen anderen Sozialversicherungsbeiträgen an die Krankenkassen. Diese leiten die Krankenversicherungsbeiträge am selben Tag an den Gesundheitsfonds weiter. Neben den Beiträgen der Arbeitnehmer und Arbeitgeber zahlt auch der Staat einen Zuschuss, finanziert aus Steuergeldern, in den Gesundheitsfonds ein. Dieses Geld wird nun vom Gesundheitsfonds wieder an die Krankenkassen verteilt. Grundsätzlich bekommen alle Krankenkassen für jeden Versicherten einen einheitlichen Geldbetrag aus dem Gesundheitsfonds zugewiesen. Zusätzlich erhalten jedoch die Krankenkassen Zu- und Abschläge – nach Alter, Geschlecht und Krankenstand der Versicherten. Durch diesen sogenannten Risikostrukturausgleich zwischen den Krankenkassen soll verhindert werden, dass Krankenkassen mit einer hohen Zahl überdurchschnittlich kranker Versicherter Nachteile im Wettbewerb haben, denn manche Krankenkassen haben vorwiegend junge, gesunde Mitglieder, die wenig kosten, während andere Krankenkassen überwiegend ältere und behandlungsintensivere Mitglieder haben.

Wenn die Krankenkassen gut wirtschaften, können sie Überschüsse als Prämien an ihre Mitglieder auszahlen.

8.2.2 Pflegeversicherung

Viele ältere Menschen leiden an Alterskrankheiten, die ihre physische und psychische Gesundheit stark beeinträchtigen und die deshalb Pflege benötigen. Pflege im Alter ist teuer und für viele Mitbürger sogar unbezahlbar. Seit 1995 bezuschusst die Pflegeversicherung die Pflege im Hause des Pflegebedürftigen oder im Heim. Sie verfolgt u. a. folgende Ziele: Im Bedarfsfall soll jeder ausreichende Pflegeleistungen erhalten, pflegebedürftige Menschen sollen nicht auf Sozialhilfe angewiesen sein, Pflegekosten sollen nicht dem Staat aufgebürdet werden und Pflege durch Angehörige soll finanziell honoriert werden.

Wer in der gesetzlichen Krankenversicherung versichert ist, gehört der gesetzlichen Pflegeversicherung an. Wer privat versichert ist, muss eine private Pflegeversicherung abschließen. **Träger** der Pflegeversicherung sind die Pflegekassen der Krankenkassen und der privaten Krankenversicherung. Die **Leistungen** der Pflegeversicherung richten sich nach dem Grad der Bedürftigkeit, d. h. sie sind abhängig von dem sogenannten Pflegegrad. Mit dem Inkrafttreten des Zweiten Pflegestärkungsgesetzes gelten seit dem 01.01.2017 fünf neue Pflegegrade. Damit erhalten nun alle pflegebedürftigen Menschen gleichberechtigten Zugang zu den Leitungen der Pflegeversicherung, unabhängig davon, ob sie körperlich, geistig oder psychisch beeinträchtigt sind.

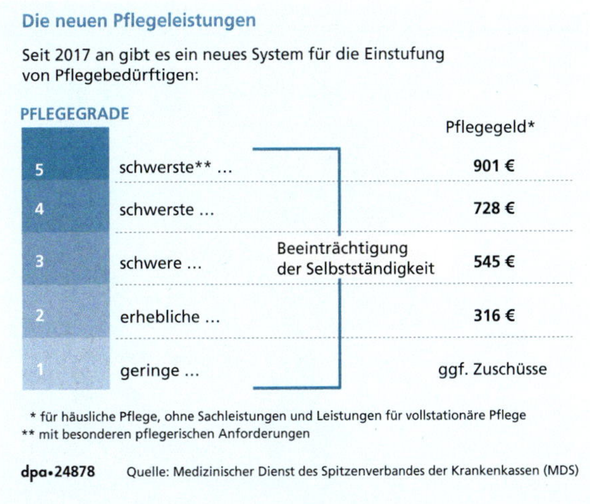

Bei der Einführung der Pflegeversicherung wurde ein gesetzlicher Feiertag zum Ausgleich der Arbeitgeberkosten gestrichen. In **Sachsen** gilt eine **Sonderregelung.** Hier wurde auf die Streichung des Feiertags verzichtet. Dafür trägt der Arbeitnehmer in Sachsen 2,025 % und der Arbeitgeber 1,025 % des Beitragssatzes zur Pflegeversicherung.

8.2.3 Rentenversicherung

www.deutsche-rentenversicherung.de

Aufgabe der gesetzlichen Rentenversicherung (RV) ist die finanzielle Sicherung der Arbeitnehmer und ihrer Familien bei Berufs- und Erwerbsunfähigkeit, Alter und Tod. **Träger** der Rentenversicherung ist die Deutsche Rentenversicherung. Leistungen aus der Rentenversicherung werden nur gewährt, wenn ihr der Versicherte eine Mindestanzahl von Versicherungsjahren (sogenannte Wartezeit) angehört hat. Die **Leistungen** der Rentenversicherung lassen sich in vier große Bereiche untergliedern: Altersrente, Erwerbsminderungsrente, Hinterbliebenenrente und sonstige Leistungen.

Altersrente

Die Bundesregierung hat im Dezember 2013 die Rente mit 63 beschlossen; Voraussetzung sind 45 Beitragsjahre.

Anspruch auf Altersrente hat der Versicherte, wenn er ein bestimmtes Lebensalter (Altersgrenze) erreicht hat. Beim Erreichen der Altersgrenze erhält der ehemalige Arbeitnehmer eine Altersrente, die sich u. a. berechnet aus der Höhe seiner Rentenversicherungsbeiträge und der Dauer seiner Beitragszahlung.

Das Renteneintrittsalter steigt zurzeit Schritt für Schritt an. Ab der Mitte des Jahres 2029 gilt das Renteneintrittsalter von 67 Jahren. Dann erhalten die Versicherten erst mit der Vollendung des 67. Lebensjahres ihre Altersrente. Versicherte können jedoch vorzeitig in Rente gehen, müssen allerdings dann Abzüge bei ihrer Rentenzahlung in Kauf nehmen. Mit der Verschiebung des Renteneintrittsalters von 65 Jahren auf 67 Jahre wird dem Umstand Rechnung getragen, dass immer weniger Menschen arbeiten und immer mehr Menschen sich im Rentenalter befinden und die Lebenserwartung steigt.

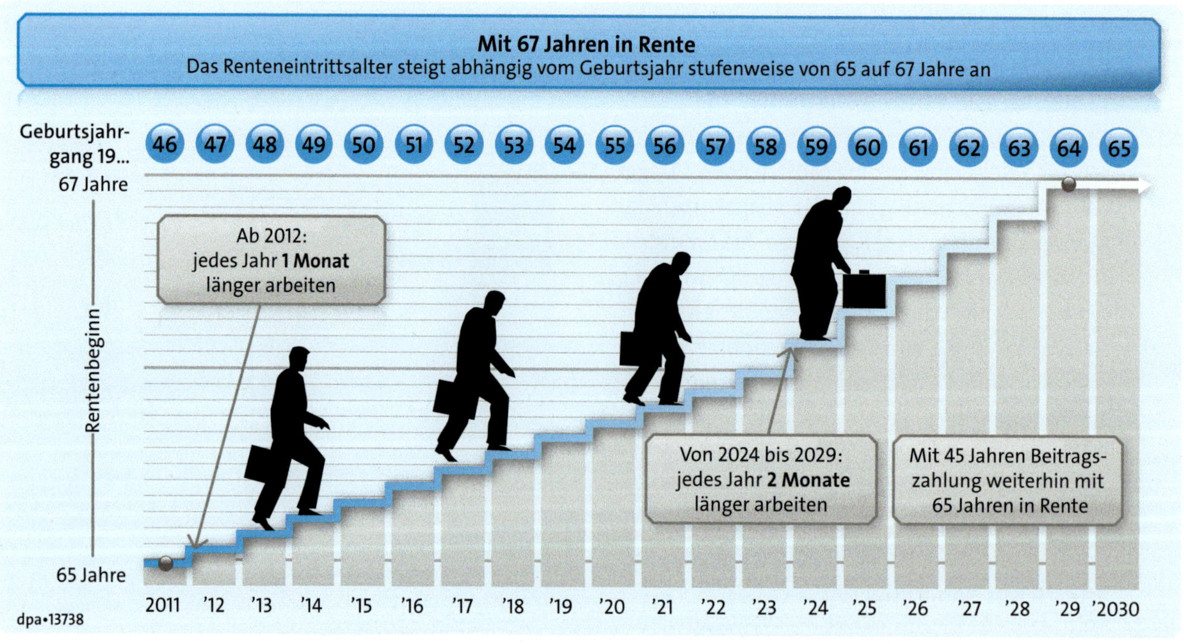

Erwerbsminderungsrente

Können Arbeitnehmer aufgrund einer gesundheitlichen Einschränkung gar nicht mehr oder nur noch weniger als drei Stunden täglich arbeiten, erhalten sie aus der Rentenkasse die volle Erwerbsminderungsrente (ca. 29 % des letzten Bruttoeinkommens). Die halbe Erwerbsminderungsrente erhält der Versicherte, wenn er noch mindestens drei und maximal sechs Stunden täglich arbeiten kann (ca. 15 % des letzten Bruttoeinkommens).

Hinterbliebenenrente

Stirbt ein Versicherter, zahlt die Deutsche Rentenversicherung an den hinterbliebenen Ehepartner und/oder die Kinder eine Rente. Hinterbliebene Ehepartner erhalten eine Witwen-/Witwerrente in Höhe von maximal 60 % der Rente des Verstorbenen. Allerdings wird ein etwaiges eigenes Einkommen des Partners angerechnet. Hinterbliebene Kinder erhalten eine Waisenrente bis zur Vollendung des 18. Lebensjahres. Sollten sie sich noch in der Ausbildung befinden (Berufsausbildung, Studium), verlängert sich ihr Anspruch bis zur Vollendung ihres 27. Lebensjahres.

Sonstige Leistungen

Neben der Zahlung von Renten hat die Deutsche Rentenversicherung weiterhin die Aufgabe, die Erwerbsfähigkeit der Versicherten zu erhalten, zu verbessern oder ggf. wiederherzustellen. Dies tut sie, indem sie Heilbehandlungen und Berufsförderungsmaßnahmen bei Bedarf für die Versicherten finanziert.

Der gesetzlichen Rentenversicherung liegt das Prinzip des **Generationenvertrages** zugrunde. Durch die Beitragszahlungen der Erwerbstätigen werden die Rentenzahlungen der nicht mehr erwerbstätigen Generation finanziert. Dies setzt aber voraus, dass es genügend Erwerbstätige gibt, die in die Rentenkasse einzahlen. Angesichts sinkender Geburtenraten und hoher Arbeitslosigkeit steht die Rentenversicherung vor großen finanziellen Problemen und langfristig sicherlich vor weitreichenden Veränderungen.

In der Regel werden die Renten den jährlichen Lohn- und Gehaltssteigerungen der rentenversicherungspflichtigen Arbeitnehmer angepasst. Steigt also das durchschnittliche Nettoentgelt aller versicherungspflichtigen Arbeitnehmer, so steigen die Renten im darauffolgenden Jahr im gleichen prozentualen Verhältnis an **(dynamische Rente).**

Der aktuelle **Beitragssatz** zur Rentenversicherung beträgt 18,6 % (Stand: 2019) und wird je zur Hälfte vom Arbeitnehmer und vom Arbeitgeber gezahlt.

8.2.4 Arbeitslosenversicherung

Die Arbeitslosenversicherung versichert das Risiko der Arbeitslosigkeit. **Träger** der Arbeitslosenversicherung ist die Bundesagentur für Arbeit. Die Bundesagentur für Arbeit erbringt z. B. folgende **Leistungen** im Rahmen der Arbeitslosenversicherung:

- Zahlung von Entgeltersatzleistungen (Arbeitslosengeld, Kurzarbeitergeld, Winterausfallgeld, Insolvenzausfallgeld und Beiträge zur Sozialversicherung für Arbeitslose)
- Berufsberatung
- Förderung der beruflichen Aus- und Weiterbildung
- Kindergeldzahlung aus der Familienkasse

Als arbeitslos gilt, wer
1. keine Beschäftigung hat, d. h. weniger als 15 Stunden in der Woche arbeitet,
2. Arbeit sucht,
3. dem Arbeitsmarkt zur Verfügung steht und
4. arbeitslos gemeldet ist.

Nur wer diese vier Kriterien erfüllt, wird in den offiziellen **Arbeitslosenstatistiken** geführt und hat unter bestimmten Voraussetzungen Anspruch auf Arbeitslosengeld I (ALG I). **Arbeitslosengeld I** erhält, wer
- wie oben beschrieben arbeitslos ist,
- in den letzten zwei Jahren vor der Arbeitslosigkeit mindestens zwölf Monate gearbeitet hat und dabei in die Arbeitslosenversicherung eingezahlt hat,
- sich persönlich arbeitslos gemeldet hat. Diese persönliche Meldung über die Beendigung des Arbeitsverhältnisses oder eines sonstigen Versicherungspflichtverhältnisses, z. B. Freiwilligendienst, muss unmittelbar nach Kenntnis über die Beendigung des Arbeitsverhältnisses (z. B. bei Erhalt der Kündigung) persönlich erfolgen. Handelt es sich um einen befristeten Vertrag, muss die Meldung drei Monate vor Ablauf des Vertrages erfolgen. Diese Regelung gilt nicht für betriebliche Ausbildungsverhältnisse. Erfolgt die Meldung nicht rechtzeitig, so kommt es zu Kürzungen des Arbeitslosengeldes.

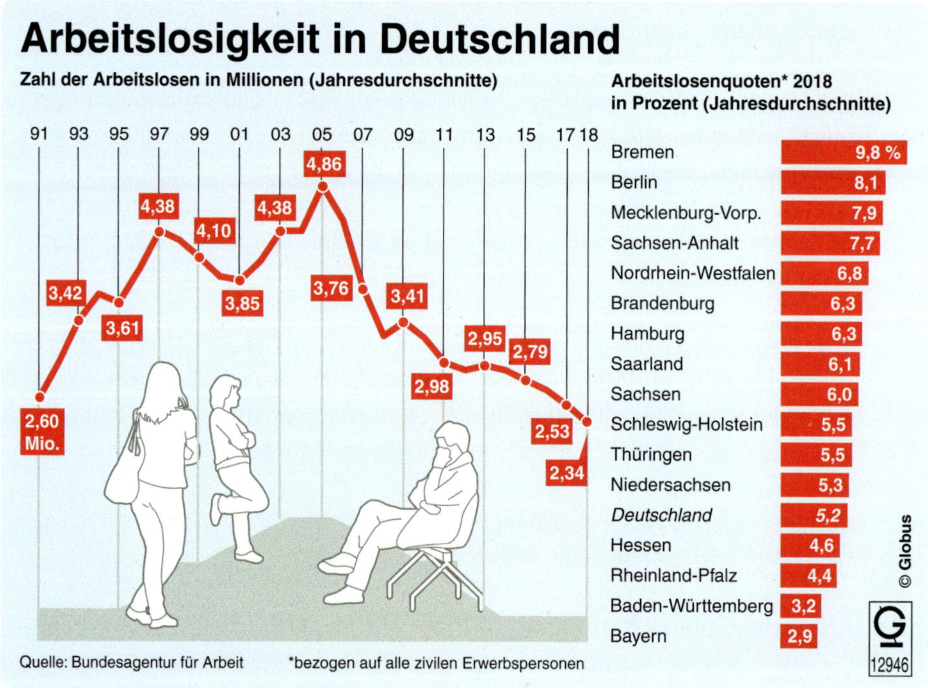

Die ***Höhe des Arbeitslosengeldes*** beläuft sich auf 60 % (bzw. 67 % für Arbeitslose mit Kind) des Nettoentgelts, das in der letzten Beschäftigung vor der Arbeitslosigkeit durchschnittlich erzielt wurde. Wie lange ein Arbeitsloser Anspruch auf Arbeitslosengeld hat, ist abhängig von seinem Alter und davon, wie lange er in den letzten sieben Jahren bei der Arbeitsagentur (auch Bundesagentur für Arbeit) versicherungspflichtig war.

Die ***Höhe des Arbeitslosengeldes*** unterliegt einer gesetzlichen Regelung.

Ansprüche auf Arbeitslosengeld I

Ansprüche auf Arbeitslosengeld I		
Versicherungspflicht in den letzten 5 Jahren vor der Arbeitslosmeldung (Monate)	**Vollendetes Lebensjahr**	**Höchst anspruchsdauer (Monate)**
12		6
16		8
20		10
24		12
30	50.	15
36	55.	18
48	58.	24

Der Höchstanspruch für Arbeitslose, die das 50. Lebensjahr noch nicht vollendet haben, beträgt zwölf Monate. Er setzt voraus, dass die/der Arbeitslose in den letzten fünf Jahren zwei Jahre versicherungspflichtig beschäftigt war. Die Höchstdauer von 24 Monaten gilt nur für Arbeitslose, die das 58. Lebensjahr vollendet haben und in den letzten fünf Jahren vor der Arbeitslosmeldung Versicherungspflichtzeiten von mindestens 48 Monaten nachweisen.
Quelle: BMAS; www.bmas.de/DE/Themen/Arbeitsmarkt/Arbeitslosengeld/arbeitslosengeld.html

Spätestens mit Ablauf des Monats, in dem das Renteneintrittsalter erreicht wird, endet die Zahlung von Arbeitslosengeld. Der **Beitragssatz** zur Arbeitslosenversicherung beträgt zurzeit 2,5 % (Stand: 2019) und wird je zur Hälfte vom Arbeitgeber und Arbeitnehmer gezahlt.

Nach Ablauf des Anspruchs auf Arbeitslosengeld hat der Arbeitslose die Möglichkeit, bei der Bundesagentur für Arbeit **Arbeitslosengeld II** (ALG II) zu beantragen. Das Arbeitslosengeld II ist allerdings keine Leistung der Arbeitslosenversicherung. Es ist eine staatliche Transferleistung, die durch Steuergelder finanziert wird.

8.2.5 Unfallversicherung

Die Unfallversicherung ist die Sozialversicherung mit den meisten Versicherten. Neben allen Arbeitnehmern sind u. a. auch Schüler und Studenten pflichtversichert. Unternehmer können sich selbst freiwillig versichern.

Die **Beiträge** zur gesetzlichen Unfallversicherung werden vom Arbeitgeber allein gezahlt. Die **Beitragshöhe** richtet sich nach der Gefahrenzone (z. B. muss ein Autohaus mit Werkstatt wegen der größeren Unfallgefahr höhere Beiträge zahlen als ein Autohaus, das nur den Verkauf von Neu- und Gebrauchtwagen betreibt) und nach der Unternehmensgröße (Lohn- und Gehaltssummen der Unternehmen). Die **Träger** der Unfallversicherung sind die regionalen Berufsgenossenschaften des Kfz-Gewerbes und bei Schülern die Gemeindeunfallversicherung.

Leistungsbereiche der Unfallversicherung

Unfallverhütung	Milderung oder Beseitigung von Unfallfolgen bei Arbeitsunfällen
• Erlass und Überwachung von Unfallverhütungsmaßnahmen • Sicherstellung einer wirksamen Ersten Hilfe bei Arbeitsunfällen • Auskunfts- und Beratungswesen	• Zahlung der Heilbehandlung • Berufshilfe für den Unfallverletzten und Erkrankten (z. B. Umschulung) • finanzielle Entschädigung für Unfallfolgen • Rentenzahlung für Berufserkrankungen

Unter **Arbeitsunfällen** sind Unfälle zu verstehen, die im Zusammenhang mit der Berufsausübung eintreten, wie Unfälle während der Arbeit, Unfälle auf dem Weg von der oder zu der Arbeit und Berufskrankheiten. **Berufskrankheiten** entstehen durch besonders schädigende Einflüsse am Arbeitsplatz (z. B. Schadstoffe und Lärm).

Die Unfallversicherung	
Versicherungsschutz bei • Arbeitsunfällen • Wegeunfällen und/oder • Berufskrankheiten für alle • Beschäftigten und Auszubildenden • Landwirte • Kinder in Kindertagesstätten, Schüler, Studenten • Retter, Helfer, Blutspender • Pflegepersonen • freiwillig versicherte Unternehmer	**Aufgaben und Leistungen** Prävention und Verhütung von • Arbeitsunfällen • Berufskrankheiten • arbeitsbedingten Gesundheitsgefahren Rehabilitation • Heilbehandlung • berufliche und soziale Rehabilitation Entschädigung • Verletztengeld • Übergangsgeld, Renten
Versicherungsträger • Gewerbliche Berufsgenossenschaft • Landwirtschaftliche Berufsgenossenschaft • Versicherungsträger der öffentlichen Hand	

9 Einkommensteuererklärung

LS 99

***SITUATION** Autoland Murschall GmbH*

Während einer Pause bekommt David Rose ein Gespräch unter Kollegen mit, die sich über ihre letzte Einkommensteuererstattung unterhalten. Da sich auch David Rose über eine kleine Rückerstattung freuen würde, befragt er Frau Gentsch zu diesem Thema. „Hallo Frau Gentsch, sagen Sie, lohnt es sich tatsächlich, eine Einkommensteuererklärung abzugeben?" „Das kann sich in der Tat lohnen", erwidert Frau Gentsch. „Selbst für Sie als Azubi ist durchaus eine kleine Rückerstattung möglich. Allerdings sollten Sie sich in diesem Fall den Rat eines echten Fachmanns holen. Da das Steuerrecht nicht einfach zu verstehen ist, lassen wir z. B. unsere betriebliche Steuererklärung schon seit Jahren von einem qualifizierten Steuerberater erledigen." „Gute Idee, der Onkel von meinem Kumpel Sven ist Steuerberater. Ich werde ihn einfach mal fragen."

Entgeltabrechnung ☞ S. 51 ff.

Jeder Arbeitnehmer zahlt von seinem Einkommen monatlich Steuern in Form der Lohn-, Kirchensteuer und des Solidaritätszuschlages. Diese Steuern werden vom Arbeitgeber einbehalten und an die entsprechenden Stellen weitergeleitet.

Häufig übersteigt aber die von einem steuerpflichtigen Arbeitnehmer im Laufe des Kalenderjahres einbehaltene Steuer die auf den gesamten Jahresarbeitslohn tatsächlich zu zahlende Steuer. Die zu viel gezahlte Steuer wird vom Finanzamt erstattet, wenn der steuerpflichtige Arbeitnehmer einen Antrag auf Einkommensteuerveranlagung stellt.

Der Antrag auf Einkommensteuerveranlagung ist freiwillig. Er kann nur von Arbeitnehmern gestellt werden, für die keine Einkommensteuererklärungspflicht besteht. Grundsätzlich zu einer Einkommensteuererklärung verpflichtet sind Arbeitnehmer, wenn sie u. a.

- noch andere Einkünfte, die nicht Lohneinkünfte sind, von mehr als 410,00 € pro Jahr bezogen haben,
- Freibeträge beantragt haben.

Nicht verpflichtet zur Abgabe sind:
- Arbeitnehmer mit einem geringen Einkommen (Grenze ist der Grundfreibetrag)
- Arbeitnehmer mit Steuerklasse I (sofern nur Einnahmen aus einer Anstellung vorliegen)
- Verheiratete mit Steuerklassen IV/IV

Der Einkommensteuerpflichtige muss beim Finanzamt eine jährliche Einkommensteuererklärung für den vergangenen Veranlagungszeitraum (in der Regel das letzte Kalenderjahr) abgeben. Diese Erklärung muss auf einem amtlich vorgeschriebenen Vordruck (auch online möglich) in der Regel bis zum 31. Mai des dem Veranlagungszeitraum folgenden Jahres abgegeben werden. Für alle Arbeitnehmer, die eine Einkommensteuererklärung freiwillig abgeben wollen, gilt die allgemeine Festsetzungsfrist der Abgabenordnung (AO), die vier Jahre beträgt. Die Einkommensteuererklärung für 2019 kann also bis zum 31.12.2023 vorgenommen werden.

Ein Antrag auf Einkommensteuerveranlagung lohnt sich für den steuerpflichtigen Arbeitnehmer insbesondere, wenn

- ihm Werbungskosten, Sonderausgaben oder außergewöhnliche Belastungen entstanden sind, für die kein Freibetrag beantragt war,
- sein Gehalt im Laufe des Jahres gestiegen ist,
- Nach- oder Sonderzahlungen (z. B. Weihnachtsgeld, Gehaltsnachzahlungen) zu überproportionalen Steuerabzügen geführt haben,
- er nicht das ganze Jahr in einem Arbeitsverhältnis beschäftigt war (z. B. wegen Arbeitslosigkeit),
- auch sein Ehegatte Arbeitslohn bezogen hat,
- sich seine persönlichen Verhältnisse im Laufe des Jahres geändert haben (z. B. Heirat, Geburt eines Kindes).

Somit hatte der Arbeitnehmer nämlich ein tatsächlich niedrigeres zu versteuerndes Einkommen als das Finanzamt über das Jahr zugrunde gelegt hat. Der Arbeitnehmer hat dann Anspruch auf Erstattung der zu viel gezahlten Steuer.

Am Jahresende weiß der Arbeitnehmer, wie viel Werbungskosten, Sonderausgaben und außergewöhnliche Belastungen er hatte. Nun kann er sein tatsächlich zu versteuerndes Einkommen ermitteln und hierauf die zu zahlende Steuer berechnen. Die Differenz aus gezahlter Lohn-, Kirchensteuer und Solidaritätszuschlag des betreffenden Jahres und neu zu berechnender Steuer auf das tatsächlich zu versteuernde Einkommen ist der vom Finanzamt zu erstattende Betrag.

9.1 Berechnung des zu versteuernden Einkommens

Ein Arbeitnehmer kann aus folgenden Einkunftsarten nach dem Einkommensteuergesetz Einkommen erzielen:

- Einkünfte aus Land- und Forstwirtschaft
- Einkünfte aus Gewerbebetrieb
- Einkünfte aus selbstständiger Arbeit
- Einkünfte aus nichtselbstständiger Arbeit
- Einkünfte aus Kapitalvermögen
- Einkünfte aus Versicherung und Verpachtung

Bemessungsgrundlage für die Einkommensteuer ist das zu versteuernde Einkommen, das der Steuerpflichtige innerhalb eines Kalenderjahres aus allen Einkunftsarten bezogen hat. Die Lohnsteuer ist keine eigenständige Steuer. Sie stellt nur eine besondere Erhebungsform der Einkommensteuer bei Einkünften aus nichtselbstständiger Arbeit dar.

Die Einkommensteuer ist eine Personensteuer, bei deren Ermittlung die persönlichen Verhältnisse des Steuerpflichtigen (z. B. Familienstand, Anzahl der Kinder, Alter) und besondere Umstände, die seine wirtschaftliche Leistungsfähigkeit beeinträchtigen (z. B. Unterstützung mittelloser Angehöriger), berücksichtigt werden. Besteuert wird das Einkommen eines

Kalenderjahres. Juristische Personen (z. B. AGs, GmbHs, Genossenschaften) sind nicht einkommensteuerpflichtig. Ihr Einkommen unterliegt der Körperschaftsteuer.

Das zu versteuernde Einkommen wird nach folgendem Schema ermittelt (hier vereinfacht dargestellt):

Einkünfte aus nichtselbstständiger Arbeit
– Werbungskosten der nichtselbstständigen Arbeit
+ sonstige Einkünfte
– Werbungskosten der sonstigen Einkünfte
= Summe der Einkünfte
– Sonderausgaben
– außergewöhnliche Belastungen
= zu versteuerndes Einkommen

9.2 Werbungskosten

Werbungskosten sind Ausgaben, die für Erwerb, Sicherung und Erhalt der Einnahmen notwendig sind. Werbungskosten bei Einkünften aus nichtselbstständiger Arbeit sind vor allem

- Aufwendungen für Fahrten zwischen Wohnung und Arbeitsstätte: Entfernungspauschale 0,30 € für jeden vollen km der Entfernung zwischen der Wohnung und Arbeitsstätte; die Entfernungspauschale gilt für alle Berufspendler in gleicher Höhe, unabhängig von dem Verkehrsmittel, mit dem sie zur Arbeit kommen,
- Beiträge zu Berufsverbänden, z. B. Gewerkschaftsbeiträge,
- Aufwendungen für Arbeitsmittel, z. B. Berufsbekleidung, Werkzeuge, Fachbücher,
- Mehraufwendungen für Verpflegung bei über achtstündiger berufsbedingter Abwesenheit von der Wohnung,
- Mehraufwendungen für eine beruflich bedingte doppelte Haushaltsführung,
- weitere Werbungskosten, z. B. Fortbildungskosten, Reisekosten, beruflich bedingte Umzugskosten,
- Kontoführungsgebühren, ohne Nachweis wird eine Pauschale von 16,00 € im Jahr gewährt.

Grundsätzlich müssen alle Werbungskosten, die der Steuerpflichtige absetzen will, einzeln nachgewiesen werden. Aus Gründen der Vereinfachung des Besteuerungsverfahrens wird jedoch bis zu einem bestimmten Gesamtbetrag auf den Einzelnachweis verzichtet.

Werbungskosten bis zu einer Höhe von 1.000,00 € können bei Einkünften aus nichtselbstständiger Arbeit pauschal ohne Belege geltend gemacht werden.

Bei der Ermittlung der Einkünfte aus nichtselbstständiger Arbeit wird vom Lohn oder Gehalt ein Arbeitnehmerpauschbetrag von 1.000,00 € abgezogen, wenn nicht höhere Werbungskosten nachgewiesen werden. Das heißt, will ein Arbeitnehmer Werbungskosten in seiner Einkommensteuererklärung geltend machen, müssen diese mehr als 1.000,00 € betragen.

9.3 Sonderausgaben

Sonderausgaben sind Aufwendungen der Lebensführung, die aus sozialen, wirtschaftlichen und steuerpolitischen Gründen steuerlich begünstigt werden. Die größte und wichtigste Gruppe innerhalb der Sonderausgaben bilden die **Vorsorgeaufwendungen.** Das sind

- die Beiträge zur gesetzlichen Renten- und Arbeitslosenversicherung,
- Beiträge zu Kranken-, Pflege-, Unfall-, Berufsunfähigkeits- und Haftpflichtversicherungen.

Beiträge zu Sachversicherungen (z. B. Hausrat und Kaskoversicherungen) sind keine Vorsorgeaufwendungen und damit auch nicht als Sonderausgaben abzugsfähig. Die Vorsorgeaufwendungen sind nur beschränkt bis zu einem bestimmten Höchstbetrag abziehbar.

Steuerpflichtigen mit Einkünften aus nichtselbstständiger Arbeit (Arbeitnehmer) wird eine **Vorsorgepauschale** abgezogen, sofern sie keine höheren Vorsorgeaufwendungen nachweisen können. Die Vorsorgepauschale ist kein Festbetrag. Sie ist nach der Höhe des Arbeitslohns gestaffelt.

Die übrigen Sonderausgaben sind:

- Unterhaltszahlungen an den geschiedenen oder dauernd getrennt lebenden Ehegatten,
- Renten und dauernde Lasten, zu deren Zahlung sich der Steuerpflichtige verpflichtet hat,
- Berufsausbildungskosten,
- gezahlte Kirchensteuer,
- Spenden und Beiträge für wissenschaftliche, mildtätige und kulturelle Zwecke,
- Spenden und Beiträge für kirchliche, religiöse und gemeinnützige Zwecke,
- Spenden und Mitgliedsbeiträge an politische Parteien.

9.4 Außergewöhnliche Belastungen

Eine außergewöhnliche Belastung ist gegeben, wenn ein Steuerpflichtiger zwangsläufig größere Aufwendungen bestreiten muss als die Mehrzahl der Steuerpflichtigen mit gleichen Einkommens- und Vermögensverhältnissen. Wenn diese Aufwendungen eine zumutbare Eigenbelastung (1% – 7% der Einkünfte, je nach Höhe der Einkünfte) übersteigen, wird der übersteigende Betrag auf Antrag vom Gesamtbetrag der Einkünfte abgezogen.

Krankheitskosten z. B. für eine Brille oder Zahnersatz.

Außergewöhnliche Belastungen sind z. B.

- Krankheitskosten, die nicht von dritter Seite (z. B. Krankenkasse) ersetzt werden,
- Kurkosten,
- Unterstützung bedürftiger Angehöriger (z. B. Eltern, Geschwister, Kinder),
- Anwalts- und Gerichtskosten bei Ehescheidungen,
- Kinderbetreuungskosten (z. B. Aufwendungen für die Unterbringung von Kindern unter 16 Jahren alleinstehender Arbeitnehmer in Kindergärten und Kinderhorten),
- besondere Aufwendungen von Körperbehinderten,
- Aufwendungen, die einem Steuerpflichtigen durch die persönliche häusliche Pflege eines Angehörigen entstehen.

10 Mitarbeitermotivation

SITUATION *Autoland Murschall GmbH*

David Rose geht jeden Morgen gerne in den Betrieb. Er freut sich auf die Kollegen und ja, sogar auf die Arbeit. Um so erstaunter ist er über die Erzählungen seines Mitschülers Karsten in der Berufsschule. Dieser schildert eine vollkommen andere Erfahrung. Er geht sehr ungern in den Betrieb, denn dort fühlt er sich überhaupt nicht wohl. Seine Arbeit macht ihm überhaupt keinen Spaß. Seine Krankheitstage belaufen sich bereits im März auf 10 Tage. David fragt sich, woran es liegt, dass beide Auszubildende so unterschiedliche Erfahrungen in ihren Betrieben machen.

Mitarbeiter, die ihre Arbeit mit Lust und Laune erledigen, arbeiten nicht nur besser und schneller, sondern sie sind zufriedener, zeigen mehr ***Loyalität*** dem Unternehmen gegenüber. Durch ihre Leistungsbereitschaft tragen motivierte Mitarbeiter entscheidend zum Erfolg eines Automobilhändlers bei. Sie arbeiten selbstständig, sind hilfsbereit und freundlich und binden damit die Kunden an das Unternehmen. Das **Unternehmensleitbild der Kundenorientierung** setzt also eine mitarbeiterorientierte Personalführung voraus. Zur Optimierung des Unternehmenserfolges muss deshalb die Mitarbeitermotivation zur „Chefsache" gemacht werden.

Loyalität (franz.) Anständigkeit, Treue

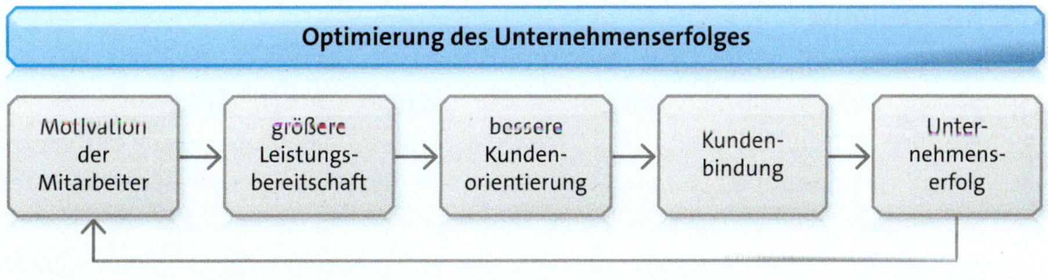

Zufriedenheit und Engagement der Mitarbeiter sind besonders verbunden mit

- einer guten Arbeitsatmosphäre,
- dem kollegialen Verhalten,
- dem Arbeitseinsatz im Unternehmen und der damit verbundenen Freude an der Arbeit,
- der Anerkennung der Arbeitsleistung durch Vorgesetzte,
- einer angemessenen Bezahlung und
- der Möglichkeit, sich weiterzuqualifizieren.

Zur Erreichung dieser Ziele steht ein breites Spektrum an Möglichkeiten der ***materiellen*** und ***immateriellen Motivation*** und deren Mischformen zur Verfügung. Obwohl es situationsabhängig ist, welche Motivationsart angewandt wird, sollte die Unternehmensführung grundlegend dafür Sorge tragen, dass

- respektvolle Umgangsformen herrschen,
- regelmäßige Gespräche mit Mitarbeitern stattfinden,

materielle Motivation Motivation durch finanzielle Anreize

immaterielle Motivation Motivation durch geistige, ideelle Vorteile

- Perspektiven zur Weiterbildung und zum Erwerb von Zusatzqualifikationen aufgezeigt werden,
- Mitarbeiter die Möglichkeit zur Mitgestaltung des Arbeitsumfeldes haben und
- eine leistungsgerechte Bezahlung gewährleistet wird.

Welche Maßnahmen zum Erfolg führen, hängt von der Struktur und Situation des Betriebes ab. Einige Automobilhändler führen Mitarbeiterbefragungen durch, um Ursachen und Zusammenhänge mangelnder Mitarbeitermotivation zu erkennen und um die richtigen Konsequenzen für effektive Veränderungen aus den Ergebnissen abzuleiten. Mit solchen Befragungen signalisiert man den Mitarbeitern Interesse und Wertschätzung, sie haben das Gefühl, „ernst genommen" zu werden. Die Mitarbeiter haben außerdem den Eindruck, Einfluss auf die Gestaltung ihrer Arbeitsbedingungen nehmen zu können.

Nachhaltige Verbesserungen können nur erreicht werden, wenn die Geschäftsleitung bereit ist, die Befragungsergebnisse umzusetzen, wobei bei den Mitarbeitern keine unrealistischen Erwartungen geschürt werden dürfen. Die Befragungen müssen auf anonymer und freiwilliger Basis unter Wahrung des Datenschutzes durchgeführt werden, denn nur so kann man Vertrauen aufbauen und mit einem aussagekräftigen Rücklauf der Befragungen rechnen.

10.1 Immaterielle Mitarbeitermotivation

10.1.1 Arbeitsklima

Mitarbeiter fühlen sich in einer guten und stabilen Arbeitsatmosphäre wohl. Dazu müssen die passenden Rahmenbedingungen geschaffen werden, z. B. wirkt sich eine Arbeitsumgebung mit lichtdurchfluteten, luftigen und farbenfreundlichen Räumen positiv auf die Motivation aus. Mitarbeiter möchten ihre Arbeit ohne unnötige Störungen verrichten können, deshalb sollten funktionierende Arbeitsgeräte sauber und ordentlich an ihrem Platz stehen. Das Arbeitsklima wird von Mitarbeitern dann als besonders angenehm empfunden, wenn der Teamgeist stimmt.

kooperativer Umgang
Mitarbeiter werden durch ihren Chef z. B. in Entscheidungsprozesse einbezogen.

Führungsstile
☞ Band 1, LF 1, S. 51 f.

Erfolgreiche Führungspersonen wirken mit einem ***kooperativen Umgang*** den Mitarbeitern als Vorbild. Durch gemeinsame Aktivitäten wie Betriebsausflüge, Betriebssport, ein gemeinsames Frühstück o. Ä. wird das Zusammengehörigkeitsgefühl der Mitarbeiter gestärkt. Zu einem guten Betriebsklima gehört auch, dass Vorgesetzte ein „offenes Ohr" für die persönlichen Bedürfnisse der Mitarbeiter haben und deren Anliegen ernst nehmen.

***BEISPIEL** Autoland Murschall GmbH*

Die Autoland Murschall GmbH stellt eine „Meckerbox" bereit, wo jeder Mitarbeiter anonym aufschreiben kann, was ihm nicht passt. Die Schreiben werden von der Geschäftsleitung regelmäßig gelesen und ziehen, wenn möglich, entsprechende Konsequenzen nach sich.

Mit der Einrichtung von Betriebskindergärten oder der Organisation einer Ferienbetreuung ermöglicht man berufstätigen Eltern ein Arbeiten mit weniger Stress und einen flexibleren Arbeitseinsatz.

10.1.2 Mitarbeitergespräch

Das persönliche Gespräch bietet dem Führungspersonal und den Mitarbeitern Gelegenheit zum gegenseitigen Informationsaustausch. ***Formelle*** und ***informelle Gespräche*** ermutigen den Mitarbeiter, eigene Ideen und ***konstruktive*** Verbesserungsvorschläge zu aktuellen Fragen der Arbeit zu machen. Mitarbeiter honorieren, wenn Vorgesetzte Interesse zeigen und sich die Zeit nehmen, ihnen zuzuhören. Vorgesetzte nutzen ihrerseits die Chance, Informationen über das Unternehmen, wie z. B. über geplante Änderungen, weiterzugeben.

formelle Gespräche Gespräche mit ausdrücklichem Gesprächstermin

informelle Gespräche Gelegenheitsgespräche

konstruktiv aufbauend

In **Beurteilungsgesprächen,** die gleichzeitig Beratungsgespräche sein sollen, erhalten Mitarbeiter ein Feedback zu ihrer Arbeitsleistung und damit auch eine Orientierung darüber, mit welcher Arbeitsleistung die Unternehmensführung zufrieden ist. Lob, besonders wenn es zeitnah ausgesprochen wird, verstärkt positive Verhaltensweisen.

BEISPIEL *Autoland Murschall GmbH*

Die Abteilungsleiter der Autoland Murschall GmbH führen mindestens einmal im Jahr oder bei Bedarf mehrmals im Jahr ein Gespräch mit jedem Mitarbeiter der jeweiligen Abteilung. Die Ergebnisse dieses Gespräches halten sie in einem Protokoll fest. In diesen Gesprächen werden auch Möglichkeiten aufgezeigt, wie der jeweilige Mitarbeiter in seiner beruflichen und betrieblichen Entwicklung gefördert werden kann.

10.1.3 Personalentwicklung

Neue technische Entwicklungen, Produktneuheiten, ***Vertikalisierung*** und Internationalisierung der Märkte im Automobilhandel erfordern Qualifikationsanpassungen der Mitarbeiter und stellen hohe Anforderungen an deren Flexibilität. Qualifizierte Mitarbeiter sind für das Unternehmen eine entscheidende Voraussetzung, um im Wettbewerb erfolgreich bestehen zu können.

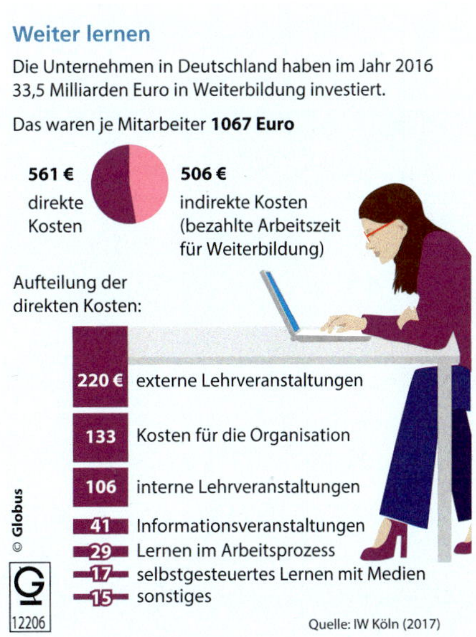

Bei der *Vertikalisierung* ist die Aufeinanderfolge der Wirtschaftsstufen Industrie und Handel aufgehoben. Das ist bei der Produktentwicklung und Vermarktung von Eigenmarken der Fall.

Aufgabe der Personalentwicklung ist es, talentierte Mitarbeiter, vom Auszubildenden bis hin zum Abteilungsleiter, für die neuen Herausforderungen zu gewinnen und sie in ihrer beruflichen Entwicklung zu fördern. Außerdem müssen alle Mitarbeiter auf veränderte Bedingungen ihres Arbeitsplatzes vorbereitet werden. Dies geschieht durch betriebsinterne und externe Fort- und Weiterbildungsmaßnahmen. Die Weiterbildung der Mitarbeiter kommt sowohl dem Erfolg des Unternehmens zugute als auch der individuellen Karriere des Mitarbeiters.

> ***BEISPIEL** Autoland Murschall GmbH*
>
> *Die Autoland Murschall GmbH fördert leistungsorientierte Mitarbeiter bei ihrem Wunsch zur Aufstiegsweiterbildung, z. B. als Betriebswirt im Kraftfahrzeuggewerbe, indem sie diese Weiterbildung finanziell oder durch Freistellung von der Arbeit unterstützt.*

10.1.4 Mitgestaltung durch Arbeitnehmer

Delegation Übertragung von Befugnissen und Verantwortung

Mitarbeiter, die eigenverantwortlich entscheiden können, sind in der Regel motivierter als jene, die nur auf Anweisung handeln. Die erfolgreiche ***Delegation*** von Aufgaben und Entscheidungsbefugnissen **(Empowerment)** erfordert von den Führungskräften nicht nur Mut zum „Loslassen“, sondern sie setzt voraus, dass Führungskräfte

- eine positive Einstellung und Vertrauen zu ihren Mitarbeitern haben,
- Informationen für die Mitarbeiter jederzeit verfügbar machen,
- eine offene Atmosphäre schaffen, in der die Mitarbeiter sich trauen, für Fehler geradezustehen und
- die Ziele präzise vorgeben und gleichzeitig den Mitarbeitern genügend Freiraum für den Lösungsweg geben.

Als motivierend wird von den Mitarbeitern empfunden, wenn sie auch an den eigenen Arbeitsbedingungen, wie z. B. der Arbeitszeitverteilung, mitwirken können.

> ***BEISPIEL** Autoland Murschall GmbH*
>
> *Die Autoland Murschall GmbH gibt innerhalb einer Abteilung einem Team von gewählten Mitarbeitern die Möglichkeit, Arbeitszeiten mitzubestimmen. Der Abteilungsleiter gibt die Anzahl der benötigten Wochenstunden vor, das Team verteilt die wöchentliche Arbeitszeit auf die Mitarbeiter.*

10.2 Materielle Mitarbeitermotivation

Die Beteiligung der Mitarbeiter am Unternehmenserfolg ist eine wirksame Motivation für größere Leistungsbereitschaft und kommt letztlich dem Unternehmen zugute. Es gibt verschiedene Möglichkeiten der **Mitarbeiterbeteiligung.**

Neben einem erfolgsunabhängigen Grundentgelt wird in Abhängigkeit der erbrachten Leistung eine Prämie bezahlt. Solche Zusatzzahlungen werden für konkret feststellbare Leistungen gewährt. Die Wirkung der Prämie als Leistungsanreiz hängt von der Höhe der ***Prämienspanne*** ab. Prämien dürfen nicht dazu führen, dass das Personal ***„Powerselling"*** um jeden Preis macht, um das eigene Einkommen zu erhöhen. Das kann zu einem qualitativen Leistungsabfall führen, und dann bleibt die Kundenorientierung auf der Strecke.

Prämienspanne mögliche Gehaltssteigerung

Powerselling „Verkaufen um jeden Preis"

BEISPIEL Autoland Murschall GmbH

- *Das Verkaufspersonal im Neu- und Gebrauchtwagenverkauf sowie im Teile- und Zubehörverkauf der Autoland Murschall GmbH erhält Prämien für erbrachte Umsätze.*
- *Auf den Verkauf von Lagerfahrzeugen (Neuwagen), die schon lange auf dem Hof stehen, erhalten die Mitarbeiter im Neuwagenverkauf eine zusätzliche Verkaufsprämie.*

Betriebliche Sozialleistungen unterstreichen den Fürsorgegedanken des Unternehmens für seine Mitarbeiter. Ein in der Praxis häufig anzutreffendes Beispiel ist die betriebliche Altersvorsorge.

Betriebliche Altersvorsorge ☞ S. 59 ff.

Bei der Vergabe von **Mitarbeiterdarlehen** erhalten Betriebsangehörige Kredite zu günstigen Konditionen und können hauseigene Waren auf Raten zu besonders günstigen Zinskonditionen kaufen. **Belohnungen** (Incentives) werden für einen guten Arbeitseinsatz oder für allgemeines Engagement in Form von kleinen Geschenken gegeben.

BEISPIEL Autoland Murschall GmbH

Für gute Zusammenarbeit und Engagement bei der Organisation einer Aktionswoche erhalten die Mitarbeiter einen Warengutschein.

Die Mitarbeiter von Aktiengesellschaften können sich bei dieser Unternehmensform durch Belegschaftsaktien am Eigenkapital des Unternehmens und somit am Erfolg des Unternehmens beteiligen. Diese Belegschaftsaktien sind im Verhältnis zu den sonstigen Aktien des Unternehmens in der Regel wesentlich günstiger zu erwerben.

Aktiengesellschaft ☞ Band 1, LF 1, S. 28 ff.

BEISPIEL Autoland Murschall GmbH

Die Mitarbeiter der Autoland Murschall GmbH können von der STARCAR AG bis zu drei Anteile pro Jahr zu je 150,00 € erwerben. An der Börse werden die Aktien für 150,00 € gehandelt.

LS 100

11 Beendigung des Arbeitsverhältnisses

SITUATION *Autoland Murschall GmbH*

„Momentan geht es bei uns richtig rund", erzählt einer der Auszubildenden aus der Berufsschulklasse von David Rose. „Im letzten Monat sind zwei Verkäuferinnen aus dem Teile- und Zubehörbereich gegangen. Beide hatten nur einen befristeten Vertrag. Dass sie gehen, war also geplant. Vor zwei Wochen kam es dann zu einer heftigen Auseinandersetzung zwischen einem der Verkäufer und unserem Verkaufsleiter. Da flogen richtig die Fetzen. Schon am nächsten Tag lag die Kündigung auf dem Tisch des Verkäufers. Und seit dieser Woche geht das Gerücht um, dass unsere Filiale in Köln-Mülheim eventuell schließen muss." „Da ist bei euch in den letzten Wochen ja wirklich viel passiert", entgegnet David Rose. „Aber ist es überhaupt möglich, den Verkäufer so schnell zu entlassen? Er hat doch einen gültigen Arbeitsvertrag? Und eure Mitarbeiter aus Köln-Mülheim werden doch sicherlich in euren anderen beiden Filialen unterkommen, oder?"

„Arbeit gibt uns mehr als den Lebensunterhalt, sie gibt uns das Leben."
Henry Ford (1863–1947)

Die Arbeitsleistung eines Mitarbeiters ist vielschichtig. Aus der Perspektive des Arbeitnehmers stellt die Arbeit in der Regel nicht nur den Lebensunterhalt sicher, für viele Menschen ist ihre Arbeit auch Sinnstiftung und Teilhabe an der Gesellschaft. Bei der Beendigung eines Arbeitsverhältnisses sind dies Aspekte, die ein Arbeitgeber aufgrund seiner gesellschaftlichen Verantwortung stets im Blick haben sollte.

Neben seiner gesellschaftlichen Verantwortung und auch Fürsorgepflicht gegenüber seinen Mitarbeitern ist der Arbeitgeber natürlich auch seinem Unternehmen verpflichtet. Er hat die Kosten, die durch jedes weitere Arbeitsverhältnis steigen, im Blick zu behalten, und er hat dafür Sorge zu tragen, dass die Arbeitsabläufe funktionieren und die Aufträge pünktlich erfüllt werden. Sollte es hier durch Verhalten von Arbeitnehmern zu Störungen kommen, so hat der Arbeitgeber aufgrund seiner Verantwortung für die Sicherung des gesamten Unternehmens und somit aller Arbeitsplätze Maßnahmen zu ergreifen.

Wenn ein Arbeitgeber kündigt, kommt es häufig zu Interessenskonflikten. Der unternehmerischen Entscheidungsfreiheit des Arbeitgebers, die auch die Entscheidung für oder gegen einen bestimmten Mitarbeiter beinhaltet, steht das dringende Interesse des Arbeitnehmers am Erhalt seines Arbeitsplatzes gegenüber. Da eine Kündigung durch den Arbeitgeber meist überraschend und nicht planbar ist und häufig dem Interesse des Arbeitnehmers entgegensteht, birgt sie besonderes Konfliktpotenzial.

Schwerpunktmäßig bezieht sich das nun folgende Kapitel deshalb auf dieses Thema, indem die folgenden Fragen beantwortet werden:

- Unter welchen Umständen ist eine Kündigung wirksam?
- Welche grundsätzlichen Kündigungsarten existieren und welche Kündigungsfristen sind in diesem Zusammenhang zu beachten?
- Wann liegt ein zulässiger Kündigungsgrund vor?
- Welche Rolle spielt der Betriebsrat bei einer Kündigung?
- Wie kann sich ein Arbeitnehmer gerichtlich gegen eine Kündigung vor Gericht wehren und wann erhält er eine Abfindung?
- Welche Arbeitsschritte müssen in der Verwaltung eingehalten werden, wenn einem Mitarbeiter gekündigt wird?

Neben der Kündigung gibt es noch weitere Gründe dafür, dass ein Arbeitsverhältnis endet: den vorzeitigen Altersruhestand, den Tod des Arbeitnehmers, die Nichtverlängerung eines befristeten Arbeitsvertrages und den ***Aufhebungsvertrag.***

Aufhebungsvertrag durch diesen Vertrag wird das Arbeitsverhältnis mit dem Einverständnis beider Vertragsparteien aufgehoben

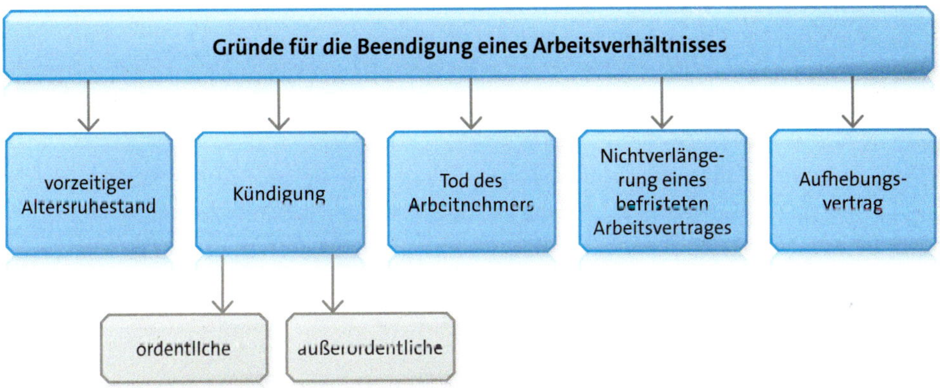

11.1 Allgemeine Anforderungen an eine Kündigung

Eine Kündigung ist eine einseitige, empfangsbedürftige Willenserklärung, die lt. ***§ 623 BGB*** schriftlich erfolgen muss. Sie muss weiterhin eindeutig erkennen lassen, dass das Arbeitsverhältnis zu einem bestimmten Zeitpunkt enden soll. Für die Wirksamkeit einer Kündigung ist es nicht erforderlich, dass der Kündigungsgrund genannt wird, auf Verlangen ist dieser jedoch unverzüglich mitzuteilen. Selbstverständlich muss der Kündigende über die entsprechende Vollmacht verfügen und das Schreiben mit seiner Unterschrift versehen.

§ 623 BGB Schriftform der Kündigung Die Beendigung von Arbeitsverhältnissen durch Kündigung oder Auflösungsvertrag bedürfen zu ihrer Wirksamkeit der Schriftform; die elektronische Form ist ausgeschlossen.

Eine Kündigung wird erst dann wirksam, wenn sie dem Empfänger schriftlich zugeht. Aus Beweisgründen ist es empfehlenswert, eine Kündigung entweder im Beisein von Zeugen oder durch Einschreiben mit Rückschein zuzustellen. Eine Kündigung muss nicht zwangsläufig persönlich übergeben werden, es genügt nach gängiger Rechtsprechung, wenn diese in den sogenannten „Machtbereich“ des Empfängers gelangt, sodass unter gewöhnlichen Umständen mit einer Kenntnisnahme gerechnet werden kann. Ein Einwurf in den Briefkasten o. Ä. ist also ausreichend. Der Gekündigte kann sich der Kündigung hier auch nicht durch Abwesenheit entziehen, da er dafür Sorge tragen muss, dass ihn die Erklärung in seinem Machtbereich auch erreicht (z. B. durch einen Nachsendeauftrag).

Auswirkung des Widerspruchs durch den Betriebsrat ☞ S. 97 f.

Weiterhin ist es für die Wirksamkeit einer Kündigung unbedingt erforderlich, vor der Kündigung den Betriebsrat, sofern es im Unternehmen einen gibt, zu informieren und anzuhören (gemäß § 102 BetrVG). Sollte der Betriebsrat mit der Kündigung nicht einverstanden sein, bleibt die Kündigung trotzdem wirksam.

Arbeitnehmer, deren Arbeitsvertrag gekündigt wurde, müssen sich nach § 38 Absatz 1 Sozialgesetzgesetzbuch III unverzüglich persönlich bei der Arbeitsagentur als arbeitsuchend melden. Gelten für das Arbeitsverhältnis Kündigungsfristen von mehr als drei Monaten, beginnt die Meldepflicht spätestens drei Monate vor dem vorgesehen Beendigungszeitpunkt.

Aufgrund dieser Meldepflicht der Arbeitnehmer sind Arbeitgeber bei Ausspruch einer Kündigung dazu verpflichtet, den Arbeitnehmer frühzeitig darüber zu informieren, dass er sich unverzüglich arbeitsuchend melden muss. Informiert der Arbeitgeber nicht über diese Meldepflicht, kann das zu Schadensersatzforderungen der ehemaligen Arbeitnehmer gegen ihren ehemaligen Arbeitgeber führen, denn ein Verstoß gegen die Meldepflicht vermindert das spätere Arbeitslosengeld des Arbeitnehmers.

Selbstverständlich muss eine wirksame Kündigung die gesetzlichen Kündigungsfristen einhalten. Welche Kündigungsfristen existieren, wird im folgenden Kapitel behandelt.

11.2 Arten der Kündigung

Die Kündigung eines Arbeitsverhältnisses wird grundsätzlich unterschieden in eine ordentliche oder außerordentliche Kündigung.

11.2.1 Ordentliche Kündigung

Von einer ordentlichen oder auch fristgerechten Kündigung wird gesprochen, wenn der Kündigende das Arbeitsverhältnis unter Einhaltung einer Kündigungsfrist beenden will.

Die gesetzliche Kündigungsfrist gilt für beide Arbeitsvertragspartner. Nach § 622 BGB können Arbeitgeber und Arbeitnehmer das Beschäftigungsverhältnis mit einer Frist von 4 Wochen entweder zum 15. oder zum Ende eines Kalendermonats kündigen. Die Kündigung während einer vereinbarten Probezeit beträgt mindestens zwei Wochen.

Besteht das Arbeitsverhältnis im Unternehmen schon länger als zwei Jahre, verlängert sich die Kündigungsfrist nur für den Arbeitgeber je nach Dauer des Arbeitsverhältnisses auf bis zu sieben Monate. Die gesetzlichen Regelungen können in gewissem Umfang durch Tarif- und Einzelarbeitsvertrag verändert werden.

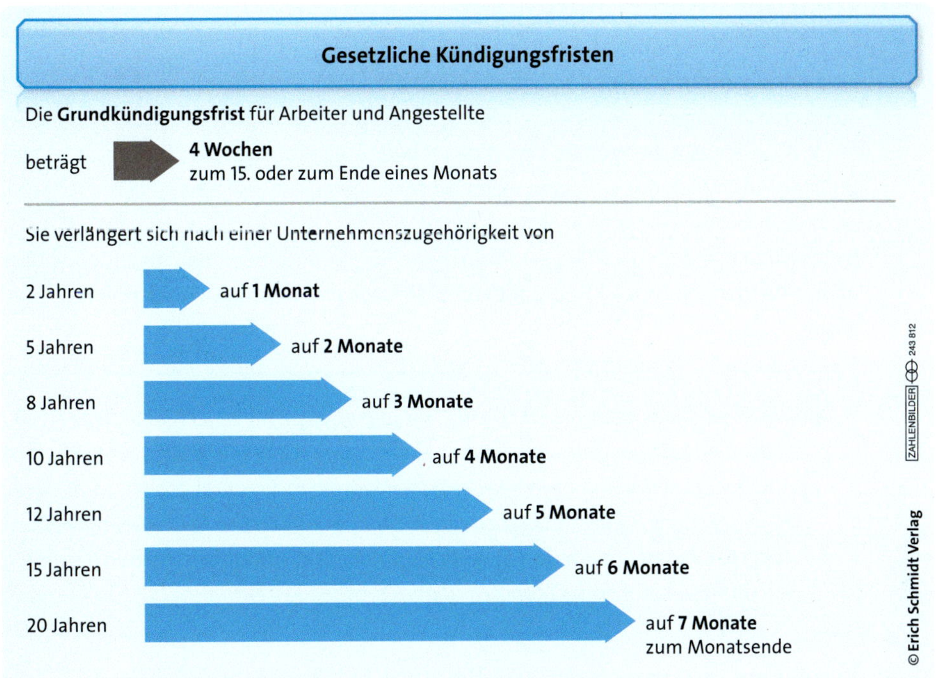

11.2.2 Außerordentliche Kündigung

Eine außerordentliche Kündigung ist eine Kündigung, die das Arbeitsverhältnis ohne Beachtung der sonst geltenden Kündigungsfristen beendet. Sie wird daher auch als fristlose Kündigung bezeichnet. Eine fristlose Kündigung kann sowohl vom Arbeitgeber als auch vom Arbeitnehmer ausgesprochen werden. Nach § 626 BGB muss dazu allerdings ein wichtiger Grund vorliegen. Ein wichtiger Grund macht dem Kündigenden die Fortsetzung des Arbeitsverhältnisses bis zum nächsten ordentlichen Kündigungstermin unzumutbar.

Wichtige Gründe können sein:

- Tätlichkeiten
- Betrug und Unterschlagung
- Diebstahl, wenn die Sache für das Unternehmen einen großen wirtschaftlichen Wert hat
- Vortäuschen von Arbeitsunfähigkeit
- grobe Beleidigung
- beharrliche Arbeitsverweigerung

Die außerordentliche Kündigung muss innerhalb von zwei Wochen nach Bekanntwerden des Grundes, der zur Kündigung führen soll, ausgesprochen werden. Erfolgt sie später, ist sie unwirksam.

11.3 Zulässige Kündigungsgründe

Eine Kündigung trifft einen Arbeitnehmer hart und kann existenzbedrohend sein. Deshalb sollte eine Kündigung niemals leichtfertig ausgesprochen werden. Entsprechenden Schutz vor der Willkür eines Arbeitgebers bietet das Kündigungsschutzgesetz. Demnach ist eine Kündigung grundsätzlich nur wirksam, wenn sie sozial gerechtfertigt ist.

Bevor wir uns aber den sozial gerechtfertigten Kündigungsgründen zuwenden, muss noch erwähnt werden, dass das Kündigungsschutzgesetz nicht auf alle Arbeitnehmer angewendet wird:

Das Kündigungsschutzgesetz (KSchG) gilt in Betrieben, die regelmäßig mehr als 10 Mitarbeiter beschäftigen. Auszubildende werden dabei nicht mitgezählt, teilzeitbeschäftigte Arbeitnehmer sind mit einer regelmäßigen wöchentlichen Arbeitszeit von nicht mehr als 20 Stunden mit 0,5 und nicht mehr als 30 Stunden mit 0,75 zu berücksichtigen. Das Kündigungsschutzgesetz gilt in diesen Betrieben dann für alle Mitarbeiter, deren Beschäftigungsverhältnis seit mehr als 6 Monaten ununterbrochen besteht.

11.3.1 Kündigung im Rahmen des Kündigungsschutzgesetzes (KSchG)

Gemäß § 1 KSchG ist eine Kündigung dann unwirksam, wenn sie sozial ungerechtfertigt ist.

Eine **sozial gerechtfertigte Kündigung** liegt vor, wenn:

a) ein objektiver, sachlicher Kündigungsgrund vorliegt,
b) der Grundsatz der Verhältnismäßigkeit gewahrt wird und
c) eine Interessensabwägung stattfindet.

a) objektiver Kündigungsgrund

Objektive, sachliche Gründe liegen vor, wenn diese in der Person oder in dem Verhalten des Arbeitsnehmers liegen oder durch dringende betriebliche Erfordernisse bedingt sind.

Ein **verhaltensbedingter Kündigungsgrund** liegt bei einem steuerbaren Verhalten vor, das vom Willen des Arbeitsnehmers beeinflussbar ist. Bei der verhaltensbedingten Kündigung liegen die Gründe der Kündigung in einem Fehlverhalten des Arbeitnehmers. Eine verhaltensbedingte Kündigung ist erst dann zulässig, wenn der Arbeitgeber bereits andere disziplinarische Mittel erfolglos ergriffen und/oder durch Abmahnung auf eine Verhaltensänderung hingewirkt hat. Eine **Abmahnung** ist keine gesetzliche Anforderung, hat sich jedoch aus der „ständigen Rechtsprechung" (Gerichtspraxis) als Voraussetzung für eine verhaltensbedingte Kündigung entwickelt. Sie erfüllt verschiedene Funktionen: Zum einen wird der Arbeitnehmer auf ein bestimmtes vertragswidriges Verhalten hingewiesen **(Hinweisfunktion),** zum anderen wird dieser zu vertragsgemäßem Verhalten in der Zukunft aufgefordert **(Ermahnungsfunktion).** Außerdem erhält er die Ankündigung, dass im Wiederholungsfall gekündigt wird **(Androhungs- bzw. Warnfunktion).** Eine schriftliche Abmahnung erbringt schließlich auch den gerichtsverwertbaren Nachweis, dass der Arbeitgeber erfolglos auf eine Verhaltensänderung hingewirkt hat **(Dokumentationsfunktion).**

BEISPIEL

- *Der Mitarbeiter kommt der Arbeitspflicht nicht nach.*
- *Der Mitarbeiter erbringt über einen längeren Zeitraum hinweg nur unterdurchschnittliche Arbeitsleistungen (Leistungen dauerhaft um ca. 25 % bis 50 % schlechter als bei vergleichbaren Mitarbeitern).*
- *Der Mitarbeiter kommt häufig zu spät.*
- *Der Mitarbeiter wird tätlich; z. B. wird der Arbeitgeber durch seinen Angestellten körperlich angegriffen.*
- *Der Mitarbeiter stiehlt Ware aus dem Lager.*
- *Der Mitarbeiter verstößt gegen ein Alkoholverbot.*
- *Der Mitarbeiter verstößt gegen ein Rauchverbot.*

Ein **personenbedingter Kündigungsgrund** ist für den Arbeitnehmer meist nicht steuerbar. Bei der personenbedingten Kündigung liegen die Gründe in der Person des Arbeitnehmers. Diese Gründe beeinträchtigen seine Arbeitsfähigkeit oder behindern sie sogar vollständig. Eine personenbedingte Kündigung erfordert keine Abmahnung, denn diese macht bei einem nicht steuerbaren Verhalten keinen Sinn.

BEISPIEL

- *Der Mitarbeiter ist alkoholabhängig. Alkoholabhängigkeit hat Krankheitswert. Der Arbeitgeber muss den Mitarbeiter vor einer Kündigung auffordern, eine Entziehungskur anzutreten, und den Erfolg abwarten. Ist der Mitarbeiter nachweislich nicht therapierbar, kann von diesem Angebot abgesehen werden.*
- *Der Mitarbeiter leidet unter einer Krankheit, gleichzeitig ist die Gesundheitsprognose für die Zukunft negativ. Oder es kommt zu sehr häufigen Kurzerkrankungen bzw. zu einer krankheitsbedingten Minderung der Leistungsfähigkeit, die dem Arbeitgeber nicht mehr zugemutet werden kann.*
- *Der Mitarbeiter ist für seine Tätigkeit mangelhaft qualifiziert.*

Ein **betriebsbedingter Kündigungsgrund** beruht auf einer betrieblichen Notwendigkeit, die der Weiterbeschäftigung des Arbeitnehmers entgegensteht. Eine Kündigung muss unvermeidbar sein.

BEISPIEL

- *Rationalisierung, z. B. der Abbau von Arbeitsplätzen, da der Umfang der vorhandenen bzw. anfallenden Arbeit zu gering ist*
- *Verkleinerung des Autohauses, z. B. die Schließung von Filialen*
- *Absatzschwierigkeiten, z. B. der Rückgang von Neuwagenverkäufen*

Für die Auswahl der zu kündigenden Mitarbeiter hat der Arbeitgeber eine Sozialauswahl vorzunehmen. Sinn der Sozialauswahl ist es, den Mitarbeiter zu identifizieren, für den die Kündigung die relativ geringste Härte darstellt, weil er die niedrigsten Unterhaltspflichten hat und vermutlich am schnellsten einen neuen Job findet.

Kriterien für die Sozialauswahl sind:
- Dauer der Betriebszugehörigkeit
- Lebensalter
- Unterhaltspflichten
- Schwerbehinderung

Jeder Mitarbeiter erhält für jeden ihn betreffenden sozialen Nachteil entsprechende Sozialpunkte (z. B. für jedes Jahr Betriebszugehörigkeit einen Punkt oder fünf Punkte je Kind). Der Mitarbeiter mit den wenigsten Sozialpunkten ist zu entlassen.

Mitarbeiter, deren Weiterbeschäftigung aufgrund ihrer Qualifikationen und Eigenschaften im betrieblichen Interesse liegt, müssen nicht in die soziale Auswahl einbezogen werden.

b) Grundsatz der Verhältnismäßigkeit
Eine Kündigung darf nur das letzte Mittel sein. Der Betrieb muss belegen, dass er alle anderen Möglichkeiten ausgeschöpft hat oder ihm keine Alternativen zur Verfügung stehen, um das Beenden des Arbeitsverhältnisses zu vermeiden. So muss bei einer betriebs- oder personenbedingten Kündigung geprüft werden, ob ein Arbeitnehmer nicht ggf. nach entsprechenden Qualifizierungsmaßnahmen, möglicherweise auch unter schlechteren Arbeitsbedingungen, an einer anderen Stelle im Unternehmen weiterbeschäftigt werden kann.

c) Interessensabwägung
Bevor der Arbeitgeber die Kündigung ausspricht, muss er eine Interessensabwägung vornehmen. Dies bedeutet, dass er sein Interesse an der Kündigung den Interessen des Arbeitnehmers an der Weiterbeschäftigung gegenüberstellen muss. Zugunsten des Arbeitgebers können folgende Überlegungen berücksichtigt werden:
- Wiederholungsgefahr, z. B. des unentschuldigten Fernbleibens vom Arbeitsplatz
- Schutz der übrigen Arbeitnehmer, z. B. bei tätlichen Übergriffen
- Vermeidung von Störungen des Betriebsablaufes

Für den Arbeitnehmer können diese Überlegungen berücksichtigt werden:
- Dauer der Betriebszugehörigkeit
- Alter des Arbeitnehmers
- Unterhaltspflichten des Arbeitnehmers
- Lage auf dem Arbeitsmarkt

11.3.2 Kündigung außerhalb des Kündigungsschutzgesetzes

Findet das Kündigungsschutzgesetz auf einen Betrieb keine Anwendung, dann sind die Arbeitgeber nicht gehalten, eine Kündigung sozial zu rechtfertigen. Für den betroffenen Arbeitnehmer bedeutet dies, dass er sich gegen eine Kündigung nur sehr schwer zur Wehr setzen kann. Er ist lediglich durch die Generalklauseln des Zivilrechtes, die vor einer sitten- oder treuwidrigen Ausübung des Kündigungsrechtes schützen sollen, geschützt. Somit ist der Arbeitnehmer im Kleinbetrieb zwar grundsätzlich auch vor willkürlichen Kündigungen geschützt, es fällt ihm nur unsäglich schwerer, dieses Recht auch durchzusetzen.

11.3.3 Kündigungsschutz für besondere Arbeitnehmergruppen

Für folgende Arbeitnehmergruppen gilt ein besonderer Kündigungsschutz:

Arbeitnehmerinnen während des *Mutterschutzes*: Die Kündigung einer Mitarbeiterin während ihrer Schwangerschaft ist von dem Zeitpunkt an unzulässig, an dem der Arbeitgeber über die Schwangerschaft informiert wurde. Der Kündigungsschutz gilt dann bis 4 Monate nach der Entbindung. Eine in Unkenntnis der Schwangerschaft ausgesprochene Kündigung wird unwirksam, wenn die Schwangere innerhalb von zwei Wochen belegt, dass die Schwangerschaft zum Zeitpunkt der Kündigung bereits bestand.

Der ***Mutterschutz*** ist ein gesetzliches Beschäftigungsverbot, das sechs Wochen vor dem errechneten Geburtstermin beginnt und acht Wochen nach der Geburt endet. Entsprechende Regelungen sind dem Mutterschutzgesetz (Gesetz zum Schutz von Müttern bei der Arbeit, in der Ausbildung und im Studium) zu entnehmen.

Mütter und Väter in Elternzeit: Nach § 18 Bundeselterngeld- und Elternzeitgesetz (BEEG) darf der Arbeitgeber das Arbeitsverhältnis auch während einer verlangten Elternzeit nicht kündigen. Die Elternzeit darf von beiden Elternteilen mit einer Ankündigungsfrist von 8 Wochen in Anspruch genommen werden, sie endet spätestens mit dem dritten Geburtstag des Kindes.

Schwerbehinderte: Besteht das Arbeitsverhältnis eines Schwerbehinderten länger als sechs Monate, kann er nur gekündigt werden, wenn die Zustimmung des Integrationsamtes vorliegt. Das gilt sowohl für die ordentliche als auch für die außerordentliche Kündigung. Die Kündigungsfrist bei der ordentlichen Kündigung beträgt mindestens vier Wochen. Als schwerbehindert in Deutschland gilt, wer einen Grad der Behinderung von mindestens 50 % hat. Das Versorgungsamt nimmt die jeweilige Anerkennung vor und die betreffende Person erhält einen Schwerbehindertenausweis.

Auszubildende: Hier regelt das Berufsbildungsgesetz (BBiG) das Kündigungsrecht. Nach § 22 ist nach Ablauf der Probezeit eine Kündigung vonseiten des Ausbildenden (Betriebes) nur aus wichtigem Grund und fristlos möglich, dabei dürfen die maßgeblichen Umstände nicht länger als zwei Wochen bekannt sein.

Mitglieder des Betriebsrates und der Jugend- und Auszubildendenvertretung: Bei den genannten Personen ist eine ordentliche Kündigung während ihrer Amtszeit und innerhalb eines Jahres nach Beendigung der Amtszeit generell unzulässig. Aus wichtigem Grund kann jedoch eine außerordentliche Kündigung ausgesprochen werden, wenn der Betriebsrat dieser zugestimmt hat.

11.4 Die Rolle des Betriebsrates bei Kündigungen

In allen Unternehmen, in denen ein Betriebsrat besteht, muss dieser vor jeder Kündigung vonseiten des Arbeitgebers informiert und angehört werden. Erfolgt die Anhörung des Betriebsrates nicht, so ist die vorgenommene Kündigung unwirksam (§ 102 BetrVG).

Weit in der Arbeitnehmerschaft verbreitet ist der Irrglaube, dass der Betriebsrat die Kündigung im Regelfall verhindern könne. In der Rechtspraxis sind die Möglichkeiten des Betriebsrates jedoch sehr begrenzt.

Der Widerspruch verhindert die Kündigung aber nicht, sie bleibt trotzdem bestehen. Sie stärkt lediglich die Position des Arbeitnehmers vor Gericht im Falle einer Kündigungsschutzklage.

Innerhalb einer Woche nach Zustellung der ordentlichen Kündigung kann der Betriebsrat gegen die Kündigung Widerspruch erheben. Der Widerspruch ist nur bei einem der folgenden Gründe möglich:

- Die Sozialauswahl ist unzureichend oder gar nicht vorgenommen worden.
- Der Arbeitnehmer kann an anderer Stelle im Unternehmen weiterbeschäftigt werden.
- Eine Weiterbeschäftigung (vorzugsweise an gleicher Stelle) ist nach einer zumutbaren Umschulungs- oder Fortbildungsmaßnahme möglich.
- Es liegt ein Verstoß gegen eine im Betrieb geltende Auswahlrichtlinie vor, die die Entlassungen regelt.
- Der Arbeitnehmer ist mit einer möglichen Änderungskündigung (Weiterbeschäftigung zu verschlechterten Bedingungen) einverstanden.

Erhebt der Arbeitnehmer nach dem frist- und ordnungsgemäßen Widerspruch des Betriebsrates innerhalb von drei Wochen nach Erhalt der Kündigung eine Kündigungsschutzklage beim Arbeitsgericht, muss der Arbeitgeber den Arbeitnehmer auf dessen Verlangen grundsätzlich bis zum rechtskräftigen Abschluss des Rechtsstreites weiterbeschäftigen und somit auch bezahlen. **Widerspricht der Betriebsrat** einer ordentlichen Kündigung **nicht** und erhebt der Arbeitnehmer trotzdem eine Kündigungsschutzklage, wird dieser mit Wirkung der Kündigung nicht mehr beschäftigt und bezahlt.

Bei einer außerordentlichen Kündigung kann der Betriebsrat nur seine Bedenken äußern, nicht jedoch widersprechen. Diese Bedenken muss er aber im Gegensatz zur ordentlichen Kündigung innerhalb von drei Tagen schriftlich mitteilen.

Der Tag, an dem der Betriebsrat informiert wurde, zählt bei der Fristberechnung sowohl bei der ordentlichen als auch außerordentlichen Kündigung nicht mit.

11.5 Kündigungsschutzklage und Abfindungsansprüche

Kündigt der Arbeitgeber dem Arbeitnehmer, kann sich der Arbeitnehmer mithilfe einer Kündigungsschutzklage vor dem Arbeitsgericht zur Wehr setzen. Der Arbeitnehmer muss die Kündigungsschutzklage innerhalb von drei Wochen nach Zugang der ordentlichen oder auch außerordentlichen Kündigung bei dem Arbeitsgericht einreichen, in dessen Bezirk der Beklagte seinen Wohnsitz bzw. Geschäftssitz hat. In erster Instanz vor dem Arbeitsgericht brauchen die Parteien keinen Anwalt, sie können sich selbst vertreten oder sich durch ihre Gewerkschaft vertreten lassen.

Dem eigentlichen Verfahren ist ein Gütetermin vorgeschaltet, der durch gegenseitiges Entgegenkommen der Klageparteien einen Vergleich bewirken soll. Übliche Vergleichsinhalte sind die Umwandlung einer außerordentlichen in eine ordentliche Kündigung, der Abschluss eines Aufhebungsvertrages und die Zahlung einer Abfindung als freiwillige Leistung.

Ist der Gekündigte mit seiner Kündigungsschutzklage erfolgreich, so lebt das Arbeitsverhältnis – sofern es durch Widerspruch des Betriebsrates nicht sowieso weiterbestand – wieder auf. Dem Wiederbeschäftigten steht damit auch das gesamte üblicherweise angefallene Arbeitsentgelt zu. Geht der Arbeitgeber daraufhin in die nächste Instanz vor dem Landgericht, so besteht das Arbeitsverhältnis vorläufig weiter.

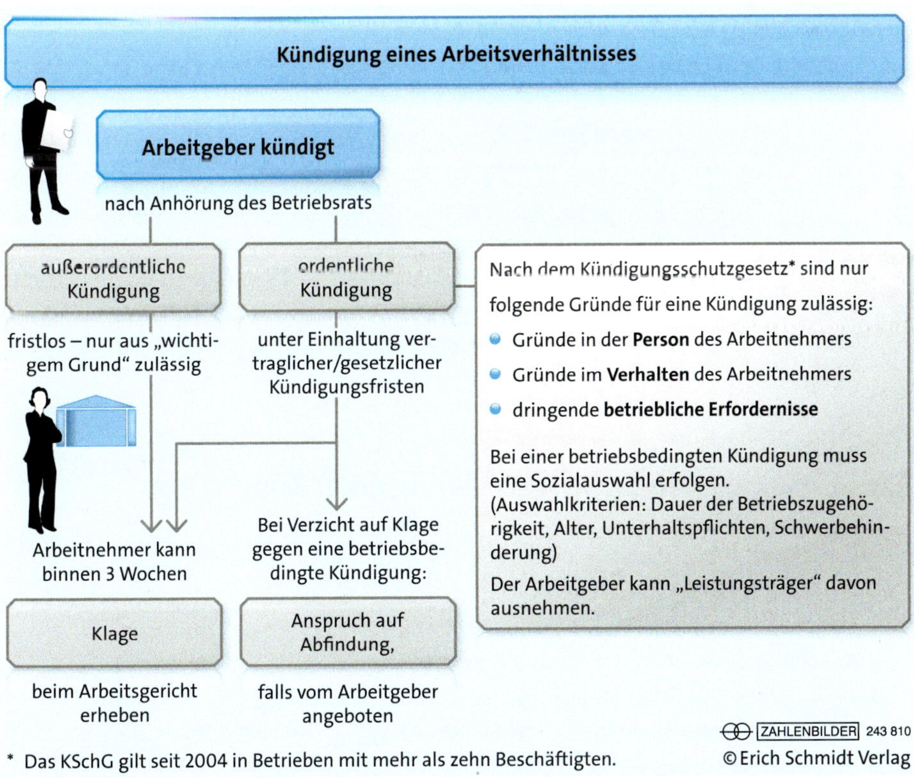

Eine verlorene Kündigungsschutzklage kann zu erheblichen Kosten für den Arbeitgeber führen, denn er muss die entgangenen Arbeitsentgelte an den Arbeitnehmer nachzahlen. Somit wird nachvollziehbar, dass sich Unternehmen bei „wackeligen" Kündigungen gerne auf einen Vergleich beim vorgeschalteten Gütetermin einlassen.

Im Zusammenhang mit einer Kündigung wird häufig reflexartig die Forderung nach einer Abfindung laut. Dabei begründet der Ausspruch einer Kündigung grundsätzlich keinen Anspruch auf Zahlung einer Abfindung. Es muss vielmehr eine gesetzliche oder vertragliche Verpflichtung vorliegen, damit ein Abfindungsanspruch entsteht.

Abfindungsansprüche können auf zwei Wegen entstehen:

- Im Rahmen einer für den Arbeitnehmer **erfolgreichen Kündigungsschutzklage** und Antrag des Arbeitnehmers auf Auflösung des Arbeitsverhältnisses (§§ 9, 10 KSchG).
  Hintergrund: Häufig ist nach einer durchkämpften Kündigungsschutzklage das Verhältnis zwischen Arbeitnehmer und Arbeitgeber zerstört und beide Seiten sind nicht wirklich an einer Weiterbeschäftigung interessiert. Hier einigen sich die Klageparteien häufig auf die Zahlung einer ***Abfindung.***
  Fällt der Arbeitnehmer unter das Kündigungsschutzgesetz, findet § 10 KSchG für die Festlegung der Abfindungshöhe Anwendung, welche vom Alter und der Betriebszugehörigkeit abhängig ist.
- Aus Anlass einer **betriebsbedingten Kündigung** unter der Bedingung des Klageverzichts des gekündigten Arbeitnehmers (§ 1a KSchG).
  Hintergrund: Normalerweise erkämpft sich ein gekündigter Arbeitnehmer eine Abfindung mittels einer Kündigungsschutzklage. Bei einer betriebsbedingten Kündigung im Rahmen des Kündigungsschutzgesetztes ist es genau andersherum. Erfolgt eine betriebsbedingte Kündigung durch den Arbeitgeber und erhebt der Arbeitnehmer bis zum Ablauf der Frist von drei Wochen (§ 4 Satz 1 KSchG) **keine Klage** auf Auflösung des Arbeitsverhältnisses, hat der Arbeitnehmer mit dem Ablauf der Kündigungsfrist einen Anspruch auf eine Abfindung erworben.
  Laut § 1a Abs. 2 KSchG beträgt der Anspruch auf eine Abfindung bei Klageverzicht des Arbeitnehmers 0,5 Monatsverdienste für jedes Beschäftigungsjahr. Für die Ermittlung der Dauer des Arbeitsverhältnisses wird ein Zeitraum von mehr als sechs Monaten auf ein volles Jahr aufgerundet.

Abfindung
einmalige Geldzahlung des Arbeitgebers an den Arbeitnehmer bei Beendigung eines Arbeitsverhältnisses, um diesen für den Verlust seines Arbeitsplatzes zu entschädigen

11.6 Die organisatorische Abwicklung einer Kündigung

Die organisatorische Abwicklung einer Personalfreisetzung beinhaltet die

- Schließung der Personalakte,
- Abmeldung des Arbeitnehmers bei der Krankenkasse,
- Löschung der Personaldaten nach der letzten Abrechnung,
- Stornierung sämtlicher Berechtigungen im Unternehmen,
- Umleitung seiner Dienstmail an eine Vertretung / seinen Nachfolger / seine Nachfolgerin,
- Information etwaiger Geschäftspartner.

Beim Ausscheiden aus dem Unternehmen händigt der Arbeitgeber dem Arbeitnehmer die folgenden Unterlagen aus:

- Urlaubsbescheinigung, aus der der bislang schon gewährte Jahresurlaub hervorgeht
- Arbeitsbescheinigung auf amtlichem Vordruck, die der Ermittlung der Bezugshöhe des Arbeitslosengeld I (ALG I) dient
- Jahressteuerbescheinigung
- Meldebescheinigung zur Sozialversicherung, die wichtige Daten zur Rentenberechnung enthält
- Arbeitszeugnis

Im Gegenzug gibt der Arbeitnehmer alle Schlüssel und Dienstgeräte sowie evtl. ein Dienstfahrzeug gegen eine Quittung ab. Üblich ist schließlich zum Abschluss noch eine Ausgleichsquittung, mit der sich Arbeitgeber und Arbeitnehmer gegenseitig bestätigen, dass keine Forderungen mehr bestehen.

Der Arbeitgeber ist verpflichtet, den gekündigten Mitarbeiter für die Meldung bei der Arbeitsagentur und für die Beschäftigungssuche freizustellen.

11.7 Arbeitszeugnis

LS 101

Bei Beendigung des Arbeitsverhaltnisses hat jeder Arbeitnehmer einen Anspruch auf ein Arbeitszeugnis (gemäß § 109 Gewerbeordnung). Das Arbeitszeugnis muss vom Arbeitgeber unverzüglich ausgestellt werden, sobald der Arbeitnehmer von seinem Wahlrecht zwischen einem einfachen und einem qualifizierten Zeugnis Gebrauch gemacht hat. Ein Arbeitszeugnis muss verschiedene **Vorgaben** erfüllen. Werden die nicht eingehalten, kann der Arbeitnehmer verlangen, dass ihm ein neues Zeugnis ausgestellt wird:

Zur Unterscheidung von einfachem und qualifiziertem Arbeitszeugnis ☞ S. 32

Äußere Form: Hier ist einiges zu beachten. So muss das Zeugnis z. B. auf Geschäftspapier ausgestellt werden, wenn der Arbeitgeber Geschäftsbögen nutzt, und frei von Rissen und Flecken sein. Es muss mit der Maschine bzw. dem Computer geschrieben sein und darf keine handschriftlichen Zusätze oder Streichungen enthalten. Ort und Datum der Ausstellung müssen angegeben sein. Das Arbeitszeugnis ist vom Arbeitgeber bzw. seinem Vertreter zu unterschreiben. Die Adresse des Arbeitnehmers gehört auf keinen Fall in ein Arbeitszeugnis.

Genauere Informationen zu Anforderungen an Arbeitszeugnisse, auch an die äußere Form, finden Sie unter www.ihk-nordwestfalen.de/IHK-Service/recht/Arbeitsrecht/Arbeitszeugnis/3572522.

Aufbau: Ein vollständiges Arbeitszeugnis enthält:

1. Überschrift (sie nennt die Art des Zeugnisses),
2. Einleitung (Personalien, Dauer des Arbeitsverhältnisses),
3. Aufgabenbeschreibung,
4. Leistungsbeurteilung,
5. Verhaltensbeurteilung,
6. Schlussabsatz.

Zeugnissprache: Die Angaben im Zeugnis müssen der Wahrheit entsprechen, gleichzeitig aber von Wohlwollen geprägt sein. Deshalb hat sich eine sogenannte „Zeugnissprache“ entwickelt.

Zeugnissprache ☞ S. 32

LF10

Wertschöpfungsprozesse erfolgsorientiert steuern

LS 103

1 Kosten- und Leistungsrechnung

SITUATION *Autoland Murschall GmbH*

David Rose ist zurzeit in der Rechnungswesenabteilung und erhält den Auftrag, mit der Rechnung des Catering-Unternehmens, das das Sommerfest der Autoland Murschall GmbH ausgerichtet hat, zu den Abteilungsleitern NW-Verkauf, GW-Verkauf, Werkstatt sowie Teile und Zubehör zu gehen. Diese sollen die Aufteilung der Kosten auf die vier Abteilungen jeweils abzeichnen. David ist irritiert: „Wir haben die Rechnung doch schon längst gebucht? Ist es für das Unternehmensergebnis nicht egal, welche Abteilung wie viel von den Kosten übernimmt?“ Frau Kröger antwortet: „Ja, für das Unternehmensergebnis ist es nicht wichtig. Aber im Rahmen der Kosten- und Leistungsrechnung wird u. a. der Erfolg der einzelnen Abteilungen ermittelt, um eine Grundlage für unternehmerische Entscheidungen, wie z. B. mögliche Erweiterungen der Abteilungen, Entlassungen oder die Preiskalkulation, zu erhalten. Dafür spielt es eine Rolle, welche Kosten in welchen Abteilungen angefallen sind.“

In der **Finanzbuchhaltung** werden alle Geschäftsvorfälle des Unternehmens nach handels- und steuerrechtlichen Vorschriften erfasst. Nach Abschluss der Erfolgskonten über das Gewinn- und Verlustkonto wird dort das **Gesamtergebnis** des Unternehmens ermittelt. Dieses Gesamtergebnis (= Unternehmensergebnis) ist u. a. Grundlage für die Berechnung der Unternehmenssteuer, und es gibt Auskunft darüber, wie erfolgreich der Unternehmer/Geschäftsführer in seinem gesamten unternehmerischen Handeln war.

In der **Kosten- und Leistungsrechnung,** die weitgehend von handels- und steuerrechtlichen Vorschriften unbeeinflusst bleibt, können nach betriebsindividuellen Vorgaben weitergehende Fragen geklärt werden.

Betriebliches Rechnungswesen

Finanzbuchführung	**Kosten- und Leistungsrechnung**
Erfassung und Auswertung der finanziellen Geschäftsprozesse für außenstehend (externe) Interessierte, wie z. B. Banken, Kapitalgeber, Finanzbehörden und Arbeitnehmer	internes Planungs-, Steuerungs- und Kontrollinstrument zur Erfassung der eigentlichen betrieblichen Tätigkeit im Automobilunternehmen

In der Kosten- und Leistungsrechnung werden keine „Buchungen“ vorgenommen, zumeist handelt es sich um Auswertungen in Tabellenform.

Die Kosten- und Leistungsrechnung muss folgende Fragen beantworten können:

- **Kostenartenrechnung: Welche Kosten/Leistungen sind dem Unternehmen im Einzelnen entstanden?**
  Neben den verrechneten Anschaffungskosten (VAK) in der Kontenklasse 7 sind hier insbesondere die **Konten der betrieblichen Aufwendungen** (Kontenklasse 4) aus der Finanzbuchhaltung zu nennen: Personalkosten, Mieten, Steuern, Energie, Werbekosten etc. Darüber hinaus werden **kalkulatorische Kosten** ermittelt, die Aufwendungen der Finanzbuchhaltung für die Kosten- und Leistungsrechnung betragsmäßig ändern (Anderskosten) oder zu Aufwendungen der Finanzbuchhaltung (Zusatzkosten) hinzukommen. Als **Leistungsarten** gelten die **Umsatzerlöse** in der Kontenklasse 8 sowie Entnahmen und Provisionserträge.

  Ziel der Kostenartenrechnung ist die Ermittlung des Betriebsergebnisses durch den Vergleich von Leistungen und Kosten.

- **Kostenstellenrechnung: Wo sind die Kosten entstanden?**
  Hier sind die **Kostenstellen** als Entstehungsort der Kosten angesprochen, die zumeist den Geschäftsfeldern des Automobilhandels entsprechen (NW-, GW-Abteilung, Teile- und Zubehörabteilung, Werkstatt). In der Praxis wird häufig eine Vielzahl von Kostenstellen eingerichtet. Für die Entstehung und die Höhe der Kosten ist ein bestimmter Mitarbeiter (z. B. Abteilungsleiter) verantwortlich.

  Ziel der Kostenstellenrechnung ist die Kontrolle der Entstehung und der Höhe der Kosten für jede Kostenstelle.

- **Kostenträgerrechnung: Wofür sind die Kosten entstanden?**
  Kosten entstehen immer für einen Kostenträger, das ist ein bestimmter Artikel, Auftrag oder Kunde. In der Kostenträgerrechnung werden die Kosten und der erwartete Gewinn den einzelnen Artikeln zugerechnet, die dann durch den kalkulierten Verkaufspreis „erwirtschaftet" werden müssen.

  Ziel der Kostenträgerrechnung ist die Preiskalkulation.

- **Deckungsbeitragsrechnung (Teilkostenrechnung)**
  Die Deckungsbeitragsrechnung unterscheidet zwischen **fixen** und **variablen Kosten.** Sie ermittelt zunächst den Deckungsbeitrag eines Artikels/Auftrags.

> *Deckungsbeitrag*
>
> *Umsatzerlöse*
> *– variable Kosten (z. B. VAK)*
> *= Deckungsbeitrag*

Dieser Deckungsbeitrag dient nun der Deckung der fixen Kosten in einem Betrieb. Nur wenn die Summe aller Deckungsbeiträge größer ist als die Summe aller Fixkosten, erwirtschaftet der Betrieb einen Gewinn.

Ziel der Deckungsbeitragsrechnung ist die Ermittlung des Deckungsbeitrages, um sortimentspolitische Entscheidungen zu treffen oder entscheiden zu können, ob ein Werkstattauftrag zu einem bestimmten Preis durchgeführt werden sollte.

Fazit: Im Ergebnis überprüft die Kosten- und Leistungsrechnung die **Wirtschaftlichkeit** des Betriebes und dient damit als die Informationsquelle für viele unternehmerische Entscheidungen (Sortimentsgestaltung, Personal, Investitionsvorhaben usw.).

Kosten- und Leistungsrechnung

Kostenartenrechnung
Welche Kosten und Leistungen sind entstanden?

Kostenstellenrechnung
Wo sind die Kosten und Leistungen angefallen?

Kostenträgerstückrechnung
Wie hoch muss der Preis der Artikel/Aufträge sein, damit alle Kosten gedeckt sind und ein Gewinn erzielt wird?

Deckungsbeitragsrechnung
Welchen Beitrag leisten die einzelnen Artikel zur Deckung der fixen Kosten?

Vollkostenrechnung
Alle anfallenden Kosten des Betriebes werden auf die Kostenträger verteilt. Sie beantwortet die Frage, ob ein Artikel grundsätzlich alle zugerechneten Kosten (fixe + variable) deckt und einen Gewinn erwirtschaftet.

Teilkostenrechnung
Die Kosten werden unterteilt in variable und fixe Kosten. Sie beantwortet die Frage, welchen Beitrag ein Artikel zur Deckung der fixen Kosten leistet.

1.1 Kostenartenrechnung

Das Ziel der Kostenartenrechnung ist die Ermittlung des Betriebsergebnisses durch den Vergleich von Leistungen und Kosten.

> i *Leistungen – Kosten = Betriebsergebnis*

Anhand des Betriebsergebnisses überprüft der Automobilhändler, ob seine eigentliche betriebliche Tätigkeit (sein Sachziel) – Handel mit Fahrzeugen, Durchführung von Reparaturaufträgen – erfolgreich war.

<table>
<tr><th>Kosten</th><th>Leistungen</th></tr>
<tr><td>Kosten sind sachzielbezogene (betrieblich bedingte) und bewertete Güterverbräuche eines Unternehmens in einer Rechnungsperiode.</td><td>Leistungen sind sachzielbezogene und bewertete Gütererstellungen eines Unternehmens in einer Rechnungsperiode.</td></tr>
<tr><td colspan="2">Folgende Merkmale müssen Kosten und Leistungen erfüllen:
• sachzielbezogen (betriebsbedingt)
• ordentlich (regelmäßig)
• periodengerecht</td></tr>
</table>

Kosten werden eingeteilt in Grundkosten und kalkulatorische Kosten. Diese Aufteilung gilt auch für die Leistungen.

In der Kostenartenrechnung findet eine Abgrenzung der Kostenarten von den in der Finanzbuchhaltung erfassten Aufwendungen statt, denn nicht alle Aufwendungen sind gleich Kosten und nicht alle Erträge sind gleich Leistungen.

Weiterhin werden in der Kostenartenrechnung kalkulatorische Kosten berücksichtigt. Das sind Kosten, denen lt. Finanzbuchhaltung entweder Aufwendungen in einer anderen Höhe oder auch gar keine Aufwendungen gegenüberstehen.

1.1.1 Ermittlung der Grundkosten/Grundleistung

Die Ermittlung der Grundkosten ist bei einem Automobilhändler vergleichsweise einfach, da dieser Teil der Kostenartenrechnung bereits beim Jahresabschluss durch die Finanzbuchhaltung übernommen wird.

Denn bereits beim Abschluss der Erfolgskonten werden die angefallenen Aufwendungen und Erträge hinsichtlich der folgenden drei Merkmale überprüft:

- betriebsbedingt
- ordentlich (regelmäßig)
- periodengerecht

Erfüllen die Aufwendungen oder Erträge alle drei Kriterien, so werden diese Aufwendungen bzw. Erträge über das Konto „Betriebsergebnis" abgeschlossen. Erfüllen Aufwendungen/Erträge auch nur ein Merkmal nicht, so werden diese über das Konto „Neutrales Ergebnis" abgeschlossen.

Die Konten „Neutrales Ergebnis" und „Betriebsergebnis" werden anschließend über das GuV-Konto abgeschlossen.

Somit erhält der Automobilhändler bereits beim Jahresabschluss in der Finanzbuchhaltung eine vorläufige Antwort auf die Frage, ob sich seine betriebliche Tätigkeit gelohnt hat.

S	Neutrales Ergebnis H
betriebliche außerordentliche Aufwendung: z. B. Forderungsausfälle	**betriebliche außerordentliche Erträge:** z. B. Rückerstattung von Versicherungsprämien
betriebsfremde Aufwendungen: z. B. Grundsteuer für betriebsfremdes Grundstück	**betriebsfremde Erträge:** z. B. Mieteinnahmen von Wohnung
periodenfremde Aufwendungen: Gewerbesteuernachzahlung	**periodenfremde Erträge:** z. B. Rückerstattung der Gewerbesteuer

S	Betriebsergebnis H
ordentliche und periodengerechte betriebliche Aufwendungen: z. B. • Löhne • Werbungskosten • Mieten für betriebliche Räume • Bürobedarf • betriebliche Steuern	**ordentliche und periodengerechte betriebliche Erträge:** z. B. • Verkaufserlöse • Lohnerlöse

S	Gewinn und Verlust H

Die Aufwendungen, die über das Betriebsergebniskonto abgeschlossen werden, werden somit in der Kosten- und Leistungsrechnung als **Zweckaufwand** bzw. **Grundkosten** bezeichnet.

Die Aufwendungen und Erträge, die über das neutrale Ergebniskonto abgeschlossen werden, werden als **neutrale Aufwendungen** und **neutrale Erträge** bezeichnet.

neutrale Aufwendungen	neutrale Erträge
betriebsfremde Aufwendungen, z. B. Spenden, Instandhaltungsaufwendungen für ein vermietetes Gebäude	betriebsfremde Erträge, z. B. Mieterträge eines Automobilhändlers
betrieblich außerordentliche Aufwendungen, z. B. Verluste aus Schadensfällen wie Schwund, Diebstahl, Forderungsausfall	betrieblich außerordentliche Erträge, z. B. Erträge aus dem Verkauf von gebrauchten Anlagegütern beim Verkauf über Buchwert
periodenfremde Aufwendungen, z. B. Gewerbesteuernachzahlung für die vorangegangene Rechnungsperiode, für die keine ausreichenden Rückstellungen gebildet wurden	periodenfremde Erträge, z. B. Rückerstattung von gezahlten Aufwandssteuern

In der Kostenartenrechnung werden diese Grundkosten und Grundleistungen nun noch ergänzt bzw. korrigiert durch die kalkulatorischen Kosten.

1.1.2 Kalkulatorische Kosten

Neben den Grundkosten werden in der Betriebsbuchhaltung die kalkulatorischen Kosten berücksichtigt. Kalkulatorische Kosten lassen sich nicht auf Ausgaben zurückführen. Ihnen stehen in der Finanzbuchhaltung Aufwendungen entweder in anderer Höhe gegenüber **(Anderskosten)** oder ihnen stehen überhaupt keine Aufwendungen in der Finanzbuchhaltung gegenüber **(Zusatzkosten).**

Kalkulatorische Kosten müssen für die kostenorientierte Preisermittlung berücksichtigt werden, damit der Unternehmer seine Tätigkeit, seine Risikobereitschaft und sein Eigenkapital vergütet bekommt und die Substanz des Unternehmens erhalten bleibt. Nur betriebswirtschaftlich sinnvoll begründbare Kosten dürfen dabei angesetzt werden.

Kalkulatorische Abschreibungen

SITUATION *Autoland Murschall GmbH*

Die Autoland Murschall GmbH hat in der Vergangenheit festgestellt, dass die in der Finanzbuchhaltung erfassten Abschreibungen auf den Servicewagen nicht ausgereicht haben, um das Fahrzeug nach Ablauf der Nutzungsdauer zu ersetzen. Die Preise waren meist gestiegen, sodass zur Finanzierung zusätzliche Mittel benötigt wurden.

Abschreibungen ☞ Band 1, LF 2, S. 95

Das Handels- und das Steuerrecht beschränken Abschreibungsbeträge in ihrer Höhe dadurch, dass maximal nur von den Anschaffungskosten und nach der betriebsgewöhnlichen Nutzungsdauer abgeschrieben werden darf. Dem stehen in der Betriebsbuchhaltung kalkulatorische Abschreibungen gegenüber, die an **keinerlei Gesetze gebunden** sind. Hier könnte theoretisch ein Gegenstand sofort im Jahr der Anschaffung voll abgeschrieben werden. Dies wird in der Praxis wohl kaum geschehen, da diese Kosten in der Kalkulation den Verkaufspreis in die Höhe treiben würden.

Um die Substanz des Unternehmens real zu erhalten, orientiert man sich im Rahmen der Kosten- und Leistungsrechnung an der tatsächlichen Wertminderung im eigenen Betrieb (Realität). Damit beim Ersatz des Gegenstandes keine Finanzierungslücke entsteht, wird von Wiederbeschaffungswerten und nach der betriebsindividuellen Nutzungsdauer abgeschrieben.

Wiederbeschaffungswerte sind die Preise, die gezahlt werden müssen, wenn der Gegenstand nach Ablauf der Nutzungsdauer ersetzt werden muss. Diese können höher (z. B. durch Inflation) oder niedriger (z. B. durch technischen Fortschritt) sein als der ursprünglich gezahlte Anschaffungspreis.

Die **betriebsindividuelle Nutzungsdauer** kann von der betriebsgewöhnlichen Nutzungsdauer abweichen. Eine kürzere betriebsindividuelle Nutzungsdauer kann z. B. auf den technischen Fortschritt oder den weniger sorgfältigen Umgang mit betrieblichen Gegenständen zurückzuführen sein.

BEISPIEL *Autoland Murschall GmbH*

Der Kauf eines Pkws hat Anschaffungskosten in Höhe von 36.000,00 € verursacht. Laut AfA-Tabelle beträgt die betriebsgewöhnliche Nutzungsdauer sechs Jahre. Die Autoland Murschall GmbH rechnet abweichend von diesen Vorgaben aufgrund betrieblicher Erfahrungen mit einer betriebsindividuellen Nutzungsdauer von nur fünf Jahren und schätzt die Wiederbeschaffungskosten für ein vergleichbares Fahrzeug auf 42.000,00 €.

Bei linearer Abschreibung ergibt sich folgender bilanzieller Abschreibungsbetrag:

$$\text{bilanzmäßiger Abschreibungsbetrag} = \frac{\text{Anschaffungskosten}}{\text{betriebsgewöhnliche Nutzungsdauer}} = \frac{36.000{,}00\,€}{6\ \text{Jahre}} = \mathbf{6.000{,}00\ €/Jahr}$$

Wird eine gleichmäßige Nutzung unterstellt, ergibt sich folgender kalkulatorischer Abschreibungsbetrag:

$$\text{kalkulatorischer Abschreibungsbetrag} = \frac{\text{Wiederbeschaffungskosten}}{\text{betriebsindividuelle Nutzungsdauer}} = \frac{42.000{,}00\,€}{5\text{ Jahre}} = \mathbf{8.400{,}00\ €/Jahr}$$

Das Unternehmen könnte aber intern in der Kosten- und Leistungsrechnung mit realistischeren Werten rechnen und die Widerbeschaffungskosten entsprechend des tatsächlichen Wertverlusts auf die fünf Jahre verteilen, z. B. mit 30 %, 25 %, 20 %, 15 % und 10 %. Dann ergäbe sich für das erste Jahr ein Betrag von 12.600,00 €, im zweiten Jahr 10.500,00 € usw.

Bei kostendeckenden Preisen stehen dem Betrieb nach Ablauf der betriebsindividuellen Nutzungsdauer von fünf Jahren 42.000,00 € zur Ersatzinvestition zur Verfügung. Dem Unternehmen entsteht beim Kauf eines neuen Fahrzeugs keine Finanzierungslücke. Problematisch ist dabei immer die realitätsnahe Ermittlung der Wiederbeschaffungskosten. Schätzungen erfolgen auf Basis unternehmensspezifischer Erfahrungen, mathematischer Hochrechnungen oder im Nachhinein durch die jährliche Feststellung der aktuellen Preise mit anschließender Berechnung des kalkulatorischen Abschreibungsbetrages für das abgelaufene Jahr.

Abschreibungen werden also in der Kostenrechnung anders berechnet als in der Finanzbuchhaltung. Sie werden deshalb auch **Anderskosten** genannt.

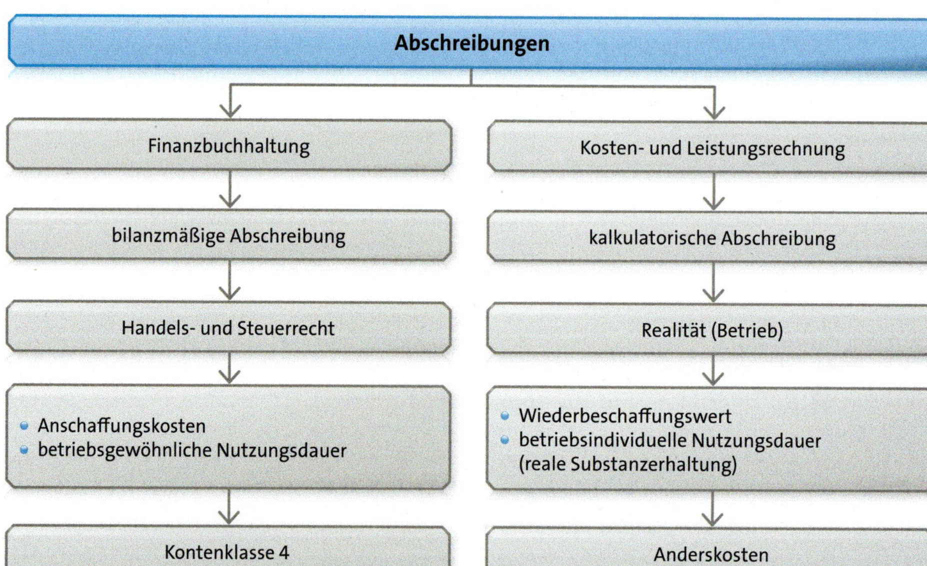

Kalkulatorischer Unternehmerlohn

Die Unternehmensleitungen von Kapitalgesellschaften (z. B. Geschäftsführer einer GmbH) erhalten für ihre Tätigkeit Gehälter, die in der Finanzbuchhaltung als Zweckaufwand gebucht werden und so als Grundkosten in die Kosten- und Leistungsrechnung eingehen.

Der Einzelunternehmer und die in der Geschäftsführung tätigen Vollhafter einer Personengesellschaft können sich kein Gehalt in Form von Personalkosten zahlen. Sie müssen vom Gewinn leben. Damit der Unternehmer für seine Tätigkeit ein entsprechendes Entgelt beziehen kann, muss er es in die Preise einkalkulieren. Durch die Berücksichtigung dieses kalkulatorischen Unternehmerlohns entstehen **echte Zusatzkosten,** denen keine Aufwendungen in der Finanzbuchhaltung gegenüberstehen. Hinsichtlich der Höhe des Unternehmerlohns könnte sich der Unternehmer an einer vergleichbaren Unternehmensgröße der gleichen Branche und an einer vergleichbaren Tätigkeit (Management) einer Kapitalgesellschaft orientieren.

Eine Berechnung des Unternehmerlohns auf dieser Basis kann jedoch nur ansatzweise erfolgen, da sich die Höhe der Gehälter auch durch Angebot und Nachfrage ergibt und nicht nur aufgrund von Vergleichswerten festgelegt werden kann.

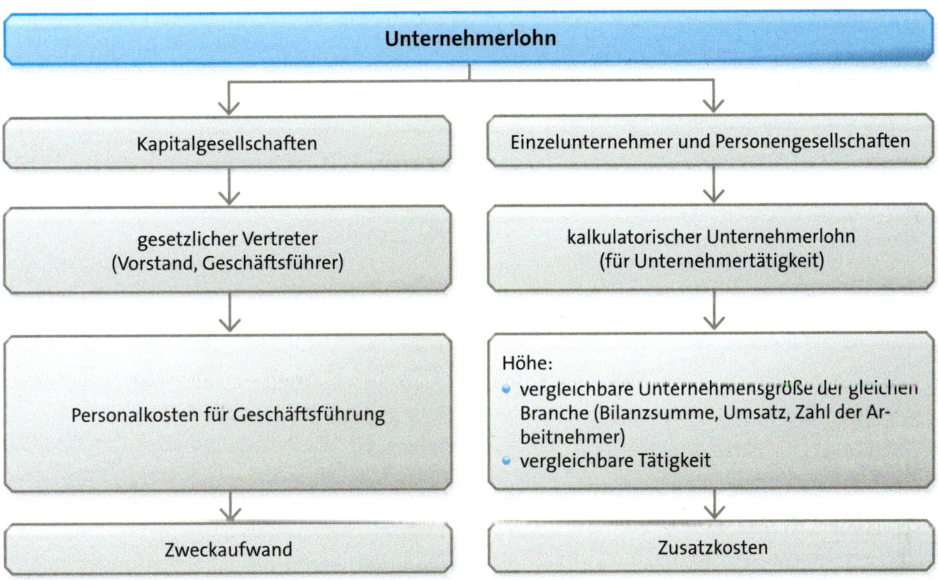

Kalkulatorische Zinsen

In der Finanzbuchhaltung werden nur die für das Fremdkapital tatsächlich gezahlten Zinsen erfasst. Für die Überlassung von Eigenkapital kann der Eigentümer jedoch ebenfalls eine Verzinsung erwarten. Deshalb wird in der Kosten- und Leistungsrechnung das ***betriebsnotwendige Kapital*** (Eigen- und Fremdkapital) verzinst.

Eigenkapital, Fremdkapital
☞ Band 1, LF 2, S. 99

betriebsnotwendig dauernd dem Betriebszweck dienend

Ausgangspunkt der Berechnung ist das **betriebsnotwendige Vermögen,** wobei beim Anlagevermögen die Restwerte nach kalkulatorischer Abschreibung anzusetzen sind.

Anlagevermögen, Umlaufvermögen
☞ Band 1, LF 2, S. 95

	Gesamtvermögen (Anlagevermögen + Umlaufvermögen)
–	nicht betriebsnotwendiges Anlagevermögen (z. B. vermietete Gebäude, stillgelegte Anlagen)
–	überhöhtes Umlaufvermögen (z. B. Wertpapiere zur Spekulation)
=	**betriebsnotwendiges Vermögen**
–	zinsfreies Fremdkapital (Anzahlungen von Kunden, Verbindlichkeiten a. L. L.*)
=	**betriebsnotwendiges Kapital**

* innerhalb der Skontofrist

Als anzusetzender Zinssatz gilt der aktuelle Marktzinssatz für langfristige Kapitalanlagen. Beträgt das betriebsnotwendige Kapital z. B. 3.000.000,00 € und der Marktzinssatz zurzeit 7 %, so ergeben sich die kalkulatorischen Zinsen pro Monat nach folgender Zinsformel:

$$\frac{\text{Betriebsnotwendiges Kapital} \cdot \text{Marktzinssatz} \cdot 30}{360} = \frac{3.000.000 \cdot 7\% \cdot 30}{360} = \mathbf{17.500,00\,€}$$

Kalkulatorische Zinsen sind damit sowohl Anderskosten (Anteil auf das zinspflichtige Fremdkapital) als auch Zusatzkosten (Anteil auf das Eigenkapital).

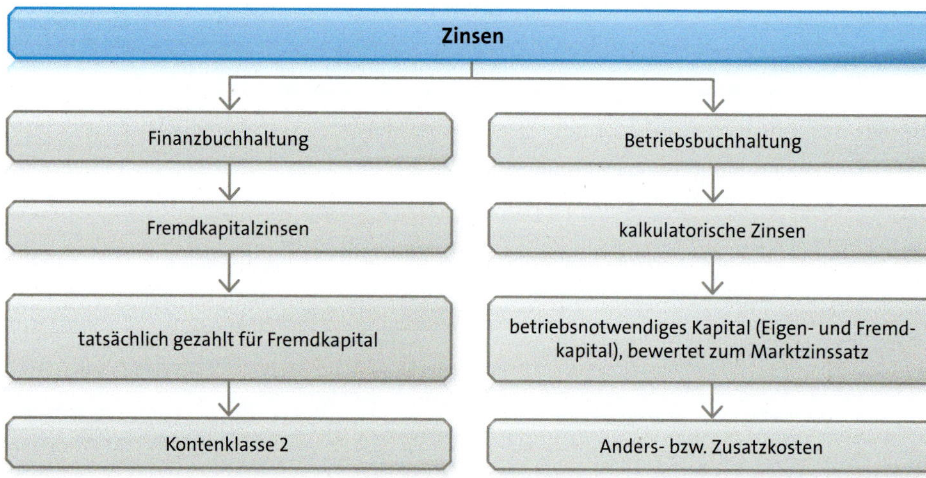

Kalkulatorische Wagnisse

Wagnisse
Unternehmerische Risiken

Die unternehmerische Tätigkeit beinhaltet vielfache ***Wagnisse***. Einzelne „Problemfelder" eines Unternehmens **(Einzelwagnisse)** sind zumindest vom Grundsatz her vorhersehbar und können bei Vorliegen entsprechender Erfahrungswerte auch berechnet werden. Manche Risiken können alternativ auch durch Versicherungen abgedeckt werden, wenn die Prämien auf Dauer kostengünstiger sind. Das **allgemeine unternehmerische Risiko** (Verluste im normalen Geschäftsablauf, Insolvenz) ist dagegen nicht kalkulierbar, dafür erhalten die Unternehmensinhaber – wenn alles wie geplant abläuft – den erhofften Gewinn. Allgemeine Wagnisse werden in der Betriebsbuchhaltung nicht erfasst.

Einzelwagnis	Erläuterung
Beständewagnis	Schwund, Diebstahl, Verderb, Überalterung oder Zerstörung von Warenbeständen
Gewährleistungswagnis	nicht oder nicht mehr auf Hersteller oder Lieferer abwälzbare Gewährleistungsforderungen von Kunden ggf. auch ohne rechlichen Anspruch (Kulanz)
Vertriebswagnis	Zielverkäufe führen zu keinen oder nur zu geringeren Einzahlungen, z. B. Forderungsausfällen durch Insolvenz von Kunden, Wechselveränderungen bei Auslandsverkäufen
Anlagenwagnis	Schäden an Anlagegütern (z. B. Totalschaden eines fast neuen Lkws, Maschinenschaden), die nicht durch Versicherungen gedeckt sind

Die Verrechnung kalkulatorischer Einzelwagnisse ermöglicht Preiskalkulationen, die für einen bestimmten Abrechnungszeitraum konstant sind. Dabei ist die Berechnung schwierig. Oft werden Durchschnittssätze der in der Vergangenheit eingetretenen Verluste ermittelt und gleichmäßig in die Zukunft fortgeschrieben.

> **BEISPIEL**
>
> *In den letzten fünf Jahren betrugen die Forderungsausfälle im Durchschnitt 1,0 % der jeweiligen Forderungssummen. Bei geplanten Zielverkäufen im Folgejahr in Höhe von 850.000,00 € kann mit diesem Erfahrungswert ein möglicher Forderungsausfall von 8.500,00 € für die Kostenrechnung ermittelt werden.*

Konkret eingetretene Wagnisse (z. B. tatsächliche Forderungsverluste oder Diebstähle) werden in der Finanzbuchhaltung erfasst. Kalkulatorische Wagnisse sind damit wie die Abschreibungen **Anderskosten**.

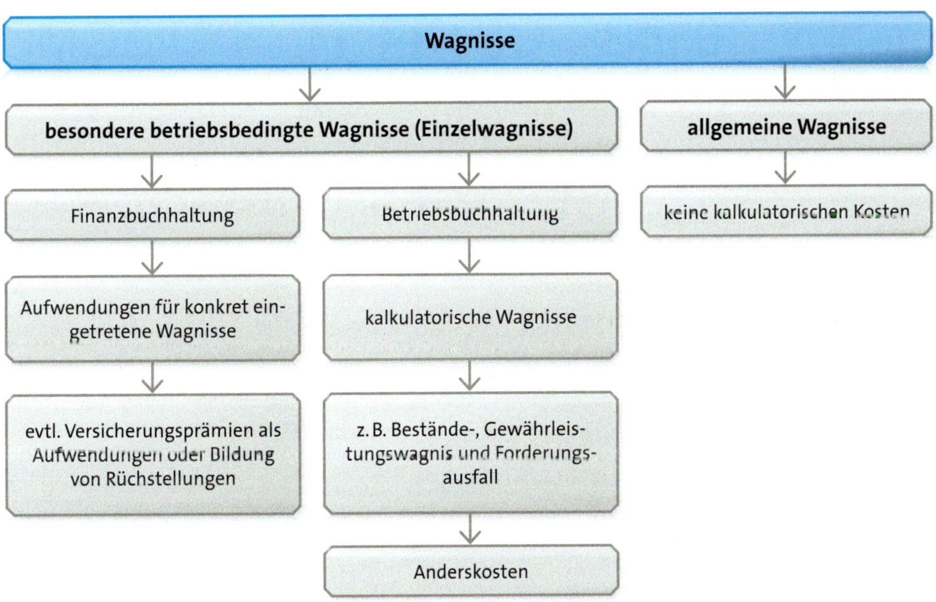

Kalkulatorische Miete

Beim kalkulatorischen Unternehmerlohn hatten wir gesehen, dass sich der Einzelunternehmer kein eigenes Gehalt überweisen darf. Damit seine Entlohnung im Rahmen der Aufwendungen trotzdem erfasst wird, wird in der Kosten- und Leistungsrechnung der kalkulatorische Unternehmerlohn als Zusatzkosten berücksichtigt. Genauso verhält es sich mit den Mietkosten, wenn der Einzelunternehmer eigene Räume oder Hallen nutzt: Er darf sich selbst für die Nutzung der Räumlichkeiten keine Miete überweisen. Ohne die Berücksichtigung der kalkulatorischen Miete würde also auch der dabei anzusetzende Betrag (die auf dem regionalen Markt zu zahlende Miete oder Pacht) in seinen Aufwendungen fehlen. Wie beim kalkulatorischen Unternehmerlohn auch würde er ohne den Ansatz einer kalkulatorischen Miete keinen Ausgleich für die Zurverfügungstellung seines Eigentums erhalten. Anders ausgedrückt: Würde der Unternehmer sein Eigentum nicht selbst nutzen, sondern vermieten, würde er für seine Räumlichkeiten einen Mietertrag erzielen. Der Ansatz einer kalkulatorischen Miete sorgt dafür, dass er so gestellt wird, als ob er diesen (entgangenen) Mietertrag über seine Leistungen wieder einspielt, indem diese Kosten in die Kalkulation einbezogen werden. Die kalkulatorische Miete wird in der Regel in Höhe der ortsüblichen Miete oder als betriebsindividuelle Kostenmiete (Durchschnittswert der Kosten vergangener Rechnungsperioden) angesetzt.

BEISPIEL

Die durchschnittlichen Kosten für die betriebseigenen Gebäude betragen je Monat 12.000,00 €. Für vergleichbare Gebäude müsste eine ortsübliche Miete von 20.000,00 € bezahlt werden, die dann als kalkulatorische Miete angesetzt wird (Anderskosten).

Stellt bei einem Einzelunternehmen oder einer Personengesellschaft ein Inhaber dem Unternehmen kostenlos ein Grundstück oder Räume zur Verfügung, so sind die darauf entfallenden kalkulatorischen Mietkosten aus Sicht des Unternehmens Zusatzkosten, da ja in der Finanzbuchhaltung keine Zahlungen erfasst werden.

Kosten und Leistungen im Überblick

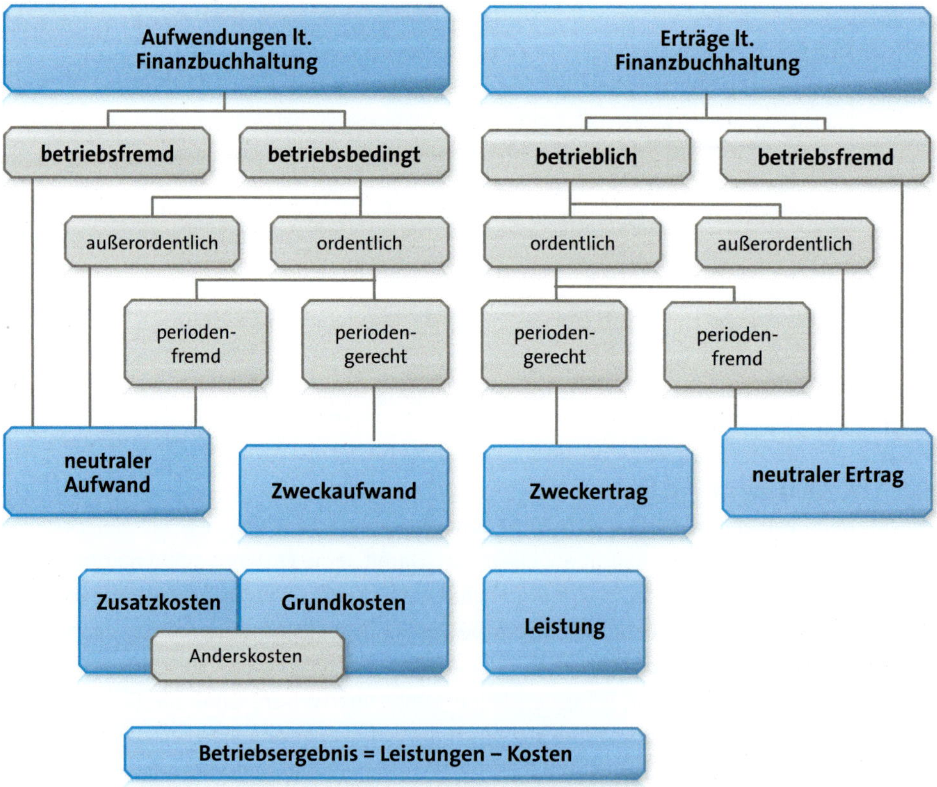

1.2 Kostenstellenrechnung

Nachdem der Automobilhändler die tatsächlichen Kosten des Unternehmens mithilfe der Kostenartenrechnung erfasst hat, schließt sich nun die Frage an, wo und in welcher Höhe die Kosten in den verschiedenen Abteilungen des Unternehmens angefallen sind. Die Kostenstellenrechnung ordnet die ermittelten Kosten denjenigen Betriebsbereichen zu, in denen sie angefallen sind (Verursacherprinzip).

Die Kostenstellenrechnung hat folgende Aufgabenschwerpunkte:

- Einrichtung von Kostenstellen (z. B. Abteilungen)
- Zuordnung der Einzelkosten und verursachungsgerechte Verteilung der Gemeinkosten auf die Kostenstellen
- Kontrolle der Kosten und des Erfolgs jeder einzelnen Kostenstelle (Verursachungsstelle)

1.2.1 Kostenstellen

Um die Kosten an den Orten ihrer Entstehung kontrollieren und beeinflussen zu können, bedarf es der Unterteilung des Gesamtbetriebes **(Kostenfeld)** in abgegrenzte Teilbereiche **(Kostenstellen).** Nur durch die Einrichtung selbstständiger Verantwortungsbereiche können die Verantwortlichen (Kostenstelleninhaber) für Kostenabweichungen zur Rechenschaft gezogen werden. Die Kostenarten müssen sich außerdem den einzelnen Kostenstellen möglichst einfach und genau zuordnen lassen. Die Anzahl der zu bildenden Kostenstellen hängt u. a. von der Unternehmensgröße, dem Sortiment und der angestrebten Kalkulationsgenauigkeit ab: Je genauer die Kalkulation, desto höher die damit verbundenen Kosten.

Die Einteilung in Kostenstellen kann nach verschiedenen Kriterien erfolgen, etwa:

- betriebliche Grundfunktionen (z. B. Einkauf, Lager, Verwaltung, Vertrieb),
- Verantwortungsbereiche (z. B. Abteilungen),
- räumliche Einheiten (z. B. Filialen).

Beispiele für Kostenstellen, eingeteilt nach Verantwortungs- oder Funktionsbereichen:

- Neuwagen
- Gebrauchtwagen
- Werkstatt: Karosserie, Elektronik, Lackiererei, Mechanik
- Teile- und Zubehörbereich
- Verwaltung

Dabei wird die Verwaltung lediglich als Hilfskostenstelle geführt, deren Kosten möglichst exakt durch Verteilungsschlüssel auf die Hauptkostenstellen verteilt werden. Die Verwaltung unterscheidet sich von den Hauptkostenstellen dadurch, dass sie keine eigenen Erträge erwirtschaftet und somit nicht Kostenträger sein kann.

> i *Hilfskostenstellen unterstützen die Hauptkostenstellen und sind nicht direkt an der Leistungserstellung beteiligt (z. B. Personal- oder IT-Abteilung).*

In vielen Autohäusern wird die Hilfskostenstelle Verwaltung nicht geführt. Die Kosten, die durch die Verwaltung verursacht werden, werden den Hauptkostenstellen direkt zugeordnet. Dies hat allerdings den Nachteil, dass die Verwaltungskosten nicht offengelegt werden. Die Leiter der Kostenstellen werden somit die Kostenverantwortung zumindest für diesen Kostenbestandteil ablehnen, da sie auf die Kosten der Verwaltung keinen Einfluss haben.

1.2.2 Zurechenbarkeit der Kosten: Einzelkosten – Gemeinkosten

Die Verteilung der Kosten auf die Kostenstellen soll verursachungsgerecht erfolgen. Diese verursachungsgerechte Zuordnung fällt bei all den Kosten leicht, die der verkauften Ware oder einem Reparaturauftrag (Kostenträger) direkt zugerechnet werden können und deren Zuordnung dadurch eindeutig ist. Diese Kosten nennt man **Einzelkosten.**

***BEISPIEL** Einzelkosten*

- *Verrechnete Anschaffungskosten (VAK)*
- *Verkäuferprovision*
- *Produktive Löhne*

Die Kosten aus der Kostenartenrechnung, die den einzelnen Kostenträgern und somit auch der Kostenstelle nicht direkt zugerechnet werden können, werden als **Gemeinkosten** bezeichnet.

***BEISPIEL** Gemeinkosten*

- Werbekosten
- Gehälter der Mitarbeiter
- Energiekosten der Autoland Murschall GmbH
- Abschreibungskosten

Nun stellt sich die Frage: Wie können die Gemeinkosten gerecht auf die Kostenstellen und somit im Folgeschritt auf die Kostenträger verteilt werden? Diese Verteilung der Gemeinkosten erfolgt mithilfe des Betriebsabrechnungsbogens (BAB).

1.2.3 Die Verteilung der Gemeinkosten mithilfe des BAB (Betriebsabrechnungsbogen)

Um die Gemeinkosten auf die Kostenstellen zu verteilen, nutzt der Kaufmann den Betriebsabrechnungsbogen. Ein Betriebsabrechnungsbogen wird in der Regel einmal monatlich aufgestellt. Es werden die Gemeinkosten, die aus der Kostenartenrechnung entnommen worden sind, verursachungsgerecht auf die einzelnen Kostenstellen verteilt. Der Betriebsabrechnungsbogen wird in Tabellenform dargestellt. Die einzelnen Zeilen stellen die Kostenarten in ihrer Höhe dar. Diese Kosten werden dann den einzelnen Kostenstellen in den Spalten zugerechnet. Können die Gemeinkosten den einzelnen Kostenstellen nicht genau zugeordnet werden, müssen diese mithilfe eines Verteilungsschlüssels zugerechnet werden.

BEISPIEL

Die Verteilung der Gemeinkosten kann z. B. folgendermaßen aussehen:

- *Verteilung der Mietkosten nach der Fläche (z. B. Anteil der Quadratmeter der genutzten Verkaufsfläche im Verhältnis zur Gesamtfläche)*
- *Verteilung der Büromaterialkosten nach der Anzahl der Angestellten*
- *Energiekostenermittlung durch angebrachte Zähler in verschiedenen Räumen*

Häufig können die Gemeinkosten aber mithilfe von Belegen (Rechnungen usw.) auf die einzelnen Kostenstellen verteilt werden. Die Einzelkosten, die einen direkten Bezug zu den Kostenträgern haben, werden direkt den Kostenstellen zugeordnet.

Durch die Aufteilung der Gemeinkosten im Betriebsabrechnungsbogen wird es möglich, für jede Kostenstelle und damit auch für einen Kostenträger einen Handlungskostenzuschlag zu berechnen, der eine wichtige Grundlage für die Preiskalkulation darstellt.

BEISPIEL

Kostenart	Gemeinkosten	Verteilungsschlüssel	Kostenstellen			
			Neuwagen	Gebrauchtwagen	Teile und Zubehör	Werkstatt
Summe Gemeinkosten	1.260.000 €	---	331.000 €	273.000 €	193.000 €	463.000 €
Summe Einzelkosten	4.014.500 €	---	1.350.000 €	950.000 €	584.500 €	1.130.000 €
Gemeinkostenzuschlag	---	---	24,5 %	28,7 %	33,0 %	41,0 %

Berechnung des Gemeinkostenzuschlags in Prozent

$$\textbf{Gemeinkostenzuschlag} = \frac{\text{Summe der Gemeinkosten in €} \cdot 100}{\text{Summe der Einzelkosten in €}}$$

Der ermittelte Gemeinkostenzuschlag für die im Unternehmen bestimmten Kostenstellen ermöglicht die später durchzuführende Kalkulation (= Kostenträgerstückrechnung). Würden die Gemeinkosten nicht verursachungsgemäß auf die einzelnen Kostenstellen verteilt, hieße das, dass für alle Kostenstellen der gleiche Gemeinkostenzuschlag berechnet werden würde und nicht für jede Warengruppe eine gesonderte Berechnung erfolgt, die aber genauer ist.

***BEISPIEL** Betriebsabrechnungsbogen eines Autohauses (vereinfacht)*

Kostenart	Gemeinkosten	Verteilungsschlüssel	Kostenstellen			
			Neuwagen	Gebrauchtwagen	Teile und Zubehör	Werkstatt
Personalkosten	800.000€	lt. Gehaltsliste	200.000€	200.000€	100.000€	300.000€
Mietkosten	240.000€	2:1:1:4	60.000€	30.000€	30.000€	120.000€
Steuern des Betriebes	60.000€	1:1:1:1	15.000€	15.000€	15.000€	15.000€
Werbungskosten	120.000€	2:1:2:1	40.000€	20.000€	40.000€	20.000€
Abschreibung auf AV	40.000€	2:1:1:1	16.000€	8.000€	8.000€	8.000€
Summe	1.260.000€	---	331.000€	273.000€	193.000€	463.000€

Wurde im BAB eine Hilfskostenstelle „Verwaltung" geführt und wurden die Gemeinkosten mithilfe der Verteilungsschlüssel auf die dann fünf Kostenstellen verteilt, müssen in einem Zwischenschritt noch die addierten Gemeinkosten der „Verwaltung" auf die eigentlichen vier Kostenstellen verteilt werden.

***BEISPIEL** Betriebsabrechnungsbogen eines Autohauses (vereinfacht)*

Kostenart	Zahlen der FIBU	Hilfskostenstelle	Hauptkostenstellen			
		Verwaltung	Neuwagen	Gebrauchtwagen	Teile und Zubehör	Werkstatt
Summe der Gemeinkosten I		200.000€	331.000€	273.000€	193.000€	463.000€
Umlage Verwaltung			60.000€	40.000€	80.000€	20.000€
Summe der Gemeinkosten II			391.000€	313.000€	273.000€	483.000€

Die Kosten der Hilfskostenstelle werden nach folgendem Verteilungsschlüssel auf die Hauptkostenstellen verteilt: 3:2:4:1.

1.2.4 Kosten- und Erfolgskontrolle mithilfe der Kostenstellenrechnung

Durch die Einrichtung von Kostenstellen entstehen beim Automobilhändler selbstständige Verantwortungsbereiche, die von verantwortlichen Abteilungsleitern (Kostenstelleninhaber) kontrolliert werden. Sollte es zu einer Kostenabweichung kommen, werden die Kostenstelleninhaber zur Verantwortung gezogen. Durch die Zuordnung der Kosten auf die Kostenstellen kann dann auch direkt Ursachenforschung für die Kostenabweichung betrieben werden und erste Maßnahmen können diskutiert werden.

Wird der Betriebsabrechnungsbogen noch um die Zeile „erzielte Umsätze" ergänzt, kann mithilfe des BAB direkt eine Erfolgsermittlung durchgeführt werden, indem der Gewinn je Kostenstelle berechnet wird. Hierfür wird von den Umsätzen je Kostenstelle die Summe der Selbstkosten (Einzelkosten + Gemeinkosten) abgezogen.

BEISPIEL

Kostenart	Gemeinkosten	Verteilungsschlüssel	Kostenstellen			
			Neuwagen	Gebrauchtwagen	Teile und Zubehör	Werkstatt
Summe Gemeinkosten	1.260.000€	–	331.000€	273.000€	193.000€	463.000€
Summe Einzelkosten	4.014.500€	–	1.350.000€	950.000€	584.500€	1.130.000€
Selbstkosten	5.274.500€	–	1.681.000€	1.223.000€	777.500€	1.593.000€
Umsätze	5.829.950€	–	1.849.100€	1.328.750€	944.000€	1.708.100€
Gewinn	555.450€	–	168.100€	105.750€	166.500€	115.100€
Gemeinkostenzuschlag	–	–	24,5%	28,7%	33,0%	41,0%
Gewinnzuschlag	–	–	10,00%	8,65%	21,41%	7,23%

Berechnung des Gewinnzuschlags

Die Selbstkosten entsprechen dem Ausgangswert von 100%. Der darauf zu beziehende Gewinn wird als Prozentsatz angegeben.

1.681.000€ = 100%
168.100€ = ?%

$$\textbf{Gewinnzuschlag} = \frac{168.100€ \cdot 100}{1.681.000€} = 10\,\%$$

$$\textbf{Gewinnzuschlag} = \frac{\text{Gewinn in €} \cdot 100}{\text{Selbstkosten in €}}$$

Der ermittelte Gemeinkostenzuschlag und Gewinnzuschlag wird dann verwendet bei der Kostenträgerstückrechnung, in der die Preiskalkulation erstellt wird.

1.3 Kostenträgerstückrechnung

In der Kostenträgerstückrechnung werden die Verkaufspreise einzelner Artikel kalkuliert. Der Verkaufspreis muss folgende Positionen abdecken:

- den Wareneinstandspreis/Bezugspreis (= Einzelkosten),
- einen Anteil der sonstigen Kosten, die durch den Betrieb angefallen sind (Gemeinkosten),
- den Gewinn sowie
- eventuell gewährte Nachlässe, die der Kunde im Verkaufsgespräch heraushandelt.

a) **Bezugspreis**

Bezugskalkulation ☞ Band 1, LF 3, S. 211

Der Bezugspreis wird durch die Bezugskalkulation ermittelt.

b) **Gemeinkosten**

Würde ein Autohändler bei seiner Preiskalkulation neben der Berücksichtigung eines Gewinnes nur seine eigenen VAK zugrunde legen, würde es spätestens am Ende des Geschäftsjahres ein böses Erwachen für ihn geben. Sämtliche anderen Kosten, die notwendig sind für die Führung eines Autobetriebes, blieben unberücksichtigt und somit würde gesamtbetrieblich nicht kostendeckend kalkuliert werden. Neben den Bezugskosten hat er noch andere Kosten zu berücksichtigen, z. B.: die Kosten für Personal, Miete, Strom, Steuern und Energie. Diese Kosten, die gemeinhin für den gesamten Betrieb angefallen sind, werden anteilig erfasst und bei jedem Verkauf einer Ware in den Preis mit einkalkuliert. Somit stellt man sicher, dass durch den Umsatz sowohl die Bezugskosten (Einzelkosten) als auch die Gemeinkosten erwirtschaftet werden.

Die Einzelkosten (Bezugspreis) können dem Kostenträger direkt zugeordnet werden. Die Verteilung der Gemeinkosten auf die Kostenträger erfolgt mithilfe des Gemeinkostenzuschlagssatzes. Werden die Gemeinkosten über den Gemeinkostenzuschlagssatz auf die Einzelkosten aufgeschlagen, so spricht man von Zuschlagskalkulation. Dabei geht man von der Überlegung aus, dass zwischen den VAK und der Höhe der Gemeinkosten ein ursächlicher Zusammenhang besteht. Die Einzelkosten gelten als Verursacher der ihnen zugeordneten Gemeinkosten und haben diese zu tragen. Das relative Verhältnis zwischen den Einzelkosten und den Gemeinkosten der letzten Rechnungsperiode wird in einem Prozentsatz ermittelt.

Dieser Prozentsatz wird im Rahmen der Kostenstellenrechnung mithilfe des BAB (Betriebsabrechnungsbogen) für die vergangene Geschäftsperiode ermittelt. Er gibt somit an, wie viel Prozent die angefallenen Gemeinkosten von den Einzelkosten betrugen.

Der Gemeinkostenzuschlagssatz der vergangenen Geschäftsperiode kann die Grundlage bilden für die Berechnung der Gemeinkosten in der Verkaufskalkulation der Folgeperiode.

Durch die Addition der Bezugspreise und der Handlungskosten in Euro ergeben sich die Selbstkosten.

	Bezugspreis
+	Handlungskosten
=	Selbstkosten

c) **Gewinn**

Die Selbstkosten sind Basis für den Gewinnzuschlag. Jedes kaufmännisch geführte Unternehmen will nicht nur seine Selbstkosten decken, sondern auch darüber hinaus einen Gewinn erzielen. Die Höhe des Gewinnzuschlages in einer Preiskalkulation wird auf Geschäftsleiterebene getroffen.

Dabei spielen aber auch die Preise der Mitbewerber eine Rolle und die Stellung des eigenen Unternehmens am Markt. Weiteren Einfluss haben die unterschiedlichen Strategien der Preispolitik im Rahmen des Marketings (vgl. LF 12). Der im Rahmen der Kostenstellenrechnung (BAB) ermittelte Gewinnzuschlag zeigt auf, wie hoch der tatsächlich erzielte Gewinn pro Kostenträger in der vergangenen Periode war. Dieser ermittelte Gewinnzuschlag kann Grundlage für die zukünftige Preiskalkulation sein.

Die Selbstkosten und der Gewinnzuschlag zusammen ergeben den Preis, den das Unternehmen vom Kunden bezahlt bekommen will, um alle Kosten zu decken und den erwünschten Gewinn zu erzielen (= Barverkaufspreis).

	Selbstkosten
+	Gewinn
=	Barverkaufspreis

d) Kundenskonto und Kundenrabatt

Viele Stammkunden erwarten von ihrem Autohaus Nachlässe, z. B. Treuerabatt oder Skonto für eine schnelle Zahlung. Der Barverkaufspreis muss dann um Kundenskonto und Kundenrabatt erhöht werden, damit eine Nachlassgewährung nicht zu einer Gewinnreduzierung führt.

Bei der Preiskalkulation ist zu berücksichtigen, dass der Automobilhändler dem Kunden den Listenverkaufspreis nennt. Der Kunde nimmt dann aus der Kundenperspektive diesen Preis als Basis für den Abzug des Rabattsatzes und zieht von dem errechneten Zielverkaufspreis noch ggf. Skonto ab. Daher ergibt sich bei der Berechnung des Kundenskontos und des Kundenrabatts die Notwendigkeit, mit dem verminderten Grundwert zu rechnen.

	Barverkaufspreis
+	Skonto
=	Zielverkaufspreis
+	Rabatt
=	Nettoverkaufspreis
+	USt
=	Bruttoverkaufspreis

	Schema Preiskalkulation	
100 %	Listeneinkaufspreis Autohändler (A) lässt sich vom Hersteller oder Großhändler (H/G) eine Liste mit den zurzeit gültigen Preisen schicken.	
- 10 %	– Liefererrabatt (z. B. 10 %) A handelt mit dem H/G einen Preisnachlass aus, da er gleich eine größere Anzahl kaufen will oder weil er ein Stammkunde ist. Der Rabatt wird auf den Listeneinkaufspreis (LEP) bezogen, d. h. LEP = 100 %.	
= 90 %	= Zieleinkaufspreis	100 %
	– Liefererskonto (z. B. 2 %) Da A sofort oder innerhalb einer ausgehandelten Frist bezahlt, erhält A einen weiteren Preisnachlass (= Skonto). Skonto wird auf den Zieleinkaufspreis (ZEP) bezogen, d. h. ZEP = 100 %.	- 2 %
	= Bareinkaufspreis	= 98%
	+ Bezugskosten Evtl. muss A für den Transport vom H/G zu seinem Betrieb zusätzlich zahlen.	
100 %	= Bezugspreis/Einstandspreis (= VAK)	
+ 40 %	+ Gemeinkosten (z. B. 40 %) Auf den Einstandspreis muss A noch die Kosten aufschlagen, die allgemein in seinem Unternehmen entstehen (Löhne, Miete, Strom etc.). Diese werden als Prozentsatz (bezogen auf den Einstandspreis) angegeben, d. h. Bezugspreis = 100 %.	
= 140 %	= Selbstkosten	100 %
	+ Gewinn (z. B. 25 %) Da A über diese Kostendeckung hinaus auch einen Gewinn erzielen will, addiert A wiederum einen Prozentsatz als Gewinnzuschlag hinzu. Der Gewinnzuschlag wird auf die Selbstkosten bezogen, d. h. Selbstkosten = 100 %.	+ 25 %
98 %	= Barverkaufspreis	= 125 %

	Schema Preiskalkulation	
+ 2 %	**+ Kundenskonto (z. B. 2 %)** A rechnet damit, dass auch seine Kunden nach einem Preisnachlass für Barzahlung fragen, also schlägt er im Rahmen seiner Kalkulation diesen möglichen Nachlass auf seine Preise auf, sodass dieser später nicht zulasten seines Gewinns geht. Grundlage für die Berechnung des Kundenskontos stellt hier aber der Zielverkaufspreis (ZVP) dar, d. h. ZVP = 100 %.	
= 100 %	**= Zielverkaufspreis**	90 %
	+ Kundenrabatt (z. B. 10 %) Ebenso arbeitet A einen möglichen Rabatt bereits in seine Preisgestaltung ein. Dieser Kundenrabatt wird prozentual auf den Nettoverkaufspreis (NVP) bezogen, d. h. NVP = 100 %.	+ 10 %
100 %	**= Nettoverkaufspreis**	= 100 %
+ 19 %	**+ Umsatzsteuer** Zum Schluss muss A nur noch die gesetzlich vorgeschriebene Umsatzsteuer (USt) aufschlagen. Die USt wird auf den Nettoverkaufspreis bezogen, d. h. NVP = 100 %.	
= 119 %	**= Bruttoverkaufspreis**	

Das vorgestellte Schema der Preiskalkulation wird nun je nach Situation/Zielsetzung vom Automobilhändler unterschiedlich eingesetzt:

- Möchte z. B. der Automobilhändler einen neuen Artikel ins Sortiment nehmen und hat dafür den Preis des Lieferanten eingeholt sowie die Zuschlagssätze aus der Kostenstellenrechnung erhalten, so ermittelt er mithilfe der **Vorwärtskalkulation** seinen Bruttoverkaufspreis.
- Bietet ein Mitbewerber einen Artikel zu einem sensationell günstigen Preis an und überlegt der Automobilhändler, diesen Preis zu halten, ohne seine Zuschlagssätze zu ändern, so berechnet er mithilfe der **Rückwärtskalkulation** den Bezugspreis, den er dann maximal an seinen Lieferanten zahlen kann.
- Überlegt ein Automobilhändler, einen Artikel ins Sortiment zu nehmen, dessen Verkaufspreis aufgrund der Mitbewerbersituation als gegeben angesehen werden kann, dann ermittelt er bei gegebenen Einkaufspreisen mithilfe der **Differenzkalkulation** seinen Gewinn. So überprüft er, ob die Listung des Artikels seinen Gewinnvorstellungen entspricht.

LS 104

1.3.1 Vorwärtskalkulation

Das Berechnungsschema der Vorwärtskalkulation wird eingesetzt, wenn ausgehend vom Listeneinkaufspreis und gegebenen Zuschlagssätzen der Bruttoverkaufspreis berechnet werden soll.

BEISPIEL

Der Preis für einen Leichtmetallfelgensatz soll kalkuliert werden. Laut Liste beträgt der Listeneinkaufspreis 250,00 €. Unser Lieferant AT Autoteile GmbH gewährt 20 % Lieferantenrabatt und 2,5 % Lieferantenskonto. Die Bezugskosten betragen 10 % des Bareinkaufspreises. Der Gemeinkostenzuschlag beträgt 70 % und der Gewinnzuschlag 8 %. An Umsatzsteuer fallen 19 % an. Stammkunden erhalten 10 % Rabatt, Kunden, die bar zahlen, erhalten 2 % Skonto.

Kalkulationsschema zur Vorwärtskalkulation für einen Alufelgensatz

1. Schritt: Zieleinkaufspreis
100 % → 250,00 €
80 % ? €

$$? € = \frac{250{,}00 € \cdot 80\,\%}{100\,\%} = 200{,}00 €$$

2. Schritt: Bareinkaufspreis
100 % → 200,00 €
97,5 % ? €

$$? € = \frac{200{,}00 € \cdot 97{,}5\,\%}{100\,\%} = 195{,}00 €$$

3. Schritt: Bezugspreis
100 % → 195,00 €
110 % ? €

$$? € = \frac{195{,}00 € \cdot 110\,\%}{100\,\%} = 214{,}50 €$$

4. Schritt: Selbstkosten
100 % → 214,50 €
170 % ? €

$$? € = \frac{214{,}50 € \cdot 170\,\%}{100\,\%} = 364{,}65 €$$

5. Schritt: Barverkaufspreis
100 % → 364,65 €
108 % ? €

$$? € = \frac{364{,}65 € \cdot 108\,\%}{100\,\%} = 393{,}82 €$$

6. Schritt: Zielverkaufspreis
98 % → 393,82 €
100 % ? €

$$? € = \frac{393{,}82 € \cdot 100\,\%}{98\,\%} = 401{,}86 €$$

7. Schritt: Nettoverkaufspreis
90 % → 401,86 €
100 % ? €

$$? € = \frac{401{,}86 € \cdot 100\,\%}{90\,\%} = 446{,}51 €$$

8. Schritt: Bruttoverkaufspreis
100 % → 446,51 €
119 % ? €

$$? € = \frac{446{,}51 € \cdot 119\,\%}{100\,\%} = 531{,}35 €$$

Listeneinkaufspreis	100 %	250,00 €	
– Lieferantenrabatt	20 %	50,00 €	
1. Schritt: = Zieleinkaufspreis	80 %	200,00 €	100 %
– Lieferantenskonto		5,00 €	2,5 %
2. Schritt: = Bareinkaufspreis	100 %	195,00 €	97,5 %
+ Bezugskosten	10 %	19,50 €	
3. Schritt: = Bezugspreis	110 %	214,50 €	100 %
+ Gemeinkosten		150,15 €	70 %
4. Schritt: = Selbstkosten	100 %	364,65 €	170 %
+ Gewinnzuschlag	8 %	29,17 €	
5. Schritt: = Barverkaufspreis	108 %	393,82 €	98 %
+ Kundenskonto		8,04 €	2 %
6. Schritt: = Zielverkaufspreis	90 %	401,86 €	100 %
+ Kundenrabatt	10 %	44,65 €	
7. Schritt: = Nettoverkaufspreis	100 %	446,51 €	100 %
+ Umsatzsteuer		84,84 €	19 %
8. Schritt: = Bruttoverkaufspreis		531,35 €	119 %

1.3.2 Vereinfachungen der Vorwärtskalkulation

Um nicht für jeden einzelnen Artikel eine komplette Vorwärtskalkulation durchführen zu müssen, ist es sinnvoll, die ermittelten Zuschlagssätze für Gewinn und Gemeinkosten sowie Kundenskonto, Kundenrabatt und Umsatzsteuersatz mit Kalkulationsvereinfachungen zusammenzufassen. So ergeben sich folgende Kalkulationsvereinfachungen für die Vorwärtskalkulation:

Der **Kalkulationszuschlag (KSZ)** entspricht der Differenz zwischen dem Bezugspreis und dem einmalig kalkulierten Bruttoverkaufspreis in Prozent des Bezugspreises. Der KSZ wird dann in Euro umgerechnet und auf den Bezugspreis aufgeschlagen.

Der Kalkulationszuschlag kann sich auch auf den Nettoverkaufspreis beziehen. Da das Autohaus aber überwiegend an Endverbraucher verkauft, wird der Zuschlag hier einschließlich Umsatzsteuer berechnet.

$$\text{Kalkulationszuschlag in Prozent:} = \frac{(\text{Brutto-VK} - \text{Bezugspreis}) \cdot 100\,\%}{\text{Bezugspreis}}$$

Vorwärtskalkulation für einen hochwertigen Alufelgensatz

	Bezugspreis/Einstandspreis		214,50 €		
+	Gemeinkosten	70 %	150,15 €	150,15 €	
=	Selbstkosten		364,65 €	+	
+	Gewinn	8 %	29,17 €	29,17 €	**Kalkulationszuschlag**
=	Barverkaufspreis		393,82 €	+	**= 316,85 €**
+	Kundenskonto	2 %	8,04 €	8,04 €	**≙ 147,71 % des Bezugspreises**
=	Zielverkaufspreis		401,86 €	+	
+	Kundenrabatt	10 %	44,65 €	44,65 €	
=	Nettoverkaufspreis		446,51 €	+	
+	Umsatzsteuer	19 %	84,84 €	84,84 €	
=	Bruttoverkaufspreis		531,35 €		

Es gibt keine genaue Festlegung, die vier Nachkommastellen vorschreibt. Je weniger aber gerundet wird, um so genauer ist das Ergebnis.

$$\text{Kalkulationszuschlag in Prozent:} = \frac{(531{,}35\,€ - 214{,}50\,€) \cdot 100\,\%}{214{,}50\,€} = 147{,}7156\,\%$$

Schlägt man den Kalkulationszuschlagssatz auf den Bezugspreis auf, so erhält man für diesen bestimmten Artikel den Kalkulationszuschlag in Euro. Die Summe aus Kalkulationszuschlag und Bezugspreis ergibt dann den Bruttoverkaufspreis.

Berechnung des Kalkulationszuschlages in € und des Bruttoverkaufspreises

Kalkulationszuschlag in €:	**Berechnung des Kalkulationszuschlages in €:**
Bezugspreis · KZS	214,50 € · 147,7156 % = 316,85 €
Bezugspreis in €	214,50 €
+ Kalkulationszuschlag in €	+ 316,85 €
= Bruttoverkaufspreis in €	= 531,35 €

Kalkulationsfaktor

Noch einfacher geht es mit dem Kalkulationsfaktor. Der Kalkulationsfaktor wird ermittelt, indem der einmalig kalkulierte Bruttoverkaufspreis durch den Bezugspreis dividiert wird. Durch Multiplikation mit dem Bezugspreis gelangt man in einem Schritt vom Bezugs- zum Bruttoverkaufspreis.

Kalkulationsfaktor:

$$\frac{\text{Bruttoverkaufspreis}}{\text{Bezugspreis}}$$

Verkaufskalkulation der Autoland Murschall GmbH:

$$\frac{531{,}35\,€}{214{,}50\,€} = 2{,}477156$$

Bruttoverkaufspreis:

Bezugspreis · Kalkulationsfaktor

214,50 € · 2,477156 = 531,35 €

Der Kalkulationsfaktor kann auch über den Kalkulationszuschlagssatz (KSZ) ermittelt werden:

Kalkulationsfaktor:

$$\frac{\text{KSZ} + 100}{100}$$

Verkaufskalkulation der Autoland Murschall GmbH:

$$\frac{147{,}7156 + 100}{100} = 2{,}477156$$

1.3.3 Rückwärtskalkulation

LS 105

Manchmal führen Mitbewerber Waren, die der Automobilhändler noch nicht gelistet hat, oder sie bieten Waren deutlich günstiger an. Der Automobilhändler kennt den Bruttoverkaufspreis der Mitbewerber, er kennt seine Gemeinkosten, seine Gewinnerwartung, die Höhe seiner Kundennachlässe (Skonto und Rabatt) und er möchte nun wissen, zu welchem Bezugspreis (Einstandspreis) er die Ware selbst maximal einkaufen kann, wenn er den Preis der Mitbewerber halten und dennoch die bestehenden Zuschlagssätze beibehalten möchte. Um diese Frage zu beantworten, setzt der Automobilhändler die Rückwärtskalkulation ein.

***BEISPIEL** Autoland Murschall GmbH*

Aus Wettbewerbsgründen kann die Autoland Murschall GmbH einen Fahrradträger nur für 199,00 € verkaufen. Die bestehenden Zuschlagssätze sehen wie folgt aus:

Gemeinkostenzuschlag:	*25 %*
Gewinnzuschlag:	*15 %*
Kundenskonto:	*2 %*
Kundenrabatt:	*10 %*

Zu welchem maximalen Bezugspreis kann die Autoland Murschall GmbH den Dachträger max. beziehen, wenn die bestehenden Zuschlagsätze beibehalten und der Mitbewerberpreis gehalten werden soll?

Kalkulationsschema zur Rückwärtskalkulation für einen Fahrradträger

5. Schritt: Bezugspreis

125 % → 128,26 €
100 % ?€

$$?€ = \frac{128{,}26\,€ \cdot 100\,\%}{125\,\%} = 102{,}61\,€$$

4. Schritt: Selbstkosten

115 % → 147,50 €
100 % ?€

$$?€ = \frac{147{,}50\,€ \cdot 100\,\%}{115\,\%} = 128{,}26\,€$$

3. Schritt: Barverkaufspreis

100 % → 150,51 €
98 % ?€

$$?€ = \frac{150{,}51\,€ \cdot 98\,\%}{100\,\%} = 147{,}50\,€$$

2. Schritt: Zielverkaufspreis

100 % → 167,23 €
90 % ?€

$$?€ = \frac{167{,}23\,€ \cdot 90\,\%}{100\,\%} = 150{,}51\,€$$

1. Schritt: Nettoverkaufspreis

119 % → 199,00 €
100 % ?€

$$?€ = \frac{199{,}00\,€ \cdot 100\,\%}{119\,\%} = 167{,}23$$

= Bezugspreis/ Einstandspreis	100 %	102,61 €	
– Gemeinkosten	25 %		
= Selbstkosten	125 %	128,26 €	100 %
– Gewinn			15 %
= Barverkaufspreis	98 %	147,50 €	115 %
– Kundenskonto	2 %		
= Zielverkaufspreis	100 %	150,51 €	90 %
– Kundenrabatt			10 %
= Nettoverkaufs- preis	100 %	167,23 €	100 %
– Umsatzsteuer	19 %		
= Bruttoverkaufs- preis	119 %	199,00 €	

Soll die Rückwärtskalkulation bis zum Listeneinkaufspreis fortgeführt werden, sind die Bezugskosten und Liefererskonto und Liefererrabatt dem Bezugspreis hinzuzurechnen (siehe Bezugskalkulation).

Die Autoland Murschall GmbH muss jetzt im Rahmen eines Angebotsvergleichs feststellen, ob ein Lieferer den Fahrradträger zu einem Bezugspreis von 102,61 € liefern kann. Ist dieser Einstandspreis nicht zu erzielen, müssen die Zuschlagssätze (z. B. der Gewinnzuschlagssatz) vermindert werden. Falls das nicht ausreicht, kann die Autoland Murschall GmbH den Preis des Mitbewerbers nicht mitgehen.

1.3.4 Vereinfachungen der Rückwärtskalkulation

Ähnlich wie die Vorwärtskalkulation durch den Kalkulationszuschlagssatz vereinfacht wird, kann auch für die Rückwärtskalkulation ein Gesamtprozentsatz ermittelt werden, der Kalkulationsabschlag bzw. die Handelsspanne.

Kalkulationsabschlag

Der Kalkulationsabschlag entspricht der Differenz zwischen dem Bruttoverkaufspreis und dem kalkulierten Bezugspreis in Prozent des Bruttoverkaufspreises.

$$\text{Kalkulationsabschlag (KalkAb)} = \frac{(\text{Bruttoverkaufspreis in €} - \text{Bezugspreis in €}) \cdot 100\,\%}{\text{Bruttoverkaufspreis in €}}$$

Rückwärtskalkulation für einen Fahrradträger					
	Bezugspreis/Einstandspreis		102,61 €		
–	Gemeinkosten	25 %	25,65 €	25,65 €	
=	Selbstkosten		128,26 €	+	
–	Gewinn	15 %	19,24 €	19,24 €	Kalkulationsabschlag
=	Barverkaufspreis		147,50 €	+	= 96,39 €
–	Kundenskonto	2 %	3,01 €	3,01 €	≙ 48,4371 % des Bruttoverkaufspreises
=	Zielverkaufspreis		150,51 €	+	
–	Kundenrabatt	10 %	16,72 €	16,72 €	
=	Nettoverkaufspreis		167,23 €	+	
–	Umsatzsteuer	19 %	31,77 €	31,77 €	
=	Bruttoverkaufspreis		199,00 €		

$$\text{Kalkulationsabschlag in \%} = \frac{(199{,}00\,€ - 102{,}61\,€) \cdot 100\,\%}{199{,}00\,€} = 48{,}4371\,\%$$

Mit dem ermittelten Kalkulationsabschlag können nun für alle Artikel, die mit den gleichen Zuschlagsätzen kalkuliert werden, ausgehend vom Bruttoverkaufspreis, schnell die Bezugspreise ermittelt werden.

Zunächst wird der Kalkulationsabschlag in Euro berechnet und der ermittelte Betrag dann vom Bruttoverkaufspreis abgezogen. Das Ergebnis ist wieder der Bezugspreis.

Kalkulationsabschlag in €:	**Verkaufskalkulation der Autoland Murschall GmbH:**
Bruttoverkaufspreis · Kalkulationsabschlag	199,00 € · 48,4371 % = 96,39 €
Bruttoverkaufspreis	199,00 €
– Kalkulationsabschlag	– 96,39 €
= Bezugspreis	= 102,61 €

Handelsspanne

Die Handelsspanne entspricht der Differenz zwischen dem Nettoverkaufspreis und dem kalkulierten Bezugspreis in Prozent des Nettoverkaufspreises und ist insofern für die Betriebe interessant, die ihre Preise netto auszeichnen können, da sie nur an Wiederverkäufer veräußern, z. B. Großhändler.

$$\text{Handelsspanne (Hsp)} = \frac{(\text{Nettoverkaufspreis in €} - \text{Bezugspreis in €}) \cdot 100\,\%}{\text{Nettoverkaufspreis in €}}$$

Rückwärtskalkulation für einen Fahrradträger

	Bezugspreis/Einstandspreis		102,61 €		
–	Gemeinkosten	25 %	25,65 €	25,65 €	
=	Selbstkosten		128,26 €	+	
–	Gewinn	15 %	19,24 €	19,24 €	**Handelsspanne**
=	Barverkaufspreis		147,50 €	+	= 64,62 €
–	Kundenskonto	2 %	3,01 €	3,01 €	≙ 38,6414 % des **Nettoverkaufspreises**
=	Zielverkaufspreis		150,51 €	+	
–	Kundenrabatt	10 %	16,72 €	16,72 €	
=	Nettoverkaufspreis		167,23 €		

$$\text{Handelsspanne in \%} = \frac{(167{,}23\,€ - 102{,}61\,€) \cdot 100\,\%}{167{,}23\,€} = 38{,}6414\,\%$$

Mit der ermittelten Handelsspanne können nun für alle Artikel, die mit den gleichen Zuschlagssätzen kalkuliert werden, ausgehend vom Nettoverkaufspreis schnell die Bezugspreise ermittelt werden.

Zunächst wird die Handelsspanne für den Fahrradträger in Euro berechnet und der ermittelte Betrag dann vom Nettoverkaufspreis abgezogen. Das Ergebnis ist wieder der Bezugspreis.

Handelsspanne in €:	**Verkaufskalkulation der Autoland Murschall GmbH:**
Nettoverkaufspreis · Handelsspanne	167,23 € · 38,6414 % = 64,62 €
Nettoverkaufspreis	167,23 €
– Handelsspanne	– 64,62 €
= Bezugspreis	= 102,61 €

1.3.5 Differenzkalkulation

LS 106

Mitunter nehmen Mitbewerber drastische Preissenkungen vor. Der Automobilhändler muss nun überlegen, ob er diesen Marktpreis bei fixem Bezugspreis und gegebenen Zuschlagssätzen halten kann. Mithilfe der Differenzkalkulation kann der Automobilhändler berechnen, wie hoch der für ihn verbleibende Gewinn ist. Dazu rechnet er, vom Einstandspreis ausgehend, den Selbstkostenpreis mit der Vorwärtskalkulation aus. Danach berechnet er mithilfe der Rückwärtskalkulation, ausgehend vom Marktpreis, den Barverkaufspreis. Als Differenz ergibt sich dann der verbleibende Gewinn.

BEISPIEL

Die Autoland Murschall GmbH erhält von einem Zubehörhersteller ein Angebot für den Alufelgensatz „Classic", Bezugspreis 227,60 €. Die Autoland Murschall GmbH rechnet mit einem Gemeinkostenzuschlag von 25 % und gewährt ihren Kunden 3 % Skonto. Aus Wettbewerbsgründen kann der Alufelgensatz nur für 499,00 € verkauft werden. Lohnt es sich für die Autoland Murschall GmbH, den Alufelgensatz „Classic" zu listen?

Kalkulationsschema zur Differenzkalkulation für einen Alufelgensatz

4. Schritt: Selbstkosten
100 % → 227,60 €
125 % ?€

$$?€ = \frac{227{,}60\,€ \cdot 125\,\%}{100\,\%} = 284{,}50\,€$$

5. Schritt: Gewinn
284,50 € → 100 %
122,25 € ?%

$$?\% = \frac{122{,}25\,€ \cdot 100\,\%}{284{,}50\,€} = 42{,}97\,\%$$

3. Schritt: Barverkaufspreis
100 % → 419,33 €
97 % ?€

$$?€ = \frac{419{,}33\,€ \cdot 97\,\%}{100\,\%} = 406{,}75\,€$$

2. Schritt: Zielverkaufspreis
100 % → 419,33 €
100 % ?€

$$?€ = \frac{419{,}33\,€ \cdot 100\,\%}{100\,\%} = 419{,}33\,€$$

1. Schritt: Nettoverkaufspreis
119 % → 499,00 €
100 % ?€

$$?€ = \frac{499{,}00\,€ \cdot 100\,\%}{119\,\%} = 419{,}33\,€$$

= Bezugspreis/ Einstandspreis	100 %	227,60 €	
+ Gemeinkosten	25 %		
= Selbstkosten	125 %	284,50 €	
Gewinn		122,25 €	42,97 %
= Barverkaufspreis	97 %	406,75 €	
– Kundenskonto	3 %		
= Zielverkaufspreis	100 %	419,33 €	--
– Kundenrabatt			--
= Nettoverkaufs-preis	100 %	419,33 €	--
– Umsatzsteuer	19 %		
= Bruttoverkaufs-preis	119 %	499,00 €	

Zum 5. Schritt:
406,75 €
– 284,50 €
= 122,25 €

Nettoverkaufspreis = Zielverkaufspreis

Die Differenzkalkulation kann auf der Einkaufsseite bereits mit dem Listeneinkaufspreis beginnen. In diesem Fall sind vom Listeneinkaufspreis der Lieferantenrabatt und das Lieferantenskonto abzuziehen. Die Bezugskosten sind zu addieren (siehe Bezugskalkulation). Im zuvor dargestellten Beispiel beträgt der Gewinn 122,25 €. Bezogen auf den Selbstkostenpreis, kann nun der Gewinnzuschlag in Prozent ermittelt werden.

Der sich aus dieser Differenzkalkulation ergebende Gewinnzuschlagssatz in Höhe von 42,97 % liegt über dem normalen Gewinnzuschlagssatz, d. h. der Gewinn in Prozent ist höher als üblich. Die Autoland Murschall GmbH sollte den Alufelgensatz ins Sortiment nehmen.

Gewinnzuschlag in % =	**Verkaufskalkulation der Autoland Murschall GmbH:**
$\frac{\text{Gewinn in €} \cdot 100}{\text{Selbstkosten}}$	$\frac{122{,}25\,€ \cdot 100}{284{,}50\,€} = 42{,}97\,\%$

LS 107

1.4 Deckungsbeitragsrechnung (Teilkostenrechnung)

Die bisher vorgestellte Vollkostenrechnung ermittelt alle Kosten (volle Kostenbetrachtung) und verteilt diese komplett auf die Kostenstellen/Kostenträger. Da nicht alle angefallenen Kosten direkt von einem Kostenträger verursacht wurden, versucht die Vollkostenrechnung diese mithilfe eines Verteilungsschlüssels möglichst verursachungsgerecht auf die Kostenstellen/Kostenträger umzulegen. Somit kann mithilfe des BAB ein Gewinn/Verlust je Kostenstelle (Abteilung) ermittelt werden. Hier äußert sich häufig aber auch die Kritik an der Vollkostenrechnung. Ihr wird vorgeworfen, dass das Ergebnis nicht immer aufgrund der betrieblichen Tätigkeit zustande kommt, sondern auch aufgrund „kostenrechnerischer Verteilungswillkür". Diesen Kritikpunkt nimmt die **Teilkostenrechnung** auf und wählt eine andere Herangehensweise.

Die Deckungsbeitragsrechnung stellt eine grundlegende Bedingung auf, die besagt, dass ein Artikel oder ein Werkstattauftrag zunächst all die Kosten erwirtschaften muss, die direkt von ihm verursacht wurden. Durch den Umsatz müssen also zunächst die Kosten gedeckt sein, die nur anfallen, weil der Artikel auch verkauft wurde bzw. weil der Kundenauftrag ausgeführt wurde (z. B. VAK, produktive Löhne). Die Kosten, die unabhängig von dem Verkauf der Ware oder der Ausführung des Auftrages ohnehin angefallen wären (z. B. das Gehalt der Chefsekretärin), bleiben bei der Beurteilung zunächst außen vor.

Aufgrund dieser Herangehensweise ist es sinnvoll, eine weitere Kostenunterscheidung kennenzulernen: die Unterscheidung der Kosten in variable und fixe Kosten.

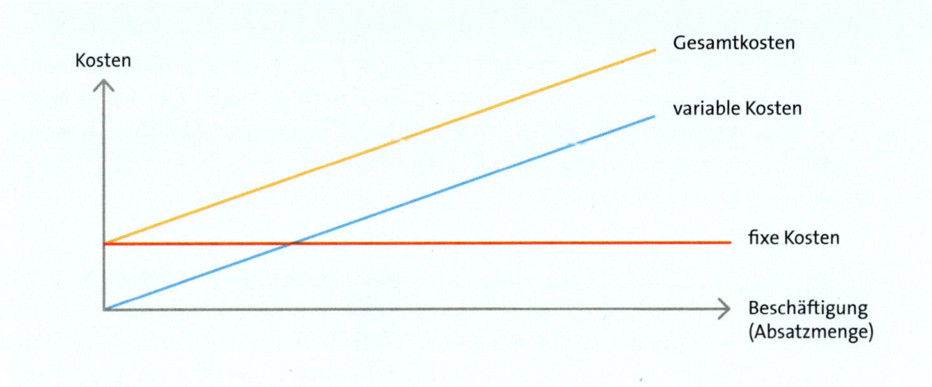

fixe und variable Kosten in Abhängigkeit von der Beschäftigung (Absatzmenge)

Die **fixen Kosten** sind unabhängig von der Absatzmenge (Beschäftigung). Sie fallen auch bei rückläufigen Absatzmengen mit den entsprechend rückläufigen Umsatzerlösen immer in derselben Höhe an. Das führt in der Vollkostenrechnung zu steigenden Stückkosten, da der gleichbleibend hohe Fixkostenblock nun auf eine geringere Stückzahl verteilt werden muss. Viele Gemeinkostenarten, wie z. B. Mieten, Gehälter oder Abschreibungen, sind fixe Kosten.

Die **variablen Kosten** hingegen sind von der Absatzmenge abhängig. Sie steigen bei steigenden Absatzmengen und sinken entsprechend bei rückläufigen Absatzmengen. Dies gilt für die Einzelkosten, wie z. B. VAK, Verkäuferprovision, Zugaben (z. B. Fußmatten), Aufbereitung des Fahrzeuges, Zulassungskosten.

Unter **Deckungsbeitrag** versteht man die Differenz zwischen den Umsatzerlösen und den variablen Kosten für einen bestimmten Artikel. Die fixen Kosten bleiben in der Deckungsbeitragsrechnung unberücksichtigt. Erzielt ein Artikel einen positiven Deckungsbeitrag, so leistet er damit einen Beitrag zur Deckung der fixen Kosten des Unternehmens. Erst wenn die Summe aller positiven Deckungsbeiträge aller abgesetzten Artikel die Höhe der gesamten Fixkosten überschreitet, erzielt das Unternehmen einen Gewinn.

> *Deckungsbeitrag = Umsatzerlöse – variable Kosten*

Wendet der Automobilhändler die Deckungsbeitragsrechnung auf sein gesamtes Unternehmen an, so werden die variablen Kosten verursachungsgemäß je Abteilung/Geschäftsfeld erfasst. Um das Betriebsergebnis zu errechnen, werden die fixen Kosten von den Deckungsbeiträgen je Abteilung subtrahiert. Dies erfolgt in der mehrstufigen Deckungsbeitragsrechnung, die zur Beurteilung der Abteilungen herangezogen wird.

1.4.1 Sortimentsgestaltung mithilfe der Deckungsbeitragsrechnung

Da die Vollkostenrechnung die Aufteilung in fixe und variable Kosten nicht kennt, sind Entscheidungen auf ihrer Zahlenbasis gefährlich. Wird z. B. aufgrund der Vollkostenrechnung ein Artikel als Verlustbringer aus dem Sortiment entfernt, kann dies zu Gewinneinbrüchen führen, da dieser Artikel möglicherweise einen positiven Deckungsbeitrag hat und zur Fixkostendeckung beiträgt. Der Automobilhändler möchte sein Sortiment stetig und aktuell planen und dieses gegebenenfalls an die sich verändernde Markt- und Wettbewerbslage anpassen. Mithilfe der Zahlen aus der Deckungsbeitragsrechnung erhält der Automobilhändler Informationen zur Planung und Kontrolle seiner Sortiments- und Preispolitik. Für sortimentspolitische Entscheidungen müssen die variablen Kosten und die Erlöse für jeden Artikel einzeln ermittelt werden. Die fixen Kosten fallen dagegen für das gesamte Unternehmen an.

Deckungsbeitragsanalyse für ein Unternehmen mit 2 Warengruppen mit je 3 Artikeln:

	Zubehörteile			Ersatzteile		
	Radkappen	Fußmattensatz	Glühlampensatz	Bremsbeläge	Luftfilter	Impulsgeber
Absatzmenge (Stück)	2000	1500	10000	600	1200	3400
Verkaufspreis (€)	18,00	24,00	12,00	50,00	38,00	36,00
variable Kosten (€)	12,60	27,80	9,00	34,00	22,80	32,50
Deckungsbeitrag/ Stück (€)	5,40	- 3,80	3,00	16,00	15,20	3,50
Rangfolge	3	6	5	1	2	4
Deckungsbeitrag gesamt (€) (DB/Stück · Absatzmenge)	10.800,00	- 5.700,00	30.000,00	9.600,00	18.240,00	11.900,00
Deckungsbeitrag Warengruppe (€)	35.100,00			39.740,00		
Deckungsbeitrag Unternehmen (€)	74.840,00					
fixe Kosten (€)	80.000,00					
Betriebsergebnis (€) (Verlust in dieser Abrechnungsperiode)	**- 5.160,00**					

Alle Artikel bis auf den Fußmattensatz haben einen **positiven Deckungsbeitrag.** Ordnet man die Artikel in eine Rangfolge nach der Höhe ihres Stückdeckungsbeitrages, so zeigt sich, für welche Artikel sich besondere Verkaufsaktivitäten (z. B. Werbemaßnahmen) lohnen könnten, für welchen Artikel besondere Aktionsangebote sinnvoll sind oder wo bei Engpässen – z. B. begrenzten Lager- oder Transportkapazitäten – besondere Lieferungsangebote gemacht werden sollten.

Der Artikel Fußmattensatz der Warengruppe Zubehörteile hat einen **negativen Deckungsbeitrag.** Der Verkaufserlös dieses Artikels deckt nicht einmal die variablen Kosten. Sprechen keine anderen betriebswirtschaftlichen Gründe für einen Verbleib im Sortiment, sollte der Vertrieb dieses Artikels aus kostenrechnerischen Gründen eingestellt und der Artikel aus dem Sortiment entfernt werden. Restmengen sollten in einer Sonderaktion abverkauft werden.
Im obigen Beispiel würde sich das Betriebsergebnis durch den Verzicht auf den Fußmattensatz insgesamt verbessern:

	Betriebsergebnis mit Fußmattensatz		– 5.160,00 €
–	negativer Deckungsbeitrag Fußmattensatz	+	5.700,00 €
=	**Betriebsergebnis ohne Fußmattensatz**	=	**540,00 €**

1.4.2 Bestimmung von Preisuntergrenzen

Gerade bei Geschäftsbeziehungen mit Großabnehmern sind die üblichen Preislisten eines Automobilhändlers oft nur die Ausgangsbasis für Preisverhandlungen. Gefährlich für den Automobilhändler werden in diesen Verhandlungen unüberlegte Erhöhungen des Kundenrabattsatzes und des Kundenskontosatzes in Verbindung mit weiteren Zugeständnissen, wie z. B. Zugaben. Ein Verlustgeschäft droht!

In derartigen Verhandlungen ist es von ganz besonderer Bedeutung, die absolute Preisuntergrenze des Unternehmens für jeden Artikel zu kennen, die keinesfalls unterschritten werden darf. Die **absolute Preisuntergrenze** ist dort, wo zumindest alle Kosten gedeckt werden, die direkt durch den Verkauf der Waren an den Kunden entstehen. Dies sind die variablen Kosten für diesen speziellen Kundenauftrag. Sie setzen sich zusammen aus den Einzelkosten und den **variablen Gemeinkosten.**

	Einzelkosten (Einstandspreis)
+	variable Gemeinkosten
=	**absolute Preisuntergrenze**

Die verkaufte Ware leistet keinen Beitrag zur Deckung der fixen Kosten. Deshalb kann die absolute Preisuntergrenze nur akzeptiert werden, wenn dies aus betriebswirtschaftlichen Gründen sinnvoll erscheint, z. B.

- zur Weiterbeschäftigung des Personals (soziale Überlegungen),
- um Kundenverluste zu vermeiden (bei positiven kundenbezogenen Gesamtdeckungsbeiträgen oder bei erwarteten gewinnwirksamen Folgeaufträgen),
- für Erstkunden bei Einführungspreisen,
- zur Abwehr von Konkurrenz.

Ist der Stückdeckungsbeitrag sehr gering oder gleich null, besteht die Gefahr, dass auch andere Kunden von den niedrigen Preisen erfahren und diese in folgenden Verkaufsverhandlungen ebenfalls durchsetzen wollen. So können die Stückdeckungsbeiträge noch weiter sinken.

1.4.3 Annahme oder Ablehnung von Zusatzaufträgen

SITUATION

Ein Unterhändler fragt bei einem Automobilhändler einen Artikel an, für den er einen höchstmöglichen Preis von 50,00 € je Stück bei einer Abnahmemenge von 1000 Stück vorgibt. Liegt der vom Automobilhändler angebotene Barverkaufspreis über dieser vorgegebenen Grenze von 50,00 €, würde der Unterhändler das Angebot zwangsläufig ablehnen. Soll der Automobilhändler diesen Auftrag annehmen?

Ihre Stärke im Vergleich zur Vollkostenrechnung zeigt die Deckungsbeitragsrechnung insbesondere bei der Entscheidungsvorbereitung, wenn es um die Frage geht, ob ein Zusatzauftrag angenommen oder abgelehnt werden soll.

Vollkostenrechnung			Deckungsbeitragsrechnung		
	Bezugspreis	40,00 €		Bezugspreis	40,00 €
+	Handlungskosten (50 %)	20,00 €	+	variable Handlungskosten (10 %)	4,00 €
=	Selbstkosten	60,00 €	=	variable Selbstkosten	44,00 €
	Barverkaufspreis	50,00 €		Barverkaufspreis	50,00 €
–	Selbstkosten	60,00 €	–	variable Selbstkosten	44,00 €
=	Verlust	– 10,00 €	=	Deckungsbeitrag	6,00 €

Gemäß Vollkostenrechnung betragen die Selbstkosten für diesen Artikel 60,00 € je Stück. Bei einem vorgegebenen Barverkaufspreis von 50,00 € würde der Auftrag bei einer Bestellmenge von 1000 Stück einen Gesamtverlust in Höhe von 10.000,00 € verursachen. Der Auftrag müsste abgelehnt werden.

Gemäß Deckungsbeitragsrechnung betragen die variablen Selbstkosten für diesen Artikel aber nur 44,00 € je Stück. Der Auftrag würde einen zusätzlichen Deckungsbeitrag in Höhe von 6.000,00 € erbringen. Sind in dieser Situation für das Gesamtunternehmen bereits alle fixen Kosten der Abrechnungsperiode gedeckt, so würde der Gewinn des Unternehmens durch diesen Auftrag um 6.000,00 € steigen. In diesem Fall sollte der Zusatzauftrag also angenommen werden.

Wie bei der absoluten Preisuntergrenze müssen auch hier die Gefahren derartiger Verkäufe unterhalb der üblichen Preise beachtet werden. Denn reichen die Deckungsbeiträge insgesamt nicht aus, um die fixen Kosten zu decken, führt dies langfristig zur Zahlungsunfähigkeit (Insolvenz) des Unternehmens. Ein Unternehmen kann die absolute Preisuntergrenze also nur ausnahmsweise und nur kurzfristig für die Preisgestaltung heranziehen.

2 Kurzfristige Erfolgsrechnung

2.1 Deckungsbeitrag und Bruttoertrag: Die mehrstufige Deckungsbeitragsrechnung

LS 107

Die mehrstufige Deckungsbeitragsrechnung weist **je Abteilung/Geschäftsfeld** (= Kostenstelle) einen Deckungsbeitrag aus. Dieser zeigt dem Automobilhändler nicht den Gewinn/Verlust der einzelnen Abteilungen an, aber er zeigt auf, welchen Beitrag jede Abteilung zur Deckung der betriebsbezogenen Fixkosten trägt. Bei der Ermittlung der Deckungsbeiträge je Abteilung werden in einem vorab festgesetzten Schema nun die variablen Kosten und die abteilungsbezogenen Fixkosten den Abteilungen zugeordnet, d. h. all die Kosten werden den Abteilungen zugeordnet, die auch direkt von dieser Abteilung verursacht und somit zu verantworten sind. Alle betriebsbezogenen Fixkosten bleiben bis dato außer Acht, denn diese fallen ja unabhängig von den einzelnen Abteilungen an. Solange also eine Abteilung einen positiven Deckungsbeitrag erwirtschaftet, trägt sie dazu bei, dass die betriebsbezogenen Fixkosten gedeckt werden. Sind die Deckungsbeiträge der Abteilungen insgesamt größer als die betriebsbezogenen Fixkosten, so erwirtschaftet das Unternehmen einen Gewinn.

Im Folgenden wird ein grundsätzliches Berechnungsschema der mehrstufigen Deckungsbeitragsrechnung und eine mögliche Zuordnung der Kosten zu dem jeweiligen Deckungsbeitrag vorgestellt. Dieses Schema ist nicht allgemeinverbindlich; Hersteller geben ihren Händlern häufig unterschiedliche Vorgaben zur Berechnung des mehrstufigen Deckungsbeitrages, aber das Wesen der mehrstufigen Deckungsbeitragsrechnung wird anschaulich verdeutlicht.

1. Schritt
Ausgangspunkt sind die Nettoumsätze einer Abteilung. Diese beinhalten alle Verkaufserlöse, Provisionen aus Agenturgeschäften, Leasingvertragen etc. Von den Nettoumsätzen werden die gewährten Erlösschmälerungen wie z. B. Skonto, Rabatte, ***verdeckte Preisnachlässe*** und Zugaben abgezogen. Als Ergebnis erhält der Automobilhändler die Nettoerlöse je Abteilung.

verdeckter Preisnachlass im NW-Bereich überhöhter GW-Ankaufspreis;

Zugaben = kostenlose Fußmatte

	Nettoumsätze (ohne USt)
–	Erlösschmälerungen
=	**Nettoerlöse**

2. Schritt
Von den Nettoerlösen werden die variablen Kosten I abgezogen. Dies sind in den Abteilungen NW, GW sowie Teile und Zubehör die VAK (Bezugspreise der Waren) und in der Abteilung Werkstatt die VAK und die produktiven Löhne. Als Ergebnis erhält der Automobilhändler den ***Bruttoertrag*** je Abteilung, der in unserem Schema den Deckungsbeitrag I darstellt. Der Bruttoertrag wird auch als Bruttogewinn oder Rohgewinn bezeichnet und drückt z. B. in den Verkaufsabteilungen aus, wie viel der Händler an einem NW „verdient" allein aufgrund der Tatsache, dass er den NW günstig einkauft und an seine Kunden teurer verkauft.

Der Begriff ***Bruttoertrag*** hat nichts mit der Umsatzsteuer zu tun!

In Abgrenzung zum Rohgewinn ergibt sich der Reingewinn über die Gewinn- und Verlustrechnung.

	Nettoerlös
–	variable Kosten I
=	**Deckungsbeitrag I (Bruttoertrag, Rohgewinn)**

3. Schritt

Vom Deckungsbeitrag I werden nun die variablen Kosten II abgezogen. Die variablen Kosten II sind weitere verkaufsabhängige Kosten, die nur aufgrund des getätigten Geschäftes anfallen, z. B. Verkäuferprovision, NW-Aufbereitung oder Kosten der Fahrzeugübergabe. Wäre z. B. der Neuwagen nicht verkauft worden, würden die variablen Kosten II auch nicht anfallen.

	Deckungsbeitrag I
–	variable Kosten II
=	**Deckungsbeitrag II**

4. Schritt

Vom Deckungsbeitrag II werden nun die abteilungsbezogenen Fixkosten abgezogen. Dies sind direkte Fixkosten, die unabhängig z. B. von der Anzahl der Verkaufsabschlüsse in der Abteilung Neuwagen immer anfallen. Von der weiteren Kosteneinteilung zählen sie zu den Gemeinkosten, die sich keinem einzelnen Auftrag zuordnen lassen, dafür aber der Abteilung Neuwagen insgesamt, z. B. Verkäufer-Fixum, AfA für Anlagevermögen der NW-Abteilung (z. B. Tische, Computer), Mietkosten der Abteilung.

	Deckungsbeitrag II
–	abteilungsbezogene Fixkosten
=	**Deckungsbeitrag III**

Der Deckungsbeitrag III ist der Beitrag, den die einzelnen Abteilungen leisten, um die noch verbliebenen betriebsbezogenen Fixkosten zu decken. Ist die Summe aller Deckungsbeiträge III größer als die betriebsbezogenen Fixkosten, dann erwirtschaftet der Automobilhändler einen Betriebsgewinn.

5. Schritt

Die Deckungsbeiträge III werden nun aufsummiert und von dieser Summe werden die betriebsbezogenen Fixkosten abgezogen. Eine Aufschlüsselung der betriebsbezogenen Fixkosten auf die Abteilungen unterbleibt, denn diese fallen als Ganzes für den Betrieb an und können den Abteilungen nicht direkt zugeordnet werden. Betriebsbezogene Fixkosten fallen unabhängig vom Umsatz und kurzfristig auch unabhängig von der Abteilungsanzahl an. Beispiele: Betriebshaftpflicht, Steuern, kalkulatorischer Unternehmerlohn, EDV-Kosten, IHK-Beitrag.

	Summe aller Deckungsbeiträge III
–	betriebsbezogene Fixkosten
=	**Betriebsergebnis (Gewinn/Verlust)**

Unterschied zwischen Vollkostenrechnung und Teilkostenrechnung anhand eines Beispiels

BEISPIEL

Ein mittelständischer Automobilhändler mit Werkstatt und eigener Karosserieabteilung überprüft die Kostensituation seines Unternehmens. Im Rahmen der Vollkostenrechnung kommt der Inhaber zu dem Fazit, dass die Karosserieabteilung nicht kostendeckend arbeitet, denn nach Durchführung der Kostenstellenrechnung weist der BAB einen Verlust für diese Abteilung aus. Im Rahmen der Deckungsbeitragsrechnung kommt der Inhaber des Automobilunternehmens aber zu einem anderen Fazit.

	Nettoerlöse	*100.000,00 €*
–	*Fertigungslöhne, VAK*	*65.000,00 €*
=	*DB I*	*35.000,00 €*
–	*variable Kosten II*	*5.000,00 €*
=	*DB II*	*30.000,00 €*
–	*abteilungsbezogene Fixkosten*	*20.000,00 €*
=	*DB III*	*10.000,00 €*

Das negative Ergebnis im Rahmen der Vollkostenrechnung ist nur durch die Verteilung der indirekten, betriebsbezogenen Fixkosten mittels der Verteilungsschlüssel (Fläche, Umsatzanteil etc.) entstanden. Diese betriebsbezogenen Kosten beziehen sich aber auf das gesamte Unternehmen und würden auch bei Schließung der Karosserieabteilung weiterhin anfallen. Im Rahmen der Teilkostenrechnung wird somit deutlich, dass die Karosserieabteilung noch einen positiven Deckungsbeitrag III in Höhe von 10.000,00 € erwirtschaftet und somit noch einen Beitrag zur Deckung der betriebsbezogenen Fixkosten leistet. Würde die Karosserieabteilung geschlossen werden, würde sich kurzfristig das gesamte Betriebsergebnis nicht verbessern; im Gegenteil, es würde sich sogar verschlechtern, weil die betriebsbezogenen Fixkosten von weniger Abteilungen gedeckt werden müssten.

2.2 Break-even-Point

LS 108

In der Break-even-Analyse wird die sogenannte kritische Menge (Break-even-Point oder auch **Gewinnschwelle**) gesucht. Das ist die Menge, bei der die Gesamterlöse den ***Gesamtkosten*** entsprechen. In diesem Fall ist der Gewinn gleich null. Es ist oft von existenzieller Bedeutung für ein Unternehmen, diese Menge zu kennen.

Gesamtkosten fixe + variable Kosten

Break-even-Point: Gesamterlös = Gesamtkosten

oder alternativ: $\frac{\text{fixe Kosten}}{\text{Deckungsbeitrag je Stück}}$

Break-even-Point				
fixe Kosten	144.000,00€		Absatzmenge	x
variable Kosten/Stück	42,00€		Gesamterlöse	72 · x
Erlöse/Stück	72,00€		variable Kosten	42 · x
Deckungsbeitrag/Stück	30,00€		Gesamtkosten	42 · x + 144.000,00€

Berechnung: Gesamterlöse = Gesamtkosten

$$72x = 144.000 + 42x \quad | -42x$$
$$30x = 144.000 \quad |:30$$
$$x = 4800$$

oder alternativ:

$$\frac{\text{fixe Kosten}}{\text{Deckungsbeitrag je Stück}} = \frac{144.000,00}{30,00} = 4800$$

Der Break-even-Point liegt bei einer Absatzmenge von 4800 Stück.

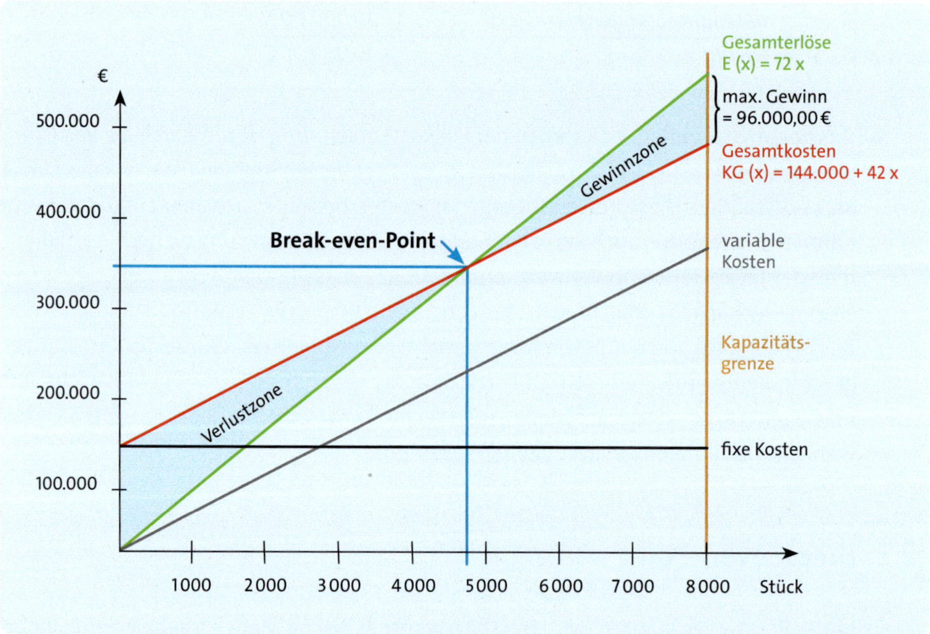

Bei den hier unterstellten linearen (proportionalen) Erlös- und Kostenverläufen zeigt die grafische Darstellung den Break-even-Point als **Schnittpunkt** der Erlös- und der Kostengeraden. Die Gewinnschwelle liegt bei einer Absatzmenge von 4800 Stück. Hier sind Gesamterlöse und Gesamtkosten genau gleich hoch. Begrenzt werden die Kosten- und die Erlösgerade bei der maximalen Absatzmenge von 8000 Stück. Hier liegt auch der maximale Gewinn in Höhe von 96.000,00€. Bei einer Absatzmenge zwischen 0 und 4799 Stück befindet sich das Unternehmen in einer **Verlustzone:** die Gesamterlöse liegen unter den Gesamtkosten. Die **Gewinnzone** reicht von 4801 Stück bis hin zur Maximalmenge.

2.3 Make-or-Buy-Entscheidung

Die Entwicklung zu einer verstärkten Arbeitsteilung und Spezialisierung hat zur Folge, dass der Zukauf (Fremdbezug) bestimmter Teile vorteilhafter sein kann als die Eigenfertigung. Die Entscheidung für den Zukauf ist auf lange Sicht eine unternehmenspolitische Entscheidung, auf kurze Sicht jedoch abhängig von dem möglichst exakten Kostenvergleich zwischen diesen beiden Alternativen. Die ***Make-or-Buy-Entscheidung*** muss somit in erster Linie die Frage beantworten, ob der Zukaufspreis niedriger ist als die eigenen Kosten. Dabei sind mit den Anschaffungskosten (Bezugspreis) alle Kosten zu vergleichen, die durch die Eigenfertigung entstehen. Um die Gesamtkosten der Eigenfertigung mit denen des Fremdbezugs zu Vergleichen, kann die zuvor dargestellte Break-even-Analyse genutzt und die **kritische Menge** bestimmt werden.

Eine ***Make-or-Buy-Entscheidung*** erfolgt zu einem frühen Zeitpunkt, z. B. schon vor oder während der Produktentwicklung.

kritische Menge ☞ S. 135 f.

BEISPIEL

So wie andere Automobilhersteller auch bezieht die STARCAR AG viele Komponenten für ihre Fahrzeuge von Lieferanten, wie z. B. Batterien, Scheinwerfer oder Autositze. Diese Zulieferer haben ihre Kernkompetenz genau in diesen Bereichen und sind der STARCAR AG in punkto Entwicklung, Qualität und Knowhow deutlich überlegen, was sich u. a. in einem Kostenvorteil ausdrückt.

Muss von einem Automobilhersteller eher eine Make-or-Buy-Entscheidung getroffen werden, so stellt sich in einem Autohaus häufiger die Frage nach dem sogenannten ***Outsourcing.*** Hierbei handelt es sich um Prozesse oder Dienstleistungen, die von dem Autohaus selbst erbracht werden können bzw. früher auch erbracht wurden, nun aber in den Händen eines externen Dienstleisters liegen.

Eine ***Outsourcing***-Entscheidung erfolgt zu einem späteren Zeitpunkt, z. B. das Auslagern einer Leistung, die aktuell noch selbst ausgeführt wird.

BEISPIEL *Autoland Murschall GmbH*

Das Unfallgeschäft nimmt in der Werkstatt der Autoland Murschall GmbH eine wichtige Rolle ein. Beschädigte Teile, wie z. B. Kotflügel oder Türen, müssen in der Regel nicht nur ausgetauscht, sondern auch lackiert werden. Doch obwohl der Geschäftsleitung die Relevanz dieser Leistung im Rahmen des Unfallgeschäfts bewusst ist, hat sie die Investition in eine eigene Lackiererei gescheut und lässt diese Arbeiten in einer vertrauenswürdigen Autolackiererei durchführen. Dadurch kommt es zwar zu einem zeitlichen Aufwand sowie Kosten für den Transport der Teile oder Fahrzeuge, diese Nachteile werden allerdings geringer eingeschätzt als die Gefahren, die durch eine eigene Lackierabteilung entstehen würden, wie z. B. hohe Investitionskosten, weniger Platz auf dem Gelände sowie Kosten für Personalschulungen.

Eine Outsourcing-Entscheidung wird somit nicht allein aufgrund der möglichen Kosten gefällt, sondern sie beinhaltet auch Qualitätsfragen und Risikoabschätzungen.

LS 109

3 Stundenverrechnungssatz

SITUATION *Autoland Murschall GmbH*

David Rose geht nach Feierabend zum Friseur. Am Eingang fällt ihm die Preisliste auf. Gerade heute hat er selbst im Servicebereich seines Autohauses einen Aushang mit den Stundenverrechnungssätzen erneuert. Während er wartet, bis er drankommt, macht er sich so seine Gedanken über die unterschiedlichen Preise.

Stundenverrechnungssatz kalkulatorischer Wert, in dem sämtliche Kosten einbezogen sein müssen, die durch den Betrieb des Autohauses entstehen

Mindestlöhne in Höhe von 9,19 € (Stand Januar 2019), ein Haarschnitt, der für 10,00 € zu haben ist. Wie lassen sich da ***Stundenverrechnungssätze*** im Autohaus von zum Teil über 100,00 € rechtfertigen oder zumindest erklären?

In jeder Branche, ja sogar in jedem einzelnen Unternehmen innerhalb einer Branche, ergeben sich unterschiedliche Stundensätze, die erforderlich sind, um eine ***Kostendeckung*** zu erreichen und einen Betriebsgewinn zu realisieren.

Kostendeckung alle Kosten eines Unternehmens müssen durch die Einnahmen ausgeglichen sein

Welche Kosten muss der Unternehmer durch den in Rechnung gestellten Stundenverrechnungssatz letztendlich abdecken?

BEISPIEL

Bei einem Friseur z. B. sind es neben den Personalkosten die Miete für den eher kleinen Salon und die Abzahlungsbeträge bzw. die Abschreibung für die eher wenigen Einrichtungsgegenstände wie Waschbecken, Stühle, Haartrockner und Arbeitsgeräte wie Föhne, Scheren u. Ä. Daher erklären sich die geringen Stundensätze von hochgerechnet ca. 30,00 € – wenn man pro Haarschnitt etwa 20 Minuten veranschlagt und einen Leerlauf unberücksichtigt lässt; wobei hier auch eine Mischkalkulation vorliegt, denn Haarefärben wird gegebenenfalls mehr kosten und Föhnen gesondert berechnet. Möglicherweise können auch mehrere abrechenbare Tätigkeiten gleichzeitig durchgeführt werden, z. B. das Einwirkenlassen der Farbe, Einsatz von Haartrocknern usw.

Betrachtet man ein Autohaus oder eine Reparaturwerkstatt, kommt man doch zu erheblich höheren Kosten. Das liegt zum einen daran, dass eine größere Fläche für die Ausübung der Tätigkeit benötigt wird, zum anderen ist die technische Ausstattung einer modernen Reparaturwerkstatt bedeutend umfangreicher und kostenintensiver als die eines Friseursalons.

Wie kommt das Autohaus zu „seinem" Stundenverrechnungssatz (SVS)?
Mit dem Stundenverrechnungssatz **(SVS)** muss ein Autohaus alle Kosten abdecken, die innerhalb der Werkstatt (umgerechnet auf eine Stunde) anfallen. Dazu zählen die Löhne und Gehälter der Mitarbeiter in der Werkstatt, die gesamte Ausstattung der Werkstatt und die weiteren dort anfallenden Kosten. Neben der Deckung dieser Kosten muss noch ein Überschuss erzielt werden, der entweder wieder in das Unternehmen investiert wird oder aber dem Eigentümer als Gewinn zusteht.

Häufig gibt es nicht einen einzigen SVS, sondern für unterschiedliche Arbeiten werden verschiedene Beträge angesetzt – je nachdem, ob es sich um Arbeiten an der Karosserie, an der Elektrik oder um Lackierarbeiten handelt. Dies ist darauf zurückzuführen, dass diese Tätigkeiten den Einsatz unterschiedlicher Spezialwerkzeuge erfordern und von verschieden ausgebildeten Mitarbeitern ausgeführt werden. Außerdem kann es einen reduzierten SVS geben, z. B. für Garantiearbeiten oder auch für interne Arbeiten, also Arbeiten, die im Auftrag einer anderen Abteilung des Autohauses durchgeführt werden, ohne dass diese Arbeit dem Kunden in Rechnung gestellt wird.

In Rechnungen wird üblicherweise nicht der Stundenverrechnungssatz genannt, sondern der sogenannte ***Arbeitswert (AW)***. Dabei wird eine Stunde in 10 oder 12 AW aufgeteilt, sodass ein AW jeweils sechs oder fünf Minuten entspricht. Entsprechend ist auch der Aushang zu den Stundenverrechnungssätzen gestaltet (siehe oben). Würde der tatsächliche Stundensatz ausgewiesen, sähe der Aushang so wie rechts aus:

AUTOLAND GMBH
MURSCHALL

Stundenverrechnungssatze
Autoland Murschall GmbH 20XX

Mechanik	**82,00 €**
Karosserie	**88,00 €**
Elektrik	**94,00 €**
Lack	**100,00 €**

Arbeitswert (AW)
Eine Arbeitsstunde der Werkstatt wird in 10 oder 12 AW aufgeteilt

Der Kunde würde mit Stundensätzen konfrontiert, die er nicht einordnen könnte und vermutlich als übertrieben und überteuert empfinden würde. Beim Ausweis der geringeren AW-Preise fällt das nicht so auf, da längst nicht alle Kunden auf eine Stunde hochrechnen.

Der Stundenverrechnungssatz beinhaltet nicht nur die Lohnkosten der Monteure in der Werkstatt. Um den exakten SVS zu berechnen, der es einem Autohaus oder einer Werkstatt ermöglicht, auf Dauer am Markt zu existieren, also sowohl kostendeckend zu wirtschaften als auch konkurrenzfähig zu sein, müssen alle in der Werkstatt anfallenden Kosten einfließen. Zu diesen gehören beispielsweise:
- Personalkosten
- Personalnebenkosten
- Anschaffungskosten (bzw. Abschreibung) der Werkstattausstattung (z. B. Hebebühnen, Werkzeuge, Diagnosegeräte, Computer)

Abschreibung
☞ Band 1, LF 2, S. 95

- Instandhaltung der Gebäude
- Miete bzw. kalkulatorische Miete
- Energie (Strom, Heizung, Wasser)
- Reinigung
- Entsorgung von Schadstoffen und Gefahrgütern (etwa Altöl, Schmiermittel, Airbags, Batterien, Reifen)

Dazu kommen Aufwendungen für Rückstellungen, z.B. für das unternehmerische Risiko („Wagniskosten"), und der anteilig zu erzielende Gewinn.

Die Berechnung des SVS

Es gibt mehrere Möglichkeiten, den SVS zu berechnen:

Berechnungsmöglichkeit 1

Der Unternehmer nutzt den Gemeinkostenzuschlagsatz der Kostenstelle Werkstatt.

1. Schritt: Ermittlung des Gemeinkostenzuschlagsatzes (GKZ) der Kostenstelle Werkstatt:

$$GKZ = \frac{Gemeinkosten \cdot 100}{Einzelkosten}$$

Der Werkstatt-Schnittlohn ist der durchschnittliche an die Mitarbeiter ausgezahlte Stundenlohn; Berechnung: Stundenlohn + Feiertags-/Nachtzuschläge + Prämien (z.B. bei Übererfüllung) / Anzahl der geleisteten Stunden

Bei den Werkstattlöhnen handelt es sich in erster Linie um die Löhne der ausgebildeten Monteure. Je nachdem, ob der Werkstattmeister produktiv mitarbeitet, kann sein Gehalt anteilig dazugerechnet werden. Auch Auszubildende können berücksichtigt werden, etwa mit 30 % im 1., 50 % im 2. und 70 % im 3. Ausbildungsjahr.

2. Schritt: Ermittlung des Stundenverrechnungssatzes (SVS):

	Werkstatt-Schnittlohn
+	*GKZ*
=	*Selbstkosten*
+	*Wagniszuschlag*
+	*Gewinnzuschlag*
=	*SVS*

Berechnungsmöglichkeit 2

Ermittlung des Stundenverrechnungssatzes über den Werkstattindex.

Der Werkstattindex ist der Lohnmultiplikator zur Ermittlung der Soll-Lohnerlöse pro geleisteter Arbeitsstunde in der Werkstatt.

1. Schritt: Ermittlung des Werkstattindex:

$$Werkstattindex = \frac{Werkstattlöhne + Gemeinkosten + Wagnis + Gewinn}{Werkstattlöhne}$$

(Wagnis und Gewinn werden meist als Prozentsatz angegeben und beziehen sich dann auf die Summe von Werkstattlöhnen und Gemeinkosten.)

2. Schritt: Ermittlung des SVS:

> *Stundenverrechnungssatz = Werkstatt-Schnittlohn · Werkstattindex*

Berechnungsmöglichkeit 3: Berechnung des SVS auf Basis der produktiven Stunden

Der Unternehmer teilt die Summe aus angefallenen Kosten und dem Gewinnanteil durch die Anzahl der geleisteten Stunden (im Folgenden als **„Produktive Stunden“** bezeichnet). Grundlage hierfür sind die Zahlen der letzten Periode, z. B. des vorangegangenen Geschäftsjahres.

$$SVS = \frac{\text{Kosten der Werkstatt} + \text{Wagniskosten} + \text{Gewinn}}{\text{Produktive Stunden}}$$

Ermittlung der produktiven Stunden eines Mechanikers	
Kalendertage im Jahr	365
– Wochenenden	104
= verfügbare Wochentage	261
– Feiertage, die nicht auf ein Wochenende fallen	8
= mögliche Arbeitstage	253
– Urlaubstage	25
– Krankheitstage	7
– Fortbildung	3
= mögliche Anwesenheitstage	218
– unproduktive Tätigkeit (z. B. 10 %)	22
= produktive Tage (= 1.490 produktive Stunden bei einer 38-Stunden-Woche)	196

Begriffe, die in den zuvor aufgeführten Formeln vorkommen	
Einzelkosten	Kosten, die für einen Auftrag einzeln erfasst werden können, z. B. der Lohn eines Mechanikers für die Bearbeitung eines bestimmten Werkstattauftrages.
Gemeinkosten	Kosten, die dem einzelnen Auftrag nicht direkt zugerechnet werden können, z. B. die Mieten, Verwaltungskosten, Meistergehälter, Abschreibungen, Versicherungsbeiträge.
Wagnis	Risikozuschlag für das eingesetzte Kapital in Prozent, den der Unternehmer frei bestimmen kann und in seiner Kalkulation berücksichtigt, um z. B. einen Vergleich zu einer relativ sicheren Anlage seines Kapitals bei einer Bank zu erhalten.
Lohnerlöse	Erlöse, die der Unternehmer für geleistete Arbeitsstunden in der Werkstatt erhält.
Gewinn	Betrag, der dem Unternehmer nach Abzug aller Kosten und Steuern zur Verfügung steht; diesen kann er entweder als Unternehmergewinn entnehmen oder wieder in das Unternehmen einbringen, etwa zur Ablösung von Darlehen oder für Neuinvestitionen.

4 Controlling

SITUATION *Autoland Murschall GmbH*

Die Autoland Murschall GmbH hat einen Kredit bei ihrer Hausbank beantragt. Voraussetzung für die Gewährung des Kredits ist u.a. die Vorlage von bestimmten betrieblichen Kennzahlen. Frau Kröger bittet David Rose um Mithilfe bei der Aufbereitung dieser betrieblichen Kennzahlen. David ist mit Interesse dabei, denn endlich erfährt er aus erster Hand, wie es um die geschäftliche Situation der Autoland Murschall GmbH bestellt ist.
Frau Kröger bemerkt, dass David sehr engagiert bei der Sache ist und bietet ihm an, langfristig in diesem Aufgabengebiet mitzuarbeiten. David stimmt zu. Allerdings ist ihm der Sinn der Arbeit noch nicht ganz klar: „Wieso will die Bank denn weiterhin die Kennzahlen haben? Die haben die Autoland Murschall GmbH doch bereits auf Herz und Nieren geprüft?“
Frau Kröger antwortet: „Ja, das stimmt, aber auch während der Kreditlaufzeit fordert die Bank weiterhin diese betrieblichen Kennzahlen ein, weil sie kontrollieren möchte, wie gut die Geschäfte laufen. Die Bank will sichergehen, dass die Raten des Kredits weiterhin zurückgezahlt werden können. Ansonsten würde die Bank schnell Gegenmaßnahmen ergreifen und sich gegebenenfalls sogar in unsere Geschäftspolitik einmischen.“

In vielen, meist kleineren Betrieben ist Controlling auch heutzutage noch kein Thema und wird vernachlässigt. Als Entschuldigung wird von den Geschäftsführern häufig mangelnde Zeit genannt oder das Argument gebracht: „Das Geschäft läuft doch gut, wozu dann noch Controlling?“ Aber das ist äußerst kurzfristig gedacht, denn eine Stunde Arbeitszeit am Schreibtisch, befasst mit Controllingaufgaben, kann erfolgreicher und effektiver sein als ein Tag „Schrauben“ in der Werkstatt.

Hier bewahrheitet sich der Spruch „Wissen ist Macht“, und Zahlen sind nun einmal unbestechlich. Nur sie verraten dem Unternehmer, wo genau in seinem Betrieb Geld verdient wird und wo es verloren geht. Allerdings müssen diese Zahlen in einem sinnvollen Verhältnis zueinander aufbereitet und interpretiert werden. Diese Aufgabe übernimmt in einem Autohaus das **Controlling.** Für eine erfolgreiche Unternehmensführung ist ein systematisches Controlling unerlässlich. Das grundlegende Zahlenmaterial liefert dabei das Rechnungswesen.

Das Controlling nutzt das vom Rechnungswesen gelieferte Zahlenmaterial, um die folgenden Aufgaben zu erfüllen:

- Aufbereitung des Zahlenmaterials in Form von Kennzahlen
- Erstellung von Zielvorgaben in Absprache mit der Unternehmensführung
- Einleitung von Maßnahmen zur Erreichung der Unternehmensziele
- stetige Kontrolle der Zielerreichung

> *Das Controlling übernimmt sozusagen die Funktion eines Lotsen, der das Unternehmen beim Navigieren durch den Markt unterstützt.*

Die Ergebnisse des Controllings sind für verschiedene Personengruppen sehr wichtig. Die

- **Geschäftsführung** leitet gegebenenfalls Maßnahmen aus den vom Controlling erarbeiteten Kennzahlen ab, um z. B. gesetzte Umsatzziele noch erreichen zu können.
- **Gesellschafter** erhalten einen Einblick in das Unternehmen und können besser beurteilen, ob das Unternehmen, in das sie investiert haben, am Markt besteht.
- **Mitarbeiter** bekommen einen Hinweis auf ihre analysierten und bewerteten Leistungen.

Weiterhin haben auch die Banken ein gesteigertes Interesse an den Ergebnissen des Controllings. Sie wollen im Rahmen von Kreditanträgen Unternehmensplanzahlen und deren Erfüllung dokumentiert sehen. **Rating** heißt dieser Vorgang, mit dem Banken die Kreditwürdigkeit von Unternehmen einschätzen. Je nach Risikoeinschätzung der Bank zahlt das kreditbeantragende Unternehmen einen höheren oder niedrigeren Zins.

Um das Zahlenmaterial des Rechnungswesens aufzubereiten, erarbeitet das Controlling viele **betriebliche Kennzahlen.**

> *Kennzahlen sind festgelegte Zahlenverhältnisse, deren Aussagekraft aber beschränkt ist, sofern sie zeitlich oder betrieblich isoliert betrachtet werden.*

Für die Interpretation der Kennzahlen benötigt das Controlling Vergleichswerte als Maßstab. Als Vergleichsmaßstab dienen der

- **Zeitvergleich:** Vergleich der Ergebnisse der vorangegangenen Periode mit den Ergebnissen der aktuellen Abrechnungsperiode,

> *Unter www.unternehmensregister.de sind die Bilanzen und Gewinn- und Verlustrechnungen der Betriebe einzusehen, die zur Veröffentlichung verpflichtet sind (sog.* ***Publizitätspflicht****); dazu gehören Kapitalgesellschaften, Personengesellschaften ohne persönlich haftenden Gesellschafter (z. B. die GmbH & Co. KG) und die Personengesellschaften und Einzelunternehmen, die zwei der drei folgenden Kriterien erfüllen:*
> - *Bilanzsumme > 65 Mio. €*
> - *Umsatzerlöse > 130 Mio. €*
> - *mehr als 5000 Arbeitnehmer*

Publizitätspflicht = Pflicht zur Veröffentlichung des Jahresabschlusses

- **Betriebsvergleich/Branchenvergleich:** Vergleich der Unternehmensergebnisse mit denen anderer Unternehmen oder mit Branchendurchschnittswerten,
- **Soll-Ist-Vergleich:** Vergleich geplanter Ergebnisse mit tatsächlich realisierten Ergebnissen.

In den folgenden Kapiteln werden ausgewählte Kennzahlen vorgestellt, die bei der
- Auswertung der Bilanz,
- Auswertung der GuV-Rechnung und
- Auswertung der branchenspezifischen Geschäftsfelder

eine Rolle spielen.

LS 110

4.1 Auswertung der Bilanz

Auf die Kennzahlen zur vertikalen Bilanzanalyse und die Anlagendeckung wurde schon in Band 1, LF 2 eingegangen. Der Vollständigkeit halber sind die Betrachtungen der Bilanzkennzahlen hier noch einmal aufgeführt (4.1.1) und werden dann noch ergänzt durch die Liquidität (4.1.4), bevor wir uns den Kennzahlen zur Gewinn- und Verlustrechnung widmen.

***SITUATION** Autoland Murschall GmbH*

David Rose beginnt bei der Erstellung der betrieblichen Kennzahlen zunächst mit der Auswertung der Bilanz. Er bemerkt erstaunt, wie viel man über ein Unternehmen erfahren kann, wenn man die Bilanz aufmerksam liest.
Die Bilanz ist quasi eine Art Steckbrief des Unternehmens und gibt Aufschluss über die Fragen: Wer bin ich? Und was habe ich?

Anhand der Bilanz eines Unternehmens ist für jeden ersichtlich, wer die Kapitalgeber des Unternehmens sind und in welche Vermögensposten das zur Verfügung gestellte Kapital investiert wurde.

Bevor die Bilanz nun mithilfe von Kennzahlen analysiert wird, wird die doch recht umfangreiche Bilanz stark zusammengefasst. Das Ergebnis ist eine sogenannte **Strukturbilanz.** Die Strukturbilanz fasst die einzelnen Posten der Bilanz zusammen und dient als Basis für die Bilanzanalyse.

Aktiva — **Bilanz**	**Passiva**
Anlagevermögen	Eigenkapital langfristiges FK
Umlaufvermögen	kurzfristiges FK
Summe Vermögen ↓ gibt Auskunft über die Vermögensverwendung = Worin hat das Unternehmen investiert?	**Summe Kapital** ↓ gibt Auskunft über die Mittelherkunft = Wer finanziert das Unternehmen?

Bei der **vertikalen Bilanzanalyse** werden jeweils nur die Werte der Aktiva- oder der Passivaseite der Bilanz zueinander in Beziehung gesetzt:

- Vermögensstruktur: Anlagenintensität, Umlaufintensität
- Kapitalstruktur: Eigenkapitalquote und Fremdkapitalquote

Die **horizontale Bilanzanalyse** setzt Aktiva- und Passivaposten der Bilanz miteinander in Beziehung:

- Liquidität
- Anlagendeckung

BEISPIEL

Aktiva		Strukturbilanz (in €)			Passiva
	Jahr 01	**Jahr 02**		**Jahr 01**	**Jahr 02**
Anlagevermögen	670.050,00	825.390,00	Eigenkapital	293.490,00	302.310,00
Umlaufvermögen	1.477.350,00	1.562.310,00	Fremdkapital	1.853.910,00	2.085.390,00
davon			davon		
Warenbestand	1.089.180,00	1.106.460,00	langfristiges FK	693.130,00	1.125.100,00
Forderungen	285.300,00	378.540,00	kurzfristiges FK	1.155.780,00	952.290,00
Liquide Mittel	102.870,00	77.310,00	Rückstellungen	5.000,00	8.000,00
Gesamtvermögen	2.147.400,00	2.387.700,00	Gesamtkapital	2.147.400,00	2.387.700,00

Liquide Mittel
Bankbestand, Kassenbestand

4.1.1 Vermögensstruktur (vertikale Bilanzanalyse)

Das Gesamtvermögen des Autohauses setzt sich zusammen aus dem Anlagevermögen sowie dem Umlaufvermögen. Die Vermögensstruktur gibt den prozentualen Anteil des Anlage- und des Umlaufvermögens am Gesamtvermögen des Unternehmens an.

Sie gibt einen Hinweis auf den Umfang der langfristigen Kapitalbindung und zeigt somit auf, ob ein Autohaus überwiegend Anlagevermögen (z. B. Gebäude, Werkstatteinrichtung) oder Umlaufvermögen (z. B. Neuwagen, Gebrauchtwagen) zu finanzieren hat.

$$\text{Anlagenintensität (Anlagenquote)} = \frac{\text{Anlagevermögen} \cdot 100}{\text{Gesamtvermögen}}$$

Aktiva	Bilanz Passiva
Anlagevermögen	Eigenkapital
Umlaufvermögen	langfristiges FK
	kurzfristiges FK
Summe Vermögen	**Summe Kapital**

$$\text{Intensität Umlaufvermögen (Quote des Umlaufvermögens)} = \frac{\text{Umlaufvermögen} \cdot 100}{\text{Gesamtvermögen}}$$

Aktiva	Bilanz	Passiva
Anlagevermögen		Eigenkapital
Umlaufvermögen		langfristiges FK
		kurzfristiges FK
Summe Vermögen		**Summe Kapital**

Da sich das Gesamtvermögen aus der Summe von Anlage- und Umlaufvermögen ergibt und sich beide Kennziffern auf das Gesamtvermögen als Grundwert beziehen, addieren sich die Quoten immer zu 100%.

Der Anteil des Anlagevermögens sollte keinesfalls höher sein als der des Umlaufvermögens, da im Autohaus in der Regel nur mit dem Umlaufvermögen Geld verdient werden kann. Ein hohes Anlagevermögen bindet langfristig Kapital und verursacht hohe Kosten (z.B. Abschreibungen). Insbesondere wenn die Umsätze sinken, kann ein hohes Anlagevermögen belasten. Die Anforderungen der Hersteller an Ausstellungsräume haben jedoch bei vielen Autohäusern zu einer Erhöhung der Anlagenintensität geführt.

Branchensollwert für die Anlagenintensität: 26% – 35%

Eventuelle Abweichungen in den Beispielrechnungen sind rundungsbedingt.

***BEISPIEL** Vermögensstruktur der Autoland Murschall GmbH*

	Jahr 01	Jahr 02
Anlagenintensität = (Anlagequote)	$\frac{670.050{,}00€ \cdot 100}{2.147.400{,}00€} = 31{,}20\,\%$	$\frac{825.390{,}00€ \cdot 100}{2.387.700{,}00€} = 34{,}57\,\%$
Intensität Umlaufvermögen = (Quote des Umlaufvermögens)	$\frac{1.477.350{,}00€ \cdot 100}{2.147.400{,}00€} = 68{,}80\,\%$	$\frac{1.562.310{,}00€ \cdot 100}{2.387.700{,}00€} = 65{,}43\,\%$

Die Anlagenintensität der Autoland Murschall GmbH ist in den Vergleichsjahren durch eine Erweiterungsinvestition gestiegen. Sie liegt im 2. Jahr bei 34,57% und erfüllt damit immer noch den Branchensollwert. Von Vorteil ist, dass die Autoland Murschall GmbH mit eigenen Grundstücken und Gebäuden unabhängig von Mietverträgen ist und langfristig planen kann.

Das Umlaufvermögen beträgt 65,43% im 2. Jahr und ist immer noch deutlich größer als das Anlagevermögen, was in der Autobranche wünschenswert ist, da der Fahrzeugbestand zum Umlaufvermögen zählt und der eigentliche Umsatzträger ist.

4.1.2 Kapitalstruktur (vertikale Bilanzanalyse)

Die Kapitalstruktur zeigt den prozentualen Anteil des Eigen- und des Fremdkapitals am Gesamtkapital des Unternehmens.

$$\text{Eigenkapitalquote} = \frac{\text{Eigenkapital} \cdot 100}{\text{Gesamtkapital}}$$

Aktiva	Bilanz Passiva
Anlagevermögen	Eigenkapital
Umlaufvermögen	langfristiges FK
	kurzfristiges FK
Summe Vermögen	**Summe Kapital**

$$\text{Fremdkapitalquote} = \frac{\text{Fremdkapital} \cdot 100}{\text{Gesamtkapital}}$$

Aktiva	Bilanz Passiva
Anlagevermögen	Eigenkapital
Umlaufvermögen	langfristiges FK
	kurzfristiges FK
Summe Vermögen	**Summe Kapital**

Auch die Summe aus Eigenkapital- und Fremdkapitalquote ist stets 100 %.

Die Eigenkapitalquote zeigt an, in welchem Umfang sich der Unternehmer oder die Gesellschafter an der Finanzierung des Unternehmens beteiligen. Sie gibt somit an, wie viel Prozent des Vermögens tatsächlich dem Unternehmen gehört.

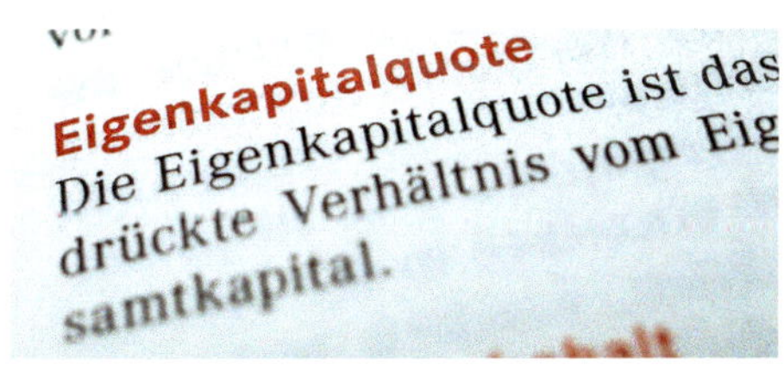

Die Eigenkapitalquote ist eine wichtige Stabilitätskennzahl des Unternehmens, denn je höher das Eigenkapital am Gesamtkapital ist, umso sicherer ist die Lage des Unternehmens in Krisenzeiten und umso unabhängiger ist das Unternehmen gegenüber seinen Fremdkapitalgebern. Muss das Unternehmen z. B. weitere Kredite aufnehmen, um das eigene Überleben zu sichern, so ist es möglich, dass zukünftig durch die Fremdkapitalgeber versucht wird, Einfluss auf die Unternehmenspolitik zu nehmen, sodass der Unternehmer gegebenenfalls nicht mehr „Herr im eigenen Haus" ist.

Gleichzeitig ist eine hohe Eigenkapitalquote auch ein Zeichen für eine hohe Kreditwürdigkeit (Bonität), denn das Risiko für Banken, Verluste bei einer Kreditgewährung zu machen, sinkt, da mögliche Verluste des Unternehmens zuerst durch das Eigenkapital aufgefangen werden.

Ein hoher Eigenkapitalanteil bedeutet auch die Einsparung von Zinsen, denn das Eigenkapital wird von den Eigentümern zinslos zur Verfügung gestellt, in der Hoffnung, am Jahresende eine Gewinnauszahlung zu erhalten. Durch die Einsparung der Fremdkapitalzinsen steigt der Gewinn des Unternehmens.

Branchensollwert für die Eigenkapitalquote: mindestens 25 %
Angesichts der wirtschaftlichen Situation der meisten Autohäuser ist diese Quote häufig nicht erreichbar. Die Eigenkapitalquote eines Autohauses sollte aber nicht unter 15 % liegen.

BEISPIEL *Eigenkapitalquote der Autoland Murschall GmbH*

	Jahr 01	Jahr 02
Eigenkapitalquote =	$\frac{293.490,00€ \cdot 100}{2.147.400,00€} = 13,67\,\%$	$\frac{302.310,00€ \cdot 100}{2.387.700,00€} = 12,66\,\%$
Fremdkapitalquote =	$\frac{1.853.910,00€ \cdot 100}{2.147.400,00€} = 86,33\,\%$	$\frac{2.085.390,00€ \cdot 100}{2.387.700,00€} = 87,34\,\%$

In der Autoland Murschall GmbH ist die Eigenkapitalquote im Zeitvergleich von 13,67 % auf 12,66 % gesunken. Die Eigenkapitalquote liegt damit weit unter dem Sollwert von 25 %. Auch die Untergrenze von 15 % wird nicht erreicht. Die weitere Kreditwürdigkeit ist dadurch gefährdet und auch die Belastung durch die damit verbundenen Kreditzinsen ist negativ zu bewerten. Andererseits liegt der gegenwärtige Branchenwert bei knapp 7,8 % Eigenkapitalquote. Somit liegt die Autoland Murschall GmbH im Branchenvergleich gut im Rennen.

Verschuldungsgrad

Das Verhältnis von Eigenkapital und Fremdkapital lässt sich auch durch den Verschuldungsgrad ausdrücken:

$$\text{Verschuldungsgrad} = \frac{\text{Fremdkapital} \cdot 100}{\text{Eigenkapital}}$$

Der Branchensollwert von 25 % bei der EK-Quote entspricht dann einem Verschuldungsgrad von 3 : 1 (= 300 %).

4.1.3 Anlagendeckung (horizontale Bilanzanalyse)

Die Anlagendeckungsgrade zeigen, in welchem Umfang das langfristig im Unternehmen gebundene Anlagevermögen durch langfristiges Kapital (Eigenkapital und langfristiges Fremdkapital) gedeckt wird.

$$\text{Anlagendeckungsgrad I} = \frac{\text{Eigenkapital} \cdot 100}{\text{Anlagevermögen}}$$

Aktiva	Bilanz Passiva
Anlagevermögen	Eigenkapital
Umlaufvermögen	langfristiges FK
	kurzfristiges FK
Summe Vermögen	**Summe Kapital**

$$\text{Anlagendeckungsgrad II} = \frac{(\text{Eigenkapital} + \text{langfr. Fremdkapital}) \cdot 100}{\text{Anlagevermögen}}$$

Aktiva	Bilanz Passiva
Anlagevermögen	Eigenkapital
	langfristiges FK
Umlaufvermögen	kurzfristiges FK
Summe Vermögen	**Summe Kapital**

Der Anlagendeckungsgrad geht von der **goldenen Bilanzregel** aus, die besagt, dass alles, was langfristig im Unternehmen gebunden ist (Anlagevermögen), auch langfristig finanziert sein muss (durch Eigenkapital + ggf. Fremdkapital). Damit wird sichergestellt, dass im Krisenfall keine Anlagengüter veräußert werden müssen, um kurzfristigen Kreditverpflichtungen pünktlich nachzukommen. Die Betriebsbereitschaft des Autohauses wird dadurch sichergestellt.

Will man für einen Kfz-Betrieb eine ***fristenkongruente*** Finanzierung erreichen, sollten sicherheitshalber das Anlagevermögen plus 30% des Umlaufvermögens langfristig abgesichert sein, d.h. die Anlagendeckung sollte mindestens 100% betragen.

fristenkongruent Übereinstimmung von Kapitalbindung sowie Kapitalüberlassung

Branchensollwert für die Anlagendeckung

Anlagendeckung I: 100%

Die meisten Autohäuser erreichen aufgrund ihrer geringen Eigenkapitalquote diesen Sollwert nicht, diese Autohäuser orientieren sich am Sollwert für die Anlagendeckung II.

Anlagendeckung II: 120% – 130%

BEISPIEL *Anlagendeckung der Autoland Murschall GmbH*

Jahr 01 / Jahr 02

$$\text{Anlagendeckungsgrad I} = \frac{293.490{,}00\,€ \cdot 100}{670.050{,}00\,€} = 43{,}80\,\% \qquad \frac{302.310{,}00\,€ \cdot 100}{825.390{,}00\,€} = 36{,}63\,\%$$

Jahr 01 / Jahr 02

$$\text{Anlagendeckungsgrad II} = \frac{986.620{,}00\,€ \cdot 100}{670.050{,}00\,€} = 147{,}25\,\% \qquad \frac{1.427.410{,}00\,€ \cdot 100}{825.390{,}00\,€} = 172{,}94\,\%$$

Der Anlagendeckungsgrad I ist im Zeitvergleich von 43,80% auf 36,63% gesunken. Das bedeutet, dass das Anlagevermögen nicht durch das entsprechende Eigenkapital gedeckt ist. Das verwundert angesichts der niedrigen Eigenkapitalquote nicht. Langfristig ist das Anlagevermögen aber finanziert, da der Anlagendeckungsgrad II die Sollvorgaben erfüllt. Er ist sogar im Zeitvergleich von 147,25% auf 172,94% gestiegen.

4.1.4 Liquidität (horizontale Bilanzanalyse)

Die Liquiditätskennziffern zeigen zum Bilanzstichtag das Verhältnis von bestimmten Vermögenswerten und dem kurzfristigen Fremdkapital in Prozent.

$$\text{Liquidität I} = \frac{\text{flüssige Mittel} \cdot 100}{\text{kurzfristiges Fremdkapital}}$$

Aktiva	Bilanz Passiva
Anlagevermögen	Eigenkapital
	langfristiges FK
Umlaufvermögen • flüssige Mittel • Forderungen • Warenbestand	kurzfristiges FK
Summe Vermögen	**Summe Kapital**

$$\text{Liquidität II} = \frac{(\text{flüssige Mittel} + \text{Forderungen}) \cdot 100}{\text{kurzfristiges Fremdkapital}}$$

Aktiva	Bilanz Passiva
Anlagevermögen	Eigenkapital
	langfristiges FK
Umlaufvermögen • flüssige Mittel • Forderungen • Warenbestand	kurzfristiges FK
Summe Vermögen	Summe Kapital

$$\text{Liquidität III} = \frac{(\text{flüssige Mittel} + \text{Forderungen} + \text{Warenbestand}) \cdot 100}{\text{kurzfristiges Fremdkapital}}$$

Aktiva	Bilanz Passiva
Anlagevermögen	Eigenkapital
	langfristiges FK
Umlaufvermögen • flüssige Mittel • Forderungen • Warenbestand	kurzfristiges FK
Summe Vermögen	Summe Kapital

Als Liquidität (Zahlungsbereitschaft/Zahlungsfähigkeit) bezeichnet man die Fähigkeit eines Unternehmens, jederzeit die fälligen Verbindlichkeiten bezahlen zu können. Dies setzt voraus, dass stets Zahlungsmittel bereitstehen, denn ansonsten ist die Gefahr einer Insolvenz aufgrund einer Zahlungsunfähigkeit (Illiquidität) groß.

- **Liquidität I** zeigt an, wie schnell durch flüssige Mittel (Bankguthaben und Kassenbestand) die kurzfristigen Verbindlichkeiten beglichen werden können.
- **Liquidität II** zeigt an, wie schnell durch flüssige Mittel und Außenstände die kurzfristigen Verbindlichkeiten beglichen werden können.
- **Liquidität III** zeigt an, wie schnell durch flüssige Mittel, Außenstände und Warenvorräte die kurzfristigen Verbindlichkeiten gedeckt werden können.

> **_Branchensollwert für die Liquidität_**
> *Liquidität I: 20 %*
> *Liquidität II: 100 %*
> *Liquidität III: 150 % – 200 %*
>
> *Eine zu hohe Liquidität geht aber zulasten der Rentabilität. Ein Autohaus sollte daher überschüssige Liquidität möglichst zinsbringend, z. B. bei einer Bank, anlegen.*

BEISPIEL *Liquidität der Autoland Murschall GmbH*

Jahr 01 / **Jahr 02**

$$\text{Liquidität I} = \frac{102.870{,}00\,€ \cdot 100}{1.155.780{,}00\,€} = 8{,}90\,\% \qquad \frac{77.310{,}00\,€ \cdot 100}{952.290{,}00\,€} = 8{,}12\,\%$$

Jahr 01 / **Jahr 02**

$$\text{Liquidität II} = \frac{388.170{,}00\,€ \cdot 100}{1.155.780{,}00\,€} = 33{,}59\,\% \qquad \frac{455.850{,}00\,€ \cdot 100}{952.290{,}00\,€} = 47{,}87\,\%$$

Jahr 01 / **Jahr 02**

$$\text{Liquidität III} = \frac{1.477.350{,}00\,€ \cdot 100}{1.155.780{,}00\,€} = 127{,}82\,\% \qquad \frac{1.562.310{,}00\,€ \cdot 100}{952.290{,}00\,€} = 164{,}06\,\%$$

Die Liquidität I ist im Zeitvergleich von 8,90 % auf 8,12 % gesunken, die Liquiditäten II und III sind dagegen im Zeitvergleich gestiegen.

Liquidität I und II entsprechen nicht den Sollvorgaben, die Liquidität III erreicht im Jahr 02 die Sollvorgabe. Die Liquidität sollte weiter im Auge behalten werden, damit die Autoland Murschall GmbH nicht zahlungsunfähig wird, weil die kurzfristigen Verbindlichkeiten nicht allein mit den liquiden Mitteln und den offenstehenden Forderungen beglichen werden können. Unter Umständen reicht auch der Gegenwert des Fahrzeugbestandes nicht aus, um die Verbindlichkeiten zu begleichen. Schlimmstenfalls muss die Autoland Murschall GmbH Anlagevermögen verkaufen, um kurzfristige Verbindlichkeiten begleichen zu können.

Working Capital

Eine ähnliche Aussagekraft wie die Liquidität 3 hat die Kennzahl Working Capital. Das Working Capital ist die Differenz zwischen Umlaufvermögen und kurzfristigen Verbindlichkeiten. Nur wenn das Ergebnis positiv ist, können die kurzfristigen Schulden (sie umfassen die kurzfristigen Verbindlichkeiten aus Lieferungen und Leistungen, die Verbindlichkeiten mit einer Laufzeit bis zu einem Jahr, die Steuerrückstellungen und sonstigen Rückstellungen sowie die passiven Rechnungsabgrenzungsposten) durch das Umlaufvermögen abgedeckt werden. Bei einem negativen Ergebnis reicht das Umlaufvermögen nicht aus, um die gesamten kurzfristigen Verbindlichkeiten zu decken. Somit wäre auch ein Teil des Anlagevermögens kurzfristig finanziert und das Unternehmen könnte schnell in Liquiditätsschwierigkeiten geraten.

LS 111

4.2 Auswertung der Gewinn- und Verlustrechnung

SITUATION *Autoland Murschall GmbH*

David Rose arbeitet sich weiter durch die Saldenlisten der Autoland Murschall GmbH. Nachdem er nun analysiert hat, wer wie viel Kapital zur Verfügung gestellt hat und wo dieses Kapital in der Autoland Murschall GmbH investiert worden ist, stellt David Frau Kröger die entscheidende Frage: „Lohnt sich eigentlich für die Gesellschafter eine Investition in das Autohaus? Sie könnten ihr Geld doch eigentlich sicherer auf der Bank anlegen.“
Daraufhin antwortet Frau Kröger: „Das ist eine gute Frage. Eine Antwort darauf werden Sie aber nicht in der Bilanz finden. Dafür müssen Sie die GuV-Rechnung zur Hand nehmen, und mithilfe der Rentabilitätskennziffern können Sie sich Ihre Frage selbst beantworten.“

Richtigerweise müsste die Überschrift des Kapitels „Auswertung des Betriebsergebnisses“ lauten, da sich die benötigten Angaben entsprechend unserer Vorgehensweise in Band 1 im Konto „Betriebsergebnis“ finden. Allgemein wird aber von der „Auswertung der Gewinn- und Verlustrechnung“ gesprochen, da die Unterteilung in Betriebsergebnis (BE) und Neutrales Ergebnis (NE) an dieser Stelle nicht in allen Branchen üblich ist und auch nicht zwingend in allen Autohäusern durchgeführt wird.

Für die Autoland Murschall GmbH ist es besonders interessant, ob sich die Erweiterungsinvestitionen, die durch den zusätzlichen Kredit finanziert worden sind, gelohnt haben. Auskunft darüber gibt die Gewinn- und Verlustrechnung.

Soll		Betriebsergebnis (in €)			Haben
	Jahr 01	**Jahr 02**		**Jahr 01**	**Jahr 02**
Aufwendungen	8.516.700,00	9.306.000,00	Umsatzerlöse	8.640.000,00	9.450.000,00
davon					
Zinsaufwand	142.200,00	146.700,00			
Abschreibungen	33.300,00	36.900,00			
Gewinn	123.300,00	144.000,00			
	8.640.000,00	**9.450.000,00**		**8.640.000,00**	**9.450.000,00**

Hier kann man feststellen, dass der Jahresüberschuss erheblich gestiegen ist. Der Gewinn liegt nun bei 144.000,00 € (+ 16,79 %). Da der Gewinn im Jahr 02 größtenteils an die Gesellschafter ausgezahlt worden ist, kommt es im Jahr 02 nur zu einer verhältnismäßig geringen Eigenkapitalsteigerung in Höhe von 8.820,00 € (siehe Bilanz zu Beginn des Kapitels 4.1).

4.2.1 Rentabilitätskennziffern

Rentabilitätskennziffern setzen den Gewinn in ein Verhältnis zum Kapitaleinsatz oder zum erzielten Umsatz.

Eigenkapitalrentabilität

Die Eigenkapitalrentabilität zeigt an, mit wie viel Prozent sich das zu Beginn des Jahres eingesetzte oder durchschnittlich im Jahr vorhandene Eigenkapital verzinst hat, denn der Unternehmer oder die Gesellschafter wollen wissen, inwiefern sich ihr zur Verfügung gestelltes Kapital rentiert hat. Das zu Beginn des Jahres vorhandene Eigenkapital kann man aus der Eröffnungsbilanz ablesen. Sollte sich im Laufe des Jahres eine Änderung beim Eigenkapital ergeben haben, ist das durchschnittlich vorhandene Eigenkapital zu ermitteln.

BEISPIEL

Das Eigenkapital einer GmbH beträgt zu Jahresanfang 300.000,00 €. Im Laufe des Jahres beschließen die Gesellschafter eine Kapitalerhöhung um 120.000,00 € (um z. B. die notwendigen Eigenmittel für ein Darlehen aufzubringen). Diese Erhöhung soll zum 01.09. eingezahlt sein. Daraus ergibt sich das durchschnittliche Eigenkapital 300.000,00 + 40.000,00 = 340.000,00 €
Berechnungshinweis: Die 120.000,00 € stehen der GmbH in den letzten vier Monaten (also einem Drittel) des Jahres zur Verfügung; 1/3 von 120.000,00 € = 40.000,00 €.

$$\text{Eigenkapitalrentabilität} = \frac{\text{Gewinn} \cdot 100}{\text{Eigenkapital}}$$

Um die Vergleichbarkeit zwischen verschiedenen Unternehmensformen zu ermöglichen, wird bei Einzelunternehmen und Personengesellschaften wie der OHG und der KG vom Gewinn noch der kalkulatorische Unternehmerlohn abgezogen, denn der Einzelunternehmer oder die Gesellschafter einer OHG oder KG beziehen kein Gehalt.

$$\text{Eigenkapitalrentabilität} = \frac{(\text{Gewinn} - \text{kalk. Unternehmerlohn}) \cdot 100}{\text{Eigenkapital}}$$

Berechnung für Einzelunternehmung, OHG und KG

Bei Einzelunternehmen oder Personengesellschaften enthält der Gewinn auch das Entgelt für die Arbeitsleistung der voll haftenden Gesellschafter. Dieser Unternehmerlohn muss vor Ermittlung der Rentabilitätskennziffern vom Gewinn abgezogen werden, damit die Kennzahlen mit denen von Kapitalgesellschaften, wie z. B. der Autoland Murschall GmbH, vergleichbar werden. Bei Kapitalgesellschaften sind bereits die Arbeitsentgelte für die Geschäftsführung in den Personalaufwendungen gewinnmindernd enthalten.

Die Eigenkapitalrendite sollte deutlich über dem Zinssatz liegen, der für langfristig angelegte Gelder auf dem Kapitalmarkt geboten wird. Ist dies nicht der Fall, so ist eine Anlage am Kapitalmarkt rentabler als eine Investition in das Unternehmen.

> *Sollwert für die Eigenkapitalrentabilität (EK_R)*
> *Eigenkapitalrentabilität (EK_R) > Rendite auf dem Kapitalmarkt*

BEISPIEL *Eigenkapitalrentabilität der Autoland Murschall GmbH*

	Jahr 01		Jahr 02	
Eigenkapitalrentabilität =	$\frac{123.300{,}00\,€ \cdot 100}{293.490{,}00\,€}$	= 42,01 %	$\frac{144.000{,}00\,€ \cdot 100}{302.310{,}00\,€}$	= 47,63 %

Die Eigenkapitalrentabilität ist im Jahresverlauf von 42,01 % auf 47,63 % gestiegen. Das sind hervorragende Werte, aber: keine seriöse Geldanlage auf dem Kapitalmarkt ermöglicht einen solchen Wert. Diese hohe Eigenkapitalrentabilität beruht auf der geringen Eigenkapitalausstattung. Hier ist also Vorsicht geboten, denn in Krisenzeiten hat die Autoland Murschall GmbH kein Sicherheitspolster in Form von Eigenkapital, auf das sie sich verlassen kann.

sichere Geldanlage auf dem Kapitalmarkt: z. B. Bundesschatzbrief

Gesamtkapitalrentabilität

Die Gesamtkapitalrentabilität gibt an, mit wie viel Prozent sich das gesamte eingesetzte Kapital (Eigenkapital und Fremdkapital) verzinst hat. Das Gesamtkapital muss einen Ertrag erwirtschaften, der sowohl die Eigenkapitalgeber durch Gewinne als auch die Fremdkapitalgeber durch die Zinsen zufriedenstellt. Für die Berechnung der Gesamtkapitalrentabilität muss man deshalb die für das Fremdkapital gezahlten Zinsen dem Unternehmensgewinn hinzurechnen.

Für Einzelunternehmung, OHG und KG gilt wie oben bei der Eigenkapitalrentabilität, dass der kalkulatorische Unternehmerlohn vom Gewinn abgezogen werden muss.

$$\text{Gesamtkapitalrentabilität} = \frac{(\text{Gewinn} + \text{Fremdkapitalzins}) \cdot 100}{\text{Gesamtkapital}}$$

Die Gesamtkapitalrentabilität gibt Aufschluss, ob sich die Aufnahme von Fremdkapital gelohnt hat. Das ist stets der Fall, wenn die Gesamtkapitalrentabilität größer als der Fremdkapitalzins ist und die Eigenkapitalrentabilität größer ist als die Gesamtkapitalrentabilität.

> *Sollvorgaben für die Gesamtkapitalrentabilität*
> *Eigenkapitalrentabilität > Gesamtkapitalrentabilität > Fremdkapitalzins*

BEISPIEL *Gesamtkapitalrentabilität der Autoland Murschall GmbH*

	Jahr 01	Jahr 02
Gesamtkapitalrentabilität	$= \frac{(123.300,00€ + 142.200,00€) \cdot 100}{2.147.400,00€}$	$\frac{(144.000,00€ + 146.700,00€) \cdot 100}{2.387.700,00€}$
	= 12,36 %	= 12,17 %

Die Gesamtkapitalrentabilität ist von Jahr 01 zu Jahr 02 leicht gesunken. Da aber die Eigenkapitalrentabilität größer als die Gesamtkapitalrentabilität ist, hat sich die Aufnahme des zusätzlichen Kredites gelohnt.

Umsatzrentabilität

Die Umsatzrentabilität gibt an, wie viel Gewinn pro 100,00 € Umsatz erwirtschaftet wurde. Oder anders ausgedrückt: Sie zeigt an, wie viel Prozent vom Umsatz als Gewinn übrig bleibt. Für diese Kennzahl ist besonders ein Zeit- oder Branchenvergleich interessant.

$$\text{Umsatzrentabilität} = \frac{\text{Gewinn} \cdot 100}{\text{Umsatzerlöse}}$$

Siehe Bemerkung zur Gesamtkapitalrentabilität.

Branchensollwert für die Umsatzrentabilität: mindestens 2,3 %

BEISPIEL *Umsatzrentabilität der Autoland Murschall GmbH*

	Jahr 01	Jahr 02
Umsatzrentabilität	$= \frac{123.300,00€ \cdot 100}{8.640.000,00€} = 1,43\,\%$	$\frac{144.000,00€ \cdot 100}{9.450.000,00€} = 1,52\,\%$

Die Umsatzrentabilität ist im Jahresvergleich von 1,43 % auf 1,52 % gestiegen. Sie sagt aus, dass im Jahr 02 von 100,00 € Umsatz in der Autoland Murschall GmbH 1,52 € am Ende als Gewinn übrig bleiben. Dieser Wert liegt allerdings deutlich unter dem Branchensollwert von 2,3 %.

4.2.2 Cashflow-Rate

Mithilfe des Cashflows kann die **Eigenfinanzierungskraft** eines Unternehmens beurteilt werden. Die Eigenfinanzierungskraft verweist auf die Möglichkeit eines Unternehmens, anstehende Investitionen durch Zahlungsmittel zu finanzieren, die es selbst erwirtschaftet hat. In erster Linie ist hierbei der Gewinn zu berücksichtigen. Allerdings sagt der Gewinn allein noch nichts über die Eigenfinanzierungskraft aus, denn einem Unternehmen können neben dem Gewinn noch weitere Mittel zur Verfügung stehen, z. B. durch Aufwendungen, die nicht zu einer Auszahlung geführt haben. Das bedeutendste Beispiel hierfür sind die Abschreibungen:

Sie mindern den Gewinn, führen aber nicht zu einem Abfluss von Zahlungsmitteln. Somit stehen sie dem Autohaus zur Eigenfinanzierung zur Verfügung.

Wenn ein Unternehmen Rückstellungen gebildet hat, um Verbindlichkeiten, die demnächst fällig werden, begleichen zu können, erhöhen diese kurzfristig auch die Eigenfinanzierungskraft des Autohauses.

Der Cashflow repräsentiert somit die erwirtschafteten Finanzmittel aus der eigenen Unternehmenstätigkeit und dient

- der Finanzierung von Investitionen,
- der Schuldentilgung sowie
- der Gewinnausschüttung (Dividende).

Jahresgewinn
+ Abschreibung
+ Rückstellungen
= Brutto-Cashflow
− Gewinnausschüttung/Entnahmen
= Netto-Cashflow

Der Cashflow gibt als absoluter Wert wichtige Informationen zur Eigenfinanzierung des Autohauses. Als Vergleichszahl zu anderen Autohäusern ist er aber nur geeignet, wenn man die Umsatzgröße des Autohauses mitberücksichtigt. Hierfür wird der Cashflow in Beziehung zu den Umsatzerlösen gesetzt.

$$\text{Cashflow-Rate} = \frac{\text{Brutto-Cashflow} \cdot 100}{\text{Gesamtumsatz}}$$

Die Cashflow-Rate gibt an, wie viel Prozent des Umsatzes dem Autohaus zur Eigenfinanzierung zur Verfügung steht.

Branchensollwert für die Cashflow-Rate: 2,7 %

***BEISPIEL** Cashflow-Rate der Autoland Murschall GmbH*

	Jahr 01	Jahr 02
Cashflow-Rate =	$\frac{161.600{,}00\,€ \cdot 100}{8.640.000{,}00\,€} = 1{,}87\,\%$	$\frac{188.900{,}00\,€ \cdot 100}{9.450.000{,}00\,€} = 2{,}00\,\%$

Die Cashflow-Rate ist im Jahresvergleich von 1,87 % auf 2,00 % leicht angestiegen und nähert sich damit langsam dem Branchensollwert von 2,7 %. Im Jahr 02 können somit 2,00 % des Umsatzes für die Eigenfinanzierung genutzt werden.

4.2.3 Wirtschaftlichkeit

Die Kennziffer Wirtschaftlichkeit gibt das Verhältnis Gesamtumsatz zu Kosten wieder.

$$\text{Wirtschaftlichkeit} = \frac{\text{Gesamtumsatz}}{\text{Kosten}}$$

Bei gleichbleibendem Umsatz kann ein Unternehmen die Wirtschaftlichkeit erhöhen, indem es seine Kosten verringert.

Sollwert der Wirtschaftlichkeit: > 1

***BEISPIEL** Wirtschaftlichkeit der Autoland Murschall GmbH*

	Jahr 01	Jahr 02
Wirtschaftlichkeit =	$\frac{8.640.000{,}00\,€}{8.516.700{,}00\,€} = 1{,}01$	$\frac{9.450.000{,}00\,€}{9.306.000{,}00\,€} = 1{,}02$

Die Wirtschaftlichkeit ist im Jahresvergleich nur minimal von 1,01 auf 1,02 gestiegen. Sie liegt damit nur ganz knapp über dem Richtwert der Wirtschaftlichkeit: > 1.

4.2.4 Kundenziel

Diese Kennzahl macht deutlich, wie lange es dauert, bis die offenen Ausgangsrechnungen im Durchschnitt von den Kunden bezahlt werden.

$$\text{Kundenziel} = \frac{\text{Bestand an Forderungen} \cdot 360 \text{ Tage}}{\text{Gesamtumsatz}}$$

Es gibt auch heute noch genügend Autohäuser, die trotz geringer Renditen ihren Kunden wie selbstverständlich Rechnungen nachschicken und auf die Bezahlung dieser Rechnungen lange warten. Dadurch werden die Autohäuser häufig gezwungen, selber kurzfristige Kredite aufzunehmen, um ihre eigenen Verbindlichkeiten pünktlich zahlen zu können. Dies verursacht zusätzliche Zinskosten.

Branchensollwert für das Kundenziel: durchschnittlich maximal 25 Tage
Die Zielvorgabe sollte lauten: Auftrag fertig, Rechnung fertig und der Kunde bezahlt (bar oder per Lastschriftverfahren).

BEISPIEL *Kundenziel der Autoland Murschall GmbH*

	Jahr 01	Jahr 02
Kundenziel =	$\frac{285.300,00\,€ \cdot 360 \text{ Tage}}{8.640.000,00\,€} = 11,89 \text{ Tage}$	$\frac{378.540,00\,€ \cdot 360 \text{ Tage}}{9.450.000,00\,€} = 14,42 \text{ Tage}$

Zwar ist das Kundenziel im Jahresvergleich von 11,89 auf 14,42 Tage leicht angestiegen, aber damit liegt die Autoland Murschall GmbH immer noch weit unter dem durchschnittlichen Branchensollwert von 25 Tagen. Das Forderungsmanagement scheint bei der Autoland Murschall GmbH gut zu funktionieren.

LS 112

4.3 Auswertung der branchenspezifischen Geschäftsfelder

4.3.1 Teile- und Zubehörkennzahlen

Weitere Kennzahlen geben Auskunft darüber, wie viel Umsatz pro Mitarbeiter erwirtschaftet wird. Sie dienen wie im Fahrzeugverkauf dazu, die Verkäuferleistungen miteinander zu vergleichen.

Liegt der Umsatz eines Verkäufers über dem **Teileerlös je Mitarbeiter,** so hat dieser Verkäufer überdurchschnittlich gut verkauft.

$$\text{Teileerlös je Mitarbeiter (p. a.)} = \frac{\text{Umsatz TuZ (p. a.)}}{\text{Anzahl Verkäufer TuZ (p. a.)}}$$

Branchensollwert für den Teileerlös je Mitarbeiter jährlich: 450.000,00 €

Die **Bruttoertragsrate Teile und Zubehör** ermittelt den Bruttoertrag im Teile- und Zubehörbereich und setzt diesen in Bezug zum Umsatz im Teilebereich. Damit wird deutlich, wie viel vom Umsatz durchschnittlich als Bruttoertrag übrig bleibt.

$$\text{Bruttoertragsrate Teile und Zubehör} = \frac{(\text{Umsatzerlöse TuZ} - \text{VAK TuZ})}{\text{Umsatzerlöse TuZ}} \cdot 100$$

Branchensollwert für die Bruttoertragsrate TuZ: 30 %

4.3.2 Kennzahlen des Werkstattgeschäftes

Für die Berechnung der Kennzahlen im Werkstattbereich spielen die Begriffe Arbeitstage, Anwesenheitstage und Kapazität eine wichtige Rolle. Mithilfe des folgenden Schemas soll vorab der Zusammenhang bzw. der Unterschied der Begriffe verdeutlicht werden.

	Ermittlung der Werkstattkapazität in Stunden
	Kalendertage
–	Wochenenden
=	**verfügbare Wochentage**
–	Feiertage, die nicht auf ein Wochenende fallen
=	**mögliche Arbeitstage**
–	Urlaubstage
–	Krankheitstage
–	Fortbildung
=	**mögliche Anwesenheitstage**
·	Stunden pro Tag
=	**Anwesenheitsstunden pro Jahr und Monteur (Kapazität pro Jahr und Monteur)**
·	Anzahl Monteure
=	**Werkstattkapazität**
–	unproduktive Stunden (nicht verkaufbare Stunden, z. B. für Leerlauf, Wartezeiten, Nacharbeiten)
=	**produktive Stunden der Werkstatt**

Der **Anwesenheitsgrad** setzt die tatsächliche Anwesenheit des Werkstattmitarbeiters (z. B. eines Mechatronikers) ins Verhältnis zur theoretisch möglichen Arbeitszeit. Erhöhte Schulungsanforderungen oder Krankenstände können die Anwesenheitszeit beeinflussen.

$$\text{Anwesenheitsgrad} = \frac{\text{Anwesenheit (Tage)}}{\text{mögliche Arbeitszeit (Tage)}} \cdot 100$$

Branchensollwert des Anwesenheitsgrades: 93 %

Die Monteure der Werkstatt gehören zu den produktiven Mitarbeitern des Autohauses, denn sie tragen durch ihre Arbeitsleistung zum Ertrag des Unternehmens direkt bei. Produktive Arbeiten sind die Tätigkeiten, die einem Kunden oder Hersteller in Rechnung gestellt werden oder im Auftrag einer anderen Abteilung erfolgten. Die Unterteilung in produktive und unproduktive Arbeit ist notwendig, da es Arbeiten gibt, die niemandem in Rechnung gestellt werden können und somit zu keinem Umsatz führen.

***BEISPIEL** Unproduktive Arbeiten*

- *Schulungen*
- *Leerlauf und Wartezeiten*
- *Nacharbeiten*
- *allg. Arbeiten zur Werkstatterhaltung (Aufräumen, Fegen usw.)*

Die Kennzahl **Produktivität** zeigt an, wie viel Prozent der Anwesenheitsstunden der Monteure produktiv waren, d. h. zu einem Umsatz geführt haben (z. B. durch Arbeit an Kundenaufträgen, Garantiearbeiten, internen Aufträgen).

$$\text{Produktivität (auf einzelnen Monteur bezogen)} = \frac{\text{produktive Stunden}}{\text{Anwesenheitsstunden}} \cdot 100$$

Branchensollwert für die Produktivität: 90 %

Der **Auslastungsgrad der Werkstatt** setzt nun – im Gegensatz zur Produktivitätskennziffer – die produktiven Stunden ins Verhältnis zur Werkstattkapazität und damit zu den Stunden, die hätten verkauft werden können. Damit wird berechnet, wie viel Prozent der maximal zu verkaufenden Werkstattstunden auch tatsächlich verkauft worden sind (sprich: produktiv waren). Liegt der Auslastungsgrad unter 100 %, hätten noch mehr Aufträge angenommen werden können.

$$\text{Auslastungsgrad der Werkstatt (auf gesamte Werkstatt bezogen)} = \frac{\text{produktive Stunden}}{\text{Werkstattkapazität in Std.}} \cdot 100$$

Branchensollwert für den Auslastungsgrad der Werkstatt: 90 %

Der **Leistungsgrad** gibt das Verhältnis von verkauften Stunden zu tatsächlich geleisteten Produktivstunden an. Ein Leistungsgrad unter 100 % bedeutet, dass die Werkstattmitarbeiter länger an einem Auftrag gearbeitet haben, als die Vorgabe des Herstellers dies vorsieht. Sie müssen also mehr Zeit in eine Reparatur investieren, als sie verrechnen können. Ein Leistungsgrad über 100 % bedeutet, dass die Mitarbeiter unter den Zeitvorgaben des Herstellers geblieben sind.

$$\text{Leistungsgrad} = \frac{\text{verkaufte Werkstattstunden}}{\text{produktive Stunden}} \cdot 100$$

Branchensollwert für den Leistungsgrad der Werkstatt: 100 %

Die Kennzahl **Bruttoertragsrate Werkstatt** gibt das Verhältnis der Umsatzerlöse zu den gezahlten Löhnen der produktiven Mitarbeiter an. Damit wird deutlich, wie viel vom **Werkstattumsatz durchschnittlich als Bruttoertrag** übrig bleibt.

$$\text{Bruttoertragsrate Werkstatt} = \frac{(\text{Umsatzerlöse Werkstatt} - \text{gezahlte Löhne})}{\text{Umsatzerlöse Werkstatt}} \cdot 100$$

Branchensollwert für die Bruttoertragsrate der Werkstatt: 78 %

Eine weitere interessante Kenngröße für den Werkstattbereich ist der **Service Return** (die Kundenloyalitätsrate). Diese Rate gibt an, wie viele Kunden nach einem Fahrzeugkauf (NW oder GW) anschließend regelmäßig die Werkstatt des Autohauses aufsuchen, in dem das Fahrzeug gekauft wurde. Der Service Return eines Autohauses für Neuwagenkunden liegt heutzutage bei ca. 50 %, d. h. nur die Hälfte der Neuwagenkunden lässt Inspektionen und Reparaturen in dem Autohaus durchführen, in dem das Fahrzeug gekauft wurde. Dies ist angesichts der „Rabattschlachten" im Neuwagenbereich, die häufig nur noch geringe Bruttoerträge erwirtschaften, für jedes Autohaus unbefriedigend und sollte verbessert werden, denn insbesondere im Werkstattbereich werden schwarze Zahlen geschrieben.

Ein hoher Service Return ist wichtig für die Planung der Werkstattauslastung, denn nur ein hoher Stammkundenanteil sichert das Werkstattgeschäft, das in der Regel hohe Bruttoerträge erwirtschaftet und das sichere Fundament eines Autohauses darstellt.

Die Erfahrungen zeigen, dass der Service Return bei Neuwagenkäufern deutlich größer ist als bei Gebrauchtwagenkäufern. Dies hängt damit zusammen, dass Neuwagenfahrer Wartungsarbeiten und Reparaturen zu 95 % in einer Vertragswerkstatt durchführen lassen. Je älter das Fahrzeug aber wird, desto seltener wird eine Vertragswerkstatt für Wartung und Reparatur aufgesucht. Ist das Auto älter als acht Jahre, kommen nur noch ca. 30 % der Neuwagenkunden in eine Vertragswerkstatt.

Aufgrund der längeren Wartungsintervalle, höheren Fahrzeugqualität und dem daraus resultierenden geringeren Reparaturbedarf sind die durchschnittlichen Arbeitsstunden pro Pkw und Jahr in der Werkstatt deutlich gesunken. Entsprechend sinken die Werkstattkontakte. In der Regel kommen die Autofahrer noch einmal im Jahr turnusmäßig in die Werkstatt, sofern kein Defekt auftritt. Um den Kontakt zum Kunden halten zu können, muss dieser zu besonderen Werkstattterminen regelmäßig eingeladen werden, z. B. Lichttest, Reifenwechsel.

Ursachen für einen geringen Service Return sind:

- schlechte Werkstattqualität
- zu hohe Werkstattpreise
- Mitarbeiter, die sich nicht kundenorientiert verhalten
- zu lange Wartezeiten auf einen Werkstatttermin
- fehlende Aktionen zur Kundenbindung

Fazit:
Mithilfe der betrieblichen Kennzahlen kann also die Ertragslage im Unternehmen und den einzelnen Geschäftsfeldern bestimmt werden. Darüber hinaus greift das Controlling aber auch auf weiteres Zahlenmaterial zurück, z. B. auf die Kostenstellenrechnung oder die Break-even-Point-Analyse. Die Arbeit des Controllers endet hier aber nicht, denn die Frage nach den Ursachen schließt sich nun an. Hilfreich bei der Ursachenanalyse kann eine Schwachstellenanalyse für die einzelnen Geschäftsfelder sein.

In der Regel gibt es in jedem Autohaus Schwachstellen, die erst durch eine genaue Betrachtung und Analyse erkannt und beseitigt werden können. Schwachstellen können z. B. Auswirkungen auf die Kosten, die Qualität der erbrachten Leistungen und die Kundenbeziehungen haben.

> *Unter einer Schwachstellenanalyse ist eine Anzahl von Vorgehensweisen zu verstehen, die darauf ausgerichtet sind, z. B. nicht funktionierende Beziehungen und Abläufe in einem Unternehmen zu ermitteln und diese anschließend zu beheben.*

In einem Autohaus können beispielsweise – bedingt durch eine schlechte Ertragslage – die verschiedensten Bereiche näher betrachtet werden. So kann das Verkaufspersonal hinsichtlich des persönlichen Auftretens, der Redegewandtheit sowie der vorhandenen Qualifikationen oder aber die Modellpolitik hinsichtlich der präsentierten Fahrzeugauswahl und der Preisgestaltung analysiert werden.

Ergänzend zu der Schwachstellenanalyse innerhalb des Autohauses muss der Blick auch nach außen gerichtet werden. Im Rahmen des Controllings dürfen die Kunden und die Mitbewerber nicht aus den Augen verloren werden.

Folgende Leitfragen sind daher immer zu berücksichtigen:

- Wer sind unsere Kunden?
- Was wollen unsere Kunden?
- Welche Preise verlangen unsere Mitbewerber?
- Welchen Service bieten unsere Mitbewerber?

Somit wird abschließend deutlich, dass das Controlling eine Aufgabe des gesamten Autohauses ist, die eine enge Verzahnung und einen stetigen Austausch zwischen den Abteilungen erfordert.

4.4 Lagerkennzahlen

Ein hoher Kostenfaktor im Autohaus ist die Lagerhaltung der Ersatz- und Zubehörteile. Alle Teile, die bei den gängigen Wartungs- und Inspektionsaufträgen regelmäßig benötigt werden, sollten immer im Lager vorrätig sein, um hier keine unnötigen Verzögerungen bei der Durchführung der Aufträge entstehen zu lassen. Grundsätzlich stellt sich aber die Frage, wie es mit den Ersatzteilen ist, die eben nicht vorhersehbar nachgefragt werden. Lohnt sich eine Bevorratung solcher Teile, auch wenn sie unter Umständen Wochen oder Monate im Regal liegen und damit Kapital binden und Lagerkosten verursachen? Hier sind Aspekte zu berücksichtigen, die nur sehr individuell für jedes Autohaus beantwortet werden können:

- Gibt es Kooperationen mit anderen Autohäusern/Werkstätten aus einem Verbund, die eine umfangreichere Lagerhaltung bieten?
- Wie schnell wären bei einer Bestellung beim Hersteller oder Großhändler die angeforderten Teile vor Ort?
- Wie teuer sind eine schnelle Sofortlieferung oder eine mehrmalige Belieferung mit Teilen durch einen Großhändler im Vergleich zum üblichen Lieferablauf?

Unabhängig von diesen individuellen Fragestellungen gibt es für die wirtschaftliche Lagerhaltung Kennzahlen, mit deren Hilfe sich die Kosten der Lagerhaltung möglichst gering halten lassen. Sie wurden schon in Band 1, LF 3 betrachtet, sollen der Vollständigkeit halber in diesem Kapitel aber noch einmal kurz aufgeführt werden.

Mithilfe der Lagerbewegungszahlen

- durchschnittlicher Lagerbestand
- Umschlagshäufigkeit
- durchschnittliche Lagerdauer
- Lagerzinssatz
- Lagerzinsen

stehen dem Automobilhändler Möglichkeiten zur Verfügung, seine Lagerkosten zu überblicken und zu minimieren.

Der Automobilhändler kann diese Kennzahlen innerbetrieblich im Jahresvergleich oder außerbetrieblich mit den durchschnittlichen Branchenwerten des ZDK vergleichen. Er erhält somit eine wirtschaftliche Bewertungsgrundlage seiner Lagerhaltung.

4.4.1 Durchschnittlicher Lagerbestand

Durch die Warenzugänge, vor allem aber durch die Verkäufe ändert sich der Lagerbestand in jeder Minute. Um das Lager kontrollieren zu können, rechnet der Automobilkaufmann deshalb mit Durchschnittswerten wie dem durchschnittlichen Lagerbestand. Je kürzer der Zeitraum ist, der in die Berechnung einbezogen wird, desto genauer ist der durchschnittliche Lagerbestand. Ausgangspunkt der Berechnung ist immer ein Anfangsbestand, zu dem dann unterschiedliche Schlussbestände zugerechnet werden können. Für die Berechnung des durchschnittlichen Lagerbestandes finden sich hier verschiedene Varianten:

AB = Anfangsbestand

SB = Schlussbestand

Durchschnittlicher Lagerbestand

bei jährlicher Rechnung: $\frac{\text{AB + SB}}{2}$

bei vierteljährlicher Rechnung (Quartalsrechnung): $\frac{\text{AB + 4 Vierteljahres-SBs}}{5}$

bei monatlicher Rechnung: $\frac{\text{AB + 12 Monats-SBs}}{13}$

allgemeine Berechnung: $\frac{\text{Summe der Bestände}}{\text{Anzahl der Bestände}}$

4.4.2 Umschlagshäufigkeit

Die Umschlagshäufigkeit gibt an, wie oft im Laufe eines Jahres der durchschnittliche Lagerbestand verkauft wird.

> ***BEISPIEL** Autoland Murschall GmbH*
>
> *Im Laufe eines Jahres werden von einem Artikel 8 000 Stück verkauft. Von dem Artikel waren durchschnittlich 2 000 Stück am Lager. Das Lager muss also viermal im Jahr gefüllt werden, um den geplanten Abverkauf zu erreichen.*

Umschlagshäufigkeit = $\frac{\text{Menge der jährlich verkauften Ware}}{\text{durchschnittlicher Lagerbestand}}$

$$\frac{\text{8 000 Stück}}{\text{2 000 Stück}} = 4 \text{ (mal)}$$

Die Umschlagshäufigkeit lässt sich auch über den Wert der Waren berechnen. Wenn der Artikel im Einkauf 5,00 € pro Stück kostet, muss der Automobilkaufmann im Jahr für 40.000,00 € einkaufen, um sein Absatzziel von 8 000 Stück zu erreichen. Der durchschnittliche Lagerbestand hat bei 2 000 Stück einen Wert von 10.000,00 €, also wird das Lager viermal umgeschlagen.

Umschlagshäufigkeit = $\frac{\text{Jahresumsatz zu Einkaufspreisen (Wareneinsatz)}}{\text{durchschnittlicher Lagerbestand zu Einkaufspreisen}}$

$$\frac{\text{40.000,00 €}}{\text{10.000,00 €}} = 4 \text{ (mal)}$$

Je niedriger der durchschnittliche Lagerbestand ist, desto höher ist die Umschlagshäufigkeit.

4.4.3 Wareneinsatz

Der Wareneinsatz stellt die Ausgaben dar, die der Händler für seine Waren, die tatsächlich verkauft wurden, selbst im Einkauf gezahlt hat.

> *Wareneinsatz = verrechnete Anschaffungskosten der abgesetzten Waren*

Berechnungsmöglichkeiten des Wareneinsatzes:

1. Warenabsatz (Stück) · Bezugspreis = Wareneinsatz (Euro)
2. Anfangsbestand
   \+ Wareneinkäufe
   – Schlussbestand

   = Wareneinsatz (Stück)

> *Achtung: Warenabsatz (Stück) · Nettoverkaufspreis = Netto-Umsatz*

4.4.4 Durchschnittliche Lagerdauer

Für den Automobilkaufmann kann es auch wichtig sein zu wissen, wie lange ein Produkt in seinem Lager liegt. Auch das kann natürlich nur ein Durchschnittswert sein. Dabei rechnet der Kaufmann mit einem Jahr, das immer 360 Tage hat. Wenn er sein Lager 4-mal umschlägt (Umschlagshäufigkeit = 4), ist seine Ware also im Durchschnitt 90 Tage im Lager.

$$\textbf{Durchschnittliche Lagerdauer} = \frac{360}{\text{Umschlagshäufigkeit}}$$

$$\frac{360 \text{ Tage}}{4} = 90 \text{ Tage}$$

Je höher die Umschlagshäufigkeit ist, desto geringer ist die durchschnittliche Lagerdauer.

4.4.5 Kapitalbindungskosten

Dadurch dass der Automobilkaufmann seine Ware, die er einkauft, bezahlt, bevor er sie verkauft hat, ist in der am Lager befindlichen Ware ein großes Kapital gebunden, das Kosten verursacht, die ebenfalls genau überwacht werden müssen.

Das Geld, das der Automobilkaufmann für seine am Lager befindlichen Waren ausgegeben hat, hätte andernfalls auf einer Bank Zinsen gebracht. Deshalb ist es auch richtig, wenn der Kaufmann diese Zinsen berechnet. Dazu ist zunächst einmal die Bestimmung des Lagerzinssatzes notwendig. Bei den Banken werden die Zinssätze für das Jahr angegeben (p. a.). Ein Bankzinssatz von 6 % auf das Jahr bezogen bedeutet also pro Tag einen Zinssatz von rund 0,0167 %, bei einer durchschnittlichen Lagerdauer von 90 Tagen macht das 90-mal so viel aus, nämlich 1,5 %.

$$\textbf{Lagerzinssatz} = \frac{\text{Jahreszinssatz} \cdot \text{durchschnittliche Lagerdauer}}{360}$$

Je höher die Umschlagshäufigkeit ist, desto niedriger ist der Lagerzinssatz.

$$\frac{6\,\%}{360} = 0{,}016667\,\%$$

$$0{,}016667\,\% \cdot 90 = 1{,}5\,\%$$

Kennt man dann den durchschnittlichen Lagerbestand von z. B. 150.000,00 €, lässt sich mithilfe der Prozentrechnung leicht feststellen, dass bei einem Lagerzinssatz von 2 % Lagerzinsen in Höhe von 3.000,00 € entstehen.

$$\textbf{Lagerzinsen} = \frac{\text{durchschnittlicher Lagerbestand in €} \cdot \text{Lagerzinssatz}}{100}$$

$$\frac{150.000\,€ \cdot 2}{100} = 3.000{,}00\,€$$

Der durchschnittliche Lagerbestand zählt zu den zentralen Kennzahlen einer wirtschaftlichen Lagerhaltung. Gelingt es, den durchschnittlichen Lagerbestand zu verringern, hat das positive Konsequenzen:

- Umschlagshäufigkeit steigt
- durchschnittliche Lagerdauer sinkt
- Kapitalbindungsdauer und Kapitalbedarf sinken
- Lagerzinssatz und Lagerzinsen sinken
- Gefahr von Lagerrisiken (z. B. durch Schwund, Diebstahl) sinkt
- sonstige Lagerkosten (z. B. für Warenpflege, Warenversicherung) fallen

Übertragen auf die Herstellerperspektive wird deutlich, warum viele Hersteller das Just-in-time-Prinzip bei ihrer Lagerhaltung eingeführt haben. Dieses Prinzip minimiert den durchschnittlichen Lagerbestand weitestgehend.

Neben der Kostenersparnis durch den Wegfall großer Lagerflächen können die sonst für die Lagerhaltung notwendigen Flächen sinnvoller für andere Bereiche verwendet werden, etwa eine Ausweitung der Produktionsflächen. Der Zukauf von weiteren Flächen kann dadurch verhindert oder zumindest minimiert werden. Auch hier ergibt sich wiederum eine Kostenersparnis. Vor allem ist es aber so, dass weitere Flächen für eine Produktionsausweitung in Städten wie München oder Stuttgart wohl kaum zur Verfügung stünden.

4.4.6 Servicegrad

Damit der Teile- und Zubehörverkauf sowie die Werkstatt in der Lage sind, Bestellungen zeitnah bzw. termingerecht auszuführen, spielt der Servicegrad eine wichtige Rolle. Er dient der Kontrolle der Lagerbestände und ist zudem ein bedeutsamer Indikator für die Bevorratungspolitik des Autohauses.

$$\text{Servicegrad} = \frac{\text{Anzahl der vollständig durchgeführten Bestellungen}}{\text{Gesamtanzahl der Bestellungen} \cdot 100}$$

Der Servicegrad beschreibt die Lieferbereitschaft eines Unternehmens. – Wie viele der Bestellungen konnten vollständig und innerhalb der versprochenen Lieferzeit ausgeführt werden?

Üblicherweise wird niemals ein Servicegrad von 100 % erreicht, da die Erreichung dieser hohen Zahl mit unverhältnismäßig hohen Kosten verbunden wäre, denn ein Unternehmer müsste dann auch all die Teile vorrätig haben, die nur selten nachgefragt werden. Das würde zu hohen Lagerkosten führen, ohne dass der Umsatz nennenswert wächst.

5 Exkurs: Jahresabschluss durchführen

Hinweis:
Das folgende Kapitel gibt Ihnen, über die eigentlichen Inhalte hinaus, die Möglichkeit, einen vertiefenden und umfassenderen Einblick in die Arbeiten des Jahresabschlusses zu bekommen. Ergänzend finden Sie zu diesem Kapitel im Arbeitsbuch einige Lernsituationen, die Sie zusätzlich bearbeiten können.

***SITUATION** Autoland Murschall GmbH*

David Rose unterstützt Frau Kröger und Frau Hoffmann bei den Arbeiten zum Jahresabschluss. Wie er erfährt, sind vielfältige Vorbereitungen erforderlich. Dabei ergeben sich für David Rose immer wieder neue Fragen. Schon am Ende seines ersten Tages hat er einige „Problemfälle" auf dem Tisch, die er mit Frau Kröger bespricht. So fehlt am 31.12. noch eine Gutschrift für Zinsen des letzten Kalendermonats, und die Dezembermiete für die Büroflächen ist noch nicht an den Vermieter überwiesen worden. Zudem wurden schon Versicherungsprämien für das Folgejahr gezahlt, und der Untermieter der Lagerhalle hat die Miete bereits im Dezember im Voraus für das gesamte nächste Jahr überwiesen. Wie sind diese Fälle zu handhaben und was ist darüber hinaus bei den Vorbereitungen des Jahresabschlusses zu berücksichtigen?

Ist zum Ende eines Geschäftsjahres die Inventur z. B. im Warenlager „gelaufen" (Mengen- und Wertermittlung), stehen viele notwendige Ist-Werte für die Bilanz fest. Die Salden der Buchhaltung als Soll-Werte müssen jetzt überprüft und ggf. korrigiert werden.

Soll-Werte
Rechnerische Ergebnisse (Werte) des vorläufigen Kontenabschlusses der Buchführung.

Ist-Werte
Tatsächliche Werte der in der Inventur aufgenommenen Vermögens- und Schuldenposten.

Wertunterschiede zwischen Soll-(Buch-)Werten und Ist-Werten (Inventurwerten) haben ihre Ursache in

- unterlassenen, doppelten oder fehlerhaften Buchungen,
- nicht erfassten Mengenveränderungen (z. B. Schwund, Diebstahl),
- nicht erfassten Werteveränderungen (z. B. gesunkene Wiederbeschaffungskosten, Beschädigungen).

Unterlassene Buchungen müssen nachgeholt, doppelte und fehlerhafte Buchungen storniert werden. Bei fehlerhaften Buchungen muss anschließend eine neue, richtige Buchung vorgenommen werden. Nicht erfasste Mengen- und Werteveränderungen müssen nachträglich erfolgswirksam berücksichtigt werden.

Sind alle Inventurdifferenzen geklärt und gebucht, muss **der Jahresabschluss** vorbereitet werden. Bevor jedoch eine endgültige Bilanz und eine Gewinn- und Verlustrechnung (GuV) aufgestellt werden können, sind noch vielfältige Abgrenzungs- und Bewertungsentscheidungen zu treffen, zu dokumentieren und ggf. als vorbereitende Abschlussbuchungen (Umbuchungen) zu erfassen.

LS 113

5.1 Zeitliche Erfolgsabgrenzung

Einzahlungen und Auszahlungen können nicht immer in dem Geschäftsjahr auf den Finanzkonten eines Unternehmens gebucht werden, in denen der Ertrag oder der Aufwand tatsächlich zu erfassen wäre. Nachträgliche Zahlungsein- und -ausgänge oder im Voraus erbrachte Ein- oder Auszahlungen müssen für den Jahresabschluss erfolgswirksam dem Geschäftsjahr zugeordnet werden, in das die Erträge oder die Aufwendungen – wirtschaftlich gesehen – tatsächlich gehören. Diese Zuordnung nennt man die **zeitliche Erfolgsabgrenzung.**

Zeitliche Erfolgsabgrenzung

Nachträgliche Zahlungen	**Vorauszahlungen**
antizipative (vorweggenommene) Aufwendungen und Erträge des alten Jahres mit Aus- oder Einzahlung im neuen Jahr	transitorische (übertragene) Aufwendungen und Erträge des neuen Jahres mit Aus- oder Einzahlung im alten Jahr

Abgrenzungskonten für

nachzuzahlende

Erträge	Aufwendungen
0996 Sonstige Forderungen	0730 Sonstige Verbindlichkeiten

vorausbezahlte

Aufwendungen	Erträge
0980 Aktive Rechnungsabgrenzung	0990 Passive Rechnungsabgrenzung

5.1.1 Sonstige Forderungen

Hierunter fallen solche Erträge, die erst im nächsten Geschäftsjahr zu Einnahmen führen. Derartige noch nicht verbuchte Erträge werden ganz oder teilweise im alten Geschäftsjahr vorweg (antizipativ) erfolgsmäßig erfasst. Durch die Vorwegnahme solcher noch nicht einnahmewirksamer Ertragsbuchungen entstehen „Sonstige Forderungen".

***BEISPIEL** Autoland Murschall GmbH*

Ein Mieter der Autoland Murschall GmbH wird die Miete für einen Lagerschuppen in Höhe von 1.500,00 € für die Zeit vom 01.12. diesen Jahres bis 28.02. nächsten Jahres vereinbarungsgemäß am 28.02. des nächsten Jahres durch Banküberweisung begleichen.

LÖSUNG *Autoland Murschall GmbH*

Obwohl der Zahlungseingang für die gesamte Mietzeit erst im neuen Jahr erfolgen wird, ist der Mietertrag für den Monat Dezember bereits im alten Jahr erwirtschaftet worden; er muss infolgedessen auch in der Erfolgsrechnung des alten Jahres erfasst werden. Das Konto „0998 Einzelwertberichtigungen auf Forderungen mit einer Restlaufzeit bis zu 1 Jahr" wird am Jahresende über das Schlussbilanzkonto (SBK) abgeschlossen; die Begleichung dieser Forderung erfolgt am Zahlungstag im neuen Jahr.

altes Jahr — 31.12. — neues Jahr — 28.02.

Dezember	Januar	Februar (Zeit)
Ertrag altes Jahr:	**Ertrag neues Jahr:**	
500,00 €	1.000,00 €	

Abgrenzung — Einnahme am 28.02. = **1.500,00 €**

Buchungen im alten Jahr

Grundbuch:

1. Buchung der Sonstigen Forderungen und des Mietertrages der abgelaufenen Rechnungsperiode zur periodengerechten Erfolgsermittlung
2. Abschlussbuchung des Ertragskontos „2700 Mieterträge"
3. Abschlussbuchung des Kontos „0998 Einzelwertberichtigungen auf Forderungen mit einer Restlaufzeit bis zu 1 Jahr"

Nr.	Datum	Soll	€	an	Haben	€
1	31.12.	0998 Einzelwertbe. Fordg.	500,00	an	2700 Mieterträge	500,00
2	31.12.	2700 Mieterträge	500,00	an	9040 Neutrales Ergebnis	500,00
3	31.12.	9010 SBK	500,00	an	0998 Einzelwertbe. Fordg.	500,00

Hauptbuch (Auszug):

S	0998 Einzelwertbe. Fordg.		H
1) 2700	500,00	3) 9010	500,00

S	2700 Mieterträge		H
2) 9040	500,00	1) 0998	500,00

S	9010 SBK		H
3) 0998	500,00		

S	9040 Neutrales Ergebnis		H
		2) 2700	500,00

Buchungen im neuen Jahr

Grundbuch:

1. Eröffnung des Kontos „0998 Einzelwertberichtigungen auf Forderungen mit einer Restlaufzeit bis zu 1 Jahr“
2. Buchung der Gutschrift für die erhaltene Miete am 28.02.

Nr.	Datum	Soll	€	an	Haben	€
1	02.01.	0998 Einzelwertbe. Fordg.	500,00	an	9000 EBK	500,00
2	28.02.	1200 Bank	1.500,00	an	0998 Einzelwertbe. Fordg.	500,00
				an	2700 Mieterträge	1.000,00

Hauptbuch (Auszug):

S	1200 Bank		H
2) 0998, 2700	1.500,00		

S	0998 Einzelwertbe. Fordg.		H
9000	500,00	2) 1200	500,00

S	2700 Mieterträge		H
		2) 1200	1.000,00

Die zeitliche Erfolgsabgrenzung mit der Buchung „Sonstige Forderungen an ein Ertragskonto“ erhöht für das alte Jahr das Vermögen in der Bilanz und die Erträge im BE-Konto. Es handelt sich immer um **Geldforderungen** – der Gewinn steigt.

5.1.2 Sonstige Verbindlichkeiten

Hierbei handelt es sich um Aufwendungen, die erst im nächsten Geschäftsjahr zu Ausgaben führen. Derartige noch nicht verbuchte Aufwendungen werden ganz oder teilweise im alten Geschäftsjahr vorweg (antizipativ) erfolgsmäßig erfasst. Durch die Vorwegnahme solcher noch nicht ausgabewirksamer Aufwandsbuchungen entstehen „Sonstige Verbindlichkeiten“.

BEISPIEL

Für ein am 31.10. dieses Jahres aufgenommenes Darlehen sind die Halbjahreszinsen in Höhe von 1.200,00 € erst am 30.04. des nächsten Jahres durch Banküberweisung zu zahlen.

LÖSUNG

Wirtschaftlich betrachtet gehören die Zinsen für die Monate November und Dezember noch in die Erfolgsrechnung des alten Jahres; sie sind deshalb bereits im alten Jahr als Aufwendungen zu verrechnen, obwohl die Zahlung erst im neuen Jahr erfolgt. Das Konto „1700 Sonstige Verbindlichkeiten“ wird am Jahresende über das Schlussbilanzkonto abgeschlossen, die Auflösung dieser Verbindlichkeit erfolgt am Zahlungstag im neuen Jahr.

altes Jahr 31.12. neues Jahr 30.04.

November	Dezember	Jan.	Febr.	März	April	Zeit
Aufwand altes Jahr:		**Aufwand neues Jahr:**				
400,00 €		**800,00 €**				

Abgrenzung! Ausgabe/Zahlung am 30.04. = **1.200,00 €**

Buchungen im alten Jahr

Grundbuch:

1. Buchung der Sonstigen Verbindlichkeiten und des Zinsaufwands der abgelaufenen Rechnungsperiode zur periodengerechten Erfolgsermittlung
2. Abschlussbuchung des Aufwandskontos „2100 Zinsaufwendungen“
3. Abschlussbuchung des Kontos „1700 Sonstige Verbindlichkeiten“

Nr.	Datum	Soll	€	an	Haben	€
1	31.12.	2100 Zinsaufwendungen	400,00	an	1700 Sonstige Verbindlichk.	400,00
2	31.12.	9040 Neutrales Ergebnis	400,00	an	2100 Zinsaufwendungen	400,00
3	31.12.	1700 Sonstige Verbindlichk.	400,00	an	9010 SBK	400,00

Hauptbuch (Auszug):

S	1700 Sonstige Verbindlichkeiten		H
3) 9010	400,00	1) 2100	400,00

S	2100 Zinsaufwendungen		H
1) 1700	400,00	2) 9040	400,00

S	9010 SBK		H
		3) 1700	400,00

S	9040 Neutrales Ergebnis		H
2) 2100	400,00		

Buchungen im neuen Jahr

Grundbuch:

1. Eröffnung des Kontos „1700 Sonstige Verbindlichkeiten“
2. Banküberweisung für die Zinsaufwendungen am 30.04. für die Zinsperiode vom 31.10. (altes Jahr) bis 30.04. (neues Jahr)

Nr.	Datum	Soll	€	an	Haben	€
1	02.01.	9000 EBK	400,00	an	1700 Sonstige Verbindlichk.	400,00
2	30.04.	2100 Zinsaufwendungen 1700 Sonstige Verbindlichk.	800,00 400,00	an	1200 Bank	1.200,00

Hauptbuch (Auszug):

S	1200 Bank		H
		2) 1700, 2100	1.200,00

S	1700 Sonstige Verbindlichkeiten		H
2) 1200	400,00	9000	400,00

S	2100 Zinsaufwendungen		H
2) 1200	800,00		

Die zeitliche Erfolgsabgrenzung mit der Buchung „Aufwandskonto an Sonstige Verbindlichkeiten" erhöht für das alte Jahr die Schulden in der Bilanz und die Aufwendungen im NE-Konto. Durch die Tatsache, dass man an dieser Stelle die Abgrenzung vornimmt, sinkt der Gewinn.

5.1.3 Aktive Rechnungsabgrenzung

Am Jahresende sind alle während des Geschäftsjahres von uns bezahlten und gebuchten Aufwendungen daraufhin zu überprüfen, inwieweit sie ganz oder teilweise erst in der nächsten Rechnungsperiode zu Aufwendungen werden. Trifft dies zu, müssen sie auf der Aktivseite der Bilanz als „Aktive Rechnungsabgrenzungsposten" (ARA) ausgewiesen werden (§ 250 (1) HGB). Diese ARA können erklärt werden als Leistungsforderungen; z. B. begründet unsere Vorauszahlung für die Feuerversicherung eine Forderung auf Versicherung unserer Geschäftsräume gegen Feuer. Derartige Leistungsforderungen werden auch als transitorische Aktiva bezeichnet; sie sind zu Beginn des neuen Geschäftsjahres auf das betreffende Aufwandskonto zurückzubuchen. Im Einzelnen gehören zu den ARA von uns geleistete Vorauszahlungen, z. B. für Mieten, Versicherungsprämien, Steuern und Beiträge, Zinsen, Werbung, Provisionen.

BEISPIEL

Am 01. 11. dieses Jahres wird von uns die Feuerversicherung in Höhe von 900,00 € für ein halbes Jahr im Voraus an den Versicherer durch Banküberweisung beglichen.

LÖSUNG

Die Aufwendungen für die Feuerversicherung gehören wirtschaftlich nur für zwei Monate in das abgelaufene Geschäftsjahr, Versicherungsaufwendungen für vier Monate sind Aufwendungen des neuen Geschäftsjahres. Der Aufwand des alten Jahres ist folglich um 600,00 € zu verringern; für diese noch nicht „verbrauchte" Geldausgabe ist ein Hilfskonto (ARA) für den zeitlichen Übergang zu bilden und in die Schlussbilanz des alten Jahres aufzunehmen. Im neuen Jahr ist dieses Konto nach der Eröffnungsbuchung über das entsprechende Aufwandskonto aufzulösen.

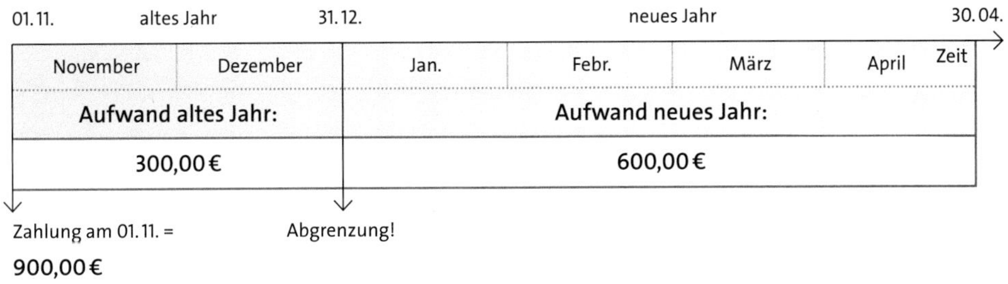

Buchungen im alten Jahr

Grundbuch:

1. Buchung der Überweisung der Versicherungsprämie
2. Abgrenzung der auf das Folgejahr entfallenden Versicherungsprämie
3. Abschlussbuchung des Kontos „4440 Kosten der Gebäudeversicherung“
4. Abschlussbuchung des Kontos „0980 Aktive Rechnungsabgrenzungsposten“ (ARA)

Nr.	Datum	Soll	€	an	Haben	€
1	01.11.	4440 Kosten der Gebäudeversicherung	900,00	an	1200 Bank	900,00
2	31.12.	0980 ARA	600,00	an	4440 Kosten der Gebäudeversicherung	600,00
3	31.12.	9030 Betriebsergebnis	300,00	an	4440 Kosten der Gebäudeversicherung	300,00
4	31.12.	9010 SBK	600,00	an	0980 ARA	600,00

Hauptbuch (Auszug):

S	4440 Kosten d. Gebäudever.		H
1) 1200	900,00	2) 0980	600,00
		3) 9030	300,00

S	1200 Bank		H
		1) 4440	900,00

S	0980 ARA		H
2) 4440	600,00	4) 9010	600,00

S	9030 Betriebsergebnis		H
3) 4440	300,00		

S	9010 SBK		H
4) 0980	600,00		

Buchungen im neuen Jahr:

Grundbuch:

1. Eröffnung des Kontos „0980 Aktive Rechnungsabgrenzungsposten “
2. Auflösung des Kontos „0980 Aktive Rechnungsabgrenzungsposten“ und Zuordnung des Aufwandes in die richtige Abrechnungsperiode

Nr.	Datum	Soll	€	an	Haben	€
1	02.01.	0980 ARA	600,00	an	9000 EBK	600,00
2	02.01.	4440 Kosten der Gebäudeversicherung	600,00	an	0980 ARA	600,00

Hauptbuch (Auszug):

S	0980 ARA		H
1) 9000	600,00	2) 4440	600,00

S	4440 Kosten d. Gebäudever.		H
2) 0980	600,00		

S	9000 EBK		H
		1) 0980	600,00

Exkurs: Vereinfachte Buchung für ARA

Die Bildung von Aktiven Rechnungsabgrenzungsposten kann vereinfacht werden, wenn bereits im alten Jahr bei der Buchung des Aufwandes sofort die Erfolgsabgrenzung durchgeführt wird.

Grundbuch

Überweisung der Versicherungsprämie am 01.10.20X1 mit sofortiger Erfolgsabgrenzung

Nr.	Soll	€	an	Haben	€
1	4440 Kosten der Gebäudeversicherung	300,00			
	0980 ARA	600,00	an	1200 Bank	900,00

Die zeitliche Erfolgsabgrenzung mit der Buchung „Aktive Rechnungsabgrenzungsposten an Aufwandskonto" erhöht für das alte Jahr das Vermögen in der Bilanz und mindert die Aufwendungen im BE-Konto. Es handelt sich immer um **Leistungsforderungen.** Durch die zeitliche Abgrenzung steigt der Gewinn.

5.1.4 Passive Rechnungsabgrenzung

Am Jahresende sind alle während des Geschäftsjahres von uns vereinnahmten und gebuchten Erträge daraufhin zu untersuchen, inwieweit sie ganz oder teilweise erst in der nächsten Rechnungsperiode zu Erträgen werden. Sie sind auf der Passivseite der Bilanz als „Passive Rechnungsabgrenzungsposten" (PRA) auszuweisen (§ 250 (2) HGB). Diese PRA können erklärt werden als Leistungsverbindlichkeiten; z. B. begründet eine an uns geleistete Mietvorauszahlung unsere Verpflichtung auf Überlassung des vermieteten Raumes. Derartige Leistungsverbindlichkeiten werden auch als transitorische Passiva bezeichnet; sie sind zu Beginn des neuen Geschäftsjahres auf das betreffende Ertragskonto zurückzubuchen. Im Einzelnen gehören zu den PRA von uns vereinnahmte Vorauszahlungen, z. B. für Mieten und Zinsen.

BEISPIEL

Unser Mieter zahlt am 01.09. d. J. die Miete für unsere Lagerhalle für zwölf Monate im Voraus. Er zahlt per Banküberweisung 14.400,00 €.

LÖSUNG

Die jährlichen Erträge von 14.400,00 € gehören wirtschaftlich zu vier Monaten in das alte Jahr, während Zinserträge für acht Monate Miete für das neue Jahr darstellen. Der Ertrag des alten Jahres ist um 9.600,00 € zu verringern; für die Leistungsverbindlichkeit ist ein Hilfskonto (PRA) für die zeitliche Abgrenzung zu bilden. Es wird im neuen Jahr nach der Eröffnungsbuchung über das entsprechende Ertragskonto aufgelöst.

01.09. altes Jahr 31.12. neues Jahr 31.08.

Sept.	Okt.	Nov.	Dez.	Jan.	Feb.	März	April	Mai	Juni	Juli	Aug.	Zeit
Ertrag altes Jahr:				**Ertrag neues Jahr:**								
4.800,00 €				**9.600,00 €**								

Einzahlung am 01.09. = **14.400,00 €** Abgrenzung!

Buchungen im alten Jahr

Grundbuch:

1. Buchung der Banküberweisung für die Lagerhallenmiete
2. Buchung der auf das Folgejahr entfallenden Mieterträge
3. Abschlussbuchung des Kontos „2700 Mieterträge"
4. Abschlussbuchung des Kontos „0990 Passive RAP" (PRA)

Nr.	Datum	Soll	€	an	Haben	€
1	01.09.	1200 Bank	14.400,00	an	2700 Mieterträge	14.400,00
2	31.12.	2700 Mieterträge	9.600,00	an	0990 Passive RAP	9.600,00
3	31.12.	2700 Mieterträge	4.800,00	an	9040 Neutrales Ergebnis	4.800,00
4	31.12.	0990 Passive RAP	9.600,00	an	9010 SBK	9.600,00

Hauptbuch (Auszug):

S	2700 Mieterträge		H
2) 0990	9.600,00	1) 1200	14.400,00
3) 9040	4.800,00		

S	1200 Bank		H
1) 2700	14.400,00		

S	0990 PRA		H
4) 9010	9.600,00	2) 2700	9.600,00

S	9040 Neutrales Ergebnis		H
		3) 2700	4.800,00

S	9010 SBK		H
		4) 0990	9.600,00

Buchungen im neuen Jahr

Grundbuch:

1. Eröffnung Konto „0990 Passive Rechnungsabgrenzungsposten“
2. Auflösung des Kontos „0990 Passive Rechnungsabgrenzungsposten“ und Zuordnung des Ertrags in die richtige Abrechnungsperiode

Nr.	Datum	Soll	€	an	Haben	€
1	02.01.	9000 EBK	9.600,00	an	0990 Passive RAP	9.600,00
2	02.01.	0990 Passive RAP	9.600,00	an	2700 Mieterträge	9.600,00

Hauptbuch (Auszug):

S	0990 PRA		H
2) 2700	9.600,00	1) 9000	9.600,00

S	2700 Mieterträge		H
		2) 0990	9.600,00

S	9000 EBK		H
1) 0990	9.600,00		

Exkurs: Vereinfachte Buchung für PRA

Die Bildung von Passiven Rechnungsabgrenzungsposten kann ebenfalls vereinfacht werden, wenn bereits bei der Buchung des Ertrages sofort die Erfolgsabgrenzung durchgeführt wird.

Grundbuch:

1. Zahlung der Miete per Banküberweisung am 01.09.20X1 mit sofortiger Erfolgsabgrenzung

Nr.	Soll	€	an	Haben	€
1	1200 Bank	14.400,00	an	2700 Mieterträge	4.800,00
			an	0990 Passive RAP	9.600,00

Die zeitliche Erfolgsabgrenzung mit der Buchung „Ertragskonto an Passive Rechnungsabgrenzungsposten“ erhöht für das alte Jahr die Schulden in der Bilanz und mindert die Erträge im GuV-Konto. Es handelt sich immer um **Leistungsverbindlichkeiten;** der Gewinn sinkt.

Zeitliche Erfolgsabgrenzung und Umsatzsteuer

Eine Buchung der Umsatzsteuer im Rahmen von umsatzsteuerpflichtigen Aufwendungen oder Erträgen ist immer nur dann notwendig, wenn die Leistung bereits erbracht ist. Zum Buchungszeitpunkt (altes oder neues Jahr) muss ein Beleg vorhanden sein. Anderenfalls darf keine Buchung der Umsatzsteuer im Rahmen der Erfolgsabgrenzung vorgenommen werden, es ist der Nettobetrag abzugrenzen.

	Antizipative Erfolgsabgrenzung		**Transitorische Erfolgsabgrenzung**	
Buchungssatz	Sonstige Forderungen an Ertragskonto	Aufwandskonto an Sonstige Verbindlichkeiten	Aktive Rechnungsabgrenzungsposten an Aufwandskonto	Ertragskonto an Passive Rechnungsabgrenzungsposten
Es handelt sich um	Geldforderungen	Geldverbindlichkeiten	Leistungsforderungen	Leistungsverbindlichkeiten
Auswirkung auf den Gewinn des abgelaufenen Geschäftsjahres durch die zeitliche Abgrenzung	Erträge steigen	Aufwendungen steigen	Aufwendungen sinken	Erträge sinken
	Gewinn steigt	Gewinn sinkt	Gewinn steigt	Gewinn sinkt
Wann fließt das Geld?	Geldzahlung erfolgt im neuen GJ	Geldzahlung erfolgt im neuen GJ	Geldzahlung erfolgt im alten GJ	Geldzahlung erfolgt im alten GJ

5.2 Rückstellungen

LS 114

***SITUATION** Autoland Murschall GmbH*

Im November 20X1 sind Schäden an der Fassade des Autoland-Bürogebäudes festgestellt worden (kein versicherter Schadensfall). Die Autoland Murschall GmbH beauftragt einen Bauunternehmer, für die notwendige Fassadenreparatur einen Kostenvoranschlag zu erstellen, der die wahrscheinlichen Reparaturkosten beziffert. Die Reparatur ist für das Folgejahr fest eingeplant.

POHL GMBH
Dachdecker und Fassadenarbeiten

Pohl

Kostenvoranschlag Datum: 22.12.20X1

Behebung von Fassadenschäden am Gebäude der
Autoland Murschall GmbH, Plittersdorfer Str. 48, 53173 Bonn:

Lohnkosten	32.000,00 €
Materialkosten	22.000,00 €
Summe	54.000,00 €
+ 19 % Umsatzsteuer	10.260,00 €

Hartmut Pohl
Dachdeckermeister

Auszahlungshöhe oder -zeit unsicher: Rückstellung

31.12.	
Aufwand entstand im alten Jahr	Auszahlungshöhe unbekannt und/oder Auszahlungszeitpunkt unbekannt (Schätzung)
Abgrenzungskonto: Rückstellungen	

Für Aufwendungen oder Schulden, die wirtschaftlich einem bestimmten Geschäftsjahr zugeordnet werden können (wie beispielsweise der Fassadenschaden in der Situation dem Jahr 20X1), **müssen** Unternehmen Rückstellungen bilden, wenn deren Höhe noch nicht sicher feststeht und/oder der Zahlungszeitpunkt erst in späteren Geschäftsjahren liegt. Bei Instandhaltungsaufwendungen (Fassadenschaden) gilt das allerdings nur dann, wenn die Reparatur innerhalb von drei Monaten im Folgejahr nachgeholt wird. Mit einer Aufwandsbuchung „Aufwandskonto an Rückstellungen" wird jedoch schon im aktuellen, den Aufwand begründenden Geschäftsjahr der Gewinn gemindert und als durchaus gewünschter „Nebeneffekt" auch die aktuelle Steuerlast des Unternehmens gesenkt. Dementsprechend gibt es für derartige Rückstellungen **beschränkende gesetzliche** Regelungen.

§ 249 HGB Rückstellungen

(1) Rückstellungen sind für ungewisse Verbindlichkeiten und für drohende Verluste aus schwebenden Geschäften zu bilden. Ferner sind Rückstellungen zu bilden für

1. im Geschäftsjahr unterlassene Aufwendungen für Instandhaltung, die im folgenden Geschäftsjahr innerhalb von drei Monaten, oder für ***Abraumbeseitigung****, die im folgenden Geschäftsjahr nachgeholt werden,*

2. Gewährleistungen, die ohne rechtliche Verpflichtung erbracht werden.

(2) Für andere als die in Absatz 1 bezeichneten Zwecke dürfen Rückstellungen nicht gebildet werden. Rückstellungen dürfen nur aufgelöst werden, soweit der Grund hierfür entfallen ist.

Abraum Bergwerke, taubes Gestein

Hier werden also zwei Kategorien von Rückstellungen unterschieden, ohne dass sie ausdrücklich so genannt werden: Schuldrückstellungen (§ 249 (1) (1. Satz)) und Aufwandsrückstellungen (§ 249 (1), 1. und 2.). Die frühere Fassung des § 249 HGB (vor dem Inkrafttreten des Bilanzmodernisierungsgesetzes (BilMoG) im Jahre 2009) unterteilte noch zwischen Pflichtrückstellungen und Wahlrückstellungen, diese Unterscheidung gibt es nicht mehr.

Für alle Rückstellungen gilt, dass die Begründung für ihre wirtschaftliche Ursache in einem Geschäftsjahr liegt, in dem noch keine Zahlung erfolgt. Im Unterschied zu sonstigen Verbindlichkeiten stehen aber die Höhe und/oder der tatsächliche Zeitpunkt der Zahlung noch nicht mit Gewissheit fest. Der Rückstellungsbetrag muss daher geschätzt werden. Die Schätzung muss einer vernünftigen kaufmännischen Beurteilung entsprechen.

Bewertung von Rückstellungen gemäß § 253 HGB

Gemäß § 253 HGB sind Rückstellungen in Höhe des nach vernünftiger kaufmännischer Beurteilung notwendigen Erfüllungsbetrages anzusetzen. Rückstellungen mit einer Restlaufzeit von mehr als einem Jahr werden mit dem ihrer Restlaufzeit entsprechenden durchschnittlichen Marktzinssatz der vergangenen sieben Geschäftsjahre abgezinst (bei Altersversorgungsverpflichtungen: durchschnittlicher Marktzinssatz von 15 Jahren). Der anzuwendende Abzinsungszinssatz wird von der Deutschen Bundesbank ermittelt und monatlich bekannt gegeben. In der Rechtsverordnung, die nicht der Zustimmung des Bundesrates bedarf, bestimmt das Bundesministerium der Justiz mit der Deutschen Bundesbank Genaueres zur Ermittlung der Abzinsungszinssätze.

Rückstellungsarten	
Schuldrückstellungen entstehen aufgrund von Verpflichtungen gegenüber Dritten	**Aufwandsrückstellungen** entstehen für notwendige Aufwendungen
• ungewisse Verbindlichkeiten – Pensionsrückstellungen – Prozessrückstellungen – Steuerrückstellungen • drohende Verluste – Gewährleistungsrückstellungen mit rechtlichem Anspruch	• Gewährleistungsrückstellungen ohne rechtlichen Anspruch (Kulanzrückstellungen) • Rückstellungen für Instandhaltungen, Großreparaturen oder Generalüberholungen bzw. Abraumbeseitigung, die innerhalb von drei Monaten im Folgejahr durchgeführt werden

Das HGB lässt für die Passivierung der Rückstellungen nur gewisse Einteilungen zu (§ 266 HGB, Rückstellungen):

1. Rückstellungen für Pensionen und ähnliche Verpflichtungen
2. Steuerrückstellungen
3. sonstige Rückstellungen

Einige der in der obigen Tabelle genannten Rückstellungen müssten also gesammelt unter „3. sonstige Rückstellungen" aufgeführt werden. Steuerrechtlich ergeben sich zum Teil Unterschiede zum Handelsrecht, sodass Steuerbilanz und Handelsbilanz bezüglich der Bewertung ein und derselben Rückstellung nicht identisch sind. So werden z. B. steuerrechtlich Rückstellungen ohne Berücksichtigung von Preis- und Kostensteigerungen bewertet. Nach § 6 (1) Nr. 3 a, f EStG sind die Wertverhältnisse am Bilanzstichtag entscheidend, während in der Handelsbilanz mögliche Kosten- und Preissteigerungen (wie oben beschrieben: „vernünftige kaufmännische Beurteilung"), die sich bis zur Auflösung der Rückstellung möglicherweise ergeben, berücksichtigt werden.

5.2.1 Bildung einer Rückstellung

***SITUATION** Autoland Murschall GmbH*

Herr Nolte plant, den Fassadenschaden im Jahr 20X2 bis zum Monat März beheben zu lassen. In der Finanzbuchhaltung soll deshalb in Höhe des Kostenvoranschlages eine Rückstellung gebildet werden. Dabei muss die im Kostenvoranschlag angegebene Umsatzsteuer unberücksichtigt bleiben, da die Leistung ja noch nicht erbracht wurde und eine Rechnung natürlich nicht vorliegt.

Buchungen im alten Jahr (31.12.20X1)

Grundbuch:

1. Rückstellungsbildung für die Fassadenreparatur (Instandhaltungskosten)
2. Abschluss Konto „4430 Instandhaltung Immobilien“
3. Abschluss Konto „0970 Sonstige Rückstellungen“

Nr.	Soll	€	an	Haben	€
1	4430 Instandhaltung	54.000,00	an	0970 Sonstige Rückstellungen	54.000,00
2	9030 Betriebsergebnis	54.000,00	an	4430 Instandhaltung	54.000,00
3	0970 Sonstige Rückstellungen	54.000,00	an	9010 SBK	54.000,00

Hauptbuch (Auszug):

S	4430 Instandhaltung Immob.		H
1) 0970	54.000,00	2) 9030	54.000,00

S	0970 Sonstige Rückstellungen		H
3) 9010	54.000,00	1) 4430	54.000,00

S	9030 Betriebsergebnis (BE)		H
2) 4430	54.000,00		

S	9010 SBK		H
		3) 0970	54.000,00

Die Bildung einer Rückstellung mit der Buchung „Aufwandskonto an Rückstellungen“ erhöht die Schulden in der Bilanz und die Aufwendungen im BE und somit in der GuV-Rechnung. Es handelt sich immer um ungewisse Verbindlichkeiten, d. h., die Höhe des Betrages und/oder der Zahlungszeitpunkt sind Schätzwerte. Durch die Berücksichtigung der Rückstellung sinkt der Gewinn des abzuschließenden Geschäftsjahres.

5.2.2 Auflösung einer Rückstellung

Rückstellungen müssen aufgelöst werden, wenn die geplante Maßnahme (hier die Fassadenreparatur) durchgeführt oder die Verpflichtung erfüllt wurde oder wenn der Grund für die Rückstellungsbildung weggefallen ist.

Bei der Schätzung von zukünftigen Aufwandsbeträgen ist es immer möglich, dass der Schätzwert auch tatsächlich eingehalten wird. In diesem Fall wird die Rückstellung im Folgejahr – hier nach Durchführung der Reparatur – „erfolgsneutral" aufgelöst.

FALL 1: Tatsächliche Reparaturkosten entsprechen dem Kostenvoranschlag

tatsächliche Aufwandshöhe = Rückstellungsbetrag
54.000,00 € = 54.000,00 €

Buchungen im neuen Jahr (20X2) bei Einhaltung des Rückstellungsbetrages

Grundbuch:

1. Buchung der Reparaturkosten bei Rechnungseingang zzgl. 19 % Umsatzsteuer
2. Banküberweisung des Rechnungsbetrages ohne Abzüge

Nettorechnungsbetrag: 54.000,00 €
+ 19 % USt: 10.260,00 €
= Bruttorechnungsbetrag: 64.260,00 €

Nr.	Soll	€	an	Haben	€
1	0970 Sonstige Rückstellungen 1576 Vorsteuer 19%	54.000,00 10.260,00	an	1600 Verb. a.L.L.	64.260,00
2	1600 Verb. a.L.L.	64.260,00	an	1200 Bank	64.260,00

Natürlich kann die tatsächliche Aufwandshöhe den Rückstellungsbetrag auch unter- oder überschreiten.

Buchungen im neuen Jahr (20X2) bei Unterschreiten des Rückstellungsbetrages

FALL 2: Tatsächliche Reparaturkosten unterschreiten den Kostenvoranschlag um 10 %

tatsächliche Aufwandshöhe < Rückstellungsbetrag
48.600,00 € < 54.000,00 €

Wird der Rückstellungsbetrag für die im Folgejahr abgerechnete Reparatur nicht voll in Anspruch genommen, ist der Unterschreitungsbetrag im Folgejahr als **periodenfremder Ertrag** gewinnerhöhend zu buchen.

Nettorechnungsbetrag: 48.600,00 €
+ 19 % USt: 9.234,00 €
= Bruttorechnungsbetrag: 57.834,00 €

Grundbuch:

1. Buchung der Reparaturkosten bei Rechnungseingang zzgl. 19 % Umsatzsteuer
2. Banküberweisung des Rechnungsbetrages ohne Abzüge

Nr.	Soll	€	an	Haben	€
1	0970 Sonstige Rückstellungen 1576 Vorsteuer 19%	54.000,00 9.234,00	an an	1600 Verb. a.L.L. 2520 Periodenfremde Erträge	57.834,00 5.400,00
2	1600 Verb. a.L.L.	57.834,00	an	1200 Bank	57.834,00

Buchungen im neuen Jahr (20X2) bei Überschreiten des Rückstellungsbetrages

***FALL 3:** Tatsächliche Reparaturkosten überschreiten den Kostenvoranschlag um 10 %*

tatsächliche Aufwandshöhe > Rückstellungsbetrag
59.400,00 € > 54.000,00 €

Nettorechnungsbetrag: 59.400,00 €
+ 19 % USt: 11.286,00 €
= Bruttorechnungsbetrag: 70.686,00 €

Grundbuch:

1. Buchung der Reparaturkosten bei Rechnungseingang zzgl. 19 % Umsatzsteuer
2. Banküberweisung des Rechnungsbetrages ohne Abzüge

Nr.	Soll	€	an	Haben	€
1	0970 Sonstige Rückstellungen 1576 Vorsteuer 19% 2020 Periodenfremde Aufwendungen	54.000,00 11.286,00 5.400,00	an	1600 Verb. a.L.L.	70.686,00
2	1600 Verb. a.L.L.	70.686,00	an	1200 Bank	70.686,00

Reicht der Rückstellungsbetrag für den im Folgejahr abgerechneten Reparaturauftrag nicht aus, ist der Überschreitungsbetrag im Folgejahr als periodenfremder Aufwand gewinnmindernd zu buchen. Eine Buchung auf dem Konto „4430 Instandhaltung Immobilien“ ist im Folgejahr nicht mehr möglich, da der Fassadenschaden bereits im Vorjahr entstanden ist.

Schätzfehler erhöhen oder vermindern durch die Buchung von periodenfremden Erträgen oder Aufwendungen den Gewinn in Folgejahren. In allen Fällen ist das Konto „0970 Sonstige Rückstellungen“ nach Abschluss der Fassadenreparatur ausgeglichen.

S	0970 Sonstige Rückstellungen		H
1600	54.000,00	9000	54.000,00

Rückstellungsbetrag (EBK) = Auflösungsbetrag

5.3 Bewertungen von Vermögen und Schulden

Sind alle Aufwendungen und Erträge dem Geschäftsjahr zugeordnet, in das sie wirtschaftlich tatsächlich gehören (zeitliche Erfolgsabgrenzung), beginnt der zweite Teil der vorbereitenden Abschlussarbeiten: die Bewertung. Zu unterscheiden sind hier Bewertungen nach Handelsrecht (HGB) und nach Steuerrecht (EStG).

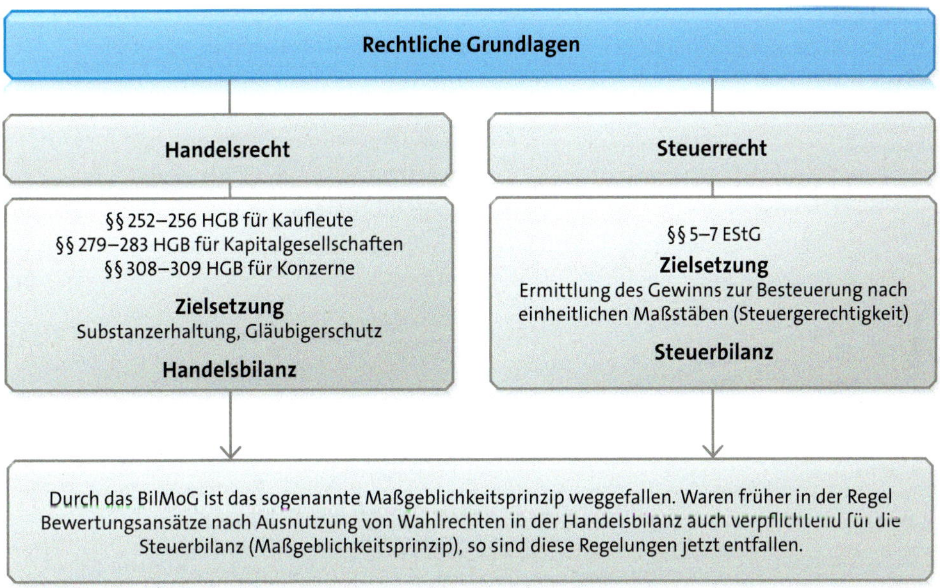

Bewertung von Vermögen und Schulden – rechtliche Grundlagen

Bewertungen in der Handelsbilanz können demnach von denen in der Steuerbilanz abweichen. Die Handelsbilanz, die einer Bewertung nach dem Prinzip der Vorsicht folgt und ggf. veröffentlicht werden muss, zeigt dann ein „anderes Bild" als die Steuerbilanz, die nur dem Finanzamt zur Verfügung gestellt werden muss.

5.3.1 Bewertungsgrundsätze und -prinzipien

Bei der Bewertung der im Jahresabschluss ausgewiesenen Vermögensgegenstände und Schulden gelten nach § 252 HGB folgende allgemeine Grundsätze, von denen nur in begründeten Ausnahmefällen abgewichen werden darf.

Bilanzidentität	Die Wertansätze in der Eröffnungsbilanz des Geschäftsjahres müssen mit denen der Schlussbilanz des vorhergehenden Geschäftsjahres übereinstimmen.
Unternehmensfortführung	Bei der Bewertung ist von der Fortführung der Unternehmenstätigkeit auszugehen, sofern dem nicht tatsächliche oder rechtliche Gegebenheiten entgegenstehen.
Einzelbewertung	Die Vermögensgegenstände und Schulden sind zum Abschlussstichtag einzeln zu bewerten.

Bewertungsgrundsätze

Prinzip der Vorsicht	Es ist vorsichtig zu bewerten. Alle vorhersehbaren Risiken und Verluste, die bis zum Abschlussstichtag entstanden sind, sind zu berücksichtigen, selbst wenn diese erst zwischen dem Abschlussstichtag und dem Tag der Aufstellung des Jahresabschlusses bekannt geworden sind. Gewinne sind nur zu berücksichtigen, wenn sie bis zum Abschlussstichtag realisiert sind.
Periodenabgrenzung	Aufwendungen und Erträge des Geschäftsjahrs sind unabhängig von den Zeitpunkten der entsprechenden Zahlungen im Jahresabschluss zu berücksichtigen.
Bewertungskontinuität nach BilMoG	Die auf den vorhergehenden Jahresabschluss angewandten Bewertungsmethoden sind beizubehalten.

Der Gesetzgeber konkretisiert das **Prinzip der Vorsicht** durch das Anschaffungskostenprinzip, das Niederstwertprinzip und das Höchstwertprinzip für Vermögens- und Schuldenposten. In bestimmten Fällen werden auch **Bewertungsalternativen** zugelassen. Unternehmen können im Rahmen dieser gesetzlich zugelassenen Bewertungswahlrechte ihren Gewinn beeinflussen. Bewertungen außerhalb der gesetzlichen Vorschriften sind Bilanzfälschungen und damit strafrechtlich relevant!

Anschaffungskostenprinzip

Für das Anlage- und Umlaufvermögen gilt das sogenannte Anschaffungskostenprinzip. Danach sind Vermögensgegenstände **höchstens mit den Anschaffungskosten** – vermindert um planmäßige Abschreibungen, soweit vorgeschrieben – anzusetzen.

Niederstwertprinzip

Für das Anlage- und Umlaufvermögen eines Unternehmens gilt hinsichtlich der Bewertung das sogenannte Niederstwertprinzip. Es muss bei zwei möglichen Bilanzwerten **stets der niedrigere Wert** angesetzt werden.

BEISPIEL

Eine Hebebühne, die nach planmäßiger Abschreibung noch fortgeführte Anschaffungskosten in Höhe von 1.200,00 € aufweist, ist aufgrund eines Schadenfalls unbrauchbar geworden. Eine Reparatur ist wirtschaftlich nicht mehr sinnvoll. Ein Schrotthändler erklärt sich bereit, die Hebebühne für einen Materialwert in Höhe von 250,00 € (Zeitwert) zu übernehmen. Zum Bilanzstichtag befindet sich die Hebebühne noch im Unternehmensvermögen und muss deshalb neu bewertet werden.

Gemildertes Niederstwertprinzip im Anlagevermögen

Das gemilderte Niederstwertprinzip besagt, dass ein Anlagegut bei nicht kurzfristigen, also **voraussichtlich dauernden Wertminderungen** am Bilanzstichtag außerplanmäßig auf den niedrigeren Zeitwert abgeschrieben werden muss.

Anschaffungskosten > dauerhafter Zeitwert → Bilanzwert ist der Zeitwert

Da die Hebebühne nicht mehr repariert wird, ist die Wertminderung dauerhaft und eine außerplanmäßige Abschreibung notwendig. Der Zeitwert entspricht in diesem Fall nur noch dem Schrottwert der Maschine.

Von den Anschaffungskosten zum Zeitwert eines Anlagegutes

	Anschaffungskosten
–	planmäßige Abschreibungen
=	**fortgeführte Anschaffungskosten**
–	außerplanmäßige Abschreibung
=	**dauerhaft niedrigerer Zeitwert**

BEISPIEL

Ein bisher nicht genutztes Grundstück wird durch eine Bebauungsplanänderung der Gemeinde zum Bauland. Die Anschaffungskosten vor vielen Jahren betrugen 25.000,00 €. Der realistische Marktpreis gemäß Gutachten eines Sachverständigen beträgt aktuell 250.000,00 € (Zeitwert).

In diesem Fall liegt der Zeitwert des Grundstückes dauerhaft über den Anschaffungskosten. Der höhere Zeitwert bleibt jedoch in der Bilanz und damit auch in der Gewinn- und Verlustrechnung unberücksichtigt. Das Grundstück ist trotz der Wertsteigerung mit seinen Anschaffungskosten zu bewerten.

Anschaffungskosten < dauerhafter Zeitwert → Bilanzwert sind die Anschaffungskosten

Der Zeitwert eines Anlagegutes kann höher oder niedriger liegen als die (fortgeführten) Anschaffungskosten. Für die Bewertung des Anlagegutes in der Bilanz ist bei einem Vergleich **immer der niedrigere Wert** anzusetzen.

Strenges Niederstwertprinzip im Umlaufvermögen

§ 253 HGB Wertansätze der Vermögensgegenstände und Schulden nach BilMoG

(...)

(4) Bei Vermögensgegenständen des Umlaufvermögens sind Abschreibungen vorzunehmen, um diese mit einem niedrigeren Wert anzusetzen, der sich aus einem Börsen- oder Marktpreis am Abschlussstichtag ergibt. Ist ein Börsen- oder Marktpreis nicht festzustellen und übersteigen die Anschaffungs- oder Herstellungskosten den Wert, der den Vermögensgegenständen am Abschlussstichtag beizulegen ist, so ist auf diesen Wert abzuschreiben.

(...)

Gemäß § 255 (4) HGB nach BilMoG entspricht der beizulegende Zeitwert dem Marktpreis. Soweit kein aktiver Markt besteht, anhand dessen sich der Marktpreis ermitteln lässt, ist der beizulegende Zeitwert mithilfe allgemein anerkannter Bewertungsmethoden zu bestimmen. Lässt sich der beizulegende Zeitwert nicht ermitteln, sind die Anschaffungs- oder Herstellungskosten fortzuführen.

Beim Umlaufvermögen sind Abschreibungen in jedem Fall notwendig, sobald der Zeitwert unter die Anschaffungskosten fällt. Dabei spielt es – anders als beim Anlagevermögen – keine Rolle, ob eine Wertminderung von Dauer ist oder nicht. Es gilt immer das (strenge) Niederstwertprinzip.

Anschaffungskosten > Zeitwert → Bilanzwert ist der Zeitwert
oder
Anschaffungskosten < Zeitwert → Bilanzwert sind die Anschaffungskosten

Der Zeitwert beim Umlaufvermögen ist entweder
- ein Börsen- oder Marktpreis (z. B. aktueller Bezugspreis des Lieferanten) oder
- ein beizulegender Zeitwert (z. B. auch bei Beschädigungen von Waren).

Ein höherer Zeitwert bleibt in der Bilanz unberücksichtigt, d. h., Werterhöhungen führen nach HGB nicht zu Ertragsbuchungen.

***BEISPIEL** Autoland Murschall GmbH*

Der Stammlieferant für Reifen hat aufgrund gestiegener Energie- und Rohstoffkosten die Verkaufspreise um 16 % erhöht. Ein Reifenvorrat der Autoland Murschall GmbH, der mit einem Einstandspreis von 12.000,00 € bewertet ist (Anschaffungskosten), würde nun bei einer Wiederbeschaffung 13.920,00 € kosten. Trotzdem muss die Autoland Murschall GmbH diesen Reifenvorrat mit einem Bilanzwert von 12.000,00 € ausweisen. Wäre der Wiederbeschaffungspreis zum Zeitpunkt der Bilanzerstellung dagegen auf 10.500,00 € gefallen, so müsste die Autoland Murschall GmbH ihren Warenvorrat um 1.500,00 € niedriger bewerten (strenges Niederstwertprinzip).

Imparität Ungleichheit

Im Ergebnis behandelt das HGB damit mögliche Verluste beim Anlage- und Umlaufvermögen anders als mögliche Gewinne. Diese Ungleichbehandlung nennt man auch das ***Imparitätsprinzip.*** Wertminderungen müssen nach Abschreibungen ausgewiesen werden, Wertsteigerungen dürfen dagegen nur dann ausgewiesen werden, wenn sie realisiert wurden, z. B. bei einem Verkauf (Realisationsprinzip).

Höchstwertprinzip

Für die Bewertung der Schulden eines Unternehmens gilt das sogenannte Höchstwertprinzip, aus Sicht des Vermögens eine Umkehr des Niederstwertprinzips. Hier muss bei zwei möglichen Bilanzwerten nicht der niedrigere, sondern stets der höhere Wert angesetzt werden.

§ 253 Abs. 1 HGB nach BilMoG Rückstellungen

Verbindlichkeiten sind zu ihrem Erfüllungsbetrag und Rückstellungen nur in Höhe des nach vernünftiger kaufmännischer Beurteilung notwendigen Erfüllungsbetrages anzusetzen.

Bei der Aufnahme eines Darlehens über 200.000,00 € wird ein Disagio in Höhe von 6 % vereinbart. Das Disagio (Abgeld) vermindert während der Kreditlaufzeit die regelmäßig zu zahlenden Zinsen. „Erkauft“ werden diese günstigeren Zinsen mit einem im Vergleich zum Darlehensbetrag, der zurückbezahlt und damit in der Bilanz ausgewiesen werden muss, verringerten Auszahlungsbetrag:

Darlehensbetrag	*200.000,00 €*
– 6 % Disagio	*12.000,00 €*
= Auszahlungsbetrag	*188.000,00 €*

Für dieses Beispiel gilt:

Erfüllungsbetrag > Auszahlungsbetrag → Bilanzwert ist der Erfüllungsbetrag

Auch bei **Verbindlichkeiten in Fremdwährungen** kommt das Höchstwertprinzip regelmäßig zur Anwendung, wenn die Fremdwährung während der Kreditlaufzeit im Vergleich zum Euro an Wert gewinnt. Für die Rückzahlung ist in diesem Fall ein höherer Eurobetrag aufzuwenden und demnach in der Bilanz auch auszuweisen.

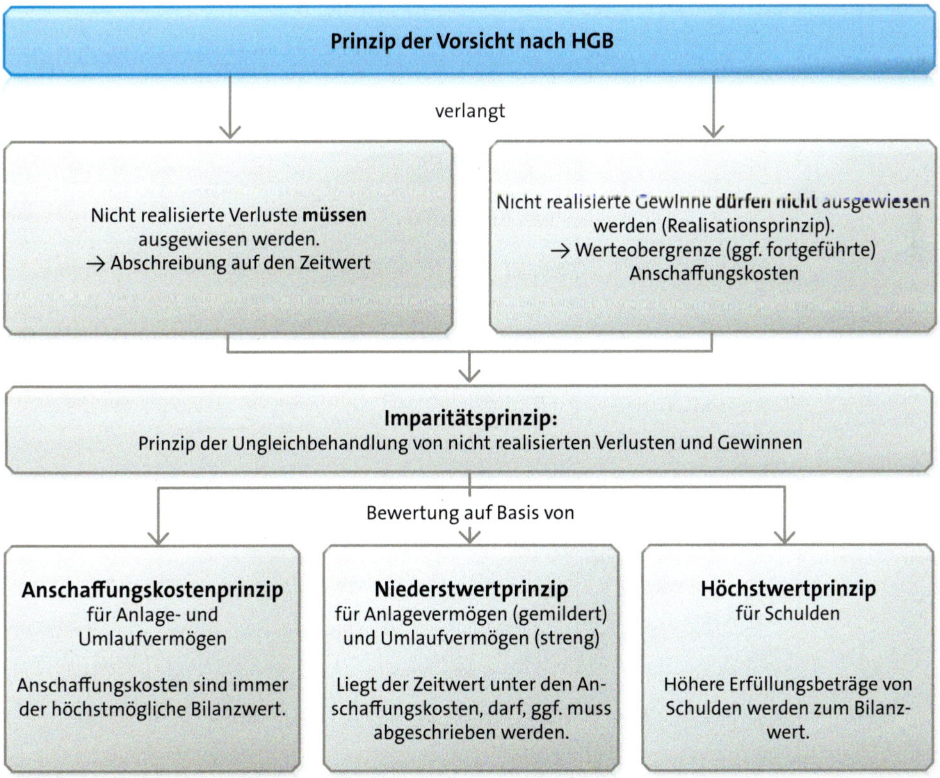

Bewertungsprinzipien nach dem HGB

LS 115
Lernstation 1

5.3.2 Bewertung des Anlagevermögens

Wir kaufen neues Anlagevermögen und ermitteln die Anschaffungskosten

Hinweis:
Das folgende Kapitel ist nach der Methode des „Stationenlernens" aufgebaut, kann aber auch im herkömmlichen Unterricht ohne Änderungen übernommen werden.

Die Anlagenbuchhaltung

Der Automobilhändler benötigt für seine unterschiedlichen Leistungen neben geschultem Personal, attraktiven Neu- und Gebrauchtwagen sowie einem bedarfsgerechten Ersatzteil- und Zubehörsortiment auch eine Vielzahl von Anlagegütern. Hierzu zählen neben einem geeigneten Gebäude auch entsprechende Verkaufsraumeinrichtungen, Lager- und Büroausstattungen sowie die technische Ausrüstung der Werkstatt. Auch Computer und Datenkasse dienen dem Automobilhändler zur Bewältigung seiner Aufgaben. Diese Güter werden in der Bilanz als Anlagevermögen erfasst, denn sie sind dazu bestimmt, dem Betrieb dauerhaft bzw. langfristig zu dienen.

Die Anlagenkonten des Hauptbuches werden als Sammelkonten geführt. Sie enthalten z. B. die Anlagengruppen Grundstücke, Gebäude, Maschinen, Fuhrpark und BGA. Diese Anlagengruppen setzen sich aus zahlreichen Einzelgegenständen und -werten zusammen. Um bei der Vielfalt der Anlagegegenstände die Abschreibungen im Rahmen der Inventur zum Bilanzstichtag richtig ermitteln zu können, ist eine Anlagenbuchführung als Nebenbuchführung erforderlich.

Für jeden einzelnen Anlagengegenstand ist daher eine besondere Anlagenkarte zu führen, die auf der Vorderseite alle wichtigen Daten ausweist. Die Rückseite enthält meist technische Angaben über den Anlagengegenstand. Die Anlagenkarten bilden zusammen die Anlagenkartei.

***BEISPIEL** für eine Anlagenkarteikarte*

Gegenstand: Kopiergerät				Inventar-Nr.: 0860/30012		
Fabrikat: LS 55X				Lieferer: Staples – Bonn		
Anschaffungsdatum: 02.01.20X5				Rechnungsnummer: 5689		
voraussichtl. Nutzungsdauer: 7 Jahre				Anschaffungskosten: 7.000,00 €		
Konto-Nr.: 0420						
Kostenstelle: Verwaltung						
AfA-Methode: linear				Reparaturen:		
Jahr	%-Satz	Betrag	Restbuchwert	Tag	Art	€
31.12.20X5	14,29 %	1.000,00	6.000,00	--	--	--
31.12.20X6	14,29 %	1.000,00	5.000,00	--	--	--
31.12.20X7	14,29 %	1.000,00	4.000,00	--	--	--
...						

Neben dem Führen der Anlagenkartei muss zusätzlich in der Bilanz oder im Anhang die Entwicklung der Posten des Anlagevermögens durch einen Anlagenspiegel dargestellt werden. Dabei ist von den ursprünglichen Anschaffungs- und Herstellungskosten auszugehen (§ 268 (2) HGB).

Posten des AV	Anschaffungs-, Herstellungskosten der Vorjahre 1. Jan.	Zugänge	Abgänge	Umbuchungen	Zuschreibungen	Abschreibungen			Buchwert 31. Dez.
						in den Vorjahren	im Abschlussjahr	insgesamt	
...	...	...	...	...	...	...	...	...	...

Die Beschaffung von Anlagegütern verursacht in der Regel eine Reihe von Nebenkosten. Hierzu können u. a. folgende zählen:

- Transportkosten
- Versicherungskosten
- Verpackungskosten
- Montagekosten

Andererseits gewährt der Lieferant häufig auch Preisnachlässe, wie z. B.:

- Treuebonus
- Jahresbonus
- Mengenrabatt
- Skonto

Für den Automobilhändler stellt sich nun die Frage, mit welchem Wert er die erworbenen Anlagegüter auf dem entsprechenden Anlagenkonto aktivieren muss. Dazu hat der Gesetzgeber geregelt, dass neben dem um eventuelle Rabatte oder Skonti reduzierten Einkaufspreis auch alle angefallenen Nebenkosten bei der Ermittlung der Werte der Anlagegüter berücksichtigt werden müssen – demnach alle Kosten, die anfallen, um das Anlagegut betriebsbereit auf dem „Hof" bzw. in den Betriebsräumen stehen zu haben. Diese so ermittelten Werte werden als Anschaffungskosten bezeichnet.

Regelmäßig anfallende Kosten, wie z. B. bei der Anschaffung eines Autos die Benzinkosten, Kfz-Steuer und Zinskosten für die Finanzierung des Fahrzeugs zählen nicht zu den Anschaffungskosten. Sie werden sofort als Aufwand gebucht.

Auch wird die Umsatzsteuer (d. h. Vorsteuer) für die Berechnung der Anschaffungskosten nicht berücksichtigt, da der Automobilhändler sie ja im Rahmen des Vorsteuerabzugs von seinem Finanzamt erstattet bekommt.

Fazit:
Nach §255 (1) HGB müssen Gegenstände des Anlagevermögens zum Zeitpunkt des Erwerbs mit ihren Anschaffungskosten auf dem entsprechenden Anlagekonto aktiviert werden. Die Anschaffungskosten werden nach folgendem Schema errechnet:

- Der Anschaffungspreis ist der Nettowert des Anlagegutes; bezahlte Umsatzsteuer gehört **nie** zu den Anschaffungskosten.
- Anschaffungspreisminderungen sind alle Preisnachlässe, die beim Erwerb des Anlagegutes sofort oder nachträglich gewährt werden, wie Rabatte, Boni und Skonti.

- Anschaffungsnebenkosten sind alle Ausgaben und Aufwendungen, die neben dem Kaufpreis sofort oder nachträglich anfallen, um einen Vermögensgegenstand zu erwerben und ihn in einen betriebsbereiten Zustand zu versetzen.
- Der spätere Kauf von Anbauteilen kann die Anschaffungskosten nachträglich erhöhen.

Anschaffungskosten

	Begriffe laut HGB	Beispiele
	Anschaffungspreis	Preise aus Preislisten, Katalogen oder individuellen Angeboten
–	Anschaffungspreisminderungen	Rabatte, Skonto, Boni, Preisnachlässe aufgrund von Mängelrügen
+	Anschaffungsnebenkosten	Bezugskosten aller Art (Transportkosten, Verpackungskosten, Einfuhrzölle), aber auch je nach Art des Vermögensgegenstandes Montage- (bei Maschinen) oder Zulassungskosten (bei Fahrzeugen), ebenso Gebühren (z. B. Makler- oder Notargebühren)
+	nachträgliche Anschaffungskosten	nachträgliche, werterhöhende Veränderungen des Vermögensgegenstandes (Aufrüstungen als An-, Ein- oder Umbauten usw.)

***BEISPIEL** für eine Anlagenkarteikarte*

Kauf eines Schreibtisches für den Geschäftsführer			
	Anschaffungspreis	Preis laut Preisliste	2.800,00 €
–	Anschaffungspreisminderung	15 % Rabatt	420,00 €
+	Anschaffungsnebenkosten	Kosten der Lieferung	250,00 €
+	Anschaffungsnebenkosten	Aufstellungskosten	100,00 €
=	Anschaffungskosten	Nettorechnungsbetrag	2.730,00 €
+	keine Anschaffungskosten	19 % Umsatzsteuer	518,70 €
=	Zahlungsbetrag	Bruttorechnungsbetrag	3.248,70 €

Achtung: Wiederkehrende Kosten sind keine Anschaffungsnebenkosten!

LS 115 Lernstation 2

Wir buchen die Anschaffung und die Bezahlung der neuen Anlagegüter

Buchung der Anschaffung und Zahlung eines Anlagegutes ohne nachträgliche Preisminderung (Skonto):

Die Buchung der Anschaffung des Anlagegutes erfolgt zu Anschaffungskosten auf dem entsprechenden Anlagekonto. Eine getrennte Buchung der Anschaffungsnebenkosten bzw. der sofortigen Anschaffungspreisminderungen auf Unterkonten findet nicht statt. Sie sind unmittelbar auf dem entsprechenden Anlagekonto zu buchen, d. h., die Anschaffungsnebenkosten erhöhen sofort den Wert des Anlagegutes, und sofort gewährte Preisminderungen senken sofort den Wert des Anlagegutes.

BEISPIEL

Anschaffung eines neuen Computers (ER 056), zahlbar innerhalb von 30 Tagen netto Kasse

Listeneinkaufspreis:	*3.500,00 €*
Rabatt:	*10 % auf den LEP*
Transportkosten:	*50,00 €*

Berechnung der Anschaffungskosten:

	Anschaffungspreis	3.500,00 €	
–	Anschaffungspreisminderung	350,00 €	
+	Anschaffungsnebenkosten	50,00 €	
=	**Anschaffungskosten**	**3.200,00 €**	= Konto „0300 BGA“
+	19 % USt	608,00 €	= Konto „1576 Vorsteuer 19%“
=	**Bruttorechnungsbetrag**	**3.808,00 €**	= Konto „1600 Verbindlichkeiten a.L.L.“

Buchung der Anschaffung des Anlagegutes im Grundbuch:

Nr.	Soll	€	an	Haben	€
1	0300 BGA 1576 Vorsteuer 19 %	3.200,00 608,00	an	1600 Verb. a.L.L.	3.808,00

Gewährt der Lieferant keinen Skontoabzug, ist der Ausgleich der Eingangsrechnung in der bekannten Art und Weise im Grundbuch zu buchen.

Buchung der Zahlung des Anlagegutes:

Nr.	Soll	€		Haben	€
2	1600 Verb. a.L.L.	3.808,00	an	1200 Bank	3.808,00

S	0300 BGA	H
1) 1600 = Anschaffungskosten	3.200,00	

Buchung der Anschaffung und Zahlung eines Anlagegutes mit nachträglicher Preisminderung (Skonto):

Gewährt der Lieferant den Abzug von Skonto, handelt es sich um eine nachträgliche Preisminderung, die erst bei Zahlung der offenen Rechnung innerhalb der Skontofrist gewährt wird und folglich auch erst bei der Zahlung der Rechnung zu buchen ist.

Zwar haben wir bei der rechnerischen Ermittlung der Anschaffungskosten in der Lernstation 1 die nachträgliche Preisminderung direkt berücksichtigt, bei der Buchung dürfen wir dies aber erst zum Zeitpunkt der tatsächlichen Zahlung, denn zahlt z. B. der Unternehmer die Rechnung nicht innerhalb der Skontofrist, so darf er auch keinen Skonto abziehen und die Anschaffungskosten würden sich dadurch wiederum erhöhen.

BEISPIEL

Anschaffung eines neuen Computers (ER 056), zahlbar innerhalb von 14 Tagen unter Abzug von 3 % Skonto oder innerhalb von 30 Tagen netto Kasse

Listeneinkaufspreis:	*3.500,00 €*
Rabatt:	*10 % auf den LEP*
Transportkosten:	*50,00 €*

Berechnung der vorläufigen Anschaffungskosten:

	Anschaffungspreis	3.500,00 €	
–	Anschaffungspreisminderung	350,00 €	
+	Anschaffungsnebenkosten	50,00 €	
=	**vorläufige Anschaffungskosten**	**3.200,00 €**	= Konto „0300 BGA“
+	19 % USt	608,00 €	= Konto „1576 Vorsteuer 19%“
=	**Bruttorechnungsbetrag**	**3.808,00 €**	= Konto „1600 Verbindlichkeiten a.L.L.“

Buchung der Anschaffung des Anlagegutes im Grundbuch:

Nr.	Soll	€	an	Haben	€
1	0300 BGA 1576 Vorsteuer 19 %	3.200,00 608,00	an	1600 Verb. a.L.L.	3.808,00

Durch den Abzug von Skonto bei frühzeitiger Zahlung verringern sich die Anschaffungskosten nachträglich. Diese nachträgliche Preisminderung wird auf dem entsprechenden Anlagenkonto mit einer Gegenbuchung im Haben gebucht, wodurch sich der Wert im Anlagenkonto verringert.

Zusätzlich muss die Vorsteuer korrigiert werden, da diese ursprünglich auf der Grundlage der höheren Anschaffungskosten berechnet wurde. Da nun die Anschaffungskosten nachträglich reduziert werden, muss auch die Vorsteuer nachträglich verringert werden.

Berechnung des Zahlungsbetrages:

	vorläufige Anschaffungskosten	3.200,00 €	
+	19 % USt	608,00 €	
=	**Bruttorechnungsbetrag**	**3.808,00 €**	= Konto „1600 Verbindlichkeiten a.L.L.“
–	3 % Skonto (inkl. USt)	114,24 €	
=	**Zahlungsbetrag**	**3.693,76 €**	= Konto „1200 Bank“

Aufsplittung des Bruttoskontobetrags in den Nettoskontobetrag und den zu korrigierenden VSt-Betrag

Bruttoskonto = 114,24 = 119 %

Nettoskonto = 100 %	*Vorsteuer = 19 %*
= 96,00 €	*= 18,24 €*
= Konto „0300 BGA"	*= Konto „1576 Vorsteuer 19 %"*

Berechnung der endgültigen Anschaffungskosten:

	vorläufige Anschaffungskosten	3.200,00 €
–	3 % Skonto (hier: Nettoskonto)	96,00 €
=	**endgültige Anschaffungskosten**	**3.104,00 €**

Buchung der Zahlung des Anlagegutes:

Nr.	Soll	€	an	Haben	€
2	1600 Verb. a.L.L.	3.808,00	an	0300 BGA	96,00
			an	1576 Vorsteuer 19 %	18,24
			an	1200 Bank	3.693,76

S	0300 BGA		H
1) 1600	3.200,00	2) 1600	96,00
		Saldo:	3.104,00
		(= Anschaffungskosten)	

MERKE:

- *Alle Anschaffungskosten werden auf dem jeweiligen Anlagenkonto gebucht.*
- *Sofortrabatte werden nicht extra gebucht, sondern verringern direkt die Anschaffungskosten.*
- *Auch nachträgliche Anschaffungsnebenkosten werden auf dem Anlagenkonto gebucht. (Beispiel: Ein Spediteur stellt Transportkosten für die Anlieferung einer Hebebühne in Rechnung. Die Transportkosten werden als Anschaffungsnebenkosten ebenfalls direkt auf dem Anlagenkonto der Hebebühne gebucht.)*
- *Auch nachträgliche Preisnachlässe (z. B. Skonto) mindern die Anschaffungskosten des Anlagegutes und sind deshalb unmittelbar auf dem Anlagenkonto als Haben-Buchung gegenzubuchen.*
- *Nachdem sämtliche Anschaffungskosten und nachträgliche Preisminderungen gebucht worden sind, weist das jeweilige Anlagenkonto als Schlussbestand die endgültigen Anschaffungskosten aus.*

LS 115
Lernstation 3

Wir erfassen den Wertverlust des AV mithilfe der linearen und degressiven Abschreibungsmethode

§ 253 HGB Wertansätze der Vermögensgegenstände und Schulden

(...) (3) Bei Vermögensgegenständen des Anlagevermögens, deren Nutzung zeitlich begrenzt ist, sind die Anschaffungs- oder die Herstellungskosten um planmäßige Abschreibungen zu vermindern. Der Plan muss die Anschaffungs- oder Herstellungskosten auf die Geschäftsjahre verteilen, in denen der Vermögensgegenstand voraussichtlich genutzt werden kann. Ohne Rücksicht darauf, ob ihre Nutzung zeitlich begrenzt ist, sind bei Vermögensgegenständen des Anlagevermögens bei voraussichtlich dauernder Wertminderung außerplanmäßige Abschreibungen vorzunehmen, um diese mit dem niedrigeren Wert anzusetzen, der ihnen am Abschlussstichtag beizulegen ist. Bei Finanzanlagen können außerplanmäßige Abschreibungen auch bei voraussichtlich nicht dauernder Wertminderung vorgenommen werden. (...)

Planmäßige und außerplanmäßige Abschreibung

Abnutzbare Anlagegüter → Nutzung zeitlich begrenzt	**Nicht abnutzbare Anlagegüter** → Nutzung zeitlich nicht begrenzt
Beispiele: immaterielle Vermögensgegenstände und Sachanlagen (ohne Grundstücke) wie Gebäude, technische Anlagen und Maschinen, Betriebs- und Geschäftsausstattung mit Fuhrpark	Beispiele: Grundstücke und alle Finanzanlagen
↓ planmäßige Abschreibung gemäß § 253 HGB und §§ 6, 7 EStG	↓ keine planmäßige Abschreibung möglich!

↓

(Zusätzliche) außerplanmäßige Abschreibungen gemäß § 253 HGB und §§ 6, 7 EStG sind bei allen Anlagegütern möglich.

Ursachen des Wertverlustes beim AV

Die Anschaffung von Anlagegütern erhöht das AV des Automobilhändlers. Dieser nutzt die Anlagegüter langfristig über Jahre hinweg, dabei verliert das Anlagegut an Wert.

***BEISPIEL** Autoland Murschall GmbH*

Der neu gekaufte Abschleppwagen der Autoland Murschall GmbH ist im ersten Geschäftsjahr bereits 20 000 km gelaufen. Durch Unachtsamkeiten der jeweiligen Fahrer sind auch schon erste Gebrauchsspuren am Fahrzeug entstanden. Würde die Autoland Murschall GmbH jetzt das Fahrzeug nach einem Jahr Nutzung verkaufen, würde sie bestimmt nicht mehr den Preis erzielen, den sie vor einem Jahr für das Fahrzeug bezahlt hat.

Ursachen für diesen Wertverlust sind:

- Abnutzung
- Verschleiß durch Witterung
- technische Veralterung durch den technischen Fortschritt

Dieser Wertverlust wird mithilfe der sogenannten **Abschreibung** in Euro ausgedrückt. Das Steuerrecht benutzt den Begriff Absetzung für Abnutzung (= ***AfA***). Mithilfe der Abschreibung werden die Anschaffungskosten von Jahr zu Jahr korrigiert, um den Wertverlust dieses Anlagegutes zu berücksichtigen. Abschreibungen sind Aufwendungen und gehen somit gewinnmindernd in die GuV-Rechnung ein.

AfA
Absetzung für Abnutzung (steuerrechtlicher Begriff für Abschreibung)

Nach den rechtlichen Vorschriften müssen alle Vermögensgegenstände, deren Nutzung zeitlich begrenzt ist (abnutzbares AV), planmäßig abgeschrieben werden. Dabei werden die Anschaffungskosten auf die betriebsgewöhnliche Nutzungsdauer verteilt, unter Berücksichtigung der gewählten Abschreibungsmethode. Die betriebsgewöhnliche Nutzungsdauer kann den AfA-Tabellen entnommen werden, die das Bundesfinanzministerium aufgrund von Erfahrungswerten zusammenstellt.

Fundstelle	Anlagegüter	Nutzungsdauer in Jahren
3.10.4	Autowaschanlagen	10
4.2.1	Personenkraftwagen und Kombiwagen	6
4.2.3	Lastkraftwagen, Sattelschlepper, Kipper	9
3.5	Hochregallager	15
6.1	Wirtschaftsgüter der Werkstätten-, Labor- und Lagereinrichtungen	14
6.13.2.2	Mobilfunkendgeräte	5
6.14.3.2	Workstations, PCs, Notebooks und Peripheriegeräte (Drucker, Scanner u. Ä.)	3
6.14.4	Foto-, Film-, Video- und Audiogeräte (Fernseher, CD-Player, Rekorder, Lautsprecher, Radios, Verstärker, Kameras, Monitore u. Ä.)	7
6.14.7	Registrierkassen	6
6.14.11	Zeiterfassungsgeräte	8
6.15	Büromöbel	13

Dies ist ein Auszug aus den AfA-Tabellen des Bundesfinanzministeriums.

Zusatzinformation

Außerplanmäßige Abschreibungen müssen bei abnutzbaren Sachanlagen im Falle einer außergewöhnlichen und dauernden Wertminderung neben der planmäßigen Abschreibung vorgenommen werden. Zum Beispiel muss bei einem Brandschaden eine zusätzliche außerplanmäßige Abschreibung erfolgen. Nicht abnutzbare Anlagegegenstände unterliegen keiner zeitlichen Nutzungsbegrenzung und können deshalb auch nur außerplanmäßig abgeschrieben werden, wenn eine Wertminderung eintritt.

nicht abnutzbar = z. B. Grundstücke

Methoden der Abschreibung

Die Berechnung der planmäßigen Abschreibung erfolgt u.a. nach dem Prinzip der linearen Abschreibung und der degressiven Abschreibung. Beide Abschreibungsmethoden ermitteln jedoch nur Näherungswerte/Schätzwerte für den eigentlichen Wertverlust.

Lineare Abschreibung

Bei der linearen Abschreibung werden die Anschaffungskosten gleichmäßig auf die betriebliche Nutzungsdauer verteilt. Deshalb ist der Anlagegegenstand bei linearer Abschreibung am Ende der Nutzungsdauer voll abgeschrieben, d.h., der Buchwert beträgt nach Ablauf der betrieblichen Nutzungsdauer 0,00€ bzw. 1,00€ Erinnerungswert, wenn das Anlagegut am Ende der betrieblichen Nutzungsdauer weiter im Betrieb genutzt wird.

Die linearen Abschreibungsbeträge sind jedes Nutzungsjahr gleich hoch und können in zweifacher Weise berechnet werden:

a) $\text{linearer AfA-Betrag (in €)} = \dfrac{\text{Anschaffungskosten}}{\text{Nutzungsdauer}}$

b) $\text{linearer AfA-Betrag (in \%)} = \dfrac{100}{\text{Nutzungsdauer}}$

> *Zur Berechnung des AfA-Betrages wird der AfA-Satz auf die Anschaffungskosten bezogen.*

BEISPIEL *Anschaffungskosten eines Pkw 27.000,00€, Nutzungsdauer 6 Jahre*

Aufstellung eines Abschreibungsplanes	**lineare AfA** a) $\text{AfA-Betrag} = \dfrac{27.000{,}00\,€}{6} = 4.500{,}00\,€$ b) $\text{AfA-Satz} = \dfrac{100}{6} = 16{,}67\,\%$
Anschaffungskosten	27.000,00€
– Abschreibung 1. Jahr	4.500,00€
= Buchwert Ende 1. Jahr	22.500,00€
– AfA 2. Jahr	4.500,00€
= Buchwert Ende 2. Jahr	18.000,00€
– AfA 3. Jahr	4.500,00€
= Buchwert Ende 3. Jahr	13.500,00€
– AfA 4. Jahr	4.500,00€
= Buchwert Ende 4. Jahr	9.000,00€
– AfA 5. Jahr	4.500,00€
= Buchwert Ende 5. Jahr	4.500,00€
– AfA 6. Jahr	4.500,00€ *
= Buchwert Ende 6. Jahr	0,00€ *

* Oder 4.499,00€ AfA im 6. Jahr und 1,00€ Erinnerungswert am Ende des 6. Jahres, wenn das Anlagegut am Ende der betrieblichen Nutzungsdauer weiter im Betrieb genutzt wird.

Degressive Abschreibung

Die degressive Abschreibungsmethode ist die Abschreibungsmethode, die am häufigsten dem steuerpolitischen Wandel unterliegt. In der Vergangenheit wurde öfter der degressive Abschreibungssatz verändert oder die degressive Abschreibung wurde zeitweise sogar steuerrechtlich ganz verboten.

Bis 2000 angeschaffte Wirtschaftsgüter	Bis 2005 angeschaffte Wirtschaftsgüter	2006 und 2007 angeschaffte Wirtschaftsgüter	Im Jahr 2008 angeschaffte Wirtschaftsgüter	2009 und 2010 angeschaffte Wirtschaftsgüter	Ab 2011
3-fache lineare Abschreibung, aber maximal 30 %	2-fache lineare Abschreibung, aber maximal 20 %	3-fache lineare Abschreibung, aber maximal 30 %	keine degressive Abschreibung, nur noch lineare Abschreibung möglich	2,5-fache lineare Abschreibung, aber maximal 25 %	siehe 2008

Bei der degressiven Abschreibung werden jährlich sinkende Abschreibungsbeträge abgeschrieben. Auch hier stellt die Nutzungsdauer der einzelnen Anlagegüter die Grundlage für die Berechnung der Abschreibungswerte dar.

Für die Berechnung der degressiven Abschreibungswerte muss daher zunächst immer der lineare AfA-Satz bestimmt werden. Der auf diesem Weg ermittelte AfA-Satz wird, um den jährlichen Abschreibungsbetrag zu ermitteln, im ersten Nutzungsjahr auf die Anschaffungskosten und im weiteren Verlauf jeweils auf den Restbuchwert des Anlagegutes aus dem Vorjahr bezogen.

Nach Ablauf der Nutzungsdauer bleibt bei der degressiven Abschreibung noch ein erheblicher Restwert übrig. Das Unternehmen kann bei der degressiven Abschreibung nicht die gesamten Anschaffungskosten als Aufwand geltend machen, es geht Geld „verloren". Deshalb darf das Unternehmen von der degressiven zur linearen Abschreibung wechseln.

Der Wechsel lohnt genau dann, wenn die linearen AfA-Beträge, bezogen auf die Restdauer, größer als (bzw. gleich groß wie) der degressive Abschreibungsbetrag des nächsten Nutzungsjahres sind.

Die linearen Abschreibungsbeträge werden ermittelt, indem der jeweilige Restbuchwert durch die verbleibende Restnutzungsdauer geteilt wird. Somit wird der aktuelle Restwert (Buchwert) auf die verbleibende Nutzungsdauer gleichmäßig verteilt.

Man muss also nach jedem Jahr genau prüfen, ob der nun gültige lineare Abschreibungsbetrag nach einem Wechsel größer bzw. gleich dem jeweiligen degressiven AfA-Betrag des folgenden Nutzungsjahres ist. Die Berechnung erfolgt über die Formel:

$$\text{mögliche lineare Abschreibung} = \frac{\text{Restbuchwert}}{\text{Restnutzungsdauer}}$$

BEISPIEL

Anschaffung eines Pkw, Anschaffungskosten 27.000,00 € netto, Nutzungsdauer 6 Jahre

$$\text{linearer AfA-Satz (in \%)} = \frac{100}{6} = 16{,}67\,\%$$

Aufstellung eines Abschreibungsplans	degressive Abschreibung degressiver AfA-Satz = 2,5 · 16,67 % = 41,67 %, aber max. nur 25 % degressiver AfA-Satz, also 25 %	Wechsel von der degressiven zur linearen Abschreibung
Anschaffungskosten	27.000,00 €	...
– Abschreibung 1. Jahr	6.750,00 €	...
= Buchwert Ende 1. Jahr	20.250,00 €	20.250,00 € / 5 Jahre Restnutzungsdauer = 4.050,00 €. Da dieser Betrag kleiner ist als die degressive Abschreibung im 2. Jahr (5.062,50 €), erfolgt noch kein Wechsel zur linearen Abschreibung.
– AfA 2. Jahr	5.062,50 €	
= Buchwert Ende 2. Jahr	15.187,50 €	15.187,50 / 4 Jahre Restnutzungsdauer = 3.796,88 €. Hier ergibt sich bei degressiver Abschreibung exakt der gleiche Betrag, also erfolgt im 3. Jahr der Wechsel zur linearen AfA.
– AfA 3. Jahr	3.796,88 €	3.796,88 €
= Buchwert Ende 3. Jahr	11.390,62 €	11.390,62 €
– AfA 4. Jahr	2.847,66 €	3.796,88 €
= Buchwert Ende 4. Jahr	8.542,96 €	7.593,74 €
– AfA 5. Jahr	2.135,74 €	3.796,88 €
= Buchwert Ende 5. Jahr	6.407,22 €	3.796,86 €
– AfA 6. Jahr	1.601,81 €	3.796,86 € (3.795,86 €)
= Buchwert Ende 6. Jahr	4.805,41 €	0,00 € (1,00 €)

Der Wechsel von der degressiven Abschreibung zur linearen Abschreibung erfolgt zu Beginn des 3. Nutzungsjahres, sodass ab dem 3. Jahr linear abgeschrieben wird.
Der Buchwert am Ende des 2. Nutzungsjahres (15.187,50 €) wird auf die restlichen vier Nutzungsjahre gleichmäßig verteilt. Genauso gut könnte man sagen, dass der Wechsel im 4. Jahr erfolgt.
Es ergeben sich die gleichen Beträge.

Hinweis:
Beachten Sie, dass es zu Rundungsdifferenzen kommen kann.

Welche Abschreibungsmethode wählen wir?

LS 115
Lernstation 4

Durch die Nutzung der Anlagegüter verlieren diese ständig an Wert. Diese Wertminderung beinhaltet für den Unternehmer grundsätzlich drei Aspekte im Rahmen der Finanzbuchhaltung.

Aspekt 1:
Die Wertminderung muss lt. HGB in den Konten der Anlagegüter festgehalten werden (siehe Lernstation 5). Würde dies nicht geschehen, würden die Anlagekonten einen Wert für das Anlagevermögen ausweisen, der viel zu hoch ist und nicht die tatsächliche Vermögenssituation des Unternehmens widerspiegelt. Mögliche Kreditgeber oder Gesellschafter könnten über die Vermögenssituation des Unternehmens getäuscht werden.

Aspekt 2:
Durch die Abschreibung wird der Wertverlust des Anlagevermögens quantifiziert (zahlenmäßig ausgedrückt) und in den Büchern vermerkt. Diese Wertminderung wird als Aufwand gebucht, wodurch der Gewinn in der GuV-Rechnung sinkt. Sinkt der Gewinn, fallen weniger gewinnabhängige Steuern an.

Würde ein Unternehmen nicht abschreiben, d. h. seinen Wertverlust des Anlagevermögens in den Finanzbüchern nicht vermerken, dann würde es die Chance vertun, seinen Wertverlust gewinnmindernd im GuV-Konto zu buchen und somit seinen Gewinn zu reduzieren und dadurch seine gewinnabhängigen Steuern zu senken.

Seinen Wertverlust beim Anlagevermögen hätte es trotzdem auch ohne Buchung. Spätestens beim Verkauf des AV würde dieser Wertverlust zutage treten. So wird der Wertverlust aber frühzeitig als Aufwand gebucht, es kommt im Zeitverlauf frühzeitig zu einer Steuerersparnis, die zinsbringend angelegt werden kann. Steuern lassen sich grundsätzlich immer durch zusätzliche Aufwendungen verringern. Entscheidend bei der Abschreibung ist aber, dass es hier zu keiner Ausgabe, sprich Abfluss von liquiden Mitteln kommt.

BEISPIEL

Der Geschäftsführer lädt jeden Abend potenzielle Kunden zum Essen ein. Diese Werbungskosten werden als Aufwand auch den Gewinn und somit die Steuern verringern. Aber sie bedeuten auch Abfluss von liquiden Mitteln.
Im Gegensatz zu diesem Beispiel haben die AfA-Aufwendungen aber einen klaren Vorteil: Abschreibungen führen zu keiner Ausgabe (Abfluss von liquiden Mitteln), sie halten nur fest, was durch den Gebrauch des Anlagevermögens jeden Tag erfolgt – die Wertminderung des Anlagevermögens.

Aspekt 3:
Planmäßige Abschreibungen, die als Kostenbestandteil mit in die Verkaufspreise einkalkuliert werden, ermöglichen einen Neukauf verbrauchter Güter.

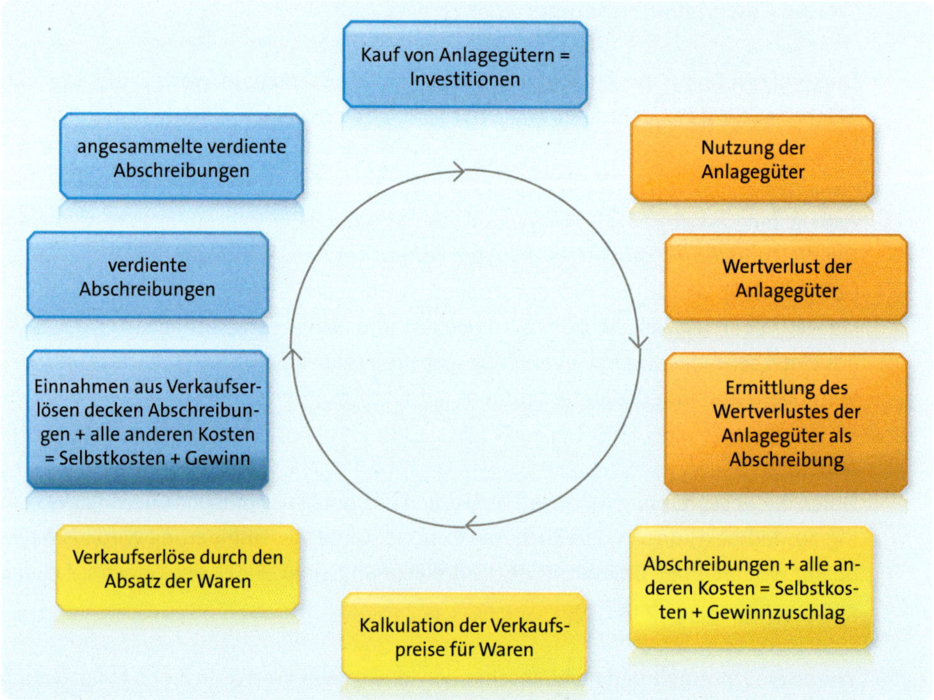

Auswirkungen von Abschreibungen

Die folgenden Überlegungen sind natürlich nur dann relevant, wenn die degressive Abschreibung für das betreffende Jahr erlaubt ist (siehe dazu die Tabelle auf S. 197).

Wann wähle ich welche Abschreibungsmethode?

Für die Beantwortung dieser Frage schauen wir uns noch einmal die lineare und die degressive Abschreibungsmethode in ihrem zeitlichen Verlauf an und vergleichen die Abschreibungsbeträge miteinander.

Die Abschreibungsbeträge sind in den ersten Jahren bei der degressiven Abschreibung (sofern sie gesetzlich zulässig ist) größer als bei der linearen. Entscheidet sich ein Unternehmen zunächst für die degressive AfA, können so in den ersten Jahren größere AfA-Beträge als Aufwand verbucht werden, die anfänglich zu einer größeren Gewinn- und Steuerminderung führen als bei der linearen Abschreibung.

Bei der linearen Abschreibung sind die Abschreibungsbeträge anfänglich kleiner als bei der degressiven Methode, dafür sind aber im Zeitverlauf später die linearen Abschreibungsbeträge größer als bei der degressiven AfA. Somit können später höhere Aufwendungen verbucht werden, die dann zu einem späteren Zeitpunkt zu einer größeren Gewinn- und Steuerminderung führen als bei der degressiven AfA-Methode.

Bei der Wahl der Abschreibungsmethode ist somit die Gewinnsituation des Unternehmens ausschlaggebend. Erwartet das Unternehmen bei Anschaffung eines Anlagegutes einen Gewinn, so wählt es die degressive Abschreibungsmethode, da es so früher höhere Aufwendungen buchen und somit früher den Gewinn durch die Abschreibungsaufwendungen schmälern kann. Dies führt früher zu einer Steuerersparnis.

Die frühzeitig „gesparten Steuern" können z. B. zinsbringend am Kapitalmarkt angelegt werden. Die degressive AfA führt hier also zu einem positiven Zinseffekt.

Sehen dagegen die Erfolgschancen eines Unternehmens bei der Anschaffung des Anlagegutes zwischenzeitlich nicht so positiv aus und wird evtl. im laufenden und folgenden Geschäftsjahr mit einem Verlust gerechnet, so ist es sinnvoller, direkt die lineare Abschreibung zu wählen. Dies hat zur Folge, dass zu einem späteren Zeitpunkt – hoffentlich dann wieder in einer Gewinnsituation – höhere Abschreibungen geltend gemacht werden können.

Wir buchen zum Jahresabschluss die Abschreibung

LS 115
Lernstation 5

Die Wertminderung muss in den Konten der Anlagegüter gemäß HGB vermerkt werden, ansonsten würden diese ständig einen zu hohen Wert für die Anlagegüter ausweisen. So wäre z. B. der vor sechs Jahren angeschaffte Firmenwagen ohne gebuchte Abschreibung laut Fuhrpark-Konto immer noch so viel wert wie bei der Anschaffung. Die Wertminderung des Anlagegutes wird als Aufwand gebucht.

Buchungssatz: AfA an „Anlagenkonto" (z. B. Fuhrpark)

BEISPIEL

Anlagegut:	*Pkw*
Nutzungsdauer:	*6 Jahre*
Anschaffungskosten:	*27.000,00 €*
linearer Abschreibungsbetrag:	*4.500,00 €*
Anschaffungsdatum:	*Januar 20X1*

Grundbuch:

1. Anschaffung des Pkw, Zahlung per Lastschrift
2. Buchung der Abschreibung zum 31. 12. 20X1
3. Abschlussbuchung des Kontos „4621 AfA auf Fuhrpark"
4. Abschlussbuchung des Kontos „0320 Pkw "

Nr.	Soll	€	an	Haben	€
1	0320 Pkw 1576 Vorsteuer 19 %	27.000,00 5.130,00	an	1200 Bank	32.130,00
2	4621 AfA auf Fuhrpark	4.500,00	an	0320 Pkw	4.500,00
3	9030 Betriebsergebnis	4.500,00	an	4621 AfA auf Fuhrpark	4.500,00
4	9010 SBK	22.500,00	an	0320 Pkw	22.500,00

Hauptbuch (Auszug):

S	0320 Pkw		H
1) 1200	27.000,00	2) 4621	4.500,00
		4) 9010	22.500,00

S	4621 AfA auf Fuhrpark		H
2) 0320	4.500,00	3) 9030	4.500,00

S	9010 SBK		H
4) 0320	22.500,00		

S	9030 Betriebsergebnis (BE)		H
3) 4621	4.500,00		

LS 115
Lernstation 6

Die monatsgenaue Abschreibung im Anschaffungsjahr

Seit 2004 müssen Abschreibungen grundsätzlich monatsgenau berechnet werden. Was das bedeutet, wird am folgenden Beispiel verdeutlicht:

BEISPIEL *Autoland Murschall GmbH*

Die Autoland Murschall GmbH schafft sich einen neuen Computer für 6.000,00 € netto an. Die betriebsgewöhnliche Nutzungsdauer beträgt bei Personal Computern drei Jahre, somit beträgt die lineare Abschreibung im Jahr 2.000,00 € (6.000,00 €/drei Jahre). Wenn die Autoland Murschall GmbH den PC nun aber im November 2007 kauft, steht er dem Betrieb in dem Jahr genau genommen ja nur zwei von zwölf Monaten zur Verfügung.
Und hier nimmt es der Fiskus sehr genau: Beim Kauf im November darf das Unternehmen für das Anschaffungsjahr 2007 nur 2/12 der gesamten Jahres-AfA ansetzen, denn der PC kann nur im November und im Dezember 2007 genutzt werden. (Dabei spielt es keine Rolle, ob der PC am 1. oder 30. November angeschafft wird. Wenn die Anschaffung im November erfolgt, wird der Anschaffungsmonat noch als Nutzungsmonat gewertet.) In Zahlen ausgedrückt bedeutet dies, dass nun im Anschaffungsjahr 2007 nur 2/12 von dem gesamten Abschreibungsaufwand/Jahr angesetzt werden dürfen, also nur 2/12 von 2,000,00 € = 333,33 €. In den folgenden zwei Jahren beträgt die AfA auf den PC dann jeweils 2.000,00 €. Die restlichen 10/12 aus dem Anschaffungsjahr dürfen schließlich im 4. Geschäftsjahr geltend gemacht werden.

Abschreibungsdaten für den PC:

Anlagegut	PC
Anschaffungskosten	6.000,00 €
Anschaffungsdatum	12. November 20X1
Abschreibungsmethode	linear
Nutzungsdauer	3 Jahre

Berechnung der Abschreibungsaufwendungen:

lineare Abschreibungssumme pro Jahr:

$$\frac{6.000,00\,€}{3\ \text{Jahre}} = 2.000,00\,€$$

Abschreibungsaufwand für das Anschaffungsjahr, in dem der PC zwei Monate (November + Dezember) noch genutzt werden kann:

$$\frac{2.000,00\,€}{12\ \text{Monate}} \cdot 2\ \text{Monate} = 333,33\,€$$

Abschreibungsaufwand im 4. Nutzungsjahr:

2.000,00 € – 333,33 € = 1.666,67 €

(Dies sind die restlichen 10/12 von 2.000,00 €, die im Anschaffungsjahr nicht angesetzt werden durften.)

Abschreibungsplan für den PC:

Nutzungsdauer = 3 Jahre	lineare Abschreibung
Anschaffungskosten	6.000,00 €
– AfA 1. Jahr (für November und Dezember)	333,33 €
= Buchwert Ende 1. Jahr	5.666,67 €
– AfA 2. Jahr	2.000,00 €
= Buchwert Ende 2. Jahr	3.666,67 €
– AfA 3. Jahr	2.000,00 €
= Buchwert Ende 3. Jahr	1.666,67 €
– AfA 4. Jahr (Januar bis Oktober)	1.666,67 €
= Buchwert Ende 4. Jahr	0,00 €

Wir verkaufen gebrauchte Anlagegüter

LS 115
Lernstation 7

***SITUATION** Autoland Murschall GmbH*

Die Autoland Murschall GmbH kauft im Januar einen neuen Gabelstapler für das Lager für 60.000,00 € netto und zahlt per Überweisung. Dieses Betriebsfahrzeug wird laut AfA-Tabelle betrieblich acht Jahre genutzt werden. Das Fahrzeug soll am Jahresende linear abgeschrieben werden.

Grundbuch:

1. Kauf des Gabelstaplers
2. Abschreibung am Jahresende
3. Abschluss des Kontos „4620 AfA auf Sachanlagen" am Jahresende
4. Abschluss des Kontos „0300 BGA"

Nr.	Soll	€	an	Haben	€
1	0300 BGA 1576 Vorsteuer 19 %	60.000,00 11.400,00	an	1200 Bank	71.400,00
2	4620 AfA auf Sachanlagen	7.500,00	an	0300 BGA	7.500,00
3	9030 Betriebsergebnis	7.500,00	an	4620 AfA auf Sachanlagen	7.500,00
4	9010 SBK	52.500,00	an	0300 BGA	52.500,00

Hauptbuch (Auszug):

S	0300 BGA		H
1) 1200	60.000,00	2) 4620	7.500,00
		4) 9010	52.500,00

S	4620 AfA auf Sachanlagen		H
2) 0300	7.500,00	3) 9030	7.500,00

FOLGESITUATION

Im nächsten Jahr zeigt sich, dass sich die Anschaffung des Gabelstaplers nicht gelohnt hat. Er soll zu Beginn des 2. Nutzungsjahres verkauft werden.

Zu welchem Preis könnte der Gabelstapler verkauft werden?
Drei generelle Fälle sind denkbar:

Fall 1: Nettoverkaufspreis (52.500,00 €) = Restbuchwert (= 52.500,00 €)
→ theoretischer Fall

Fall 2: Nettoverkaufspreis (z. B. 54.000,00 €) > Restbuchwert (= 52.500,00 €)
→ Ertrag (+ 1.500,00 €)

Fall 3: Nettoverkaufspreis (z. B. 50.000,00 €) < Restbuchwert (= 52.500,00 €)
→ Aufwand (– 2.500,00 €)

Fall 1: Nettoverkaufspreis = Restbuchwert
Der Gabelstapler steht im neuen Geschäftsjahr mit einem Restbuchwert (= Anfangsbestand) in Höhe von 52.500,00 € im Konto „0300 BGA". Das Gerät wird nun für genau 52.500,00 € netto verkauft.

Somit wird lediglich das Konto „0300 BGA" im Haben mit 52.500,00 € gegengebucht, wodurch der Restbuchwert rausgebucht wird. Da die Autoland Murschall GmbH durch den Verkauf des Anlagevermögens einen Umsatz macht, fällt auch Umsatzsteuer auf den Nettoverkaufspreis an, die entsprechend gebucht wird.

Abschließend ist zu bemerken, dass es sich hierbei meist um einen „theoretischen" Fall handelt, der sicherlich äußerst selten eintritt, denn meist liegt der Nettoverkaufspreis über oder unter dem Restbuchwert.

Soll	€	an	Haben	€
1200 Bank	62.475,00	an an	0300 BGA 1776 Umsatzsteuer 19 %	52.500,00 9.975,00

Betreff

Rechnung 2-1024

Bezeichnung	Gesamtpreis
gebrauchter Gabelstapler	52.500,00 €
+ 19 % USt	9.975,00 €
Bruttorechnungsbetrag	**62.475,00 €**

Hauptbuch (Auszug):

S	0300 BGA		H
9000	52.500,00	1200	52.500,00

S	1200 Bank		H
0300, 1776	62.475,00		

S	1776 Umsatzsteuer 19 %		H
		1200	9.975,00

Fall 2: Nettoverkaufspreis > Restbuchwert

Der Gabelstapler steht im neuen Geschäftsjahr mit einem Restbuchwert (= Anfangsbestand) in Höhe von 52.500,00 € im Konto „0300 BGA". Das Gerät wird nun für 54.000,00 € netto verkauft.

Somit liegt der Verkaufspreis um 1.500,00 € über dem aktuellen Restbuchwert. Ursächlich kann hierfür die gute Pflege des Gabelstaplers oder die günstige Gebrauchtmarktsituation sein. Die Differenz zwischen Restbuchwert und Nettoverkaufspreis in Höhe von + 1.500,00 € stellt somit einen außerordentlichen betrieblichen Ertrag dar, der im Haben gebucht wird.

Ansonsten wird der Restbuchwert in Höhe von 52.500,00 € im Konto „0300 BGA" mit einer Haben-Buchung rausgebucht und die Umsatzsteuer wird auf den Nettoverkaufspreis berechnet und im Haben gebucht.

Soll	€	an	Haben	€
1200 Bank	64.260,00	an an	0300 BGA 2710 Erträge aus Zuschreibung 1776 Umsatzsteuer 19 %	52.500,00 1.500,00 10.260,00

Betreff

Rechnung 2-1025

Bezeichnung	Gesamtpreis
gebrauchter Gabelstapler	54.000,00 €
+ 19 % USt	10.260,00 €
Bruttorechnungsbetrag	**64.260,00 €**

Hauptbuch (Auszug):

S	0300 BGA		H
9000	52.500,00	1200	52.500,00

S	1200 Bank		H
0300, 2710, 1776	64.260,00		

S	1776 Umsatzsteuer 19 %		H
		1200	10.260,00

S	2710 Erträge aus Zuschreibung		H
		1200	1.500,00

Fall 3: Nettoverkaufspreis < Restbuchwert

Der Gabelstapler steht im neuen Geschäftsjahr mit einem Restbuchwert (= Anfangsbestand) in Höhe von 52.500,00 € im Konto „0300 BGA". Das Gerät wird nun für 50.000,00 € netto verkauft.

Somit liegt der Verkaufspreis um 2.500,00 € unter dem aktuellen Restbuchwert. Ursächlich kann hierfür die schlechte Pflege des Gabelstaplers oder die ungünstige Gebrauchtmarktsituation sein. Die Differenz zwischen Restbuchwert und Nettoverkaufspreis in Höhe von −2.500,00 € stellt somit einen außerordentlichen betrieblichen Aufwand dar, der im Soll gebucht wird.

Ansonsten wird der Restbuchwert in Höhe von 52.500,00 € im Konto „0300 BGA" mit einer Haben-Buchung rausgebucht, die Umsatzsteuer wird auf den Nettoverkaufspreis berechnet und im Haben gebucht.

Soll	€	an	Haben	€
1200 Bank	59.500,00	an	0300 BGA	52.500,00
2310 Anlagenabgänge Sachanlagen	2.500,00	an	1776 Umsatzsteuer 19 %	9.500,00

Betreff

Rechnung 2-1026

Bezeichnung	Gesamtpreis
gebrauchter Gabelstapler	50.000,00 €
+ 19 % USt	9.500,00 €
Bruttorechnungsbetrag	**59.500,00 €**

Hauptbuch (Auszug):

S	0300 BGA		H
9000	52.500,00	1200, 2310	52.500,00

S	1200 Bank		H
0300, 1776	59.500,00		

S	1776 Umsatzsteuer 19 %		H
		1200, 2310	9.500,00

S	2310 Anlagenab. Sachanlagen		H
0300, 1776	2.500,00		

Grundbuch bei direkter Abschreibung:

Nr.	Soll	€	an	Haben	€
1	0480 GWG 1576 Vorsteuer 19%	390,00 74,10	an	1600 Verbindlichkeiten a.L.L.	464,10
2	4640 Sofortabschreibung GWG (20X1)	390,00	an	0480 GWG	390,00

Grundbuch bei regulärer Abschreibung (Büromöbel, 13 Jahre):

Nr.	Soll	€	an	Haben	€
1	0300 BGA 1576 Vorsteuer 19%	390,00 74,10	an	1600 Verbindlichkeiten a.L.L.	464,10
2	4620 Abschreibung auf Sachanlagen	30,00	an	0300 BGA	30,00

Hinweis:
Die Abschreibungsdauer für Büromöbel beträgt 13 Jahre.

Für das jeweilige Wirtschaftsjahr muss sich der Automobilhändler zwischen den zwei Bewertungsmöglichkeiten entscheiden und einheitlich für alle GWG in dem Jahr verwenden.

5.3.3 Bewertung des Umlaufvermögens

LS 110

Zum Umlaufvermögen eines Automobilhändlers gehören:

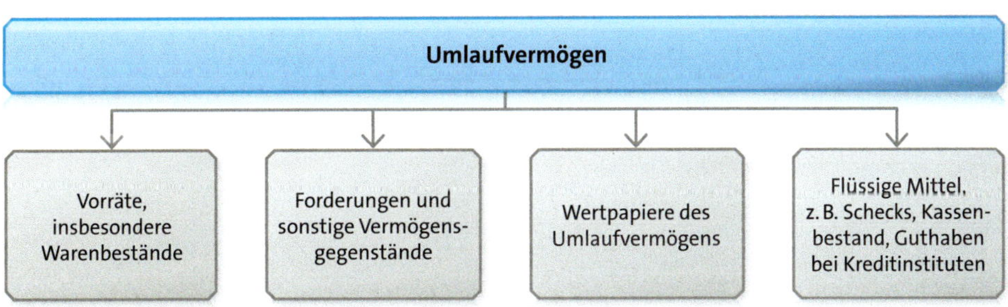

Bewertung der Warenbestände

Für ein Autohaus ist die **Bewertung der Warenvorräte** von besonderer Bedeutung. Grundsätzlich gilt hier die **Einzelbewertung.**

Wurde die Rechnung innerhalb der Skontofrist bezahlt, so müssen nach dem Prinzip der Einzelbewertung am 31.12.20XX die Restbestände, die dieser Lieferung zuzuordnen sind, wie folgt bewertet werden:

ASI Autoteile GmbH & Co. KG

Breitestr. 42 69046 Gundershausen Tel. 0981/9897-0 Fax: 0981/ 9897-32

ASF Autoteile GmbH & Co.KG Breitestr. 42 69046 Gundershausen

Autoland Murschall GmbH
Plittersdorfer Str. 48
53173 Bonn

Kundennummer	Rechnungsnummer	Bei Bezahlung bitt angeben!	Rechnungsdatum
K 11	512	FR	20.11.20XX
Ihre Bestellung Nr.:	vom 10.11.20XX	Lieferschein	Lieferdatum
69		410	20.11.20XX

Rechnung Nr. 512

Pos.-Nr.	Artikel-Nr.	Warenbezeichnung	Menge	Preis/ Einheit	Mengen-einheit	Rabatt	Gesamt-betrag
1	44300	Leuchtmittel H 35	300	5,35 €	Stück	10 %	1.444,50 €

Warenwert	Versand-kosten	Nettobetrag	MwSt-Satz	MwSt-Betrag	Rechnungs-betrag
1.444,50 €		1.444,50 €	19 %	274,46 €	1.718,96 €

Zahlungsziel: 30 Tage. Bei Zahlung innerhalb von 7 Tagen 2 % Skonto.

Bewertung	Leuchtmittel H 35
Inventurmenge (Restbestand) am 31.12.	38 Stück
Listenpreis je Stück	5,35 €
Listenpreis der Inventurmenge	203,30 €
– 10 % Rabatt	– 20,33 €
– 2 % Skonto	– 3,66 €
= Anschaffungskosten der Inventurmenge	= 179,31 €
Anschaffungskosten je Stück	4,72 €

Das Prinzip der Einzelbewertung für den gesamten Warenbestand einzuhalten, wäre allerdings sehr zeit- und damit auch sehr kostenaufwendig, wenn der am Jahresende zu bewertende Warenvorrat aus verschiedenen Lieferungen mit unterschiedlichen Anschaffungskosten stammt. Zur Vereinfachung des Bewertungsverfahrens sind deshalb auch **Sammel- bzw. Gruppenbewertungen** möglich.

Durchschnittsbewertung

§ 240 Abs. 4 HGB Inventar

(...)
(4) Gleichartige Vermögensgegenstände des Vorratsvermögens sowie andere gleichartige oder annähernd gleichwertige bewegliche Vermögensgegenstände und Schulden können jeweils zu einer Gruppe zusammengefasst und mit dem gewogenen Durchschnittswert angesetzt werden.

Planmäßige und außerplanmäßige Abschreibung

BEISPIEL

Für die Bremsbeläge XZ7 (Satz) wird laut Inventur am 31.12.20XX ein Endbestand von 20 Stück ermittelt. Bei diesem Artikel ist eine Zuordnung zu bestimmten Lieferungen nicht möglich bzw. wirtschaftlich nicht sinnvoll.

Bestände/Einkäufe	Menge in Stück	Anschaffungs-kosten je Stück (€)	Anschaffungs-kosten gesamt (€)
Anfangsbestand am 01.01.20XX	12	32,10	385,20
Einkauf 02.02.20XX	30	30,00	900,00
Einkauf 16.05.20XX	20	33,00	660,00
Einkauf 01.08.20XX	40	29,90	1.196,00
Einkauf 30.11.20XX	20	31,10	622,00
Summe	122	Ø 30,85	3.763,20
Endbestand am 31.12.20XX	**20**	**Ø 30,85**	**617,00**

Bewertung der Bremsbeläge nach der jährlichen Durchschnitts-wertermittlung

Bei der **gewogenen Durchschnittswertermittlung** werden dem Wert des Jahresanfangsbestands die Werte aller Einkäufe hinzuaddiert und durch die Gesamtmenge (Anfangsbestand + Einkäufe in Stück) dividiert. Das Ergebnis sind die durchschnittlichen Anschaffungskosten je Stück, die mit der Inventurmenge (Endbestand am 31.12.20XX) multipliziert werden.

durchschnittliche Anschaffungskosten je Stück:

$$\frac{\text{Summe der Anschaffungskosten}}{\text{Gesamtmenge in Stück}} = \frac{3.763{,}20\,€}{122\ \text{Stück}} = 30{,}85\,€/\text{Stück}$$

Gewogene Durch-schnittswerter-mittlung

Die Anschaffungskosten der Bremsbeläge (Endbestand laut Inventur) betragen damit:
20 Stück · 30,85 € = 617,00 €.

Bei schwankenden Anschaffungskosten führt eine **permanente (gleitende) Durchschnittswertermittlung** zu genaueren Ergebnissen. Bei diesem Verfahren werden die Durchschnittswerte der Bestände nach jeder Bestandsveränderung neu ermittelt.

Permanente (gleitende) Durchschnittswertermittlung

Durchschnittswerte der Bestände: $\frac{\text{Anschaffungskosten des Bestandes}}{\text{Menge des Bestandes}}$

Alle Durchschnittswerte der Bestände werden hier auf zwei Nachkommastellen kaufmännisch gerundet. Die Verkäufe werden dann mit diesem gerundeten Wert je Stück bewertet.

Beispielrechnungen:

Durchschnittswert des Bestandes am 01.02.20XX:

$\frac{64{,}20\,€}{2\text{ Stück}} = 32{,}10\,€/\text{Stück}$

Durchschnittswert des Bestandes am 02.02.20XX:

$\frac{964{,}20\,€}{32\text{ Stück}} = 30{,}13\,€/\text{Stück}$

Bestände/ Einkäufe/ Verkäufe	Menge in Stück	Anschaffungskosten je Stück (€)	Anschaffungskosten gesamt (€)
Bestand am 01.01.20XX	12	32,10	385,20
Verkäufe bis 01.02.20XX	– 10	32,10	– 321,00
Bestand am 01.02.20XX	= 2	Ø 32,10	= 64,20
Einkauf 02.02.20XX	+ 30	30,00	+ 900,00
Bestand am 02.02.20XX	= 32	Ø 30,13	= 964,20
Verkäufe bis 15.05.20XX	– 27	30,13	– 813,51
Bestand am 15.05.20XX	= 5	Ø 30,14	= 150,69
Einkauf 16.05.20XX	+ 20	33,00	+ 660,00
Bestand am 16.05.20XX	= 25	Ø 32,43	= 810,69
Verkäufe bis 31.07.20XX	– 24	32,43	– 778,32,
Bestand am 31.07.20XX	= 1	Ø 32,37	= 32,37
Einkauf 01.08.20XX	+ 40	29,90	+ 1.196,00
Bestand am 01.08.20XX	= 41	Ø 29,96	= 1.228,37
Verkäufe bis 29.11.20XX	– 30	29,96	– 898,80
Bestand am 29.11.20XX	= 11	Ø 29,96	= 329,57
Einkauf 30.11.20XX	+ 20	31,10	+ 622,00
Bestand am 30.11.20XX	= 31	Ø 30,70	= 951,57
Verkäufe bis 31.12.20XX	– 11	30,70	– 337,70
Bestand am 31.12.20XX	= 20	Ø 30,69	= 613,87

Hinweis: Beachten Sie, dass es zu Rundungsdifferenzen kommen kann.

Bewertung der Bremsbeläge nach der permanenten Durchschnittsberechnung

Die Bewertung mit permanenter Durchschnittswertermittlung führt zu einem niedrigeren Bilanzwert im Vergleich zur gewogenen Durchschnittswertermittlung.

Verbrauchsfolgebewertung

§ 256 HGB Bewertungsvereinfachungsverfahren nach BilMoG

Soweit es den Grundsätzen ordnungsmäßiger Buchführung entspricht, kann für den Wertansatz gleichartiger Vermögensgegenstände des Vorratsvermögens unterstellt werden, dass die zuerst oder dass die zuletzt angeschafften oder hergestellten Vermögensgegenstände zuerst verbraucht oder veräußert worden sind. (...)

Planmäßige und außerplanmäßige Abschreibung

Grundsätzlich könnten folgende, nach HGB zulässige Verbrauchsfolgen unterschieden werden:

- **Last in first out (Lifo):** die zuletzt eingekaufte Ware wird zuerst verkauft
- **First in first out (Fifo):** die zuerst eingekaufte Ware wird zuerst verkauft

Steuerrechtlich ist in der Regel nur das Lifo-Verfahren erlaubt. Die Einzelbewertung (tatsächliche und nachweisbare Verbrauchsfolge für eine bestimmte Ware) wird von diesen Regelungen natürlich nicht berührt. Für Unternehmen, die nach internationalen Rechnungslegungsvorschriften bewerten, ist allerdings neben der Durchschnittsbewertung auch die Fifo-Methode erlaubt (*IAS* 2.25).

IAS = International Accounting Standards (Internationale Rechnungslegungsstandards)

BEISPIEL

In einem Geschäftsjahr werden von einer Ware folgende Werte erfasst:

Bestände/Verkäufe/ Einkäufe	Menge in Stück	Anschaffungskosten je Stück (€)	Wert (€)
Anfangsbestand	100	8,00	800,00
Verkauf 1	60	---	---
Einkauf 1	160	7,00	1.120,00
Einkauf 2	200	9,50	1.900,00
Verkauf 2	250	---	---
Endbestand	150	---	---

Bei der **Fifo-Methode** wird davon ausgegangen, dass die zuerst eingekauften Waren auch zuerst entnommen und verkauft werden. Bei Reifen oder bezogen auf andere Branchen, wie z. B. Lebensmittel, ist das eigentlich ein „Muss", bei Silo-Lagerung (Befüllung von oben, Entnahme von unten) technisch auch unvermeidlich. In diesem Fall muss wie folgt gerechnet werden:

Bestände/Verkäufe/ Einkäufe	Menge in Stück	Anschaffungskosten je Stück (€)	Wert (€)
Anfangsbestand	100	8,00	800,00
Verkauf 1	60	60 Stück zu 8,00	480,00
Einkauf 1	160	7,00	1.120,00
Einkauf 2	200	9,50	1.900,00
Verkauf 2	250	40 Stück zu 8,00 (aus AB) + 160 Stück zu 7,00 (aus Einkauf 1) + 50 Stück zu 9,50 (aus Einkauf 2)	1.915,00
Endbestand	150	150 Stück zu 9,50 (aus Einkauf 2)	1.425,00

Fifo-Methode

Bei der **Lifo-Methode** wird davon ausgegangen, dass die zuletzt eingekauften Waren zuerst verkauft werden. Bei einer Lagerung in Behältnissen, die von oben befüllt und auch von oben wieder geleert werden (z. B. Kisten, Schütten, Kartons), ist dies auch technisch nachvollziehbar, wenn sich die eingelagerten Waren nicht vermischen (also z. B. keine Flüssigkeiten). In diesem Fall wird folgendermaßen gerechnet:

Lifo-Methode

Bestände/Verkäufe/ Einkäufe	Menge in Stück	Anschaffungskosten je Stück (€)	Wert (€)
Anfangsbestand	100	8,00	800,00
Verkauf 1	60	60 Stück zu 8,00	480,00
Einkauf 1	160	7,00	1.120,00
Einkauf 2	200	9,50	1.900,00
Verkauf 2	250	200 Stück zu 9,50 (aus Einkauf 2) + 50 Stück zu 7,00 (aus Einkauf 1)	2.250,00
Endbestand	150	110 Stück zu 7,00 (aus Einkauf 1) + 40 Stück zu 8,00 (aus AB)	1.090,00

Liegen die Anschaffungskosten von gelagerten Waren am Bilanzstichtag über deren Zeitwert, so sind diese Bestände bei üblichen Wertminderungen mit der Buchung „Abschreibung auf Waren an Wareneinkaufskonten (WE)“ aufwandswirksam abzuwerten (strenges Niederstwertprinzip). Zur Ermittlung der Anschaffungskosten gibt es drei zulässige Verfahren.

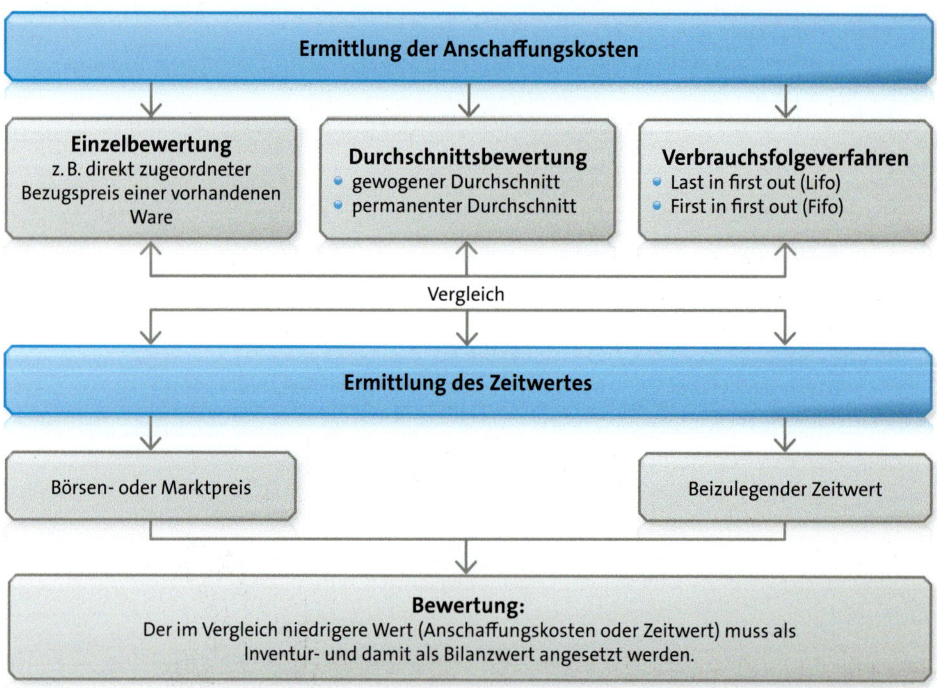

Bewertung von Forderungen

Gerade heutzutage ist auch die Bewertung der Forderungen oft mit Problemen verbunden. Nicht alle Kunden, die auf Ziel kaufen, bezahlen ihre Eingangsrechnungen rechtzeitig und vollständig. Einige Kunden zahlen leider auch nie.

Obwohl der Automobilhandel allgemein nicht zu den besonders gefährdeten Branchen zählt, sind auch hier oft **Wertkorrekturen** notwendig. Forderungen, deren vollständiger Ausgleich gefährdet (unwahrscheinlich) ist, sind in der Buchführung von den einwandfreien Forderungen zu trennen und auf das Konto „Zweifelhafte Forderungen" umzubuchen. Stellt sich heraus, dass eine Forderung ganz oder teilweise uneinbringlich wird, so muss diese durch eine Aufwandsbuchung auf ihren wahrscheinlichen Wert abgeschrieben werden.

Zweifelhafte Forderungen: Drohende Verluste – also auch Forderungen, die ggf. nicht mehr vollständig zu Einzahlungen führen werden – müssen im Umlaufvermögen ausgewiesen werden. Auch hier sind Abschreibungen vorzunehmen, wenn die zu erwartenden Einzahlungen unter dem ursprünglichen Forderungsbetrag liegen. Die Umsatzsteuer, die in den zweifelhaften Forderungen enthalten ist, darf noch nicht korrigiert werden. Erst wenn die Forderungen uneinbringlich geworden sind, darf die Umsatzsteuer berichtigt werden.

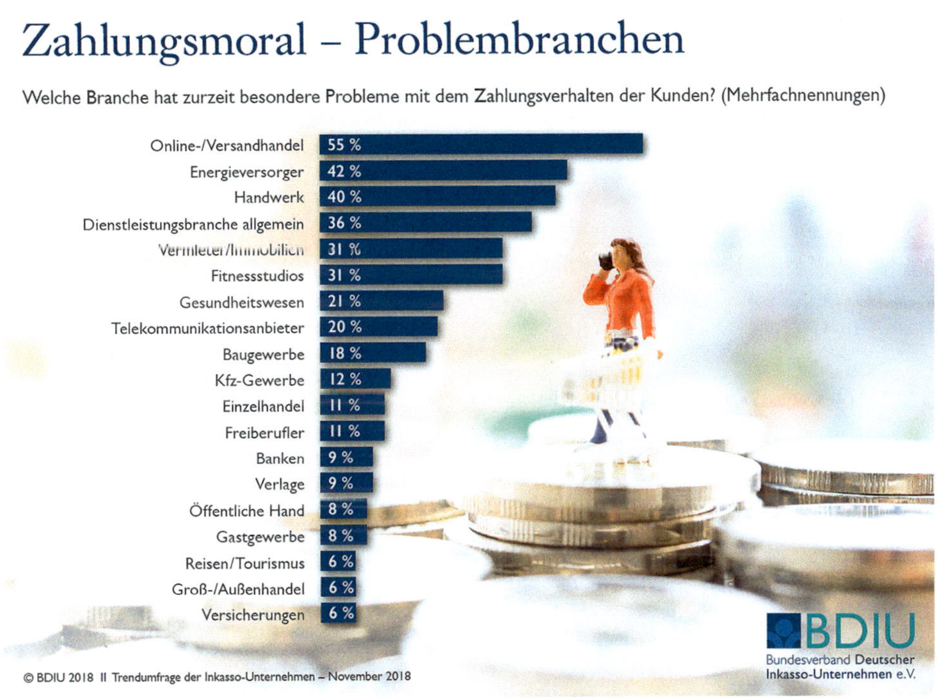

Gründe für die Erfassung als zweifelhafte Forderung:

- Der Kunde befindet sich in Zahlungsverzug. Trotz mehrerer Mahnungen (kaufmännisches Mahnverfahren, Einstieg in das gerichtliche Mahnverfahren, Zahlungsaufforderung durch einen Rechtsanwalt) erfolgt keine Zahlung.
- Eröffnung eines Insolvenzverfahrens
- Zahlungsverweigerung des Kunden

Gründe für die Abschreibung uneinbringlicher Forderungen:

- Einstellung des Insolvenzverfahrens „mangels Masse", d. h. es ist keine verwertbare Insolvenzmasse vorhanden.
- Der Insolvenzverwalter schätzt zum Geschäftsjahresende eine Insolvenzquote.
- Die Forderung ist verjährt.
- Der Schuldner ist unauffindbar, Vermögenswerte sind nicht feststellbar.
- Der Schuldner besitzt keine pfändbaren Vermögenswerte.

Entstehen und Ausfall einer Forderung in einem Geschäftsjahr

***BEISPIEL** Autoland Murschall GmbH*

Ein Kunde der Autoland Murschall GmbH befindet sich mit einer offenen Forderung in Höhe von 11.900,00 € im Zahlungsverzug. Alle Mahnungen bleiben ohne Rückmeldung. Die Autoland Murschall GmbH muss diese Forderung als „zweifelhaft" betrachten.

Grundbuch:

1. Ausstellung der Ausgangsrechnung (Erfassung der Forderung)
2. Umbuchung einer ehemals einwandfreien Forderung auf das Konto „1460 Zweifelhafte Forderungen"

Nr.	Soll	€	an	Haben	€
1	1400 Forderungen a.L.L.	11.900,00	an	8300 Erlöse Pkw TuZ 1776 Umsatzsteuer 19 %	10.000,00 1.900,00
2	1460 Zweifelhafte Forderungen	11.900,00	an	1400 Forderungen a.L.L.	11.900,00

***BEISPIEL** Autoland Murschall GmbH*

Noch im selben Geschäftsjahr wird ein Insolvenzverfahren gegen diesen Kunden eröffnet und auch beendet. Der Insolvenzverwalter kann den Gläubigern – also auch der Autoland Murschall GmbH – keine Zahlungen aus der Insolvenzmasse leisten, denn verwertbare Vermögenswerte waren bei diesem Kunden nicht mehr feststellbar. Die Forderung der Autoland Murschall GmbH wird zu 100 % uneinbringlich und muss vollständig abgeschrieben werden.

Da der Kunde letztendlich keinerlei Geldleistungen mehr erbringt, darf die Umsatzsteuer vollständig korrigiert werden. Das vereinnahmte Entgelt für die Autoland Murschall GmbH aus diesem Verkauf beträgt 0,00 €, die Umsatzsteuer darauf beträgt dann selbstverständlich auch 0,00 €.

Grundbuch:

3. Vollständige Abschreibung der zuletzt zweifelhaften Forderung

Nr.	Soll	€	an	Haben	€
3	4676 Abschreibungen auf Umlaufvermögen 1776 Umsatzsteuer 19 %	10.000,00 1.900,00	an	1460 Zweifelhafte Forderungen	11.900,00

Entstehen und Ausfall einer Forderung in zwei verschiedenen Geschäftsjahren

BEISPIEL

Im Geschäftsjahr 20X1 verkauft die Autoland Murschall GmbH an einen Neukunden Teile und Zubehör (TuZ) im Wert von 5.950,00 € brutto auf Ziel. Kurz danach muss der Kunde das Insolvenzverfahren beantragen, das am 31. 12. 20X1 noch nicht abgeschlossen ist. Der Insolvenzverwalter schätzt zu diesem Zeitpunkt, dass er 30 % der Gesamtforderungssumme im Folgejahr an die Gläubiger auszahlen kann (Forderungsausfall 70 %). Im Folgejahr kann er nach Abschluss des Insolvenzverfahrens dann allerdings doch nur 20 % der Forderungssumme an die Autoland Murschall GmbH überweisen – die Vermögenswerte des insolventen Kunden haben in öffentlichen Versteigerungen einen geringeren Erlös erzielt, als der Insolvenzverwalter angenommen hatte.

Grundbuch im Jahr 20X1:

1. TuZ-Verkauf auf Ziel (Erfassung der Forderung)
2. Eröffnung des Insolvenzverfahrens – die Forderung wird für die Autoland Murschall GmbH zweifelhaft
3. Teilweise Abschreibung der Forderung (70 % vom Nettoforderungswert) nach Schätzung des Insolvenzverwalters

Nr.	Soll	€	an	Haben	€
1	1400 Forderungen a.L.L.	5.950,00	an	8300 Erlöse Pkw TuZ 1776 Umsatzsteuer 19 %	5.000,00 950,00
2	1460 Zweifelhafte Forderungen	5.950,00	an	1400 Forderungen a.L.L.	5.950,00
3	4676 Abschreibungen auf Umlaufvermögen	3.500,00	an	1460 Zweifelhafte Forderungen	3.500,00

Bei der Abschreibung aufgrund der Schätzung des Insolvenzverwalters darf die Umsatzsteuer noch nicht korrigiert werden! Die Umsatzsteuerberichtigung erfolgt erst im Folgejahr nach dem Zahlungseingang bzw. dem endgültigen Ausfall der Forderung.

Grundbuch im Jahr 20X2:

1. Zahlungseingang bei der Autoland Murschall GmbH durch Überweisung des Insolvenzverwalters (20 % der Forderungssumme = 1.190,00 €)

Nr.	Soll	€	an	Haben	€
1	1200 Bank 2020 Periodenfremde Aufwendungen 1776 Umsatzsteuer 19 %	1.190,00 500,00 760,00	an	1460 Zweifelhafte Forderungen	2.450,00

Der niedrigere Zahlungseingang im Vergleich zum Schätzwert des Insolvenzverwalters führt im Folgejahr zu **periodenfremden Aufwendungen,** da das Konto Abschreibungen auf Forderungen – auch bei Schätzungen – nur für ausfallende Forderungen des laufenden Geschäftsjahres verwendet werden soll.

	Nettowert	Umsatzsteuer	Bruttowert
Ausgangsrechnung	5.000,00 €	950,00 €	5.950,00 €
Abschreibung am Jahresende: 70 % auf den Nettowert	3.500,00 €	nach Schätzungen keine Korrektur erlaubt	---
Nach Abschreibung der uneinbringlichen Forderung beträgt die zweifelhafte Forderung noch	1.500,00 €	950,00 €	2.450,00 € (1.500,00 € + 950,00 €)
Zahlungseingang im Folgejahr Steuerberichtigung periodenfremder Aufwand	1.000,00 € 500,00 €	190,00 € 760,00 €	1.190,00 € ---

Zweifelhafte Forderungen – Berechnungen

Höhere Forderungseingänge als erwartet sollen als **periodenfremde Erträge** erfasst werden. Betreffen derartige Forderungseingänge das laufende Geschäftsjahr, so ist auf das Konto „Erträge aus abgeschriebenen Forderungen“ zu buchen.

Unerwartete Zahlungseingänge auf bereits abgeschriebene Forderungen führen zu einem „Aufleben“ der bereits korrigierten Umsatzsteuer. Aus dem Zahlungsbetrag ist der Umsatzsteueranteil herauszurechnen und auf dem Umsatzsteuerkonto zu buchen.

Forderungsart	Buchung auf Konto	Ablauf
Einwandfreie Forderungen nach Warenverkauf auf Ziel	Forderungen a.L.L	↓
Zweifelhafte Forderungen bei vermuteten Zahlungsausfällen	Zweifelhafte Forderungen	
Uneinbringliche Forderungen sind abzuschreiben. Die Umsatzsteuer ist zu korrigieren (nicht nach Schätzungen).	Abschreibungen auf Forderungen	
Zahlungseingänge auf bereits abgeschriebene Forderungen des laufenden Jahres	Erträge aus abgeschriebenen Forderungen	
Notwendige zusätzliche Abschreibungen auf Forderungen aus Vorjahren	Periodenfremde Aufwendungen	
Zahlungseingänge auf bereits abgeschriebene Forderungen aus Vorjahren	Periodenfremde Erträge	

Wertkorrekturen bei Forderungen

Bewertung von Wertpapieren des Umlaufvermögens

Wertpapiere des Umlaufvermögens gehören zu den nicht abnutzbaren Vermögensgegenständen eines Unternehmens. Die „Nutzung“ ist zeitlich nicht begrenzt, damit ist auch eine planmäßige Abschreibung nicht möglich. Eine außerplanmäßige Abschreibung ist allerdings Pflicht, wenn der Zeitwert unter die Anschaffungskosten sinkt.

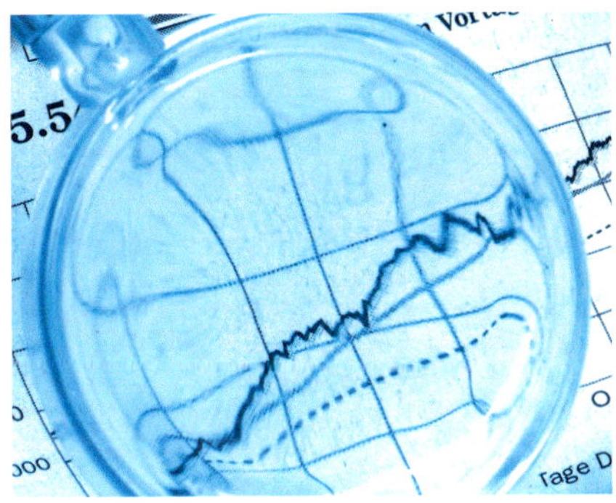

BEISPIEL *Autoland Murschall GmbH*

Um nicht benötigte flüssige Mittel ertragreich anzulegen, hat die Autoland Murschall GmbH am 24.11.20XX 100 Aktien eines Telekommunikations Unternehmens mit guten Zukunftsaussichten gekauft. Die Anschaffungskosten betrugen je Aktie 54,00 €, das Aktienpaket steht mit 5.400,00 € „in den Büchern“. Die Wiederbeschaffungskosten zum Bilanzstichtag am 31.12.20XX betragen wegen eines plötzlichen Kurssturzes aber nur noch 3.500,00 €. Der Wertverlust in Höhe von 1.900,00 € muss abgeschrieben werden.

Grundbuch:

1. Abschreibung des Wertverlustes der Aktien

Nr.	Soll	€	an	Haben	€
1	4668 Abschreibungen auf Wertpapiere des Umlaufvermögens	1.900,00	an	1349 Wertpapiere (kurzfr. Finanzdisposition)	1.900,00

5.3.4 Bewertung von Schulden

Die Bewertung der Schulden nach dem Höchstwertprinzip verlangt unter anderem, dass Verbindlichkeiten mit ihrem Erfüllungsbetrag zu bewerten sind.

BEISPIEL

Bei der Aufnahme eines Darlehens über 200.000,00 € wird ein Disagio in Höhe von 6 % vereinbart. Das Disagio (Abgeld) vermindert während der Kreditlaufzeit von zehn Jahren die regelmäßig zu zahlenden Zinsen. „Erkauft“ werden diese günstigeren Zinsen mit einem verringerten Auszahlungsbetrag im Vergleich zum Darlehensbetrag, der zurückbezahlt und gebucht werden muss.

Darlehensbetrag	*200.000,00 €*
– 6 % Disagio	*12.000,00 €*
= Auszahlungsbetrag	*188.000,00 €*

Grundbuch:

1. Buchung einer Darlehensaufnahme mit Disagio gegen Bankgutschrift

Nr.	Soll	€	an	Haben	€
1	1200 Bank 0980 ARA	188.000,00 12.000,00	an	0650 Verbindlichkeiten ggü. Kreditinstituten (Restlaufzeit größer 5 Jahre)	200.000,00

Die Aktive Rechnungsabgrenzung (Disagio) ist innerhalb der Darlehenslaufzeit von zehn Jahren aufzulösen. Das anteilige Disagio beträgt 12.000,00 €/10 Jahre = 1.200,00 € pro Jahr.

Grundbuch:

1. Auflösung des aktiven Rechnungsabgrenzungspostens für ein Jahr

Nr.	Soll	€	an	Haben	€
1	2100 Zinsaufwendungen	1.200,00	an	0980 ARA	1.200,00

Auch bei **Verbindlichkeiten in Fremdwährungen** kommt das Höchstwertprinzip regelmäßig zur Anwendung, wenn die Fremdwährung während der Kreditlaufzeit im Vergleich zum Euro an Wert gewinnt. Für die Rückzahlung ist in diesem Fall ein höherer Eurobetrag aufzuwenden und in der Bilanz auch auszuweisen.

5.3.5 Bewertungsentscheidungen

Bewertungsentscheidungen im Rahmen des gesetzlich Möglichen (erlaubte Bewertungsalternativen) sind immer im Hinblick auf ihre Auswirkungen auf die Erfolgsrechnung (GuV-Rechnung) und auch auf die Bilanz zu treffen. Abschreibungen oder Zuschreibungen als Ergebnis dieser Bewertungsentscheidungen haben weitreichende Konsequenzen und müssen den Interessen (Zielen) des Unternehmens entsprechen. Letztlich entscheidet die Unternehmensleitung im Rahmen ihrer Bilanzpolitik. Die Interessen der ***Anteilseigner*** dürfen dabei nicht unberücksichtigt bleiben.

Anteilseigner
Inhaber von Aktien oder Stammeinlagen einer Kapitalgesellschaft

Auswirkungen von Bewertungsentscheidungen

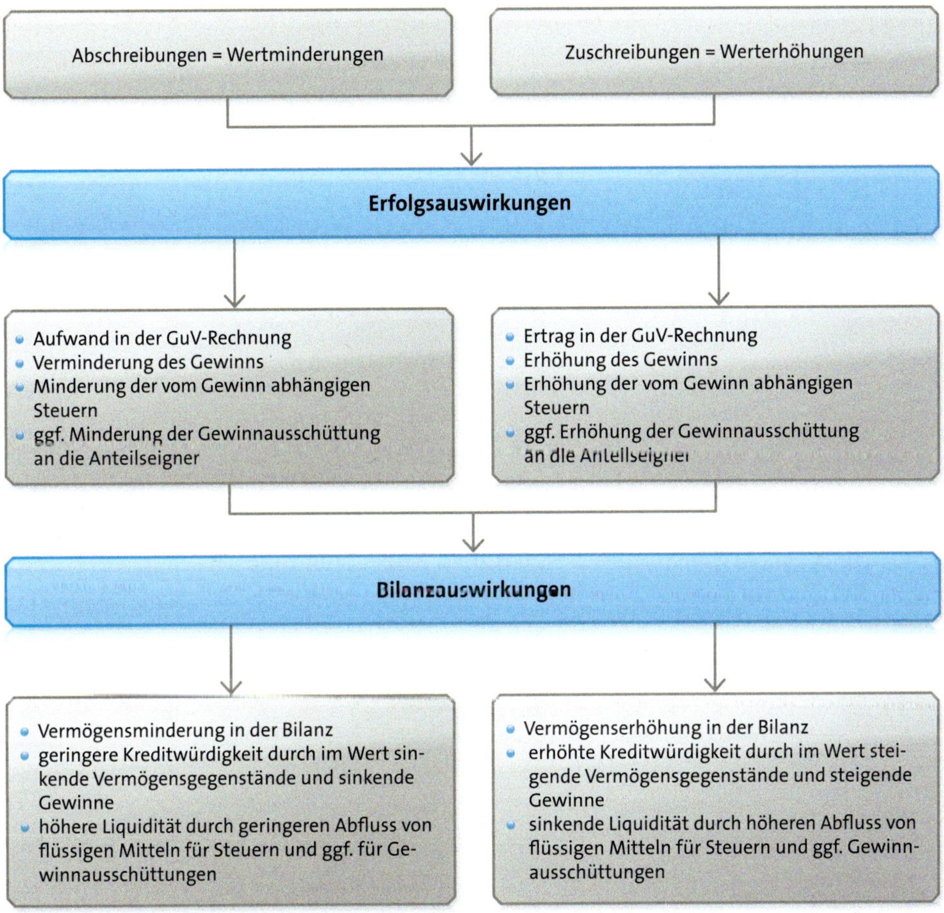

Nach der zeitlichen Erfolgsabgrenzung und den notwendigen Bewertungsentscheidungen kann der Jahresabschluss aufgestellt werden. Art, Inhalt und Umfang der zu erstellenden Bestandteile des Jahresabschlusses sind abhängig von den Offenlegungspflichten des jeweiligen Unternehmens.

5.4 Offenlegungs- und Prüfungspflichten

Je nach Unternehmensform, Branche oder Unternehmensgröße in Abhängigkeit von bestimmten Größenmerkmalen sind folgende Bestandteile eines Jahresabschlusses, ggf. ergänzt um einen Lagebericht, aufzustellen und zu veröffentlichen.

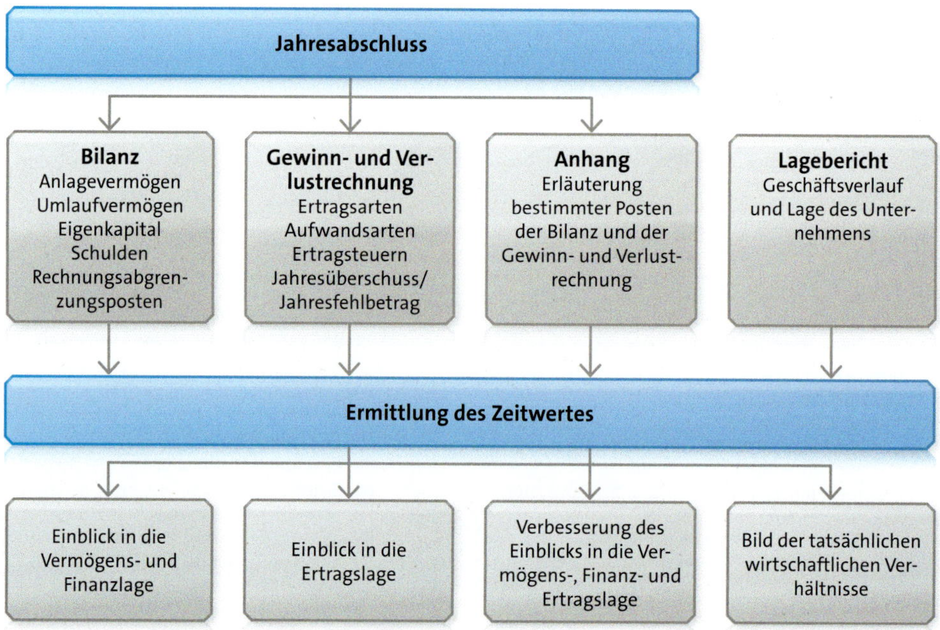

Bestandteile und Informationsgehalt der Rechenschaftslegung

Erster Empfänger des Jahresabschlusses ist natürlich die Geschäftsleitung des Unternehmens selbst. An den ermittelten Daten wird der unternehmerische Erfolg ihrer Tätigkeit gemessen. Die Veröffentlichung der Jahresabschlüsse soll darüber hinaus auch allen Interessierten wie den Anteilseignern (Gesellschafter, Aktionäre), Finanzbehörden, Gläubigern, Konkurrenten, Lieferern, Kunden, Gewerkschaften, Mitarbeitern usw. ermöglichen, sich einen Überblick über die wirtschaftlichen Verhältnisse des Unternehmens zu verschaffen.

Das ist insbesondere dann dringend erforderlich, wenn z. B. den Gläubigern gegenüber nur das Gesellschaftsvermögen haftet. Die Veröffentlichungspflichten sind hier die Kehrseite der Haftungsbeschränkung. Besonders bei großen Unternehmen ist die „Öffentlichkeit“ allgemein an den Zahlen dieser Unternehmen interessiert.

Bei Banken oder Versicherungen sind die Unternehmensdaten allein schon wegen der Branche für viele interessant – sie „verwalten“ viel Geld, das anderen gehört! Banken und Versicherungen müssen deshalb unabhängig von ihrer Größe immer einen Jahresabschluss veröffentlichen.

5.4.1 Offenlegungspflichtige Unternehmen

Nach § 1 Publizitätsgesetz (PublG) haben alle Großunternehmen – unabhängig von Branche und Unternehmensform – ihren Jahresabschluss zu veröffentlichen, wenn in einem Jahresabschluss der Vergangenheit und für die zwei darauf folgenden Abschlussstichtage jeweils mindestens zwei der drei nachstehenden Merkmale zutreffen:

Merkmale von offenlegungspflichtigen Großunternehmen nach § 1 PublG

1. Die Bilanzsumme übersteigt 65 Mio. €.
2. Die Umsatzerlöse in den zwölf Monaten vor dem Abschlussstichtag übersteigen 130 Mio. €.
3. Das Unternehmen beschäftigt in den zwölf Monaten vor dem Abschlussstichtag durchschnittlich mehr als 5 000 Arbeitnehmer.

Dies gilt für auch für alle Einzel- oder Personengesellschaften sowie für wirtschaftliche Vereine und öffentlich-rechtliche Rechtsträger als Kaufleute. Darüber hinaus umfasst der Kreis der offenlegungspflichtigen Unternehmen grundsätzlich (d. h. **auch bei Unterschreiten** obiger Merkmale)

Rechtsformen von Unternehmen ☞ Band 1, LF 1, S. 21 ff.

- alle Kapitalgesellschaften (AG, GmbH, KGaA),
- eingetragene Genossenschaften,
- Personengesellschaften ohne eine natürliche Person als persönlich haftender Gesellschafter (z. B. GmbH & Co. KG),
- Banken und Versicherungsunternehmen.

5.4.2 Rechnungslegungspflichten der Kapitalgesellschaften

Die gesetzlichen Vertreter einer Kapitalgesellschaft haben den Jahresabschluss, bestehend aus Bilanz, Gewinn- und Verlustrechnung und Anhang, aufzustellen. Daneben ist ein Lagebericht zu erstellen. Der Jahresabschluss hat ein den tatsächlichen Verhältnissen entsprechendes Bild der Vermögens-, Finanz- und Ertragslage der Kapitalgesellschaft zu vermitteln.

Seit Jahresbeginn 2007 müssen die offenlegungspflichtigen Unternehmen ihre Jahresabschlussunterlagen **elektronisch** beim Betreiber des elektronischen Bundesanzeigers, dem Bundesanzeiger-Verlag in Köln, einreichen – nicht mehr wie bis dahin auf Papier bei den Registergerichten.

§ 329 Abs. 1 HGB

Der Betreiber des elektronischen Bundesanzeigers prüft, ob alle Unterlagen fristgemäß und vollzählig eingereicht worden sind. Fällt die Prüfung negativ aus, wird das für die Durchführung von Ordnungsgeldverfahren zuständige Bundesamt für Justiz unterrichtet. Ordnungsstrafen bis zu 25.000,00 € sind möglich.

www.bundesanzeiger.de

www.unternehmensregister.de

Nach der Einreichung und Bekanntmachung der Jahresabschlüsse im elektronischen Bundesanzeiger werden die Unterlagen an das Unternehmensregister weitergeleitet. Sie sind dann im Internet für jedermann einsehbar. Auch im elektronischen Bundesanzeiger können die Daten kostenlos eingesehen werden.

Größe je nach BilMoG[1]		kleine Kapitalgesellschaft § 267 Abs. 1 HGB	mittelgroße Kapitalgesellschaft § 267 Abs. 2 HGB	große Kapitalgesellschaft § 267 Abs. 3 HGB
Kriterien	Bilanzsumme	bis 4,84 Mio. € abzüglich eines auf der Aktivseite ausgewiesenen Fehlbetrags	bis 19,25 Mio. € abzüglich eines auf der Aktivseite ausgewiesenen Fehlbetrags	über 19,25 Mio. € abzüglich eines auf der Aktivseite ausgewiesenen Fehlbetrags
	Umsatzerlöse	bis 9,68 Mio. €	bis 38,50 Mio. €	über 38,50 Mio. €
	durchschnittliche Arbeitnehmerzahl	bis 50 Arbeitnehmer	bis 250 Arbeitnehmer	über 250 Arbeitnehmer
Jahresabschluss	Fristen § 264 HGB	6 Monate	3 Monate	3 Monate
	Bilanz § 266 HGB	ja, verkürzt § 266 (1) HGB	ja, vollständig	ja, vollständig
	Gewinn- und Verlustrechung § 275 HGB	ja, verkürzt § 276 (1) HGB	ja, verkürzt § 276 (1) HGB	ja, vollständig
	Anhang §§ 284 ff. HGB (Erläuterung)	ja	ja	ja
Lagebericht § 289 HGB		nein § 264 (1) HGB	ja	ja
Offenlegung §§ 325 ff. HGB		ja, Bilanz und Anhang (keine GuV-Rechnung)	ja, auch Bilanz und Anhang in verkürzter Form möglich	ja
	Art	Einreichung und Bekanntmachung im elektronischen Bundesanzeiger		
	Fristen	spätestens 12 Monate nach dem Jahresabschluss [2]		
	Prüfungspflicht durch externe Abschlussprüfer § 316 HGB	keine	ja	ja

[1] § 267 Abs. 3 und 4 HGB: Mittelgroße und große Kapitalgesellschaften sind solche, die mindestens zwei der drei Merkmale überschreiten. Die Rechtsfolgen treten nur ein, wenn die Merkmale an den Abschlussstichtagen von zwei aufeinanderfolgenden Geschäftsjahren über- oder unterschritten werden.
[2] Für kapitalmarktorientierte Kapitalgesellschaften (z. B. börsennotierte Aktiengesellschaften) gilt eine Einreichungsfrist zur Offenlegung von vier Monaten (§ 325 Abs. 4 S. 1 HGB).

Das Gesetz zur Modernisierung des Bilanzrechts (BilMoG) hat die Schwellenwerte (siehe aktuelle Größenkriterien in obiger Tabelle) ab 01. 01. 2010 um ca. 20 % angehoben. Die Größenklassen entscheiden darüber, welche Informationspflichten ein Unternehmen treffen. Dadurch kommen mehr Unternehmen als bisher in den Genuss der Erleichterungen, die für kleine und mittelgroße Kapitalgesellschaften gelten. Der Aufwand bei der handelsrechtlichen Rechnungslegung wurde für viele Unternehmen verringert. Einzelkaufleute, die bestimmte Schwellenwerte (seit 2015 gelten die folgenden Werte: 600.000,00 € Umsatz und 60.000,00 € Gewinn pro Geschäftsjahr) nicht überschreiten, wurden durch das BilMoG sogar völlig von der Verpflichtung zur Buchführung, Inventur und Bilanzierung nach den handelsrechtlichen Vorschriften befreit. Steuerrechtlich ist für diese nicht mehr nach HGB buchführungspflichtigen Kaufleute eine Einnahme-Überschuss-Rechnung nach § 4 Abs. 3 EStG für Besteuerungszwecke notwendig.

5.5 Bilanz

5.5.1 Gliederung der Bilanz

Inhalt der Bilanz für alle Kaufleute

In der Bilanz sind das Anlage- und das Umlaufvermögen, das Eigenkapital, die Schulden sowie die Rechnungsabgrenzungsposten gesondert auszuweisen und hinreichend zu gliedern.

§ 247 HGB Inhalt der Bilanz

Ergänzende Vorschriften für Kapitalgesellschaften

Die Bilanz ist in Kontoform aufzustellen. Große und mittelgroße Kapitalgesellschaften haben auf der Aktivseite und auf der Passivseite die in § 266 HGB bezeichneten Posten gesondert und in der vorgeschriebenen Reihenfolge auszuweisen. Kleine Kapitalgesellschaften brauchen nur eine verkürzte Bilanz aufzustellen, in welche lediglich die mit Buchstaben und römischen Zahlen bezeichneten Posten gesondert und in der vorgeschriebenen Reihenfolge aufzunehmen sind.

§ 266 HGB Gliederung der Bilanz

Verkürzte Bilanz einer kleinen Kapitalgesellschaft

Aktiva	Passiva
A. Anlagevermögen	A. Eigenkapital
I. Immaterielle Vermögensgegenstände	*I. gezeichnetes Kapital*
II. Sachanlagen	*II. Kapitalrücklage*
III. Finanzanlagen	*III. Gewinnrücklagen*
B. Umlaufvermögen	*IV. Gewinnvortrag/Verlustvortrag*
I. Vorräte	*V. Jahresüberschuss/ Jahresfehlbetrag*
II. Forderungen und sonstige Vermögensgegenstände	B. Rückstellungen
III. Wertpapiere	C. Verbindlichkeiten
IV. Kassenbestand, Bundesbankguthaben, Guthaben bei Kreditinstituten und Schecks	D. Rechnungsabgrenzungsposten
C. Rechnungsabgrenzungsposten	E. Passive latente Steuern
D. Aktive latente Steuern	
E. Aktiver Unterschiedsbetrag aus der Vermögensrechnung	

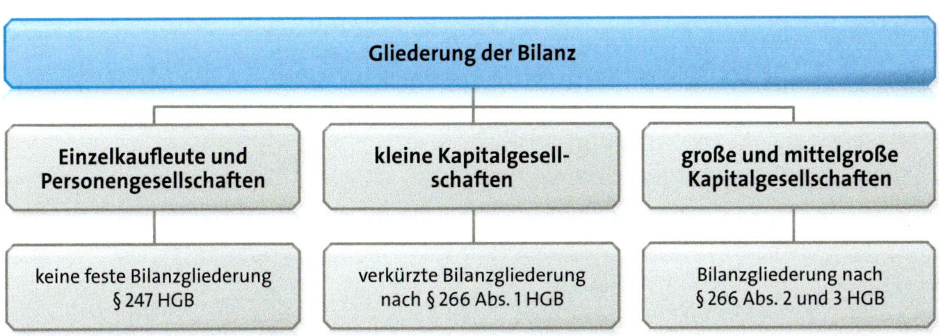

Das Gliederungsschema für Kapitalgesellschaften wird heute üblicherweise von allen Unternehmen – unabhängig von ihrer Rechtsform – übernommen.

Bilanzgliederung für große und mittelgroße Kapitalgesellschaften

Aktiva	Passiva
A. Anlagevermögen *I. Immaterielle Vermögensgegenstände:* 1. selbst geschaffene gewerbliche Schutzrechte und ähnliche Rechte und Werte 2. entgeltlich erworbene Konzessionen, gewerbliche Schutzrechte und ähnliche Rechte und Werte sowie Lizenzen an solchen Rechten und Werten 3. Geschäfts- oder Firmenwert 4. geleistete Anzahlungen *II. Sachanlagen:* 1. Grundstücke, grundstücksgleiche Rechte und Bauten einschließlich der Bauten auf fremden Grundstücken 2. technische Anlagen und Maschinen 3. andere Anlagen, Betriebs- und Geschäftsausstattung 4. geleistete Anzahlungen und Anlagen im Bau *III. Finanzanlagen:* 1. Anteile an verbundenen Unternehmen 2. Ausleihungen an verbundene Unternehmen 3. Beteiligungen 4. Ausleihungen an Unternehmen, mit denen ein Beteiligungsverhältnis besteht 5. Wertpapiere des Anlagevermögens 6. sonstige Ausleihungen B. Umlaufvermögen *I. Vorräte:* 1. Roh-, Hilfs- und Betriebsstoffe 2. unfertige Erzeugnisse, unfertige Leistungen 3. fertige Erzeugnisse und Waren 4. geleistete Anzahlungen *II. Forderungen und sonstige Vermögensgegenstände:* 1. Forderungen aus Lieferungen und Leistungen 2. Forderungen gegen verbundene Unternehmen 3. Forderungen gegen Unternehmen, mit denen ein Beteiligungsverhältnis besteht 4. sonstige Vermögensgegenstände *III. Wertpapiere:* 1. Anteile an verbundenen Unternehmen 2. sonstige Wertpapiere *IV. Kassenbestand, Bundesbankguthaben, Guthaben bei Kreditinstituten und Schecks* C. Rechnungsabgrenzungsposten D. Aktive latente Steuern E. Aktiver Unterschiedsbetrag aus der Vermögensrechnung	A. Eigenkapital *I. Gezeichnetes Kapital* *II. Kapitalrücklage* *III. Gewinnrücklagen:* 1. gesetzliche Rücklage 2. Rücklage für Anteile an einem herrschenden oder mehrheitlich beteiligten Unternehmen 3. satzungsmäßige Rücklagen 4. andere Gewinnrücklagen *IV. Gewinnvortrag/Verlustvortrag* *V. Jahresüberschuss/Jahresfehlbetrag* B. Rückstellungen 1. Rückstellungen für Pensionen und ähnliche Verpflichtungen 2. Steuerrückstellungen 3. sonstige Rückstellungen C. Verbindlichkeiten 1. Anleihen, davon konvertibel 2. Verbindlichkeiten gegenüber Kreditinstituten 3. erhaltene Anzahlungen auf Bestellungen 4. Verbindlichkeiten aus Lieferungen und Leistungen 5. Verbindlichkeiten aus der Annahme gezogener Wechsel und der Ausstellung eigener Wechsel 6. Verbindlichkeiten gegenüber verbundenen Unternehmen 7. Verbindlichkeiten gegenüber Unternehmen, mit denen ein Beteiligungsverhältnis besteht 8. sonstige Verbindlichkeiten, davon aus Steuern, davon im Rahmen der sozialen Sicherheit D. Rechnungsabgrenzungsposten E. Passive latente Steuern

5.5.2 Ausweis des Eigenkapitals in der Bilanz

Einzelunternehmen, die ja nur einen Inhaber haben, weisen das Eigenkapital in einer Position aus. **Personengesellschaften,** die mehrere Inhaber haben, weisen für jeden Inhaber eine eigenständige Eigenkapitalposition aus (Eigenkapital Gesellschafter A, Eigenkapital Gesellschafter B usw.). Bei voll haftenden Gesellschaftern kann sich das Eigenkapital im Zeitablauf ändern. Es steigt durch nicht ausgezahlte Gewinne oder Privateinlagen; es sinkt durch verrechnete Verluste oder Privatentnahmen.

Rechtsformen von Unternehmen ☞ Band 1, LF 1, S. 21 ff.

Für **Kapitalgesellschaften** gelten besondere Ausweispflichten gemäß HGB. Dabei kann das Eigenkapital **vor, nach teilweiser oder nach vollständiger Ergebnisverwendung** (z. B. Gewinnverteilung) ausgewiesen werden. Für externe Bilanzempfänger ist es zumeist wichtig zu wissen, wie viel Kapital tatsächlich im Unternehmen verbleibt, da Kapitalausschüttungen an die Anteilseigner natürlich dem Unternehmen für das Erreichen seiner wirtschaftlichen Ziele nicht mehr zur Verfügung stehen. Das ist aber nicht in jedem Fall garantiert.

Eigenkapitalausweis in der Bilanz § 268 Abs. 1 HGB

Fall 1: Eigenkapitalausweis vor der Ergebnisverwendung

Hier erkennt der Bilanzempfänger nur, dass noch keinerlei Entscheidungen über die Ergebnisverwendung getroffen worden sind. Über die Bildung von Gewinnrücklagen oder Gewinnausschüttungen muss erst noch entschieden werden.

A. Eigenkapital	Erläuterungen (Beispiele)
I. Gezeichnetes Kapital	Kapital, auf das die Haftung der Gesellschafter für die Verbindlichkeiten der Kapitalgesellschaft gegenüber den Gläubigern beschränkt ist (Grund- oder Stammkapital)
II. Kapitalrücklage	Betrag, der bei der Ausgabe von Anteilen über dem Nennwert der Anteile liegt Beispiel: Bei einer Kapitalerhöhung durch Ausgabe von Aktien beträgt der Nennwert 1,00 €, der Ausgabewert 3,00 € pro Aktie. Die Kapitalrücklage je Aktie beträgt dann 2,00 €.
III. Gewinnrücklagen	Beträge, die im Geschäftsjahr oder einem früheren Geschäftsjahr aus dem Ergebnis (Gewinn) für die Kapitalgesellschaft einbehalten worden sind.
IV. Gewinnvortrag[1]	unverteilter Gewinnrest aus dem Vorjahr
V. Jahresüberschuss[2]	Gewinn des abgelaufenen Geschäftsjahres

[1] gegebenenfalls auch Verlustvortrag aus dem Vorjahr
[2] gegebenenfalls auch Jahresfehlbetrag, wenn ein Verlust ausgewiesen werden muss

Fall 2: Eigenkapitalausweis nach teilweiser Ergebnisverwendung

Eigenkapitalausweis nach § 266 HGB

Hier erkennt der Bilanzempfänger, dass über die Verwendung eines Restgewinnes (Bilanzgewinn) durch die Anteilseigner noch entschieden werden muss. Die Gliederungspunkte I. bis III. bleiben unverändert. Betragsmäßig wird aus einem Gewinnvortrag (IV.) und dem Jahresüberschuss (V.) nach Bildung von Gewinnrücklagen die neue Position IV. Bilanzgewinn.

IV. Bilanzgewinn	Wird ein Bilanzgewinn ausgewiesen, so sind bereits Gewinnrücklagen, für die kein Beschluss der Anteilseigner nötig ist, gebildet worden. Nur der Bilanzgewinn steht noch für eine weitere Erhöhung der Gewinnrücklagen und/oder für Ausschüttungen an die Anteilseigner zur Verfügung.

Fall 3: Eigenkapitalausweis nach vollständiger Ergebnisverwendung
Hier erkennt der Bilanzempfänger, dass die Anteilseigner abschließend über die Ergebnisverwendung entschieden haben. Erst jetzt wird ersichtlich, wie viel Kapital tatsächlich im Unternehmen verbleibt und nicht ausgeschüttet wird. Die Gliederungspunkte I. bis III. bleiben unverändert. Betragsmäßig wird aus dem Bilanzgewinn ggf. nach einer weiteren Bildung von Gewinnrücklagen und/oder Gewinnausschüttung die neue Position IV. Gewinnvortrag für das Folgejahr.

IV. Gewinnvortrag	Wird ein neuer Gewinnvortrag ausgewiesen, so ist das Ergebnis bereits vollständig (Bildung von Gewinnrücklagen und/oder Ausschüttungen) verteilt worden.

***BEISPIEL** Autoland Murschall GmbH*

Um die Betriebserweiterung finanzieren zu können, hat die Autoland Murschall GmbH in jüngster Zeit Gewinnrücklagen gebildet. Darüber hinaus ist ein neuer Gesellschafter aufgenommen worden. Dieser hat zusätzlich zu seiner Einlage 100.000,00 € auf das Bankkonto der Autoland Murschall GmbH eingezahlt, die jetzt als Kapitalrücklage ausgewiesen werden. Laut Gesellschaftsvertrag ist eine jährliche Aufstockung der Gewinnrücklagen in Höhe von 5.000,00 € vereinbart. In der Gesellschafterversammlung wird eine Gewinnauszahlung in Höhe von 120.000,00 € an die Gesellschafter beschlossen. Die Gewinnanteile der Gesellschafter sind noch nicht ausgezahlt.

Eigenkapitalausweis in der Bilanz der Autoland Murschall GmbH

	In Abhängigkeit von der Ergebnisverwendung (in €)		
A. Eigenkapital	**vor Ergebnisverwendung**	**nach teilweiser Ergebnisverwendung**	**nach vollständiger Ergebnisverwendung**
I. Gezeichnetes Kapital	300.000,00	300.000,00	300.000,00
II. Kapitalrücklage	100.000,00	100.000,00	100.000,00
III. Gewinnrücklagen	50.000,00	55.000,00	55.000,00
IV. Gewinnvortrag (Vorjahr)	750,00	–	–
V. Jahresüberschuss	127.850,00	–	–
VI. Bilanzgewinn	–	123.600,00	–
VII. Gewinnvortrag (Berichtsjahr)	–	–	3.600,00
Summe Eigenkapital	578.600,00	578.600,00	458.600,00
Verbindlichkeiten gegenüber Gesellschaftern	–	–	120.000,00
Summe	578.600,00	578.600,00	578.600,00

> *Berechnungen zur Ergebnisverwendung*
>
> | *Ausgangsbasis: Eigenkapitalteile vor der Ergebnisverwendung* | |
> |---|---:|
> | *Gewinnvortrag* | *750,00 €* |
> | *+ Jahresüberschuss* | *127.850,00 €* |
> | *= zu verteilender Gewinn* | *128.600,00 €* |
> | *– Einstellung in die Gewinnrücklage* | *5.000,00 €* |
> | *= Bilanzgewinn* | *123.600,00 €* |
> | *– Gewinnanteile der Gesellschafter (noch nicht ausgezahlt)* | *120.000,00 €* |
> | *= Gewinnvortrag für das Folgejahr* | *3.600,00 €* |

Neben den in der Bilanz offen ausgewiesenen Kapital- und Gewinnrücklagen sind in jedem Unternehmen stille Rücklagen (stille Reserven) vorhanden, die in der Bilanz nicht ausgewiesen werden.

5.6 Gewinn- und Verlustrechnung

Im Unterschied zur Finanzbuchhaltung müssen Kapitalgesellschaften ihre Gewinn- und Verlustrechnung gemäß HGB in Staffelform aufstellen. Nur mittelgroße und große Kapitalgesellschaften müssen diese Gewinn- und Verlustrechnung veröffentlichen. Kleine und mittelgroße Kapitalgesellschaften dürfen die Positionen 1. bis 5. zu einer Position „Rohergebnis" zusammenfassen. Bei der Aufstellung der GuV-Rechnung sind nach HGB (teilweise mit weiteren Untergliederungen) folgende Posten auszuweisen:

<table>
<tr><th>GuV-Positionen nach HGB</th><th colspan="3">Erläuterungen/Beispiele für ein Autohaus</th></tr>
<tr><td>1. Umsatzerlöse</td><td>Warenverkauf</td><td rowspan="5">Rohergebnis: Positionen 1. bis 5.</td><td rowspan="8">Betriebsergebnis: Positionen 1. bis 8.</td></tr>
<tr><td>2. Erhöhung oder Verminderung des Bestands an fertigen und unfertigen Erzeugnissen</td><td rowspan="2">für Autohäuser ohne Bedeutung</td></tr>
<tr><td>3. andere aktivierte Eigenleistungen</td></tr>
<tr><td>4. sonstige betriebliche Erträge</td><td>weitere sonstige betriebsgewöhnliche Erträge, soweit nicht in 1. bis 3. enthalten (ohne Finanzerträge und Zinsen)</td></tr>
<tr><td>5. Materialaufwand</td><td>Wareneingang (Aufwendungen für Waren)</td></tr>
<tr><td>6. Personalaufwand</td><td>Löhne, Gehälter, vermögenswirksame Leistungen des Arbeitgebers, soziale Abgaben, Aufwendungen für Altersversorgung</td><td rowspan="3"></td></tr>
<tr><td>7. Abschreibungen</td><td>im Anlagevermögen (ohne Finanzanlagen) und Umlaufvermögen, soweit diese die in der Kapitalgesellschaft üblichen Abschreibungen überschreiten</td></tr>
<tr><td>8. sonstige betriebliche Aufwendungen</td><td>weitere betriebsgewöhnliche Aufwendungen, soweit nicht in 5. bis 7. enthalten (ohne Finanzaufwendungen und Zinsen)</td></tr>
</table>

Aufbau der GuV-Rechnung nach § 275 HGB

GuV-Positionen nach HGB	Erläuterungen/Beispiele für ein Autohaus	
9. Erträge aus Beteiligungen	Erträge und Aufwendungen aus dem Finanzbereich einschließlich Zinsen	Finanzergebnis: Positionen 9. bis 13.
10. Erträge aus anderen Wertpapieren und Ausleihungen des Finanzanlagevermögens		
11. sonstige Zinsen und ähnliche Erträge		
12. Abschreibungen auf Finanzanlagen und auf Wertpapiere des Umlaufvermögens		
13. Zinsen und ähnliche Aufwendungen		
14. Ergebnis der gewöhnlichen Geschäftstätigkeit (Positionen 1. bis 13.)		
15. außerordentliche Erträge	Erträge und Aufwendungen außerhalb der gewöhnlichen Tätigkeit (selten oder in nicht üblicher Höhe anfallend)	Ergebnis vor Steuern: Positionen 14. und 17.
16. außerordentliche Aufwendungen		
17. außerordentliches Ergebnis (Positionen 15. bis 16.)		
18. Steuern vom Einkommen und Ertrag	Körperschaft- oder Gewerbesteuer	
19. sonstige Steuern	weitere Steuern, z. B. Grundsteuer oder Kfz-Steuer, soweit nicht in Position 4. enthalten	
20. Jahresüberschuss/Jahresfehlbetrag (Positionen 14., 17. bis 19.)		

Als **betriebsgewöhnlich** im Sinne der GuV-Rechnung nach HGB gelten auch betriebs- oder periodenfremde Aufwendungen und Erträge, soweit sie nicht dem Finanzbereich zugerechnet werden müssen. Die Begriffe im Jahresabschluss stimmen damit nicht mit den Begriffen der Kosten- und Leistungsrechnung überein.

Kosten- und Leistungsrechnung ☞ S. 102 ff.

Ergebnisbegriffe im Jahresabschluss	Berechnung
Rohergebnis	betriebsgewöhnliche Erträge[1] – Materialaufwand (= Wareneinsatz)
Betriebsergebnis	betriebsgewöhnliche Erträge[1] – betriebsgewöhnliche Aufwendungen[1]
Neutrales Ergebnis	Finanzergebnis + außerordentliches Ergebnis
Gesamtergebnis	Jahresüberschuss/Jahresfehlbetrag (Ergebnis nach Steuern)

[1] Ohne Erträge und Aufwendungen aus dem Finanzbereich, ohne Zinsen

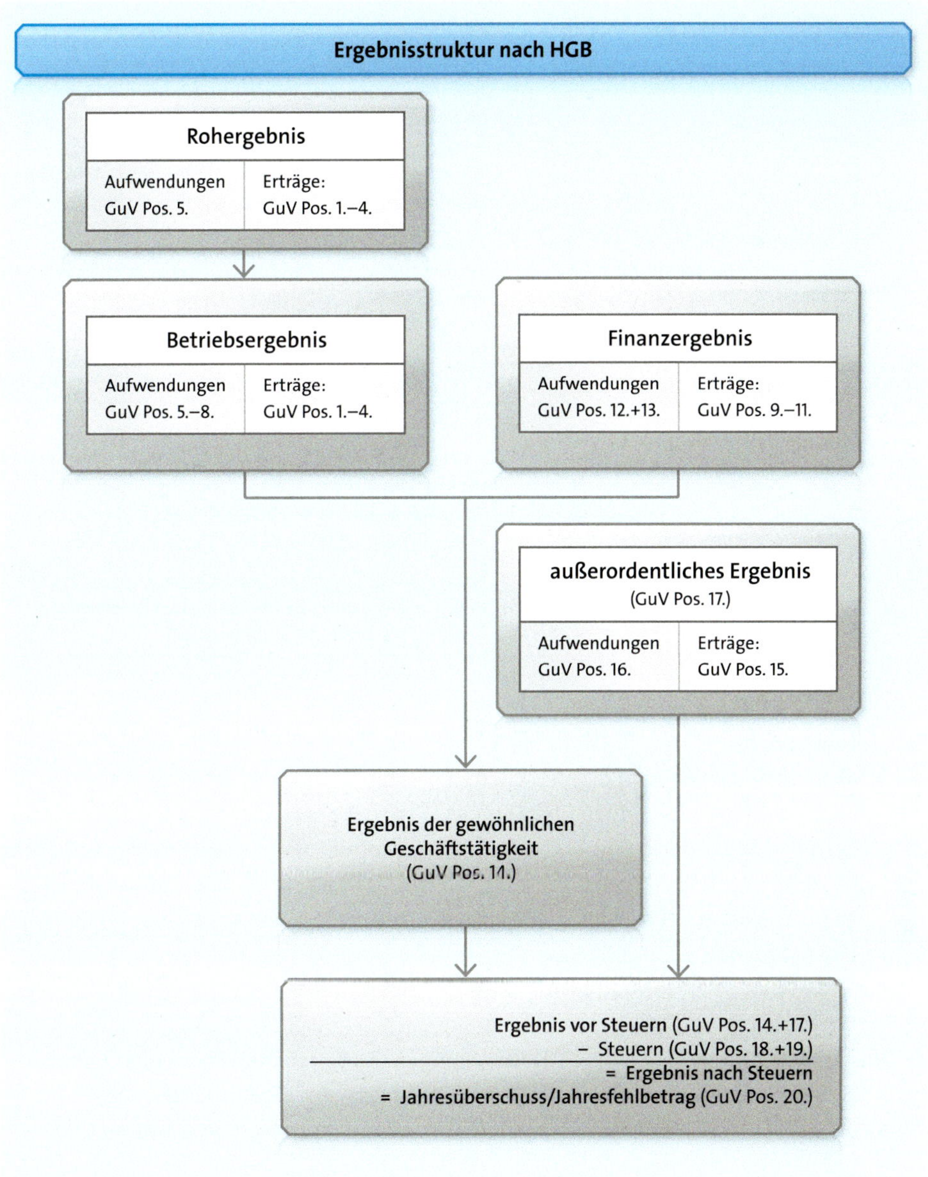

5.7 Anhang und Lagebericht

Zum Jahresabschluss selbst gehören Erläuterungen zur Bilanz und zur Gewinn- und Verlustrechung der Kapitalgesellschaft, die in einem Anhang aufzunehmen sind. Einen Katalog von Pflichtangaben enthalten die §§ 284 und 285 HGB. Kleine und mittlere Kapitalgesellschaften müssen nicht alle Angaben veröffentlichen.

Mögliche Inhalte des Anhangs	Beispiele
allgemeine Grundsätze der Bilanzierung, Bewertung und der Währungsumrechnung	• Darstellung und Erläuterung von angewandten Bilanzierungs- und Bewertungsmethoden mit Angaben hinsichtlich Änderungen zu Vorjahren und deren Einfluss auf die Vermögens-, Finanz- und Ertragslage • Umrechnungskurse für Forderungen und Verbindlichkeiten in Fremdwährungen
erläuternde, ergänzende und korrigierende Informationen zur Bilanz und zur Gewinn- und Verlustrechnung	• Ausweis eines Anlagespiegels, der den Wert und die Entwicklung der einzelnen Anlagegüter erläutert (soweit nicht in der Bilanz selbst dargestellt) • angewandte Abschreibungsmethoden • Verbindlichkeiten mit einer Restlaufzeit von mehr als 5 Jahren • Aufgliederung der Umsatzerlöse nach Tätigkeitsbereichen oder regionalen Märkten • durch Pfandrechte gesicherte Verbindlichkeiten • sonstige (auch zukünftige) finanzielle Verpflichtungen, die nicht in der Bilanz erscheinen • einmalige, außergewöhnliche Ergebnisse • Abweichungen der Handelsbilanz von der Steuerbilanz
sonstige Angaben	• Namen aller Mitglieder der Geschäftsführung und des Aufsichtsrates; Angaben über deren gesamte Bezüge vom Unternehmen • Anzahl der beschäftigten Arbeitnehmer

Inhalte des Anhangs nach §§ 284 f. HGB

Lagebericht

Mittlere und große Kapitalgesellschaften müssen neben dem Jahresabschluss mit Bilanz, Gewinn- und Verlustrechnung und Anhang zusätzlich einen Lagebericht veröffentlichen. Dieser Bericht soll die derzeitige und zukünftige Situation des Unternehmens hinsichtlich seiner Chancen und Risiken darstellen. Es muss darin ein den „tatsächlichen Verhältnissen entsprechendes Bild" vermittelt werden. Der Lagebericht soll das Bild aus Bilanz und GuV für die Gläubiger abrunden.

Dabei soll auch

- auf bedeutsame Vorgänge, die nach Abschluss des Geschäftsjahres eingetreten sind (z. B. konjunkturelle und saisonale Tendenzen in der Branche, Ergebnisanalysen),
- auf die voraussichtliche Entwicklung (z. B. Marktentwicklung, Konsumverhalten) und
- auf den Bereich Forschung und Entwicklung (z. B. neue Produkte) eingegangen werden.

LF11

Wirtschaftliche Einflüsse auf unternehmerische Entscheidungen beurteilen und danach handeln

1 Vollständiger Wirtschaftskreislauf und Wirtschaftsordnungen

SITUATION *Autoland Murschall GmbH*

David Rose arbeitet zurzeit im Lager der Autoland Murschall GmbH. Heute ist eine Lieferung Reifen eingetroffen. Bei der Kontrolle der Rechnung stellt David fest, dass sich die Preise der Reifen im Vergleich zur letzten Lieferung deutlich erhöht haben. Verwundert darüber fragt er den Lagerleiter, Herrn Özkaya, wie diese drastische Preiserhöhung zustande kommt. „Tja David, das nennt man Marktwirtschaft. Hier werden alle Entscheidungen, auch die Preisfestlegung, auf dem Markt getroffen. Momentan kauft die ganze Welt offenbar Kautschuk, und das treibt den Preis für unsere Reifen in die Höhe."

Grundlagen des Wirtschaftens ☞ Band 1, LF 1, S. 14 ff.

Volkswirtschaft **bezeichnet alle Wirtschaftssubjekte eines Staates und deren wirtschaftliche Beziehungen zueinander.**

In Band 1, LF 1 wurden die Grundlagen des Wirtschaftens bereits behandelt. Es konnte u. a. gezeigt werden, dass sich die Notwendigkeit zum Wirtschaften aus dem Spannungsverhältnis von unendlich großen Bedürfnissen und begrenzten Ressourcen ergibt. Da auch die Ausführungen zu dem vorliegenden Lernfeld 11 die Vorgänge in der ***Volkswirtschaft*** erklären sollen, ist es besonders wichtig, sich vor Augen zu führen, dass die aufgezeigten Zusammenhänge lediglich Modellcharakter besitzen. Die Wirklichkeit ist zu komplex, als dass jede Ausnahme, Besonderheit oder irrationales Verhalten von Wirtschaftssubjekten Berücksichtigung oder Erklärung finden könnte. Das Modell unterstützt allerdings dabei, Beobachtungen von Vorgängen in einer Volkswirtschaft in ihrem Kern zu erklären und zu verallgemeinern, sodass Rückschlüsse auf gleiche oder ähnliche Sachverhalte bzw. Ereignisse in der Realität möglich sind. Für Unternehmer ist es daher wichtig, neben der betriebswirtschaftlichen Perspektive (Vorgänge im Betrieb) auch Auswirkungen von wirtschaftspolitischen Maßnahmen, Vorgängen auf den Märkten u. Ä. abschätzen zu können.

LS 118

1.1 Vollständiger Wirtschaftskreislauf

Güter- und Geldströme zwischen Unternehmen und privaten Haushalten ☞ Band 1, LF 1, S. 18 f.

Das Modell des einfachen Wirtschaftskreislaufs wurde bereits in Band 1, LF 1 erläutert. Der vollständige Kreislauf berücksichtigt zusätzlich die Wirtschaftssubjekte Staat, Banken und Ausland.

Umsatzsteuer ☞ Band 1, LF 2, S. 147 ff.

Sozialversicherung ☞ LF 9, Kap. 7.5

Der Staat erhält von den privaten Haushalten und den Unternehmen Steuern, Gebühren und Beiträge. Steuern sind Geldleistungen, für die der Steuerzahler keinen Anspruch auf eine persönliche Gegenleistung hat. Private Haushalte zahlen z. B. Einkommensteuer und Umsatzsteuer. Gebühren sind Zahlungen für besondere Leistungen des Bereichs Staat, z. B. Verwaltungsgebühren für die Ausstellung eines Personalausweises, die Erteilung einer Baugenehmigung oder die Eintragung eines Kaufmanns in das Handelsregister sowie Benutzungsgebühren für die Müllabfuhr oder die Abwasserentsorgung. Beiträge werden für die Bereitstellung von Leistungen unabhängig von der tatsächlichen Inanspruchnahme erhoben, z. B. Sozialversicherungsbeiträge.

Auf der anderen Seite erhalten die privaten Haushalte vom Staat Gehälter und Transferleistungen. Die Gehälter beziehen die Angestellten und Beamten des Staates, die ***Transferzahlungen,*** wie z. B. Kindergeld, Wohngeld oder Leistungen der Sozialversicherung, kommen allen privaten Haushalten zu, die bestimmte Kriterien erfüllen.

Transferzahlungen und ***Subventionen*** sind Zahlungen, die ein Empfänger ohne die Verpflichtung einer Gegenleistung erhält.

Der Staat stellt den Unternehmen für eine Vielzahl von Tätigkeiten Subventionen zur Verfügung. ***Subventionen*** sind staatliche Unterstützungszahlungen, z. B. für die Neugründung eines Unternehmens oder die Schaffung von neuen Arbeitsplätzen. Damit Unternehmen in den Genuss dieser Unterstützungszahlungen kommen, müssen sie bestimmte Voraussetzungen erfüllen, z. B. muss ein Unternehmen eine bestimmte Anzahl von Arbeitsplätzen schaffen, um die Zahlung zu erhalten. Neben der Zahlung von Subventionen an die Unternehmen zahlt der Staat auch für seine Konsumausgaben, z. B. wenn er Kopierpapier oder Schreibtische kauft.

In einer Volkswirtschaft, deren Geldströme mit von Zentral- und privaten Banken geschöpften Zahlungsmitteln abgewickelt werden, stellt der Finanzbereich (Sektor „Banken") einen eigenen Bereich dar. Autohäuser sind, wie auch die Hersteller, auf Investitionsmittel angewiesen und „parken" ihre Liquiditätsreserven auf Konten bei der Bank. Ebenso verkonsumieren die Haushalte ihre Geldmittel nicht komplett, sondern sparen. Dabei ist zu beachten, dass die Höhe der Vermögensänderungen nicht zwangsläufig mit der Höhe der Finanztransaktionen, die über eine Bank abgewickelt werden, identisch ist. Es wird lediglich ersichtlich, wie sich das Volksvermögen verändert.

Geld und Geldpolitik ☞ S. 292 ff.

In einer globalisierten Welt sind sogenannte geschlossene Modelle, d. h. rein auf die Binnenwirtschaft fokussierte Modelle, nicht denkbar. Regelmäßige grenzüberschreitende Transaktionen müssen selbstverständlich einbezogen werden. So beziehen bspw. Hersteller ihre Rohstoffe zumindest teilweise von Zulieferern aus dem Ausland bzw. liefern Teile oder Fahrzeuge dorthin. Diese Ex- und Importe sind das Merkmal offener Volkswirtschaften.

Globalisierung ☞ S. 305 ff.

Wirtschaftskreislauf mit fünf Sektoren (nur Geldströme)

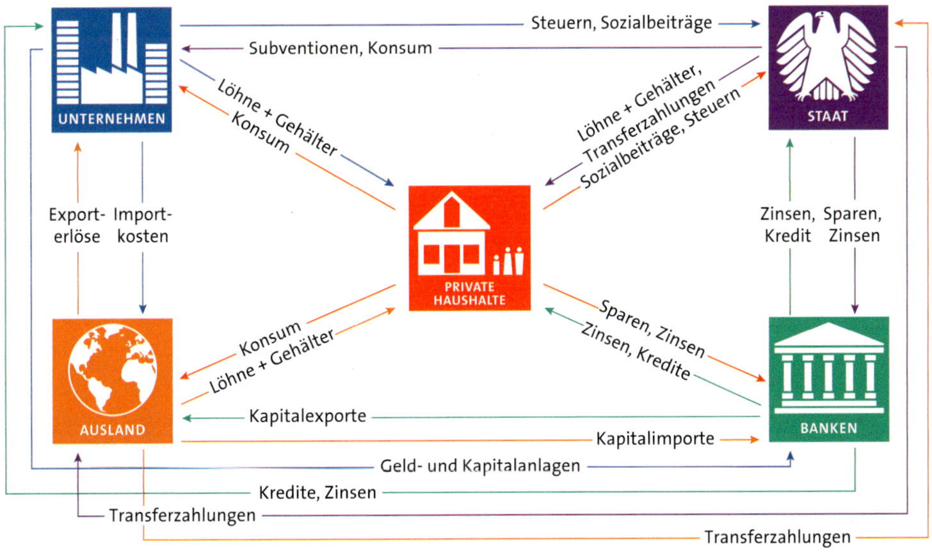

BEISPIEL *Autoland Murschall GmbH*

Ein mittelständisches Unternehmen wie die Autoland Murschall GmbH ist mit diversen anderen Wirtschaftssubjekten verknüpft, die ihrerseits wieder Beziehungen zueinander haben. Beispielsweise verkauft das Autohaus Pkw, Teile und Zubehör an Privatleute (= private Haushalte) und Selbstständige (= Unternehmen). Daneben muss die Autoland Murschall GmbH ihren Jahresgewinn versteuern und von den Kunden erhaltene Umsatzsteuer an das Finanzamt (= Staat) weiterleiten. Genauso ist es denkbar, dass das Autohaus im grenzüberschreitenden Warenverkehr gezielt Pkw aus dem Ausland ankauft oder an ausländische Interessenten verkauft. Schließlich benötigt die Autoland Murschall GmbH für Investitionszwecke Darlehen, die sie über Banken bezieht. Auch die für Leasingkunden bereitgestellten Finanzmittel entstammen diesem Bereich.

Die Komplexität der zuvor aufgezeigten wirtschaftlichen Verflechtungen ist für den Einzelnen so gut wie nicht mehr überschaubar. Der Überblick, welche Güter in welchen Mengen für welche Abnehmer produziert werden sollen, geht verloren. Die wirtschaftliche Entwicklung führt auch zu einer Anhäufung der Produktionsmittel. Die damit verbundene wirtschaftliche Macht muss kontrolliert und reguliert werden.

LS 119

1.2 Wirtschaftsordnungen

Die ***Wirtschaftsordnung*** legt die „Spielregeln" fest, nach denen sich die Wirtschaftssubjekte zu richten haben.

Eigentum
☞ Band 1, LF 3, S. 179 f.

Die grundlegende Voraussetzung für das Funktionieren einer Volkswirtschaft ist die ***Wirtschaftsordnung***. Sie ist das Regelwerk, mit dem die durch die Arbeitsteilung entstehenden Beziehungen der Wirtschaftsakteure geordnet werden. Die Wirtschaftsordnung regelt folgende Punkte:

- Verteilung der Entscheidungsbefugnisse: Es muss festgelegt werden, wer die Entscheidungen über Produktion und Konsum treffen darf.
- Verteilung des Eigentums an den Produktionsmitteln: Es muss festgelegt werden, ob das Eigentum an Fabriken, Grundstücken und Rohstoffen in privater oder staatlicher Hand liegen soll.
- Koordination von Konsum und Produktion: Die Wirtschaftssubjekte haben Einzelpläne darüber, welche Güter sie produzieren bzw. konsumieren wollen. Ein Koordinationssystem muss die Vielzahl von Einzelplänen aufeinander abstimmen.
- Verteilung der produzierten Waren und Leistungen: Es muss festgelegt werden, wer die produzierten Waren und Leistungen erhält.

Die Grundidee, an der sich die Wirtschaftsordnung der Bundesrepublik Deutschland orientiert, ist die **freie Marktwirtschaft.** Sie ist ein theoretisches Modell und gilt als idealtypisch, da nach den Zielvorstellungen dieser Wirtschaftsordnung die Wirtschaftssubjekte unabhängig voneinander und frei Art und Umfang ihrer ökonomischen Aktivitäten bestimmen. Dieser idealtypischen Vorstellung nach wird der Wirtschaftsprozess über Märkte und Preise, die sich nach Angebot und Nachfrage regeln, gelenkt. Das Privateigentum ist in besonderer Weise geschützt.

In der Bundesrepublik wird versucht, diese Grundprinzipien der freien Marktwirtschaft durch staatlich regulierte und soziale Elemente zu ergänzen. Die Bezeichnung für diese realtypische Wirtschaftsordnung lautet **soziale Marktwirtschaft.** Kommt es zu Benachteiligungen einzelner Bürger, so fällt es dem Staat zu, diesen entgegenzuwirken. Die folgenden drei Unterkapitel zeigen auf, wie staatliche Eingriffe erfolgen können.

1.2.1 Dualismus

Im System der sozialen Marktwirtschaft geht es darum, die als negativ empfundenen Folgen der marktwirtschaftlichen Prozesse einzudämmen sowie soziale und gesellschaftliche Ziele vorzugeben. Der Staat erhält Eingriffsrechte in die wirtschaftlichen Freiheiten, wenn die soziale Sicherheit gefährdet ist und aus Gründen der sozialen Gerechtigkeit ein sozialer Ausgleich geboten erscheint. Der Dualismus zeigt sich in dem koordinierten Nebeneinander von Marktprozessen und staatlichen Aktivitäten.

> *Das System der sozialen Marktwirtschaft ist dualistisch geprägt. Das Leitbild der individuellen wirtschaftlichen Freiheit wird ergänzt, erweitert und eingeschränkt durch das Leitbild der sozialen Verantwortung des Staates.*

Darüber hinaus kann dem Staat die Befriedigung von Kollektivbedürfnissen übertragen werden. Er übernimmt Aufgaben der Daseinsvorsorge für seine Bürger.

Bedürfnis
☞ Band 1, LF 1, S. 14 f.

> *Kollektivbedürfnisse entstehen, wenn viele Menschen deckungsgleiche Individualbedürfnisse bündeln und daraus einen gemeinsamen Bedarfsplan erstellen.*

Wird die Befriedigung der Kollektivbedürfnisse dem Staat überlassen, dann entsteht ein Angebot an ***öffentlichen Gütern.*** Öffentliche Güter dürfen von allen Wirtschaftssubjekten genutzt werden und fördern das Gemeinwohl. Sie sind Bestandteil der Infrastruktur einer Gesellschaft.

Beispiele für *öffentliche Güter* der staatlichen Infrastruktur:
- staatliche Kindergärten
- Schulen und Hochschulen
- Einrichtungen des Gesundheitswesens
- Verkehrswege
- Einrichtungen der öffentlichen Verwaltung und der Rechtspflege

Die Verpflichtung des Staates hinsichtlich der sozialen Ausrichtung der Gesellschafts- und Wirtschaftsordnung sowie der Verantwortung für die Sicherung der Lebensgrundlagen auch für zukünftige Generationen ergibt sich aus dem Grundgesetz.

> ***Artikel 20 GG***
> *(1) Die Bundesrepublik Deutschland ist ein (...) sozialer Bundesstaat.*
> ***Artikel 20 a GG***
> *Der Staat schützt auch in Verantwortung für die künftigen Generationen die natürlichen Lebensgrundlagen und die Tiere im Rahmen (...)*

Marktversagen
☞ S. 252

Staatliches Handeln stellt außerdem eine ordnungspolitische Notwendigkeit dar, um Marktversagen zu verhindern oder zu begrenzen. Der Einfluss des Staates auf die wirtschaftliche und soziale Lebenssituation seiner Bürger steigt und deren wirtschaftliche Freiheitsrechte als Konsumenten oder Produzenten werden eingeschränkt.

Aktivitäten des Staates in der sozialen Marktwirtschaft	
Staat handelt als Wirtschaftssubjekt, indem er • Güter des Kollektivbedarfs kauft oder selbst herstellt, • Faktorleistungen Arbeit und natürliche Ressourcen (Boden) in Anspruch nimmt, • staatlich organisierte Sozialsysteme einrichtet, • private Haushalte und Unternehmen direkt mit Geld- und Sachleistungen unterstützt, • seine Ausgaben durch Zwangsabgaben wie Steuern und Sozialabgaben oder durch Kredite finanziert.	Staat wird wirtschaftspolitisch aktiv, indem er steuernd und lenkend eingreift, um • wettbewerbsverzerrende Marktstrukturen zu verhindern oder zu beseitigen, • Ungleichgewichte in der gesamtwirtschaftlichen Produktion zu verhindern, • eine gerechte Einkommens- und Vermögensverteilung zu gewährleisten, • den Schutz der Umwelt und einen nachhaltigen Umgang mit den natürlichen Ressourcen umzusetzen.

1.2.2 Leistungswettbewerb

Grundelement der Marktwirtschaft ist der Leistungswettbewerb. Er sichert am ehesten die optimale Nutzung der Produktionsmittel und damit die bestmögliche Güterversorgung. Leistungswettbewerb lebt von der Konkurrenz um knappe Güter und Faktorleistungen auf funktionierenden Märkten.

Märkte mit hoher Wettbewerbsintensität gelten als ideale Voraussetzung dafür, dass der Marktpreismechanismus funktioniert. Intensiver Wettbewerb eröffnet Konsumenten und Produzenten Wahlmöglichkeiten.

Die Wettbewerbsintensität nimmt tendenziell ab, wenn Marktteilnehmer über Marktmacht verfügen. Gibt es nur einen oder wenige Anbieter, so beherrschen sie das Marktgeschehen. Marktmacht verleitet zu Machtmissbrauch und zerstört Wettbewerbsstrukturen. Darüber hinaus schränkt sie den freien Austausch der Güter- und Faktorleistungen ein, schafft Abhängigkeiten und führt dazu, dass der Marktpreismechanismus ausgehebelt wird. Da nur funktionierende Märkte mit hoher Wettbewerbsintensität einen fairen Interessenausgleich zwischen den Anbietern und Nachfragern garantieren, hat der Staat ein Interesse daran, durch wettbewerbspolitische Regelwerke den Wettbewerb zu sichern.

> **i** *Wettbewerbspolitische Regelwerke geben dem Staat das Recht, Wettbewerbsregeln aufzustellen und bei Verstoß einzugreifen, wettbewerbswidriges Verhalten zu untersagen sowie gegebenenfalls Sanktionen (Strafen) zu verhängen.*

BEISPIEL *Arbeitsmarkt*

Arbeitsmärkte unterliegen wie alle Märkte dem Gesetz von Angebot und Nachfrage. Arbeitsuchende bieten ihre Arbeitsleistung an, Arbeitgeber fragen sie nach. Arbeitsentgelte sind Preise für die Inanspruchnahme von Arbeitsleistungen. Bestimmt sich das Arbeitsentgelt nach den Marktgesetzen, handelt es sich um Marktpreise. Marktpreise bilden sich aus Angebot und Nachfrage. Ihre Höhe ist abhängig von der Marktsituation auf dem jeweiligen Arbeitsmarkt.

Markt ☞ S. 242 ff.

Hohe Arbeitslosigkeit und niedrige Löhne und Gehälter sind ein Hinweis auf ein Überangebot an Arbeitsleistung vonseiten der Arbeitsuchenden. Einer Vielzahl möglicher Arbeitnehmer stehen häufig nur wenige potenzielle Arbeitgeber gegenüber. Der Arbeitnehmer ist gegebenenfalls gezwungen, Lohnzugeständnisse zu machen und unzumutbare Arbeitsbedingungen in Kauf zu nehmen. Arbeitgeber minimieren dann ihre Kosten. Geringe Arbeitslosigkeit und hohe Arbeitsentgelte sind ein Hinweis auf eine Übernachfrage vonseiten der Arbeitgeber. Die Verhandlungsposition der Arbeitnehmer hinsichtlich der Lohn- und Gehaltsforderungen sowie der Arbeitsbedingungen verbessert sich.

Marktpreisbildung ☞ S. 242 f.

Im Arbeitsrecht ist das Prinzip der Vertragsfreiheit zu beachten. Es gelten die Grundsätze der Abschlussfreiheit und der Gestaltungsfreiheit. Arbeitnehmer und Arbeitgeber können jeweils frei darüber entscheiden, ob sie und mit wem sie überhaupt eine vertragliche Bindung und, wenn ja, zu welchen Bedingungen eingehen wollen.

Vertragsfreiheit ☞ Band 1, LF 3, S. 182 ff.

Das Regelwerk der Arbeitsordnung setzt einen Rahmen für die Arbeitsmärkte. Es erfüllt in weiten Teilen eine Schutzfunktion für Arbeitnehmer. Es wird unterstellt, dass der Arbeitsmarkt seiner Struktur nach von einem Übergewicht an Macht auf der Arbeitgeberseite geprägt ist und dadurch die wirtschaftliche und soziale Existenz von Arbeitsuchenden gefährdet werden kann. Das Sozialstaatsgebot des Artikels 20 GG soll den sozial Schwächeren schützen. Dazu bedarf es rechtlicher Normen.

1.2.3 Sozialordnung

Eine der wesentlichen Aufgaben des Staates in der sozialen Marktwirtschaft besteht darin, einen sozialen Ausgleich zugunsten der wirtschaftlich Schwachen herbeizuführen und Menschen gegen Lebensrisiken abzusichern. Sozialpolitik sollte zumindest eine soziale Grundsicherung ermöglichen und Armut vermeiden helfen.

Auf der Grundlage von Sozialgesetzen werden Bürger unter bestimmten Voraussetzungen in das System der sozialen Sicherung eingebunden oder sogar zur Mitgliedschaft in bestimmten Sozialsystemen verpflichtet.

Gesetzliche Sozialversicherungen ☞ LF 9, Kap. 7.5

So ist die Mitgliedschaft in den gesetzlichen Sozialversicherungen eine Zwangsmitgliedschaft. Die betroffenen Personenkreise entrichten einerseits Zwangsbeiträge. Andererseits erwerben sie und unter bestimmten Voraussetzungen auch ihre Familien Leistungsansprüche.

Grundprinzipien einer staatlichen Sozialordnung		
Fürsorgeprinzip	**Subsidiaritätsprinzip**	**Solidaritätsprinzip**
Der Staat schafft kollektive soziale Sicherungssysteme zur Absicherung seiner Bürger vor Not und Armut.	Der Staat hilft nur, wenn der einzelne Bürger oder dessen persönliches soziales Umfeld, z. B. die Familie oder private Organisationen, nicht in der Lage sind, existenzgefährdende Notfälle aufzufangen.	Der Staat schafft soziale kollektiv organisierte Sicherungssysteme auf der Grundlage von Versicherungen, die durch Beiträge (Umlagen) finanziert werden: Durch seine Beiträge erwirbt das einzelne Mitglied im Versicherungsfall einen Leistungsanspruch aus den Mitteln der Sozialkasse.

Die bisherigen Ausführungen zeigen, dass sich Probleme nicht von allein lösen. Zwar wird das Wirtschaftsgeschehen in einer marktwirtschaftlichen Ordnung weitgehend durch die Märkte gelenkt. Dennoch muss der Staat in vielen Fällen eingreifen, um mögliche Funktionsstörungen zu bekämpfen. Er muss versuchen, durch eine aktive Wirtschaftspolitik das Wirtschaftsgeschehen positiv zu beeinflussen. Die nachfolgende Übersicht stellt abschließend noch einmal alle wesentlichen Merkmale der freien Marktwirtschaft denen der sozialen Marktwirtschaft gegenüber:

Merkmale	Freie Marktwirtschaft (Idealtyp)	Soziale Marktwirtschaft (Realtyp)
Verteilung der Entscheidungsbefugnisse	Der Staat hat eine passive Rolle, er greift nicht in das Wirtschaftsgeschehen ein. Er hat lediglich Überwachungsfunktionen (Nachtwächterstaat).	Der Staat greift in das Wirtschaftsgeschehen ein. Wohlstand und soziale Sicherheit sollen gewährleistet werden.
Verteilung des Eigentums an Produktionsmitteln	Das Eigentum an Maschinen, Unternehmen, Grundstücken und Rohstoffen liegt in den Händen der Bürger. Der Staat garantiert das Privateigentum an den Produktionsmitteln.	Das Privateigentum steht grundsätzlich unter Schutz des Staates.
Koordination von Konsum und Produktion	Die Entscheidung über Produktion und Konsum wird von den Produzenten und Konsumenten getroffen. Der Staat produziert nicht selbst. Es herrscht Vertrags-, Gewerbe-, Niederlassungs-, Produktions- und Konsumfreiheit sowie freie Arbeitsplatzwahl.	Grundsätzlich treffen Produzenten und Konsumenten die Entscheidung über Produktion und Konsum. Der Staat greift aber bei wirtschaftlichen Fehlentwicklungen korrigierend ein. Außerdem setzt er der individuellen Freiheit Grenzen, um zu verhindern, dass durch individuelles Handeln die Rechte Dritter verletzt werden.
Verteilung der produzierten Güter und Leistungen	Die Preise für Waren und Dienstleistungen ergeben sich durch freie Preisbildung auf dem Markt. Was sich der Einzelne leisten kann, ist abhängig vom Einkommen.	Die Preise für Waren und Dienstleistungen ergeben sich durch freie Preisbildung auf dem Markt. Was sich der Einzelne leisten kann, ist abhängig vom Einkommen. Allerdings nimmt der Staat eine Umverteilung des Einkommens vor, um sozial Schwache zu unterstützen.

1.2.4 Weitere Wirtschaftsordnungen

Neben den oben vorgestellten Modellen der freien und sozialen Marktwirtschaft existieren noch weitere Wirtschaftsordnungen, die sich je nach Fokussierung auf wirtschaftliche oder gesellschaftliche Zielsetzungen voneinander unterscheiden.

Skyline von Shanghai

Kurz skizziert sei an dieser Stelle die **sozialistische Marktwirtschaft,** so wie sie heutzutage in der Volksrepublik China anzutreffen ist. Ihr besonderes Merkmal besteht in der ***dezentralen Planung*** und dem ***Gemeineigentum*** an den Produktionsmitteln. Die dort bis in die späten 1970er-Jahre praktizierte Planwirtschaft wurde durch die Integration marktwirtschaftlicher Elemente (z. B. Direktinvestitionen aus dem Ausland, Privatisierung des Staatssektors) ergänzt. Im Laufe der letzten Jahrzehnte konnte so der Privatsektor zu einer beachtlichen Größe anwachsen und steuert mittlerweile den größten Anteil zum Bruttoinlandsprodukt der Volksrepublik bei.

Dezentrale Planung
Sämtliche Wirtschaftssubjekte sind frei darin, ihre eigenen, individuellen Wirtschaftspläne aufzustellen.

Gemeineigentum
Die Produktionsmittel gehören der Gesellschaft als Ganzes. In der Reinform bedeutet das, dass kein Privateigentum an Produktionsmitteln existiert.

An dieser Stelle werden auch Unterschiede zur **zentralen Planwirtschaft,** nach der in der ehemaligen DDR vorgegangen wurde, deutlich. Wesentliche Eckpfeiler dieser Wirtschaftsordnung waren durch das Staatseigentum an den Produktionsmitteln, die zentrale Steuerung des Wirtschaftsprozesses und die Festlegung von Preisen und Löhnen gegeben. Bezüglich der Steuerung des Wirtschaftsprozesses erarbeitete eine zentrale Planungsbehörde auf Grundlage prognostizierter Bedürfnisse (Mehr-)Jahrespläne, nach denen gearbeitet wurde. Dies hatte zur Folge, dass die Betriebe einschließlich der Landwirtschaft exakt vorgegebene Mengen produzieren mussten.

LS 120

2 Marktpreisbildung

SITUATION Autoland Murschall GmbH

Mit dem Wissen um die Rolle der Marktwirtschaft versucht sich David Rose nun auch den rasanten Preisanstieg für Winterreifen im letzten Winter zu erklären. Dieser sehr strenge Winter führte dazu, dass sehr viele Autofahrer neue oder erstmalig überhaupt Winterreifen benötigten. Diese starke Nachfrage wurde noch zusätzlich verstärkt, da der Gesetzgeber ein Gesetz erlassen hatte, das die Ausstattung der Pkws mit Winterreifen bei entsprechenden Witterungsverhältnissen verlangte.

2.1 Treffpunkt von Angebot und Nachfrage

Auf dem *Markt* treffen Angebot und Nachfrage zusammen.

Die Koordination von Produktion und Verbrauch (Konsum) übernimmt in einem marktwirtschaftlichen System der ***Markt.*** Er ist der wichtigste Lenkungsmechanismus für die wirtschaftlichen Aktivitäten der Menschen. Allgemein betrachtet, führt der Markt Anbieter (Verkäufer) und Nachfrager (Käufer) eines Gutes zusammen. Der Markt ist sozusagen der Ort, an dem das Angebot und die Nachfrage aufeinander treffen. In diesem Zusammenhang ist der Markt jedoch nicht zwangsläufig als physischer Raum (z. B. Autohaus, Rohölbörse in Rotterdam) zu sehen. Er kann genauso gut virtuell sein (z. B. mobile.de, ebay, Wertpapierhandelssystem Xetra). Alle wirtschaftlichen Aktivitäten sind grundsätzlich Tauschprozesse von Waren oder Dienstleistungen gegen das Tauschmittel Geld.

Aufgaben des Geldes ☞ S. 292 ff.

Der Markt hat verschiedene **Aufgaben und Funktionen** zu erfüllen:

- **Versorgungsfunktion:** Der Markt soll für die bestmögliche Versorgung der Bevölkerung mit Gütern sorgen.
- **Koordinationsfunktion:** Der Markt soll Angebot und Nachfrage zusammenführen.
- **Preisbildungsfunktion:** Angebot und Nachfrage bewirken auf dem Markt die Preisbildung.
- **Verteilungsfunktion:** Auf dem Markt werden Waren und Dienstleistungen verteilt.

Jedes zu kaufende oder zu verkaufende Gut braucht einen Markt. Ohne Markt und damit verbundene Nachfrage ist es nutzlos, ein „Ladenhüter". Die Menge und der Zeitpunkt der **Nachfrage** hängen von einer Vielzahl von Faktoren ab, z. B.

- von der Stärke der Bedürfnisse
- von der Höhe des verfügbaren Einkommens
- von dem Preis für die nachgefragten Güter
- von den Preisen anderer Güter
- von Mode- und Trenderscheinungen
- von der Qualität der Güter
- von der technischen Entwicklung
- von den Zukunftserwartungen der Nachfrager

Konjunktur ☞ S. 288 ff.

Die Menge und auch der Zeitpunkt des Angebots hängen ebenfalls von einer Vielzahl von Faktoren ab, z. B.

- dem Gewinnstreben der Anbieter
- den Kosten und Zielsetzungen der einzelnen Anbieter
- der Konkurrenzsituation auf dem Markt
- dem für das angebotene Gut erzielbaren Preis
- den saisonalen Einflüssen
- den gesetzlichen Rahmenbedingungen durch den Staat
- der Konjunkturlage
- der technischen Entwicklung

2.2 Modell des vollkommenen Wettbewerbs (Polypol)

Auf einem Wettbewerbsmarkt haben Nachfrager und Anbieter unterschiedliche Interessen:

- Die Nachfrager befriedigen durch den Kauf von Gütern ihre Bedürfnisse und möchten ihren Nutzen maximieren.
- Die Anbieter streben in der Regel nach Gewinnmaximierung und wählen ihren Produktionsplan so, dass der Überschuss aus Erlös über Kosten maximal wird.

Von einem vollkommenen Wettbewerbsmarkt, auch als Polypol bezeichnet, spricht man, wenn folgende Bedingungen erfüllt sind:

- **große Anzahl von Anbietern und Nachfragern:** Aufgrund der großen Anzahl von Marktteilnehmern kann kein Individuum durch sein Verhalten den Preis beeinflussen.
- **homogene Güter:** Die einzelnen Produkte unterscheiden sich nicht in Qualität, Design, Geschmack usw.
- **keine Präferenzen:** Die Marktteilnehmer treffen ihre Entscheidungen unabhängig von persönlichen oder räumlichen Vorlieben.
- **perfekte Information/Markttransparenz:** Alle Marktteilnehmer haben umfassende Marktübersicht.

*Ein **vollkommener Wettbewerbsmarkt (Polypol)** ist charakterisiert durch eine große Anzahl von Anbietern und Nachfragern. Hierbei hat kein Individuum durch seine einzelne Handlung Einfluss auf den Preis des Gutes.*

BEISPIEL *Autoland Murschall GmbH*

Die Autoland Murschall GmbH möchte ihr Gebrauchtwagenangebot im Bereich der Stadtfahrzeuge ausbauen. Dabei möchte man sich konzentrieren auf die Modelle Starcar Sunny und Starcar Shining. Die aktuellen Gebrauchtwagenpreise können online bei anderen Autohäusern eingesehen werden, die diese Fahrzeuge auch gebraucht verkaufen. Zudem erhöht sich die Markttransparenz noch durch die bekannten Internetportale, in denen sowohl Händler als auch Privatleute ihre Fahrzeuge anbieten. Zwar ist die Anzahl der Anbieter aktuell recht hoch, das liegt allerdings auch daran, dass die beiden Fahrzeugmodelle zurzeit sehr häufig nachgefragt werden.

Bei dem Modell des vollkommenen Wettbewerbs handelt es sich allerdings um ein theoretisches Modell, das in seiner Form und mit den zuvor genannten vereinfachten Bedingungen des Marktgeschehens real nicht existiert.

2.3 Zustandekommen des Marktgleichgewichts

Mithilfe des Angebot-Nachfrage-Modells kann erklärt werden, wie der Preis und die Menge eines gehandelten Gutes auf einem Wettbewerbsmarkt zustande kommen. Hierbei wird der Zusammenhang zwischen Preis, nachgefragter Menge und angebotener Menge durch die aggregierte Nachfragefunktion und die aggregierte Angebotsfunktion beschrieben. Beide Funktionen werden zusammen in ein Marktdiagramm übertragen.

Im Schnittpunkt der Nachfrage- und Angebotskurve entspricht die nachgefragte Menge der angebotenen Menge (sogenannte Markträumung). Das resultierende Marktgleichgewicht besteht aus der Gleichgewichtsmenge und dem Gleichgewichtspreis.

BEISPIEL *Gleichgewichtspreis (beim vollkommenen Markt)*

Für ein Navigationsgerät werden verschiedene Marktpreise festgelegt und das Verhalten der Marktteilnehmer beobachtet.

Preis in €	Nachfragemenge	Angebotsmenge	Marktabsatz	
280	10	90	10	Angebotsüberhang
260	30	70	30	Angebotsüberhang
240	50	50	50	*Gleichgewicht*
220	70	30	30	Nachfrageuberhang
200	90	10	10	Nachfrageüberhang

In ein Preis-Mengen-Diagramm übertragen, ergibt sich folgendes Bild:

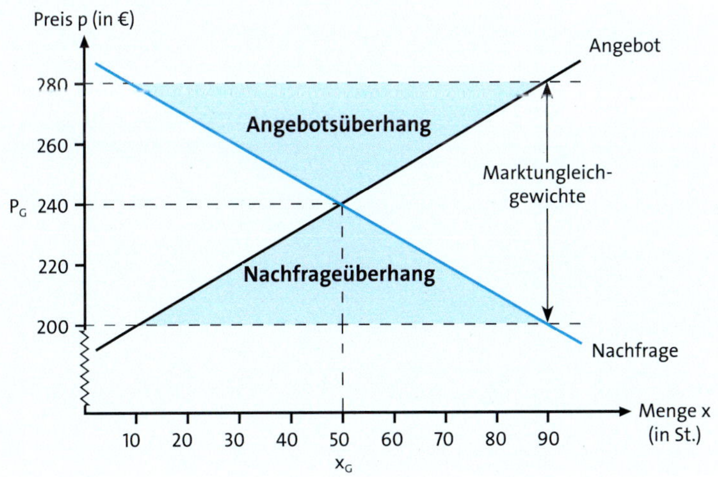

Bei einem Preis von 240,00 € sind Angebot und Nachfrage ausgeglichen.
Der Markt wird bei diesem Gleichgewichtspreis vollständig geräumt, da die angebotene Menge der nachgefragten Menge entspricht. Bei Preisen ober- und unterhalb des Gleichgewichtspreises ergeben sich ein Angebots- oder ein Nachfrageüberhang.

Marktpreise von Gütern haben verschiedene Aufgaben bzw. Funktionen. Die Marktpreise eines Gutes spiegeln den Knappheitsgrad **(Signalfunktion)** und seinen Wert wider.

Produktionsfaktoren ☞ Band 1, LF 1, S. 16 f.

Ein hoher Marktpreis bewirkt, dass die Anbieter dieses Gut produzieren. Die Produktionsfaktoren werden dorthin gelenkt, wo sich die besten Gewinnchancen bieten bzw. Marktlücken existieren **(Lenkungsfunktion).**

Anbieter, die nicht mehr in der Lage sind, ihre Güter zum Gleichgewichtspreis anzubieten, werden vom Markt verdrängt, da die Nachfrager sich für günstigere Güter entscheiden werden **(Ausschaltungsfunktion bzw. Auslesefunktion).** Gleiches gilt für Nachfrager, die nicht über die entsprechenden finanziellen Mittel verfügen, um sich ein Gut zu kaufen.

Durch Marktpreise werden die Güter vergleichbar gemacht und Angebot und Nachfrage abgestimmt **(Ausgleichsfunktion).**

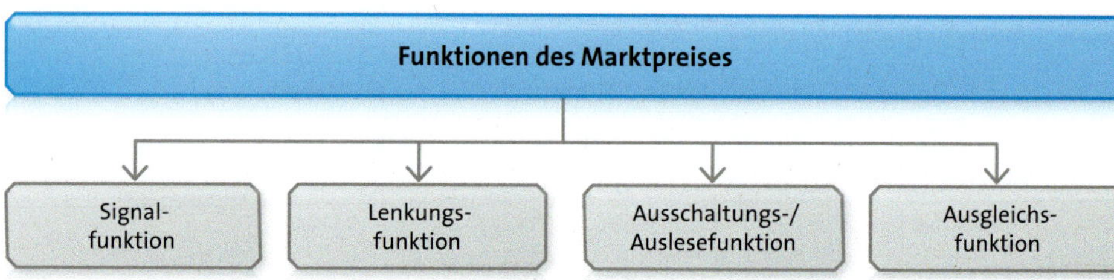

Exkurs: Preiselastizität der Nachfrage

Die Verkaufsmenge wird durch den Verkaufspreis entscheidend beeinflusst. Gerade in Zeiten knapper Finanzmittel bei Verbrauchern, öffentlichen Haushalten und kleineren Unternehmen wird der Preis zu einem zentralen Kaufargument. Bei den meisten Gütern (normale Güter) ergibt sich zwischen Menge und Preis folgender Zusammenhang:

Zusammenhang zwischen Preis und Verkaufsmenge (normale Güter)

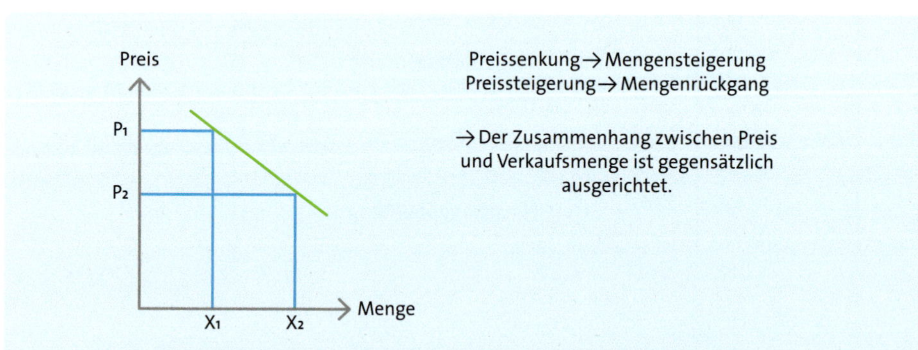

Je höher der Preis eines Gutes ist, desto geringer wird normalerweise die Nachfrage nach diesem Gut sein. Umgekehrt sind bei sinkenden Preisen in der Regel mehr Kunden bereit, das Gut zu kaufen. Dieser im Normalfall gegensätzliche Zusammenhang zwischen Preis und Absatzmenge ist allerdings bei jedem Gut unterschiedlich stark ausgeprägt. Die jeweilige Stärke, mit der die Nachfrage (mengenmäßig) auf Preisänderungen reagiert, nennt man Preiselastizität der Nachfrage.

Die Preiselastizität ist ein Indikator dafür, wie empfindlich die Kunden auf Preisänderungen reagieren. Je stärker die Änderung der Nachfrage ausfällt, desto größer ist die Preiselastizität dieses Gutes. Im Extremfall verändert sich die nachgefragte Menge allerdings gar nicht (vollkommen unelastische Nachfrage).

$$\textit{Preiselastizität} = \frac{\textit{relative Mengenänderung in \%}}{\textit{relative Preisänderung in \%}} = \frac{\dfrac{\textit{neue Menge} - \textit{alte Menge}}{\textit{alte Menge}}}{\dfrac{\textit{neuer Preis} - \textit{alter Preis}}{\textit{alter Preis}}}$$

Berechnung der Preiselastizität der Nachfrage

Das Ergebnis der Division wird stets mit –1 multipliziert, um ein positives Ergebnis zu erhalten. Als Ergebnisvarianten können auftreten:

Isoelastische Nachfrage

Elastizität = 1 (Zähler = Nenner)
Preisänderung und Mengenreaktion sind genau gleich groß.

Theoretische Größe, in der Realität eher selten

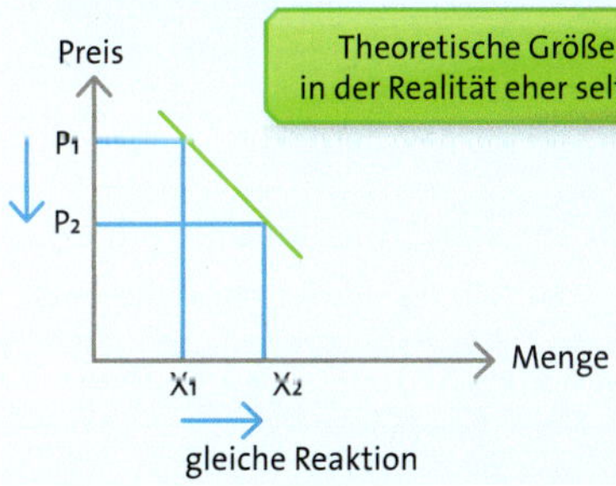

Elastische Nachfrage

Elastizität > 1 (Zähler > Nenner)
Die Mengenreaktion ist stärker als die Preisänderung.

Güter des gehobenen Bedarfs, z. B. Autos, Unterhaltungselektronik

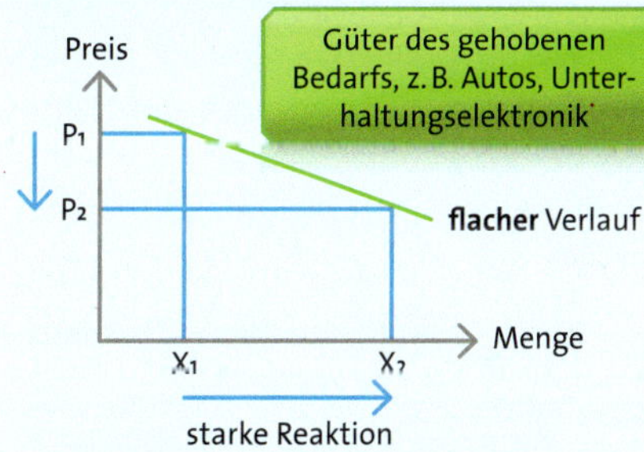

Unelastische Nachfrage
(unempfindliche Reaktion)

Elastizität < 1 (Zähler < Nenner)
Die Mengenreaktion ist schwächer als die Preisänderung.

Güter des Grundbedarfs, z. B. Nahrungsmittel, Benzin

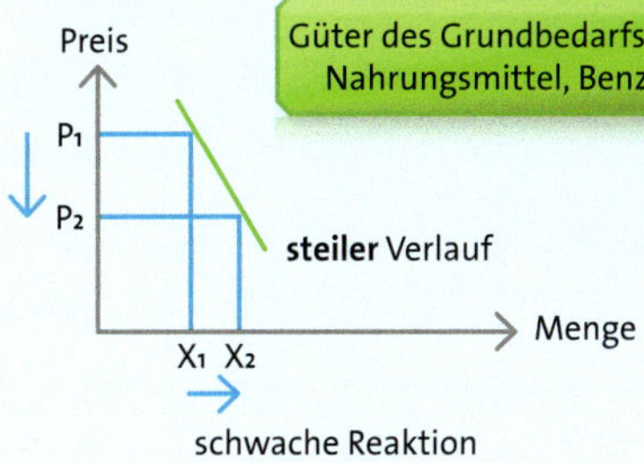

Vollkommen unelastische Nachfrage
(Grenzfall)

Elastizität = 0 (Zähler = 0)
Die Kunden reagieren nicht auf Preisänderungen.

Lebensnotwendige Güter, z. B. Medikamente

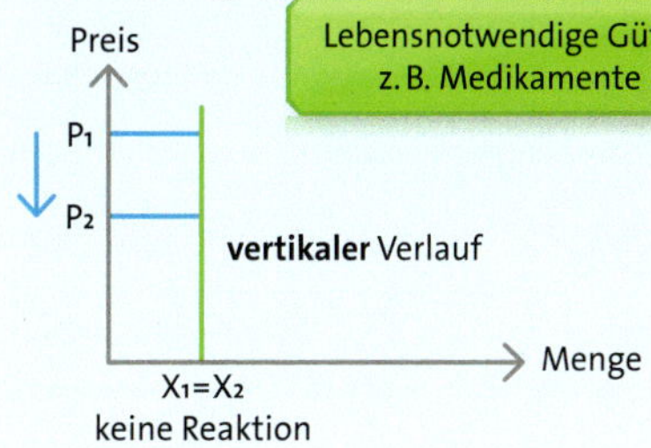

Bevor ein Unternehmen seine Preise ändert, sollte ermittelt werden, wie stark die Kunden darauf voraussichtlich reagieren werden. Die Preiselastizität gibt wichtige Hinweise auf die Preisgestaltung einer Ware, um den Umsatz zu optimieren:

Preisgestaltung bei elastischer und unelastischer Nachfrage

Elastische Nachfrage E > 1	**moderate Preissenkung:** relative Mengensteigerung > relative Preissenkung; der Umsatz steigt
Unelastische Nachfrage E < 1	**moderate Preissenkung:** relative Mengensteigerung < relative Preissenkung; der Umsatz sinkt

2.4 Modell des unvollkommenen Wettbewerbs

Marktmacht gibt den Anbietern die Möglichkeit, die Preise selbst festzulegen.

Die bisherige Darstellung von Nachfrage, Angebot und Gleichgewicht hat sich stets auf eine extreme Marktform bezogen: die Situation der vollkommenen Konkurrenz. In dieser Marktform gilt die Annahme, dass es eine derart große Zahl Anbieter gibt, dass der einzelne Anbieter keinen Einfluss auf den Preis hat. Im Folgenden wird diese Annahme fallen gelassen und alternative Formen werden betrachtet, in denen der Wettbewerb weniger intensiv ist und die einzelnen Anbieter ***Marktmacht*** besitzen.

Die Extremform eines Markts mit wenig Wettbewerb ist das **Monopol:** In dieser Marktform gibt es nur einen Anbieter **(Angebotsmonopol).** Dieser Anbieter entscheidet allein und vollständig über die produzierte Menge sowie den Preis, der für das Gut erhoben wird. Es wird davon ausgegangen, dass der Monopolist (analog zur Darstellung des vollkommenen Wettbewerbs) nur ein einzelnes einheitliches Gut produziert.

In der Realität kommen reine Monopole selten vor. Sie sind z. B. in der Rohstoffgewinnung wie bei den Diamantenminen zu finden oder in stark staatlich regulierten Branchen wie der Energieversorgung oder dem Schienenverkehr.

Arten von Angebotsmonopolen	
Patentmonopol	• entsteht dadurch, dass der Staat eine Innovation durch ein Patent, Gebrauchs- oder Geschmacksmuster vor Nachahmern schützt • i. d. R. zeitlich begrenzt • Beispiel: Medikamente
Staatsmonopol	• entsteht dadurch, dass der Staat die Versorgung mit einem bestimmten Gut einem einzelnen Anbieter überträgt • Versorgung für alle soll sichergestellt werden • Beispiel: Branntweinmonopol (bis 2017 in Deutschland)
natürliches Monopol	• entsteht dadurch, dass die Versorgung durch einen einzelnen Anbieter gesamtwirtschaftlich günstiger ist als durch mehrere Anbieter • v. a. dann, wenn der Aufbau eines zweiten Infrastrukturnetzes mit unverhältnismäßig hohen gesamtwirtschaftlichen Kosten verbunden wäre • Beispiel: Schienenverkehr

Die Handlungsweise des Monopolisten ergibt sich aus dem identischen Ziel wie in der vollkommenen Konkurrenz.

Er wird daher die Preise so festsetzen, dass seine Gewinne maximiert werden. Neben der nachgefragten Menge und dem Angebotspreis sind hierbei die Kosten zu berücksichtigen, die für das angebotene Gut anfallen. Der Gewinn des Monopolisten ergibt sich:

> *Gesamtgewinn = Gesamtumsatz – Gesamtkosten, wobei gilt:*
> *Umsatz = Preis · verkaufte Menge*

Wählt der Monopolist einen zu hohen Preis, so sinkt die verkaufte Menge wegen der sinkenden Nachfrage. Wählt er den Preis zu gering, so ist zwar die verkaufte Menge hoch, doch bleibt der Umsatz aufgrund des niedrigen Preises gering. Er wird den Preis also so wählen, dass die Differenz zwischen den angefallenen fixen und variablen Kosten und dem erzielten Umsatz maximal ist.

fixe und variable Kosten
☞ LF 10, Kap. 1.4, S. 129

Es ist wichtig, an dieser Stelle einen Unterschied zur vollkommenen Konkurrenz zu erkennen: Während in der vollkommenen Konkurrenz der einzelne Anbieter keinen Einfluss auf den Preis hat, gilt dies für den Monopolisten nicht. Der Monopolist hat die Möglichkeit, den Preis festzulegen. Er muss dafür aber die Reaktion der Nachfrager berücksichtigen. Da sich aus der Reaktion der Nachfrager ein eindeutiger Zusammenhang zwischen Preis und abgesetzter Menge für den Monopolisten ergibt, wird diese Funktion im Monopolfall auch als die Preis-Absatz-Funktion bezeichnet.

Die Preis-Absatz-Funktion verläuft fallend, da auch hier für die meisten Güter ein negativer Zusammenhang zwischen Preis und nachgefragter Menge unterstellt werden kann.

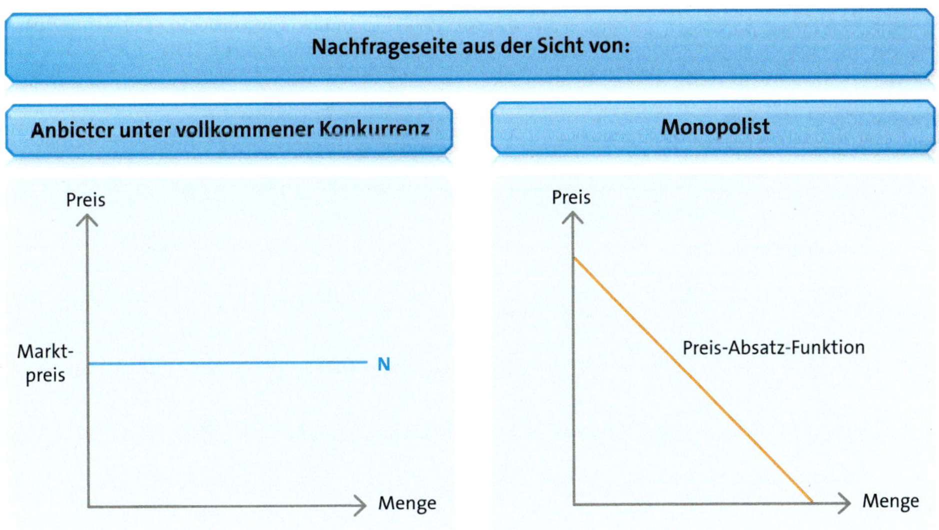

Die Marktform des *Oligopols* ist dadurch charakterisiert, dass es wenige Anbieter gibt, die bei der Preis- bzw. Mengenentscheidung in strategischer Interaktion miteinander stehen.

Die Marktform des ***Oligopols*** steht von der Anzahl der Unternehmen in der betrachteten Branche zwischen der vollkommenen Konkurrenz und dem Monopol. Es herrscht weder ein derart starker Wettbewerb, dass keines der Unternehmen einen Einfluss auf den Preis hat, noch kann ein Unternehmen alleine über Preis und Menge entscheiden, wie dies im Monopol der Fall ist.

Das Oligopol ist sehr viel verbreiteter als eine Branche mit vollkommener Konkurrenz oder ein Monopol. Als bedeutende Branchen gelten neben der Automobil- auch die Stahl- oder Getränkeindustrie als Oligopole.

BEISPIEL *Autoland Murschall GmbH*

In einer Kleinstadt teilen sich zwei Vertragshändler derselben Marke das Fahrzeug- und Werkstattgeschäft. Durch die geringe Konkurrenz fallen die Preise für die angebotenen Leistungen der Autohäuser für die Nachfrager höher aus. Die Nachfrager sind bereit, mehr zu zahlen, weil sie z. B. größere Anfahrtswege in Kauf nehmen müssten, um in der weit entfernten Großstadt in die dortigen Autohäuser zu fahren.

Da der Begriff des Oligopols sehr weit gefasst ist und sehr unterschiedliche Branchen durch oligopolistische Strukturen gekennzeichnet sind, gibt es auch nicht den einzigen Erklärungsansatz zum Oligopol, sondern verschiedene nebeneinander.

Die Erklärungsansätze unterscheiden sich durch die strategische Interaktion, die zwischen den Anbietern unterstellt wird. Als strategische Interaktion wird verstanden, dass die Anbieter sich darüber Gedanken machen, wie die Handlungen der anderen Anbieter den eigenen Gewinn beeinflussen und wie auch die eigenen Handlungen wiederum die anderen beeinflussen. Die Darstellung solch strategischer Interaktionen ist kompliziert, weil es schnell zu Zirkelschlüsseln in der Argumentation kommen kann. Wenn ein Anbieter überlegt, dass das Verhalten der anderen Einfluss auf ihn hat, aber er selbst auch weiß, dass die anderen Anbieter sein Verhalten ebenfalls berücksichtigen, ist der Start- und Endpunkt dieser Überlegungen nur schwer ersichtlich.

Bei den zuvor dargestellten Marktformen wurde bewusst der Blick aus der Sicht der Anbieter (der Unternehmen) gewählt. Allerdings kann auch eine Betrachtung aus Sicht der Nachfrager erfolgen. Berücksichtigt man beide Gruppen, so ergeben sich die folgenden Marktformen.

Marktformen

Nachfrager / Anbieter	viele	wenige	einer
viele	Polypol	Nachfrageoligopol	Nachfragemonopol
wenige	Angebotsoligopol	zweiseitiges Oligopol	beschränktes Nachfragemonopol
einer	Angebotsmonopol	beschränktes Angebotsmonopol	zweiseitiges Monopol

2.5 Eingriffe des Staates in die Preisbildung privater Güter

In der sozialen Marktwirtschaft hat der Staat die Aufgabe, in bestimmten Fällen korrigierend in die Preisbildung einzugreifen. Die Nachfrager sollen z. B. vor zu hohen Preisen geschützt werden, die Anbieter hingegen z. B. vor zu niedrigen Preisen. Diese **politische Preisbildung** kann vom Staat durch indirekte Eingriffe (Preislenkung) oder durch direkte Eingriffe (Preisbindung) beeinflusst werden.

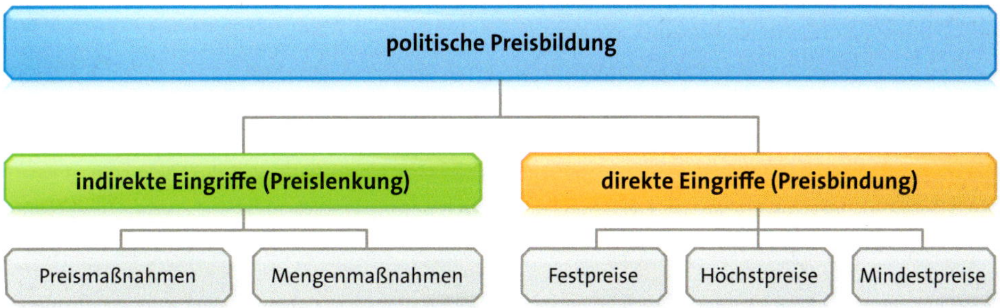

Bei einer **Preislenkung** beeinflusst der Staat Angebot und Nachfrage auf dem Markt. Die Preisbildung wird nicht beeinträchtigt. Eine Preislenkung ist **marktkonform.**

> ***BEISPIEL***
>
> *Preislenkung des Staates erfolgt durch Preismaßnahmen wie die Erhebung von Einfuhrzöllen, Zahlung von **Subventionen** an bestimmte Wirtschaftszweige, Zahlung von Exportprämien oder Gewährung von Steuervergünstigungen für exportierende Unternehmen. Eine Preislenkung des Staates erfolgt aber auch durch Mengenmaßnahmen wie Aufkäufe von landwirtschaftlichen Erzeugnissen oder die Abnahme von Strom aus Sonne, Wind und Biomasse.*

Preisbindungen des Staates sind **nicht marktkonform.** Der Staat hat zunächst die Möglichkeit, die Preise für Waren und Dienstleistungen festzulegen. **Festpreise** dürfen weder unter- noch überschritten werden. Die Setzung von Festpreisen orientiert sich dabei vorwiegend an sozialen Gesichtpunkten und soll die Versorgung der Gesamtbevölkerung sicherstellen.

Preisbildung ☞ S. 242 ff.

> ***BEISPIEL***
>
> *Preisbindung besteht für Ärzte, Rechtsanwälte und Notare. In den Gebührenordnungen sind bestimmte Sätze für erbrachte Leistungen festgeschrieben.*

Höchstpreise dienen zum Schutz der Nachfrager. Höchstpreise dürfen nicht überschritten werden und müssen immer unter dem Gleichgewichtspreis liegen, sodass es zu einem Nachfrageüberhang kommt.

Bei ***Höchstpreisen*** werden Preisobergrenzen festgelegt.

BEISPIEL

Ein wichtiger Bestandteil unseres derzeitigen Gesundheitssystems legt fest, dass es für verschreibungspflichtige Medikamente Höchstpreise gibt.

Bei ***Mindestpreisen*** werden Preisuntergrenzen festgelegt.

Mindestpreise dienen dazu, den Anbietern ein bestimmtes Mindesteinkommen zu sichern. Im Gegensatz zum Höchstpreis liegt der Mindestpreis immer über dem Gleichgewichtspreis und führt zu einem Angebotsüberhang.

BEISPIEL

Mindestpreise werden zeitweise (in Krisenzeiten) für landwirtschaftliche Erzeugnisse (Rindfleisch, Getreide und Milch) gezahlt, auch gesetzliche Mindestlöhne sind Mindestpreise.

2.6 Marktversagen

Modell des vollkommenen Marktes ☞ S. 244

Das System der freien Marktwirtschaft unterstellt die Existenz ***vollkommener Märkte,*** auf denen Angebot und Nachfrage die Marktpreise bestimmen. Hohe Marktpreise für Güter und hohe Gewinne weisen darauf hin, dass die angebotenen Güter bedarfsgerecht und knapp sind. Auf Arbeitsmärkten gilt, dass hohe Löhne und Gehälter lediglich dann gezahlt werden, wenn Arbeitsuchende knapp sind oder über Fähigkeiten bzw. Eignungsprofile verfügen, die sehr stark nachgefragt werden. Ist die Nachfrage nach Gütern gering oder gibt es ein Überangebot an Arbeitsuchenden bzw. erfüllen diese die Anforderungen für gut bezahlte Tätigkeiten nicht, so sind die Güterpreise niedrig bzw. die Arbeitnehmer verdienen weniger.

unsichtbare Hand Bezeichnung, die auf den Nationalökonomen Adam Smith (1723–1790) zurückgeht, wonach sich Märkte dadurch selbst regulieren, dass das Individuum seine wirtschaftlichen Interessen an seinen Bedürfnissen ausrichtet und damit automatisch dem gesamtgesellschaftlichen Interesse nach bestmöglicher Güterversorgung dient

In der realen Welt hat sich gezeigt, dass keine Wirtschaft so funktioniert, wie es das Modell der ***„unsichtbaren Hand“*** vorsieht. Jede Marktwirtschaft leidet unter Unzulänglichkeiten und Fehlentwicklungen, wie in den folgenden Fällen erkennbar:

- Der Marktmechanismus wird durch Absprachen und/oder Marktmacht großer Marktteilnehmer ausgehebelt.
- Eine vollständige Markttransparenz der Marktakteure ist nicht gewährleistet.
- Märkte bilden nur die kurzfristigen Interessen und Ziele der Marktteilnehmer ab und berücksichtigen nicht die langfristigen Auswirkungen wirtschaftlichen Handelns.
- Marktergebnisse ziehen unerwünschte wirtschaftliche und gesellschaftliche Fehlentwicklungen nach sich.

Regelungen in der Rechtsordnung können dazu beitragen, den Spielraum der Wirtschaftssubjekte immer dann einzuschränken, wenn die freie Entfaltung der Marktkräfte sozial ungerechte oder gesellschaftlich nicht gewünschte Ergebnisse nach sich zieht. Das Grundgesetz setzt den wirtschaftlichen Freiheitsrechten Grenzen.

3 Wettbewerb und Konzentration

LS 121

> *SITUATION Autoland Murschall GmbH*
>
> *David Rose hat in einer Fachzeitschrift gelesen, dass einer der weltweit größten Zulieferer für Kfz-Elektronikteile seinen größten Konkurrenten aufkaufen will. Beide Unternehmen zusammen hätten dann einen Marktanteil von nahezu 50 %. David fragt sich, ob dieses Zusammengehen der beiden Unternehmen Auswirkungen für die Ersatzteilversorgung generell und insbesondere auf die Preise der Ersatzteile haben wird.*

3.1 Kennzeichen eines funktionsfähigen Wettbewerbs

Der Wettbewerb ist ein zentrales Gestaltungsmerkmal der sozialen Marktwirtschaft, denn er spielt eine wichtige Rolle als Steuerungsinstrument für das gesamte Wirtschaftsgeschehen. Wettbewerb hat die **gesellschaftliche Aufgabe,** den Anbietern und Nachfragern möglichst viel Freiheit zu gewährleisten, und die **ökonomische Aufgabe,** die Versorgung der Anbieter und Nachfrager über den Markt zu garantieren.

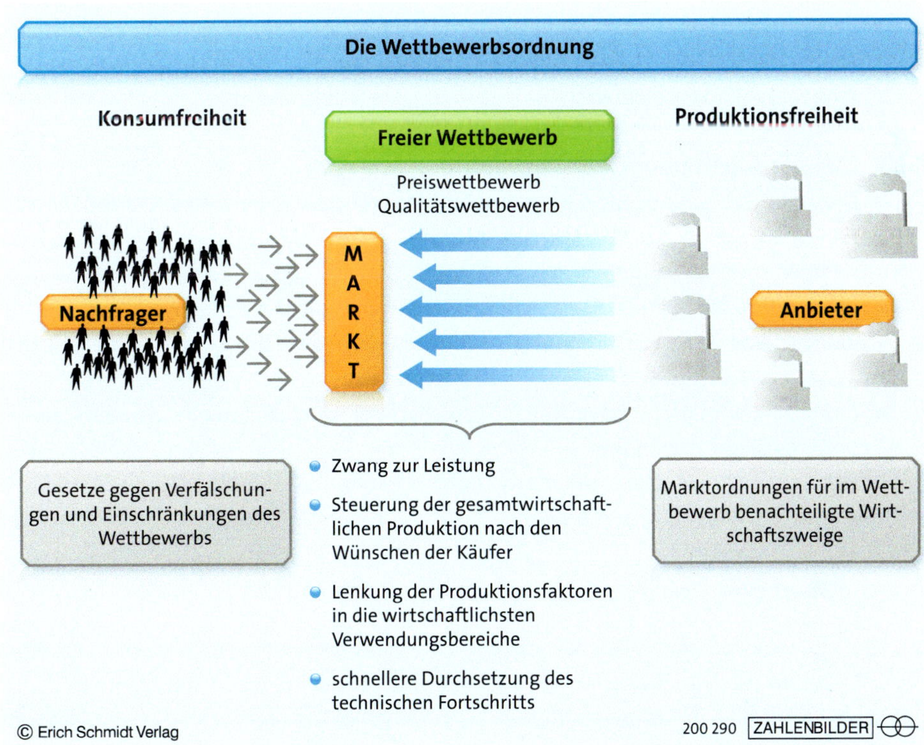

Ein funktionsfähiger Leistungswettbewerb erfüllt verschiedene Funktionen:

- Er hält Anbieter dazu an, ein Angebot bereitzustellen, das den Präferenzen (Vorlieben) der Nachfrager entspricht **(Steuerungsfunktion).**
- Anbieter sind bestrebt, Produktionsverfahren anzuwenden, die die größtmögliche Effizienz des Produktionsfaktoreinsatzes gewährleisten **(Allokationsfunktion).**
- Die Anbieter sind gezwungen, die größtmögliche Produktivität zu erreichen, d. h. sie richten den Einsatz der Produktionsfaktoren nach ihrer Produktivität aus. Außerdem passen sie die Produktionsstruktur den sich verändernden Verbraucherwünschen an **(Anpassungsfunktion).**
- Anbieter treiben den technischen Fortschritt voran, um neuere, bessere und kostengünstigere Produkte zu entwickeln **(Innovationsfunktion).**
- Der Wettbewerb auf den ***Faktormärkten*** soll eine leistungsgerechte Einkommensverteilung gewährleisten **(Verteilungsfunktion).**
- Schließlich soll der Wettbewerb gewährleisten, dass wirtschaftliche Macht begrenzt und kontrolliert wird. In einem funktionsfähigen Wettbewerb kann kein Anbieter oder Nachfrager seine Position zu einer marktbeherrschenden Stellung ausbauen **(Kontrollfunktion).**

Auf ***Faktormärkten*** werden Produktionsfaktoren ge- und verkauft. Sie stellen das Gegenstück zu den Gütermärkten, auf denen Waren und Dienstleistungen gehandelt werden, dar.

3.2 Kooperation und Konzentration

Durch die Verbreitung des Internets wird die Welt zu einem „globalen Dorf". Anbieter aus der ganzen Welt stehen plötzlich im Wettbewerb miteinander. Die Öffnung der Märkte erhöht den Druck auf viele kleine Unternehmen, die ihre gesteckten Ziele nicht mehr allein erreichen können. Aber auch große Unternehmen stehen durch die Zunahme der weltweiten Konkurrenz vor großen Problemen.

3.2.1 Zielsetzungen und Auswirkungen

Die Argumente, mit denen die Unternehmen einen Zusammenschluss begründen, sind, unabhängig von der Wirtschaftsbranche, oft sehr ähnlich: Sie schließen sich mit anderen Unternehmen zusammen, um

- durch den gemeinsamen Bezug von Rohstoffen oder gemeinsamen Absatz von Waren, durch gemeinsame Werbung, Forschung und Entwicklung sowie durch Rationalisierung ihre Wettbewerbsposition zu verbessern,
- das unternehmerische Risiko durch Bildung größerer Unternehmenseinheiten und Stärkung der Finanzkraft zu mindern,
- vorhandene Arbeitsplätze durch Übernahme von Aufträgen aus anderen Unternehmen zu sichern.

> ***BEISPIEL***
>
> *Viele Automobilhersteller arbeiten heute in der Entwicklung von Motoren und/oder alternativen Antriebsquellen, wie z. B. im Bereich der Elektromobilität, zusammen.*

Der französische Autokonzern PSA hat sich mit General Motors (GM) auf die Übernahme von Opel verständigt. Der Kaufpreis für die GM-Europasparte mit den Marken Opel und Vauxhall liegt bei 1,3 Milliarden Euro, wie die Unternehmen am Montag in Paris mitteilten.

Neben dem Automobilgeschäft erwirbt PSA gemeinsam mit der Großbank BNP Paribas auch das europäische Finanzierungsgeschäft GM Financial, dieses wird mit 0,9 Milliarden Euro bewertet. PSA wird durch die Übernahme zum zweitgrößten Autohersteller Europas. Nach eigenen Angaben beträgt der Marktanteil in Zukunft 17 Prozent.

Opel gehörte seit 1929 zu GM. Vor knapp drei Wochen wurde schließlich bekannt, dass die Amerikaner einen Verkauf von Opel an die Peugeot-Mutter PSA erwägen. General Motors will sich mit dem Verkauf von Opel aus seinem Europa-Geschäft zurückziehen. Die Tochter aus Deutschland macht seit 17 Jahren Verluste. Im vergangenen Jahr war mit einem Gewinn gerechnet worden - doch wieder schrieb Opel rote Zahlen. [...]

PSA-Chef Tavares will bei Opel nach eigenen Angaben 1,7 Milliarden Euro im Jahr sparen. „Wir glauben, dass wird mit diesem Deal die Effizienz auf ein höheres Level bringen können", sagte er am Montag. Als Beispiele nannte Tavares Mengeneffekte beim Einkauf, die Zusammenführung der Fahrzeug-Plattformen und eine effizientere Produktion. [...]"

Quelle: http://www.sueddeutsche.de/wirtschaft/peugeot-kauft-opel-psa-chef-will-jaehrlich-milliarden-euro-bei-opel-einsparen-1.3406787

Nicht alle Unternehmenszusammenschlüsse bringen sofort den gewünschten Erfolg. Oftmals wird das neu geschaffene Unternehmen zu groß und damit zu unübersichtlich und zu träge, um schnell auf Marktveränderungen reagieren zu können. Ein weiteres Problem könnte die Frage sein: Gibt es überhaupt einen Unternehmenszusammenschluss unter Gleichen oder wird früher oder später doch ein Partner die größere Macht im Unternehmen haben? Bei einer Fusion von Unternehmen aus unterschiedlichen Ländern treffen zudem verschiedene Unternehmenskulturen aufeinander, was zu Verständnis- und Akzeptanzproblemen führen kann.

BEISPIEL

Der Zusammenschluss von Daimler und Chrysler aus dem Jahre 1998 galt lange Zeit als Zusammenschluss unter Gleichen. Erst allmählich stellte sich heraus, dass Daimler das Sagen in der DaimlerChrysler AG hatte. Nicht nur dieser Umstand, sondern auch die unterschiedlichen Unternehmenskulturen und Produkte führten dazu, dass Daimler 2007 durch den mehrheitlichen Verkauf der Chrysler-Anteile an einen Finanzinvestor den Unternehmenszusammenschluss wieder rückgängig machte. Seit 2007 firmiert Daimler wieder unter dem Namen Daimler AG.

Ein scharfer Wettbewerb führt aber auch zu Änderungen der Marktstruktur, das heißt zu Veränderungen der Unternehmenszahl auf dem Markt und ihres Anteils am Umsatz der Branche. Unabhängig, in welcher Form sich Unternehmen zusammenschließen, führt ein Zusammenschluss zu einer Vergrößerung der wirtschaftlichen Macht und beeinflusst somit den Wettbewerb (z. B. Forderung von überhöhten Preisen, künstliche Verknappung des Angebots). Durch einen Zusammenschluss können auch Arbeitsplätze verloren gehen.

Im Wesentlichen lassen sich zwei verschiedene Formen von Zusammenschlüssen unterscheiden. Je nachdem, ob es sich um einen losen oder aber einen engen Zusammenschluss handelt, wird zwischen **Kooperation** und **Konzentration** unterschieden. Unabhängig von der Form, in der sich Unternehmenszusammenschlüsse vollziehen, kann eine Einteilung auch nach Produktionsstufen erfolgen.

3.2.2 Horizontale, vertikale und anorganische Unternehmenszusammenschlüsse

Schließen sich Unternehmen der gleichen Produktionsstufe und desselben relevanten Marktes zusammen, handelt es sich um einen **horizontalen Zusammenschluss.** Ein **vertikaler Zusammenschluss** von Unternehmen bezeichnet den Konzentrationsprozess aufeinanderfolgender Produktionsstufen. Die Unternehmen stehen also in einem Käufer- bzw. Verkäuferverhältnis. Schließen sich Unternehmen aus unterschiedlichen Wirtschaftsbranchen zusammen, d. h. die jeweiligen Erzeugnisse haben weder produktions- noch absatzmäßig miteinander zu tun, spricht man von einem **anorganischen Zusammenschluss.**

Nachfolgendes Schaubild stellt die Erscheinungsformen der Zusammenschlüsse nach den Produktionsstufen dar:

Horizontale, vertikale und anorganische Zusammenschlüsse	
Horizontaler Zusammenschluss Unternehmen derselben Produktionsstufe (Branche) schließen sich zusammen. Beispiel: Zusammenschluss der Automobilhersteller Fiat S.p.A. und Chrysler LLC zu Fiat Chrysler Automobiles	Automobilkonzern, Automobilkonzern, Automobilkonzern → Absatzmarkt
Vertikaler Zusammenschluss Unternehmen aufeinanderfolgender Produktionsstufen schließen sich zusammen. Beispiel: Zusammenschluss von Fiat Chrysler mit dem Zuliefererbetrieb Magneti Marelli	Rohstofflieferant, Automobilzulieferbetrieb, Automobilhersteller → Absatzmarkt
Anorganischer Zusammenschluss Diverse Unternehmen unterschiedlicher Branchen schließen sich zusammen. Beispiel: Zusammenschluss von Unternehmen diverser Sparten in der Tata-Gruppe	Automobilhersteller, Energieversorger, Hotelkette → Absatzmarkt

3.2.3 Kooperationsformen

Von Kooperation wird gesprochen, wenn Unternehmen sich durch Verträge zur Zusammenarbeit verpflichten, um die gemeinsame Wettbewerbsfähigkeit zu steigern. Dabei geben sie allerdings nur zu einem Teil ihre Selbstständigkeit auf. Nachfolgend werden verschiedene Formen der Kooperation vorgestellt.

Kooperation zwischen Daimler, Renault und Nissan

Seit 2010 besteht zwischen Daimler, Renault und Nissan eine strategische Kooperation. Sie drückt sich nicht nur in der Zusammenarbeit aus, sondern auch in den wechselseitigen Kapitalbeteiligungen untereinander.

Seit Ende 2018 ist eine Ausweitung der Zusammenarbeit im Gespräch, die sich auf elektrische und autonome Fahrzeugtechnik sowie Mobilitätsdienstleistungen erstrecken soll. Der Fokus liegt dabei auf der Batterietechnologie für Elektroautos sowie auf der elektrischen Antriebstechnik.

Hinweis:
Da Renault und Nissan mittlerweile auch eine Allianz mit Mitsubishi bilden, wurde in der nebenstehenden Grafik auf die Darstellung weiterer Kapitalbeteiligungen verzichtet.

Die unverbindlichste Form der Zusammenarbeit zwischen den beteiligten Unternehmen besteht in der Bildung von **Arbeitsgemeinschaften.** Die rechtliche und wirtschaftliche Selbstständigkeit der Unternehmen bleibt bestehen. Meist sind Arbeitsgemeinschaften zeitlich begrenzte, lose Zusammenschlüsse zur gemeinsamen Durchführung eines Großprojekts, das häufig vertraglich geregelt wird.

BEISPIEL *Autoland Murschall GmbH*

Die STARCAR AG arbeitet bei der Entwicklung einer Plattform für einen neuen kompakten SUV mit einem anderen Kfz-Hersteller zusammen.

Eine weitere Form der Kooperation ist mit den **Fachverbänden** gegeben. Sie stellen eine lockere Verbindung dar. Dabei schließen sich die Unternehmen zu einem gemeinsamen wirtschaftlichen Zweck zusammen. Durch gemeinsame Maßnahmen streben sie danach, das Leistungsangebot einer Branche bekannt zu machen, Werbe- oder Öffentlichkeitsarbeit durchzuführen, Produktions- und Kommunikationseinrichtungen zu nutzen und Verwaltungsaufgaben gemeinsam durchzuführen. Fachverbände nehmen auch eine Beratungsfunktion wahr.

www.kfzgewerbe.de

BEISPIEL

Zentralverband Deutsches Kraftfahrzeuggewerbe e. V. (ZDK)

Hängt von den Aktivitäten einer **Interessengemeinschaft** der Gewinn der Mitglieder ab, wird häufig ein Gewinnpool vereinbart. Aus diesem erhalten die Mitglieder ihrem Anteil entsprechend ihren Gewinn. Die vertraglichen Abmachungen dienen der Förderung der gemeinsamen Interessen. Die Abgrenzung der Interessengemeinschaft zum Kartell oder Konzern gestaltet sich zuweilen schwierig.

Eine besondere Form der Kooperation von Unternehmen stellt das **Konsortium** dar. Ähnlich wie bei Arbeitsgemeinschaften ist ein Konsortium ein loser Zusammenschluss von Unternehmen, bei denen die angeschlossenen Unternehmen sich jedoch einem Konsortialführer unterordnen. Dieser organisiert das Konsortium, wenn er sich bei der alleinigen Durchführung einer Aufgabe überfordert sieht.

BEISPIEL

Konsortium der Eigentümer des Kartendienstes HERE, dem neben Audi, BMW und Daimler auch Bosch und Continental angehören.

Bundeskartellamt ☞ S. 262

EU-Kommission ☞ S. 265 f.

Ein hohes Gefahrenpotenzial bergen **Kartelle,** da sie den Wettbewerb ausschalten können, ohne dass den beteiligten Unternehmen wesentliche Beeinträchtigungen oder komplizierte Verfahren entstehen: Unternehmen schließen „lediglich" vertragliche Übereinkünfte. Das Bundskartellamt und die EU-Kommission gehen entschieden gegen vermutete Kartellabsprachen vor. Die gesetzlichen Regelungen werden in Kapitel 3.3 ausführlich behandelt.

Wichtige Kartellarten

Bezeichnung	Ziel
Preiskartell	Mit gemeinsam festgelegten Verkaufspreisen soll der Wettbewerb der Mitglieder ausgeschaltet werden.
Gebietskartell	Der Wettbewerb soll durch die Zuteilung eines fest begrenzten Verkaufsgebietes verhindert werden.
Quotenkartell (Mengenkartell)	Jedes Mitglied darf nur eine bestimmte Menge (Quote) produzieren.
Submissionskartell	Öffentliche Aufträge werden zu abgesprochenen überhöhten Preisen untereinander aufgeteilt.
Strukturkrisenkartell	Die Vereinbarung erfolgt, um gemeinsam die Produktionskapazitäten an die strukturell gesunkene Nachfrage anzupassen.
Konditionenkartell	Absprachen über gemeinsame Lieferungs- und Zahlungsbedingungen, Serviceleistungen
Normen- und Typenkartell	Eine einheitliche Anwendung von Normen und Typen wird vereinbart.
Exportkartell	Die Sicherung und Förderung des Absatzes erfolgt durch Absprachen.
„Frühstückskartell"	Es gibt keine offiziellen Absprachen oder Verträge. Es genügen kurze Besprechungen („beim Sektfrühstück") oder Telefonanrufe für abgestimmtes Verhalten.

3.2.4 Konzentrationsformen

Eine Konzentration liegt vor, wenn Unternehmen ihre rechtliche und/oder wirtschaftliche Selbstständigkeit aufgeben, um sich unter eine zentrale Leitung zu stellen. Unternehmenszusammenschlüsse erfolgen durch Konzernbildung bzw. Fusionen.

Ein **Konzern** ist ein Zusammenschluss von Unternehmen, der durch eine kapitalmäßige Verflechtung zustande kommt. Die angeschlossenen Unternehmen behalten ihre rechtliche Selbstständigkeit, werden aber voneinander wirtschaftlich abhängig und stehen unter einer einheitlichen Leitung. Die einheitliche Leitung ermöglicht es, die wirtschaftlichen Interessen und Aufgaben der Konzernunternehmen aufeinander abzustimmen und somit die Marktsituation zu verbessern.

Im **Unterordnungskonzern** werden ein herrschendes und ein oder mehrere abhängige Unternehmen (Tochterunternehmen) durch die Leitung des herrschenden Unternehmens (Konzernmutter) zusammengefasst.

BEISPIEL

Die VW AG ist zu 100 % an Škoda und Seat beteiligt. Der Vorstand der VW AG bestimmt die Modellpolitik der Töchter, gibt Produktions- und Ertragsziele vor und entscheidet über die Standorte.

Die Abhängigkeit des Tochterunternehmens wird besonders deutlich, wenn eine **Holding** gebildet wird. Die Anteilseigner verschiedener Unternehmen übertragen ihre Anteile dabei auf eine eigenständige Dachgesellschaft (Holding-Gesellschaft) und werden im Gegenzug an der Holding beteiligt. Die Holding-Gesellschaft verwaltet die Geschäftsanteile der Tochtergesellschaften im Interesse der Holdingeigner. Nach außen bleibt die rechtliche Selbstständigkeit der Tochtergesellschaften bestehen, die wirtschaftliche Selbstständigkeit geht weitgehend auf die Holding-Gesellschaft über.

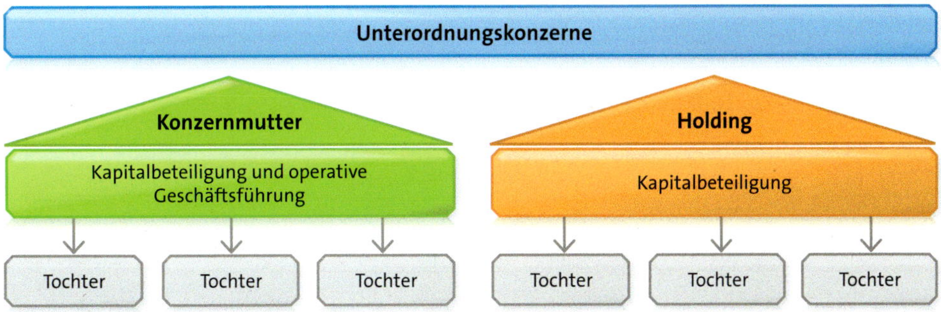

Bei **Gleichordnungskonzernen** tauschen Konzernunternehmen ihre Kapitalbeteiligungen in gleichem Umfang aus, ohne dass das eine Unternehmen von dem anderen abhängig wird. Die sogenannten Schwestergesellschaften beeinflussen sich gegenseitig. Aufgrund der ausgewogenen Beteiligung entsteht ein Machtgleichgewicht. Eine einheitliche Willensbildung wird durch gegenseitige Abstimmung gewährleistet.

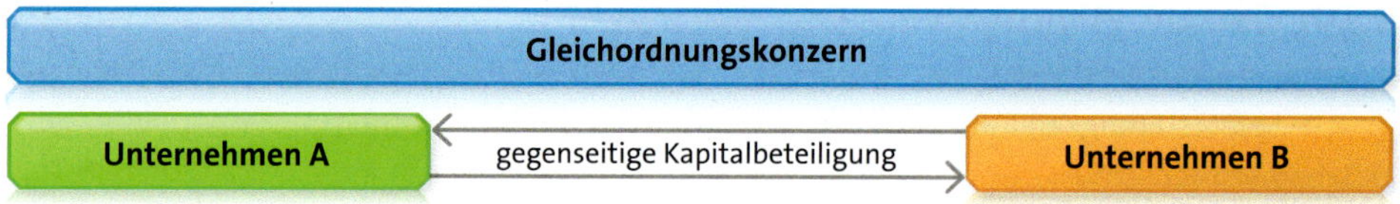

BEISPIEL

Die Volkswagen Financial Services AG und die Volkswagen Bank GmbH agieren als Schwestergesellschaften im Konzernbereich Finanzdienstleistungen der Volkswagen AG.

Verlieren Unternehmen nach einem Zusammenschluss ihre rechtliche und wirtschaftliche Selbstständigkeit und bilden eine Einheit, wird von **Fusion** gesprochen. Wenn sich verschiedene Unternehmen derselben Branche mit dem Ziel zusammenschließen, eine überragende Marktstellung zu erlangen, bezeichnet man das neu entstandene Unternehmen als **Trust.**

Aktiengesellschaft
☞ Band 1, LF 1, S. 28 f.

Bei Aktiengesellschaften muss die Genehmigung einer Fusion von der Hauptversammlung der Unternehmen beschlossen werden. Dieses kann durch eine Fusion durch Aufnahme oder durch eine Fusion durch Neubildung erfolgen.

Bei der **Unternehmensübernahme** nimmt das aufnehmende Unternehmen (A) das abhängige Unternehmen (B) auf. Das abhängige Unternehmen geht mit allen Vermögens- und Schuldteilen in das aufnehmende Unternehmen über und erlischt. Voraussetzung für die Unternehmensübernahme ist ein Anteil von mindestens 75 % von Unternehmen A bei Unternehmen B.

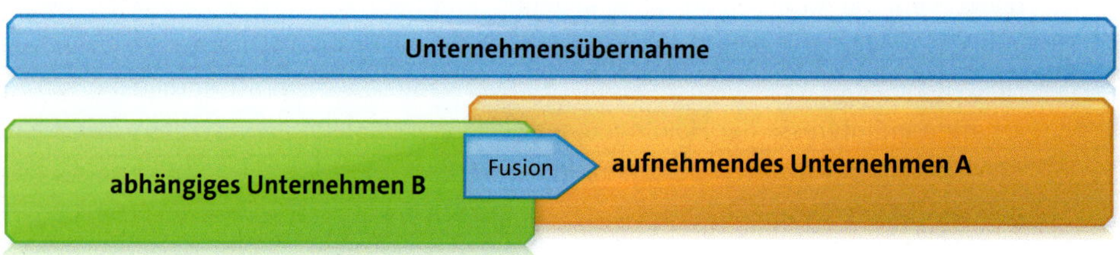

Eine zweite Möglichkeit einer Fusion ist die Unternehmensneugründung: Beide beteiligten Unternehmen (A und B) übertragen ihre gesamten Vermögens- und Schuldteile auf ein neu gegründetes Unternehmen, in dem die alten Unternehmen aufgehen.

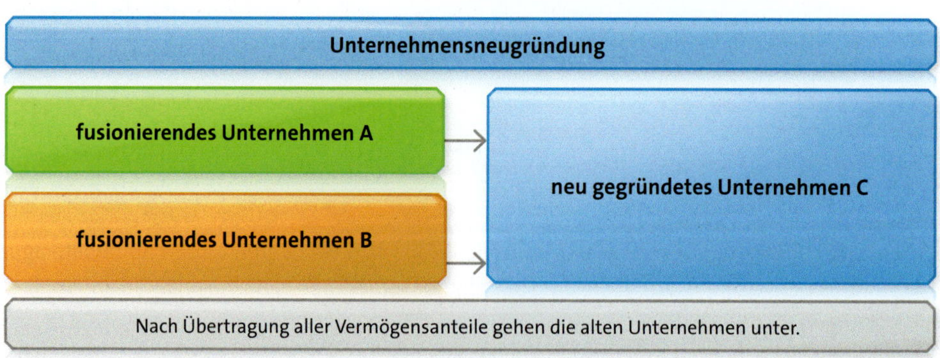

Renault und Nissan sprechen über Komplett-Fusion

(...) Die bereits eng verzahnten Autobauer Renault und Nissan sprechen nach einem Medienbericht über eine komplette Fusion. Ziel sei ein neuer, gemeinsamer Konzern, berichtete die Nachrichtenagentur Bloomberg am Donnerstag, 29. März. Renault-Chef Carlos Ghosn, der bei beiden Unternehmen das Sagen hat, treibe das Vorhaben voran und wolle auch nach dem angestrebten Zusammenschluss an der Spitze des fusionierten Konzerns stehen.

Entstehen soll ein neues Schwergewicht unter den Massenherstellern. (...)

Renault und Nissan sind seit 1999 verbunden und arbeiten bei Technik und Einkauf eng zusammen. Renault hat derzeit einen Anteil von gut 43 Prozent an Nissan, Nissan besitzt 15 Prozent an Renault. Bei Renault sitzt aber auch der französische Staat mit einem Anteil von 15 Prozent mit im Boot. (...)

Zusammen sind die beiden Konzerne an der Börse mehr als 60 Milliarden Euro wert. (...)

Quelle: https://www.automobil-produktion.de/hersteller/wirtschaft/renault-und-nissan-sprechen-ueber-komplett-fusion-114.html

3.3 Wettbewerbsrecht und Wettbewerbshüter

Da der Wettbewerb ein wesentliches Gestaltungsmerkmal der sozialen Marktwirtschaft ist, muss der Staat den Wettbewerb sichern und Wettbewerbsbeschränkungen abbauen. Die Wettbewerbspolitik kann sich in Zeiten der Globalisierung nicht nur auf nationale Märkte beschränken. Das Interesse eines fairen Wettbewerbs erfordert ein internationales Regelwerk. Wettbewerbsrecht in der Bundesrepublik umfasst daher sowohl nationales Recht (Gesetz gegen Wettbewerbsbeschränkung) als auch europäisches Recht.

Die **Wettbewerbspolitik** verfolgt zwei Zielsetzungen:

- Auf der einen Seite ist es ihre Aufgabe, einen **funktionsfähigen Wettbewerb** zu erhalten und den Konsumenten vor Wettbewerbsbeschränkungen zu schützen.
- Auf der anderen Seite ist es ihre Aufgabe, unlautere Wettbewerbspraktiken zu verhindern, d. h. für einen **fairen Wettbewerb** zu sorgen.

Unter diesen Zielsetzungen sind auch die Regelungen der Gruppenfreistellungsverordnung (GVO) zu sehen. Die GVO stellt die Automobilindustrie von einigen wichtigen Wettbewerbsregeln frei und erlaubt spezielle Ausnahmeregeln für die Gruppe der Autohersteller. Die EU war und ist aber der Meinung, dass die wirtschaftlichen Vorteile für die Verbraucher mindestens die wirtschaftlichen Nachteile ausgleichen und die GVO somit den Zielsetzungen der Wettbewerbspolitik entsprechen muss.

GVO
☞ Band 1, LF 1, S. 84

Gegenwärtig gelten für den Kfz-Sektor zwei Gruppenfreistellungsverordnungen, die die Bereiche Neuwagenvertrieb, Service und After Sales (Kundendienst/Teile) wettbewerbsrechtlich regeln. Wie auch im Falle der GVO anderer Branchen listen die beiden ***„Kfz-GVO"*** genau auf, welche grundsätzlich wettbewerbswidrigen Maßnahmen ausgenommen werden. In diesem Zusammenhang ist die sogenannte **Marktanteilsschwelle** relevant. Konkret besagt sie, dass bei einer Überschreitung des Marktanteils von 30 % in den einzelnen Bereichen die entsprechende GVO keine Anwendung mehr findet. Anders ausgedrückt heißt das, dass der jeweilige Bereich (Neuwagenvertrieb, Service bzw. After Sales) dann keine wettbewerbsrechtliche Sonderstellung mehr genießt und stattdessen die regulären Rechtsnormen zum ***Kartellverbot*** Anwendung finden.

Kfz-GVO (EU) Nr. 461/2010 (gültig bis 31. 05. 2023) Vertikal- bzw. Schirm-GVO (EU) Nr. 330/2010 (gültig bis 31. 05. 2022)

Das ***Kartellverbot*** ist geregelt im Artikel 101 des Vertrages über die Arbeitsweise der Europäischen Union (AEUV).

3.3.1 Bundeskartellamt

Zuständig für den Wettbewerbsschutz ist das Bundeskartellamt mit Sitz in Bonn. Grundlage seiner Tätigkeit ist das Gesetz gegen Wettbewerbsbeschränkungen (GWB). Das Bundeskartellamt kann Kartellverfahren einleiten, Ermittlungen und Durchsuchungen vornehmen, Auskünfte verlangen und Beweismittel beschlagnahmen.

Villa Balg in Bonn; sie gehört zum Bundeskartellamt

Daneben kann das Bundeskartellamt das europäische Wettbewerbsrecht anwenden, soweit die Europäische Kommission nicht selbst tätig wird. Die Zuständigkeit des Bundeskartellamtes erstreckt sich auf alle Wettbewerbsbeschränkungen, die sich in Deutschland auswirken.

3.3.2 Gesetz gegen Wettbewerbsbeschränkungen (GWB)

Gesetzliche Grundlage nationaler Wettbewerbspolitik ist das Gesetz gegen Wettbewerbsbeschränkungen (GWB) von 1958 – auch **Kartellgesetz** genannt. Eine tief greifende Neuregelung erfuhr das Gesetz durch die am 1. Juli 2005 in Kraft getretene siebente Novellierung. Damit wurde das deutsche an das europäische Wettbewerbsrecht angepasst. Bisher geltende und mit einem hohen bürokratischen Aufwand verbundene Anmelde- und Genehmigungsverfahren für bestimmte Kartellarten wurden abgeschafft. Gleichzeitig wurde im Gesetz auf eine Konkretisierung von Kartellarten verzichtet.

§ 1 GWB sieht ein generelles Verbot von wettbewerbsbeschränkenden Vereinbarungen zwischen Unternehmen sowie von aufeinander abgestimmten Verhaltensweisen vor. Allerdings sind gemäß § 2 GWB wettbewerbsbeschränkende Maßnahmen von diesem generellen Verbot freigestellt und damit grundsätzlich zulässig **(Prinzip der Legalausnahme),** wenn der Vorteil einer Wettbewerbsabsprache schwerer ins Gewicht fällt als ihre Nachteile.

BEISPIEL

Vom Verbot freigestellt sind:
- *Forschungs- und Entwicklungsvereinbarungen*
- *Spezialisierungsvereinbarungen*
- *Technologietransfervereinbarungen*
- *Vertriebsvereinbarungen*

Die Unternehmen müssen selbst beurteilen, ob bestimmte Absprachen kartellrechtlich zulässig sind. Mussten früher die Kartellbehörden in einem Anmeldeverfahren prüfen und entscheiden, ob wettbewerbsbeschränkendes Verhalten vorliegt, liegt die Verantwortung nun bei den Unternehmen. Diese müssen sich an der Entscheidungspraxis zum europäischen Recht orientieren.

Das Risiko, das mit einer Kartellabsprache bzw. einer falschen Einschätzung der Freistellungsvoraussetzungen verbunden ist, ist allerdings hoch. Die Unternehmen riskieren ein verschärftes Bußgeldverfahren und können im größeren Umfang als früher schadenersatzpflichtig gemacht werden (§ 81 GWB).

Klassische Kartelle, wie Preis- oder Gebietsabsprachen sowie Vereinbarungen von Produktions- und Lieferquoten, werden nach wie vor als eindeutig wettbewerbsschädlich eingeschätzt und sind deshalb vom Verbot des § 1 des GWB nicht freigestellt.

Sogenannte **Mittelstandskartelle** sind erlaubt, wenn die Voraussetzungen des § 3 GWB erfüllt sind: Der Wettbewerb darf auf dem Markt nicht wesentlich beeinträchtigt werden und die Vereinbarung oder der Beschluss muss dazu dienen, die Wettbewerbsfähigkeit zu verbessern.

Konzentrationsvorhaben sind immer dann **anmeldepflichtig,** wenn die beteiligten Unternehmen insgesamt bestimmte Umsatzschwellen überschritten haben (vgl. Schaubild auf der nächsten Seite). Für die **Fusionskontrolle** ist die räumliche und sachliche Marktabgrenzung entscheidend, um das Ausmaß einer Marktbeherrschung beurteilen zu können. Kommt es durch eine Fusion zu einer Marktbeherrschung, wird die Fusion untersagt.

Eine **Marktbeherrschung** nach § 19 GWB liegt vor, wenn
- ein Unternehmen keinem oder keinem wesentlichen Wettbewerb ausgesetzt ist oder eine im Verhältnis zu seinen Wettbewerbern überragende Marktstellung hat;
- zwischen zwei oder mehreren Unternehmen auf dem relevanten Markt kein wesentlicher Wettbewerb besteht und sie eine überragende Marktstellung haben.

Das GWB **vermutet** eine Marktbeherrschung, wenn

- ein Unternehmen einen Marktanteil von mindestens 40 % hat,
- ein Unternehmensverbund aus drei oder weniger Unternehmen zusammen einen Marktanteil von mindestens 50 % oder
- ein Unternehmensverbund aus fünf oder weniger Unternehmen zusammen einen Marktanteil von zwei Dritteln erreicht.

Fusionskontrolle

Anmeldepflicht

Ein Zusammenschluss, bei dem ein Unternehmen

- ein anderes erwirbt,
- die Kontrolle über ein anderes Unternehmen übernimmt (z. B. durch Rechte oder Verträge),
- mindestens 25 % bzw. 50 % des Aktienkapitals erwirbt,
- auf sonstige Art erheblichen Einfluss auf ein anderes Unternehmen gewinnt,

muss beim Bundeskartellamt vor dem Vollzug angemeldet werden

Das Bundeskartellamt prüft, ob durch den Zusammenschluss eine **marktbeherrschende Stellung** entsteht oder verstärkt wird.
Ist das zu erwarten, wird der Zusammenschluss **untersagt**.

Umsatzschwellen

Weltumsatz der beteiligten Unternehmen; mehr als 500 Mio. Euro; Deutschland-Umsatz mindestens eines der beteiligten Unternehmen: mehr als 25 Mio. Euro

Ministererlaubnis

Der Bundeswirtschaftsminister kann den Zusammenschluss trotzdem genehmigen, wenn die Wettbewerbsbeschränkung durch gesamtwirtschaftliche Vorteile der Fusion aufgewogen wird.

ZAHLENBILDER 200 300

Untersagt das Bundeskartellamt einen Unternehmenszusammenschluss, so können die Betroffenen eine sogenannte **Ministererlaubnis** beim Bundeswirtschaftsministerium beantragen. Dort wird geprüft, ob die drohende Marktbeherrschung die Gesamtwirtschaft und das Gemeinwohl fördert. Wenn die Nachteile aus einem Zusammenschluss überwiegen, dann wird auch keine Ministererlaubnis erteilt. Bevor ein Zusammenschluss vom Bundeswirtschaftsministerium erlaubt wird, muss ein Gutachten der ***Monopolkommission*** eingeholt werden. Allerdings ist das Bundeswirtschaftsministerium nicht an die Beurteilung der Monopolkommission gebunden.

Monopolkommission
Sie setzt sich aus fünf unabhängigen Sachverständigen zusammen.
www.monopolkommission.de

BEISPIEL

Gemeinwohlvorteile sind u. a.:

- *Sicherung der Arbeitsplätze*
- *Stärkung der internationalen Wettbewerbsfähigkeit*
- *Versorgungssicherung*
- *Sanierung*

3.3.3 EU-Kommission – europäisches Wettbewerbsrecht

Mit der Schaffung eines gemeinsamen Binnenmarkts in der Europäischen Union wurden der ***Europäischen Kommission*** weitreichende wettbewerbspolitische Befugnisse für grenzüberschreitende Unternehmenszusammenschlüsse übertragen. Europäische Wettbewerbspolitik erstreckt sich u. a. auf die Fusionskontrolle, das Kartellverbot, die Kontrolle von Monopolen (Liberalisierung) und die Überwachung staatlicher Beihilfen.

Europäische Kommission
ec.europa.eu/
index_de

Die Kommission arbeitet bei der **Fusionskontrolle** eng mit den nationalen Wettbewerbsbehörden zusammen. Die Zuständigkeiten sind zwischen EU-Kommission und Bundeskartellamt geregelt. Die Kommission hat dazu eine Reihe von Kriterien aufgestellt, die eine ausschließliche Zuständigkeit der EU-Kommission begründen. Bei Zusammenschlüssen, die gemeinschaftsweite Bedeutung haben, wird die EU-Kommission im Regelfall erst tätig, wenn bestimmte Umsatzschwellen überschritten werden.

BEISPIEL

Die EU-Kommission wird tätig, wenn die beteiligten Unternehmen zusammen einen weltweiten Gesamtumsatz von mehr als 5 Mrd. € und mindestens zwei der beteiligten Unternehmen einen gemeinschaftsweiten Umsatz von jeweils mehr als 250 Mio. € erzielen.

Preis- oder Gebietsabsprachen **(Kartelle)** sind auch innerhalb der EU verboten. Ein einzelnes Unternehmen, das einen bestimmten Markt beherrscht, darf seine Stellung nicht dazu missbrauchen, Wettbewerber zu verdrängen. Ebenso verhält es sich mit dem Ausnutzen von Wettbewerbsvorteilen großer Unternehmen gegenüber kleineren Abnehmern oder Lieferanten. Ein Unternehmen missbraucht seine Marktmacht und verstößt gegen Wettbewerbsvorschriften, wenn es Lieferanten Konditionen auferlegt, die ihnen Geschäfte mit anderen Unternehmen erschweren.

Unter **Liberalisierung** versteht die EU-Kommission die Abschaffung von Monopolen. Monopolistische Marktstrukturen führen zu nicht wettbewerbsgerechten Preisen oder zu schlechtem Service und bilden ein Innovationshemmnis. Zulässig sind Ausnahmen in den Dienstleistungsbereichen, die an sich unrentabel sind, auf die die Bürger aber grundsätzlich ein Anrecht haben, z. B. das Ausliefern der Post in ländliche Gebiete.

Die EU-Kommission beobachtet genau, wie viele **staatliche Beihilfen** ein Mitgliedsstaat seinen Unternehmen gewährt. Neben den offensichtlichen Subventionen wie Zuschüssen oder Darlehen werden auch Steuervergünstigungen, die Bereitstellung von Waren und Dienstleistungen zu Vorzugskonditionen und Darlehensbürgschaften, durch die das betroffene Unternehmen seine Kreditwürdigkeit verbessern kann, kontrolliert. Allerdings werden staatliche Beihilfen für Forschung und Innovation, regionale Entwicklung oder mittelständische Unternehmen häufig zugelassen, weil sie übergeordneten EU-Zielen dienen.

EU-Kommission durchsucht BMW-Zentrale

(...) Im Zusammenhang mit den Kartellvorwürfen gegen mehrere deutsche Autohersteller hat die EU-Kommission die Zentrale des BMW-Konzerns in München durchsucht. (...)

Die Kartellvorwürfe waren im Sommer durch einen Bericht des Spiegel bekannt geworden. Demnach sollen führende deutsche Autohersteller seit den Neunzigerjahren geheime Absprachen getroffen und sich unter anderem über Lieferanten, Abgasfilter und Motoren ausgetauscht haben. Wie der Spiegel berichtet, haben sich 200 Mitarbeiter von Volkswagen, Audi, Porsche, BMW und Daimler immer wieder zu rund 60 verschiedenen Arbeitskreisen getroffen. Die EU-Kommission hatte eine Voruntersuchung eingeleitet, um den Vorwürfen des „kartellrechtswidrigen Verhaltens" und der Wettbewerbsverzerrung nachzugehen. (...)

Quelle: https://www.zeit.de/wirtschaft/unternehmen/2017-10/autoindustrie-daimler-kartellverdacht-eu-kommission-kronzeuge

4 Grundlagen der Wirtschaftspolitik

SITUATION *Autoland Murschall GmbH*

David Rose hat auf seiner Fahrt zur Berufsschule in den Nachrichten gehört, dass die Bundesregierung den Kauf eines Elektrofahrzeugs mit bis zu 4.000,00 € bezuschusst. Hierbei soll jeder Kunde, der ein neues Elektrofahrzeug erwirbt, vom Staat diesen Zuschuss erhalten. David findet diese Idee prinzipiell gut, weiß aber nicht genau, warum sich der Staat so aktiv in das Wirtschaftsgeschehen einmischt.

Damit das Wirtschaftsleben in einer Volkswirtschaft entsprechend der zugrunde gelegten Wirtschaftsordnung gestaltet und geordnet werden kann, muss der Staat in den Wirtschaftsablauf eingreifen. Die Wirtschaftspolitik umfasst somit alle staatlichen Maßnahmen, die das Ziel haben, das wirtschaftliche Geschehen im Rahmen bestimmter Zielvorgaben zu beeinflussen.

Wirtschaftsordnung ☞ S. 236 ff.

4.1 Träger der Wirtschaftspolitik

Wirtschaftspolitisches Handeln ist vorrangig staatliches Handeln. Der Aufbau der Bundesrepublik hat zur Folge, dass **Bund, Länder** und **Gemeinden** im Rahmen der ihnen zugewiesenen Aufgabenbereiche wirtschaftspolitisch relevante Entscheidungen treffen. Dies macht ständige Abstimmungsprozesse erforderlich, um nachteilige Folgen für die Gesamtwirtschaft zu verhindern.

Des Weiteren werden im Rahmen **internationaler Vereinbarungen** bestimmte Politikfelder ganz oder teilweise länderübergreifenden (supranationalen) Institutionen überlassen. Dies gilt insbesondere für Verträge mit der Europäischen Union, aber auch für Vereinbarungen im Rahmen der World Trade Organization (WTO).

BEISPIEL

Politikfelder der EU sind z. B. Agrarpolitik, Wettbewerbspolitik, Strukturpolitik, Sozialpolitik und Geldpolitik (Europäische Zentralbank).
Zu den Vereinbarungen innerhalb der WTO zählen u. a. freier Marktzugang, Diskriminierungsverbot und Abbau von Agrarsubventionen.

Wirtschaftspolitik setzt die Rahmenbedingungen für das wirtschaftliche Handeln der Wirtschaftssubjekte. Dies veranlasst Interessenverbände (Lobbyisten), im Interesse ihrer Mitglieder auf Gesetzesvorhaben oder politische Entscheidungen einzuwirken.

BEISPIEL

Wirtschaftspolitisch relevante Lobbyisten sind u. a. Gewerkschaften, Arbeitgeberverbände, Industrie- und Handelskammertag, Verband der Automobilindustrie, Verbraucherverbände, Umweltschutzorganisationen und Unternehmen.

Wirtschaftspolitische Entscheidungsträger	
auf nationaler Ebene: • Bund (z. B. Bundesministerien, Bundestag, untergeordnete Bundesbehörden) • Länder • Gemeinden	auf supranationaler Ebene: • EU (z. B. EZB) • WTO • IWF • u. a.
Interessenvertretungen (Lobbyisten), z. B.: • Gewerkschaften • Unternehmensverbände • Umweltschutzorganisationen	

LS 122

4.2 Wirtschaftspolitik und Stabilitätsgesetz

Wirtschaftspolitik ist eine Sammelbezeichnung für eine Vielzahl staatlicher Aktivitäten oder Eingriffe. Dabei spielt die Unterscheidung zwischen Ordnungs- und Prozesspolitik eine wichtige Rolle.

Ordnungspolitik

Die ordnungspolitische Entscheidung für eine Marktwirtschaft gibt den Rahmen vor, an den sich Wirtschaftspolitik zu halten hat. Konsumenten und Produzenten nutzen wirtschaftliche Freiheitsrechte und Planungsautonomie für Konsum-, Spar- und Investitionsentscheidungen. Sie sind Anbieter und/oder Nachfrager und stehen mit anderen Marktteilnehmern auf dezentral organisierten Güter- und Faktormärkten im Wettbewerb. Wirtschaftspolitik ist dann Ordnungspolitik, wenn der Staat Rahmenbedingungen für funktionierende Märkte mit hoher Wettbewerbsintensität schafft, sodass ein fairer Interessenausgleich zwischen Anbietern und Nachfragern ermöglicht wird. Das Einhalten der Wettbewerbsregeln hat der Staat zu kontrollieren. Er betraut Wettbewerbsbehörden mit dieser Aufgabe. Ordnungspolitik geht über die Wettbewerbspolitik hinaus, wenn sie dazu beiträgt, optimale Wirtschaftsstrukturen zu schaffen.

Prozesspolitik und Stabilitätsgesetz (StabG)

Werden wirtschaftliche Prozesse sich selbst überlassen, kann dies zu ungewollten gesamtwirtschaftlichen, ökologischen, politischen und sozialen Ergebnissen führen. Wirtschaftspolitik wird zur Prozesspolitik, wenn sie zur Steuerung einer vorgegebenen Wirtschaftsordnung beiträgt. Prozesspolitik ist immer auch Ablaufpolitik. Auf der Grundlage des ***Stabilitätsgesetzes*** erhält der Staat das Mandat zur Steuerung der Wirtschaft und damit das Recht, in wirtschaftliche Abläufe einzugreifen. Das Generalziel ist gesamtwirtschaftliche Stabilität und Wachstum im Rahmen der marktwirtschaftlichen Ordnung.

Stabilitätsgesetz
Das Gesetz zur Förderung der Stabilität und des Wachstums der Wirtschaft wurde 1967 verabschiedet.

Stabilität beschreibt einen Zustand des Gleichgewichts. Gesamtwirtschaftliche Stabilität ist erreicht, wenn in einer konkreten konjunkturellen Lage ***Trendwachstum*** und ***reales Wachstum*** übereinstimmen. Das gesamte Produktionspotenzial wird nachgefragt. Angebots- und Nachfrageüberhänge werden vermieden, alle Wachstumspotenziale genutzt, Güterversorgung und materieller Wohlstand erreichen ihr Optimum.

Trendwachstum langfristige Veränderung des Bruttoinlandsprodukts (☞ S. 275 ff.) bei normaler Auslastung der Produktionskapazitäten

reales Wachstum Wachstum, das um Preissteigerungsraten bereinigt wurde (☞ S. 281 ff.)

Es ist daher von staatlichem Interesse, diesen Gleichgewichtszustand zu erreichen und instabilen Marktlagen entgegenzuwirken. Dieser Auftrag beinhaltet
- erkannten gesamtwirtschaftlichen Fehlentwicklungen entgegenzuwirken,
- Instabilitäten vorzubeugen,
- konjunkturelle Schwankungen dem Trendwachstum anzugleichen.

4.3 Einzelziele des Stabilitätsgesetzes (StabG)

Konjunkturpolitische Maßnahmen können nur zielführend sein, wenn die makroökonomischen Wirkungszusammenhänge zwischen Güter- und Faktormärkten beachtet werden. Insofern wird das allgemeine Stabilitätsziel verknüpft mit den gleichzeitig zu verwirklichenden Einzelzielen:
- angemessenes und stetiges (reales) Wirtschaftswachstum
- außenwirtschaftliches Gleichgewicht
- hoher Beschäftigungsgrad
- Preisniveaustabilität

Die Einzelziele nennt § 1 StabG.

Laut StabG sind die Einzelziele gleichrangig zu beachten. Alle konjunkturpolitischen Maßnahmen sind so auszurichten, dass sie gleichzeitig anzustreben sind. Es entsteht das „magische Viereck".

> *Das „**magische Viereck**" der Wirtschaftspolitik macht deutlich, dass die Einzelziele des StabG miteinander verknüpft sind, sich ergänzen, aber auch teilweise ausschließen können. Daraus ergeben sich Zielharmonien und Zielkonflikte.*

Zielharmonien und Zielkonflikte ☞ S. 273 f.

Angemessenes und stetiges (reales) Wirtschaftswachstum

Das Einzelziel „angemessenes und stetiges Wirtschaftswachstum" bis hin zur vollständigen Auslastung des Produktionspotenzials stabilisiert die Phase des Aufschwungs eines Konjunkturzyklus. Wird es auf Konsumgütermärkten umgesetzt, so steigt das Angebot an Waren und Dienstleistungen für die Verbraucher. Im Wirkungszusammenhang mit den Produktionsgütermärkten entstehen im Idealfall neue Produktionskapazitäten, die ihrerseits weitere Wachstumsmöglichkeiten eröffnen.

Was „stetig" und „angemessen" ist, ist von der jeweiligen Konjunkturlage abhängig und wird politisch definiert:

- Sind nahezu alle Produktionsreserven ausgeschöpft, gelten bereits relativ geringe Wachstumsziele als angemessen. Das Trendwachstum ist schon überschritten.
- Im Abschwung gelten relativ hohe Wachstumsziele als angemessen, um die Unterauslastung abzubauen.
- Angemessene Wachstumsziele hängen auch vom jeweiligen Entwicklungsstand eines Landes ab. In reichen Ländern sind hohe Wachstumsraten häufig kaum realisierbar. In armen Ländern oder Schwellenländern gelten hohe Wachstumsraten tendenziell als angemessen, sind möglich und politisch gewollt.
- Stetiges Wachstum meint ein im Zeitablauf kontinuierliches Wachstum entlang der Linie des Trendwachstums, um zu starke Konjunkturausschläge zu vermeiden.

Außenwirtschaftliches Gleichgewicht

Das Einzelziel „außenwirtschaftliches Gleichgewicht" erklärt sich aus der Tatsache, dass in einer offenen Volkswirtschaft der freie Austausch der Waren und Dienstleistungen und darüber hinaus der Faktorleistungen Instabilitäten im Inland bewirken können: Exportüberschüsse können eine Angebotslücke im Inland auslösen oder verstärken, Importüberschüsse können eine Nachfragelücke bewirken. Die konjunkturellen Abläufe werden berührt. Da außenwirtschaftliche Ungleichgewichte immer auch Auswirkungen auf die Volkswirtschaften der Partnerländer haben, können zu starke Ungleichgewichte Gegenmaßnahmen auslösen, die mit Nachteilen für die inländische Wirtschaft verbunden sind.

Das konjunkturell bedeutsame außenwirtschaftliche Gleichgewicht bezieht sich auf dessen realwirtschaftliche Komponente und damit auf den Außenbeitrag aus dem Export und Import von Waren und Dienstleistungen. Gleichen sich Exporte und Importe aus, ist das außenwirtschaftliche Gleichgewicht erreicht. Dieser Außenbeitrag von null

- gleicht positive Wirkungen des Exports und negative Effekte des Imports aus.
- vermeidet Exportüberschüsse, die zulasten der Partnerländer gehen.
- macht den Austausch von Waren und Dienstleistungen für alle Länder attraktiv.
- unterbindet Überhitzungserscheinungen im Boom durch „überbordende" Auslandsnachfrage und Rezessionseffekte wegen „übermäßig hoher" Importnachfrage.
- kann in einer Rezession problematisch sein: Exportüberschüsse könnten die zu geringe Binnennachfrage und die Unterauslastung ausgleichen und Produktion, Beschäftigung und Einkommen stabilisieren.
- kann in einem Boom problematisch sein: Importüberschüsse könnten eine Überhitzung aus der Überlastung der Produktion vermeiden helfen.

Preisniveaustabilität

Verändern sich Preise für Güter und Faktorleistungen, so werden diese für den Käufer teurer oder billiger. Dies gilt auch für den Kauf von Waren und Dienstleistungen durch private Haushalte im Rahmen ihrer Konsumausgaben.

Konsumgüterpreise sind Verbraucherpreise.

Die Kaufkraft des Geldes, das Verbraucher zur Verfügung haben, sinkt, wenn die Konsumgüter teurer werden. Steigen die Preise für Verbraucher, können diese für das gleiche Geld weniger kaufen. Sinken die Verbraucherpreise, kann sich der Konsument mehr leisten oder Geld sparen. Die Kaufkraft seines Geldes steigt.

> *Preisniveaustabilität sichert die Kaufkraft des Geldes. Bezogen auf die Verbraucherpreise, bleibt die Kaufkraft der Konsumenten erhalten.*

Die Messgröße für die Preisstabilität ist der Verbraucherpreisindex. Er misst die durchschnittliche Preisentwicklung von Waren und Dienstleistungen, die von privaten Haushalten gekauft werden, und zeigt die prozentuale Veränderung der Indices im Vergleich zum Vorjahr.

Preisniveaustabilität liegt vor, wenn die Konsumgüter- bzw. Verbraucherpreise im Durchschnitt im Zeitablauf weder steigen noch sinken. Es wird also akzeptiert, dass Preise für einzelne Güter und Faktorleistungen steigen oder sinken.

Hoher Beschäftigungsgrad

Arbeitsmärkte kennzeichnen sich dadurch, dass private Haushalte ihre Faktorleistung Arbeit anbieten, um Arbeitseinkommen aus unselbstständiger Erwerbstätigkeit zu erzielen. Das Gesamtangebot an unselbstständiger Arbeit ist das Arbeitsvolumen.

> *Arbeitsvolumen = Arbeit suchende Personen · gewünschte Arbeitszeit pro Arbeitnehmer*

Das angebotene Arbeitsvolumen wird nur nachgefragt, wenn es für Wertschöpfungsprozesse benötigt wird. Insofern ist die Nachfrage nach der Faktorleistung Arbeit eine abgeleitete Nachfrage aus der Produktion von Waren und Dienstleistungen. Steigt die Produktion, wächst bei sonst gleichen Bedingungen der Bedarf an Arbeit: Güterproduzenten beschäftigen mehr Arbeitnehmer und/oder deren Beschäftigungszeiten erhöhen sich, das Beschäftigungsvolumen steigt, die Arbeitslosenquote sinkt. Wird weniger produziert, löst dies gegenteilige Effekte aus: Das Beschäftigungsvolumen sinkt, die Arbeitslosenquote steigt.

$$\text{Arbeitslosenquote} = \frac{\text{Erwerbslose}}{\text{Erwerbspersonen}} \cdot 100$$

> *Beschäftigungsvolumen*
> *= Anzahl an beschäftigten Arbeitnehmern · Beschäftigungszeit pro Arbeitnehmer*

Vollbeschäftigung ist theoretisch dann erreicht, wenn **Arbeitsvolumen = Beschäftigungsvolumen:** Alle Arbeitsuchenden haben einen Arbeitsplatz gefunden. Die Arbeitgeber haben keinen weiteren Bedarf.

Aus einer Vielzahl von Gründen ist Vollbeschäftigung nicht erreichbar. Es kommt insbesondere zu bedeutenden Veränderungen auf den Arbeitsmärkten, wenn die Güterproduktion stark schwankt. Im Abschwung sinkt das Beschäftigungsvolumen tendenziell, im Aufschwung steigt es. Andererseits kann es im angebotenen Arbeitsvolumen begründet sein, dass das Ziel der Vollbeschäftigung nicht erreicht wird.

Die folgenden Veränderungen sind denkbar:

- **Arbeitsvolumen > Beschäftigungsvolumen:** Es entsteht eine Nachfragelücke. Nicht alle, die arbeiten wollen, erhalten einen Arbeitsplatz. Ist das der Fall, sinkt das gesamtwirtschaftliche Arbeitseinkommen.
- **Arbeitsvolumen < Beschäftigungsvolumen:** Es entsteht eine Angebotslücke. Mehr Arbeitnehmer hätten eingestellt werden können. Wachstumseinbußen sind die Folge. Ein höheres Volkseinkommen wäre möglich gewesen.

Das StabG legt in seinem allgemeinen Stabilitätsziel sowie seinen Einzelzielen das Augenmerk schwerpunktmäßig auf die Lösung gegenwartsbezogener konjunkturell bedingter Instabilitäten. Wirtschaftspolitik sollte aber immer auch nachhaltig und damit zukunftsbezogen ausgerichtet sein. Im Sinne einer nachhaltigen Aufgabenstellung wurde der stabilitätspolitische Zielkatalog um folgende Ziele erweitert:

- **gerechte Einkommens- und Vermögensverteilung (soziale Nachhaltigkeit):** Wird in einer Gesellschaft die Aufteilung der Einkommen und Vermögen auf deren Mitglieder als ungerecht und insbesondere der Unterschied zwischen Arm und Reich als zu groß empfunden, können soziale Spannungen ausgelöst werden. Dies zu verhindern oder zu unterbinden, erfordert wirtschaftspolitische Maßnahmen, die nachhaltig soziale Gerechtigkeit bewirken.
- **Erhaltung einer lebenswerten Umwelt (ökologische Nachhaltigkeit):** Sie erlegt dem Staat das Verfassungsgebot auf, „in Verantwortung für die künftigen Generationen die natürlichen Lebensgrundlagen und die Tiere im Rahmen der verfassungsmäßigen Ordnung durch die Gesetzgebung (...)“ zu schützen. Ökologische Nachhaltigkeit hat zum Ziel, natürliche Ressourcen für Konsum und Produktion so zu nutzen, dass diese in der Lage sind, sich auf natürliche Weise zu regenerieren, sodass deren Bestand erhalten bleibt oder sogar erweitert wird.

Mit der Erweiterung der vier Kernziele des StabG um die Ziele soziale und ökologische Nachhaltigkeit wird aus dem „magischen Viereck“ das „magische Sechseck“.

> *Der wirtschaftspolitische Handlungsauftrag lautet demnach, die im „magischen Sechseck“ genannten Kernziele gleichrangig zu behandeln und zu verwirklichen.*

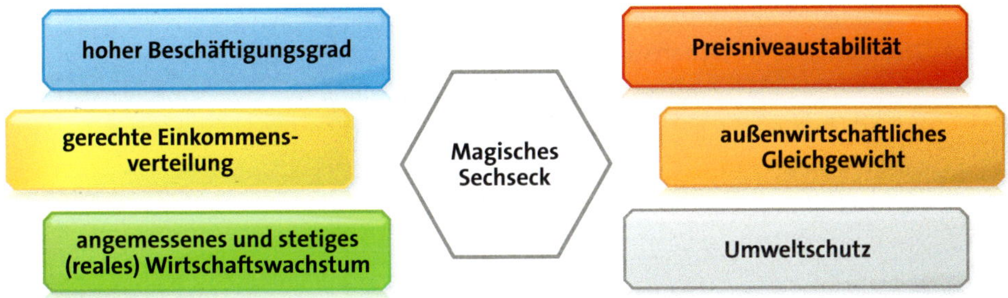

- **Exkurs: Verkehrspolitik**

Ein Teilbereich der Wirtschaftspolitik ist die Verkehrspolitik. Diese setzt entscheidende Rahmenbedingungen für die Automobilwirtschaft. Neben den grundsätzlichen rechtlichen Regelungen für alle Verkehrsteilnehmer werden auch spezielle Regelungen für die Autofahrer getroffen, die direkte Auswirkungen auf wirtschaftliche Entscheidungen der Automobilwirtschaft haben können (z.B. durch neue Fahrerlaubnisklassen und die damit verbundene Entwicklung neuer Fahrzeuge).

Auch die Förderung der unterschiedlichen Verkehrsträger wie die Straßen, Schienen, Wasserstraßen als Verkehrswege und des Luftverkehrs haben Einfluss auf die Automobilindustrie. So hat die Bundesregierung mit ihrem Bundesverkehrswegeplan 2030 (BVWP 2030) Bedarfspläne für den Erhalt sowie Aus- und Umbau der Bundesfernstraßen, -schienenwege und -wasserwege erstellt. Bis zum Jahre 2030 sind rund 1000 Projekte mit Gesamtinvestitionen von 264,5 Mrd. € vorgesehen. Nach dem Prinzip „Erhalt vor Neubau“ – wobei die Erhaltungsmaßnahmen ca. 185 Mrd. € betragen – sollen die Finanzmittel auf die Bereiche Straße (49,4 %), Schiene (41,3 %) und Wasser (9,3 %) entsprechend ihrer Dringlichkeit verteilt werden.

Ein weiterer wesentlicher Aufgabenbereich der Verkehrspolitik ist die Förderung von Zukunftstechnologien für den Verkehr. Dabei stellen die Förderung der Elektromobilität und die Weiterentwicklung der digitalen Infrastruktur besondere Aufgabenschwerpunkte dar.

Digitalisierung ☞ S. 308

4.4 Stabilitäts- und Wachstumsziele – Zielharmonien und Zielkonflikte

Der Staat verfolgt viele Einzelziele, die oft miteinander verknüpft sind. Ergänzen sich wirtschaftspolitische Einzelziele, handelt es sich um Zielharmonien, behindern sie sich gegenseitig, bestehen Zielkonflikte. Aufgrund dieser Zielharmonien und Zielkonflikte lassen sich die Stabilitäts- und Wachstumsziele trotz des im StabG festgelegten Handlungsauftrags nicht alle gemeinsam verwirklichen. Insofern spricht man vom „magischen Viereck“ oder „magischen Sechseck“. Anders ausgedrückt bedeutet das, dass sich alle vier bzw. sechs Ziele nie gleichzeitig in vollem Umfang erreichen lassen.

> i *Es ist die Aufgabe politischer Entscheidungsträger, zu untersuchen, welche Wirkungen die Einzelziele aufeinander haben, und festzulegen, welche wirtschaftspolitischen Ziele Vorrang haben und in welchem Umfang sie realisiert werden sollen.*

Nachfolgend wird die Kompatibilität einiger Ziele des „magischen Sechsecks" dargestellt:

- **Zielharmonie: Wirtschaftswachstum und hoher Beschäftigungsstand**
  Ein positives Wirtschaftswachstum geht Hand in Hand mit einer gesteigerten gesamtwirtschaftlichen Nachfrage. Die Auslastung der Produktionskapazitäten erhöht sich. Dadurch steigt in vielen Fällen auch das Beschäftigungsvolumen, wodurch mehr Arbeitskräfte eingestellt werden können. Im umgekehrten Fall reduziert sich das Beschäftigungsvolumen und die Nachfrage nach Arbeitsleistung sinkt. Wirtschaftswachstum und Beschäftigung wirken in die gleiche Richtung. Arbeitslosigkeit ist demnach u.a. konjunkturell bedingt: Im Aufschwung sinkt sie, im Abschwung erhöht sie sich.
- **Zielharmonie: Wirtschaftswachstum und gerechte Einkommensverteilung**
  Erhöht sich die gesamtwirtschaftliche Wertschöpfung, steigt auch das Volkseinkommen. Allerdings kommt es ohne begleitende umverteilungspolitische Maßnahmen des Staates nicht zwingend zu einer gerechteren Einkommensverteilung. Üblicherweise geht man jedoch davon aus, dass die Einkommensverteilung entweder keinen direkten Einfluss auf das Wirtschaftswachstum hat oder dass es sogar einen positiven Zusammenhang zwischen gerechter Einkommensverteilung und Wirtschaftswachstum gibt. Es besteht somit zumindest kein Widerspruch zwischen den Zielen.
- **Unklares Zielverhältnis: Wachstum und Außenwirtschaftsgleichgewicht**
  Wirtschaftswachstum kann u.a. über Exporte ausgelöst werden. Stehen den höheren Exporten entsprechend höhere Importe gegenüber, kann sich ein außenwirtschaftliches Gleichgewicht auf einem höheren Niveau mit Vorteilen für alle Beteiligten einpendeln. Während Importüberschüsse langfristig oft negativ auf das inländische Wirtschaftswachstum wirken, wirken Exportüberschüsse positiv. Eine Wirtschaftspolitik, die Wachstum um jeden Preis erreichen will, kann das Außenhandelsgleichgewicht entsprechend negativ beeinflussen.
- **Zielkonflikt: Hoher Beschäftigungsstand und stabiles Preisniveau**
  Eine sinkende Arbeitslosenquote kann zu inflationären Tendenzen führen, wenn die höhere Beschäftigung und entsprechende Einkommenseffekte zu höheren Konsumausgaben führen. Wird die Inflation mit Zinserhöhungen bekämpft, wird zwar die Nachfrage gedämpft, aber die höheren Zinsen machen auch Investitionen teurer, was die Nachfrage nach Arbeitskräften senken kann.

inflationäre Tendenzen
☞ Kap. 5.3.12, S. 302 f.

- **Zielkonflikt: Wirtschaftswachstum und Schutz der natürlichen Umwelt**
  Insbesondere das am Bruttoinlandsprodukt (BIP) gemessene quantitative Wirtschaftswachstum erfordert tendenziell einen stetigen Mehrverbrauch an Umweltgütern, z.B. für Produktion, Konsum und Mobilität. Der Schutz der natürlichen Umwelt steht in Konflikt mit einer auf Konsum und Wachstum ausgerichteten Gesellschaft. Der Lebensraum Erde ist gefährdet.

Bruttoinlandsprodukt
☞ S. 275 ff.

4.5 Volkswirtschaftliche Gesamtrechnung und Bruttoinlandsprodukt

LS 123

4.5.1 Grundlagen der Volkswirtschaftlichen Gesamtrechnung

Die Aktivitäten der Wirtschaftssubjekte und die damit verbundenen Güter- und Geldströme werden im System der Volkswirtschaftlichen Gesamtrechnung (VGR) erfasst und dokumentiert.

> *Die **Volkswirtschaftliche Gesamtrechnung** erfasst alle Geld-, Faktor- und Güterströme zwischen den Sektoren private Haushalte und Unternehmen unter Einbindung des Staatssektors sowie des Auslands, sofern die damit verbundenen Transaktionen Auswirkungen auf die inländische Wirtschaft haben.*

Die Ergebnisse der VGR erleichtern das Verständnis gesamtwirtschaftlicher Prozesse und Abläufe, da sie

- die aktuelle gesamtwirtschaftliche Lage deutlich machen,
- gesamtwirtschaftliche Strukturen aufzeigen,
- die Grundlage für Prognosen zukünftiger Entwicklungen bilden,
- das Datenmaterial für wirtschaftspolitische Entscheidungen zur Verfügung stellen.

Während die betriebswirtschaftliche Betrachtungsweise auf das einzelwirtschaftliche Verhalten der Wirtschaftssubjekte zielt, machen volkswirtschaftliche Analysen deutlich, wie sich das Verhalten der Konsumenten und Produzenten auf die jeweiligen Sektoren auswirkt und welche gegenseitigen Abhängigkeiten bestehen.

Als Messgröße für das volkswirtschaftliche Wachstum dient das Bruttoinlandsprodukt, dessen Ermittlung bzw. Darstellung auf drei Arten erfolgen kann:

- **So entstand es (Entstehungsrechnung):** zeigt die Struktur der Wertschöpfung/Produktionsleistung des im Inland tätigen privaten Unternehmenssektors und des Staates sowie die daraus resultierenden Einnahmen des Staates abzüglich der Subventionen
- **So wurde es verwendet (Verwendungsrechnung):** zeigt die gesamtwirtschaftliche Güternachfrage des Sektors private Haushalte, des Unternehmenssektors, des Staates sowie den Außenbeitrag (Differenz aus Export und Import)
- **So wurde es verteilt (Verteilungsrechnung):** zeigt die Verteilung der Faktoreinkommen auf die privaten Haushalte auf der Grundlage der jeweiligen Einkommensquelle sowie die daraus resultierenden Einnahmen des Staates abzüglich der Transferzahlungen

Es ist wichtig, sich vor Augen zu führen, dass alle drei Berechnungsarten notwendigerweise zu demselben Ergebnis führen.

4.5.2 Entstehungsrechnung und Bruttoinlandsprodukt als Produktionsindikator

Im Rahmen der Entstehungsrechnung werden die Wertschöpfungs- bzw. Produktionsergebnisse der im Inland ansässigen Güterproduzenten des Privatsektors und des Staatssektors erfasst und den einzelnen Branchen zugeordnet.

Bruttowertschöpfung

Das BIP enthält eine
- Mengenkomponente und eine
- Preiskomponente.

Preiskalkulation ☞ LF 10, Kap. 1.3

Produktionsmengen bzw. Verkaufsmengen der Fertigprodukte sowie gelagerte Fertigerzeugnisse bilden die Mengenkomponente des BIP. Als Preiskomponente werden die Verkaufspreise herangezogen. Verkaufspreise der Güterproduzenten sind Bruttopreise. Verkaufspreise sollten kostendeckend sein und einen Gewinnanteil enthalten. Auf die kalkulierten Preise der Anbieter werden die Gütersteuern abzüglich der Gütersubventionen aufgeschlagen. Indirekte Steuern und Produktionsabgaben sind mengen- oder wertabhängig von den produzierten Gütern. Dazu gehören zum Beispiel Mehrwertsteuer, Energiesteuer oder Tabaksteuer, aber auch Gewerbesteuer, Versicherungssteuer sowie Zölle. Während Gütersteuern die Marktpreise erhöhen, wirken sich Gütersubventionen des Staates preissenkend aus. Einen Teil der Produktionskosten finanziert also der Staat.

Um den tatsächlichen Wert der Eigenfertigung und damit die Bruttowertschöpfung zu erhalten, müssen die Vorleistungen von den Umsätzen abgezogen werden. Bei den Vorleistungen handelt es sich um im Produktionsprozess verbrauchte, verarbeitete oder umgewandelte Güter bzw. Dienstleistungen. Um eine Mehrfacherfassung zu vermeiden, werden die Umsätze um die Vorleistungen sozusagen „bereinigt".

Produktionswert
– *Vorleistungen*
= *Bruttowertschöpfung (Wert der Eigenfertigung)*
+ *indirekte Steuern*
– *Subventionen*
= *BIP*

Branchenspezifische Wertschöpfung

Die deutsche Wirtschaft ist ihrer Struktur nach eine Dienstleistungsgesellschaft mit einem nach wie vor bedeutenden Anteil des produzierenden Gewerbes sowie einem sehr geringen Anteil der Land- und Forstwirtschaft. Demnach liegt der Schwerpunkt der Güterproduktion, des Faktoreinkommens und der Beschäftigung im Dienstleistungssektor.

In einer Industriegesellschaft dominiert das produzierende Gewerbe aus Industrie und Handwerk. Eine Agrargesellschaft kennzeichnet sich durch einen hohen Wertschöpfungsanteil der Land- und Forstwirtschaft.

Aus dem Zeitvergleich der Entwicklungen des BIP und seiner Teilelemente lässt sich erkennen, wie sich das BIP insgesamt oder in seinen Strukturen verändert.

Die Entstehungsrechnung dient der Ermittlung des BIP und seiner Strukturen. Das BIP erfasst alle inländischen Wertschöpfungsprozesse auf der Basis der hergestellten Gütermengen sowie der entsprechenden Güterpreise abzüglich der Vorleistungen. Es dokumentiert die Produktionsleistung in einem Land in einem Berichtszeitraum und wird deshalb als Produktionsindikator bezeichnet.

4.5.3 Verwendungsrechnung und gesamtwirtschaftliche Nachfrageelemente

Wirtschaftssubjekte fragen Güter und Faktorleistungen nach. Die Verwendungsrechnung zeigt, welche Wirtschaftssubjekte die produzierten Waren und Dienstleistungen in welchem Maße verkonsumiert haben.

Güterproduktion und Wertschöpfung tragen in Deutschland vorrangig zur Befriedigung der Individualbedürfnisse der privaten Haushalte und der Kollektivbedürfnisse bei. Konsumausgaben der privaten Haushalte und des Staates machen also den größten Teil der gesamtwirtschaftlichen Nachfrage aus.

Selbstverständlich fragt auch der Unternehmenssektor Waren und Dienstleistungen nach. Aus der Summe der Bruttoinvestitionen wird die Investitionstätigkeit der Unternehmen deutlich.

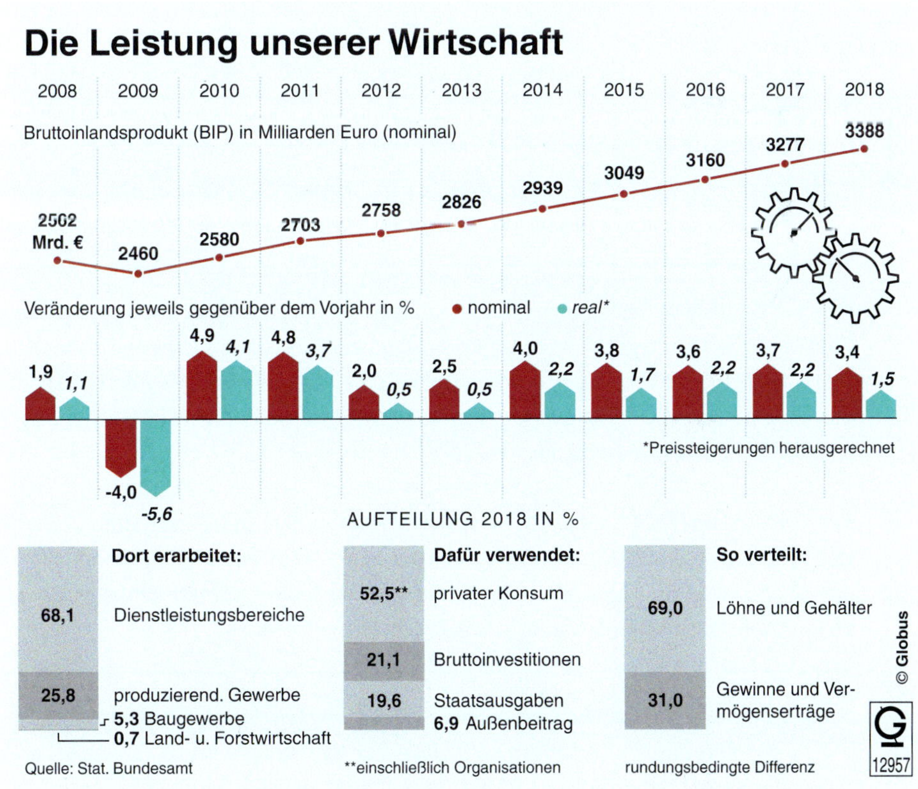

Schließlich hat auch der Güter- und Dienstleistungsverkehr mit dem Ausland Auswirkungen auf das BIP. Es wächst durch die Ausfuhr (Exporte) und schrumpft durch die Einfuhr (Importe) entsprechender Werte. Die Differenz aus beiden Größen ist der sogenannte Außenbeitrag, der in Deutschland seit Jahrzehnten positiv ist und gerne als Beleg für die hohe Wettbewerbsfähigkeit der deutschen Wirtschaft auf den Weltmärkten herangezogen wird. Er stabilisiert Wertschöpfung, Beschäftigung und Einkommen.

> *Die Verwendungsrechnung dokumentiert, wofür welche Wirtschaftssubjekte in welcher Höhe das in einer Volkswirtschaft in einem Berichtszeitraum zur Verfügung stehende Einkommen ausgegeben haben:*
>
> | | |
> |---|---|
> | | *Privater Konsum* |
> | + | *Konsumausgaben des Staates* |
> | + | *Bruttoinvestitionen* |
> | +/– | *Außenbeitrag* |
> | = | *BIP* |

4.5.4 Verteilungsrechnung und Volkseinkommen als Einkommensindikator

Das BIP stellt die Verteilungsgrundlage für die Einkommen der privaten Haushalte, die einen Wertschöpfungsbeitrag geleistet haben, dar. Sie haben

- als Arbeitnehmer einen Anspruch auf Löhne und Gehälter (= Arbeitseinkommen),
- als Unternehmer einen Gewinnanspruch (= Gewinneinkommen),
- als Kreditgeber oder Verpächter ein Recht auf Zinsen, Mieten und Pachten (= Vermögenseinkommen).

Primäreinkommen = Nettonationaleinkommen zu Marktpreisen

> *Arbeits-, Gewinn- und Vermögenseinkommen gelten als Primäreinkommen, weil sie direkt an private Haushalte als Gegenleistung für deren Wertschöpfungsbeitrag ausgezahlt werden.*

Wenn in Deutschland ansässige private Haushalte als Grenzgänger im Ausland arbeiten oder Geld im Ausland anlegen, tragen sie im Ausland zur Wertschöpfung bei. Das im Ausland erzielte Arbeits- oder Vermögenseinkommen wird den betroffenen privaten Haushalten direkt von den im Ausland ansässigen Arbeitgebern und Unternehmen ausgezahlt und zählt damit zum inländischen Primäreinkommen.

Auch im Ausland ansässige private Haushalte können Primäreinkommen in Deutschland erzielen. Sofern das von deutschen privaten Haushalten erwirtschaftete Primäreinkommen höher ist als das an im Ausland ansässige private Haushalte gezahlte Einkommen, steigt das Volkseinkommen in Deutschland. Im umgekehrten Fall sinkt es.

Volkseinkommen = Nettonationaleinkommen zu Faktorkosten

> ***Volkseinkommen** ist die Summe der Primäreinkommen der im Inland ansässigen privaten Haushalte aus ihren Beiträgen zur inländischen Wertschöpfung und dem Saldo der Primäreinkommen aus der übrigen Welt. Es handelt sich um deren Bruttoeinkommen.*

Auf das Bruttoeinkommen der privaten Haushalte bzw. das Volkseinkommen werden direkte Steuern und Sozialabgaben erhoben. Diese staatlichen Einnahmen sind genauso wenig wie die Transferzahlungen an die privaten Haushalte in der Verteilungsrechnung besonders aufgeführt, weil sie erst nach der Verteilung der Einkommen erhoben werden. Insofern ist das verfügbare Einkommen der privaten Haushalte genauso wenig erkennbar wie die Gesamteinnahmen des Staates und die Höhe der Transferzahlungen.

> *Verfügbares Einkommen der privaten Haushalte*
> *= Volkseinkommen – (direkte Steuern + Sozialabgaben) + Transferzahlungen*

Das Volkseinkommen entspricht insofern nicht dem Bruttoinlandsprodukt, als die in den Verkaufspreisen enthaltenen und „verdienten" Abschreibungen nicht an die privaten Haushalte ausgezahlt, sondern von den Unternehmen zur Finanzierung ihrer Ersatzinvestitionen einbehalten werden. Darüber hinaus hat der Staat von den privaten Haushalten einkommensrelevante Steuern wie Grundsteuer oder Kraftfahrzeugsteuer erhalten und Sozialabgaben an sie geleistet.

> *Die Verteilungsrechnung zeigt auf, wie das BIP eines Landes auf die Sektoren private Haushalte und Unternehmen aufgeteilt ist und welchen Anteil der Staat daran trägt. Sie rückt im Gegensatz zu der Entstehungs- und Verwendungsrechnung nicht die Güterseite in den Fokus, sondern die Entlohnung der Produktionsfaktoren Arbeit und Kapital:*
>
> | | *Arbeitseinkommen* |
> |---|---|
> | + | *Gewinneinkommen* |
> | + | *Vermögenseinkommen* |
> | = | *Volkseinkommen* |
> | + | *Produktions-/Importabgaben an den Staat* |
> | – | *Subventionen vom Staat* |
> | + | *Abschreibungen der Unternehmen* |
> | = | ***Bruttonationaleinkommen*** |
> | – | *Saldo der Primäreinkommen mit der übrigen Welt* |
> | = | *BIP* |

In Abgrenzung zum BIP, das nach dem Inlandsprinzip berechnet wird, ist das ***Bruttonationaleinkommen*** (BNE, bis 1999 als Bruttosozialprodukt (BSP) bezeichnet) durch das Inländerprinzip charakterisiert: Es gibt den Wert aller an Inländer geflossenen Einkommen an.

4.5.5 Bruttoinlandsprodukt als Wohlstandsindikator

Wird der Wohlstand eines Landes gemessen an der Verfügbarkeit von Gütern, dann ist das Güterangebot ein wichtiger Gradmesser für den materiellen Wohlstand einer Gesellschaft. Das BIP wird als Wohlstandsindikator angesehen. Dies wird damit begründet, dass Güter der Befriedigung der Individual- und Kollektivbedürfnisse dienen. Die Wertschöpfung sorgt dafür, dass Güter für den Konsum zur Verfügung stehen.

Da das Güterangebot nur nachgefragt wird, wenn es bedarfsgerecht ist, sind private und öffentliche Güterproduzenten gezwungen, ihr Güterangebot ständig den Vorstellungen der Nachfrager anzupassen. Bedarfsgerechte Wertschöpfung optimiert die Versorgung der Bevölkerung hinsichtlich der Güterarten sowie deren Qualitäten und Nutzungsmöglichkeiten, der Gütermengen und der Güterpreise. Je höher die Güterproduktion, desto mehr Waren und Dienstleistungen stehen für private und öffentliche Zwecke zur Verfügung und desto höher sind die Einkommen der privaten Haushalte und die Einnahmen des Staates.

> *Veränderungen des BIP wirken sich sowohl unmittelbar auf die Güterversorgung und den Lebensstandard aus als auch auf die Einkommensverhältnisse der Einwohner und die Einnahmen des Staates.*

Ein zentraler Indikator für die wirtschaftliche Entwicklung ist das Wachstum des BIP. Ein negatives Wirtschaftswachstum ist mit sinkenden Faktoreinkommen und Staatseinnahmen verbunden. Der private und öffentliche Wohlstand eines Landes sinkt.

> **BEISPIEL**
>
> *Schränken private Haushalte ihre Konsumausgaben ein und/oder sinkt die Nachfrage des Auslands, werden die Absatzerwartungen der Unternehmen nicht erfüllt. Die Kapazitäten werden nicht mehr wie erwartet ausgelastet. Die Unternehmen produzieren weniger, Arbeitskräfte werden entlassen und Investitionen werden unterlassen. Arbeits-, Vermögens- und Gewinneinkommen sinken. Steuereinnahmen gehen zurück und Transferzahlungen erhöhen sich. Der Lebensstandard sinkt. Es steht weniger Geld für öffentliche Güter zur Verfügung.*

Ein positives Wirtschaftswachstum hat umgekehrte Effekte. Der Lebensstandard der privaten Haushalte und das Angebot an öffentlichen Gütern erhöhen sich. Veränderungen des BIP im Vergleich zur Vorperiode können ausgelöst werden durch Veränderungen der Produktionsmengen und/oder durch Veränderungen der Güterpreise.

Verändern die Anbieter die Preise bei konstanten Produktionsmengen, so hat dies lediglich nominale Folgen. Das nominale BIP verändert sich wertmäßig, ohne dass es zu einer Veränderung der Produktionsmengen kommt.

> *Das **nominale BIP** eines Berichtszeitraums (Berichtsjahres) wird ermittelt, indem alle in diesem Jahr produzierten Gütermengen mit ihren erzielten Verkaufspreisen multipliziert werden.*

Verändern die Güterproduzenten ihre Produktionsmengen, so hat dies Auswirkungen auf das reale Güterangebot und auf die reale Nachfrage der Güterproduzenten nach Produktionsgütern und Faktorleistungen. Das reale BIP verändert sich. Denkbar sind auch Anpassungen sowohl hinsichtlich der Produktionsmengen als auch der Güterpreise.

Zur Ermittlung des realen BIP wird der Preiseffekt bei der Berechnung vernachlässigt, indem die Preise eines Basisjahres (z. B. des Vorjahres) für die Produktionsmengen des Berichtsjahres zugrunde gelegt werden. Das reale BIP ist preisbereinigt.

Das nominale bzw. reale BIP im Zeitvergleich ist die Grundlage für die Berechnung des nominalen bzw. realen Wachstums (berechnet in Prozent).

$$\text{Wachstumsrate} = \frac{\text{BIP Berichtsjahr} - \text{BIP Basisjahr}}{\text{BIP Basisjahr}} \cdot 100$$

BEISPIEL

Die folgende Berechnung des nominalen und realen Wachstums der Wirtschaftsleistung eines Musterlandes geht zur Vereinfachung von folgenden Annahmen aus:

- *Es wird ausschließlich das Produkt A hergestellt.*
- *Das Vorjahr ist das Basisjahr.*
- *Im Basisjahr sind das reale und das nominale BIP identisch, da die Preissteigerung erst im Berichtsjahr erfolgt.*

Jahr	Produktionsmenge	Stückpreis in €	BIP nominal in €	BIP real in €	Wachstum nominal in %	Wachstum real in %
Berichtsjahr	100	20,00	100 · 20,00 = 2.000,00	100 · 18,00 = 1.800,00	23	17
Vorjahr	90	18,00	90 · 18,00 = 1.620,00	90 · 18,00 = 1.620,00		

- *Das nominale Wachstum ist höher als das reale Wachstum, weil sowohl die Produktion als auch die Preise erhöht wurden.*
- *Das reale Wachstum entspricht der Produktionssteigerung, es wurden die Preise des Vorjahres im Berichtsjahr angesetzt.*

Das reale Wirtschaftswachstum ist

- positiv, wenn mehr produziert wurde als im Vergleichsjahr (wirtschaftlicher Aufschwung);
- negativ, wenn weniger produziert wurde als im Vergleichsjahr (wirtschaftlicher Abschwung);
- gleich null, wenn die Produktion gemessen am Vergleichsjahr sich nicht verändert hat (wirtschaftliche Stagnation).

4.5.6 Bruttoinlandsprodukt in der Kritik

Auch wenn das BIP in seiner realen Form geeignet ist, die Güterversorgung einer Volkswirtschaft deutlich zu machen und Wachstumsentwicklungen aufzuzeigen, so wird es doch in seiner Bedeutung als Wohlstandsindikator auch hinterfragt.

Nicht erfasste Wertschöpfungsprozesse

Die VGR erfasst nur Wertschöpfungsprozesse, die offiziell gemeldet werden. Daraus ergibt sich, dass die Wertschöpfungsprozesse, die als Schwarzarbeit in der sogenannten Schattenwirtschaft stattfinden, nicht in das BIP einfließen. Darüber hinaus sind alle Produktionsvorgänge im Haushaltssektor ausgeschlossen. Hausarbeit, Kindererziehung, Pflegeleistungen und Nachbarschaftsdienste gehören zum sozialen Leben genauso wie alle ehrenamtlichen Tätigkeiten. Haushaltsnahe Dienstleistungen werden nicht nur käuflich erworben.

Fehlende qualitative Differenzierung des Güterangebots

Da das BIP lediglich quantitative Größen enthält, wird die Art der Güter nur sehr allgemein dargestellt. Es differenziert nicht, aus welchen Gründen Güter produziert werden. Dient die Produktion der Versorgung mit militärischen oder zivilen Gütern? Liegt der Schwerpunkt der Güterproduktion in der Versorgung der privaten Haushalte? Geht dies zulasten der Versorgung der Gesellschaft mit öffentlichen Gütern wie Bildung, Gesundheit oder Verkehrswege? Ist der Konsum von Genussmitteln mit Gesundheitsrisiken verbunden?

Keine Antworten auf beschäftigungs- und strukturpolitische Fragen

Auch Hinweise auf regionale Unterschiede oder Branchenstrukturen unterbleiben. Aussagen über die Beschäftigungssituation und Arten der Arbeitslosigkeit werden nicht gemacht. Darüber hinaus werden weder die Arbeitsbedingungen noch Sozialstandards erfasst.

Vernachlässigung der externen Kosten

Externe Kosten des Umweltverbrauchs werden häufig nicht Preisbestandteil, sodass die Marktpreise nicht den tatsächlichen Produktionskosten entsprechen. Andererseits erhöhen die Beseitigung von Umweltschäden und die Reparatur von Unfallautos genauso wie die Unterbringung in Pflegeheimen, Gefängnissen und Jugendheimen sowie die Behandlung von Krankheiten als Folge von Allergien und Unfällen das BIP.

Vernachlässigung sozialer Aspekte

Aussagen über das soziale Klima, das Glücksempfinden der Menschen und deren allgemeine Zufriedenheit mit ihren Lebensumständen sind genauso wenig möglich wie über die politische Stabilität eines Landes. Die Einkommensverteilung auf die einzelnen Bürger lässt sich aus dem BIP nicht erkennen, sodass die Trennung der Gesellschaft in Arm und Reich nicht dargestellt wird.

Aus den Schwächen des BIP-Konzepts heraus wird nach Messgrößen gesucht, die neben den quantitativen Aussagen über die materielle Güterproduktion auch sonstige Aspekte der Lebensqualität abbilden.

4.5.7 Alternativkonzepte in der Diskussion

Verschiedene Initiativen auf nationaler und internationaler Ebene versuchen herauszufinden, wie gesellschaftlicher Fortschritt und Wohlstand umfassender gemessen werden können als mit dem BIP. Insbesondere wird untersucht, wie Wirtschaftswachstum, Wohlstand, Lebensqualität und Wohlbefinden zusammenhängen und ob unser Wohlstand nachhaltig ist. Hierzu wurde eine Reihe von Alternativkonzepten entwickelt, z. B.

- Umweltökonomische Gesamtrechnung
- Human Development Index
- Happy Planet Index

Umweltökonomische Gesamtrechnung (UGR)

Zum nachhaltigen Wirtschaften gehört vor allem der schonende Umgang mit den natürlichen Ressourcen des „Planeten Erde".

> **BEISPIEL**
>
> *Risiken wirtschaftlichen Handelns für den „Planeten Erde":*
> - *Industrieabfälle und Hausmüll, Abwässer, Abgase, Lärm und Abwärme beeinträchtigen Natur und Gesundheit.*
> - *Der Verbrauch von fossilen Brennstoffen in Verkehr, Haushalt und Produktion erhöht den Ausstoß von klimaschädlichen und gesundheitsgefährdenden Abgasen wie Kohlendioxid, Stickoxiden und Methan.*
> - *Der Klimawandel gefährdet die Lebensgrundlagen vieler Menschen in betroffenen Regionen.*
> - *Die Entsorgung des radioaktiven Restmülls ist weltweit nicht geklärt.*

Die umweltökonomische Gesamtrechnung ist die umweltökonomische Ausrichtung der VGR. An die Stelle des Bruttoinlandsprodukts tritt das Ökosozialprodukt. Es orientiert sich an dem Prinzip des nachhaltigen Wirtschaftens und ergänzt das BIP um Aspekte des Verbrauchs natürlicher Ressourcen. Im Rahmen der Umweltökonomischen Gesamtrechnung werden insbesondere

- die Belastung der Umwelt durch den Material- und Energieverbrauch erfasst,
- die Nutzung von Fläche für Produktion und Konsum ermittelt,
- der Umweltzustand beschrieben,
- Maßnahmen des Umweltschutzes aufgezeigt,
- Umweltstandards festgeschrieben,
- Vermeidungskosten zur Einhaltung der Umweltstandards aufgezeigt.

Das Ökosozialprodukt soll besonders die Ausgaben erfassen, die ausschließlich dazu dienen, wachstumsbedingte Schädigungen der Lebens-, Arbeits- und Umweltsituation zu vermindern, auszugleichen oder vorbeugend zu vermeiden. Dazu gehören u. a. Umweltschutzaufwendungen des Staates bzw. der Unternehmen, Aufwendungen zur Regulierung von Verkehrsunfällen und Ausgaben im Gesundheitswesen. Es sollen die Folgewirkungen des Wachstums dokumentiert werden.

Human Development Index (HDI)

Der „Index der menschlichen Entwicklung" ist eine von der UN entwickelte Messgröße, die als Maßstab für die Lebenschancen in einem Land herangezogen wird. Es werden qualitative Faktoren wie Chancengleichheit im Zugang zu Bildungs- und Gesundheitseinrichtungen sowie die Bekämpfung von Armut und die Einkommensverteilung berücksichtigt. Als Messgrößen, die zur Berechnung des HDI herangezogen werden, dienen u. a. die Lebenserwartung Neugeborener und das Pro-Kopf-Einkommen.

Je geringer der Wert des HDI, desto „ärmer“ ist ein Land und desto notwendiger ist es, in diesen Ländern neben der Steigerung des materiellen Lebensstandards u. a. das Gesundheitswesen zu verbessern und Bildungschancen für alle einzuräumen.

Happy Planet Index (HPI)
Der „Index des glücklichen Planeten“ der englischen Denkfabrik „New Economics Foundation“ (NEF) verknüpft subjektives Wohlbefinden der Menschen, deren Gesundheitszustand und Lebenserwartung mit dem Aspekt der Nachhaltigkeit zu einer Messgröße. Als Indikator für die Nachhaltigkeit wird der sogenannte ökologische Fußabdruck herangezogen, in den u. a. Umweltbelastungen und der Verbrauch natürlicher Ressourcen eingehen.

$$\text{HDI} = \frac{\text{Lebenserwartung} \cdot \text{subjektives Wohlbefinden}}{\text{ökologischer Fußabdruck}}$$

Während die Größen subjektives Wohlbefinden, Gesundheit und Lebenserwartung auf die Lebenssituation der heutigen Generation abstellen, ist der ökologische Fußabdruck mit den daraus resultierenden Umweltbelastungen für die zukünftigen Generationen von Bedeutung.

4.6 Sozialpolitik als Umverteilungspolitik

4.6.1 Einkommens- und Vermögensverteilung

Durch die Finanzierung der Sozialpolitik erfolgt eine Korrektur der Einkommens- und Vermögensverteilung. Dargestellt wird die Einkommens- und Vermögensverteilung mithilfe der funktionellen und personellen Einkommensverteilung.

Funktionelle Einkommensverteilung
Bei der funktionellen Einkommensverteilung erfolgt die Verteilung der Einkommen in Lohn- und Gewinneinkommen:

- Das Lohneinkommen ergibt sich aus unselbstständiger Arbeit.

> *Lohnquote = Anteil des Einkommens aus nichtselbstständiger Arbeit am Volkseinkommen*

- Das Gewinneinkommen ergibt sich aus Unternehmertätigkeit und Vermögen.

> *Gewinnquote = Anteil des Einkommens aus Unternehmertätigkeit und Vermögen am Volkseinkommen*

Da es sich bei dieser Verteilung des Volkseinkommens um die direkte erste Entlohnung der eingesetzten Produktionsfaktoren Boden, Arbeit und/oder Kapital handelt, wird sie auch primäre Einkommensverteilung genannt. Wenn von dieser **primären Einkommensverteilung** Steuern für soziale Unterstützungen anderer Gesellschaftsmitglieder abgezogen werden, ergibt sich aus diesem Betrag die **sekundäre Einkommensverteilung.** Diese zweite – aus der primären Einkommensverteilung abgeleitete – Einkommensverteilung korrigiert die primäre Einkommensverteilung und bildet die Grundlage für die soziale Unterstützung Bedürftiger in der Gesellschaft.

Anteil von Lohneinkommen und Gewinneinkommen am Volkseinkommen

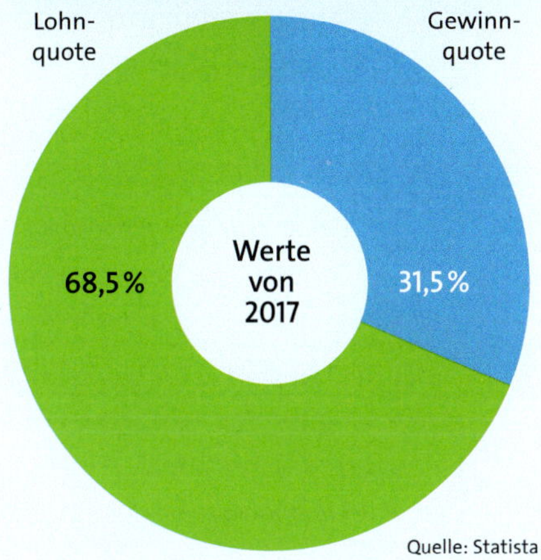

Quelle: Statista

> *Die **funktionale (= primäre) Einkommensverteilung** resultiert aus den eingesetzten Produktionsfaktoren. Sie bildet die Grundlage für die sekundäre Einkommensverteilung.*

Personelle Einkommensverteilung

Da die funktionale Einkommensverteilung nur unzureichend die gerechte Einkommensverteilung widerspiegelt, wird zusätzlich die personelle Einkommensverteilung berücksichtigt.

> *Die **personelle Einkommensverteilung** zeigt, wie sich das Volkseinkommen auf die Personengruppen verteilt.*

Mithilfe der **Lorenzkurve** lässt sich die Einkommensverteilung in einem Land grafisch darstellen.

Lorenzkurve

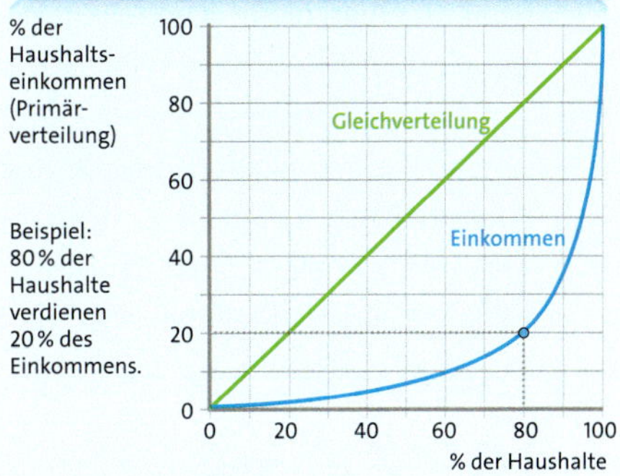

Max Otto Lorenz (1876–1959): amerikanischer Statistiker und Ökonom

Die 45-Grad-Linie zeigt die Gleichverteilung des Einkommens. Wenn jeder gleich viel erhält, dann beziehen 20 % der Haushalte auch 20 % des Gesamteinkommens und grafisch ergibt sich eine 45-Grad-Linie. Bei der tatsächlichen Einkommensverteilung ergeben sich Unterschiede. Verdienen z. B. die untersten 20 % der Haushalte weniger als 20 % des Gesamteinkommens, wölbt sich die Kurve nach unten. Je weiter sich die Kurve der tatsächlichen Einkommensverteilung nach unten wölbt und von der 45-Grad-Linie entfernt, desto ungleicher ist die Einkommensverteilung und umso größer sind die Einkommensunterschiede in der Volkswirtschaft.

4.6.2 Umverteilung des Einkommens durch staatliche Transferleistungen

Staatliche Transferleistungen werden nach dem Fürsorgeprinzip aus Steuerzahlungen der Steuerpflichtigen gewährt. Die Empfänger von Transferleistungen müssen keine finanziellen Gegenleistungen erbringen. Transferleistungen werden sowohl als Geldleistungen als auch als Sachleistungen vergeben.

BEISPIELE

- *Geldleistungen: Kindergeld, Grundsicherung, Wohngeld, Arbeitslosengeld II*
- *Sachleistung: Kleidercoupons zum Einlösen in Bekleidungsgeschäften*

Durch die Transferleistungen erhöht sich das verfügbare Einkommen der Empfänger, während gleichzeitig bei den Steuerzahlern durch die indirekte Finanzierung der staatlichen Transferleistungen das verfügbare Einkommen sinkt. Es findet eine Einkommensumverteilung von den ***Markteinkommen*** als Leistungseinkommen (Primäreinkommen) zu den Sozialeinkommen (Sekundäreinkommen) statt. Die primäre Einkommensverteilung durch den primären bzw. ersten Einsatz der Produktionsfaktoren wird durch Steuern und Abgabenzahlungen an den Staat zu einer Umverteilung als sekundäre Einkommensverteilung für Transferleistungsempfänger.

Markteinkommen entsteht durch den Einsatz der Produktionsfaktoren Boden, Arbeit und/oder Kapital auf den Faktormärkten Boden, Arbeits- und/oder Kapitalmarkt und die daraus resultierende Entlohnung als Lohn, Gewinn oder Vermögen.

Staatliche Transferleistungen sind Leistungen ohne Gegenleistungen.

Mit der sekundären Einkommensverteilung soll eine Verteilungsgerechtigkeit erreicht werden. Das Ziel Verteilungsgerechtigkeit untergliedert sich in folgende Detailziele:

- **Leistungsgerechtigkeit:** Leistungsgerechtigkeit ergibt sich aus der Leistungsfähigkeit der einzelnen Wirtschaftssubjekte auf dem Markt. Im Mittelpunkt steht die leistungsgerechte Entlohnung, indem derjenige, der höhere Leistung auf dem Markt erbringt, auch höher entlohnt wird.
- **Bedarfsgerechtigkeit:** Bei der Bedarfsgerechtigkeit sollen die Grundbedürfnisse gedeckt werden. Sie entsprechen dem soziokulturellen Existenzminimum. Das soziokulturelle Existenzminimum beschreibt das Einkommen, das mindestens notwendig ist, damit eine Person am gesellschaftlichen Leben teilhaben kann. Dazu zählen die physischen Überlebensgüter wie Ernährung, Wohnung, Kleidung, medizinische Versorgung, aber auch die Nutzung von Medien und Kommunikationsmitteln, Kultur- und Freizeitgütern.
- **Gleichheitsgerechtigkeit:** Gleichheitsgerechtigkeit bedeutet, dass Einkommen nicht nivelliert werden sollen, damit der Leistungsanreiz erhalten bleibt. Wenn alle Einkommen unabhängig von der erbrachten Leistung wären, würde sich Leistung nicht mehr lohnen und dadurch der wirtschaftliche Motor für das Wirtschaftswachstum gebremst werden.

In einer funktionsfähigen Marktwirtschaft muss der Leistungsgedanke als Anreiz für wirtschaftliches Handeln im Mittelpunkt stehen. Umverteilung ist nur dann gerechtfertigt, wenn jemand nicht fähig ist, Leistung zu erbringen, oder als Anreiz für zusätzliche Leistung, wie z. B. im Rahmen des Kindergeldes. Führt Umverteilung dazu, Leistung einzudämmen, ist sie nicht mit einer funktionsfähigen Marktwirtschaft vereinbar.

4.6.3 Steuersystem als Instrument zur Umverteilung des Einkommens

Steuern werden in unterschiedliche Kategorien eingeteilt. Wird die Leistungsfähigkeit der Gesellschaftsmitglieder berücksichtigt, ergeben sich Objekt- und Subjektsteuern.

- **Objektsteuer:** Bei Objektsteuern werden der Verbrauch oder der Besitz von Objekten besteuert. Dazu zählen die Umsatzsteuer, die Energiesteuer und die Kraftfahrzeugsteuer. Diese Steuern werden unabhängig von der Leistungsfähigkeit des Einzelnen erhoben.
- **Subjektsteuer:** Bei den Subjektsteuern wird die Leistungsfähigkeit im Rahmen des Einkommens und des Vermögens berücksichtigt, wie z. B. bei der Einkommensteuer. Das bedeutet, dass leistungsschwache steuerpflichtige Gesellschaftsmitglieder geringer mit Steuern belastet werden als leistungsstarke.

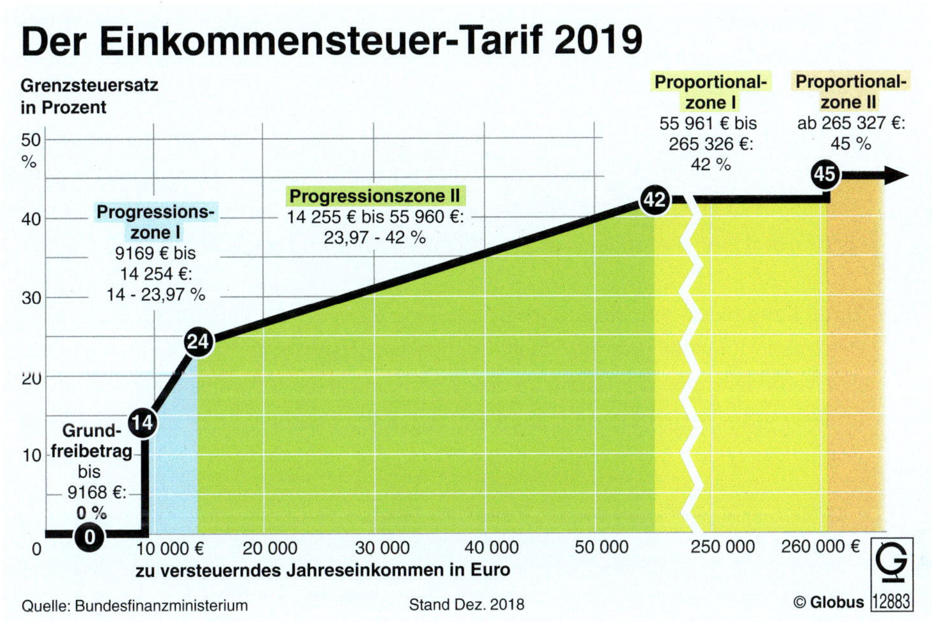

Der Einkommensteuertarif ist in verschiedene Zonen eingeteilt. Bis zum Grundfreibetrag sind keine Steuern zu zahlen. Dadurch, dass das soziokulturelle Existenzminimum nicht besteuert wird, wird das Ziel der Bedarfsgerechtigkeit erfüllt.

In den Progressionszonen I und II steigt der Steuersatz proportional an. Aus der progressiven Einkommensteuer ergibt sich ein Umverteilungseffekt, da die höheren Einkommen gegenüber niedrigeren Einkommen überproportional besteuert werden. Die leistungsstarken Steuerzahler finanzieren einen höheren Teil der Umverteilungspolitik als die leistungsschwachen Steuerzahler zugunsten des Ziels der Bedarfsgerechtigkeit.

In den Proportionalzonen I und II ist der Steuersatz jeweils konstant. Der Steuersatz der Proportionalzone II ist der Spitzensteuersatz.

LS 124

5 Konjunkturpolitik

***SITUATION** Autoland Murschall GmbH*

David Rose hat in einer Fachzeitschrift gelesen, dass die Nachfrage der Neuwageninteressenten nach SUV auch hierzulande weiterhin ungebremst ist. Fast jedes zehnte Auto in Deutschland ist mittlerweile in dieser Kategorie beheimatet. Neben den offensichtlichen Vorzügen dieser Fahrzeuge hinsichtlich Einstiegshöhe, Übersicht, Stauraum und Knautschzone spielt allerdings auch die gute Konjunktur eine große Rolle. Schließlich sind SUV eher dem mittleren bis höheren Preissegment zuzuordnen. David hat den Begriff Konjunktur zwar schon häufiger gehört, kann sich aber nichts Konkretes darunter vorstellen.

Wirtschaftspolitische Aktivitäten im Rahmen der Konjunkturpolitik zielen darauf ab, eine Stabilisierung der Wertschöpfungsprozesse zu unterstützen und für Wachstumsimpulse zu sorgen. Somit ist es Aufgabe des Staates, gesamtwirtschaftliche Schwankungen (Konjunktur) zu glätten und eine beständige wirtschaftliche Entwicklung zu bewirken.

Unter **Konjunktur** wird die wirtschaftliche Lage eines Landes verstanden. Sie ist abhängig von der Entwicklung der gesamtwirtschaftlichen Nachfrage im Verhältnis zum Produktionspotenzial. Veränderungen der Nachfrage lösen konjunkturelle Schwankungen aus, die an der Veränderung des realen BIP gemessen werden. Konjunkturelle Schwankungen lassen sich als **Konjunkturzyklus** darstellen. Der Konjunkturzyklus setzt sich aus vier Phasen zusammen.

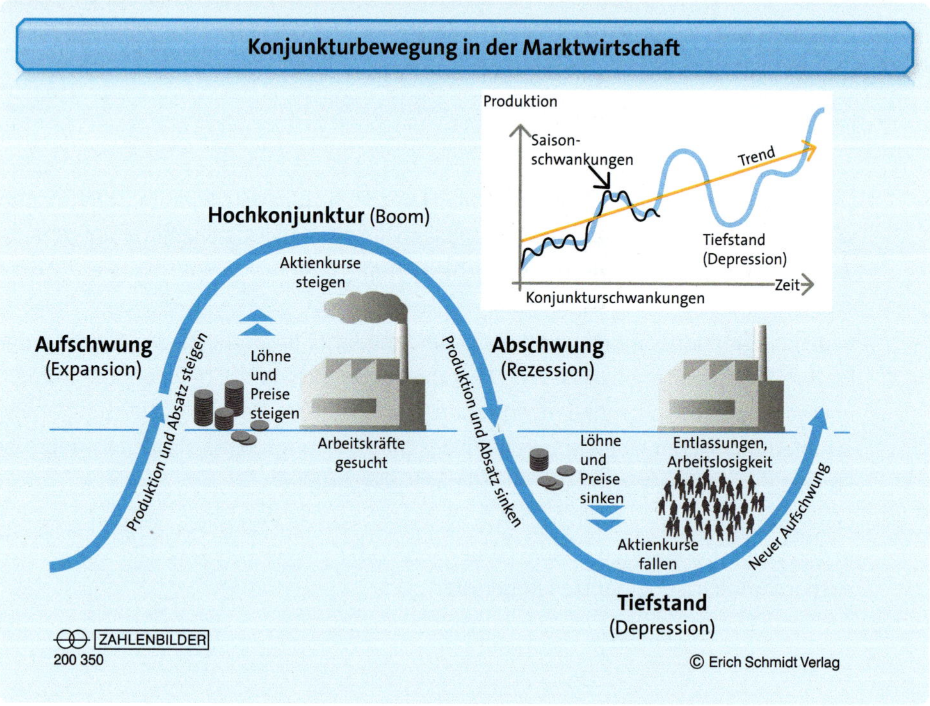

5.1 Vier-Phasen-Modell des Konjunkturzyklus

Die gesamtwirtschaftliche reale Nachfrage unterliegt ständigen Schwankungen. Konsumausgaben, Investitionen und Nettoexporte beschleunigen oder verlangsamen sich. Dies hat Folgewirkungen für die gesamtwirtschaftliche Produktionsleistung bzw. das reale BIP, die Höhe des Volkseinkommens, die Beschäftigung und die Entwicklung der Preise.

Das ***zyklische*** Auf und Ab der gesamtwirtschaftlichen Entwicklung wird in den Konjunkturzyklen beschrieben. Es zeigt sich, dass das Muster, das die Konjunkturzyklen bilden, unregelmäßig ist. Zwei Konjunkturzyklen verlaufen niemals gleich. Jeder Zyklus hat seine eigene Dauer, sein eigenes Auf und Ab sowie seine eigene Intensität hinsichtlich seiner Ausprägung bzw. Ausschläge.

Der Begriff ***„zyklisch“*** kennzeichnet einen wiederkehrenden Verlauf.

Auch wenn jeder Zyklus seine eigene Struktur hat, so ist doch ein immer wiederkehrendes Grundmuster erkennbar. Jeder Zyklus besteht aus folgenden Phasen:

- Aufschwung/Expansion
- Hochkonjunktur/Boom (mit dem oberen Wendepunkt)
- Abschwung/Rezession
- Tiefstand/Depression (mit dem unteren Wendepunkt)

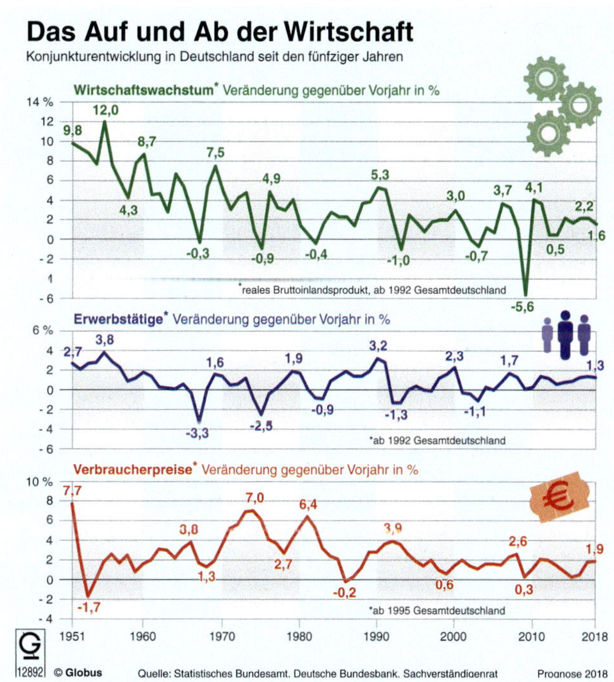

Unabhängig von den jeweiligen auslösenden Faktoren sind die grundsätzlichen Strukturen der Konjunkturphasen durch folgende Sachverhalte gekennzeichnet:

Phase 1: Aufschwung/Expansion

Das reale Bruttoinlandsprodukt steigt im Vergleich zur Vorperiode. Positive Wachstumsraten machen die Expansion der Wirtschaft deutlich. Die Mehrproduktion erhöht die Auslastung der Produktionskapazitäten. Die Nachfrage nach Produktionsgütern und Faktorleistungen nimmt zu. Die Investitionsbereitschaft der Unternehmen erhöht sich. Produktinnovationen stärken deren Wettbewerbsfähigkeit auf den Absatzmärkten, Prozessinnovationen senken die Produktionskosten. Über den Kreislaufverbund erhöht das Wachstum der Produktion die Faktoreinkommen der privaten Haushalte. Die öffentlichen Haushalte profitieren von der Entwicklung durch Steuermehreinnahmen und Minderausgaben. Insgesamt steigt das verfügbare Einkommen und kann zur erneuten Ausweitung der Nachfrage verwendet werden. Eine positive Kettenreaktion wird ausgelöst.

Erstreckt sich die Aufschwungsphase über einen längeren Zeitraum, so steigt das BIP selbst bei sinkenden positiven Wachstumsraten von Jahr zu Jahr. Der Expansionsprozess kann einen Boom auslösen.

Phase 2: Hochkonjunktur/Boom

Verkäufermärkte ☞ LF 12, Kap. 1.2

Die Kapazitätsauslastung ist hoch. Es droht eine Überhitzung der Wirtschaft. Es gibt kaum noch freie Produktionskapazitäten. Verkäufermärkte sind die Regel. Auf Verkäufermärkten treffen Anbieter von Gütern und Faktorleistungen auf eine Übernachfrage und können daher ihre Preisforderungen durchsetzen. Güterpreise und Faktorpreise wie Löhne, Mieten, Pachten und Zinsen steigen. Inflationäre Prozesse werden ausgelöst. Das Wachstum ist lediglich ein nominales Wachstum.

Ein Trend zeichnet die Grundrichtung einer Entwicklung.

In der Hochkonjunktur bzw. am oberen Wendepunkt ist das Ende des Booms oder Aufschwungs erreicht. Verharrt in der Folgezeit die Nachfrage auf dem gleichen Stand wie im Vorjahr, so bleibt das BIP konstant. Die reale Wachstumsrate im Vergleich zum Vorjahr ist null. Die Kapazitätsauslastung bleibt stabil. Der obere Wendepunkt ist auch bereits erreicht, wenn in der Folgezeit positive Wachstumsraten vorherrschen, die aber geringer sind als in der Ausgangssituation. Das BIP steigt weiter, doch der Wachstumstrend schwächt sich ab.

Phase 3: Abschwung/Rezession

Käufermärkte ☞ LF 12, Kap. 1.2

Ist der Abschwung gekennzeichnet durch positive, aber sinkende Wachstumsraten, so ist die wirtschaftliche Lage im Grundsatz nicht dramatisch. Erst wenn die gesamtwirtschaftliche Nachfrage im Vergleich zum Vorjahr sinkt, werden negative Wirkungsketten auf Güterproduktion und Kapazitätsauslastung ausgelöst. Die Nachfrage nach Faktorleistungen sinkt. Arbeitskräfte werden entlassen. Privaten und öffentlichen Haushalten stehen geringere finanzielle Mittel zur Verfügung, sie schränken ihre Nachfrage weiter ein. Käufermärkte kennzeichnen die Situation, auf denen Nachfrager ihre Preisgebote zulasten der Anbieter durchsetzen. Die Wirtschaft befindet sich in einer Rezession, wenn das Wachstum ins Negative abgleitet: Das BIP sinkt, die Kapazitätsauslastung geht zurück. Hält die Rezession über mehrere Jahre an oder kommt es zu schockartigen Einbrüchen der gesamtwirtschaftlichen Nachfrage, so droht eine Depression.

Phase 4: Tiefstand/Depression

Die Depression beschreibt den krisenhaften Zustand einer Volkswirtschaft. Das BIP wird von Jahr zu Jahr geringer. Es stehen Produktionskapazitäten im Übermaß zur Verfügung. Abschwung, Rezession oder Depression halten bis zum Tiefstand bzw. unteren Wendepunkt an.

Ein neuer Konjunkturzyklus beginnt. Konjunkturwellen bilden verschiedene Konjunkturzyklen ab, die ihrerseits unterschiedliche Verläufe aufweisen können.

In welcher Konjunkturphase sich die Wirtschaft befindet, ist jedoch immer erst im Nachhinein (am Ende eines Berichtszeitraums) feststellbar, weil das Wirtschaftswachstum eines Berichtsjahres erst an dessen Ende ermittelt wird und erst dann in eine Zeitreihe eingebunden werden kann.

5.2 Konjunkturindikatoren

Die allgemeine Zuordnung der aktuellen wirtschaftlichen Lage zu einer der vier Phasen allein auf der Grundlage des Wachstumsindikators ist wenig aussagekräftig. Um die sich aus der jeweiligen Konjunkturphase ergebenden Folgewirkungen für die Wirtschaftssubjekte und gegebenenfalls Instabilitäten zu erkennen, wird ein Mix von Indikatoren herangezogen.

> *Konjunkturindikatoren sind einzelne wirtschaftliche Größen, die geeignet sind, eine konjunkturelle Situation zu beschreiben und eine trendmäßige Umkehr der Konjunkturphase anzuzeigen.*

Konjunkturindikatoren werden nach ihrer zeitlichen Zuordnung unterschieden in:

- **Frühindikatoren:** Sie kündigen in zeitlichem Vorlauf von etwa 3 bis 6 Monaten zur aktuellen Konjunkturphase eine mögliche Veränderung der wirtschaftlichen Lage an.

> **BEISPIEL** *Frühindikatoren*
>
> - *Auftragseingänge im produzierenden Gewerbe, im Baugewerbe sowie im Dienstleistungssektor*
> - *Baugenehmigungen*
> - *Einzelhandelsumsätze*

- **Präsenzindikatoren:** Präsenzindikatoren laufen zeitlich parallel zur Konjunkturphase und zeigen den aktuellen Stand der Phase.

> **BEISPIEL** *Präsenzindikatoren*
>
> - *Bruttoinlandsprodukt eines Monats*
> - *Kapazitätsauslastung*
> - *Arbeitsvolumen*

- **Spätindikatoren:** Sie werden etwa 3–6 Monate nach der Konjunkturphase ermittelt. Spätindikatoren machen deutlich, dass der Anpassungsprozess an konjunkturelle Veränderungen zeitlich verzögert erfolgt.

> **BEISPIEL** *Spätindikatoren*
>
> - *Zahl der Arbeitslosen*
> - *Bruttoinlandsprodukt eines Jahres*
> - *Lohnentwicklung*

5.3 Geldpolitik

5.3.1 Währung und Geldordnung

archaisch = frühzeitlich

Ein Wirtschaftssystem ohne Geld ist in der heutigen arbeitsteiligen Wirtschaft nicht mehr vorstellbar. Während in der archaischen Wirtschaft noch überwiegend Ware gegen Ware getauscht wurde (Tauschwirtschaft), werden heute Waren, Dienst- und Faktorleistungen in Geld bewertet und gegen Geld getauscht (Geldwirtschaft). Geld ist das Medium, das den Austausch von Gütern und Leistungen erleichtert und es ermöglicht, Einnahmen und Ausgaben zeitlich zu trennen, also zu sparen (= Ausgaben aufzuschieben) oder Kredite aufzunehmen (= Ausgaben vorzuziehen). Geld dient so als Tausch- und Zahlungsmittel, Recheneinheit, Wertübertragungsmittel (= Verrechnung von Forderungen und Verbindlichkeiten) und Wertaufbewahrungsmittel.

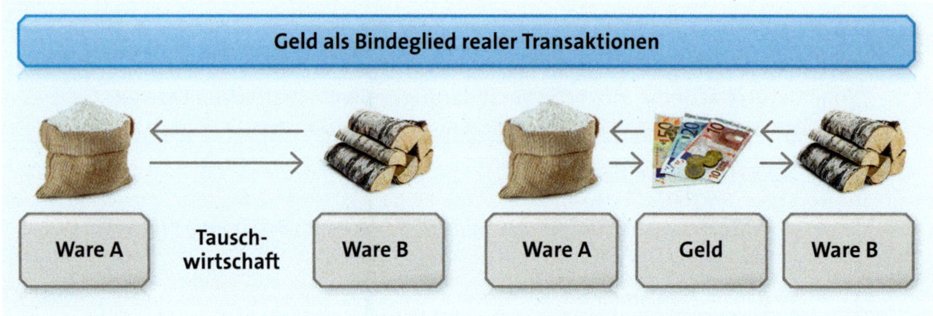

Die wirtschaftliche Bedeutung des Geldes hängt davon ab, dass private Haushalte und Unternehmen sowie staatliche Institutionen es anerkennen. Darüber hinaus erleichtert die internationale Akzeptanz des inländischen Geldes die Finanzierung von Transaktionen mit dem Ausland. Sie bestimmt den ***Außenwert*** einer Währung.

Außenwert
Preis bzw. Wechselkurs der Währung gemessen in Fremdwährung, z. B. 1 € = 1,1236 USD (Stand: 09. 03. 2019)

Eine Geldwirtschaft bedarf einer Geldordnung bzw. einer Geldverfassung. In ihr wird per Gesetz oder internationalem Vertrag die Währung festgelegt.

> i *Die **Währung** ist das gesetzliche Zahlungsmittel eines Landes oder eines grenzüberschreitenden Wirtschaftsraums.*

Zuständig für die Geldordnung sind die einzelnen Staaten, die jeweils für ihr Hoheitsgebiet festlegen, nach welchen Regeln die Geldversorgung ihres Landes gewährleistet und die Stabilität der Währung gesichert wird. Verständigen sich Nationalstaaten darauf, ihre jeweiligen nationalen Währungen durch eine gemeinsame Währung zu ersetzen, so ist diese im gesamten Währungsgebiet gesetzliches Zahlungsmittel.

Den Euro gab es zunächst nur als Buchgeld. Euromünzen und -scheine wurden erst ab Januar 2002 in Umlauf gebracht.

Innerhalb der Europäischen Union gibt es ein Nebeneinander von nationalen Währungen und dem Euro. Der Euro ist gesetzliches Zahlungsmittel in den Ländern der Eurozone auf der Grundlage des Vertrags von Maastricht. Er hat die nationalen Währungen der Teilnehmerländer abgelöst.

> *Die **Geldordnung** bestimmt das gesetzliche Zahlungsmittel und legt fest, wer und nach welchen Regeln die Wirtschaft damit versorgen darf.*

Die Aufgabe der Bargeldversorgung kann per Gesetz auf den Staat oder andere Institutionen übertragen werden. Im Regelfall ist sie den Zentralbanken überlassen.

Zentralbanken sind also i. d. R. Notenbanken. Nur sie haben das Recht, private und öffentliche Haushalte sowie Unternehmen mit Noten und Münzen zu versorgen. Sie

- nutzen ihr Recht, Scheine zu drucken und in Umlauf zu bringen (Notenmonopol);
- kaufen beim Staat Münzen ein – die z. B. in Deutschland nur der Bund im Rahmen seines ***Münzregals*** prägen darf – und bringen sie in Umlauf.

Das *Münzregal* ist das Recht, Münzen zu prägen.

5.3.2 Das System der Europäischen Zentralbanken und die Europäische Zentralbank

Am 1. Januar 1999 wurde in elf Mitgliedstaaten der Europäischen Union der Euro als Gemeinschaftswährung eingeführt. Gleichzeitig übertrugen die Mitgliedsländer die geldpolitischen Aufgaben auf die Europäische Zentralbank (EZB). Die EU-Länder, die noch an ihren Währungen festhielten, behielten ihre Notenbanken und geldpolitischen Zuständigkeiten. Um dennoch die von allen EU-Ländern gewünschte Zusammenarbeit in der Geldpolitik zu gewährleisten, wurde das System der Europäischen Zentralbanken (ESZB) beschlossen. Das ESZB hat den Auftrag, die Geldpolitik der Euroländer und der anderen EU-Länder zu koordinieren.

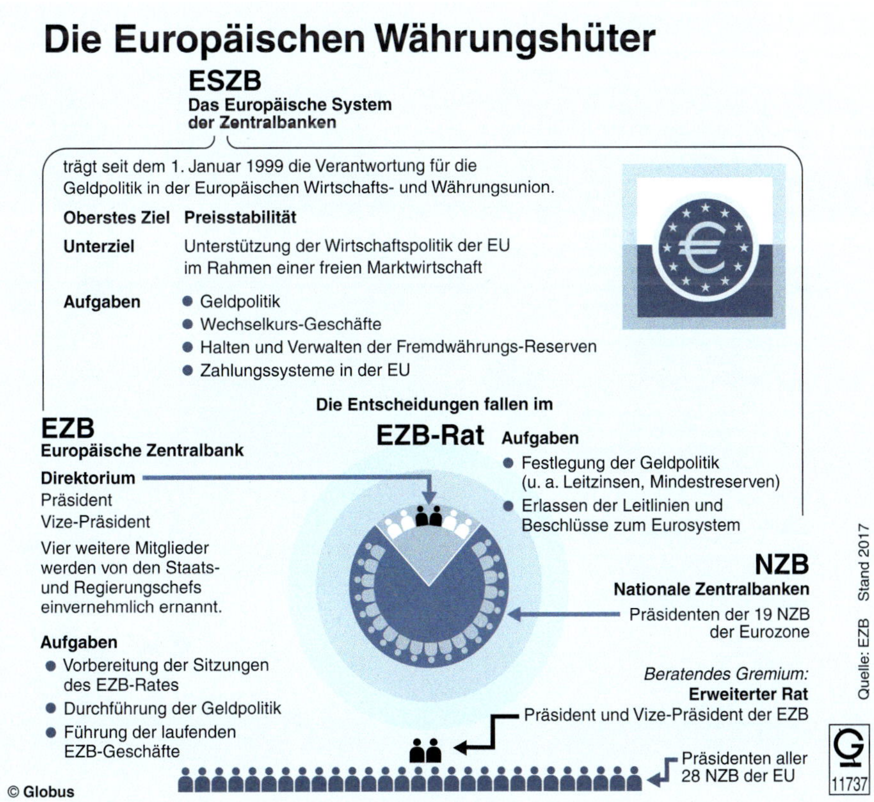

Preisniveaustabilität ☞ S. 271

EZB und nationale Notenbanken sind nach Artikel 127 des Vertrags über die Arbeitsweise der Europäischen Union (AEU-Vertrag oder „Lissabon-Vertrag") sowie auch der ESZB-Satzung auf das gemeinsame Ziel der Preisniveaustabilität in der EU verpflichtet. Dieses Ziel geht davon aus, dass die Kaufkraft der Währungen in der EU – insbesondere des Euro – auf Dauer zu gewährleisten ist. Insofern steht im Zentrum der europäischen Geldpolitik der ***Binnenwert*** des Geldes und nicht der Außenwert.

Binnenwert
Kaufkraft im Inland

5.3.3 Arten des Geldes: Bargeld und Buchgeld

Bargeld – das gesetzliche Zahlungsmittel

Bargeld ist entweder Münzgeld oder Papiergeld in Form von Banknoten. Es ist in der ***Eurozone*** das einzige unbegrenzte gesetzliche Zahlungsmittel, d. h., für den Gläubiger einer Forderung besteht Annahmezwang zur Begleichung seiner Forderung. Die Gestaltung des Bargelds und seine Stückelung werden per Gesetz bestimmt. Die Stückelung bestimmt den ***Nominalwert*** der unterschiedlichen Münzen oder Banknoten.

Eurozone
Gruppe der EU-Staaten, die den Euro als offizielle Währung haben.

Nominalwert
Nennwert: aufgedruckter/eingeprägter Wert

Buchgeld – Geld auf Bankkonten

Banken schließen mit ihren Kunden Geschäftsbesorgungsverträge ab, auf deren Grundlage sie für ihre Kunden Zahlungsverkehrsdienstleistungen erbringen. Sie richten ihnen ein ausschließlich für diese Zwecke gedachtes ***(Giro-)Konto*** ein und wickeln alle laufenden Zahlungsvorgänge über dieses Konto ab. Banken nehmen Bargeldeinzahlungen entgegen oder zahlen bei Bedarf Bargeld an ihre Kunden aus. Girokonten lassen sich zudem für den bargeldlosen Zahlungsverkehr nutzen, wenn Zahlungsempfänger und Zahlungspflichtige jeweils ein Girokonto nutzen.

Girokonten
Zahlungsverkehrskonten

> i *Die Guthaben der Bankkunden auf Girokonten werden als Sichteinlagen bezeichnet. Sichteinlagen sind eine Form von Buchgeld bzw. von Bankeinlagen. Sie gelten nicht als unbegrenztes gesetzliches Zahlungsmittel.*

Mindestreservesatz
☞ S. 298

Auch wenn sich die bargeldlose Zahlung national und international durchgesetzt hat, muss gewährleistet sein, dass Bankkunden ihr Guthaben jederzeit in Bargeld erhalten können, wenn sie das wünschen. Ist das Bankensystem nicht mehr in der Lage, diesen Wünschen zu entsprechen, verlieren die Kunden das Vertrauen in das Bankengeld. Im Extremfall droht ein ***Bank Run.*** Da Banken nur einen Bruchteil der Kundeneinlagen in bar vorrätig haben, kann dies betroffene Kreditinstitute schnell in eine existenzielle Krise stürzen.

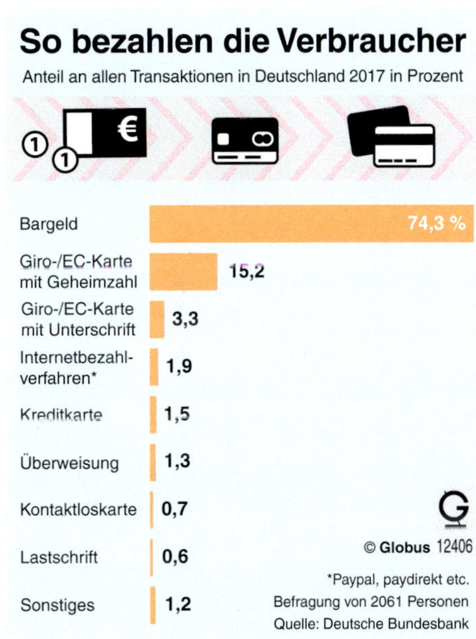

Bank Run
Bei einem „Bank Run“ stürmen die Einleger sprichwörtlich ihre Bank, um möglichst sofort ihre sämtlichen Guthaben abzuheben, solange die Bank noch Bargeld vorrätig hat.

5.3.4 Das zweistufige Geldsystem

Die Kernaufgabe der EZB besteht darin, die Wirtschaft im Euroraum mit Bargeld zu versorgen. Dessen Bedarf ist abhängig von der ***Bargeldpräferenz*** der Konsumenten und Produzenten. Die EZB akzeptiert unmittelbar nur Banken als Geschäftspartner.

Bargeldpräferenz
Bargeld ist bevorzugtes Zahlungsmittel

Private Haushalte, Unternehmen und der Staat bilden den Nichtbankensektor, der keinen Zugang zur EZB hat und deshalb seinen Bargeldbedarf ausschließlich über den Bankensektor decken kann. Entsprechend der Höhe des Bargeldbedarfs ihrer Kunden beschaffen Banken sich Bargeld bei der EZB und leiten es an ihre Kunden weiter. Es entsteht ein zweistufiges Geld- bzw. Bankensystem.

Der Nichtbankensektor benötigt finanzielle Mittel immer dann, wenn er Zahlungsverpflichtungen zu erfüllen hat. Geld wird innerhalb des Nichtbankensektors ausgetauscht und kommt dadurch in Umlauf.

MFI
Monetäre Finanzinstitute

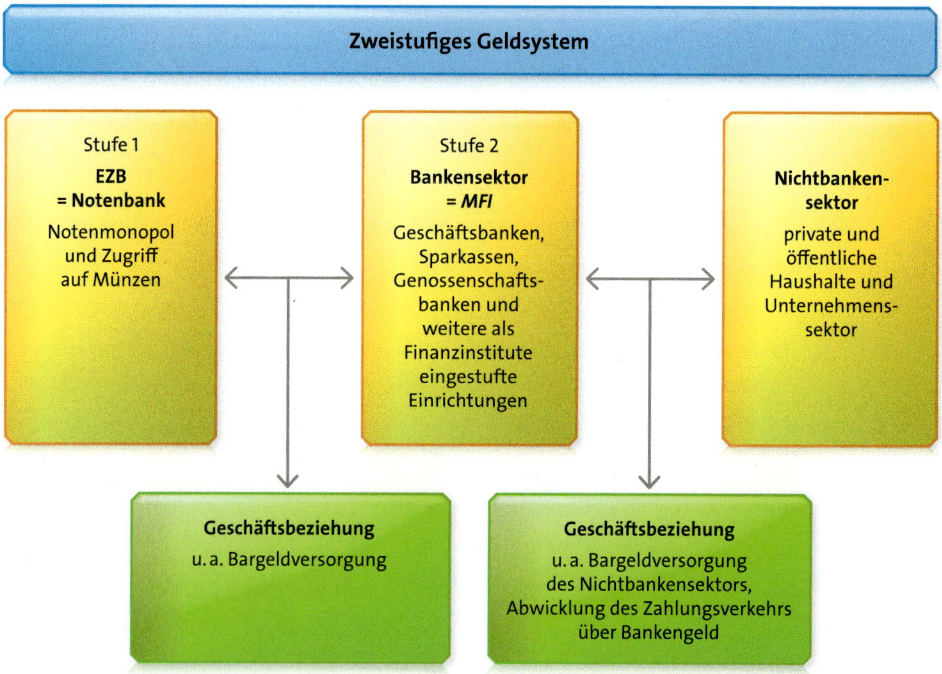

5.3.5 Geldmengenbegriffe der EZB

Die Geldpolitik der EZB ist vor allem auf die **Geldmenge** gerichtet, die sich **außerhalb des Bankensystems,** also in den Händen von sogenannten Nichtbanken befindet. Die EZB unterscheidet dabei drei verschiedene Geldmengen, die sich nach ihrem Liquiditätsgrad unterscheiden. Die Geldmenge ist umso liquider, je schneller Nichtbanken über die vorhandenen Mittel verfügen können bzw. je schneller diese Mittel nachfragewirksam werden können.

- **M1:** umfasst Bargeld und Sichteinlagen von Nichtbanken. Bargeld ist jederzeit verfügbar und damit die liquideste Form von Geld. Sichteinlagen stehen dem Bargeld nur wenig nach und zählen ebenfalls zu dieser Geldmenge.

> *M1 = Bargeldumlauf im Nichtbankensektor + Sichteinlagen des Nichtbankensektors*

- **M2:** umfasst M1 plus Sparguthaben mit einer Kündigungsfrist bis zu drei Monaten plus Termingelder mit einer Laufzeit von maximal zwei Jahren. Über diese Mittel können Eigentümer nur zeitverzögert verfügen. Sie können nicht unmittelbar nachfragewirksam, aber doch zeitnah aktiviert werden.

> *M2 = M1 + Sparguthaben von Nichtbanken (max. dreimonatige Kündigungsfrist) + Termineinlagen (max. zweijährige Laufzeit) von Nichtbanken*

- In **M3** werden zusätzlich zu M2 weitere liquiditätsnahe finanzielle Geldanlagen erfasst, die vom Bankensektor angeboten werden (kurzfristige Bankschuldverschreibungen mit einer ursprünglichen Laufzeit von bis zu zwei Jahren, ***Geldmarktfondsanteile*** und ***Repogeschäfte***). Bestandteil der Geldmenge M3 sind somit alle liquiden Mittel des Nichtbankensektors, die der Kassenhaltung dienen und kurzfristig auf Geldmärkten angelegt sind.

Geldmarktfonds Investmentfonds, der ausschließlich in Termingelder und liquide Wertpapiere mit Laufzeit unter 12 Monaten anlegt

Repogeschäft Anlagen in Wertpapieren, die innerhalb von weniger als einem Jahr zurückgegeben werden (Wertpapiere mit Rückkaufsvereinbarung)

> *M3 = M2 + kurzfristige Bankschuldverschreibungen + Geldmarktfondsanteile + Repogeschäfte des Nichtbankensektors*

Die EZB legt ihrer Geldpolitik grundsätzlich die Geldmenge M3 zugrunde.

Neben den Geldmengen M1 bis M3 ist auch die sogenannte Zentralbankgeldmenge, auch Geldbasis oder Geldmenge M0, von Bedeutung. Sie umfasst das von der Zentralbank in Umlauf gebrachte Bargeld plus die Sichteinlagen, die bei der Zentralbank – überwiegend von Banken – unterhalten werden

> *M0 = Zentralbankgeldmenge = Geldbasis = Bargeldumlauf im Nichtbankensektor + Bargeldbestände der Banken + Einlagen der Banken bei der Zentralbank*

5.3.6 Giralgeldschöpfung

Der Begriff **Geldschöpfung** bezeichnet den Prozess, über den die Wirtschaft mit Geld versorgt wird. An diesem Prozess ist neben der Zentralbank auch der Bankensektor beteiligt. Während es allein der Zentralbank überlassen ist, die Wirtschaft mit Bargeld zu versorgen, kann Buchgeld – auch als Giralgeld bezeichnet – ebenso im Bankensektor entstehen. Dabei übersteigt der Anteil des Buchgelds den Bargeldanteil deutlich.

Eine Möglichkeit, Giralgeld im Geschäftsbankenbereich entstehen zu lassen, ist dadurch gegeben, dass Kunden Bargeld auf ihr Konto bei der Bank einzahlen. Durch die Verbuchung des Einzahlungsbetrages auf dem Kundenkonto ist Buchgeld entstanden. Des Weiteren entsteht Giralgeld durch Kreditvergabe. Die kreditgebende Bank schreibt hierbei dem Kundenkonto den jeweiligen Kreditbetrag gut, während sie in entsprechender Höhe eine Forderung für sich verbucht. Eine wesentliche Voraussetzung dafür ist in diesem Zusammenhang, dass die kreditgewährende Bank über eine ***ausreichende Eigenkapitalquote*** verfügen.

Die genauen Anforderungen an die *„ausreichende Eigenkapitalquote"* sind in der sog. Eigenkapitalrichtlinie der EU aus dem Jahr 2013 festgelegt, welche ihrerseits die Festlegungen vom Basler Ausschuss für Bankenaufsicht („Basel III") aufgreift.

5.3.7 Geldpolitische Instrumente

Das ESZB verfügt im Rahmen seines Koordinationsauftrages über die Geldpolitik der EU-Länder über drei verschiedene Instrumente, mit denen es Einfluss auf die Geldversorgung der Geschäftsbanken und damit der Wirtschaft nehmen kann.

Das erste Instrument ist durch die **Mindestreservepflicht** gegeben. Sie besagt, dass die Geschäftsbanken bestimmte Einlagen (= Mindestreserven) auf ihren Konten bei der EZB halten müssen. Diese Einlagen werden mit dem jeweils gültigen Zinssatz verzinst. Mithilfe dieses Instruments verfolgt die EZB zwei Ziele gleichzeitig: Zum einen gewährleistet es – zumindest in einem gewissen Rahmen – die Liquiditätssicherung der Kundeneinlagen bei den Geschäftsbanken. Zum anderen kann dadurch die Geldmenge gesteuert werden.

Der Zinssatz beträgt gegenwärtig (Stand März 2019) 0,00 %, zuletzt betrug er 0,05 % im März 2016.

Der Mindestreservesatz beträgt in der EU seit 2012 1 %. Als Grundlage für die genaue Ermittlung in Euro fungiert die Reservebasis, welche sich aus ausgewählten Positionen der Bilanz ergibt.

Ein niedriger Mindestreservesatz bedeutet, dass die Geschäftsbanken nicht so viel Geld auf ihren Konten bei der EZB halten müssen. Folglich führt ein niedriger Prozentwert zu einer höheren Geldmenge. Ein hoher Mindestreservesatz dagegen bewirkt, dass die Geldmenge sinkt.

Das zweite Instrument sind die **Ständigen Fazilitäten.** Hierbei handelt es sich einerseits um die Möglichkeit der Geschäftsbanken, auf ihren Konten bei der EZB überschüssige Liquidität anzulegen und Zinserträge zu erhalten. In diesem Zusammenhang spricht man von der **Einlagefazilität.** Sie entspricht einem Tagesgeldkonto. Im umgekehrten Fall können die Geschäftsbanken ihre Girokonten bei der EZB gegen Sollzinsen überziehen. Diese **Spitzenrefinanzierungsfazilität** entspricht einem kurzfristigen Kredit und bietet den Geschäftsbanken die Möglichkeit, sich mit liquiden Mitteln zu versorgen.

Bei einem niedrigen Zinssatz sind die Geschäftsbanken eher geneigt, einen (günstigen) Kredit aufzunehmen. Die Geldmenge steigt dadurch. Bei steigenden Zinssätzen wird die Kreditaufnahme zunehmend unattraktiver, und die Geschäftsbanken tendieren eher dahin, ihre liquiden Mittel auf ihren Girokonten anzulegen. In diesem Fall sinkt die Geldmenge.

Beide Instrumente laufen sozusagen „über Nacht“ bis zum Beginn des nächsten Geschäftstages. Die Differenz aus Einlage- und Spitzenrefinanzierungssatz ergibt den Zinskorridor, in dem sich der Zinssatz für Tagesgeldgeschäfte bewegt.

Schließlich steht der EZB mit den **Offenmarktgeschäften** das dritte und wichtigste geldpolitische Instrument zur Verfügung. Dabei kauft bzw. verkauft die Zentralbank Wertpapiere „am offenen Markt“ an die bzw. von den Geschäftsbanken. Im Falle des Ankaufs von Wertpapieren steigt die Geldmenge, beim Verkauf sinkt sie. Die Offenmarktgeschäfte können hinsichtlich der Instrumente, Laufzeit, Durchführung und Zuteilung unterschieden werden. Eine eingehende Darstellung würde an dieser Stelle allerdings zu weit führen. Einzig das Hauptrefinanzierungsinstrument, dessen Kernelement als ***Wertpapierpensionsgeschäft*** bezeichnet wird, sei hier erwähnt, da der dabei zugrunde gelegte Zinssatz (Hauptrefinanzierungssatz) den wichtigsten Leitzins der EZB darstellt.

Wertpapierpensionsgeschäft
Der Name leitet sich von der Rechtsstellung der beteiligten Institute ab: Der Eigentümer eines Wertpapieres ist der Pensionsgeber, sein Kontrahent der Pensionsnehmer. Beide Parteien vereinbaren für einen befristeten Zeitraum die Übereignung von Wertpapieren, die der Zentralbank als (Kredit-)Sicherheit dienen.

Dieser Mix an Maßnahmen dient dem Zweck, das Geldangebot zu steuern, um das Ziel der Preisstabilität zu gewährleisten. Eine expansive Geldpolitik erhöht die in Umlauf befindliche Geldmenge und steigert damit die Nachfrage, wohingegen eine restriktive Geldpolitik die Geldmenge reduziert und so die Nachfrage dämpft. Dabei gilt es zu beachten, dass die getroffenen geldpolitischen Maßnahmen nicht sofort ihre beabsichtigte Wirkung entfalten, sondern erst mit zeitlicher Verzögerung Veränderungen nach sich ziehen. Wie lange dies dauert bzw. ob die beabsichtigten Konsequenzen auch wie erwartet eintreten, ist im Vorfeld nie genau vorherzusagen.

5.3.8 Nominal- und Realwert

Die wirtschaftliche Bedeutung einer Währung liegt nicht im Materialwert der Banknoten und Münzen, sondern ausschließlich in ihrer Akzeptanz als Tauschmittel. Eine wesentliche Rolle spielt hierbei, ob die Währung im Zeitablauf ihren Wert behält, d. h., ob sie stabil ist. Der Wert der Währung lässt sich wiederum an ihrer **Kaufkraft** messen, d. h. der Gütermenge, die man für einen bestimmten Betrag erhält. Der Realwert des Geldes entspricht also seiner Kaufkraft, der Nominalwert dem auf den Scheinen und Münzen aufgedruckten Wert bzw. dem Nennbetrag der Kontoguthaben.

BEISPIEL

Frau Gentsch geht mit ihrer Familie einkaufen. Der Einkaufswagen enthält:

	April 20X2	*April 20X1*
5 l Milch	*3,25 €*	*3,60 €*
2 kg Butter	*7,16 €*	*7,08 €*
1 Kasten Wasser	*5,98 €*	*5,98 €*
1 Kasten Apfelsaft	*10,35 €*	*10,29 €*
2 kg Schweinefleisch	*21,98 €*	*20,80 €*
10 kg Kartoffeln	*12,46 €*	*10,99 €*
2 kg Karotten	*2,38 €*	*2,45 €*
10 Eier	*1,99 €*	*1,86 €*
5 Tafeln Schokolade	*4,45 €*	*3,95 €*
	70,00 €	*67,00 €*

An der Kasse zahlt die Familie 70,00 €. Vor einem Jahr kostete der gleiche Einkauf nur 67,00 €. Für den gleichen Realwert zahlt Familie Gentsch heute einen höheren Nominalbetrag; oder anders ausgedrückt: Ein Nominalwert von 70,00 € entspricht 20X2 einem geringeren Realwert als 20X1.

Aus dem Nominalwert des Geldes lässt sich nicht schließen, wie viele Waren und Dienstleistungen Konsumenten für eine bestimmte Geldsumme kaufen können. Die allgemeine Anerkennung einer Währung wird insbesondere von ihrem Realwert bestimmt. Ein hoher Realwert sichert die Kaufkraft des Geldes. Preisveränderungen im Zeitablauf beeinflussen den Binnenwert des Geldes im Vergleich zur Vorperiode.

> *Der **Nominalwert** des Geldes entspricht dem Nennbetrag der Noten, Münzen und Bankeinlagen. Der **Realwert** drückt aus, welche Kaufkraft die Währung hat.*

5.3.9 Warenkorb

Wenn private Haushalte ihre Primär- und Sekundärbedürfnisse durch den Kauf von Waren und Dienstleistungen befriedigen, dann stellen sie – wie zuvor im Beispiel – individuelle Warenkörbe zusammen.

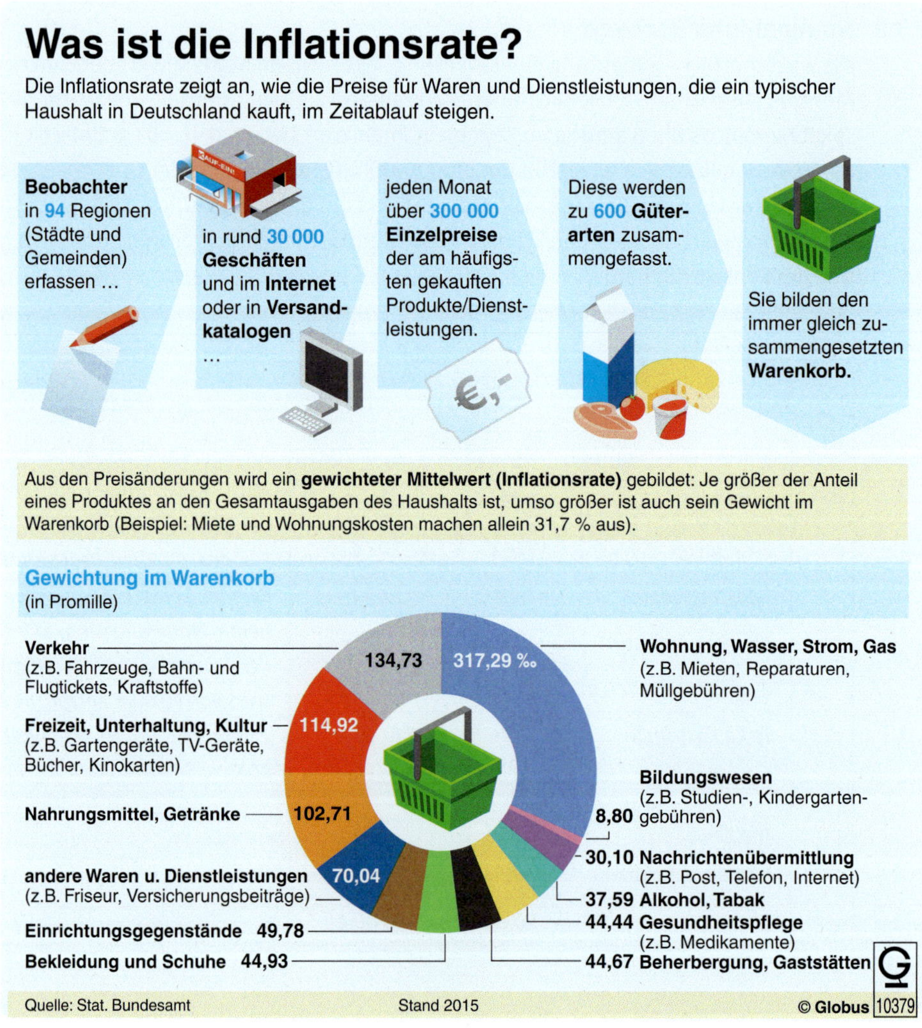

*Ein **Warenkorb** enthält Waren und Dienstleistungen, die private Haushalte kaufen.*

Möchte man die Entwicklung des Euro-Binnenwerts aus der Sicht der Verbraucher allgemein messen, so sollte ein einheitlicher typischer (repräsentativer) Warenkorb zugrunde gelegt werden, der die Verbrauchsgewohnheiten eines Großteils aller Konsumenten abbildet. Die Aussagefähigkeit des Warenkorbs wird von der Art und der Anzahl der in ihm enthaltenen Güter bestimmt. Darüber hinaus werden die Güter nach ihrem durchschnittlichen Konsumanteil gewichtet. In der Statistik wird hierzu ein Wägungsschema festgelegt, das deutlich macht, wie hoch der Anteil einzelner Güter oder Gütergruppen an den Gesamtausgaben ist.

Der aktuelle Warenkorb der Bundesrepublik Deutschland basiert auf dem Basisjahr 2015. Die Ausgabenstruktur wurde seitdem rechnerisch konstant gehalten. Somit weist die Teuerungsrate der Folgejahre nur reine Preisveränderungen nach. Wird der Warenkorb von Jahr zu Jahr teurer, spricht man von einer inflationären Entwicklung, die Teuerungsrate wird auch als Inflationsrate bezeichnet.

Die mengenmäßige Aktualisierung der Ausgabenstruktur erfolgt in der Bundesrepublik in der Regel alle fünf Jahre.

5.3.10 Verbraucherpreisindex (VPI) und Inflationsrate

Bewertet man die gewichteten Güter des Warenkorbs mit den (Durchschnitts-)Preisen eines Jahres und setzt diesen Wert in Beziehung zum Produkt aus (konstantem) Warenkorb und Preisen eines Vergleichsjahres, so erhält man einen Verbraucherpreisindex.

Die Gütermengen im Warenkorb des Basisjahres werden für den Berichtszeitraum fixiert und mit den Preisen des Basisjahres bzw. des Berichtsjahres bewertet. Der Preisindex im Basisjahr ist gleich 100. Aus dem Vergleich der Verbraucherpreisindices lassen sich Geldwertschwankungen berechnen und in Zeitreihen darstellen. Der Warenkorb im Berichtsjahr ist demnach

- teurer geworden, wenn der Verbraucherpreisindex des Berichtsjahres über 100 liegt. Das Preisniveau ist gestiegen, die Kaufkraft des Geldes ist gesunken. Es hat eine inflationäre Entwicklung im Vergleich zum Basisjahr gegeben.
- billiger geworden, wenn der Verbraucherpreisindex im Berichtsjahr unter 100 liegt. Das Preisniveau ist gesunken, die Kaufkraft des Geldes ist gestiegen. Es hat eine deflationäre Entwicklung im Vergleich zum Basisjahr gegeben.

Mit der Einführung des Euro wurden die Warenkörbe der Euroländer Schritt für Schritt harmonisiert, sodass trotz national unterschiedlicher Verbrauchsgewohnheiten Vergleiche möglich wurden. Das Statistische Bundesamt berechnet seit 1997 neben dem nationalen Verbraucherpreisindex für Deutschland (VPI) auch einen Harmonisierten Verbraucherpreisindex (HVPI), der auf einem europäischen Warenkorb beruht.

5.3.11 Nominaleinkommen und Realeinkommen

Mit der Veränderung des Verbraucherpreisindex verändert sich auch der Wert der Einkommen, die die Haushalte beziehen. Löhne, Gehälter, Dividenden, Zinsen, Mieteinnahmen, aber auch Bafög, Kindergeld usw. werden nominal vereinbart. Der Realwert dieser Einkommen (ihre Kaufkraft) – also ihr Wert, gemessen an den Waren und Dienstleistungen, die daraus finanziert werden können – sinkt, wenn die Preise steigen. Umgekehrt steigen die Realeinkommen, wenn die Preise sinken. Schlüsselgröße für die Kaufkraft der privaten Haushalte ist also ihr Realeinkommen.

$$\text{Realeinkommen} = \frac{\text{Nominaleinkommen}}{\text{Verbraucherpreisindex}} \cdot 100$$

Inflation senkt, Deflation erhöht das Realeinkommen der privaten Haushalte.

Auch der Nettolohn, also der vereinbarte Bruttolohn nach Steuern und Abgaben, verkörpert lediglich einen nominalen Wert und sagt nichts über die Kaufkraft aus.

Der Zins, den Banken ihren Kunden für ihre Einlagen zahlen bzw. den sie für die Vergabe von Krediten fordern, ist ebenfalls ein Nominalzins. Der Realzins ergibt sich aus der Differenz von Nominalzins und Inflationsrate.

Realzins = Nominalzins – Inflationsrate

5.3.12 Geldwertschwankungen

Oberstes Ziel der EZB ist Preisniveaustabilität. Als Indikator für die Preisentwicklung dient der EZB der in den vorherigen Abschnitten angesprochene Verbraucherpreisindex, wobei nach ihrer Definition Preisniveaustabilität vorliegt, wenn der Index um nicht mehr als 2% gegenüber dem Vorjahr steigt. Anders ausgedrückt ist Preisniveaustabilität als eine bis zu zweiprozentige Inflation definiert. Interessanterweise stellt gerade dieser Umstand die lehrbuchmäßige Eigenschaft des Giralgeldes als Wertaufbewahrungsmittel – zumindest langfristig betrachtet – infrage.

Preisveränderungen im Zeitablauf lösen

- inflationäre Prozesse aus, wenn die Kaufkraft sinkt;
- deflationäre Prozesse aus, wenn die Kaufkraft steigt.

In der marktwirtschaftlichen Ordnung wird die Preisbildung den Märkten überlassen. Auf funktionierenden wettbewerbsintensiven Märkten bilden sich für eine Vielzahl von Gütern Marktpreise. Die gesamtwirtschaftliche Preisentwicklung wird nicht anhand einzelner Preise auf einzelnen Märkten gemessen, sondern als gewogenes arithmetisches Mittel aus der Preisentwicklung des repräsentativen Warenkorbs. Die Preise der Güter können dagegen schwanken, wenn

- Käufer Nachfragemengen und/oder Preisgebote erhöhen oder senken;
- Verkäufer Angebotsmengen und/oder Preisforderungen erhöhen oder senken.

Inflationäre und deflationäre Entwicklungen können nachfrage- oder angebotsinduziert (nichtmonetär) oder monetär bedingt sein. Inflationäre Entwicklungen werden auch nach der Geschwindigkeit des Preisniveauanstiegs und nach ihrer Sichtbarkeit klassifiziert.

Unter nachfrageinduzierter Inflation sind Preissteigerungen zu verstehen, die auftreten, wenn der rasant gestiegenen Nachfrage nicht entsprechend schnell von Anbieterseite entsprochen werden kann. Eine Inflation ergibt sich dann dadurch, dass sich die Umlaufgeschwindigkeit des Geldes, z. B. durch eine höhere Konsumquote, erhöht oder seitens der Kreditwirtschaft die Geldmenge erhöht wird. Im Gegensatz dazu herrscht eine Angebotsinflation, wenn sich Preissteigerungen aufgrund der Kostensituation bei den Anbietern ergeben. Auf Nachfragerseite muss zusätzlich die Voraussetzung gegeben sein, dass diese preisunelastisch reagieren. Auch in diesem Fall entsteht eine Inflation, sofern als Reaktion auf diesen Umstand die Geldmenge ausgeweitet wird.

Grundsätzlich ist monetär bedingte Inflation immer dann gegeben, wenn die Geldmenge im Vergleich zur Gütermenge unverhältnismäßig stark anwächst.

Unabhängig davon, welche der oben aufgeführten Ursachen für eine Geldentwertung verantwortlich ist, kann eine Inflation folgendermaßen klassifiziert werden:

Klassifizierung	Bezeichnung	Beschreibung
nach Sichtbarkeit	offen	kann mithilfe der Inflationsrate ermittelt werden
	verdeckt	Preise werden künstlich konstant gehalten (z. B. Festsetzung staatlicher Höchstpreise).
nach Geschwindigkeit der Preissteigerungen	schleichend	stufenweise Preissteigerungsraten von < 5 %
	trabend	jährliche Preissteigerungsrate von 5 – 50 %
	galoppierend	sprunghafte, in immer kürzeren Zeitabständen auftretende Preissteigerungsraten von > 50 %

5.4 Angebots- und nachfragepolitische Konzepte

Funktionierende Märkte mit hoher Wettbewerbsintensität gelten als Grundvoraussetzung für ein positives Investitions- und Wachstumsklima und damit für die wirtschaftliche Entwicklung. Der Staat soll aus neoklassischer Sicht so wenig wie möglich in Märkte eingreifen, damit die unsichtbare Hand des Markts wirken kann und Kreativität und Effizienz sich voll entfalten. Nur so werde sich ein allgemeines Marktgleichgewicht einstellen, in dem sowohl das Potenzial der Produktionsmittel und Arbeitskräfte ausgenutzt wird, als auch die Preisniveaustabilität gewährleistet ist. Dieser Zustand wird auch als Vollbeschäftigungsgleichgewicht bezeichnet, weil hier jeder arbeitswillige Mensch eine Beschäftigung finden kann. Trotzdem sieht Angebotspolitik eine Reihe von Aufgaben für den Staat vor, die notwendig sind, um Märkte zu etablieren, ihr reibungsloses Funktionieren zu gewährleisten oder die langfristig positive Entwicklung einer Volkswirtschaft sicherzustellen. Es hat sich gezeigt, dass die unsichtbare Hand des Markts allein nicht immer zu optimalen Ergebnissen führt.

Die Neoklassik geht davon aus, dass sich auf vollkommenen Märkten bei flexiblen Preisen quasi von selbst immer ein Vollbeschäftigungsgleichgewicht einstellt.

Prinzip der unsichtbaren Hand ☞ S. 252

Nach Ansicht ihrer Kritiker setzt die Angebotspolitik zu einseitig auf die Investitionstätigkeit des Privatsektors und die Selbstheilungskräfte des Marktes, wodurch es zu sozialen Verwerfungen kommen kann. Die wichtigsten Argumente:

- keine Investition ohne Nachfrage
- Unterschätzung der Rolle des Staates
- Gefahren für soziale und politische Stabilität

John Maynard Keynes (1883–1946)

Nachfragepolitische Konzepte gehen in vielen Punkten von Annahmen aus, die im direkten Gegensatz zu den Thesen der Neoklassiker stehen. Keynes beschäftigte sich mit den wiederkehrenden Wirtschaftskrisen und widersprach schließlich der neoklassischen Annahme, dass Märkte zu einem natürlichen Gleichgewicht tendieren. Dabei schloss Keynes nicht aus, dass Gleichgewichte im langfristigen Durchschnitt der Marktentwicklung existieren können, betonte aber, dass kurz- und mittelfristig immer Schwankungen auftreten werden. Konjunkturelle Hochs und Tiefs sind dieser Auffassung nach keine Ausnahmen, sondern ständig wiederkehrende Pole der wirtschaftlichen Entwicklung. Dabei können sich wirtschaftliche Hoch- und Tiefphasen selbst so verstärken, dass gewaltige Blasen und tiefe Depressionen entstehen.

Der nachfrageorientierte Ansatz verfolgt das Ziel, die Gesamtausgaben der privaten Haushalte und der Unternehmen sowie des Staates so zu beeinflussen, dass das Produktionspotenzial voll ausgelastet wird. Gelingt das, entsteht ein gesamtwirtschaftliches Gleichgewicht und das Stabilitätsziel wird erreicht. Darüber hinaus kann ein Wachstumstrend ausgelöst werden, wenn die Produzenten ihre Investitionsausgaben der gestiegenen Nachfrage anpassen.

Das Stabilitätsgesetz baut zu großen Teilen auf den nachfrageorientierten Ansätzen von Keynes auf und enthält eine Reihe von Instrumenten zur antizyklischen Einnahmen- und Ausgabenpolitik des Staates, der sogenannten antizyklischen **Fiskalpolitik.**

> i *In einem Boom sollen die Instrumente der antizyklischen Fiskalpolitik die gesamtwirtschaftliche Nachfrage drosseln, in einer Rezession ankurbeln.*

Kritiker bezweifeln, dass Nachfragepolitik tatsächlich in der Lage ist, die Wirtschaft zu stabilisieren, Wachstumsschwächen zu beseitigen und Vollbeschäftigung zu ermöglichen. Nachfolgend eine kurze Auflistung der wesentlichen Kritikpunkte:

- Nachfragepolitik ist bei strukturbedingtem Ungleichgewicht ungeeignet.
- Verdrängung privater Nachfrage (Crowding-out-Effekt)
- Verunsicherung des Privatsektors
- Tendenz zu kontinuierlicher Erhöhung der Staatsverschuldung
- Wirksamkeit in offener Wirtschaft fraglich
- Grenzen der Geldpolitik

6 Globalisierung und Außenwirtschaft

LS 125

SITUATION *Autoland Murschall GmbH*

Auf der letzten Händlertagung hat die STARCAR AG angekündigt, in den nächsten zehn Jahren zwei Werke in China und ein Werk in den Vereinigten Staaten zu errichten. Gründe für diese Entscheidung sind die zunehmende Verflechtung der Weltwirtschaft und die neuen Märkte, die durch die Globalisierung entstanden sind.

Die Globalisierung ist kein neues Phänomen. In der Geschichte der Menschheit lassen sich immer wieder Phasen beobachten, in denen die Beziehungen und Handelsverflechtungen zwischen Menschen aus verschiedenen geografischen Regionen und Kulturkreisen zugenommen haben.

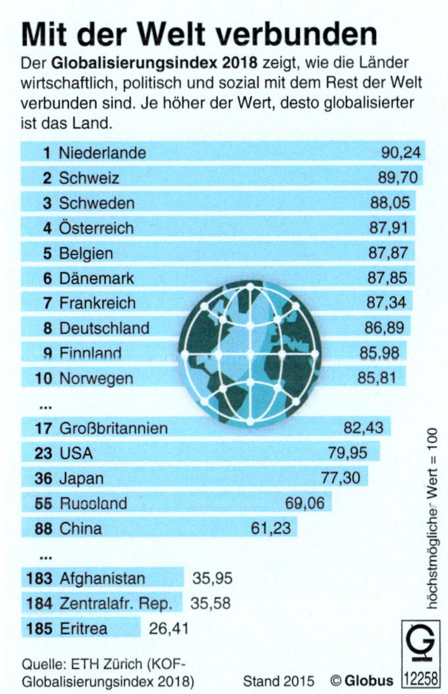

Beispielsweise durch den Ausbau des Seehandels über das Mittelmeer in der Antike oder die Beschleunigung des weltweiten Transportwesens im 19. Jahrhundert, indem Segelschiffe durch Dampfschiffe und Pferdefuhrwerke durch die Eisenbahn ersetzt wurden.

Neue Technologien ermöglichten auch die zunehmende Globalisierung im 20. und 21. Jahrhundert.

6.1 Begriffsbestimmung und Indikatoren

Die Globalisierung betrifft die verschiedensten Lebensbereiche. Sie hat politische, wirtschaftliche, soziale und kulturelle Auswirkungen. Was Globalisierung bedeutet, hängt daher von der jeweiligen Perspektive ab, unter der sie betrachtet wird. In der Volkswirtschaftslehre steht die ökonomische Sichtweise auf dieses Phänomen im Vordergrund.

Unter Globalisierung versteht man den zunehmenden Austausch von Arbeitskräften, Gütern, Dienstleistungen, Kapital und Wissen über weite geografische Entfernungen und Ländergrenzen hinweg.

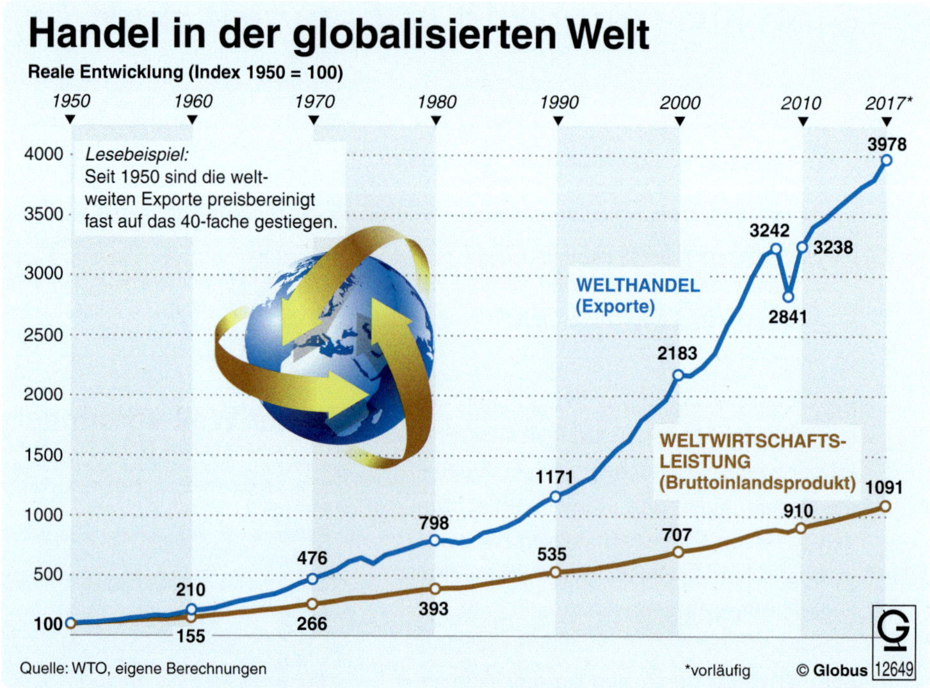

Ein Indikator für die zunehmende Globalisierung der Weltwirtschaft ist die Zunahme des grenzüberschreitenden Warenverkehrs.

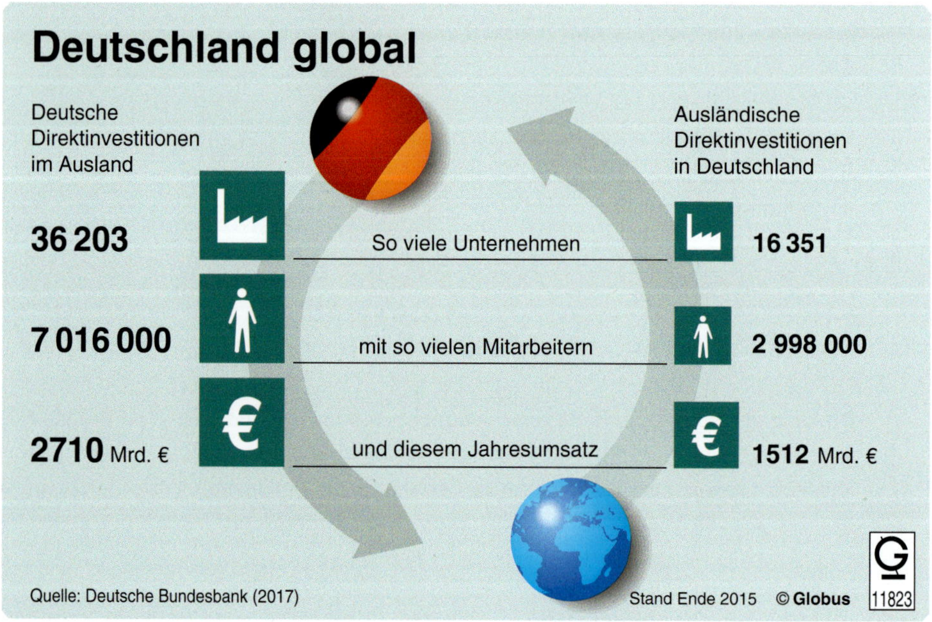

Den Grad der internationalen Verflechtung eines Landes kann man z. B. an den Direktinvestitionen inländischer Unternehmen im Ausland und umgekehrt ablesen. Der Unternehmenssektor in Deutschland ist auf diese Weise mit Unternehmen aus den verschiedensten Ländern verbunden.

> *(...) Deutsche Hersteller und Zulieferer sind weltweit in über 70 Ländern mit eigenen Fertigungsstandorten vertreten. Die VDA-Mitgliedsunternehmen hatten im Jahr 2017 über 2.440 Produktions- und Fertigungsstätten im Ausland. Das entspricht einem Ausbau ihrer Standorte von über 40 Prozent gegenüber dem Jahr 2010.*
>
> *Auf China bezogen haben die deutschen Hersteller die Zahl ihrer Fertigungsstätten seitdem sogar mehr als verdreifacht – von 8 auf 29 Fabriken. (...)*
>
> *Quelle: https://www.vda.de/de/presse/Pressemeldungen/20170419-Braeunig-Deutsche-Automobilindustrie-verstaerkt-Praesenz-in-China.html; abgerufen am 19. 05. 2018*

> ***Direktinvestitionen** sind Kapitaltransfers inländischer Unternehmen in ein anderes Land, um dort Beteiligungen an Unternehmen zu erwerben oder um dort insbesondere Verkaufsniederlassungen und Produktionsstätten zu errichten.*

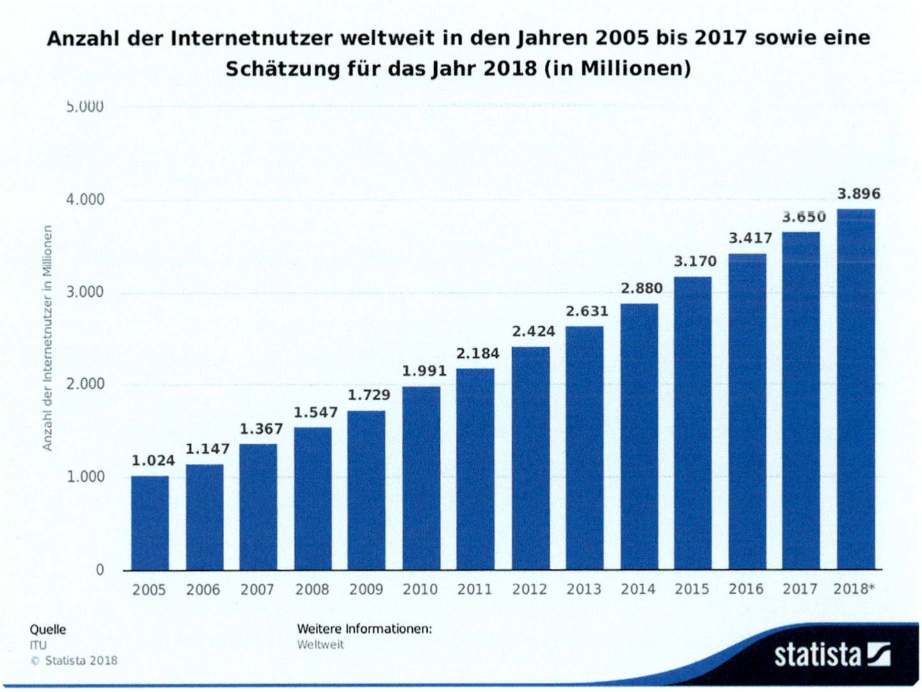

Die fortschreitende Globalisierung im Verkehrs- und Kommunikationswesen zeigt sich u. a. am weltweiten Passagieraufkommen in der Luftfahrt. Dieses wird sich laut des internationalen Luftfahrtverbandes IATA voraussichtlich von 3,5 Milliarden Passagieren im Jahr 2015 auf sieben Milliarden Passagiere im Jahr 2034 verdoppeln. Auch die rapide steigende Anzahl an Internetanschlüssen weltweit ist ein geeigneter Indikator der Globalisierung.

6.2 Ursachen der Globalisierung

Die Globalisierung ist zurückzuführen auf technischen Fortschritt, die internationale Ausdehnung einer liberalen Handelsordnung und die Privatisierung bzw. Deregulierung von Märkten sowie eine Angleichung der Kulturen.

6.2.1 Technologie und Digitalisierung

Die stetige Verbesserung des Verkehrswesens hat zu einer deutlichen Reduzierung der Transportkosten geführt. So haben z. B. immer größer werdende Containerschiffe, die in vollautomatisierten Häfen be- und entladen werden, die Transportkosten über den Seeweg drastisch reduziert. Gleichzeitig hat sich ein weltumspannendes Kommunikationsnetz entwickelt, das eine Kommunikation in Echtzeit mit privaten und geschäftlichen Kontakten zu vernachlässigbar geringen Kosten ermöglicht. Dank internetbasierter Anwendungen wie Internettelefonie, Webchats oder Videokonferenzen können multinationale Teams in verschiedenen Weltregionen rund um die Uhr zusammenarbeiten.

Auch der Austausch von Dienstleistungen durch Experten wie Facharbeiter, Ingenieure oder Rechtsanwälte und der Transfer von Kapital durch Investoren sind wesentlich vereinfacht worden. Aufgrund der weltweiten Vernetzung können die Wirtschaftsakteure auf aktuelle Entwicklungen in Politik, Wirtschaft und Gesellschaft innerhalb von Sekunden reagieren.

In diesem Zusammenhang ist zwangsläufig das Schlagwort Digitalisierung zu nennen, das sich in den Industrienationen mittlerweile zum (wirtschafts-)politischen Kernthema entwickelt hat. Letztendlich geht es nicht einfach nur darum, analoge Daten in ein digitales Format umzuwandeln, sondern darum, damit einen Mehrwert zu generieren. Die so gewonnenen Daten können im Bereich der Automobilwirtschaft bspw. für die Optimierung von Fertigungsprozessen oder der Kundenakquise mittels sozialer Medien bzw. die schnelle Anpassung auf geänderte Kundenpräferenzen nutzbar gemacht werden. Einer von der DEKRA in Auftrag gegebenen Studie des Instituts für Automobilwirtschaft zufolge werden sich die Strukturen im Automobilhandel im Zuge der Digitalisierung grundlegend ändern. Demnach verlagert sich der Kaufort zunehmend ins Internet, was dazu führt, dass die Schnittstelle zum Kunden verloren gehen kann. Die Studie attestiert der Branche erhebliche Defizite im digitalen Bereich. Dies betrifft sowohl den Bereich Verkauf als auch die After Sales. Des Weiteren ist davon auszugehen, dass sich die Anzahl der Vertragshändler bis zum Jahr 2020 um ca. ein Drittel reduzieren wird. Gleichzeitig gewinnen Konzepte wie City Stores als Kundenkontaktpunkte an Bedeutung. Als Fazit bleibt, dass eine gute Positionierung im digitalen Bereich Wettbewerbsvorteile sichert.

6.2.2 Internationales Recht und Handelspolitik

Die Öffnung der Weltmärkte wurde seit Ende des Zweiten Weltkrieges durch den Abbau von Handelshemmnissen politisch vorangetrieben. Dazu wurde eine Vielzahl von internationalen Abkommen geschlossen sowie internationale Organisationen aufgebaut, die einheitliche Regeln und Standards für grenzüberschreitende Aktivitäten festlegen. Das bekannteste Beispiel hierfür sind die „Allgemeinen Zoll- und Handelsabkommen“ (**GATT,** General Agreement on Tariffs and Trade), die dem Abbau von Handelshemmnissen dienten und in der Gründung der Welthandelsorganisation World Trade Organization **(WTO)** mündeten, welche die Handelspraktiken der Mitgliedsstaaten überwacht.

6.2.3 Wirtschaftspolitik

Wichtige Wirtschaftsbranchen sind in den letzten Jahrzehnten privatisiert oder durch den Abbau regulatorischer Hürden für ausländische Investoren und Wettbewerber geöffnet worden. Bekannte Beispiele hierfür sind die Post- und Telekommunikationsbranche und das Verkehrswesen, aber auch die Energieerzeugung sowie das Bankenwesen. Dadurch entwickelten sich ehemalige staatliche Unternehmen mit einer zuvor eher nationalen Ausrichtung oft zu multinationalen privaten Unternehmen. Wie andere Unternehmen auch, können sie in entfernten geografischen Regionen als Anbieter auftreten und so die lokalen Anbieter unter Druck setzen.

6.2.4 Gesellschaft und Kultur

Die zunehmende weltweite Vernetzung führt dazu, dass die verschiedenen Kulturen auf der einen Seite immer ähnlicher werden und auf der anderen Seite versuchen, sich starker voneinander abzugrenzen. Mit der Globalisierung wird zunächst oft die Verbreitung westlicher Werte und Lebensstile in Verbindung gebracht, beispielweise durch den weltweiten Erfolg westlicher Konsumgewohnheiten, Kleidungsstile und Medienprodukte, aber auch durch den Massentourismus.

Mittlerweile ist aber eher eine wachsende weltweite Verfügbarkeit aus verschiedenen kulturellen Aspekten beobachtbar. So sind beispielsweise afrikanische Restaurants, asiatische Comics oder türkische und indische Kinoproduktionen auch in Westeuropa populär geworden. Die Tendenz zur Vereinheitlichung der Werte hat in vielen Kulturkreisen Gegenbewegungen hervorgerufen, welche die eigene kulturelle Identität betonen und sich von den vermeintlich konsumorientierten Werten der Globalisierung abgrenzen. Neben einer Vereinheitlichung der Werte führt die Globalisierung daher auch zu neuen Konflikten zwischen verschiedenen Kulturen.

6.3 Ursachen und Vorteile des Außenhandels

Zur Produktion von Gütern werden unterschiedliche Produktionsfaktoren wie Arbeit, Kapital (in Form von Maschinen, Gebäuden und Boden), Energie usw. benötigt. Der Einsatz dieser Produktionsfaktoren verursacht Kosten für die produzierenden Unternehmen, aber auch für die Gesellschaft als Ganzes: Wird z. B. eine Fabrik zur Produktion von Autos gebaut, kann dieses Grundstück nicht zum Anbau von Lebensmitteln oder Ähnlichem verwendet werden. Die Arbeiter in der Produktion spezialisieren sich auf die Fertigung von Motoren und Karosserien und nicht auf die Bestellung und Ernte von Anbauflächen.

Arbeitsteilung
☞ Band 1, LF 1, S. 16 f.

Produktionsmöglichkeiten und Austauschverhältnisse

In der Regel unterscheiden sich Länder in ihren Produktionsmöglichkeiten. Dies mag ganz unterschiedliche Gründe haben: Ein Land kann z. B. aufgrund der klimatischen Situation besonders geeignet sein, um Lebensmittel wie Tomaten, Orangen oder Kaffee zu produzieren. Ein anderes Land verfügt eventuell über große Rohstoffvorkommen wie Erdöl, Eisenerz oder seltene Erden. Einige Länder haben eine große Zahl ausgebildeter Ingenieure oder IT-Spezialisten.

> *Die **Produktionsmöglichkeitengrenze** zeigt die maximal erreichbaren Gütermengen bei gegebener Technologie und gegebener Faktorausstattung.*

Autarkie bezeichnet eine Situation, in der ein Land nicht mit anderen Ländern handelt.

Solange ein Land in ***Autarkie*** ist, sind diese Güterkombinationen auch zugleich die maximalen Konsummöglichkeiten, d. h., den heimischen Konsumenten steht genau das zur Verfügung, was der Faktor Arbeit an beiden Gütern produzieren kann.

Ein Land kann durch die Verlagerung der Ressourcen von einem Gut mehr produzieren, muss dafür aber etwas von dem anderen Gut aufgeben. Dieser Zusammenhang zeigt, dass es ein Austauschverhältnis zwischen den beiden Gütern gibt.

> *Das **Austauschverhältnis** beschreibt, mit welcher Rate ein Gut gegen ein anderes Gut ersetzt werden kann. In Autarkie entspricht dies der Steigung der Produktionsmöglichkeitengrenze und resultiert aus den Produktionsmöglichkeiten des Landes.*

Komparativer Kostenvorteil und Handel

Einige Länder haben in der Produktion von bestimmten Gütern gegenüber anderen Ländern einen Vorteil. Hierbei kann zwischen einem absoluten und einem komparativen Kostenvorteil unterschieden werden.

> *Ein Land verfügt über einen **absoluten Vorteil** in der Produktion eines Gutes, wenn es dieses gegenüber seinen Handelspartnern **absolut** günstiger produzieren kann.*
>
> *Ein Land verfügt über einen **komparativen Vorteil** in der Produktion eines Gutes, wenn es dieses gegenüber seinen Handelspartnern **relativ** günstiger produzieren kann.*

Der britische Wirtschaftswissenschaftler ***David Ricardo*** (1772–1823) war einer der führenden Vertreter der klassischen Nationalökonomie.

Gemäß dem zentralen Modell zur Handelstheorie von ***Ricardo*** sind es die komparativen Vorteile, die ausschlaggebend dafür sind, dass sich Länder durch Spezialisierung und anschließenden Tausch besserstellen können als in Autarkie. Jedes Land spezialisiert sich in der Produktion vollständig auf das Gut, bei dem es einen komparativen Vorteil hat.

Interessanterweise profitiert ein Land selbst dann von Spezialisierung und anschließendem Handel, wenn es einen absoluten Nachteil bzw. Vorteil in der Produktion aller betrachteten Güter hat. Es kommt immer dann zu Vorteilen aus Handel, wenn sich die relativen Produktivitäten zwischen den Ländern unterscheiden.

BEISPIEL

In der Automobilindustrie hat sich in den vergangenen Jahren eine immer stärker werdende Verlagerung der Produktionsstätten in Wachstumsregionen Osteuropas und Asiens ergeben. Als Hauptbeweggrund ist der relative Kostenvorteil in den Niedriglohnländern anzuführen.

Auf den deutschen Markt bezogen ist festzustellen, dass BMW und Porsche bspw. den Standort Leipzig als sehr attraktiv hinsichtlich der Produktionsfaktoren Arbeit, Wissen und Boden ansehen: Die relativ niedrigen Personalkosten für Facharbeiter sprachen ebenso für eine dortige Ansiedelung wie die weitläufigen und ebenen Flächen, auf denen die Werke errichtet wurden. Zudem sind im Ballungsraum mit ThyssenKrupp Automotive Systems oder GF Automotive wichtige Betriebe der Automobilzuliefererindustrie angesiedelt.

Das Ergebnis der Theorie der komparativen Kostenvorteile hat prägnante politische Schlussfolgerungen, da es ein klares Argument für Handelsliberalisierung darstellt. Es ist aber zu beachten, dass die Theorie von stark vereinfachenden Annahmen ausgeht. Hierzu gehören:

- Betrachtung des einzelnen Produktionsfaktors Arbeit – hierdurch können Umverteilungseffekte der Liberalisierung, z. B. zwischen Kapitaleignern und Arbeitern oder qualifizierter und unqualifizierter Arbeit, nicht berücksichtigt werden.
- Berücksichtigung von nur zwei Ländern und zwei Gütern
- Nichtberücksichtigung von Transportkosten
- Existenz einer konstanten Austauschrate in der Produktionstechnologie beider Länder

6.4 Handelshemmnisse

Obwohl internationaler Handel aufgrund der Arbeitsteilung zu Vorteilen führt, verwenden viele Nationen Instrumente zur Beschränkung des Außenhandels. Gründe hierfür können z. B. die befürchtete Benachteiligung von heimischen Produzenten und Arbeitern sein. Es wird zwischen tarifären und nichttarifären Handelshemmnissen unterschieden:

Tarifäre Handelshemmnisse

- **Importzölle/-steuern:** Die monetäre Abgabe auf importierte Waren führt zu einer Verteuerung von eingeführten Waren. Hierdurch sollen häufig heimische Produzenten vor ausländischen Konkurrenten geschützt werden.
- **Exportzölle/-steuern:** Die monetäre Abgabe auf exportierte Waren verteuert die Ausfuhren von Gütern. Hierdurch soll z. B. das heimische Warenangebot gesteigert werden.
- **Exportsubventionen:** Die monetäre Förderung von Ausfuhren soll nicht konkurrenzfähige Produkte auf dem Weltmarkt wettbewerbsfähig machen.

Nichttarifäre Handelshemmnisse

Während es sich bei den tarifären Handelshemmnissen um monetäre Einflussmaßnahmen handelt, beschränken nichttarifäre Handelshemmnisse direkt die gehandelte Menge an Gütern und/oder erschweren ausländischen Produzenten den Marktzugang. Hierzu gehören:

- **Importquoten:** Im Gegensatz zu Zöllen wird nicht der Preis von Einfuhren verteuert, sondern direkt die Menge begrenzt.
- **freiwillige Exportbeschränkung:** Gegenüber der Festlegung einer Importquote durch das einführende Land beschränkt das exportierende Land die Menge. Dies resultiert in der Regel aus bi- bzw. multilateralen Vereinbarungen.
- **technische Handelsbarrieren:** Einfuhren müssen gewissen Standards hinsichtlich Qualität, Sicherheit, Umweltschutz usw. entsprechen.

bilateral = von zwei Seiten ausgehend

multilateral = von mehreren Seiten ausgehend

Die Effekte von Handelsbarrieren lassen sich exemplarisch an der Einführung eines Zolls für importierte Waren darstellen. Bei einem Zoll wird der Preis eines Gutes bei der Einfuhr künstlich erhöht. Insofern ist ein Zoll gestaltet wie eine Gütersteuer auf importierte Waren.

6.5 Die außenwirtschaftlichen Beziehungen der Bundesrepublik Deutschland

6.5.1 Entwicklung des Außenhandels

Die Bundesrepublik Deutschland gilt seit Jahrzehnten als ein wichtiger Anbieter und Nachfrager von Waren und Dienstleistungen auf den internationalen Märkten. Bereits in den 50er- und 60er-Jahren des 20. Jahrhunderts basierte ein Großteil des deutschen Wirtschaftswunders auf dem Außenhandel. Der Begriff Made in Germany gilt auch heute noch in vielen Ländern als ein Gütesiegel für besonders hohe Qualität bei vielen Produkten wie Autos, Werkzeugen und Maschinen.

Auch die Importseite hat für Deutschland eine große Bedeutung. Da es in Deutschland nur ein geringes Vorkommen an Rohstoffen und natürlichen Ressourcen gibt, ist Deutschland insbesondere auf die Einfuhr von Erdgas und Erdöl angewiesen.

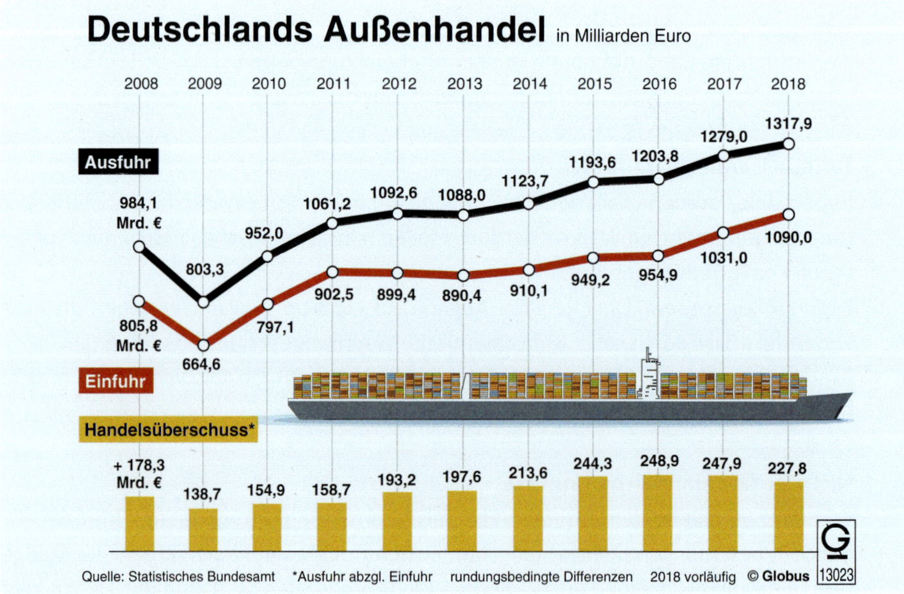

Die Grafik auf der Vorseite zeigt, dass der Außenhandel in den vergangenen zehn Jahren nahezu kontinuierlich zugenommen hat. Lediglich die Wirtschaftskrise 2009 und 2010 hat für einen vorübergehenden Einbruch gesorgt. Aus der Grafik ist nicht nur der Wert der Ex- und Importe in jedem Jahr zu ersehen, sondern auch die Differenz zwischen beiden Größen: Deutschland hat stets einen Exportüberschuss erzielt und auch dessen Trend weist ein positives Wachstum auf. Natürlich kann es auch sein, dass Länder einen Überschuss der Importe über die Exporte haben. Die USA sind z. B. ein Land, das seit vielen Jahren einen größeren Warenwert importiert als exportiert. Die Bedeutung des Außenhandels für Deutschland lässt sich auch anhand der Außenhandelsquote erkennen. Sie stieg von 34,9 % im Jahr 1993 auf 70,5 % im Jahr 2017.

> *Die Außenhandelsquote ist ein Indikator für die außenwirtschaftliche Verflechtung eines Landes. Sie ist das Verhältnis aus der Summe der Exporte und Importe eines Landes im Verhältnis zum Bruttoinlandsprodukt.*

6.5.2 Deutschlands wichtigste Handelspartner

Neben Deutschland gehören China, die USA und Japan zu den wichtigsten Ländern auf den internationalen Märkten. Wenig überraschend handelt es sich hierbei auch um die wichtigsten Handelspartner Deutschlands. Wie aus der Darstellung ersichtlich, importiert Deutschland die meisten Waren aus China. Auf der Exportseite waren im Jahr 2018 die USA der größte Abnehmer deutscher Produkte, dicht gefolgt von Frankreich.

Zu den wichtigsten Handelspartnern gehören viele Partnerländer der EU. Insgesamt gehen gut 60 % der deutschen Exporte in andere EU-Länder, was die Bedeutung der EU für die deutsche Wirtschaft verdeutlicht. Über viele Jahre war Frankreich auch der größte Abnehmer deutscher Exporte. Erst im Jahr 2015 wurde Frankreich durch die USA abgelöst. Zu einem Großteil hängt dies mit einer Abwertung des Euro gegenüber dem Dollar zusammen.

> *Im Hinblick auf das Wirtschaftsgut Automobil zeigt sich, dass der Personenkraftwagen sowohl bei den Export- als auch den Importgütern an erster Stelle rangiert (2016). Pkw-Teile und Zubehör nahmen bei den ausgeführten Gütern den zweiten Rang ein und stellen auch im Import eine bedeutende Größe dar.*
>
> *Quelle: KfW Research Volkswirtschaft Kompakt, „Personenkraftwagen dominieren deutschen Außenhandel", Nr. 149, 26. Oktober 2017*

6.6 Zahlungsbilanz

Alle Transaktionen eines Landes auf den internationalen Märkten werden in einem Kontensystem erfasst. Hierzu gehören die Waren- und Dienstleistungsströme sowie die Zahlungsströme. Das Kontensystem wird als Zahlungsbilanz bezeichnet. Sie splittet sich in vier Teilbilanzen auf:

- Leistungsbilanz
- Vermögensänderungsbilanz
- Kapitalbilanz
- Restposten

> *Die **Zahlungsbilanz** erfasst für einen bestimmten Zeitraum alle wirtschaftlichen Transaktionen zwischen dem In- und Ausland und bildet sie in einem Kontensystem ab. Die bedeutendsten Unterbilanzen sind die **Leistungsbilanz** und die **Kapitalbilanz**.*

Die Zahlungsbilanz wird regelmäßig von der Deutschen Bundesbank erstellt und veröffentlicht. Während die Vermögensänderungsbilanz (einmalige Transaktionen, z. B. Erbschaften, Schenkungen, Schuldenerlasse) und der Restposten (statistisch nicht aufgliederbare Transaktionen) in der Regel untergeordnete Bedeutung haben, werden im Folgenden die Leistungs- und Kapitalbilanz detaillierter dargestellt.

Leistungsbilanz

Die wichtigsten Vorgänge der Leistungsbilanz sind der internationale Handel von Waren und Dienstleistungen sowie Einkommenstransfers. Im Detail unterteilt sie sich wie folgt:

<table>
<tr><td rowspan="3">Außenbeitrag zum BNE</td><td rowspan="2">Außenbeitrag zum BIP</td><td>Warenhandel (Handelsbilanz)</td><td>Hierunter findet sich der für Deutschland wichtigste Posten: der Wert der Warenausfuhren (Exporte) und Wareneinfuhren (Importe), ermittelt nach unterschiedlichen Methoden der Rechnungslegung. Die Differenz aus beiden bildet den Außenhandelsüberschuss bei den Waren.</td></tr>
<tr><td>Saldo bei den Dienstleistungen (Dienstleistungsbilanz)</td><td>Hier steht ein negativer Wert, d. h., Deutschland fragt mehr Dienstleistungen im Ausland nach (vor allem Reisen) als das Ausland in Deutschland.</td></tr>
<tr><td></td><td>Primäreinkommen (Bilanz der Erwerbs- und Vermögenseinkommen)</td><td>Das Primäreinkommen enthält Zahlungsströme mit dem Ausland, die vor allem durch Kapitalerträge zustande kommen. So erhalten Inländer Erträge aus ihren Investitionen und ihrer Arbeit im Ausland. Abflüsse sind hier Zahlungen an ausländische Investoren und Arbeiter, die ihre Erträge in Deutschland erzielen.</td></tr>
<tr><td></td><td></td><td>Sekundäreinkommen (Übertragungs- bzw. Transferbilanz)</td><td>Das Sekundäreinkommen umfasst hauptsächlich Zahlungen von und an internationale Organisation und die EU und auch die geleistete Entwicklungshilfe. Anhand des negativen Werts ist zu erkennen, dass Deutschland international ein Geberland ist.</td></tr>
</table>

Primäreinkommen ☞ S. 278

Der Saldo der Leistungsbilanz ergibt sich aus der Summe dieser vier Punkte. In der Leistungsbilanz werden Zahlungsforderungen und -verpflichtungen festgehalten, die gegenüber dem Rest der Welt in einem Jahr entstanden sind.

- Importe von Waren und Dienstleistungen sowie die Zins- und Lohneinkünfte von Ausländern im Inland stellen **Zahlungsverpflichtungen an das Ausland** dar.
- **Zahlungsforderungen gegenüber dem Ausland** ergeben sich aus Exporten und den Zins- und Lohneinkünften von Inländern im Ausland.

Ein Leistungsbilanzüberschuss entsteht, wenn die Forderungen gegenüber dem Ausland größer sind als die entstandenen Zahlungsverpflichtungen. Der Saldo der Leistungsbilanz stellt somit die Veränderungen des Nettoauslandsvermögens (bzw. der Nettoauslandsschuld) innerhalb eines Jahres dar. Der sogenannte **Außenbeitrag** errechnet sich als Summe aus den Salden von Handels- und Dienstleistungsbilanz (Außenbeitrag zum BIP) sowie zusätzlich dem Saldo der Erwerbs- und Vermögenseinkommen (Außenbeitrag zum BNE).

Kapitalbilanz

In der Kapitalbilanz werden die Kapitalbewegungen zwischen dem Inland und dem Rest der Welt erfasst. Die Interpretation der Kapitalbilanz ist in direktem Zusammenhang mit der Leistungsbilanz zu sehen. So hat Deutschland im Jahr 2017 einen Leistungsbilanzüberschuss von 230 Mrd. € erzielt. Die Kapitalbilanz zeigt, wie dieses zusätzliche Auslandsvermögen angelegt wurde. Hierbei unterteilt sie sich in fünf Unterpunkte (Direktinvestitionen, Wertpapieranlagen, Finanzderivate, Kapitalverkehr, Währungsreserven), die im Folgenden aber nicht weiter untersucht werden.

Es ist zu beachten:

- Ein positives Vorzeichen beschreibt deutsche Kapitalexporte, also Anlagen von Inländern im Ausland.
- Ein negatives Vorzeichen beschreibt Kapitalimporte, also Anlagen von Ausländern im Inland.

Prinzipiell muss der Saldo aus der Leistungsbilanz mit dem Saldo der Kapitalbilanz übereinstimmen: So muss z. B. eine Zahlungsforderung, die gegenüber dem Ausland entsteht, auch immer eine Kapitaltransaktion nach sich ziehen, die in der Kapitalbilanz geführt wird. In der Praxis ist dies in der Regel nicht der Fall. Hier führen Komplexitäten bei der Erfassung der gesamtwirtschaftlichen Transaktionen dazu, dass sich statistische Ungenauigkeiten, z. B. durch Messfehler, ergeben. Diese erfasst der o. a. Restposten.

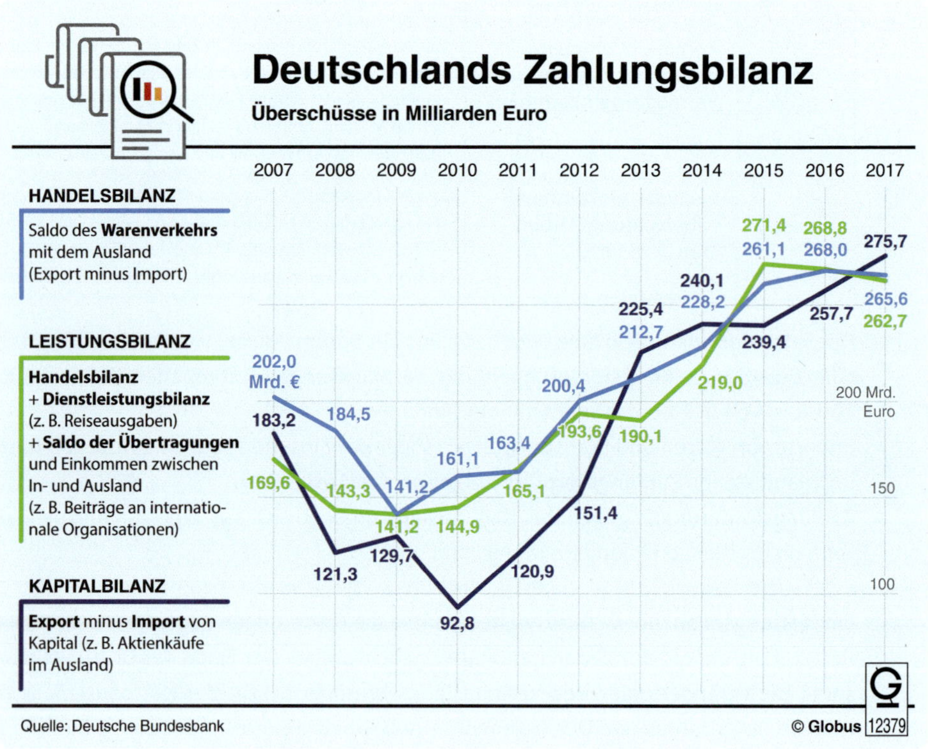

6.7 Außenwirtschaftliche Bedeutung der Europäischen Union

6.7.1 Entstehung und Erweiterungsrunden der EU

Die verheerenden Zerstörungen des Zweiten Weltkriegs und die kriegerische Vergangenheit zwischen Deutschland und Frankreich veranlassten den französischen Außenminister Robert Schuman im Jahr 1950 dazu, eine Union zwischen Frankreich und Deutschland vorzuschlagen. 1952 gründeten Belgien, Deutschland, Frankreich, Italien, Luxemburg und die Niederlande den Wirtschaftsverband „Europäische Gemeinschaft für Kohle und Stahl" (Montanunion). Er gilt als Startschuss der Entwicklung über die Europäische Wirtschaftsgemeinschaft (EWG) und die Europäische Gemeinschaft (EG) bis zur Europäischen Union (EU). Nach und nach ist sie auf 28 Nationen angewachsen.

Eine bedeutende Erweiterung war die Aufnahme Großbritanniens im Jahr 1973, ein Land, das sich nur zögerlich dem europäischen Integrationsgedanken anschloss, in vielen Bereichen skeptisch blieb (z. B. keine Teilnahme an der gemeinsamen Währung und am ***Schengen-Raum***) und sich letztendlich im Jahr 2015 für den EU-Austritt entschied.

Der ***Schengen-Raum*** ist ein Gebiet aus aktuell 26 europäischen Nationen (davon 22 EU-Mitgliedstaaten), die sich auf die Abschaffung der Binnengrenzen sowie auf den freien und unbeschränkten Verkehr von Personen, Gütern, Dienstleistungen und Kapital geeignigt haben.

Eine zweite wichtige Erweiterungsrunde gab es für die EU im Jahr 2004. Es traten zehn neue Mitgliedstaaten, vor allem aus Osteuropa, bei, sodass die EU von zuvor 15 auf dann 25 Staaten anwuchs.

6.7.2 Stufen der ökonomischen Integration

Während die Motivation bei der Gründung des europäischen Einigungsprozesses größtenteils aus dem Wunsch nach Frieden zwischen den Staaten zustande kam, so fand die Umsetzung der Integration zu einem großen Teil in wirtschaftlichen Belangen statt. Heutzutage ist die EU ein stark integrierter Wirtschaftsraum mit dem gemeinsamen Binnenmarkt und dem Euro als gemeinsamer Währung von 19 der 28 Mitgliedsländer.

Die wirtschaftlichen Integrationsstufen, die die EU und ihre Vorläufer in den vergangenen Jahrzehnten durchlaufen haben, lassen sich, aufsteigend mit dem Grad an wirtschaftlicher Integration, wie folgt auflisten:

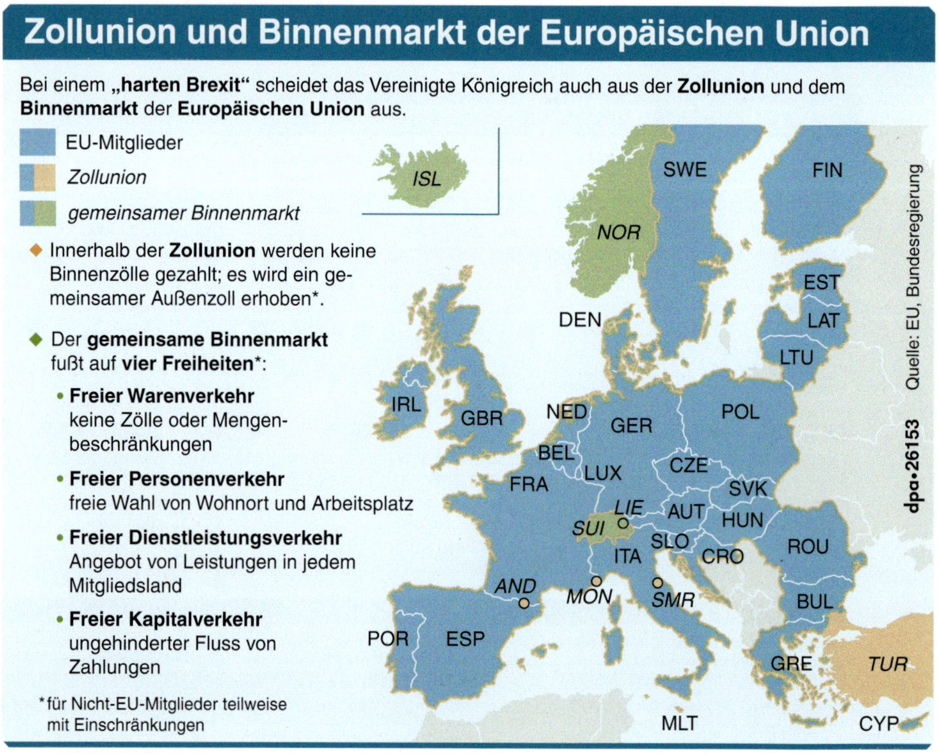

- **Freihandelszone:** Es werden Handelshemmnisse wie Zölle, Einfuhrbeschränkungen usw. der beteiligten Länder aufgehoben. Dies gilt nur für Waren und Güter, die innerhalb der Zone erstellt wurden. Jedes der beteiligten Länder kann Einfuhren aus dem Rest der Welt weiterhin mit individuellen Zöllen usw. belasten.
- **Zollunion:** Zusätzlich zur Abschaffung von Handelshemmnissen zwischen den beteiligten Ländern wird ein gemeinsamer Außenzoll für Einfuhren aus dem Rest der Welt festgelegt. Die Errichtung der Zollunion war bereits in den Gründungsverträgen („Verträge von Rom") festgeschrieben. Sie wurde im Jahr 1968 in die Tat umgesetzt.
- **gemeinsamer Markt:** Als Ergänzung zur Zollunion werden Gesetze und Normen rund um den Warenverkehr abgeschafft (Verbot nichttarifärer Handelshemmnisse). Hinzu kommt der Abbau von Mobilitätshemmnissen beim Kapitalverkehr, den Arbeitskräften und Dienstleistungen. Der gemeinsame Markt war, wie die Zollunion, bereits in den Gründungsverträgen als Ziel vorgegeben. Auch wenn es in den anschließenden Jahrzehnten zu Fortschritten kam, so gilt das Jahr 1993 mit dem Inkrafttreten des Vertrags von Maastricht („EU-Vertrag") als finale Umsetzung des gemeinsamen Binnenmarkts.
- **Wirtschaftsunion:** Es erfolgt eine gemeinsame Koordinierung oder Festlegung der Wirtschaftspolitik in ausgewählten Sektoren. Hierzu zählen in der EU vor allem die Handelspolitik, die Agrarpolitik und die Wettbewerbspolitik.
- **Währungsunion:** Die Wechselkurse der Landeswährungen werden zwischen den Mitgliedstaaten fixiert oder es wird eine gemeinsame Währung eingeführt. In der EU beteiligen sich momentan 19 der 28 Mitgliedstaaten an der Währungsunion und haben ihre Landeswährungen durch den Euro ersetzt.

LF12

Kommunikationspolitische Maßnahmen gestalten

LS 128

1 Was ist Marketing?

SITUATION *Autoland Murschall GmbH*

David Rose ist laut Ausbildungsplan für die nächsten zwei Monate im Bereich „Marketing“ eingesetzt. Seit Herr Nolte letztes Jahr zum Geschäftsführer aufgestiegen ist, nimmt Frau Müller die Aufgaben wahr. Fröhlich begrüßt sie ihn am ersten Tag: „Hallo David. Ich fände es schön, wenn wir uns ab jetzt duzen würden. Ich bin Marion.“ David hatte sich sowieso schon auf diese Abteilung gefreut, da ihn Werbung sehr interessiert. Und durch die freundliche und natürliche Art von Frau Müller (pardon, von Marion natürlich) fühlt er sich gleich wohler. Marion gibt ihm einen Überblick über die anstehenden Tätigkeiten. „In sechs Wochen soll unser Sommerfest stattfinden. Wir haben ihm das Motto ‚Bayerischer Sommer‘ gegeben. Dafür müssen wir noch Flyer und Handzettel erstellen und überlegen, wie wir die unter die Leute bringen. Dann erstellen wir eine Liste mit Deko-Material. Da könntest du dann im Internet recherchieren, wo wir die Sachen günstig bekommen. Und am Donnerstag um 12:00 Uhr ist Anzeigenschluss für den General-Anzeiger; bis dahin müssen wir noch unser ‚Auto der Woche‘ küren und eine Annonce basteln.“

Stellt man die Frage „Was ist Marketing?“, so wird sicher eine große Mehrheit der Befragten Marketing mit Werbung gleichsetzen. Dies ist aber eine stark verkürzte und falsche Sichtweise, denn Marketing ist viel mehr!

1.1 Marketingbegriff

Der Begriff „Marketing“ stammt aus dem Englischen und bedeutet übersetzt „vom Markt her handeln“. Marketing umfasst demnach alle Maßnahmen, die ein Unternehmen ergreift, um durch kunden- und marktgerechte Produkte und Dienstleistungen den Umsatz zu erhalten oder zu vergrößern:

- alle Tätigkeiten, die zur Erfüllung der Kundenbedürfnisse durchgeführt werden,
- alle Maßnahmen, die den Verkauf der Produkte und Dienstleistungen unterstützen, und
- alle Überlegungen, die im Rahmen von Beschaffung, Produktion und Absatz getroffen werden, um die Aktivitäten des Unternehmens am Kundennutzen zu orientieren und den Unternehmenserfolg zu sichern.

Sortimentspolitik ☞ S. 339 f.

Preispolitik ☞ S. 247 ff.

Servicepolitik ☞ S. 355 ff.

Kommunikationspolitik ☞ S. 358 ff.

Marketinginstrumente ☞ S. 323 f.

Zum Marketing gehört somit natürlich auch die Werbung, aber eben nur als Teilbereich des Marketings. Ein Autohaus nutzt neben der Werbung noch andere Möglichkeiten, um die oben genannten Maßnahmen zu erreichen, z. B. durch

- seine Entscheidungen bezüglich des Sortiments,
- seine Preisfestlegungen,
- sein Serviceangebot und natürlich
- die Art und Weise, wie es mit seinen Kunden in Kontakt tritt: die Kommunikationspolitik, zu der auch die Werbung gehört.

Diese Marketingmaßnahmen werden auch als Marketinginstrumente bezeichnet. Damit sie möglichst zielgerichtet eingesetzt werden können, sollte sich das Autohaus vorab über seine Kunden informieren. Dies erfolgt mithilfe der Marktforschung, die somit auch zum Marketing gehört.

Marketinginstrumente ☞ S. 323 f.

Marktforschung ☞ S. 328 ff.

1.2 Warum Marketing?

Im letzten Jahrhundert hat sich aufgrund der Veränderungen auf dem Absatzmarkt die Stellung des Marketings in der Unternehmensführung grundlegend gewandelt. Gab es früher in jeder kleinen Ortschaft eine Tankstelle, verbunden mit einer Kfz-Werkstatt, die häufig auch einen Autohandel betrieb, und bei der viele ortsansässige Kunden kauften, so haben sich heutzutage ganz andere Einkaufsmöglichkeiten entwickelt. Die Kunden sind mobiler geworden, und das Internet bietet sozusagen unendliche Informations- und Einkaufsmöglichkeiten. Diese Änderung des Marktes wird als Wandel vom Verkäufermarkt zum Käufermarkt beschrieben.

Ist die Nachfrage der Käufer größer als das Angebot der Verkäufer, wird von einem ***Verkäufermarkt*** gesprochen. Der Verkäufer ist in der bequemen Situation, dass sein Angebot aufgrund der starken Nachfrage garantiert verkauft wird. Er braucht sich um den Abverkauf seiner Ware also nicht zu sorgen. Diese Situation trifft in Deutschland überwiegend auf die Phase des Wirtschaftswunders in den 1950er- und 60er-Jahren zu.

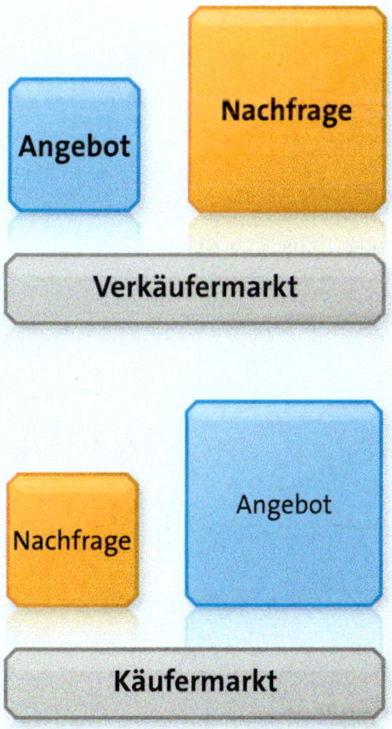

Verkäufermarkt
Angebot < Nachfrage

Käufermarkt
Angebot > Nachfrage

Ganz anders stellt sich die Situation für den Verkäufer auf dem ***Käufermarkt*** dar. Hier ist das Angebot größer als die Nachfrage, und der Käufer entscheidet sich aufgrund des besten Angebots, wo und bei wem er einkauft. Auf einem Käufermarkt muss der Verkäufer sich anstrengen, seine Ware zu verkaufen. Um hier bestehen zu können, muss der Verkäufer sich konsequent an den Bedürfnissen des Kunden und am Kundennutzen orientieren. Unterstützen kann er dies durch ein erfolgreiches Marketing.

1.3 Wer Marketing betreibt

Grundsätzlich kann man Marketing danach unterscheiden, ob es vom Hersteller des Produktes oder vom Händler betrieben wird. Ein Beispiel aus dem Automobilsektor soll das verdeutlichen.

BEISPIEL

1. *Vertreibt der Hersteller seine Fahrzeuge über Vertragshändler, muss er sein Marketing auf die Einkäufer seiner Marke/-n ausrichten. Dies erfordert sicherlich Maßnahmen, die ganz anders geartet sind als die Marketing-Maßnahmen des Händlers für den Endverbraucher.*
2. *Im Rahmen seiner Kommunikationspolitik muss er seinen Schwerpunkt auf die Erzeugung eines Marken-Images legen. Dabei spielt der Grundnutzen eines Autos, nämlich das Fahren von A nach B, kaum noch eine Rolle. Neben Qualität und Preis-Leistungs-Verhältnis geht es vielmehr um Zusatznutzen wie Genuss, soziale Anerkennung, Wohlbefinden etc. Der Hersteller versucht, die Marke mit den gewünschten Attributen dauerhaft in Verbindung zu bringen, um so ein Alleinstellungsmerkmal auf dem Markt zu etablieren. Ein einzelner Händler wäre mit solch einem Unterfangen sicherlich überfordert und muss sich vielmehr lokal als kompetenter Vertreter dieser Marke durch seine Preis- und Servicepolitik einen Namen machen.*

In den folgenden Kapiteln geht es überwiegend um die Marketing-Maßnahmen des Autohauses.

Neben den Zielsetzungen, die das Marketing verfolgt, geht es dabei um die Marktforschung bzw. deren Methoden, die genutzt werden können, um Informationen systematisch zu beschaffen, aufzubereiten und auszuwerten, um die Marketinginstrumente, die zur Verfügung stehen, sowie das Durchführen einer Werbeerfolgskontrolle.

Außerdem wird ein Blick auf das Gesetz gegen den unlauteren Wettbewerb geworfen, welches die Verbraucherinnen und Verbraucher sowie die sonstigen Marktteilnehmer vor unlauteren geschäftlichen Handlungen schützt.

1.4 Marketingziele

> ***SITUATION** Autoland Murschall GmbH*
>
> *In der letzten Gesellschafterrunde der Autoland Murschall GmbH sind die aktuellen Umsatz- und Absatzentwicklungen thematisiert worden. Da die Situation im Vergleich zu den vorangegangenen Perioden eher verhalten aussieht, ist der Geschäftsführer Herr Nolte von den Gesellschaftern aufgefordert worden, in der nächsten Sitzung Gründe für die Stagnation anzuführen. Herr Nolte beratschlagt sich daraufhin mit den Abteilungsleitern des Autohauses. An Frau Müller als zuständige Marketingleiterin ergeht der Auftrag, die Zufriedenheit der Kunden mit den Leistungen der Autoland Murschall GmbH zu erforschen und Vorschläge für eine Erhöhung des Bekanntheitsgrades des Autohauses zu machen. Gemeinsam mit David Rose überlegt Frau Müller erst einmal, wie die Kundenzufriedenheit mit angemessenem Aufwand in kurzer Zeit festgestellt werden kann.*

Das oberste Ziel des Marketings ist in der Regel die Umsatz- und im besten Falle auch die Gewinnsteigerung. In Zeiten wirtschaftlichen Rückgangs kann auch Umsatzstagnation oder ein geringerer Umsatzrückgang als bei den Mitbewerbern als Marketingerfolg gewertet werden.

Im Automobilbereich gilt es, den Einsatz der Marketinginstrumente von Händlern und Herstellern zu unterscheiden. Während Hersteller ihren Fokus auf ***Distributions-*** und Produktpolitik legen, wenden Händler Instrumente von Kommunikations-, Sortiments-, Preis- und Service-/Konditionenpolitik an. Hat beispielsweise eine Befragung im Autohaus ergeben, dass sich die Kunden im Falle einer Reparatur eine schnelle Versorgung mit Ersatzteilen und einen möglichst frühen Werkstatttermin wünschen, dann könnte die Umsetzung dieses Ziels zu einem Marketingziel werden. Das Versprechen einer schnellen Ersatzteilversorgung gehört dabei zu den Serviceentscheidungen bzw. der Servicepolitik im Marketing.

Distribution
Umfasst im Marketing alle Prozesse des Absatzes

Erfolgreiches Marketing beginnt stets mit der Formulierung von Zielen. Diese müssen klar und eindeutig formuliert sein sowie den zeitlichen Horizont erkennen lassen:

- *gute Zielformulierung:* *„Steigerung des Umsatzes in der Sparte Neuwagen um 20 % bis Ende 20XZ"*
- *schlechte Zielformulierung:* *„Umsatzsteigerung"*

Nur wenn Ziele operationalisierbar, d. h. umsetzbar sind, können sie im Nachhinein gemessen werden. Ferner kann mit der Formulierung überhaupt erst ein Weg festgelegt werden, wie diese Ziele zu erreichen sind (Marketingstrategie). Im Wesentlichen kann dabei zwischen ökonomischen und psychologischen Marketingzielen unterschieden werden: Ökonomische Ziele richten sich auf Umsatz, Absatz, Marktanteil und Kundenzahl, indem sie die Erreichung einer bestimmten Vorgabe oder die Steigerung gegenüber einem Vorjahreswert anpeilen. Psychologische Ziele (auch qualitative Ziele genannt) zielen auf den Bekanntheitsgrad oder das Image eines Unternehmens und die Stärkung der Kundenbindung.

Es gibt verschiedene Möglichkeiten, dieses Ziel zu erreichen. Häufig unterteilt man das Oberziel in verschiedene Unterziele. Folgende Unterziele sind beispielsweise denkbar und dienen langfristig der Umsatz- und Gewinnsteigerung: Kundenzufriedenheit schaffen, Kundenbindung erhöhen, neue Kunden gewinnen, Ausweitung des Marktanteils, Unternehmensimage verbessern, Mitbewerber unter Druck setzen.

Nach Festlegung der Marketingziele durch die Geschäftsleitung erfolgt die kombinierte und aufeinander abgestimmte Auswahl der einzelnen Marketinginstrumente. Die Kombination der einzelnen Marketingmaßnahmen zu einem sich gegenseitig unterstützenden Maßnahmenbündel wird als Marketingmix bezeichnet.

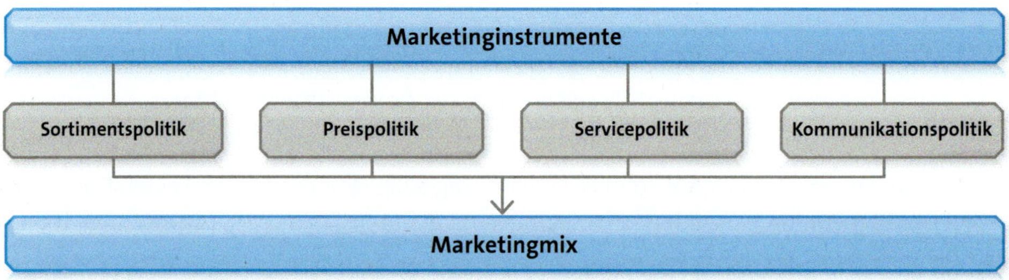

Zu Beginn einer Periode werden aus den übergreifenden Unternehmenszielen verbindliche Marketingziele abgeleitet.

Marketingziele sind richtungsweisend für alle weiteren Marketingentscheidungen.

Regeln zur Formulierung von zweckmäßigen Marketingzielen:
- Jedes Ziel ist realistisch und tatsächlich erreichbar.
- Jedes Ziel ist eindeutig und unmissverständlich formuliert.
- Jedes Ziel ist objektiv messbar (operationalisierbar) formuliert.
- Jedes Ziel weist aus, bis wann es erreicht sein soll (Zeitbezug).
- Jedes Ziel lässt den Lösungsweg offen, um keine kreativen Lösungsideen auszuschließen.

> *Diese Überlegungen kann man auch als SMART-Regel zusammenfassen:*
> *spezifisch – messbar – angemessen – realistisch – terminiert.*

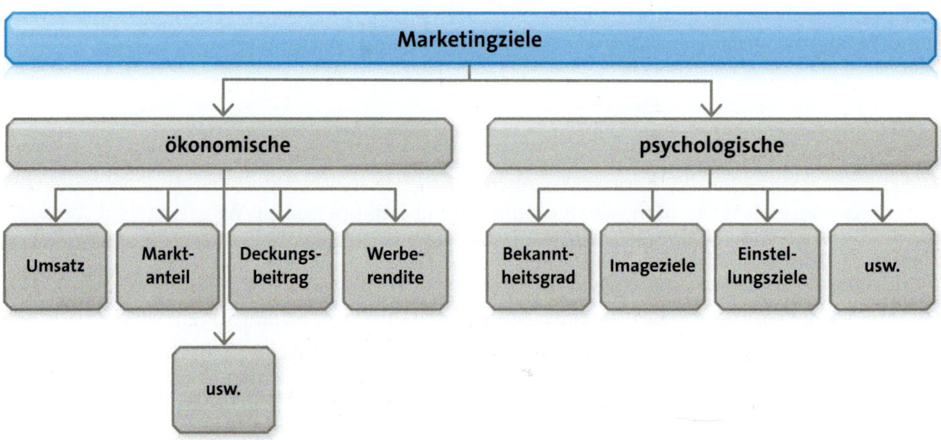

1.5 Zielbeziehungen

Ziele stehen prinzipiell in bestimmten Beziehungen zueinander.

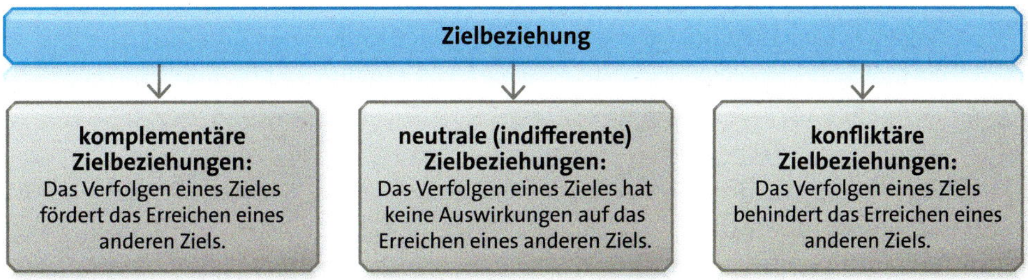

Konfliktäre Ziele müssen in eine Zielhierarchie eingeordnet werden, damit das Management im Zweifelsfall entscheidungsfähig bleibt.

1.6 Marketingstrategien

Eine Marketingstrategie ist eine Planungsvorgabe, mit der ein Autohaus festlegt, wie die Marketingziele erreicht werden sollen. An diese Vorgabe müssen alle Maßnahmen im Rahmen des Marketing (Produktpolitik, Preisgestaltung, Werbung, Verkaufsförderung, Verhalten der Mitarbeiter usw.) ausgerichtet sein.

Zu den bekanntesten Marketingstrategien gehören die Wettbewerbsstrategie nach Porter und die Produkt-Markt-Matrix nach Ansoff. Porter hat vier Grundstrategien entwickelt, mit denen sich Unternehmen im Markt positionieren können: Qualitätsführerschaft, selektive Qualitätsführerschaft, Kostenführerschaft und selektive Kostenführerschaft. Veranschaulicht in einem Diagramm, finden sich die vier Strategien wieder:

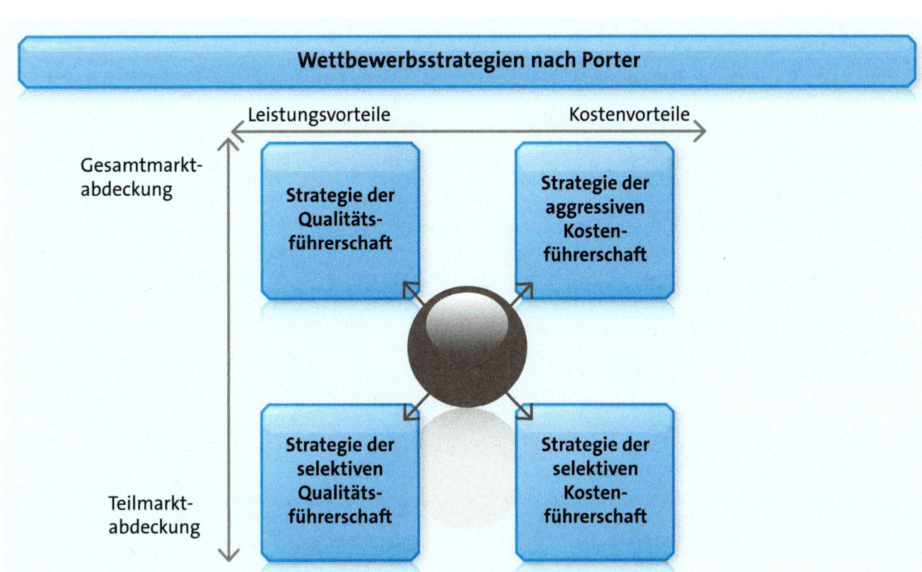

Beispiele aus dem Automobilbereich sollen die Abbildung verdeutlichen.

- **Qualitätsführerschaft:** Mercedes bietet in allen Fahrzeugklassen Modelle an, deckt also alle Fahrzeugsegmente ab. Von den Mitbewerbern versucht sich das Unternehmen als Premiumhersteller durch eine hohe Qualität seiner Produkte abzugrenzen.
- **Selektive Qualitätsführerschaft:** Porsche nimmt für sich eine ebenso hohe Qualität in Anspruch, bedient aber nur vier der (je nach Einordnung) acht bis zehn Fahrzeugsegmente.
- **Kostenführerschaft:** Im Bereich der Ersatz- und Zubehörteile sowie standardisierter Reparaturen ist ATU in ganz Deutschland vertreten und bietet Teile und Service für alle Marken an. Die Kette versucht, sich mit niedrigen Preisen von den Vertragswerkstätten und Mitbewerbern abzuheben.
- **Selektive Kostenführerschaft:** Dacia bietet zurzeit sechs Modelle an, mit denen die Marke durch den Verzicht auf eine umfassende Ausstattung und eine breite Motorenpalette und die Produktion in einem „Billiglohnland" in allen abgedeckten Segmenten zu den günstigsten Anbietern gehört.

Die Marktstrategie nach Ansoff unterscheidet zwischen bestehenden und neuen Produkten, die auf bestehenden oder neuen Märkten angeboten werden. Dabei ergeben sich durch die einzelnen Kombinationen die aufgeführten Handlungsempfehlungen.

Märkte / Produkte	bestehende	neue
bestehende	Marktdurchdringung	Marktentwicklung
neue	Produktentwicklung	Diversifikation

Bei der **Marktdurchdringung** versucht ein Unternehmen, den Absatz eines bereits eingeführten Produkts in bestehenden Märkten zu steigern. Die Gefahr des Scheiterns ist eher gering, da das Produkt bekannt ist, das Unternehmen den Markt selbst kennt und sich das Produkt schon einen Namen gemacht hat. Für das Unternehmen gibt es die folgenden Handlungsempfehlungen:

- Ausbau des Vertriebsnetzes
- Verbesserung der Serviceleistungen
- Stärkung der Verkaufsförderung
- Ausbau der Werbung
- Herabsetzung des Preises

Bei der **Marktentwicklung** geht es darum, die bestehenden Produkte auf neuen Märkten bekannt zu machen, sich somit andere Marktsegmente zu erschließen und so mehr Kunden für das Produkt zu finden. Die Eroberung neuer Märkte ist immer mit einem Risiko verbunden, da das Wissen um diesen neuen Markt nicht vorhanden ist. Für das Unternehmen gibt es die folgenden Handlungsempfehlungen:

- Aufbau eines Vertriebsnetzes in dem neuen Markt
- Bekanntmachung der Produkte durch Werbung und Verkaufsförderung
- Kooperationen mit oder Aufkauf von am Markt etablierten Anbietern

Um auf bestehenden Märkten dauerhaft erfolgreich zu sein und sich neue Kundenkreise zu erschließen, ist es für ein Unternehmen wichtig, seine Produkte regelmäßig zu überarbeiten oder mit neuen Produkten auf den Markt zu kommen. Man spricht hierbei von der Strategie der **Produktentwicklung.** Da man die Reaktionen der Kunden auf die neuen Produkte nicht hundertprozentig abschätzen kann, ist die Gefahr des Scheiterns nicht gering. Auch um dieses Risiko zu mindern, gibt es für das Unternehmen die folgenden Handlungsempfehlungen:

- Marktforschung, um die Bedürfnisse der Kundschaft zu erfahren
- Zukauf von Patenten, Rechten und Lizenzen
- Bekanntmachung der Produkte durch Werbung und Verkaufsförderung
- Public Relations zur Markteinführung

Beschließt ein Unternehmen, sich mit neuen Produkten auf neue Märkte zu wagen, spricht man von ***Diversifikation.*** Das Unternehmen erschließt sich neue Marktsegmente und Kundenkreise, indem es sein Sortiment erweitert. Gleichzeitig ist so ein neues Produkt aber auch für die bisherigen Kunden interessant. Durch eine erfolgreiche Markteroberung wird das unternehmerische Risiko auf mehrere Produktlinien und Märkte verteilt.

Diversität
Verschiedenheit, Artenmannigfaltigkeit

Bei der horizontalen Diversifikation stehen die neuen Produkte auf der gleichen Produktionsstufe wie die alten Produkte.

BEISPIEL

Ein Pkw-Hersteller bringt auch Motorräder in den Markt.

Bei der vertikalen Diversifikation handelt es sich um eine Sortimentserweiterung auf einer vor- oder nachgelagerten Produktionsstufe.

BEISPIEL

Der Pkw-Hersteller kauft einen Zulieferer auf (vorgelagert) oder baut ein eigenes Vertriebsnetz für seine Fahrzeuge auf (nachgelagert).

Bei der lateralen Diversifikation steht das neue Produkt in keinem Zusammenhang zum bisherigen Sortiment.

BEISPIEL

Solche Mischkonzerne finden sich im Automobilbereich häufig bei den japanischen und südkoreanischen Herstellern. So besteht der Hyundai-Konzern aus 10 relativ unabhängigen Unternehmen verschiedener Branchen, wie etwa Schiffbau, Handel, Autoproduktion.

Dabei muss sich das Autohaus stets vor Augen führen, dass nur durch die konsequente Verfolgung auch der jeweiligen Unterziele eine Umsatz- und Gewinnsteigerung möglich sein kann.

LS 127

2 Marktforschung

SITUATION *Autoland Murschall GmbH*

David Rose und Marion Müller diskutieren darüber, wie für das bevorstehende Sommerfest eingeladen werden soll. „Von vielen Kunden haben wir doch die E-Mail-Adresse. Und wir haben den Flyer als Datei vorliegen. Dann könnten wir eine Serien-Mail an alle diese Kunden schicken; das würde gar nichts kosten, und wir müssten dann nur noch darauf achten, dass die Personen nicht auch noch eine Einladung per Brief erhalten. Dadurch würden wir auch die Kopierkosten und das Briefporto sparen."

Diese Kunden haben im Rahmen des Datenschutzes schriftlich ihr Einverständnis erklärt, über Aktionen des Autohauses per E-Mail informiert zu werden.

Um Marketingmaßnahmen erfolgreich durchzuführen, benötigt der Unternehmer detaillierte Informationen über

- seine Kunden,
- seine Konkurrenz sowie
- allgemeine Marktdaten wie Kaufkraft, Preisentwicklung und Lohnniveau bzw. die Einkommensentwicklung der verschiedenen Kundengruppen.

Mithilfe der Marktforschung werden diese Informationen systematisch beschafft, aufbereitet und ausgewertet. Außerdem versucht die Marktforschung in Erfahrung zu bringen, wie der zukünftige Bedarf der Kunden aussehen wird. Einerseits besteht das Ziel der Marktforschung darin, eigene Schwächen zu ermitteln und sie mithilfe von Marketingmaßnahmen zu beseitigen, andererseits sollen eigene Wettbewerbsvorteile erkannt werden, um sie ausbauen zu können.

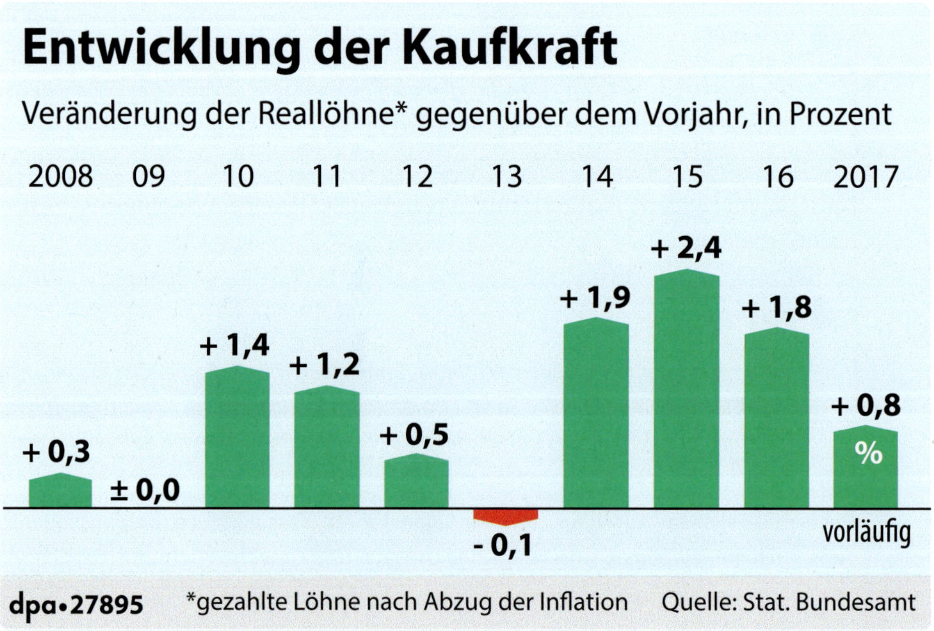

Kriterien beim Neuwagenkauf	
Beurteilung: 1 = sehr wichtig, 4 = unwichtig	
Kriterium	Wichtigkeit
Zuverlässigkeit	1,21
Aussehen/Design	1,43
Anschaffungspreis	1,05
Serienausstattung	1,57
Kraftstoffverbrauch	1,61
Wartungsfreundlichkeit	1,61
Monatliche Kosten	1,75
Nähe des Händlers	1,87
Versicherungskosten/Kfz-Steuer	1,89
Dichte des Kundendienstnetzes	1,90
Kurze Lieferzeit	1,91
Finanzierungs-/Leasingangebot	1,93
Wiederverkaufs-/Restwert	1,94
Dauer gewährte Garantie	1,97
Prestigewert	2,03
Umweltverträglichkeit	2,10
Paketlösungen	2,11
Inzahlungnahme des Vorwagens	2,38
Connectivity/Vernetzung	2,45

Quelle: DAT-Report 2018, S. 40

Ein Autohaus kann nur dann erfolgreich sein, wenn es seinen „Markt“ genau kennt. Es muss also über die Wünsche der Kunden genau informiert sein und sollte wissen, ob seine Kunden mit dem Autohaus und den angebotenen Waren und Leistungen zufrieden sind. Ebenso wichtig ist es, die Konkurrenz und deren Marketingmaßnahmen zu kennen. Dann kann der Autohändler wirksame Marketingmaßnahmen planen, um seinem Unternehmen ein eigenes Profil zu geben und sich im Markt gegenüber seinen Wettbewerbern und Kunden als unverwechselbar zu präsentieren. Wenn er dann noch die richtigen Waren und Dienstleistungen anbietet, wird sein Unternehmen erfolgreich sein.

Wichtige Marktgrößen

Begriff	Erklärung
Marktpotenzial	möglicher Gesamtumsatz aller Autohändler in Deutschland (z. B. gemessen an der Kaufkraft der Bundesbürger und der durchschnittlichen Haltedauer der Fahrzeuge)
Marktvolumen	tatsächlich realisierter Umsatz aller Autohändler in Deutschland
Absatzpotenzial	der Anteil am Gesamtumsatz, den die Autoland Murschall GmbH insgesamt glaubt erreichen zu können
Marktanteil	Umsatz, den die Autoland Murschall GmbH im Vergleich zum Marktvolumen tatsächlich erreicht

Um Marktpotenzial, Marktvolumen, Absatzpotenzial und Markanteil zu ermitteln, sind entsprechend verlässlich und zielgerichtet ermittelte Marktdaten nötig. Diese Marktdaten müssen so genau und aktuell wie möglich sein, um Marketingmaßnahmen effektiv ausführen zu können. Die Beschaffung dieser Marktdaten darf die Kosten des Autohauses aber auch nicht zu sehr erhöhen.

Aufgabe und Ziel der Marktforschung ist die Erhebung von Marktinformationen, um Marketingmaßnahmen effektiv durchführen zu können. Die erhobenen Daten müssen folgende Eigenschaften haben: zielgerichtet, verlässlich, wirtschaftlich, aktuell und genau. Diese Daten sind auch für Autohäuser zunehmend im internationalen Vergleich interessant, da die Kunden durch das Internet auch den Autohandel im Ausland kennen.

Beim Umgang mit den gesammelten Daten muss das Autohaus den gesetzlichen Datenschutz beachten. Im Jahre 2018 wurde in den Mitgliedsländern der Europäischen Union eine neue Datenschutz-Grundverordnung (DSGVO) eingeführt.

Auch wenn viele Regeln der alten Datenschutzverordnung beibehalten worden sind, stellt die neue DSGVO neue und präzisere Grundsätze für die Verarbeitung personenbezogener Daten auf. So muss zum Beispiel in fast allen Unternehmen nun ein Datenschutzbeauftragter bestellt werden, und jede Person hat das Recht, Auskunft über alle über sie gesammelten und gespeicherten Daten zu erhalten.

2.1 Bereiche

Die Marktforschung kann in die drei Teilbereiche Marktanalyse, Marktbeobachtung und Marktprognose gegliedert werden.

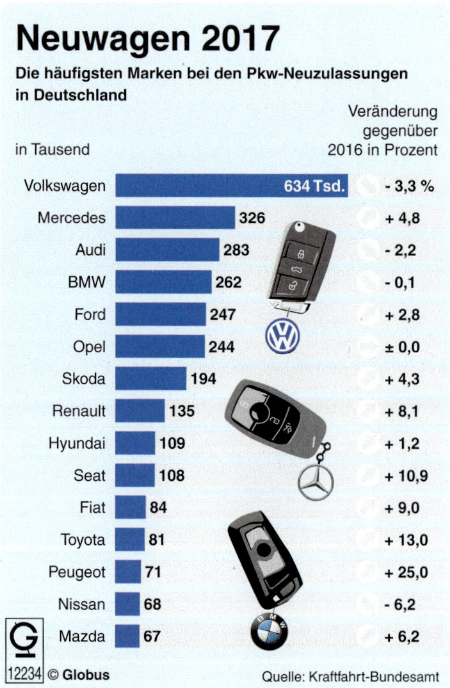

Die **Marktanalyse** liefert einmalig oder in festgelegten Intervallen wiederkehrende wichtige Informationen. Zu einem bestimmten Zeitpunkt werden alle aktuellen Einflussgrößen des Marktes ermittelt. Dazu gehören Informationen über

- Kundengruppen (z. B. Anzahl der Kunden und Zusammensetzung der Kundengruppen),
- den Standort des Autohändlers (z. B. eigener Standort und Einzugsgebiet des Händlers) sowie
- die Wettbewerber (z. B. Anzahl der Konkurrenten, deren Sortimentspolitik und Marketingmaßnahmen).

Diese Informationen über die Marktstruktur bilden die Basis für marktorientierte Entscheidungen des Marketings.

Die **Marktbeobachtung** ist im Gegensatz zur Marktanalyse nicht zeitpunktbezogen, sondern zeitraumbezogen, und die Datenerhebung erfolgt daher über einen längeren Zeitraum. Sie gibt Auskunft über die langfristige Entwicklung des Marktes. Die Informationen der Marktbeobachtung unterstützen die Planung und die Kontrolle der Marketingmaßnahmen des Automobilhändlers. Folgende Teilbereiche des Marktes werden fortwährend beobachtet:

Produktlebenszyklus ☞ Band 2, LF 6, S. 118 ff.

- Marktveränderungen (z. B. Nachfrageveränderungen, „Lebensdauer“ von Produkten)
- Konkurrenzveränderungen
- Veränderungen der gesamtwirtschaftlichen Lage
- Markttrends (neue Produkte)

BEISPIEL

Im Rahmen einer mehrere Monate dauernden Marktbeobachtung stellt ein Automobilhersteller fest, dass bei den Konkurrenten für eine bestimmte Lackfarbe eine große Nachfrage besteht. Daraufhin wird diese Farbe auch für die Modelle des Herstellers eingeführt.

In der Praxis gehen Marktanalyse und Marktbeobachtung meist ineinander über, da ein Unternehmen für seine Entscheidungen sowohl an langfristigen Entwicklungen als auch an aktuellen Informationen interessiert ist. Zudem lassen sich meist nur durch eine Kombination der beiden Marktforschungsmethoden zuverlässige Markt- und Absatzprognosen erstellen, die in die Marketingplanung eingehen. Die **Marktprognose** soll auf Grundlage der Marktanalyse und -beobachtung die zukünftige Marktentwicklung ermitteln. Dabei werden zukünftige Entwicklungen mit einbezogen, wie z. B. Veränderungen der Altersstruktur der Bevölkerung und des Freizeitverhaltens der Konsumenten.

BEISPIEL

Die Bevölkerung wird zunehmend älter. Aus diesem Grund ist verstärkt mit einer größeren Nachfrage durch die ältere Bevölkerungsgruppe zu rechnen. Das Sortiments- und Serviceangebot für diese Kunden wird deshalb vergrößert. So werden verstärkt Fahrzeuge angeboten, bei denen das Ein- und Aussteigen bequem erfolgen kann.

Bereich der Marktforschung

Marktanalyse	Marktbeobachtung	Marktprognose
ermittelt einmalig oder in bestimmten Abständen alle einen Markt kennzeichnenden Merkmale (Marktstruktur)	beobachtet fortlaufend die Entwicklung eines Marktes in einem bestimmten Zeitraum	versucht zu ermitteln, wie die Marktsituation in der Zukunft sein wird; sie baut auf der Marktanalyse und der Marktbeobachtung auf

Systematische Marktforschung ist sehr aufwendig und wird deshalb meist nicht von dem einzelnen Autohaus selbst betrieben, sondern von darauf spezialisierten Marktforschungsunternehmen.

2.2 Methoden

Je nachdem, ob sich die Marktforschung auf eine Sache oder eine Person bezieht, unterscheidet man die **ökoskopische** und die **demoskopische Marktforschung.** Bei einer ökoskopischen Marktforschung stehen der Artikel und seine Eigenschaften im Mittelpunkt der Untersuchung. Hier könnte z. B. die Qualität, die Nutzungsdauer oder die Sicherheit eines Gutes untersucht werden. Bei der demoskopischen Marktforschung dagegen steht der Mensch im Mittelpunkt der Untersuchungen. Hier werden Verhaltensmuster oder -entwicklungen von Verbrauchern oder Unternehmen ermittelt.

Bei allen Marktforschungsaktivitäten stellt sich die Frage, auf welche Weise die Marktdaten beschafft werden können. In der Praxis unterscheidet man zwischen zwei Vorgehensweisen der Marktforschung:
- Primärforschung (Neuerhebung von Daten)
- Sekundärforschung (Verwendung bereits vorhandener Daten)

2.2.1 Primärforschung

Die Primärforschung wird auch Feldforschung oder Fieldresearch genannt.

Sollen neue, aktuelle und bisher nicht bekannte Daten beschafft werden, wird von Primärforschung gesprochen. Folgende Überlegungen sind dabei zu berücksichtigen und abzuwägen:
- Soll eine Voll- oder Teilerhebung durchgeführt werden?
- Welche Erhebungsmethoden der Primärforschung sollen genutzt werden?

Vollerhebung: Erforschen der Grundgesamtheit

Eine Befragung aller Personen ist die sicherste Methode, einen Personenkreis mit seinen wesentlichen bzw. wichtigen Merkmalen richtig zu erfassen. Bei der Vollerhebung werden alle Personen einbezogen, wenn die Zielgruppe nicht größer als etwa 500 Personen ist. Diese Gesamtheit der möglichen Kunden nennt man Grundgesamtheit. Die Genauigkeit der Ergebnisse ist sehr hoch, die Kosten und der Zeitaufwand sind jedoch erheblich.

> ***BEISPIEL***
>
> *Ein Autohaus möchte seine Öffnungszeiten an die Bedürfnisse seiner Kunden anpassen. Es befragt daraufhin alle Kunden aus seiner Kundendatei.*

Teilerhebung mittels Stichproben

repräsentativ stellvertretend, typisch

Ist eine Vollerhebung praktisch nicht durchführbar oder zu teuer, so ist eine Teilerhebung sinnvoll. Dabei muss eine ***repräsentative*** Stichprobe aus der Grundgesamtheit bestimmt werden. Dies ist häufig sehr schwierig. Die Stichprobe sollte nicht zu groß sein, sodass eine Befragung möglich ist, allerdings muss aber auch die Grundgesamtheit angemessen vertreten werden. Eine repräsentative Stichprobe ist also eine verkleinerte Abbildung der Grundgesamtheit. Alle Teilnehmer der Grundgesamtheit haben die gleiche Chance, Teil der Stichprobe zu werden. Die Grundgesamtheit muss deshalb so bestimmt sein, dass sich daraus mit Sicherheit eine Stichprobe ziehen lässt.

> **BEISPIEL**
>
> *Ein Autohaus plant, verstärkt Umbauten zu erdgasbetriebenen Fahrzeugen anzubieten. Da die Zahl der potenziellen Kunden für diese Maßnahme zu groß für eine Vollerhebung ist, wird mithilfe vorher festgelegter Kriterien eine repräsentative Stichprobe ermittelt.*

Erhebungsmethoden der Primärforschung

Sobald die Entscheidung über Voll- oder Teilerhebung gefallen ist, wird eine geeignete Erhebungsmethode für die Primärerhebung bestimmt. Die wichtigsten Methoden sind die Befragung, die Beobachtung, das Experiment und das Panel.

Durch eine **Befragung** kann ein Unternehmen schriftlich (z. B. mit einem Fragebogen), mündlich, telefonisch oder per Internet Informationen über den Gegenstand der Erhebung erhalten. Ein typischer Erhebungsgegenstand kann z. B. die Kundenzufriedenheit sein.

Es kann für ein Unternehmen sinnvoll sein, im Rahmen des Kundenzufriedenheitsmanagements mithilfe von Befragungen den **Kundenzufriedenheitsindex** (Customer Satisfaction Index) zu ermitteln. Er ist ein aufwendiges Analyseinstrument, das die Zufriedenheit der Kunden misst, indem er die gewünschten Leistungen mit den wahrgenommen Leistungen vergleicht. Die Ergebnisse können über mehrere Perioden gegenübergestellt werden und zeigen so die Entwicklung der Kundenzufriedenheit.

> **BEISPIEL**
>
> ***Die Autoland Murschall GmbH gibt an der Kasse folgende Fragekärtchen aus:***
>
> AUTOLAND GMBH MURSCHALL
>
> *Sie haben gerade bei der Autoland Murschall GmbH eingekauft.*
>
> ***Waren Sie mit der Beratung zufrieden?***
>
> *sehr* ☐ *ging so* ☐ *gar nicht* ☐
>
> ***Wie empfanden Sie die Kassenabwicklung?***
>
> *freundlich und zügig* ☐ *unfreundlich* ☐ *langwierig* ☐

Bei einer **Beobachtung** kann das tatsächliche Verhalten von Kunden in bestimmten Situationen ermittelt werden, ohne dass die Personen sofort befragt werden müssen. Die Beobachtung ist also nicht von der Bereitschaft der Kunden abhängig, zu einem besonderen Thema Auskunft zu geben. Allerdings müssen Beobachtungen in der Regel durch Befragungen ergänzt werden, um ein bestimmtes Verhalten zu erklären. Das Verhalten von Kunden nach einer Neugestaltung des Ladens oder bei einer besonderen Warenpräsentation bietet sich als Beobachtungsgegenstand an.

Befragung mithilfe von Fragebogen

Während eines **Experiments** oder Tests versucht man, für einen bestimmten Zusammenhang Ursachen und Wirkung herauszufinden. Dabei wird jeweils ein Wesensmerkmal verändert, um die Auswirkungen herauszufinden.

BEISPIEL

- *Ein Hersteller bietet Kunden ein Produkt in unterschiedlichen Verpackungen (z. B. andere Form, Farbe, Design) an, um herauszufinden, auf welche Verpackung der Kunde positiv reagiert.*
- *Ein Autohaus platziert Ware im Verkaufsraum unterschiedlich, um herauszufinden, welche Ladenbereiche von den Kunden mehr frequentiert werden.*

Ein **Panel** ist eine Markterhebung, bei der eine konstante, gleichbleibende Zielgruppe über einen ausgedehnten Zeitraum regelmäßig zu gleichen Themen befragt wird. Die erhobenen Daten können z. B. Trends zum Kundenverhalten aufzeigen, wenn sich Rahmenbedingungen ändern, die mit dem einzelnen Geschäft nicht zusammenhängen, wie z. B. Gesetzesänderungen oder Großereignisse. Panels werden häufig von Marktforschungsinstituten durchgeführt, da sie in der Regel sehr aufwendig sind. Die Ergebnisse können dann von Interessierten gekauft werden.

Bei einer **Omnibus-Befragung** ermöglichen Marktforschungsinstitute verschiedenen Unternehmen, sich mit einzelnen Fragen an einer Markterhebung zu beteiligen, also „einzusteigen". Gibt es letztendlich genug „Fahrgäste", startet der Omnibus, d. h. die Befragung wird durchgeführt. Sie ist für die beteiligten Unternehmer günstiger als eine eigene Befragung.

Die Befragung als Methode der Primärforschung – Erstellung eines Fragebogens

Eine Befragung kann schriftlich oder mündlich erfolgen. Dabei hat jede Variante Vor- und Nachteile. Erfolgt eine Befragung schriftlich, z. B. durch Zusendung eines Fragebogens, besteht die Gefahr, dass manche Fragen falsch verstanden werden und dass die Rücklaufquote gering ausfällt. Andererseits sind aber die Kosten relativ niedrig. Wird eine Befragung mündlich mittels eines Interviewers durchgeführt, besteht die Gefahr, dass der Befragte durch den Interviewer beeinflusst wird. Auch sind die Kosten recht hoch. Andererseits bringt diese Methode eine hohe Antwortquote, und missverständliche Fragen können geklärt werden.

BEISPIEL *Autoland Murschall GmbH*

Den folgenden Fragebogen schickt die Autoland Murschall GmbH an Kunden, die im letzten halben Jahr einen Neuwagen bei ihr gekauft haben. Mit dem Fragebogen soll ermittelt werden, was die Kunden zum Kauf bei der Autoland Murschall GmbH bewogen hat und ob sie mit dem Kauf und dem Kauferlebnis zufrieden sind. An diesem Fragebogen wird der generelle Grundaufbau eines Fragebogens deutlich.

Liebe Kundin, lieber Kunde,

Ihre Meinung ist uns sehr wichtig. Sie haben im letzten halben Jahr einen Neuwagen bei uns erworben. Sind Sie mit dem Kauf und der Beratung durch das Verkaufspersonal zufrieden? Nehmen Sie sich doch bitte ein paar Minuten Zeit, um die folgenden Fragen ehrlich zu beantworten.

Frage 1: Wie sind Sie auf die Autoland Murschall GmbH aufmerksam geworden?

- ☐ *Anzeige in einer Tageszeitung*
- ☐ *Anzeige in einer Fachzeitschrift*
- ☐ *im Internet: Vorschlag einer Suchmaschine*
- ☐ *im Internet: in einem redaktionellen Beitrag*
- ☐ *Sonstiges:* ______________________
- ☐ *Flyer*
- ☐ *Prospekt*
- ☐ *persönliche Empfehlung*

Frage 2: Haben Sie auch von anderen Autohändlern Angebote eingeholt?

- ☐ *ja, bei* ______________________
- ☐ *nein*

Frage 3: Warum haben Sie sich für das Angebot der Autoland Murschall GmbH entschieden? (Sie können mehrere Antworten ankreuzen.)

- ☐ *äußerer Eindruck des Autohauses*
- ☐ *Kompetenz der Mitarbeiter*
- ☐ *Freundlichkeit der Mitarbeiter*
- ☐ *Preis des Neuwagens*
- ☐ *Serviceangebote der Autoland Murschall GmbH*
- ☐ *Sonstiges:* ______________________

Frage 4: Sind Sie mit Ihrem Neuwagen und dem Kauferlebnis insgesamt zufrieden?

- ☐ *ja*
- ☐ *nein*

Frage 5: Was hat Ihnen besonders gefallen?

____

____

____

Frage 6: Welche Verbesserungsvorschläge haben Sie?

____

____

____

Vielen Dank für Ihre Hilfe!

Ihre Autoland Murschall GmbH

Suggestivfrage
Durch die Fragestellung wird der Befragte beeinflusst.

Unabhängig davon, ob eine Befragung mündlich, schriftlich, telefonisch oder per Internet erfolgt, wird immer ein einheitlicher Fragebogen verwendet. Die Art der Fragen ist entscheidend für den Erfolg. Fragebogen müssen verständlich, eindeutig und genau formuliert sein. Sie sollten auf ***Suggestivfragen*** verzichten. Damit möglichst viele Personen schnell bereit sind, an der Befragung teilzunehmen, sollte die Befragung nicht zu lang sein. Außerdem sollte sie motivierend gestaltet sein. Deshalb werden oft weitere Anreize zur Teilnahme, wie kleine Geschenke oder Verlosungen, gegeben.

Fragebogen sind meist nach folgender Reihenfolge aufgebaut:

Frageart	Beschreibung	Beispiel
Kontakt- oder Eisbrecherfragen	Fragen, um dem Befragten den Einstieg in die Befragung zu erleichtern.	Haben Sie schon einmal an einer Befragung teilgenommen?
Sachfragen	Diese Fragen liefern die für das Ziel der Befragung wichtigen Daten. Dabei sollen Fragen zu einem Themengebiet nacheinander folgen, um Gedankensprünge der Teilnehmer zu vermeiden.	Welche Serviceleistungen einer Werkstatt sind für Sie wichtig? • Reifenservice (inkl. Einlagerung) • Unfallreparaturen • Kundendienst • Unfallersatzfahrzeuge • Hol- und Bringdienst
Kontroll- und Plausibilitätsfragen	Diese Fragen dienen zur Überprüfung der gegebenen Antworten, um fehlerhafte Fragebogen auszusortieren. Die Fragen sollen Widersprüche aufdecken, indem abgefragte Themen mit anderer Fragestellung wieder auftauchen.	Sind Sie zufrieden mit den ausgeführten Reparaturarbeiten? (ja/nein) Die Qualität der ausgeführten Reparaturarbeiten ist überdurchschnittlich. (ja/nein)
Fragen zur Person	Sie dienen der Erhebung von personenbezogenen Daten des Befragten. Die Fragen stehen am Ende, weil die Befragten dann bereits aufgewärmt und auskunftsfreudiger sind.	Wie lautet Ihr Geburtsdatum?

In Bezug auf die gegebenen Antwortmöglichkeiten unterscheiden sich offene und geschlossene Fragen. Werden keine Antworten vorgegeben, handelt es sich um offene Fragen. Fragen mit vorgegebenen Antwortmöglichkeiten bezeichnet man als geschlossene Fragen.

Auswahlfragen		Beispiele
Alternativfragen	Die vorgegebenen Antworten schließen sich gegenseitig aus; es besteht nur eine Auswahlmöglichkeit.	Wie viel Geld würden Sie für ein neues Navigationsgerät ausgeben? • < 100 € • 100 ≤ 250 € • 250 ≤ 500 € • > 500 €
Selektivfragen	Aus den vorgegebenen Antworten können mehrere zutreffende gewählt werden.	Welches Zubehör ist für Sie wichtig? • Dachgepäckträger • Kindersitz • Sitzbezüge • Kühlboxen
Skalenfragen		**Beispiel**
Erfragen der subjektiven Rangfolge bei den Befragten; es besteht nur eine Auswahlmöglichkeit		Wie schätzen Sie die Qualität unserer Serviceleistungen auf einer Skala von 1–6 ein?

2.2.2 Sekundärforschung

Von Sekundärforschung wird gesprochen, wenn auf betriebseigene oder auf externe Informationen zurückgegriffen werden kann. Die Marktforschungsdaten werden somit nicht primär, d. h. erstmalig für eine Marktforschung ermittelt. Es handelt sich bei diesen Daten hauptsächlich um Informationen aus

Die Sekundärforschung wird auch Schreibtischforschung oder Deskresearch genannt.

- behördlichen Statistiken (z. B. Zulassungsstatistik des KBA),
- Publikationen von Verbänden und Medien (z. B. VDA, ZDK),
- Erkenntnissen von Unternehmensberatern und Werbeagenturen,
- dem eigenen Unternehmen (z. B. Umsatz- und Absatzstatistiken, Eingänge von Beschwerden, Berichte der Verkäufer, Auskünfte des Rechnungswesens),
- Berichten der Handelsvertreter oder
- Internetrecherchen zu bestimmten Sachverhalten.

Sekundärforschung ist deutlich kostengünstiger als die Primärforschung und wird daher auch bevorzugt angewendet. Häufig liefern die vorliegenden Daten aber nicht ausreichende Informationen, sodass das Autohaus für spezielle Informationen auf die Primärforschung zurückgreifen muss.

BEISPIEL *Innerbetriebliche Informationen aus der Autoland Murschall GmbH*

Infoquelle Kundendatei
Die Kunden der Autoland Murschall GmbH kommen sowohl aus dem direkten Umfeld der Geschäftsräume (Bad Godesberg) als auch aus dem Bonner Stadtgebiet und dem Bonner Umland (Königswinter, Rheinbach, Meckenheim).

Infoquelle Absatzstatistiken
Im Geschäftsjahr 20XX wurden in der oberen Mittelklasse der größte Absatz und somit auch die höchsten Umsätze erzielt. Doch bereits im 1. Halbjahr 20XY wurde hier ein erheblicher Einbruch deutlich. Dieser Abwärtstrend bestätigt sich bis heute. Die übrigen Autoklassen waren in der Autoland Murschall GmbH bisher von nachrangiger Bedeutung.

Infoquelle Verkäuferbericht
Die Verkaufsabteilung macht in ihren Berichten deutlich, dass ein Wandel in der Käuferstruktur der Autoland Murschall GmbH zu verzeichnen ist. Waren es bisher Kunden, die viel Wert auf tendenziell komfortable bzw. luxuriöse Ausstattung legen sowie sportliches Fahrverhalten präferieren, so ist derzeit recht wenig für die Verkaufsabteilung zu tun. Die Verkäufer klagen über zu wenig „Laufkundschaft" in den Verkaufsräumen.

Infoquelle Reklamationserfassungen
Werkstattkunden klagen über zu lange Wartezeiten bei der Autoannahme und häufig nicht eingehaltene Terminabsprachen. Neuwagen- und Gebrauchtwagenkunden klagen über ein für ihre Zielgruppe nicht adäquates Angebot.

Infoquelle Branchenvergleich

Die Umsatz- und Ertragszahlen der Autoland Murschall GmbH sind bis zum Jahr 20XX im Branchenvergleich außerordentlich gut. Für XY dagegen sehen die Vergleichszahlen nicht mehr ganz so gut aus. Die Lagerbestände sind im Vergleich zu Durchschnittsbranchenwerten zu hoch, der Gesamtumsatz zu niedrig, die Auftragseingänge rückläufig, die Anzahl der Beschäftigten entspricht dem Branchendurchschnitt eines vergleichsweise ebenso großen Autohauses der Branche. Auch die übrigen Kosten liegen im Schnitt. Lediglich auffällig ist, dass die Werbekosten der Autoland Murschall GmbH weit unter Durchschnittswerten liegen.

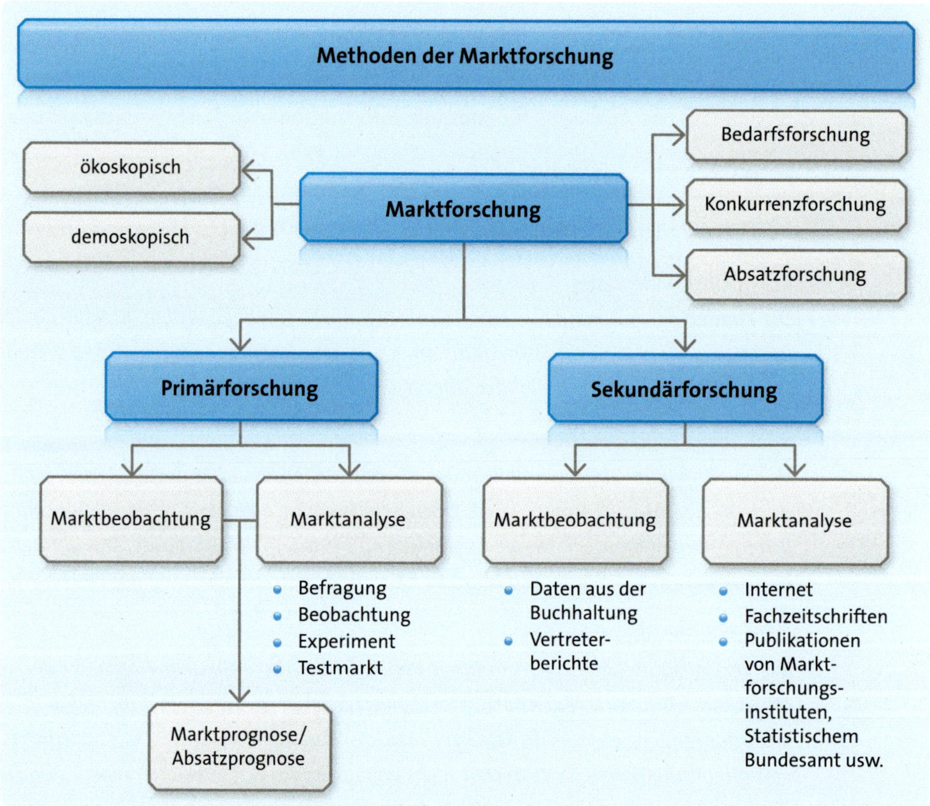

3 Marketinginstrumente

> *SITUATION Autoland Murschall GmbH*
>
> *Wie viele andere Menschen auch hatte David, bevor er mit der Abteilung „Marketing" in Berührung kam, diesen Begriff mit Werbung gleichgesetzt. In den letzten Tagen hat er erfahren, dass Werbung für ein Autohaus natürlich wichtig für den unternehmerischen Erfolg ist, dass aber zu dem Bereich „Marketing" noch viel mehr gehört als Anzeigen schalten, Prospekte erstellen und eine Veranstaltung planen.*

Aus den Ergebnissen der Marktforschung und der Standortentscheidung leitet das Autohaus seine Marketingentscheidungen ab. Dafür stehen ihm im Rahmen seines Marketings verschiedene Marketinginstrumente zur Verfügung. Diese Instrumente beziehen sich auf Maßnahmen in den Bereichen der

- Sortimentsgestaltung → Sortimentspolitik,
- Preisfestlegung → Preispolitik,
- Serviceaktivitäten → Servicepolitik,
- Kommunikation mit allen im Geschäftsbereich des Autohauses beteiligten Personen und Institutionen → Kommunikationspolitik.

3.1 Sortiments- und Produktpolitik

Die menschlichen Bedürfnisse sind wandelbar. Modische Erscheinungen, veränderte Einstellungen, Einkommensverhältnisse und anderes mehr bewirken, dass sich die Bedarfsstruktur und somit die Güternachfrage verändern. Auf diese Nachfrageverschiebung müssen die Automobilhersteller und -handler mit ihrem Angebot reagieren, wollen sie weiter am Markt erfolgreich sein. Sie sind daher gezwungen, ihr Sortiment den sich ständig verändernden Nachfrageverhältnissen anzupassen.

Die Produkt- und Sortimentspolitik umfasst alle Entscheidungen darüber, welche Arten von Produkten in welcher Ausführung (Produkt-Mix) dem Kunden angeboten werden sollen. Die Aufgaben der Produkt- und Sortimentspolitik sind

Produktpolitik
☞ Band 2, LF 6, S. 114 ff.

- die permanente Verbesserung der bereits im Sortiment befindlichen Artikel,
- die Entwicklung neuer, marktrelevanter Produkte sowie
- die Pflege des Handelssortiments.

Unter einem **Sortiment** versteht man die Gesamtheit aller von einem Unternehmen angebotenen Waren bzw. Dienstleistungen. Das Sortiment kann in die Dimensionen Sortimentsumfang, Sortimentsbreite und Sortimentstiefe unterteilt werden.

Sortiment
☞ Band 1, LF 4, S. 266 ff.

Der **Sortimentsumfang** gibt die Anzahl der verschiedenen Artikel an (durchschnittliche Sortimentsbreite und -tiefe).

Die Sortimentsbreite gibt die Anzahl der verschiedenen **Warengruppen** an. Besteht das Sortiment aus vielen Warengruppen, wird es als **breites Sortiment** bezeichnet. Ist das Sortiment auf wenige oder nur eine Warengruppe beschränkt, handelt es sich um ein **schmales Sortiment.**

Sorte
kleinste Sortimentseinheit, unterscheidet sich z. B. hinsichtlich Farbe, Größe oder Verpackungseinheit

Kern-, Rand-, Saison-, Probe- und Auslaufsortiment
☞ Band 1, LF 4, S. 268 f.

Die **Sortimentstiefe** bezeichnet die Auswahl an Artikeln bzw. ***Sorten*** innerhalb einer Warengruppe. Ist die Auswahl hinsichtlich Qualität, Preis, Mengeneinheit usw. groß, spricht man von einem **tiefen Sortiment.** Ist die Auswahl klein, handelt es sich um ein **flaches Sortiment.** Das Sortiment wird unterschieden in Kern-, Rand-, Saison-, Probe- und Auslaufsortiment.

GVO
☞ Band 1, LF 1, S. 84

Das Autohaus nutzt die Sortimentspolitik, um eine bestmögliche und marktgerechte Gestaltung seines Warenangebots zu erreichen. Letztlich möchte es damit seine Unternehmensziele verwirklichen. Entscheidungen des Autohauses, die die Gestaltung des Sortiments betreffen, bilden oft den Ausgangspunkt für die Planung anderer Marketinginstrumente. Als Vertragshändler hat ein Autohaus aber keinen Einfluss auf das Fahrzeug-Sortiment im NW-Bereich. Es kann sich allerdings seit der Neugestaltung der Gruppenfreistellungsverordnung (GVO) aus dem Jahre 2010 für den Mehrmarkenvertrieb entscheiden, um so ganz gezielt seine Kundengruppe mit bestimmten Fahrzeugmodellen beliefern zu können. Bewusst gestalten kann es jedoch das Sortiment im Bereich GW und Zubehör.

3.1.1 Einflussfaktoren

Wie das Sortiment des Autohauses bestmöglich zu gestalten ist, hängt von verschiedenen Einflussfaktoren ab.

BEISPIEL

Einfluss auf Sortimentsentscheidungen haben etwa die Lieferanten. Das Autohaus kann nur die Artikel einkaufen, die es zu einem marktgerechten Preis wieder verkaufen kann. Listenpreise, Preisnachlässe und Bezugskosten geben den Ausschlag dafür, in welcher kalkulierten Höhe ein Gewinn am Markt durchsetzbar ist. Daneben können Lieferzeiten, Lieferzuverlässigkeit und ***Merchandising***maßnahmen von Bedeutung sein.

Merchandising
Leistungen des Lieferanten für das Autohaus, wie z. B. Aufbau von Aktionsdisplays, Warenvorführungen

Art, Umfang und Preise des Sortiments von Mitbewerbern beeinflussen ebenfalls die Sortimentsgestaltung des Autohauses.

> **BEISPIEL** *Autoland Murschall GmbH*
>
> *In der Nähe der Autoland Murschall GmbH befindet sich eine Filiale einer großen Autoservice- und Zubehörkette mit einem großen Angebot an Markenartikeln und diversen Werkstattleistungen zu günstigen Preisen. Durch einen ständigen Abgleich des dortigen Sortiments und der Preise versucht die Autoland Murschall GmbH, wettbewerbsfähig zu bleiben.*

Den größten Einfluss auf die Sortimentsentscheidung hat der Kunde. Das Autohaus wird nur die Produkte verkaufen, die den Kaufmotiven seiner Zielgruppen entsprechen.

> **BEISPIEL** *Autoland Murschall GmbH*
>
> *Die Autoland Murschall GmbH hat mit ihrem Standort in Bonn-Bad Godesberg viele ältere, kaufkräftige Kunden. Das Autohaus bietet daher im GW-Bereich ständig hochwertige, gut ausgestattete Fahrzeuge der Premium-Marken an.*

3.1.2 Sortimentskontrolle

Veränderungen am Markt erfordern eine ständige Sortimentskontrolle. Daten aus dem Warenwirtschaftssystem liefern dem Autohaus beispielsweise artikelgenaue Informationen über

- die Umsatz- und Absatzentwicklung innerhalb eines bestimmten Zeitraums,
- die Geschwindigkeit, mit der ein Artikel verkauft wird (Umschlagshäufigkeit).

> **BEISPIEL** *Autoland Murschall GmbH*
>
> *Die Autoland Murschall GmbH hat mit der Lage im Bonner Süden die „Berge" direkt vor der Tür: Siebengebirge, Ahrtal und Eifel. Immer mehr Kunden ist daher die Ausstattung ihrer Fahrzeuge mit wintertauglichen Reifen wichtig.*
> *Anhand der Absatzentwicklung hat sich das Lager der Autoland Murschall GmbH darauf eingestellt und hält bereits ab Oktober eine ausreichende Anzahl von Winterreifen in den gängigen Reifengrößen vor.*
>
> 

Eine ***effektive* Sortimentskontrolle** geht über eine reine Bestandsaufnahme hinaus. Erst die Aufdeckung von Unterschieden, z. B. im Zeit-, Filial- und Branchenvergleich, und die Analyse der Ursachen bilden die Grundlage für geeignete Sortimentsentscheidungen.

effektiv = wirksam

> **BEISPIEL**
>
> - *Im Vergleich zu anderen Ladenzonen hat die Kassenzone den größten Umsatz je m^2 und somit die höchste Flächenproduktivität.*
> - *Der Verkauf von Autoradios ohne Anschlussmöglichkeit für Smartphones ist im Vergleich zum Vorjahr zurückgegangen. Ursächlich sind die Bedürfnisse der Kunden, die diese Möglichkeit wünschen.*

Renner-Penner-Listen zeigen die Artikel in der Reihenfolge ihrer Umschlagshäufigkeit auf.

Mithilfe von ***Renner-Penner-Listen*** aus dem Warenwirtschaftssystem können Statistiken über Rangordnungen verschiedener Artikel nach Umsatz, Absatz, Warenrohgewinn o.Ä. erstellt werden.

AUTOLAND GMBH MURSCHALL

Renner-Penner-Liste nach Umsatz: 24. Woche
Artikelgruppe 14: Motoröle

Art.Nr.	Bezeichnung	Wochenumsatz (€)
40160007589724	Wastrol Top (5W30)	980,00
40160023567883	Flexi I (0W40)	891,00
40385761967665	Axxon Nobil SXR (5W40)	792,00
40160007482416	Trimus TS (10W40)	697,00
46281937456251	Contec One Ts (10W40)	598,50

AUTOLAND GMBH MURSCHALL

Renner-Penner-Liste nach Absatz: 24. Woche
Artikelgruppe 14: Motoröle

Art.Nr.	Bezeichnung	Absatz Liter
46281937456251	Contec One Ts (10W40)	150
40160007482416	Trimus TS (10W40)	85
40385761967665	Axxon Nobil SXR (5W40)	48
40160023567883	Flexi I (0W40)	45
40160007589724	Wastrol Top (5W30)	40

AUTOLAND GMBH MURSCHALL

Renner-Penner-Liste nach Warenrohgewinn: 24. Woche, Artikelgruppe 14: Motoröle

Art.Nr.	Bezeichnung	Wochenrohgewinn (€)
40160007589724	Wastrol Top (5W30)	176,00
46281937456251	Contec One Ts (10W40)	150,00
40160007482416	Trimus TS (10W40)	128,00
40385761967665	Axxon Nobil SXR (5W40)	117,00
40160023567883	Flexi I (0W40)	103,00

Nichtverkauf
Gewünschter Artikel wird nicht im Sortiment geführt.

Fehlverkauf
Gewünschter Artikel ist zurzeit nicht vorrätig.

Die Erfassung von ***Nichtverkaufs-*** oder ***Fehlverkaufskontrollen*** kann durch Führung von Beschwerdelisten, Kundenbefragungen oder anderen Maßnahmen innerbetrieblicher Markterhebungen systematisch erfasst werden.

> ***BEISPIEL** Autoland Murschall GmbH*
>
> *Im Herbst fragten vielen Kunden nach dem Winterreifen von „TIREX", der in mehreren Tests ähnlich gut abgeschnitten hat wie die Premium-Reifenmarken, aber rund 30 % günstiger ist. Die Autoland Murschall GmbH führte den Reifen allerdings nicht im Sortiment.*

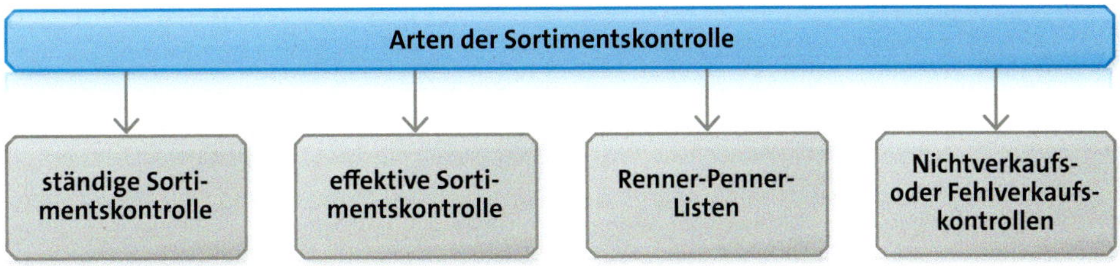

3.1.3 Sortimentsanpassungen

Im Rahmen seiner Sortimentspolitik hat das Autohaus mit den unterschiedlichen Möglichkeiten der Sortimentskontrolle unter Umständen feststellen können, dass sein Sortiment nicht mehr optimal ist. Es muss deshalb sein Sortiment anpassen.

Gründe für eine Sortimentsanpassung

Zur Vermeidung von ***Über- und Untersortimenten*** wird das Sortiment schnell an aktuelle Nachfrageentwicklungen angepasst. Die Veränderungen der Nachfrage am Markt können verschiedene Ursachen haben. Nachfolgend werden einige Ursachen kurz erläutert.

Über- und Untersortiment
zu großes / zu kleines Sortiment

- **Wandel von Kundenansprüchen**
  Die Kunden von heute kaufen anders als noch vor fünf Jahren. Der Anteil an anspruchsvollen Kunden mit Sorge um ihre Gesundheit und die Umwelt ist gewachsen und – im Zusammenhang damit – auch das Bedürfnis nach hochwertigen Waren, die diesen Aspekten gerecht werden. Auch das Interesse der Kunden an Verbraucherfreundlichkeit und Wohlbefinden ist gestiegen. Das hat in verschiedenen Branchen des Einzelhandels wie Lebensmittel, Bekleidung, Körperpflege und Kosmetik, Farben, Lacken u.a. zu einem Boom von gesundheits- und wellnessorientierten Produkten geführt. Im Autohaus bedeutet dies eine erhöhte Nachfrage nach Zubehör mit Umweltsiegel wie dem „Blauen Engel" und im Fahrzeugbereich eine Zunahme der Nachfrage nach verbrauchsarmen bzw. energieeffizienten Fahrzeugen.

  So werden seit dem Jahr 2011 auch in Deutschland gemäß einer EU-Richtlinie alle Neufahrzeuge mit einem Öko-Siegel ausgezeichnet, welches Aufschluss über den Kraftstoffverbrauch und den CO_2-Ausstoß gibt.

  Auch durch die in jüngster Vergangenheit bekannt gewordene sogenannte Dieselaffäre mit den drohenden Fahrverboten in Innenstädten haben sich die Kundenansprüche stark gewandelt. Dies ist durch die stark zurückgegangene Nachfrage nach Dieselfahrzeugen deutlich geworden.

- **Veränderte Konkurrenzsituation**
  Autohäuser verändern ihr Sortiment in der Regel auch, wenn sich Mitbewerber mit gleichem oder ähnlichem Sortiment am Markt positionieren.

BEISPIEL *Autoland Murschall GmbH*

In unmittelbarer Nähe der Autoland Murschall GmbH eröffnen zwei Vertragshändler anderer Hersteller ein Autohaus. Um sich nicht auf einen Preiskampf einzulassen, will sich die Autoland Murschall GmbH im GW-Bereich von den Mitbewerbern deutlich abheben.

- **Veränderte Wirtschaftslage**
  Als Folge von Arbeitslosigkeit, höheren Belastungen aus Versicherungsbeiträgen, Gebühren und anderen Abgaben ist der Anteil an Personen in Haushalten mit geringem finanziellen Spielraum gestiegen. In Zeiten gesunkener Kaufkraft greifen viele Kunden nach preiswerten Artikeln bzw. Austauschteilen oder suchen Alternativen zu einer Reparatur ihres Gebrauchtwagens.

BEISPIEL

In der Zeit von 2007 bis 2009 gab es eine weltweite Finanz- und Wirtschaftskrise, deren Auswirkungen auch Deutschland spürbar trafen. Wie die nebenstehende Grafik zeigt, ging der Umfang an Wartungs- und Reparaturarbeiten 2009 im Vergleich zu 2008 bei Vertragswerkstätten deutlich zurück.

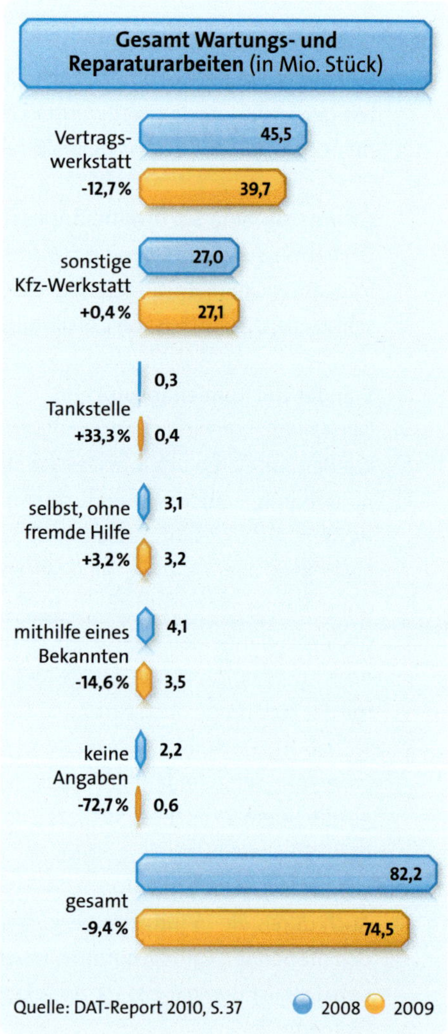

- **Produktinnovationen**
  Technische Entwicklungen, verstärktes Umweltbewusstsein und verändertes Freizeitverhalten der Verbraucher führen zu neuen Produktentwicklungen oder zu Veränderungen beim Design von Produkten. Durch entsprechende Marketingaktivitäten der Hersteller werden solche Produktneuheiten schnell bekannt gemacht, und einige Kunden möchten das neue Produkt testen.

Produktlebenszyklus
☞ Band 2, LF 6, S. 118 ff.

BEISPIEL *Autoland Murschall GmbH*

Die Kunden der Autoland Murschall GmbH fragen vermehrt nach Möglichkeiten, ihr Fahrzeug auf Erdgasbetrieb umzustellen.

- **Saisonale Einflüsse**
  Saison- oder witterungsbedingt sind kurzfristig Sortimentsanpassungen notwendig.

> **BEISPIEL**
>
> *Bedingt durch eine lange Frostperiode im April, wurden auch zu diesem Zeitpunkt noch Winterreifen, Eisspray und Eiskratzer nachgefragt.*

- **Wandel in der Bevölkerungsstruktur**
  Da die Anteile von Senioren- und Singlehaushalten in der gesamten Bevölkerung bedeutend zugenommen haben, muss das Autohaus das Sortiment den speziellen Bedürfnissen der älteren Menschen und der Ein-Personen-Haushalte anpassen.

> **BEISPIEL** *Autoland Murschall GmbH*
>
> *Die Autoland Murschall GmbH verzeichnet in den letzten zehn Jahren einen Nachfrageanstieg nach Fahrzeugen mit einer erhöhten Sitzposition und weit zu öffnenden Türen, die älteren Menschen das Ein- und Aussteigen aus dem Fahrzeug leicht machen.*

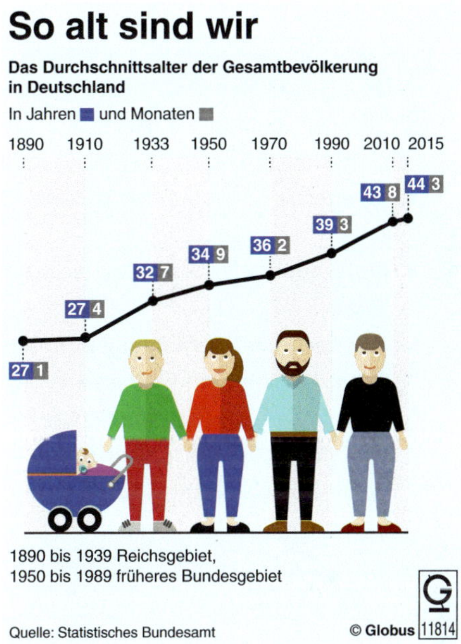

3.1.4 Maßnahmen der Sortimentsanpassung (Modifikation)

Eine erfolgreiche Sortimentspolitik hängt davon ab, wie schnell und mit welchen Maßnahmen das Autohaus auf veränderte Bedingungen am Markt reagieren kann.

Von **Sortimentsmodifikation** wird gesprochen, wenn der Umfang des Sortiments verändert wird. Bei der **Sortimentsbereinigung** wird der Sortimentsumfang in seiner Breite und/oder Tiefe eingeschränkt, also das Sortiment in seinem Umfang verkleinert. Eine **Sortimentserweiterung** liegt vor, wenn zusätzliche Sortiment- oder Warengruppen in das Sortiment aufgenommen werden (Sortimentsdiversifikation) oder wenn bestehende Warengruppen durch weitere Artikel oder Artikelgruppen ergänzt werden (Sortimentsdifferenzierung).

BEISPIEL *Autoland Murschall GmbH*

- ***Sortimentsbereinigung:*** *Wegen der geringen Nachfrage werden in der Warengruppe „Autoradio“ Radios ohne Anschlussmöglichkeit für Smartphones ausgelistet.*
- ***Sortimentsdiversifikation:*** *Angeregt durch eine Vitrine in einem anderen Bonner Autohaus, nimmt die Autoland Murschall GmbH verkleinerte Modelle ihrer Fahrzeuge als neue Warengruppe in das Sortiment auf.*
- ***Sortimentsdifferenzierung:*** *Die Autoland Murschall GmbH ergänzt ihr Sortiment an Fanartikeln der Formel-1-Teams um Artikel mit dem Logo des neuen Weltmeisters.*

Bei der **Sortimentssubstitution** werden Artikelgruppen / einzelne Artikel durch andere Artikelgruppen / einzelne Artikel ersetzt bzw. ausgetauscht. Der Sortimentsumfang bleibt im Wesentlichen erhalten. Diese Niveauanpassung des Sortiments geschieht entweder durch

- qualitative Anhebung des Sortiments (diese Maßnahme bezeichnet man als Trading-up) oder
- durch qualitative Senkung des Sortiments (Trading-down).

Eine **Sortimentsverjüngung** ist notwendig, wenn Artikel technisch oder modisch veraltet sind. Sie hängt von dem Produktlebenszyklus und dem Akzeptanzverhalten der Kunden ab. Kein Produkt hält sich für unbegrenzte Zeit am Markt. Nach der Markteinführung wird das neu entwickelte Produkt eine gewisse Zeit lang gekauft. Nach Monaten oder Jahren wird das Produkt weniger nachgefragt, und die Unternehmen müssen den Artikel aufgrund mangelnder Nachfrage vom Markt nehmen.

BEISPIEL *Autoland Murschall GmbH*

- ***Trading-up:*** *Die Autoland Murschall GmbH ersetzt in der Abteilung Reifen eine Marke im mittleren Preisniveau durch Artikel der Marke Dunlop.*
- ***Trading-down:*** *Die Autoland Murschall GmbH bietet statt des bisher geführten Premiumöls eine kostengünstigere Alternative an.*
- ***Sortimentsverjüngung:*** *In der Warengruppe Autoradio werden keine Radios mehr ohne USB-Anschlussmöglichkeit angeboten.*

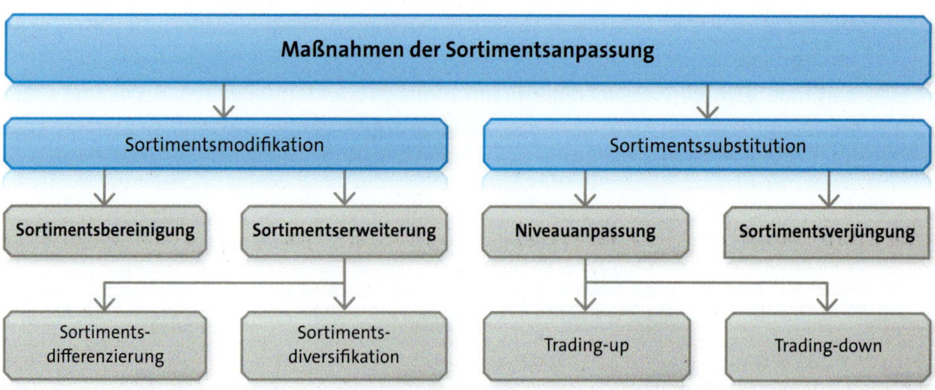

Das Produkt durchläuft damit einen Lebenszyklus. Der Produktlebenszyklus stellt die Umsatz- und Erfolgsentwicklung eines Produktes von seiner Entwicklung über die Einführung bis zur Marktentfernung grafisch und in grundsätzlicher Form dar.

Produktlebenszyklus
☞ Band 2, LF 6, S. 118 ff.

Die **Produktpolitik** ist Teil der Marketinginstrumente und hängt eng mit der Sortimentspolitik zusammen. Sie wird in Band 2, LF 6, Kap. 1.3 ausführlich behandelt.

3.2 Preis- und Konditionenpolitik

LS 129

Das Autohaus muss bei der Gestaltung seiner Preise verschiedene Einflussgrößen berücksichtigen, z. B. seine Kosten, die Preisvorstellungen seiner Kunden und die Preise seiner Mitbewerber. Die Beachtung dieser Einflussgrößen führt dann u. a. zu verschiedenen Preisstrategien, wie z. B. Niedrigpreispolitik und Mischkalkulation, die es im Rahmen seines Marketings verfolgen kann.

Im Rahmen der Preis- und Konditionenpolitik (Kontrahierungspolitik) finden alle Überlegungen, Planungen und Entscheidungen statt, die den Preis betreffen. Unternehmen können verschiedene Wege zur Ermittlung der Verkaufspreise wählen. Je nach Situation ist eine der nachfolgend erläuterten Preisbildungsmethoden sinnvoll.

3.2.1 Preisgestaltung

Je nachdem, woran sich ein Unternehmen orientiert, unterscheidet man folgende Faktoren der Preisgestaltung:

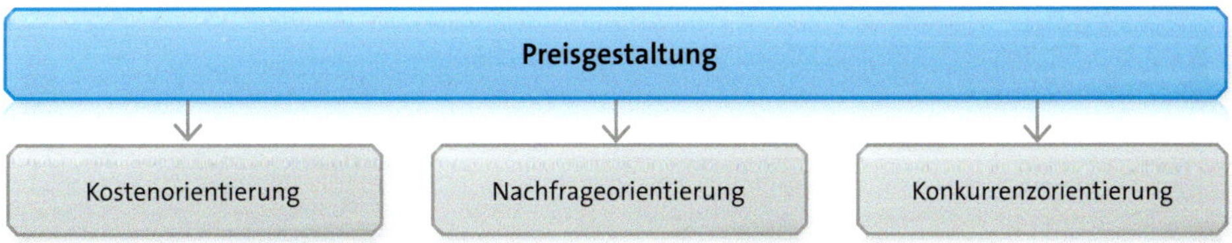

Kostenorientierte Preisgestaltung

Die kostenorientierte Preisgestaltung geht vom Unternehmen aus und basiert auf den anfallenden Kosten. Durch Zuschlagskalkulation wird der Verkaufspreis (Angebotspreis) ermittelt.

> **BEISPIEL** *Autoland Murschall GmbH*
>
> *Die Stundenverrechnungssätze der Werkstatt werden in einem Autohaus so kalkuliert, dass die gesamten in der Werkstatt anfallenden Kosten wieder eingenommen werden sowie ein angemessener Gewinn über die Verkaufspreise erwirtschaftet werden kann.*

Die kostenorientierte Preisbildung ist mit erheblichen Problemen verbunden. Der auf Kostenbasis kalkulierte Preis lässt sich häufig am Markt nicht durchsetzen **(marktferne Preise).** Bei sinkender Absatzmenge verteilen sich die konstanten ***Fixkosten*** auf eine kleinere Menge. Man müsste also bei einem Nachfragerückgang die Preise anheben. Bei steigender Absatzmenge

Fixkosten fallen unabhängig von der Absatzmenge an, z. B. Gehälter, Mieten, Abschreibungen.
☞ LF 10, Kap. 1.4, S. 129

käme es analog zu einer Preissenkung. Dies sind in der Regel kaufmännisch unsinnige Entscheidungen. Möglicherweise sind die Kunden aber auch bereit, weit mehr als den auf Kostenbasis ermittelten Listenverkaufspreis zu zahlen. Diese Zahlungsbereitschaft würde nicht ausgeschöpft.

Grundprinzip der kostenorientierten Preisbildung: from company to market

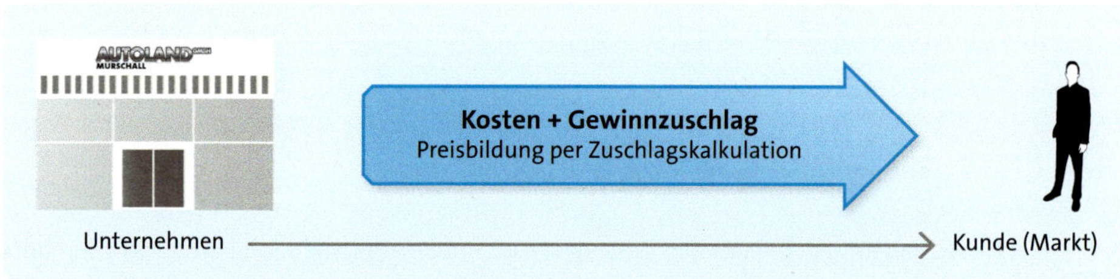

Die kostenorientierte Preisbildung ist jedoch nicht überflüssig. Sie ermittelt unabhängig vom Markt, welchen Preis das Unternehmen für eine Ware dauerhaft erzielen müsste. Sollten Konkurrenzartikel dauerhaft zu deutlich niedrigeren Preisen als dem kostenorientiert kalkulierten Preis angeboten werden, so muss das Unternehmen entweder die Kosten senken oder mittelfristig den Verkauf der Ware einstellen und auf neue Angebote und Märkte umschwenken.

Nachfrageorientierte Preisgestaltung

Auf Käufermärkten spielen sich die Preise am Markt ein. Das Unternehmen und die Kunden „handeln" ihre Preisvorstellungen im Zeitablauf mehr oder weniger bewusst aus. Durch Marktforschung wird ermittelt, welchen Preis die meisten Kunden bereit sind, für eine Ware zu zahlen. Der Preis wird damit nicht kalkuliert, sondern vom Markt vorgegeben.

Grundprinzip der nachfrageorientierten Preisbildung: from market to company

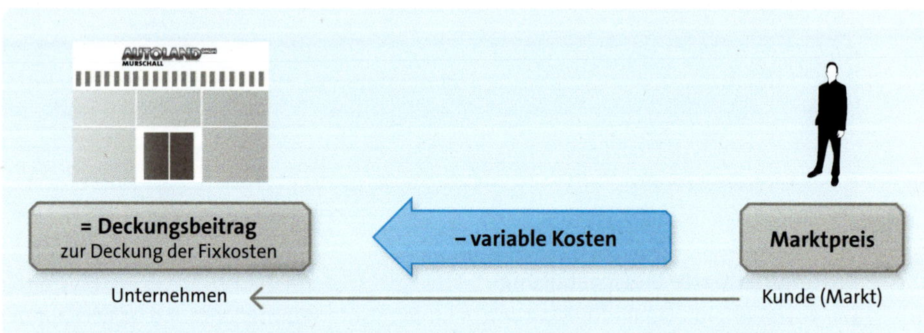

Deckungsbeitragsrechnung ☞ LF 10, Kap. 2.1

Variable Kosten steigen bzw. sinken mit der Absatzmenge.

Beispiele: Wareneinsatz (Bezugspreise der verkauften Waren = VAK), Ausgangsfrachten, Versandverpackungen, Vertriebsprovisionen

Die nachfrageorientierte Preisbildung führt insbesondere auf Käufermärkten zu deutlich marktgerechteren Preisen. Der vom Markt vorgegebene Preis wird jedoch stets auf einen noch vorhandenen Deckungsbeitrag überprüft. Dieser Betrag steht zur Deckung der fixen Kosten zur Verfügung. Sind alle Kosten abgedeckt, trägt der darüber hinausgehende Deckungsbeitrag zum Gewinn bei.

> *Deckungsbeitrag = Barverkaufspreis – variable Kosten*

Sollten die Kunden hohe Preise aufgrund eines attraktiven Zusatznutzens akzeptieren, so kann ein Autohaus deutlich höhere Preise als die nach Kosten kalkulierten Barverkaufspreise realisieren. In diesen Fällen unterstützen die deckungsbeitragsstarken Waren andere Artikel, die zu einem eher niedrigen Preis verkauft werden (kalkulatorischer Ausgleich).

> ***BEISPIEL***
>
> *Für Zubehörteile im Tuningbereich kann das Autohaus Murschall deutlich höhere Preise durchsetzen, als es im Rahmen der Handelskalkulation „notwendig" wäre. Jeder Verkauf oder Werkstattauftrag in diesem Bereich trägt überproportional zur Deckung der Fixkosten bei.*

Ein Artikel muss langfristig jedoch zwingend zu einem Preis verkauft werden, der einen Beitrag zur Fixkostendeckung leistet. Werden auf Dauer nicht alle Kosten gedeckt, dann macht das Unternehmen Verlust.

Konkurrenzorientierte Preisgestaltung

Zum Markt eines Unternehmens gehören nicht nur die Kunden, sondern auch die Mitbewerber. Das Prinzip der konkurrenzorientierten Preisbildung entspricht der nachfrageorientierten Preispolitik. Einziger Unterschied ist die Bezugsgruppe: Statt der Kunden ist hier die Konkurrenz Orientierungspunkt für den vom Markt vorgegebenen Preis.

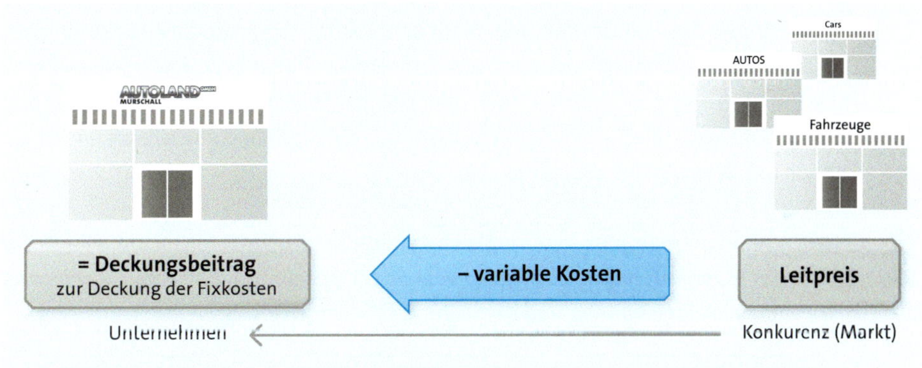

Grundprinzip der konkurrenzorientierten Preisbildung: from market to company

Löst ein Konkurrent einen Preiskampf aus, indem er die Preise der Mitbewerber unterbietet, ziehen andere Konkurrenten mit noch niedrigeren Preisen nach. Solche Preiskämpfe bedeuten oft das Ausscheiden von Konkurrenten (Marktbereinigung).

Verkaufspreise, die unter den Selbstkosten eines Händlers liegen, werden als ***Dumpingpreise*** bezeichnet. Kurzfristiges Dumping ist nur dann sinnvoll, wenn in naher Zukunft positive wirtschaftliche Entwicklungen (Umsatz- und Gewinnsteigerungen) wahrscheinlich sind.

Dumping von „to dump" (engl.) = wegwerfen, verschleudern

Wettbewerbswidrigkeit ☞ S. 377 ff.

Preisuntergrenzen

Besonders auf Käufermärkten verlangen verhandlungsstarke Großkunden häufig erhebliche Preisnachlässe oder Konkurrenten zwingen einem Unternehmen Preiskämpfe auf. Es ist also wichtig zu wissen, welchen Preis das Unternehmen für seine Produkte mindestens verlangen muss. Diese Frage kann nur in Abhängigkeit vom Zeithorizont beantwortet werden. Die **kurzfristige Preisuntergrenze** liegt in Höhe der variablen Kosten, der Deckungsbeitrag ist dann null. Die zu diesem Preis verkaufte Ware leistet **keinen Beitrag** zur Deckung der Fixkosten.

Die kurzfristige Preisuntergrenze entspricht den variablen Kosten. ☞ LF 10, Kap. 1.4

BEISPIEL

Seit Jahren schon ist die Marge im Neuwagengeschäft der meisten Marken sehr gering. Die verkauften Neuwagen tragen damit kaum noch zur Deckung der Fixkosten bei. Das lässt sich langfristig nur durchhalten, wenn durch die sich anschließenden Wartungs- und Reparaturaufträge so hohe Deckungsbeiträge erzielt werden, dass die gesamten Fixkosten des Autohauses gedeckt sind.

Diese Preisuntergrenze sollte nur kurzfristig und für wenige ausgewählte Waren genutzt werden. Da bei diesem niedrigen Preis kein Beitrag mehr zur Fixkostendeckung entsteht, ist bei zu häufigem Einsatz der Bestand des Unternehmens gefährdet (fehlende Kostendeckung, d.h. die Gesamtkosten übersteigen die Erlöse). Langfristig muss ein Unternehmen alle entstehenden Kosten abdecken. In der Realität wird ein Unternehmen nur im Extremfall zu dieser Preisuntergrenze anbieten.

Die *langfristige Preisuntergrenze* entspricht den Selbstkosten (variable + anteilige Fixkosten).

Die ***langfristige Preisuntergrenze*** liegt in Höhe der Selbstkosten. Sie kann dauerhaft genutzt werden, allerdings wird dann **kein Gewinn** erzielt. In der Realität wird ein Unternehmen jedoch seine Waren dauerhaft über der langfristigen Preisuntergrenze anbieten müssen. Nur Unternehmen, die auch Gewinn und damit Rentabilität (Eigenkapitalverzinsung) erzielen, haben auf Dauer am Markt Bestand, da sonst der Unternehmer bzw. die Gesellschafter ihr Kapital in renditeträchtigere Unternehmen oder Anlagen investieren. Grundsätzlich bleibt festzuhalten, dass sowohl die kurzfristige als auch die langfristige Preisuntergrenze eher theoretische Größen mit Orientierungscharakter sind.

In der Realität werden meist Preise oberhalb dieser Preisgrenzen gewählt. Erst der **Mix aller Preisbildungsvarianten** in Abhängigkeit vom jeweiligen Zeithorizont führt zu einer kaufmännisch sinnvollen Preisbildung und damit zur Erfolgsoptimierung.

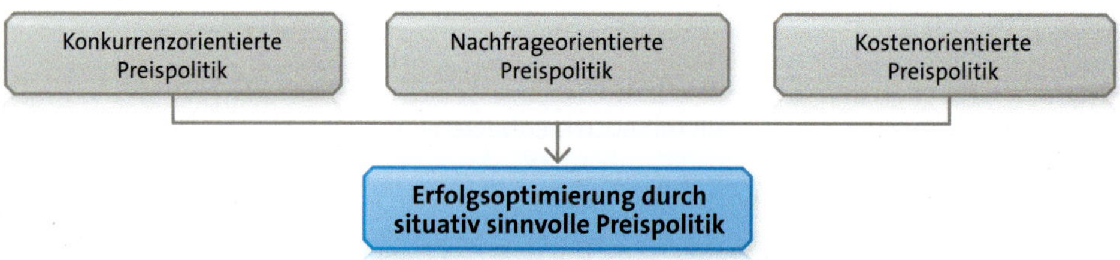

Preiselastizität der Nachfrage ☞ LF 11, S. 246 ff.

Exkurs: Preiselastizität der Nachfrage

Geht die Nachfrage durch eine geringe Preissteigerung stark zurück, so spricht man von einer elastischen Nachfrage. Dies ist in der Regel bei Produkten der Fall, für die es Substitutionsgüter am Markt gibt, zum Beispiel bei nicht lebensnotwendigen Nahrungsmitteln. Steigt die Nachfrage durch eine deutliche Preissenkung nur sehr gering, so handelt es sich um eine unelastische Nachfrage. Dies findet man sehr häufig bei lebensnotwendigen Produkten wie zum Beispiel Grundnahrungsmitteln und Medikamenten.

3.2.2 Preisstrategien

Unter einer Preisstrategie versteht man die langfristige Ausrichtung der Preisgestaltung. Preisstrategien sind damit weitgehend unabhängig von kurzfristigen Entscheidungen des Tagesgeschäfts (z. B. Sonderangeboten).

***Penetrations*-Strategie:** Es wird ein relativ niedriger Preis gewählt, mit dem am Markt möglichst schnell hohe Umsätze erzielt werden können. Der Konkurrenz soll der Marktzutritt erschwert werden. Wird die Penetration dauerhaft eingesetzt, so liegt eine **Niedrigpreisstrategie** vor. Häufig wird eine Kostenführerschaft angestrebt. Unternehmen, die Kostenführer sein möchten, sehen sich einem ständigen Preiskampf vonseiten der Konkurrenz ausgesetzt. Innovative Produktentwicklungen sind in dieser preisaggressiven Umgebung bei entsprechend niedrigen Gewinnspannen kaum möglich. Meist wählen Nachahmer die Niedrigpreisstrategie.

Penetration
von „to penetrate" (engl.) = durchdringen, eindringen

***Skimming*-Strategie:** In diesem Fall werden die Preise so hoch angesetzt, dass erhebliche Gewinnspannen „abgeschöpft" werden können. Dies könnte besonders bei der Einführung begehrter Neuprodukte möglich sein (z. B. neue Elektronikgeräte). Wird die Skimming-Strategie dauerhaft angewendet, dann liegt eine Hochpreisstrategie vor. Die **Hochpreisstrategie** wird häufig für bekannte Markenartikel genutzt. Das Ziel kann eine Preisführerschaft sein. Die Preisführerschaft, verbunden mit hohen Gewinnspannen, ermöglicht die Entwicklung neuer, innovativer Produkte.

Skimming
von „to skim" (engl.) = abschöpfen

Neue Markenprodukte werden heute in immer kürzerer Zeit nachgeahmt und die Hersteller preispolitisch unter Druck gesetzt. Letztlich bedeutet dieser Preisdruck immer weniger ausgereifte und wenig innovative Produkte, da die Gewinnspannen für die Neuentwicklungen fehlen.

Weitere Strategien

Preisdifferenzierung: Wird die **gleiche Leistung zu unterschiedlichen Preisen** angeboten, so handelt es sich um eine Preisdifferenzierung. Eine Preisdifferenzierung ist nur dann erfolgreich, wenn die Teilmärkte mit den unterschiedlichen Preisen voneinander isoliert werden können. Nur so wird verhindert, dass die Hochpreiskäufer nicht auf die Niedrigpreismärkte ausweichen. Diese Voraussetzung lässt sich in der Praxis nicht durchgehend realisieren. Dennoch ist die Preisdifferenzierung für viele Unternehmen ein wirksames Instrument der Preispolitik.

Häufig sollen durch die Preisdifferenzierung neue, zusätzliche Kundengruppen zum Kauf der Waren bewegt werden, um den Unternehmenserfolg zu erhöhen. Die Preisdifferenzierung kann dabei auf sehr verschiedene Arten realisiert werden. Welche Form konkret gewählt wird, hängt vom Sortiment und der Branche ab.

zeitliche Differenzierung	Eine Leistung wird zu verschiedenen Zeiten unterschiedlich teuer angeboten (z. B. Saisonpreise bei Reisen).
räumliche Differenzierung	Eine Leistung wird an verschiedenen Orten zu unterschiedlichen Preisen verkauft (z. B. unterschiedliche Mietpreise in Großstädten und ländlichen Gebieten).
personelle Differenzierung	Je nach Kundengruppe werden für die gleiche Leistung unterschiedliche Preise verlangt (z. B. Mitarbeiterpreise, Schülertickets bei Verkehrsbetrieben).
mengenbezogene Differenzierung	Je nach abgenommener Menge erhält der Kunde einen günstigeren Preis (z. B. Mengenrabattstaffeln).
verwendungsbezogene Differenzierung	Je nach Verwendungszweck wird die gleiche Leistung zu unterschiedlichen Preisen verkauft (z. B. Strom- und Wassertarife für Endverbraucher und Industriebetriebe).
sachliche Differenzierung	Gleiche Leistungen werden in unterschiedlicher Aufmachung zu verschiedenen Preisen verkauft (z. B. No-Name-Ware bei Discountern, die von Markenwarenherstellern produziert wurde).

Dauerhafte Angebote unter Einstands-/Bezugspreis sind laut UWG wettbewerbswidrig.

Marktdurchdringungspolitik: Bei der Einführung neuer Produkte in seinem Sortiment versucht das Autohaus, zunächst durch niedrige Preise im gesamten Markt viele Marktanteile zu gewinnen. Wenn das Produkt gut eingeführt und vielen Kunden bekannt ist, werden die Preise langsam angehoben.

Marktabschöpfungspolitik: Hier versucht das Autohaus, bei der Einführung neuer Produkte zunächst sehr hohe Preise am Markt durchzusetzen, um seine Alleinstellung auszunutzen und damit hohe Umsätze zu erzielen. Wenn im Laufe der Zeit die Zahl der Händler, die ebenfalls dieses Produkt anbieten, zunimmt, werden die Preise langsam gesenkt, um wettbewerbsfähig zu bleiben.

Mischkalkulation Preisausgleichskalkulation

Ausgleichnehmer Produkte, die im Rahmen der Mischkalkulation mit Verlust verkauft werden

Ausgleichgeber Produkte, die im Rahmen der Mischkalkulation mit Gewinn verkauft werden

Politik des Preisausgleichs (auch *Mischkalkulation* genannt): Im Rahmen seiner Kalkulation legt das Autohaus für bestimmte Waren die Preise so fest, dass durch den Verkauf dieser Waren ein Verlust entsteht ***(Ausgleichnehmer)***. Durch den Gewinn für andere Waren wird dieser Verlust wieder ausgeglichen ***(Ausgleichgeber)***. Diese Strategie kann aufgrund der Konkurrenzsituation notwendig sein, wenn für die Verlustbringer am Markt keine höheren Preise erzielt werden können. Insgesamt sollte der Gewinn aber immer höher als die Verluste sein.

Exkurs: Preisbündelung

Bei der Preisbündelung werden verschiedene Artikel zu einem Gesamtpreis angeboten, der günstiger ist, als wenn man die Artikel einzeln kauft. Bei der reinen Bündelung werden die Artikel nur in einer festen Kombination angeboten und nicht einzeln verkauft. Bei einer gemischten Bündelung können die Artikel des Bündels auch einzeln – zu höheren Preisen – erworben werden. Bei einer Entbündelung werden Artikel eines ehemaligen Bündels wieder nur einzeln verkauft. Eine Preisbündelung ist sinnvoll, wenn die Zahlungsbereitschaft der Abnehmer z. B. für zwei verschiedene Artikel unterschiedlich ausgeprägt ist.

BEISPIEL

Die Autoland Murschall GmbH verkauft den STARCAR Estate als Sondermodell „Summer" mit Klimaautomatik, Lederlenkrad, Anhängerkupplung und Leichtmetallfelgen mit einem Preisvorteil von 1.450,00 € gegenüber der Zubehörpreisliste.

3.2.3 Konditionenpolitik

Konditionen sind kundenspezifische Preisnachlässe, Liefer- und Zahlungsbedingungen, zu denen ein Unternehmen seine Leistungen an den Kunden abgibt. Mithilfe der Konditionenpolitik kann sich ein Unternehmen von der Konkurrenz absetzen.

Rabattpolitik – Preisaufschläge

Ein Rabatt ist ein sofortiger Preisnachlass auf den Listenverkaufspreis, der bei Rechnungsstellung bereits abgezogen wird. Häufig sind in den Preislisten von Lieferanten wie der Aubros GmbH bereits mengenabhängige Rabatte eingepreist und ausgewiesen. In anderen Fällen muss ein ***kunden- oder auftragsspezifischer Rabatt*** generell oder im Einzelfall vereinbart werden (Bruttosystem).

Kundenrabattsatz ist dem Kunden bekannt

Darüber hinaus benötigt der Verkauf aber häufig zusätzlichen Handlungsspielraum für besondere Fälle. Er kann dabei auf verschiedene Rabattarten zurückgreifen:

Auftragsrabattsatz muss mit dem Kunden ausgehandelt werden

- **Treuerabatt** für langjährige Kunden
- **Sonderrabatte** für bestimmte Artikel (z. B. für ausgelistete Artikel, Abverkauf von Restmengen), für bestimmte Abnahmezeiträume (z. B. für Aktions- oder Saisonwaren) oder für die Abnahme einer vorgegebenen Großmenge
- **Jubiläumsrabatt** bei „runden Geburtstagen" des Unternehmens
- **Mitarbeiterrabatt** für Verkäufe an das eigene Personal (und oft an weitere Personen, z. B. Familienangehörige)
- **Naturalrabatt:** Der Nachlass wird nicht als Geld-, sondern als Warenleistung gewährt. Bei der **Draufgabe** bezahlt der Kunde die von ihm gewünschte Ware und bekommt zusätzliche Ware gratis. Bei der **Dreingabe** bezahlt der Kunde nur einen Teil der von ihm gewünschten Ware. Der Rest der Ware ist gratis.
- **Bonus:** Ein Bonus ist ein nachträglicher Preisnachlass auf den vom Kunden innerhalb einer Periode (z. B. pro Quartal, Halbjahr oder Geschäftsjahr) realisierten Umsatz. Bonus-Vereinbarungen dienen häufig der Kundenbindung und der Umsatzsteigerung.

Lieferungsbedingungen

Lieferungsbedingungen ☞ Band 1, LF 3, S. 212

Grundsätzlich – falls im Kaufvertrag nichts Abweichendes vereinbart wurde – trägt der Käufer die Kosten der Transportverpackung und für die Lieferung (Fracht, Paketgebühren, Transportversicherungen usw.). Es können jedoch kunden- oder auftragsspezifische Sondervereinbarungen getroffen werden. Möglich sind eine Aufteilung der Kosten zwischen Käufer oder Verkäufer oder die völlige Übernahme der Kosten durch den Verkäufer (Frei-Haus-Lieferung). Auch Lieferungen in unüblich kurzer Zeit oder Verpackungs- oder Versandkostenpauschalen (Zuschläge) zur Verhinderung von Kleinbestellungen gehören zu den Lieferungsbedingungen.

BEISPIEL

So hat die Aubros GmbH für viele Artikel eine Mindestabnahmemenge festgelegt, die nicht unterschritten werden kann, da die Verpackungseinheiten nicht geöffnet werden dürfen. Mindermengenzuschläge außerhalb der Staffelpreise sind damit nicht möglich. Allerdings beträgt der Mindestbestellwert je Auftrag ohne Zuschlag 500,00 € netto. Bei einem Netto-Auftragswert unter 500,00 € wird zusätzlich ein pauschaler Zuschlag von 25,00 € berechnet (Mindermengenzuschlag). Bei Aufträgen mit einem Warenwert bis 250,00 € wird zusätzlich eine Verpackungskostenpauschale von 12,50 € in Rechnung gestellt.

Zahlungsbedingungen
☞ LF 3, S. 203 f., 212

Zahlungsbedingungen

Sind Rabatte und Lieferungsbedingungen vereinbart, wird über Skonto verhandelt. Skonto ist ein nachträglicher Preisnachlass, bezogen auf den Zielverkaufspreis. Voraussetzung ist die Zahlung innerhalb einer Skontofrist. Die Zahlungsbedingungen legen damit gleichzeitig das Zahlungsziel sowie die Art der Zahlung fest (z. B. 2 % Skonto innerhalb 10 Tagen, sonst 30 Tage ohne Abzug). Auch Vorauszahlungen, Anzahlungen, Ratenzahlungen oder extrem lange Zahlungsziele können in Kaufverträgen vereinbart werden.

3.2.4 Preis- und Konditionen-Mix

Übliche Preisnachlässe wie Rabatte und Skonti sind in der Kalkulation eines Autohauses immer in den Listenverkaufspreisen, die den Kunden bekannt sind, fest einkalkuliert.

Vorwärtskalkulation
☞ LF 10, Kap. 1.3.1

Verkaufskalkulation (Vorwärtskalkulation):			
Selbstkosten		1.000,00 €	(100 %)
+ Gewinnzuschlag	15 %	150,00 €	(von Hundert)
= Barverkaufspreis (BVP)		1.250,00 €	(98 % des ZVP)
+ Kundenskonto	2 %	23,47 €	(im Hundert)
= Zielverkaufspreis (ZVP)		1.173,47 €	(80 % des LVP)
+ Kundenrabatt	20 %	239,37 €	(im Hundert)
= Listenverkaufspreis (LVP)		1.466,84 €	

Berechnungen:

Gewinnzuschlag = Selbstkosten · Gewinnzuschlag in %

$$\text{Kundenskonto in €} = \frac{\text{Barverkaufspreis} \cdot \text{Skontosatz in \%}}{(1 - \text{Skontosatz in \%})}$$

$$\text{Kundenrabatt in €} = \frac{\text{Zielverkaufspreis} \cdot \text{Rabattsatz in \%}}{(1 - \text{Rabattsatz in \%})}$$

Werden für einen kundenspezifischen Auftrag bei konstanten oder steigenden Selbstkosten Sonderkonditionen (z. B. zusätzliche Preisnachlässe, Übernahme der gesamten Lieferungskosten, überlange Zahlungsziele) vereinbart, kann es schnell zu Gewinnreduzierungen oder sogar zu einem Verlust aus diesem „Geschäft" kommen.

Differenzkalkulation
☞ LF 10, Kap. 1.3.5

Gewinnkalkulation (Differenzkalkulation hier mit Verlust):		
Listenverkaufspreis		1.466,84 €
– Kundenrabatt	30 %	440,05 €
= Zielverkaufspreis		1.026,79 €
– Kundenskonto	2 %	20,54 €
= Barverkaufspreis		1.006,25 €
– Selbstkosten (einschl. 50,00 € Versandkosten)	20 %	1.050,00 €
= Verlust		–43,75 €

Nachträgliche Preisverhandlungen oder Änderungen bei den Lieferungs- oder Zahlungskonditionen können für das Autohaus problematisch werden. Im obigen Beispiel würde eine Erhöhung des Rabattsatzes auf 30 % den Gewinn fast völlig „aufbrauchen“ (Restgewinn noch 6,25 €). Würden zusätzlich z. B. noch die Versandkosten in Höhe von 50,00 € vom Verkäufer freiwillig übernommen, entstünde ein Verlustgeschäft.

Preisverhandlungen mit Kunden können nur dann sinnvoll geführt werden, wenn das Autohaus seine Kalkulation genau kennt.

Dabei kann es durchaus einige Artikel geben, bei denen der übliche Gemeinkostenzuschlagsatz nicht realisiert werden kann und die somit nicht den erwarteten Gewinn abwerfen. Dieser „Verlust“ muss durch Artikel ausgeglichen werden, die zu einem höheren als dem kalkulierten Preis abgesetzt werden können. Man bezeichnet die verlustreichen und gewinnträchtigen Artikel als **Ausgleichnehmer** und **Ausgleichgeber.**

3.3 Servicepolitik

Durch die Servicepolitik entscheidet das Autohaus über die Art und den Umfang seiner Serviceleistungen. Vereinzelte Servicemaßnahmen des Autohauses, z. B. Kartenzahlung, Hol- und Bringservice, Wartezone mit Zeitschriften und Kaffeeautomat, Kinderspielecken u. Ä., reichen als Kundendienstleistungen nicht aus, um sich von den Mitbewerbern abzusetzen. Solche Serviceleistungen werden von den Kunden oft als selbstverständlich erachtet und tragen nur wenig zur Kundenbindung bei.

BEISPIEL

Die meisten Autohändler wickeln Kundenwünsche nach Umtausch einwandfreier Ware kulant ab. Viele Verbraucher sind deshalb der Meinung, dass sie ein Umtauschrecht hätten und empfinden demzufolge den Kulanzumtausch nicht als besondere Serviceleistung.

Das Autohaus verkauft nicht nur Produkte, sondern auch Dienstleistungen. Das Verkaufsgespräch ist so eine Dienstleistung, die der Kunde mit einem möglicherweise höheren Preis gerne honoriert – schützt ihn die qualifizierte Beratung doch vor einem Fehlkauf und sorgt sie zudem dafür, dass er das Produkt problemlos in Betrieb nehmen kann.

Für das Autohaus birgt ein umfangreiches Serviceangebot immer ein großes Dilemma. Serviceleistungen verursachen Kosten, die das Autohaus über seine Erlöse erwirtschaften muss. Serviceleistungen bringen aber Nutzen, denn neben dem Produktpreis ist die Serviceleistung der wohl wichtigste Maßstab für die Wahl einer Einkaufsstätte. Diesen Zwiespalt muss das Autohaus lösen, damit es seinen Unternehmenserfolg dauerhaft optimieren kann.

Welche Serviceleistungen kann ein Autohaus bewerben?
Lange Öffnungszeiten, Café-Ecke mit Zeitungen und Zeitschriften, Hol- und Bringservice, Wagenwäsche nach jedem Werkstattbesuch sind Dienstleistungen, die viele Kunden heutzutage als selbstverständlich erachten. Darüber hinaus gibt es aber vielfältige Serviceleistungen, die ein Autohaus erbringen kann. Eine sichtbare Werbung informiert zudem potenzielle Kunden schon vorab über das vielfältige Angebot.

Qualitätszertifikat

Durch die Erfüllung besonderer Leistungsstandards hat sich der Kfz-Betrieb

Autoland Murschall GmbH
Plittersdorfer Straße 48
53173 Bonn

als qualifizierter Partner im Gebrauchtwagengeschäft ausgezeichnet. Kriterien für die Verleihung des Zertifikats sind insbesondere:

- die Qualität der Fahrzeuge
- die fachmännische Beratung
- die umfangreichen Garantie- und Serviceleistungen

Josef Walenciak
STARCAR AG

Margarete Weiland
STARCAR AG

Auch können z. B. Meisterbriefe und Diplome an der Infotheke, im Ausstellungsraum und den Verkäuferbüros Auskunft über die erworbenen Qualifikationen der Mitarbeiter geben und somit Vertrauen schaffen.

Aber wie kann ein Autohaus noch seine Kompetenz unter Beweis stellen, da Papier bekanntermaßen geduldig ist und noch nichts über den realen Umgangston aussagt? Neben den Selbstverständlichkeiten wie Sauberkeit der Räumlichkeiten, gute Erreichbarkeit, freundliches und kompetentes Personal, sind Informationen von „Externen“ am aussagekräftigsten. Dazu gehören vor allem die Mundpropaganda von zufriedenen Kunden und das Abschneiden bei Qualitätsuntersuchungen von unabhängigen Institutionen oder Organisationen, den sogenannten Werkstatttests.

Ein positiv ausgefallener Werkstatttest ist sicherlich ein Aspekt, den das Autohaus werblich hervorheben kann. Dabei sind die Tests danach zu unterscheiden, wer sie in Auftrag gegeben hat.

Zum einen gibt es regelmäßige Überprüfungen der Vertragshändler durch ihre Hersteller, die in der Regel von externen Dienstleistern durchgeführt werden, sodass dem Hersteller nicht unterstellt werden kann, aus Gefälligkeit ein besonders gutes Ergebnis zu attestieren. Dabei werden nach einem bestimmten Kriterienkatalog die Leistungen, der Service und das Auftreten der Mitarbeiter bewertet. Ein sehr gutes Abschneiden sorgt für ein gutes Klima zwischen Hersteller und Händler und wird außerdem mit Titeln wie dem „Goldenen Schraubenschlüssel" belohnt.

Beim Werkstatttest 20XY hat die
Autoland Murschall GmbH
mit der Bewertung

„herausragend"

abgeschnitten.
Daher verleihen wir der
Autoland Murschall GmbH
den

„Goldenen Schraubenschlüssel 20XY".

In Anerkennung für diese Leistung für die
STARCAR AG, Dortmund

Margarete Weiland
Geschäftsführerin
Dortmund, 21. September 20XY

Des Weiteren gibt es die publicity-wirksamen Tests von Autozeitschriften und Fernsehsendungen, bei denen Fahrzeuge z. B. mit zehn Fehlern versehen werden, die die Werkstatt ohne nähere Angaben zu möglichen Problemen entdecken soll. Bei solchen Tests scheint es aber häufig eher vom Zufall abzuhängen, ob der mit der Überprüfung beauftragte Mechaniker alle, oftmals kuriosen und nicht realitätsnahen Fehler, wie beispielsweise eine nicht ganz fest angezogene Schraube oder Klemme oder eine lose sitzende Sicherung, entdeckt.

Ein schlechtes Abschneiden ist selbstverständlich nicht wünschenswert, sagt aber aufgrund der Beliebigkeit eher wenig über das tatsächliche Leistungsvermögen der Mitarbeiter des Betriebes aus.

Die bei diesen Tests oftmals mit geprüften Leistungen wie z. B. Erscheinungsbild der Werkstatt bzw. des Autohauses, Freundlichkeit des Personals, Wartezeiten, Einhaltung von Terminzusagen und des zugesagten Kostenrahmens sowie Erläuterung der Werkstattrechnung wiegen jedenfalls bedeutend mehr, als die Anzahl der gefundenen Fehler – es sei denn, es handelt sich dabei um schwerwiegende oder sicherheitsrelevante Mängel, die grundsätzlich nicht unentdeckt bleiben dürfen.

Eine interessante Frage, die sich aus solchen Werkstatttests ergibt, ist, ob eine Vertragswerkstatt aufgrund eines schlechten Testergebnisses Sanktionen von ihrem Hersteller zu befürchten hat, wie z. B. die fristlose Kündigung des Servicevertrags.

Mit dieser Frage hat sich im Jahr 2010 das OLG Düsseldorf beschäftigt. Grund für die fristlose Kündigung waren die in der Zeitschrift „Auto-Bild" veröffentlichten Ergebnisse einer Vertragswerkstatt im Rahmen eines von der Zeitschrift initiierten Werkstatttests. Dabei hatte die Werkstatt keinen der sieben zum Teil sicherheitsrelevanten Mängel an einem von der DEKRA präparierten Testfahrzeug gefunden. An dem Testfahrzeug waren u. a. der Reifenfülldruck um 0,5 Bar gesenkt, ein Bolzen der Räderbefestigung gelöst und eine Bremsleitung ausgehängt worden.

Durch die schlecht ausgeführten Inspektionsarbeiten im Rahmen des durchgeführten Werkstatttests hat die Vertragswerkstatt nach Ansicht des OLG Düsseldorf ihre Verpflichtungen aus dem Vertragswerkstattvertrag so schwerwiegend verletzt und die Interessen des Importeurs so nachhaltig berührt, dass dessen sofortige Kündigung auch ohne vorherige Abmahnung gerechtfertigt gewesen sei.

Das OLG verwies darauf, dass es sich bei den präparierten Mängeln insgesamt um solche gehandelt habe, die anlässlich einer nach Herstellerangaben anhand von Inspektionsplänen ordnungsgemäß durchgeführten Wartung ohne Weiteres hätten gefunden werden können und auch müssen. So hätte beispielsweise die ausgehängte Bremsleitung schon bei der Erstdurchsicht bemerkt werden können.

LS 130

3.4 Kommunikationspolitik

Voraussetzung jeder Kaufentscheidung eines Kunden ist die Notwendigkeit, mit dem Autohaus Informationen auszutauschen. Mithilfe der Kommunikationspolitik versucht das Autohaus deshalb, eine Verbindung zwischen den Kunden und sich selbst herzustellen. Ziel der Kommunikationspolitik ist es, das (Kauf-)Verhalten potenzieller Kunden zu beeinflussen. Dazu kann sich das Unternehmen verschiedener Instrumente bedienen.

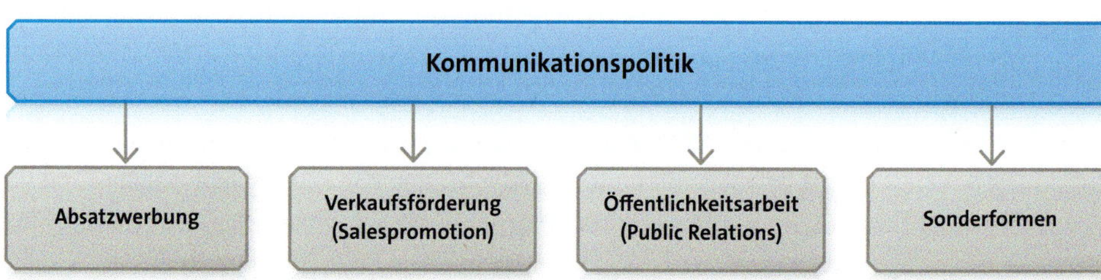

Instrumente der Kommunikationspolitik

3.4.1 Absatzwerbung

Werbung ist ein Kommunikationsprozess mit dem Kunden. Nach einem bestimmten Werbeplan gibt das Autohaus seinen Kunden unter Beachtung der Werbegrundsätze Informationen über Produkte und Dienstleistungen seiner Unternehmung.

Unter Absatzwerbung (im allgemeinen Sprachgebrauch kurz „Werbung" genannt) versteht man jede Kommunikation, die warenspezifische Informationen und Verhaltensempfehlungen an eine bestimmte Zielgruppe transportiert. Alle Werbemaßnahmen, die sich mit dem Absatz bzw. der Positionierung des Warenangebotes am Markt beschäftigen, gehören zur Absatzwerbung.

Häufig ist die Absatzwerbung auf eine breite Streuung und langfristige Wirkung angelegt. Je nach Zielsetzung des Unternehmens sollen mithilfe der Werbung Umsätze gesteigert bzw. Umsatzrückgänge vermieden oder neue Waren/Dienstleistungen bekannt gemacht werden.

Werbearten

Absatzwerbung lässt sich auf unterschiedliche Weise realisieren. Je nach Zielsetzung und den zur Verfügung stehenden Finanzmitteln nutzen Unternehmen die **Einzelwerbung** oder die **Kollektivwerbung.**

Einzelwerbung	Kollektivwerbung
Unternehmen wirbt allein	mehrere Unternehmen werben gemeinsam
gezielte Werbung mit dem Namen des Artikels bzw. des Unternehmens	Arten der Kollektivwerbung • Gemeinschaftswerbung • Sammelwerbung • Verbundwerbung
Kosten sind hoch	

Werbearten

Gemeinschaftswerbung: Eine ganze Branche wirbt gemeinsam, ohne einzelne Unternehmensnamen zu nennen (z. B. „die Milch macht's", „Beton. Es kommt darauf an, was man daraus macht."). Die Werbung wird durch freiwillige Beiträge der Branchenmitglieder finanziert und soll ein positives Bild der Branche vermitteln. Problematisch ist der Trittbrettfahrereffekt, d. h. auch Branchenmitglieder, die keine Beiträge gezahlt haben, profitieren vom Werbeeffekt. Ob die Werbung für das einzelne Unternehmen Erfolg gebracht hat, lässt sich in der Regel nicht zweifelsfrei feststellen.

Sammelwerbung: Viele Unternehmen z. B. einer Region werben gemeinsam unter Namensnennung aller beteiligten Unternehmen (z. B. Sammelwerbung an Flughäfen, Bahnhöfen oder am Ortseingang).

Verbundwerbung: Wenige (meist zwei) Unternehmen mit einem sich ergänzenden Angebot werben gemeinsam bei Namensnennung. Die Werbenden möchten vom guten Image des jeweiligen Verbundpartners profitieren (z. B. Waschmaschinen- und Waschmittelhersteller). Verbundwerbung lässt sich eher selten realisieren.

Werbebotschaft, Werbemittel, Werbeträger

Grundlagen der Kommunikation ☞ Band 1, LF 4, S. 280 ff.

Jede Kommunikation enthält eine Information, die der Sender (Verkäufer) dem Empfänger (möglicher Kunde) mitteilen möchte. Der Inhalt bei der absatzpolitischen Kommunikation heißt **Werbebotschaft.** Die Werbebotschaft soll beim möglichen Kunden ein gewünschtes Verhalten – meist den Kauf einer Unternehmensleistung – auslösen. Sie muss textlich, grafisch und/oder akustisch dargestellt werden. Da die Werbebotschaft das zentrale Element der Absatzwerbung ist, schalten viele Unternehmen professionelle Werbeagenturen ein, um die Inhalte möglichst wirkungsvoll und zielgerichtet zu formulieren und zu gestalten.

Bei der sogenannten Direktwerbung per Brief, E-Mail oder SMS sind die Vorschriften des UWG zu beachten. ☞ S. 377 ff.

Transportiert wird die Botschaft mithilfe eines **Werbemittels.** Werbemittel enthalten die eigentliche Werbebotschaft und sind gekennzeichnet durch Schrift, Bild oder Sprache. Damit die Werbebotschaft die möglichen Kunden auch erreicht, benötigt man ein Medium, das die mithilfe eines Werbemittels gestaltete Werbebotschaft an mögliche Kunden transportiert. Diese Medien heißen **Werbeträger.** Jedes Werbemittel hängt mit einem passenden Werbeträger zusammen: Werbebotschaft, Werbemittel und Werbeträger müssen unbedingt zielgruppengerecht aufeinander abgestimmt werden, um eine optimale Wirkung zu erzielen.

Werbemittel	Werbeträger
Inserat	Tageszeitung, Fachzeitschrift
Werbespot	Fernsehen, Radio
Plakat	Litfaßsäule
Homepage, E-Mail	Internet

Um über die Kosten eines Werbeträgers eine bessere Aussage treffen zu können, wird häufig auf den Tausenderpreis zurückgegriffen. Diese Kennzahl gibt an, wie teuer eine Werbemaßnahme ist, um 1 000 Personen der Zielgruppe per Sicht- und/oder Hörkontakt anzusprechen.

Tausenderpreis: $$\frac{\text{Preis je Seite}}{\text{Leser pro Ausgabe}} \cdot 1000$$

Die Preisliste der Fachzeitschrift „Autotester" weist einen Seitenpreis von 15.400,00 € aus. Laut Brancheninformation hat die Zeitschrift durchschnittlich eine Reichweite von 540.000 Lesern pro Ausgabe. Der Tausenderpreis lässt sich wie folgt ermitteln:

$$\frac{15.400\,€}{540.000} \cdot 1000 = 28{,}52\,€/1000 \text{ Leser}$$

Zu beachten ist, dass der Tausenderpreis nur eine Kostenvergleichsgröße ist und nichts über die zielgruppengerechte Auswahl der Zeitschrift besagt. Außerdem muss geprüft werden, wie häufig eine Zeitung oder Zeitschrift erscheint.

Die AIDA-Formel

Absatzpolitische Kommunikation möchte aufgrund der hohen Konkurrenz in erster Linie Aufmerksamkeit erregen, um anschließend möglichst eine Kaufhandlung auszulösen. Deshalb nutzt man im Rahmen der Werbung ein Grundprinzip moderner Kommunikationspsychologie, das diese Zielsetzung weitgehend unterstützt. Erfolgreiche Werbung folgt daher fast immer den folgenden vier Kommunikationsstufen:

A	Attention	Aufmerksamkeit erregen
I	Interest	Interesse an der Leistung wecken
D	Desire	Verlangen/Besitzwunsch wecken
A	Action	(Kauf-)Handlung auslösen

Je nach genutztem Werbeträger (Zeitung, Fernsehen, Radio) kommt der vierten Stufe (Action) unterschiedliche Bedeutung zu. Statt einer Kaufhandlung könnte z. B. auch eine Prospektbestellung als Aktion gewünscht sein. Das vierstufige Grundprinzip ist jedoch bei fast jeder Werbung sichtbar.

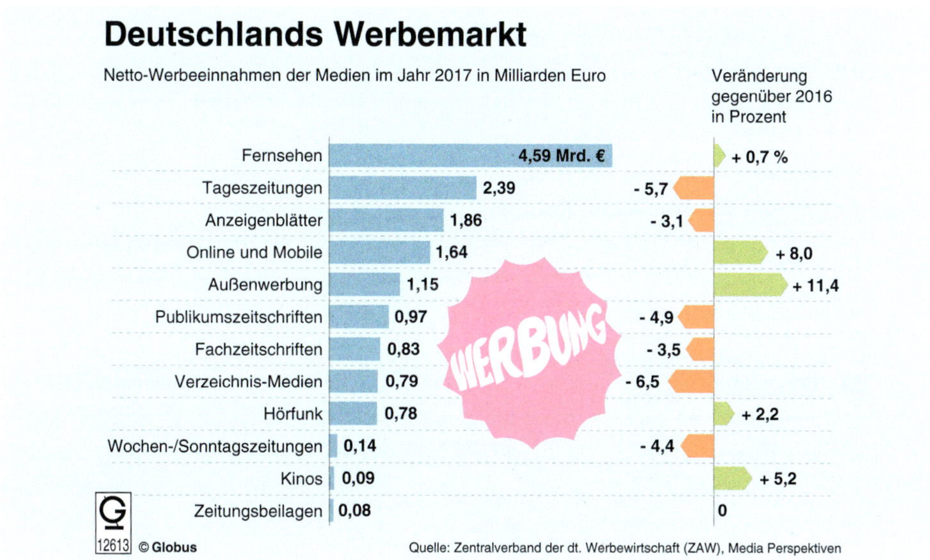

Werbeplanung

Absatzpolitische Kommunikation entsteht nicht zufällig oder spontan. Vielmehr wird sie genau geplant und läuft in einer bestimmten Reihenfolge ab. Folgende Aspekte müssen im Vorfeld festgelegt werden.

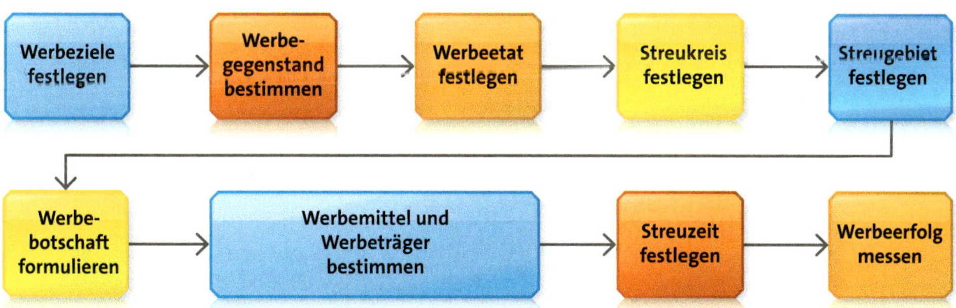

Werbeziele: Zu Beginn der Werbeaktion müssen sich die Verantwortlichen die Frage stellen, warum sie werben wollen, d. h. sie müssen sich über die konkreten Ziele der Werbemaßnahme klar werden. Die Einführung eines neuen Artikels oder die Erinnerung an einen bereits vorhandenen Artikel können Ziele sein.

Werbegegenstand: Viele Unternehmen vertreiben ein umfangreiches Sortiment. Deshalb muss das Werbeobjekt genau bestimmt werden: Soll ein einzelner Artikel, eine Warengruppe oder das komplette Sortiment beworben werden? Die Entscheidung hängt auch von der Stellung der einzelnen Artikel im jeweiligen Produktlebenszyklus ab.

Produktlebenszyklus
☞ Band 2, LF 6, S. 118 ff.

Werbeetat: Das Unternehmen muss festlegen, welche Finanzmittel für die Werbung zur Verfügung stehen sollen.

Streukreis: Ein Unternehmen muss sich vor der Realisierung einer Werbekampagne genau überlegen, welchen Personenkreis es umwerben will. So hätte z. B. eine Werbung für einen Supersportwagen bei Kindern wenig Aussicht auf Erfolg. Werbung, die eine falsche Zielgruppe erreicht, bedeutet eine Verschwendung finanzieller Mittel. Es kommt darauf an, die gewünschte Zielgruppe möglichst zielgruppengerecht anzusprechen.

Streugebiet: Nicht jede Werbung soll in einem größeren Umkreis erscheinen. Der lokale Supermarkt wird seine Waren nicht weit über die Stadtgrenzen hinaus anpreisen wollen, und der Autohändler in Düsseldorf ist kaum an einer Werbung in ganz Deutschland interessiert. Es kommt daher darauf an, den Werberadius an das Produkt und an die Werbeziele anzupassen. Streuverluste sind zu vermeiden.

Werbebotschaft: Bei der heutigen Flut verschiedenster Werbung entscheiden oftmals Kleinigkeiten darüber, ob eine Werbung bei der gewünschten Zielgruppe Beachtung findet. Da die Unternehmen dies genau wissen, oftmals aber nicht in der Lage sind, professionelle Werbung im eigenen Hause zu formulieren, werden für die Werbebotschaften häufig Werbeagenturen und professionelle Texter eingeschaltet.

Werbemittel und Werbeträger: Mit der Festlegung der Werbemittel und -träger bestimmt das Unternehmen, auf welche Weise die Informationen dem Kunden vorgestellt werden sollen.

Streuzeit: Die Streuzeit gibt an, zu welchem Zeitpunkt und wie lange die Werbung in dem entsprechenden Medium erscheinen soll. Die richtige Wahl des Werbezeitpunktes kann den Werbeerfolg maßgeblich beeinflussen. So hätte es z. B. wenig Sinn, bereits im Juni für Winterreifen zu werben. Im Rahmen der Mediaplanung wird gewährleistet, dass die Anzeigen und Spots zum gewünschten Zeitpunkt erscheinen (z. B. Kontakt zu den Zeitungen und Sendern herstellen, Erscheinungszeiträume buchen).

Zielgruppen

Zielgruppen werden häufig durch ihre soziodemografischen, psychografischen und verhaltensbeschreibenden Merkmale abgegrenzt. Eine Auswahl von entsprechenden Kriterien findet sich in der Tabelle:

soziodemografisch	psychografisch	verhaltensbeschreibend
• Geschlecht • Alter • Bildungsstand • Familienstand • Kinder • Einkommen	• Einstellungen • Werte und Normen • Hobbys • Vorlieben • Einstellung gegenüber dem Produkt	• Preisverhalten • Markengebundenheit • Einkaufsstätte • Informationsverhalten • Mediennutzung

Anhand dieser Merkmale können Märkte segmentiert werden, sodass Teilmärkte entstehen, auf denen der Unternehmer nun zielgruppengerecht zugeschnittene Marketingmaßnahmen durchführen kann. Die Ausrichtung auf Teilmärkte sorgt dafür, dass

- die Personengruppen angesprochen werden, für die das Produkt geschaffen wurde,
- die Kosten für diese Marketingmaßnahmen eingegrenzt werden,
- eine Übersättigung der Marktteilnehmer vermieden wird.

Weitergehende Modelle verbinden die oben getrennt aufgeführten Kriterien und verknüpfen soziodemografische Merkmale mit den Einstellungen, Werten und Vorlieben. Die so entstehenden Milieus werden im Folgenden näher beschrieben.

Die Sinus-Milieus® in Deutschland 2018

Hierbei werden nicht nur vordergründig Eingruppierungen vorgenommen (z. B. männlich, 25–40 Jahre), sondern es wird versucht, die einzelnen Personen ganzheitlich zu erfassen, um sich so in ihre Welt hineinzuversetzen und noch zielgenauer ansprechen zu können:

- An welchen Produkten ist der Kunde interessiert?
- Warum kauft der Kunde ein bestimmtes Produkt? (Ist es eine bestimmte Marke? Was verbindet er mit dieser Marke? Bleibt er dieser Marke treu?)
- Wie trifft der Kunde die Entscheidung zum Produktkauf? (Wie informiert er sich? Wo holt er die Informationen her? Lässt er sich dabei von anderen Personen beeinflussen?)

Somit kann ein Unternehmer auf bestimmte Gruppen zugeschnittene Produkte oder Produktvarianten bzw. Dienstleistungen anbieten, um sich auch aus der Masse der Anbieter abzuheben.

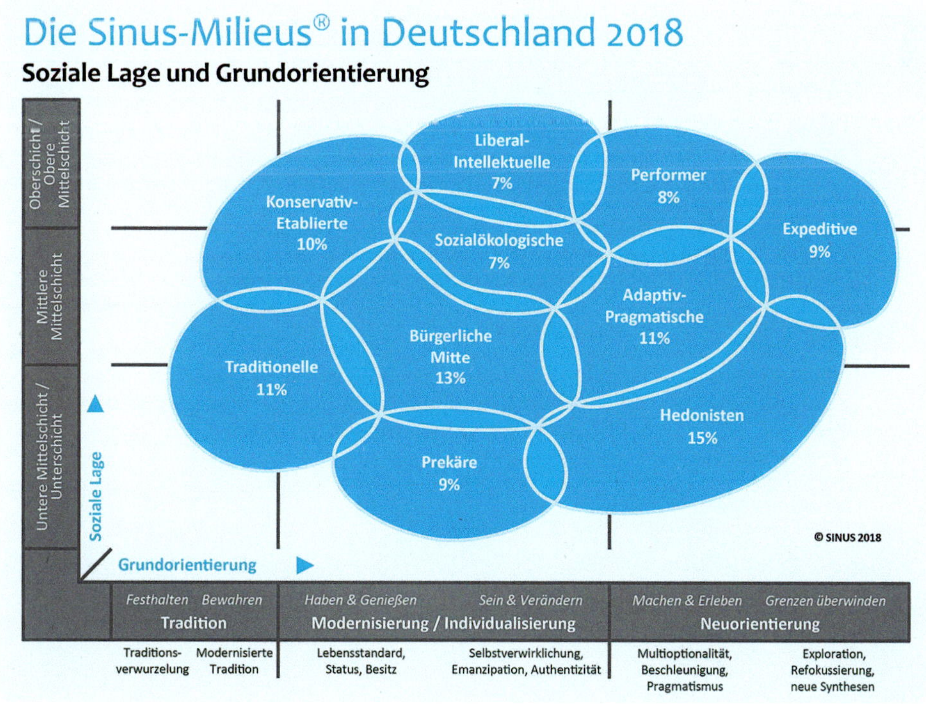

Nachfolgend werden die einzelnen Milieus näher beschrieben:

Kurzcharakteristik der Sinus-Milieus® 2018

Sozial gehobene Milieus	
Konservativ-etabliertes Milieu 10 %	Das klassische Establishment: Verantwortungs- und Erfolgsethik; Exklusivitäts- und Führungsansprüche, Standesbewusstsein; zunehmender Wunsch nach Ordnung und Balance
Liberal-intellektuelles Milieu 7 %	Die aufgeklärte Bildungselite: kritische Weltsicht, liberale Grundhaltung und postmaterielle Wurzeln; Wunsch nach Selbstbestimmung und Selbstentfaltung
Milieu der Performer 8 %	Die multi-optionale, effizienz-orientierte Leistungselite: globalökonomisches Denken; Selbstbild als Konsum- und Stil- Avantgarde; hohe Technik- und IT-Affinität; Etablierungstendenz, Erosion des visionären Elans
Expeditives Milieu 9 %	Die ambitionierte kreative Avantgarde: Transnationale Trendsetter – mental, kulturell und geografisch mobil; online und offline vernetzt; nonkonformistisch, auf der Suche nach neuen Grenzen und neuen Lösungen
Milieus der Mitte	
Bürgerliche Mitte 13 %	Der leistungs- und anpassungsbereite bürgerliche Mainstream: generelle Bejahung der gesellschaftlichen Ordnung; Wunsch nach beruflicher und sozialer Etablierung, nach gesicherten und harmonischen Verhältnissen; wachsende Überforderung und Abstiegsängste
Adaptiv-pragmatisches Milieu 11 %	Die moderne junge Mitte mit ausgeprägtem Lebenspragmatismus und Nützlichkeitsdenken: Leistungs- und anpassungsbereit, aber auch Wunsch nach Spaß und Unterhaltung; zielstrebig, flexibel, weltoffen – gleichzeitig starkes Bedürfnis nach Verankerung und Zugehörigkeit
Sozialökologisches Milieu 7 %	Engagiert gesellschaftskritisches Milieu mit normativen Vorstellungen vom „richtigen" Leben: ausgeprägtes ökologisches und soziales Gewissen; Globalisierungs-Skeptiker, Bannerträger von Political Correctness und Diversity (Multikulti)
Milieus der unteren Mitte / Unterschicht	
Traditionelles Milieu 11 %	Die Sicherheit und Ordnung liebende ältere Generation: verhaftet in der kleinbürgerlichen Welt bzw. in der traditionellen Arbeiterkultur; Sparsamkeit und Anpassung an die Notwendigkeiten; zunehmende Resignation und Gefühl des Abgehängtseins
Prekäres Milieu 9 %	Die um Orientierung und Teilhabe („dazu gehören") bemühte Unterschicht: Wunsch, Anschluss zu halten an die Konsumstandards der breiten Mitte – aber Häufung sozialer Benachteiligungen, Ausgrenzungserfahrungen, Verbitterung und Ressentiments
Hedonistisches Milieu 15 %	Die spaß- und erlebnisorientierte moderne Unterschicht / untere Mitte: Leben im Hier und Jetzt, unbekümmert und spontan; häufig angepasst im Beruf, aber Ausbrechen aus den Zwängen des Alltags in der Freizeit

prekär
schwierig, heikel

hedonistisch
auf Freude, Lust, Vergnügen ausgerichtet

Quelle: SINUS Markt- und Sozialforschung GmbH

Grundsätze der Werbung

Werbegrundsätze

Werbung soll Aufmerksamkeit erregen, um dadurch Kaufwiderstände zu reduzieren bzw. Kaufwünsche auszulösen. Um zu verhindern, dass um der Aufmerksamkeit willen übertriebene oder bewusst falsche Aussagen gemacht werden, sollten sich Unternehmen an bestimmte Grundsätze halten.

Wirksamkeit	Werbung muss zielgruppengerecht entwickelt werden, um einen möglichst großen Erfolg zu erzielen. Streuverluste sind zu vermeiden.
Wahrheit und Klarheit	Werbung darf keine falschen oder irreführenden Angaben zu den angepriesenen Leistungen machen. Zwar sollen die Waren im positiven Licht erscheinen, dies darf aber nur in sachlich einwandfreiem Rahmen geschehen.
Wirtschaftlichkeit	Werbung muss immer in einem wirtschaftlichen Verhältnis zu dem erzielten Erfolg stehen. Das heißt, der zusätzliche Erfolg (z. B. Umsatzwachstum) muss deutlich höher sein als die Werbekosten.
gesellschaftliche Akzeptanz	Werbung sollte gesellschaftliche Wertvorstellungen nicht missachten oder Minderheiten zwecks Effekthascherei missbrauchen (Moral). Auch das Beachten von Gesetzen (Gesetz gegen den unlauteren Wettbewerb) gehört natürlich dazu.

Nicht alle Unternehmen halten sich an diese Werbegrundsätze. Deshalb hat die Werbebranche freiwillig ein Kontrollgremium installiert, den **deutschen Werberat.** Die Branche kann so selbst Werbung für anstößig erklären, die rechtlich nicht einschränkbar wäre, z. B. weil die Werbenden sich erfolgreich auf die Kunst- und Meinungsfreiheit berufen könnten. Der Werberat prüft und ahndet besonders weitreichende Verstöße gegen die Werbegrundsätze. Besonders häufig werden dabei sexistische Werbungen gerügt. Auch z. B. diskriminierende Werbung verstößt gegen die Werbegrundsätze.

www.werberat.de

***BEISPIELE** für vom deutschen Werberat gerügte Werbung*

- *Ein Händler von Tierfutter warb mit Bildern einer fast nackten Frau und dem Begriff „Frischfleisch". Diese Werbung stufte der Werberat als sexistisch ein.*
- *Ein Berliner Unternehmen ließ Plakate mit den Bildern eines sehr jungen und dünnen Models in Unterwäsche veröffentlichen. Das Mädchen wirkte teilnahmslos und berauscht oder sogar süchtig. Darüber prangte der Schriftzug „Heroin Kids". Der Werberat begründete seine Rüge mit einer möglichen Entwicklungsbeeinträchtigung für Jugendliche, die von der Werbung ausgehen könne.*

Juristische Konsequenzen haben die Ahndungen des Werberates jedoch nicht. Zum Schutz von Mitbewerbern und Verbrauchern hat der Gesetzgeber ein **Gesetz gegen unlauteren Wettbewerb (UWG)** erlassen.

UWG ☞ S. 377 ff.

Daneben gilt es, das **Verbraucherinformationsgesetz (VIG)** zu beachten. Bereits 2001 verabschiedete der Bundestag das **Gesetz über die Bereitstellung von Verbraucherinformationen beim Marketing für neue Personenkraftwagen** (kurz Pkw-VIG), durch das die Automobilbranche verpflichtet wurde, bei allen Werbemaßnahmen die CO_2-Emission und den Treibstoffverbrauch der beworbenen Fahrzeuge anzugeben.

Noch mehr Verbraucherschutz versprach sich die Bundesregierung vom **Gesetz zur Verbesserung der gesundheitsbezogenen Verbraucherinformation,** das am 1. Mai 2008 in Kraft trat. Darin wird geregelt, dass Verbraucher Anspruch auf Informationen über Produkte haben und diese auch erhalten sowie Behörden gezielt Informationen an die Verbraucher weitergeben können. Es handelt sich dabei um Produkte aus den Bereichen Lebens- und Futtermittel, Wein, Kosmetika und Bedarfsgegenstände. Zu den Informationen gehören z. B. Daten über die Inhaltsstoffe und über Herstellungsbedingungen, aber auch über Verstöße gegen den Verbraucherschutz, das Überschreiten von Grenzwerten und öffentliche Warnungen sowie Produktrückrufe.

3.4.2 Verkaufsförderung (Salespromotion)

Point of Sale
Ort des Verkaufs

Die Maßnahmen der Verkaufsförderung haben im Gegensatz zur Werbung einen kurzfristigen Charakter und sind am ***Point of Sale*** (POS) zeitlich begrenzt. Salespromotions können die Werbung ergänzen oder manchmal sogar ersetzen, sind aber immer – wie auch die Werbung – auf das Produkt gerichtet. Besonderes Kennzeichen der Verkaufsförderung ist die möglichst direkte Kommunikation mit dem Kunden, wobei der schnelle Absatzerfolg gesucht wird.

Häufig werden Maßnahmen der Verkaufsförderung auch durch die Produkthersteller, insbesondere von Markenartikeln, durchgeführt. Aber auch der Automobilhandel greift auf die verschiedenen Möglichkeiten der Verkaufsförderung zurück. Je nachdem, wer durch die Aktion angesprochen wird, unterscheidet man drei Arten der Verkaufsförderung:

Arten der Verkaufsförderung

Kundenpromotion	Händlerpromotion	Mitarbeiterpromotion
Angesprochen werden Kunden bzw. Endverbraucher, um den Absatz kurzfristig zu steigern.	Am Verkauf beteiligte Personen (Autohändler, Verkäufer) erhalten Unterstützungsmaßnahmen, um die Ware bevorzugt zu empfehlen und zu verkaufen.	Zielgruppe ist der eigene Vertrieb, z. B. Außendienstmitarbeiter bzw. Reisende.
• Produktvorführungen • Aktionen mit Prominenten • Gewinnspiele, Gutscheine, Preisausschreiben • Tag der offenen Tür, Jubiläumsveranstaltungen	• Schulungen • Prämiensysteme • Informations- und Werbematerial • Verkaufsdisplays	• Schulungen • Prämien • Prospekte

Vorteile der Verkaufsförderung:
- gezielte Kundenauswahl
- direkte Ansprache
- schnelle Wirkung
- subtile Form der Beeinflussung durch direkten Kontakt

Nachteile der Verkaufsförderung:
- geringe Streubreite
- nicht bei allen Waren und Zielgruppen einsetzbar
- hoher Arbeitsaufwand, hohe Kosten

Zur Verkaufsförderung im Autohaus zählt z. B. die Einladung der Verkäufer zur Vorstellung eines neuen Modells. Diese Produktvorstellung findet häufig in sonnigen Urlaubsgebieten statt, verbunden mit dem Aufenthalt in einem schönen Hotel. Die Verkäufer erhalten die Gelegenheit, das neue Fahrzeug ausgiebig in der reizvollen Landschaft zu testen. Der immense Aufwand für solche Aktionen soll sich durch die Verbundenheit und die starke Assoziation des Verkäufers mit der ausgefallenen Produktpräsentation bezahlt machen. Das Ziel ist, dass der Verkäufer in zukünftigen Verkaufsgesprächen die Kunden an seiner Begeisterung teilhaben lässt und somit überzeugender auftritt.

3.4.3 Öffentlichkeitsarbeit (Public Relations)

Unter Öffentlichkeitsarbeit (Public Relations) versteht man Kommunikationsmaßnahmen, die Informationen zur Imagepflege des Unternehmens transportieren und nicht direkt auf eine Absatzerhöhung ausgerichtet sind. Frei nach dem Motto: „Tue Gutes – und rede darüber." Diese Art der Kommunikation ist nicht auf bestimmte Warengruppen oder Artikel bezogen. Im Mittelpunkt steht **das Unternehmen als Ganzes.** Die Öffentlichkeitsarbeit hat damit eine eher indirekte Wirkung auf den Unternehmenserfolg.

Maßnahmen der Öffentlichkeitsarbeit können z. B. sein:

- Betriebsbesichtigungen
- Unterstützung gemeinnütziger Einrichtungen (Kindergarten, Seniorenwohnheim, Krankenhaus) oder von Sportvereinen
- Umweltschutzmaßnahmen
- Veröffentlichungen, Kundenzeitschriften, Pressemitteilungen
- Tag der offenen Tür
- Informationsmaterial für Schulen

Unabhängig von der konkreten Maßnahme soll die Öffentlichkeitsarbeit bei allen Marktpartnern ein positives Bild vom Unternehmen bewirken. Zu den Marktpartnern gehören z. B. Lieferanten, Banken, Versicherungen, Behörden und auch die Wettbewerber.

AUTOLAND GMBH
MURSCHALL

PRESSEMITTEILUNG

Autohaus Murschall GmbH sponsert auch in diesem Jahr das A-Junioren-Team des 1. Bonner Fußball Clubs

Nach der letzten überaus erfolgreichen Saison des A-Junioren-Teams des 1. Bonner FC, die mit dem Aufstieg in die Bezirksliga endete, gilt es nun, sich in der neuen Spielklasse zu etablieren.

Wie in den vergangenen Spielzeiten, sponsert die Autohaus Murschall GmbH auch in dieser Saison das A-Junioren-Team des 1. Bonner FC. Neben einer Spende in Höhe von 2.500,00 €, erhält das Team für die anstehende Spielzeit einen vollständigen Satz neuer Trikots – inkl. zweier Torwart-Sets und 20 Trainingsbällen.

Mittlerweile blicken die Autohaus Murschall GmbH und der 1. Bonner FC auf eine langjährige Sponsoring-Zusammenarbeit zurück. Wir freuen uns daher sehr, auch in dieser Saison wieder einen wichtigen Beitrag zur Unterstützung des sportlich so erfolgreichen A-Junioren-Teams des 1. Bonner FC leisten zu können.

Presseinformationen
Marion Müller
Autoland Murschall GmbH
Plittersdorfer Str. 48
53173 Bonn

Tel.: 0228 90035379-15
Fax: 0228 90035379-19

info@autoland-murschall.de

Bonn, 10. Juli 20XY

www.autoland-murschall.de

3.4.4 Sonderformen

Sponsoring

Fördern Unternehmen Veranstaltungen, Organisationen, Gruppen oder einzelne (prominente) Personen, so spricht man von **Sponsoring.** Unterstützt werden in der Regel

- kulturelle
- sportliche
- soziale oder
- umweltbezogene Projekte.

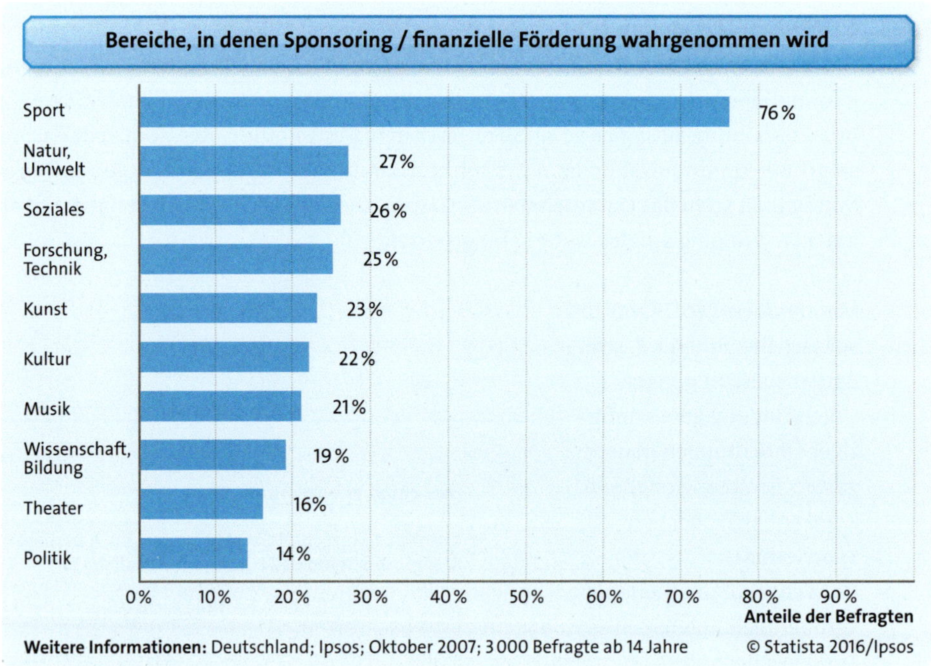

Neben der Förderung durch Geldmittel kann der Sponsor (Förderer) auch Sachmittel zur Verfügung stellen. Der Unterstützte muss dafür eine Gegenleistung erbringen, z. B. den Unternehmensnamen auf dem Hemd tragen. Beim Sponsoring steht vor allem das **langfristige Unternehmensimage** im Vordergrund. Eine direkte Absatzsteigerung wird nicht angestrebt.

In den letzten Jahren haben zwei Formen immer mehr an Bedeutung gewonnen:

- **Programmsponsoring im Fernsehen:** Die Ausstrahlung von einzelnen Sendungen und Serien wird von Unternehmen mitfinanziert. Als Gegenleistung wird vor und nach dem Programm das Logo und der Name des Sponsors eingeblendet.
- **Productplacement:** Unternehmen zahlen hierbei dafür, dass ihre Produkte in Filmen oder in Fernsehsendungen gezielt wiederholt im Bild gezeigt werden. Für den Zuschauer soll das Erscheinen des Produktes wie selbstverständlich aussehen. Das Produkt wird in die Handlung eines Spielfilmes einbezogen oder werbewirksam platziert. Gerade aus dem Automobilbereich gibt es dafür berühmte Beispiele: James Bond fuhr bis in die jüngere Vergangenheit häufig Aston Martin, danach stattete BMW den Filmhelden ebenso aus wie im Film „Transporter". Und in den 1970er Jahren drehte sich die komplette „Herbie"-Filmreihe um einen VW-Käfer. Ohne dass jeweils direkt für das Produkt geworben wird, sollen die Eigenschaften des Protagonisten von den Zuschauern auf das derart platzierte Produkt übertragen werden.

> **BEISPIEL**
>
> *Ein Autohaus sagt dem örtlichen Handballverein jährlich eine bestimmte Summe zu. Dafür nennt der Hallensprecher an jedem Spieltag den Namen des Autohauses immer im Zusammenhang mit einem Torerfolg der heimischen Mannschaft.*

Direktmarketing

Beim Direktmarketing versucht das Autohaus durch die direkte Ansprache eines möglichen Kunden, sofort auch eine entsprechende Antwort zu erhalten. Das Direktmarketing ist eine Vorstufe zum Direktvertrieb und beinhaltet eine Vielzahl von Möglichkeiten zur Umsetzung. So ist z. B. der Einsatz von Callcentern ein praktikables Mittel, um von potenziellen Kunden im persönlichen Telefongespräch Informationen zu erhalten und auf spezielle Bedürfnisse einzugehen.

Allerdings hat der Gesetzgeber den Möglichkeiten des Direktmarketings rechtlich enge Grenzen gesetzt. So sind vom Kunden nicht genehmigte Anrufe von Callcentern seit 2009 grundsätzlich verboten.

3.5 Customer-Relationship-Management (CRM)

In jedem Autohaus gibt es tagtäglich viele Kundenkontakte. Die dabei entstehenden Informationen können zusammengefasst und den verschiedenen Unternehmensbereichen für die Entscheidungsfindung zur Verfügung gestellt werden. ***Customer-Relationship-Management*** pflegt alle Kundeninformationen und Kundenbeziehungen. CRM ist daher das entscheidende Argument für die Erzeugung einer festen Kundenbindung, aber es können auch neue Kunden geworben und gefunden werden. Trotz des englischen Namens ist CRM nichts Neues, sondern wurde vor etlichen Jahrzehnten von den Tante-Emma-Läden hervorragend eingesetzt. Die kümmerten sich auch über den Verkauf hinaus um ihre Kunden.

Customer-Relationship-Management
Kundenbeziehungsmanagement

CRM macht Marketing „persönlich"!

> **BEISPIEL**
>
> *„Tante Emma" kannte ihre Kunden genau. Sie wurden mit ihrem Namen begrüßt und im Laufe des Verkaufsgespräches auf die Artikel aufmerksam gemacht, von denen „Tante Emma" wusste, dass sie den Kunden interessieren.*

Beschwerdemanagement
Ein System von Maßnahmen, das sicherstellen soll, dass auf Kundenbeschwerden richtig eingegangen wird. Ziel ist es, die Kundenzufriedenheit wiederherzustelllen und die Beziehung zum Kunden zu festigen.
☞ Band 1, LF 4, S. 334 ff.

WWS
Abkürzung für „Warenwirtschaftssystem"; ein computergestütztes System, das die Warenströme und Geschäftsprozesse in einem Unternehmen abbildet

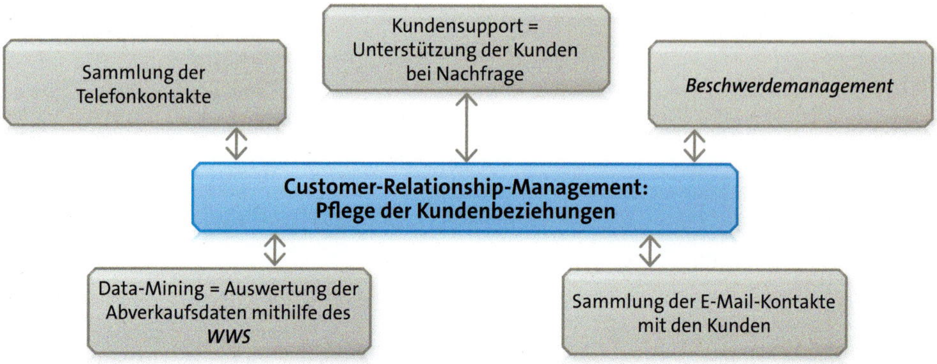

Alle Kundendaten werden in einer Datenbank mit einer entsprechenden Software gesammelt und sortiert. Diese Software kann anhand der gesammelten Kundendaten sogar Vorschläge für Direct Mailings oder Telefonaktionen machen. Auch wenn die Daten im Unternehmen erhoben und genutzt werden, muss bei der Speicherung und Verarbeitung der persönlichen Kundendaten der Datenschutz gewahrt werden.

Entscheidend im Zentrum der Kommunikation bleibt aber der Mensch: der engagierte Mitarbeiter, der sich mit seinem Unternehmen und seiner Tätigkeit identifiziert.

3.6 Corporate Identity (CI)

Corporate Identity
Unternehmensleitbild, Unternehmenspersönlichkeit

Im Rahmen der ***Corporate Identity*** wird die Unternehmensidentität („Wer sind wir?") festgelegt. Dabei werden die Unternehmenspersönlichkeit und das äußere Erscheinungsbild eines Unternehmens (Image) bestimmt. Corporate Identity verbindet im günstigen Falle alle bisher genannten Marketingmaßnahmen zu einem einheitlichen Unternehmensleitbild. Die Corporate Identity wird von und durch die Mitarbeiter innerhalb und außerhalb des Unternehmens in einem einheitlichen Auftritt mitgeteilt und vermittelt. Alle Marketingmaßnahmen lassen sich immer auf die Unternehmensphilosophie, also die Leitidee der Unternehmung, zurückführen.

Die folgenden drei Sätze umschreiben die Idee der Corporate Identity sehr gut:
- Wir müssen das, was wir denken, auch sagen.
- Wir müssen das, was wir sagen, auch tun.
- Wir müssen das, was wir tun, dann auch sein.

Damit wird die Corporate Identity also in drei Bereichen wirksam:
- dem Corporate Design (Erscheinungsbild, Logo)
- der Corporate Communication (Anzeigen, Plakate, Internetauftritt, Tag der offenen Tür)
- dem Corporate Behaviour (Verhalten gegenüber Kunden, Lieferanten und auch Mitarbeitern)

Corporate Identity hat damit **nach außen** folgende Ziele:
- das Unternehmen mit einem unverwechselbaren Profil versehen
- die Kompetenz des Unternehmens formulieren und hervorheben
- den Unternehmenserfolg sicherstellen und ausbauen

- den Bekanntheitsgrad des Unternehmens erhöhen
- das Unternehmen im Wettbewerb deutlich abgrenzen

Corporate Identity hat damit **nach innen** folgende Ziele:

- das „Wir-Gefühl“ des Unternehmens inhaltlich entwickeln und stärken (Mitarbeiterbindung)
- die Mitarbeiter durch Identifikation mit dem Unternehmen motivieren

Wenn es gelingt, dem Unternehmen neben dem Rechtsrahmen auch ein eigenes Profil zu geben, ihm sozusagen eine eigene Persönlichkeit zu verleihen, dann ist es nur folgerichtig, wenn diese Persönlichkeit in unserer Gesellschaft auch Verantwortung übernimmt und nicht nur für die Gewinnerwirtschaftung genutzt wird.

Mit dem Konzept der **Corporate Responsibility** (unternehmerische Verantwortung) übernimmt das Unternehmen Aufgaben aus den Bereichen der Nachhaltigkeit: der Ökologie, der Ökonomie und dem Sozialen. Es engagiert sich für Klimaschutz, Ressourcenschonung, Mülltrennung, Chancengleichheit in der Gesellschaft und zum Beispiel Arbeitssicherheit.

Corporate Social Responsibility (unternehmerische Sozialverantwortung) ist auf europäischer Ebene 2001 im „Grünbuch Europäische Rahmenbedingungen für die soziale Verantwortung der Unternehmen“ schriftlich fixiert worden.

BEISPIEL *Autoland Murschall GmbH*

Da die Autoland Murschall GmbH trotz des Einsatzes von energiesparender Beleuchtung und effizienten Werkzeugen und Maschinen in der Werkstatt und in der Ausstellungshalle eine große Menge elektrischer Energie verbraucht, wird bei der Stromerzeugung eine große Menge CO_2 freigesetzt. Die Autoland Murschall GmbH nimmt ihre gesellschaftliche Verantwortung wahr, indem sie finanzielle Mittel bereitstellt, die dazu genutzt werden, um auf brachliegenden Flächen Bäume zu pflanzen.

Corporate Identity bei der Autoland Murschall GmbH

Die Autoland Murschall GmbH hat ein charakteristisches Logo mit Wiedererkennungswert gewählt. Dieses Logo ist nicht nur auf der Arbeitskleidung der Mitarbeiter zu finden, sondern auch in den Annoncen, der Außenreklame, den Direct Mailings, Rabattcoupons, Einkaufsgutscheinen und auf der Homepage. Es wird auch bei den Sponsoraktionen verwendet.

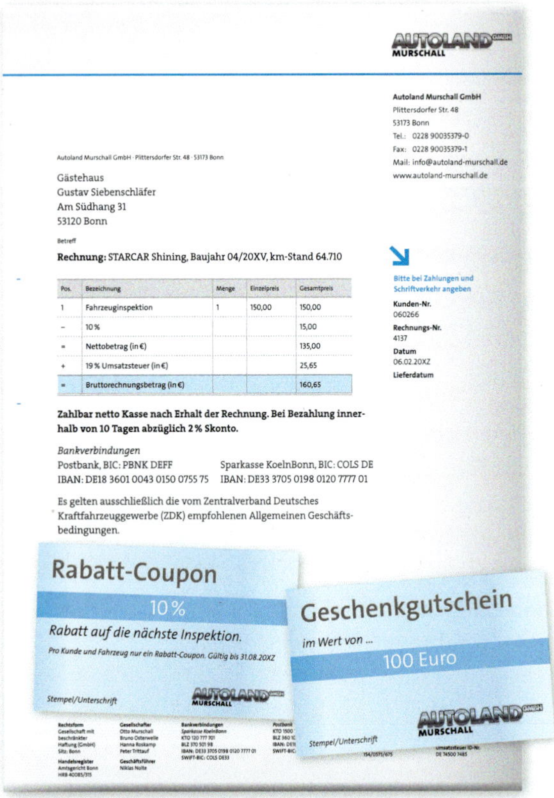

AUTOLAND GmbH MURSCHALL

Autoland Murschall GmbH
Plittersdorfer Str. 48
53173 Bonn
Tel.: 0228 90035379-0
Fax: 0228 90035379-1
Mail: info@autoland-murschall.de
www.autoland-murschall.de

Autoland Murschall GmbH · Plittersdorfer Str. 48 · 53173 Bonn

Gästehaus
Gustav Siebenschläfer
Am Südhang 31
53120 Bonn

Betreff

Rechnung: STARCAR Shining, Baujahr 04/20XV, km-Stand 64.710

Bitte bei Zahlungen und Schriftverkehr angeben

Kunden-Nr. 060266
Rechnungs-Nr. 4137
Datum 06.02.20XZ
Lieferdatum

Pos.	Bezeichnung	Menge	Einzelpreis	Gesamtpreis
1	Fahrzeuginspektion	1	150,00	150,00
–	10 %			15,00
=	Nettobetrag (in €)			135,00
+	19 % Umsatzsteuer (in €)			25,65
=	Bruttorechnungsbetrag (in €)			160,65

Zahlbar netto Kasse nach Erhalt der Rechnung. Bei Bezahlung innerhalb von 10 Tagen abzüglich 2 % Skonto.

Bankverbindungen
Postbank, BIC: PBNK DEFF IBAN: DE18 3601 0043 0150 0755 75
Sparkasse KoelnBonn, BIC: COLS DE IBAN: DE33 3705 0198 0120 7777 01

Es gelten ausschließlich die vom Zentralverband Deutsches Kraftfahrzeuggewerbe (ZDK) empfohlenen Allgemeinen Geschäftsbedingungen.

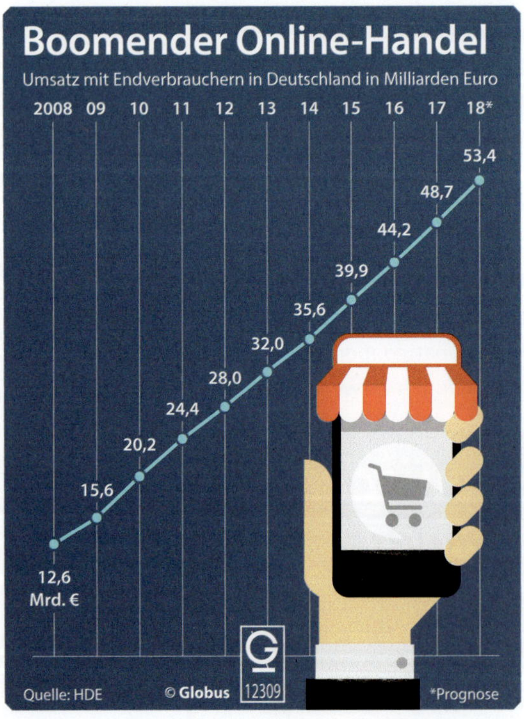

Auch die Farbwahl und die typografische Gestaltung aller Geschäftsbriefe, Geschäftsberichte und Werbemittel sind bei der Autoland Murschall GmbH einheitlich gewählt.

Das Verhalten aller Mitarbeiter und auch das des Managements der Autoland Murschall GmbH sind nicht nur durch schriftliche Regelungen geprägt, sondern auch durch ungeschriebene Gesetze und Rituale. Der Umgangston untereinander und gegenüber den Kunden ist freundlich und offen. So wird die Autoland Murschall GmbH zu einem Teil des Lebens der Mitarbeiter, aber auch der Kunden.

3.7 E-Business und E-Commerce

E-Business (Electronic Business) bedeutet für ein Unternehmen, alle Geschäftsprozesse über das Internet/Intranet abzuwickeln. Davon sind alle betrieblichen Funktionsbereiche wie Marketing (Absatz), Beschaffung und Lagerung betroffen. E-Commerce (Electronic Commerce) bezeichnet hingegen reine Handelsprozesse im weiteren Feld des E-Business. Häufig werden E-Business und E-Commerce synonym verwendet.

3.7.1 Business-to-Consumer

Für ein Autohaus wird eine Internetpräsenz immer wichtiger. Die elektronische Abwicklung von Geschäftsbeziehungen zwischen Unternehmen (Business) und Kunden (Consumer) wird Business-to-Consumer (B2C) genannt. Dabei stellt das Autohaus z. B. das gesamte Sortiment oder Teile des Sortiments in einem Onlineshop zur Verfügung, sodass der Kunde direkt 24 Stunden am Tag bestellen kann. Der Kunde hat aber per E-Mail auch die Möglichkeit zu Beschwerden oder Anregungen.

Diese Internetplattform ist in der Regel mit den Point-of-Sale-Daten des Warenwirtschaftssystems verknüpft, sodass die optimale Einstellung auf einen bestimmten Kunden erfolgen kann. Dabei muss jedoch beachtet werden, dass ein persönliches Lebensbild des Kunden entstehen kann, das dieser dem Händler in solch einer Vollständigkeit aber nie zur Verfügung stellen wollte.

Nicht nur der Datenschutz ist ein wichtiges Anliegen der Kunden, sondern auch die vertrauensvolle Abwicklung des abgeschlossenen Kaufvertrages; denn anders als beim Platzkauf beim örtlichen Autohändler gibt es beim Onlinekauf keine persönliche Verbindung zum Händler. Deshalb unterwerfen sich die Autohändler als sogenannte **Fernabsatzhändler** häufig bestimmten **Qualitätskriterien** bezüglich

- der Zuverlässigkeit der Abwicklung des Warenversandes,
- der Zahlung und auch
- des Datenschutzes.

Ergibt die Überprüfung, dass die Unternehmen den Anforderungen genügen, kann der Händler mit einem Gütesiegel werben. Es handelt sich allerdings nicht um neutrale Prüfungen durch z. B. öffentliche Stellen, sondern um Selbstverpflichtungen der Unternehmen.

Empfohlene Onlinegütesiegel

www.internet-guetesiegel.de

Fernabsatzgeschäft (Internetgeschäfte)

Da die im Internet abgeschlossenen Verträge immer mehr zunehmen, gibt es seit 2000 das Fernabsatzgesetz. Viele Probleme, die beim E-Commerce bis dahin auftraten, konnten durch das BGB noch nicht geregelt werden. Seit 2002 sind die Inhalte des Fernabsatzgesetzes aber im BGB integriert.

Fernabsatzverträge ☞ BGB 312b

Beim **Fernabsatzvertrag** handelt es sich um eine besondere Art des Kaufvertrages zwischen einem Händler (z. B. einem Kfz-Teile-Händler) und einem Verbraucher, der „unter ausschließlicher Verwendung von Telekommunikationsmitteln zustande kommt". Wichtiges Merkmal des Fernabsatzvertrages ist, dass sich die Vertragsparteien bei Vertragsabschluss nicht körperlich gegenüberstehen. Zu den Fernkommunikationsmitteln gehören demnach Briefe, E-Mail, Telefongespräche, SMS, Kataloge, Rundfunk-, Tele- oder Mediendienste.

Das BGB schreibt u. a. vor, dass der Unternehmer

- dem Verbraucher mitteilen muss, wer er ist und wo er seinen Geschäftssitz hat, damit ihn der Verbraucher notfalls auch verklagen kann.
- dem Verbraucher die Möglichkeit geben muss, die

Vertragsbedingungen und die Allgemeinen Geschäftsbedingungen in wiedergabefähiger Form zu speichern.

- den Verbraucher über sein Widerrufsrecht aufklären muss, denn bei diesen Fernabsatzgeschäften gilt für den Verbraucher ein Widerrufs- und Rücktrittsrecht von 14 Tagen. Die Frist beginnt mit der Bekanntgabe an den Verbraucher, bei Warenlieferungen allerdings frühestens mit Lieferung der Ware. Extra nach Kundenwünschen angefertigte Produkte sind von diesem Recht ausgenommen, ebenso versiegelte Ware, deren versiegelte Verpackung geöffnet wurde.
- dafür sorgen muss, dass der Verbraucher vor Abgabe der Bestellung Fehler in der Bestellung erkennen und korrigieren kann.

Der Gesetzgeber will auf diese Weise verhindern, dass Verbraucher bei Onlinekäufen von den Verkäufern übervorteilt werden. Das Internet wird inzwischen von vielen Autohäusern und Herstellern als zusätzlicher Absatzkanal genutzt. Die meisten Händler haben deshalb selbst ein großes Interesse daran, den Verbraucher nicht durch unseriöses Verhalten zu verunsichern.

3.7.2 Business-to-Business

Meldebestand
☞ Band 1, LF 3, S. 226 f.

Das Internet ermöglicht nicht nur den Kontakt zum Kunden, sondern auch zum Lieferanten. Durch die Auswertung der durch das Warenwirtschaftssystem gesammelten Daten kann die direkte Beschaffung beim Lieferanten erfolgen. Wird der Meldebestand erreicht, wird eine Bestellung ausgelöst. Diese Online- oder Offlineverbindung zum Lieferanten wird als Business-to-Business (B2B) bezeichnet. Auf dem gleichen Wege kann der Lieferant dem Autohaus die Ware in Rechung stellen (Edifact). Die Daten werden also von einem Unternehmen (Business) zu einem anderen Unternehmen (Business) ausgetauscht.

3.7.3 Business-to-Administration

Sogar die elektronische Übermittlung der Steuererklärung ist heute möglich. Die Verbindung zur Verwaltung erspart dem Unternehmer durch den Einsatz des E-Business das mühsame Ausfüllen manches Formulars, so z. B. auch für die Anmeldung seiner Auszubildenden bei der Berufsschule und die Umsatzsteuer-Voranmeldung. Diese Form der elektronischen Abwicklung wird Business-to-Administration (B2A) genannt.

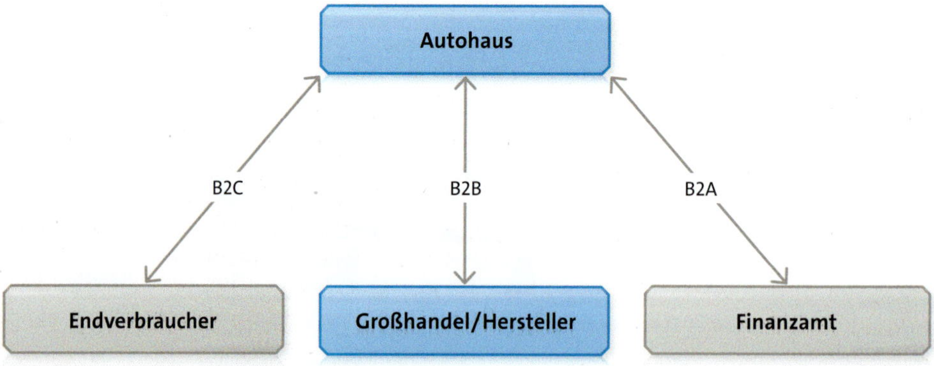

4 Werbeerfolgskontrolle

LS 131

***BEISPIEL** Autoland Murschall GmbH*

Für ihre neuen Hausmodelle hat die Autoland Murschall GmbH viele teure Werbemaßnahmen umgesetzt. Hat sich dieser Aufwand gelohnt?

Da jede Werbung auch Kosten verursacht, sollte geprüft werden, ob die Werbung tatsächlich zur Erfolgsverbesserung beigetragen hat. Für ein Unternehmen besteht das Problem der Werbeerfolgskontrolle aber darin, dass man nicht genau feststellen kann, ob die durchgeführte Werbung die (alleinige) Ursache für beobachtete Entwicklungen ist oder ob auch andere Faktoren (z. B. Preis, Konkurrenz, Zufall) einen Einfluss hatten.

So soll schon Henry Ford, der Gründer der Ford-Automobilwerke in den USA, und „Erfinder" des Fließbands in der Automobilproduktion (beim Bau des T-Modells) gesagt haben: „Ich weiß, dass die Hälfte unserer Werbeausgaben zum Fenster hinausgeworfen ist, aber ich weiß nicht, welche Hälfte." Und wenn man bedenkt, dass alleine in Deutschland mehr als 20 Mrd. € in Werbung investiert werden, erscheint es mehr als notwendig, den Erfolg der Werbung zu überprüfen.

Ökonomische Werbeerfolgskontrolle: Der Werbeerfolg wird in Bezug auf Umsatz, Gewinn oder Marktanteilsveränderungen überprüft. Basis der Erfolgskontrolle sind also Messgrößen, die den ökonomischen Erfolg des Unternehmens direkt bestimmen.

Kennzahlen der ökonomischen Werbeerfolgskontrolle

Werberendite	Umsatzzuwachs pro Periode / Werbekosten pro Periode
Ist die Werberendite > 1, ist der Umsatzzuwachs also größer als die durch die Werbung entstandenen Kosten, kann die Werbung als erfolgreich bewertet werden.	
Marktanteil:	Umsatzwachstum/Gesamtumsatz

Außerökonomische Werbeerfolgskontrolle: Im Mittelpunkt stehen Größen wie die erreichte Aufmerksamkeit oder die Anzahl der durch die Werbung ausgelösten Verkäufe.

Kennzahlen der außerökonomischen Werbeerfolgskontrolle

Aufmerksamkeitsgrad	Zahl der von der Werbung Angesprochenen / Zahl der Umworbenen (Zielgruppe)
Auftragseingangsquote	Zahl der tatsächlichen Käufer / Zahl der Umworbenen (Zielgruppe)

Die Kosten für eine ganzseitige Werbeanzeige in einer Augustausgabe des „General-Anzeigers" betragen 15.120,00 €. Der Umsatz der Autoland Murschall GmbH stieg laut Finanzbuchhaltung nach einer ganzseitigen Werbung im August um 18.200,00 € im Vergleich zum Vormonat.

$$\text{Werberendite} = \frac{18.200{,}00\,€}{15.120{,}00\,€} = 1{,}204 = \mathbf{20{,}4\,\%}$$

Nimmt man beispielsweise die gerade berechnete Werberendite von 20,4 %, dann war die Werbung rein mathematisch erfolgreich. Ob allerdings die Werbung der alleinige Auslöser des gestiegenen Umsatzes war oder ob zusätzlich noch andere Faktoren beteiligt waren, kann nur durch weitere Untersuchungen geklärt werden.

5 Gesetz gegen den unlauteren Wettbewerb

LS 132

Zum weiteren Schutz der Verbraucher und zum Schutz der Unternehmen vor den Mitbewerbern ist das Gesetz gegen den unlauteren Wettbewerb (UWG) geschaffen worden. Es setzt geschäftlichen Handlungen rechtliche Grenzen, die vor, bei oder auch nach einem Geschäftsabschluss fallen.

Gesetz gegen den unlauteren Wettbewerb

§ 1 Zweck des Gesetzes

Dieses Gesetz dient dem Schutz der Mitbewerber, der Verbraucherinnen und Verbraucher sowie der sonstigen Marktteilnehmer vor unlauteren geschäftlichen Handlungen. Es schützt zugleich das Interesse der Allgemeinheit an einem unverfälschten Wettbewerb.

§ 3 Verbot unlauterer geschäftlicher Handlungen

(1) Unlautere geschäftliche Handlungen sind unzulässig.

(2) Geschäftliche Handlungen, die sich an Verbraucher richten oder diese erreichen, sind unlauter, wenn sie nicht der unternehmerischen Sorgfalt entsprechen und dazu geeignet sind, das wirtschaftliche Verhalten des Verbrauchers wesentlich zu beeinflussen.

(3) Die im Anhang dieses Gesetzes aufgeführten geschäftlichen Handlungen gegenüber Verbrauchern sind stets unzulässig.

In § 3 UWG wird aufgeführt, dass geschäftliche Handlungen dann als unlauter anzusehen sind, wenn sie dazu geeignet sind, die Interessen von Mitbewerbern, Verbrauchern oder sonstigen Marktteilnehmern spürbar zu beeinträchtigen. Nach § 3 Abs. 3 UWG sind alle im Anhang des UWG aufgeführten geschäftlichen Handlungen gegenüber Verbrauchern stets unzulässig. Im Anhang des Gesetzes sind 30 Tatbestände aufgeführt, die auch ohne „spürbare Beeinträchtigung" grundsätzlich verboten sind.

Gesetz gegen den unlauteren Wettbewerb (UWG)

§ 3 Verbot unlauterer geschäftlicher Handlungen
Absatz 3: Schwarze Liste im Anhang des Gesetzes

§ 4 Mitbewerberschutz
Unlauter handelt wer
- den Mitbewerber herabsetzt und verunglimpft
- nicht nachweislich die Wahrheit sagt
- Waren oder Dienstleistungen anbietet, die eine Nachahmung der Waren oder Dienstleistungen eines Mitbewerbers sind
- Mitbewerber gezielt behindert

§ 4a Aggressive geschäftliche Handlungen
- Belästigung
- Nötigung einschließlich der Anwendung körperlicher Gewalt oder unzulässige Beeinflussung

§ 5 Irreführende geschäftliche Handlungen
- unwahre Angaben und Täuschung
- Verwechslungsgefahr
- Preisherabsetzung

§ 5a Irreführung durch Unterlassung
- Vorenthalten wesentlicher Informationen
- Verheimlichung des geschäftlichen Zwecks von Handlungen

§ 6 Vergleichende Werbung

§ 7 Unzumutbare Belästigung

5.1 Unzulässige geschäftliche Handlungen

Grundsätzlich verboten sind unzulässige geschäftliche Handlungen, die in der **„Schwarzen Liste"** (Anhang des Gesetzes) stehen. Die Nummern 1–24 der „Schwarzen Liste" behandeln spezielle Fälle der irreführenden Handlung und in den Fällen 25–30 werden spezielle aggressive Handlungen beschrieben.

Es ist beispielsweise verboten:

- Gütezeichen, Qualitätskennzeichen oder Ähnliches ohne die erforderliche Genehmigung zu verwenden.
- Waren- oder Dienstleistungsangebote zu einem bestimmten Preis, die der Unternehmer nicht für einen angemessenen Zeitraum in angemessener Menge zum genannten Preis bereitstellen kann. Ist die Bevorratung kürzer als zwei Tage, muss der Unternehmer die Angemessenheit nachweisen.
- die unwahre Angabe, bestimmte Waren oder Dienstleistungen seien allgemein oder zu bestimmten Bedingungen nur für einen sehr begrenzten Zeitraum verfügbar, um den Verbraucher zu einer sofortigen geschäftlichen Entscheidung zu veranlassen, ohne dass dieser Zeit und Gelegenheit hat, sich aufgrund von Informationen zu entscheiden.
- Werbung für eine Ware oder Dienstleistung, die der Ware oder Dienstleistung eines Mitbewerbers ähnlich ist, wenn dies in der Absicht geschieht, über die betriebliche Herkunft der beworbenen Ware oder Dienstleistung zu täuschen.
- die unwahre Angabe, der Unternehmer werde demnächst sein Geschäft aufgeben oder seine Geschäftsräume verlegen.
- die Angabe, durch eine bestimmte Ware oder Dienstleistung ließen sich die Gewinnchancen bei einem Glücksspiel erhöhen.
- die unwahre Angabe, eine Ware oder Dienstleistung könne Krankheiten, Funktionsstörungen oder Missbildungen heilen.
- das Angebot eines Wettbewerbs oder Preisausschreibens, wenn weder die in Aussicht gestellten Preise noch ein angemessener Ersatz vergeben werden.
- das Angebot einer Ware oder Dienstleistung als „gratis", „umsonst", „kostenfrei" oder dergleichen, wenn hierfür gleichwohl Kosten zu tragen sind. Dies gilt nicht für Kosten, die im Zusammenhang mit dem Eingehen auf das Waren- oder Dienstleistungsangebot oder für die Abholung oder Lieferung der Ware oder die Inanspruchnahme der Dienstleistung unvermeidbar sind.
- die Übermittlung von Werbematerial unter Beifügung einer Zahlungsaufforderung, wenn damit der unzutreffende Eindruck vermittelt wird, die beworbene Ware oder Dienstleistung sei bereits bestellt.

Unzulässige geschäftliche Handlung, wenn es sich nicht um eine endgültige Geschäftsaufgabe handelt.

5.2 Unlautere geschäftliche Handlungen

Unlautere geschäftliche Handlungen liegen dann vor, wenn ein Autohaus

UWG, Kapitel 1 Allgemeine Bestimmungen: § 4 Mitbewerberschutz

1. die Kennzeichen, Waren, Dienstleistungen, Tätigkeiten oder persönlichen oder geschäftlichen Verhältnisse seines Mitbewerbers herabsetzt oder verunglimpft;
2. über die Waren, Dienstleistungen oder das Unternehmen eines Mitbewerbers oder über den Unternehmer oder ein Mitglied der Unternehmensleitung Tatsachen behauptet oder verbreitet, die geeignet sind, den Betrieb des Unternehmens oder den Kredit des Unternehmers zu schädigen, sofern die Tatsachen nicht erweislich wahr sind; handelt es sich um vertrauliche Mitteilungen und hat der Mitteilende oder der Empfänger der Mitteilung an ihr ein berechtigtes Interesse, so ist die Handlung nur dann unlauter, wenn die Tatsachen der Wahrheit zuwider behauptet oder verbreitet wurden;
3. Waren oder Dienstleistungen anbietet, die eine Nachahmung der Waren oder Dienstleistungen eines Mitbewerbers sind, wenn er
   a) eine vermeidbare Täuschung der Abnehmer über die betriebliche Herkunft herbeiführt,
   b) die Wertschätzung der nachgeahmten Ware oder Dienstleistung unangemessen ausnutzt oder beeinträchtigt oder
   c) die für die Nachahmung erforderlichen Kenntnisse oder Unterlagen unredlich erlangt hat;
4. Mitbewerber gezielt behindert.

Ein Autohaus handelt auch dann unlauter, wenn es eine aggressive geschäftliche Handlung vornimmt, die geeignet ist, den Verbraucher oder sonstige Marktteilnehmer zu einer geschäftlichen Entscheidung zu veranlassen, die diese andernfalls nicht getroffen hätten. Eine geschäftliche Handlung ist aggressiv, wenn sie im konkreten Fall unter Berücksichtigung aller Umstände geeignet ist, die Entscheidungsfreiheit des Verbrauchers oder sonstiger Marktteilnehmer erheblich zu beeinträchtigen durch

UWG, Kapitel 1 Allgemeine Bestimmungen: § 4a Aggressive geschäftliche Handlungen

1. Belästigung,
2. Nötigung einschließlich der Anwendung körperlicher Gewalt oder
3. unzulässige Beeinflussung.

Eine unzulässige Beeinflussung liegt vor, wenn das Autohaus eine Machtposition gegenüber dem Verbraucher oder sonstigen Marktteilnehmer zur Ausübung von Druck, auch ohne Anwendung oder Androhung von körperlicher Gewalt, in einer Weise ausnutzt, die die Fähigkeit des Verbrauchers oder sonstiger Marktteilnehmer zu einer informierten Entscheidung wesentlich einschränkt.

Bei der Feststellung, ob eine geschäftliche Handlung aggressiv im Sinne des Gesetzes ist, ist abzustellen auf:

1. Zeitpunkt, Ort, Art oder Dauer der Handlung;
2. die Verwendung drohender oder beleidigender Formulierungen oder Verhaltensweisen;
3. die bewusste Ausnutzung von konkreten Unglückssituationen oder Umständen von solcher Schwere, dass sie das Urteilsvermögen des Verbrauchers oder sonstiger Marktteilnehmer beeinträchtigen, um deren Entscheidung zu beeinflussen. Hierzu zählen insbesondere geistige und körperliche Beeinträchtigungen, das Alter, die geschäftliche Unerfahrenheit, die Leichtgläubigkeit, die Angst und die Zwangslage von Verbrauchern;

4. belastende oder unverhältnismäßige Hindernisse nichtvertraglicher Art, mit denen der Unternehmer den Verbraucher oder sonstige Marktteilnehmer an der Ausübung ihrer vertraglichen Rechte zu hindern versucht, wozu auch das Recht gehört, den Vertrag zu kündigen oder zu einer anderen Ware oder Dienstleistung oder einem anderen Unternehmer zu wechseln;
5. Drohungen mit rechtlich unzulässigen Handlungen.

BEISPIELE

- *Psychologischer Druck wird ausgeübt, wenn es in einer Werbung heißt: „Bei jedem Kauf eines Produktes der Boch GmbH helfen Sie den Flutopfern in der Dominikanischen Republik."*
- *Einer 90-jährigen sehbehinderten Rentnerin wird ein deutlich überteuertes Fernsehgerät mit der Begründung verkauft, dass sie nun wieder besser fernsehen könnte. Hier wird die Leichtgläubigkeit eines Verbrauchers ausgenutzt.*
- *Ein Lebensmitteleinzelhändler behauptet, ohne dies nachweisen zu können, dass sein Mitbewerber Lebensmittel mit abgelaufenen Mindesthaltbarkeitsdaten verkauft. Hier wird ein Mitbewerber herabgesetzt bzw. verunglimpft.*
- *Der Bäcker Kohlhaas unterstellt seiner Mitbewerberin, dass diese minderwertige Rohstoffe bei den Backwaren verwendet. Er schädigt den Ruf der Bäckein Schulze, da er nicht nachweisliche Verunglimpfungen verbreitet.*
- *Ein Mitbewerber wird behindert, wenn gezielt Werbeplakate des Wettbewerbes überklebt werden.*
- *Ein Mobilfunkbetreiber schließt mit einer 17-Jährigen einen Handyvertrag über zwei Jahre ab. Dies ist rechtlich nicht zulässig.*
- *Ein Autohaus behauptet in seiner Werbung, dass die angebotenen Serviceleistungen bei einem Mitbewerber nur mangelhaft ausgeführt werden. Es begründet dies mit den fehlenden Fachkenntnissen der Angestellten. Da aber alle Mitarbeiterinnen und Mitarbeiter des Mitbewerbers einen anerkannten Berufsabschluss für ihre Tätigkeiten besitzen, schädigt das Autohaus den Ruf des Mitbewerbers. Dies ist unzulässig.*
- *Ein 18-jähriger Schüler hat nach Beendigung seiner Schulzeit und vielen vergeblichen Versuchen einen Ausbildungsplatz in einem Autohaus gefunden. Das Autohaus will mit ihm aber nur dann einen Ausbildungsvertrag abschließen, wenn der Schüler sich verpflichtet, monatlich Teile und Zubehör in einem bestimmten Wert bei dem Autohaus zu kaufen.*

5.3 Irreführende geschäftliche Handlungen

Eine geschäftliche Handlung gilt beispielsweise nach **§ 5 UWG** dann als irreführend, wenn sie **unwahre Angaben** oder zur **Täuschung** geeignete Angaben über folgende Umstände enthält:

- die wesentlichen Merkmale der Ware oder Dienstleistung, wie z. B. Zusammensetzung, Beschaffenheit, Herkunft und Ergebnisse von Tests
- den Anlass des Verkaufs wie das Vorhandensein eines besonderen Preisvorteils

BEISPIEL

Ein Autohaus wirbt mit guten Testergebnissen einer Fachzeitschrift, obwohl seine Artikel gar nicht getestet worden sind.

Auch wenn im Zusammenhang mit der Vermarktung von Waren, z. B. durch vergleichende Werbung, eine **Verwechslungsgefahr** mit einer anderen Ware eines Mitbewerbers hervorgerufen wird, handelt es sich um eine verbotene, irreführende geschäftliche Handlung.

Irreführend und daher verboten ist ebenfalls die Werbung für **Preisherabsetzungen**, sofern der ursprüngliche höhere Preis nur für eine unangemessene kurze Zeit verlangt worden ist. Bei Rechtstreitigkeiten muss der Einzelhändler beweisen, dass der höhere Preis tatsächlich über eine längere Zeit bestanden hat.

Aber nicht nur wer falsche Angaben im Rahmen von geschäftlichen Handlungen macht, handelt irreführend, sondern auch **unterlassene Angaben** können zu einer Irreführung der Verbraucher beitragen und sind somit laut **§ 5 a UWG** verboten. Dies ist immer dann der Fall, wenn der Verbraucher unter Kenntnis aller wesentlichen Informationen seine Kaufentscheidung anders getroffen hätte. Zu den wesentlichen Informationen und daher aufzuführenden Informationen zählen

- die wesentlichen Merkmale der Ware oder Dienstleistung in Abhängigkeit vom gewählten Werbeträger,
- die Identität und Anschrift des Einzelhändlers,
- der Endpreis der Ware einschließlich aller Nebenkosten, wie z. B. Fracht-, Liefer- und Zustellkosten,
- die Zahlungs- und Lieferbedingungen sowie
- das Bestehen eines Rechts zum Rücktritt oder Widerruf.

Auf wesentliche Informationen kann verzichtet werden, wenn sie sich unmittelbar aus den Umständen der Werbung ergeben.

BEISPIEL

Ein Autohaus, das in der örtlichen Tageszeitung mit der Preisreduzierung genau bezeichneter Artikel aus seinem Sortiment und seiner Geschäftsadresse wirbt, muss in der Regel keine weiteren Angaben mehr hinzufügen.

Gerade der Umstand, dass immer mehr Menschen eine Vielzahl von Artikeln aus dem Internet beziehen, macht es den schwarzen Schafen unter den Einzelhändlern einfach, wichtige Angaben für die Kaufentscheidung zu unterlassen. Der Kunde, der im Internet kauft, tut dies ja in der Regel, weil er unter anderem damit auch Zeit sparen will. Sehr schnell ist dann ein Häkchen an der Stelle gemacht worden, das unter Kenntnis aller Angaben gar nicht gemacht worden wäre.

5.4 Vergleichende Werbung

Fiat vergleicht sein Automodell mit dem VW Golf, das als Alte-Leute-Auto abgetan wird.

Die vergleichende Werbung **(§ 6 UWG)** ist eine Werbung, in der die Qualität und/oder der Preis der eigenen Produkte mit denen des Mitbewerbers verglichen werden. Diese Art der Werbung ist rechtlich erlaubt.

Sie ist allerdings verboten, wenn der Vergleich irreführend, herabsetzend oder verunglimpfend ist. Es dürfen nur nachprüfbare und typische Wareneigenschaften miteinander verglichen werden. Durch die Werbung darf es nicht zu Verwechslungen der Mitbewerber oder der angebotenen Waren und Dienstleistungen kommen.

BEISPIEL

Aus einer Anzeige eines Mitbewerbers der Autoland Murschall GmbH: „Selbstverständlich können Sie Ihren neuen Wagen bei der Autoland Murschall GmbH kaufen, aber haben Sie schon einmal deren Service erlebt? Kommen Sie lieber zu uns, bei uns steht der Kunde mit seinen Anliegen immer im Mittelpunkt.“

5.5 Unzumutbare Belästigung

Von einer unzumutbaren Belästigung **(§ 7 UWG)** ist auszugehen, wenn erkennbar ist, dass der Empfänger die Werbung nicht wünscht. Dies gilt insbesondere bei einer Direktwerbung durch Telefonautomaten, per Fax oder E-Mail (Spam), ohne dass eine Einwilligung des Empfängers vorliegt.

Für (persönliche) Anrufe bei Verbrauchern muss ebenfalls eine ausdrückliche Einwilligung vorliegen; bei Telefonaten mit anderen Marktteilnehmern ist deren mutmaßliche Einwilligung ausreichend.

BEISPIELE

- *Grundsätzlich sind Brief- und Briefkastenwerbung zulässig. Sie ist verboten, wenn der Verbraucher einen Hinweis „Keine Werbung" auf dem Briefkasten angebracht hat.*
- *Das Autohaus Keil OHG möchte seine Kundschaft über die neuen Fahrzeugmodelle informieren. Von der Stammkundschaft liegen dem Autohaus alle Telefonnummern in einer Datenbank vor, allerdings ohne die Einwilligung, telefonisch beworben zu werden. Die Geschäftsleitung beschließt dennoch, die gesamte Stammkundschaft anzurufen.*

Hier ist Briefkastenwerbung unzulässig!

Zulässig ist die Telefon-, Fax- oder E-Mail-Werbung aber, wenn der Verbraucher vorher sein Einverständnis abgegeben hat und die Identität des Absenders klar zu erkennen ist. Die E-Mail-Werbung ist ebenfalls zulässig, wenn der Verbraucher mit dem Werbenden bereits wegen einer ähnlichen Arbeitsleistung in Kontakt getreten ist.

BEISPIEL

Frau Jung hat bei der Bestellung bei einem Onlineshop eines Autohauses ihre E-Mail-Adresse hinterlassen. Das Autohaus kann Frau Jung nun Werbe-E-Mails senden. Allerdings kann Frau Jung dieser Werbeart aber widersprechen.

5.6 Strafvorschriften und Rechtsfolgen

In den §§ 16 ff. UWG sind die Strafvorschriften geregelt. Nach **§ 16 UWG** ist Werbung strafbar, wenn der Werbende absichtlich durch unwahre Angaben beim Verbraucher den Anschein eines besonders günstigen Angebots hervorruft. Diese Werbung kann mit Freiheitsstrafe bis zu zwei Jahren oder Geldstrafe bestraft werden.

BEISPIEL

Obwohl das Autohaus Wolf von einem Kunden im Geschäft 159,90 € für einen Dachgepäckträger verlangt, wird der gleiche Dachgepäckträger in einer Anzeige für 79,90 € beworben.

Auch der Verrat von Geschäfts- und Betriebsgeheimnissen **(§ 17 UWG)** und die Verwendung von Vorlagen **(§ 18 UWG)** können mit Freiheitsstrafe oder Geldstrafe bestraft werden. Vorlagen können insbesondere Zeichnungen, Modelle und Rezepte sein.

BEISPIEL

Der Assistent der Geschäftsführung eines Autohauses beschafft sich Unterlagen, aus denen hervorgeht, dass das Autohaus bald schließen muss. Er verkauft diese Unterlagen an einen Mitbewerber.

Zur Abmahnung sind berechtigt: Mitbewerber, Wirtschafts- und Fachverbände, Wettbewerbszentralen, Industrie- und Handelskammer (IHK) oder Handwerkskammern (HWK). Verbraucherzentralen dürfen ebenfalls gegen Wettbewerbsverstöße vorgehen, sofern Verbraucherinteressen betroffen sind.

Zentrale zur Bekämpfung unlauteren Wettbewerbs e. V.:

www.wettbewerbszentrale.de

Bei Verstößen gegen das UWG kann auf Antrag (sogenannte **Abmahnung**) der Wettbewerbsverletzer verpflichtet werden, seine wettbewerbswidrigen Handlungen zu unterlassen und einen eventuell entstandenen Schaden zu ersetzen. Die Abmahnung sollte aus Beweisgründen schriftlich per Einschreiben erfolgen.
Folgende Inhaltspunkte sollten in der Abmahnung berücksichtigt werden:

1. unzulässige Wettbewerbshandlung darstellen
2. rechtliche Begründung des wettbewerbswidrigen Verhaltens
3. Aufforderung, eine Unterlassungserklärung zu unterschreiben und zurückzusenden
4. Zahlungsaufforderung für die entstandenen Kosten (zurzeit ca. 150,00 €; bei Einschaltung eines Anwaltes ca. 800,00 €)

In der **Unterlassungserklärung** verpflichtet sich der Wettbewerbsverletzer zur Unterlassung der angemahnten Werbemaßnahme. Außerdem verpflichtet er sich, bei einem Wiederholungsfall eine Vertragsstrafe an den Abmahnenden zu zahlen. Die Vertragsstrafe beträgt zwischen 1.000,00 € und 5.000,00 €, sie ist von der Schwere des Verstoßes abhängig.

Sollte das Abmahnverfahren nicht zu einem Ergebnis führen, können die wettbewerbswidrigen Verstöße auf besonderen Antrag des Abmahnenden von der Staatsanwaltschaft verfolgt werden. Damit es bei Verstößen gegen das UWG und den daraus resultierenden Streitigkeiten nicht sofort zu Prozessen kommt, ist die Einigungsstelle bei der IHK oder HWK um eine Schlichtung bemüht.

UNTERLASSUNGSERKLÄRUNG

Hiermit verpflichte ich mich gegenüber ..., es ab sofort zu unterlassen, im Wettbewerb handelnd (Wettbewerbsverstoß eintragen), z. B. wie folgt zu inserieren (Anzeigentext eintragen).

Ich sichere zu, dem/der ... bei der Zuwiderhandlung sofort eine Vertragsstrafe in Höhe von ... € an ... zu zahlen.

Ort *Datum*

Unterschrift

Exkurs: Preisangabenverordnung (PAngV)

Durch die Verordnung zur Regelung der Preisangaben ist der Händler zur Preisauszeichnung seiner Waren verpflichtet. Die Grundvorschrift der PAngV schreibt vor, dass bei einem konkreten Angebot von Waren und bei der Werbung unter Angabe von Preisen Endpreise genannt werden müssen.

§ 1 (Grundvorschriften)

(1) Wer Letztverbrauchern gewerbs- oder geschäftsmäßig oder regelmäßig in sonstiger Weise Waren oder Leistungen anbietet oder als Anbieter von Waren und Leistungen gegenüber Letztverbrauchern unter Angabe von Preisen wirbt, hat die Preise anzugeben, die einschließlich der Umsatzsteuer und sonstiger Preisbestandteile zu zahlen sind (Endpreise). [...]

Diese Vorschrift gilt für alle Waren, die in Schaufenstern, Schaukästen, innerhalb oder außerhalb des Verkaufsraums, auf Verkaufsständen oder in sonstiger Weise sichtbar ausgestellt werden, und Waren, die vom Verbraucher unmittelbar entnommen werden können (Selbstbedienung).

Nach dieser Verordnung müssen die Preisangaben der allgemeinen Verkehrsauffassung und den Grundsätzen von Preisklarheit und Preiswahrheit entsprechen, d. h. die Preise müssen dem Angebot oder der Werbung eindeutig zugeordnet, leicht erkennbar und deutlich lesbar sein.

Der Gesetzgeber hat bei der PAngV bewusst strenge Anforderungen an den Handel gestellt, um die Endverbraucher, die oftmals kaufmännisch ungeübt sind, besser zu schützen. Durch die Pflicht zur Preisauszeichnung soll der Verbraucher die Möglichkeit erhalten, Preise besser zu vergleichen und sich somit einen besseren Marktüberblick zu verschaffen.

Für die Preisauszeichnung im Autohaus resultiert hieraus folgendes Vorgehen:

- Jedes im Geschäft oder auf dem Verkaufsplatz ausgestellte Fahrzeug muss sichtbar mit einem Preisschild versehen sein. Möchte der Händler nur einen Preis angeben, so muss das der Preis sein, der als Endpreis inkl. USt verlangt wird.

SHINING — AUTOLAND GMBH MURSCHALL

Hubraum: 1,6 l **Leistung:** 66 kW/90 PS

Serienausstattung:
- elektr. Fensterheber (bei 3-Türer nur vorne)
- 5-Gang-Getriebe
- Airbag Fahrer/Beifahrer
- 4 Seitenairbags
- Antiblockiersystem (ABS)

16.590,00 €

Sonderausstattung:
- Klimaanlage

1.110,00 €

17.700,00 €
zzgl. Überführung

nicht korrektes Preisschild

COMFORT

AUTOLAND GMBH MURSCHALL

Hubraum: 1,8 l **Leistung:** 75 kW/102 PS

Serienausstattung:
- elektrische Fensterheber vorne und hinten
- Pollenfilter
- 6-Gang-Getriebe
- Airbag Fahrer/Beifahrer
- 4 Seitenairbags
- Antiblockiersystem (ABS)

	17.980,00 €
Sonderausstattung:	
• Kopfairbag Fahrer/Beifahrer	**280,00 €**
• elektron. Stabilitätsprogramm (ESP)	**525,00 €**
• Klimaanlage	**1.110,00 €**
	1.915,00 €
UVP	19.895,00 €
Hauspreis (inkl. Überführung und Zulassung)	17.800,00 €

korrektes Preisschild

- Waren, die vom Verbraucher unmittelbar entnommen werden können (Selbstbedienung), sollten durch entsprechende Preisschilder ausgezeichnet sein. Hierbei genügt es allerdings, dass die Behältnisse oder Regale beschriftet werden oder dass Preisverzeichnisse ausgehängt werden.
- Bei der Preisangabe für Ersatzteile und Zubehör sind auch die entsprechenden Verkaufs- oder Leistungseinheiten sowie etwaige Gütebezeichnungen mit anzugeben. Bei Waren mit sogenannten krummen Mengen sind Doppelauszeichnungen notwendig, denn zusätzlich zum Endpreis muss auch der Grundpreis für z. B. 1 Liter angegeben werden.
- Die Preise für Werkstattleistungen werden auf Preislisten in Form von Stundensätzen oder anderen Verrechnungssätzen (z. B. Arbeitswerten) angegeben.

Stichwortverzeichnis

Bildquellenverzeichnis

S. 11: stock.adobe.com / Michael; **S. 12:** Shutterstock.com / Lopolo; **S. 14:** stock.adobe.com / domoskanonos; **S. 21/1:** dpa Picture-Alliance / dpa-infografik; **S. 21/2:** stock.adobe.com / greentellect; **S. 27:** dpa Picture-Alliance / dpa-infografik; **S. 31:** Imago Stock & People GmbH / blickwinkel; **S. 34:** stock.adobe.com / contrastwerkstatt; **S. 35:** Shutterstock.com / KreativKolors; **S. 46:** Bergmoser + Höller Verlag AG / Zahlenbilder; **S. 54:** Verlagsgruppe Hüthig Jehle Rehm GmbH, München; **S. 55:** dpa Picture-Alliance / dpa-infografik; **S. 60:** Bergmoser + Höller Verlag AG / Zahlenbilder; **S. 69:** dpa Picture-Alliance / dpa-infografik; **S. 70:** dpa Picture-Alliance / dpa-infografik; **S. 71/1:** dpa Picture-Alliance / dpa-infografik; **S. 71/2:** Bergmoser + Höller Verlag AG / Zahlenbilder; **S. 72:** dpa Picture-Alliance / dpa-infografik; **S. 73:** dpa Picture-Alliance / dpa-infografik; **S. 74:** dpa Picture-Alliance / dpa-infografik; **S. 76:** dpa Picture-Alliance / dpa-infografik; **S. 79:** stock.adobe.com / Daniel Ernst; **S. 85:** dpa Picture-Alliance / dpa-infografik; **S. 91:** Bergmoser + Höller Verlag AG / Zahlenbilder; **S. 97:** Bergmoser + Höller Verlag AG / Zahlenbilder/ Erich Schmidt Verlag; **S. 101:** Shutterstock.com / Sashkin; **S. 138/mi.li.:** Shutterstock.com / My Portfolio; **S. 142:** stock.adobe.com / thanksforbuying; **S. 144:** stock.adobe.com / magele-picture; **S. 147:** stock.adobe.com / SBH; **S. 150:** stock.adobe.com / v.poth; **S. 152:** stock.adobe.com / Calado; **S. 215:** Bundesverband Deutscher Inkasso-Unternehmen e. V. (BDIU), www.inkasso.de; **S. 219:** stock.adobe.com / Alexandra; **S. 233:** Shutterstock.com / Pixachi; **S. 237:** stock.adobe.com / lotharnahler; **S. 239:** stock.adobe.com / DOC RABE Media; **S. 241:** stock.adobe.com / moofushi; **S. 242:** stock.adobe.com / VadimGuzhva; **S. 253:** Bergmoser + Höller Verlag AG / Zahlenbilder; **S. 262:** stock.adobe.com / Eckhard Henkel; **S. 264:** Bergmoser + Höller Verlag AG / Zahlenbilder; **S. 271:** stock.adobe.com / PhotoSG; **S. 274:** dpa Picture-Alliance / dpa-infografik; **S. 277:** dpa Picture-Alliance / dpa-infografik; **S. 285:** Statista; **S. 287:** dpa Picture-Alliance / dpa-infografik; **S. 288:** Bergmoser + Höller Verlag AG / Zahlenbilder / Erich Schmidt Verlag; **S. 289:** dpa Picture-Alliance / dpa-infografik; **S. 292/1:** stock.adobe.com / alter_photo; **S. 292/2:** stock.adobe.com / donatas1205; **S. 292/3:** stock.adobe.com / alter_photo; **S. 292/4:** stock.adobe.com / Schlierner; **S. 292/5:** stock.adobe.com / donatas1205; **S. 293:** dpa Picture-Alliance / dpa-infografik; **S. 294:** dpa Picture-Alliance / dpa-infografik; **S. 295:** dpa Picture-Alliance / dpa-infografik; **S. 298:** dpa Picture-Alliance / dpa-infografik; **S. 300:** dpa Picture-Alliance / dpa-infografik; **S. 305:** dpa Picture-Alliance / dpa-infografik; **S. 306/1:** dpa Picture-Alliance / dpa-infografik; **S. 306/2:** dpa Picture-Alliance / dpa-infografik; **S. 307:** Statista 2019 / ITU; **S. 312:** dpa Picture-Alliance / dpa-infografik; **S. 313:** dpa Picture-Alliance / dpa-infografik; **S. 316:** dpa Picture-Alliance / dpa-infografik; **S. 317:** dpa Picture-Alliance / dpa-infografik; **S. 318:** dpa Picture-Alliance / dpa-infografik; **S. 319:** Shutterstock.com / Mopic; **S. 321:** Shutterstock.com / SnvvSnvvSnvv; **S. 322:** The&Partnership, Köln/ Toyota; **S. 328:** dpa Picture-Alliance / dpa-infografik; **S. 330:** dpa Picture-Alliance / dpa-infografik; **S. 331:** stock.adobe.com / NicoElNino; **S. 333:** stock.adobe.com / stockpics; **S. 341:** stock.adobe.com / candy1812; **S. 345:** dpa Picture-Alliance / dpa-infografik; **S. 356:** Shutterstock.com / nd3000; **S. 361:** dpa Picture-Alliance / dpa-infografik; **S. 363:** SINUS Institut, Heidelberg; **S. 368:** Statista 2016/ Ipsos; **S. 369:** stock.adobe.com / WrightStudio; **S. 371/un.li.:** Shutterstock.com / Africa Studio; **S. 372:** dpa Picture-Alliance / dpa-infografik; **S. 373/1:** Trusted Shops GmbH, Köln; **S. 373/2:** TÜV SÜD Management Service GmbH, München; **S. 373/3:** datenschutz cert GmbH, Bremen; **S. 373/4:** EHI Retail Institute e.V., Köln; **S. 373/5:** stock.adobe.com / stokkete; **S. 380:** Shutterstock.com / Roman Samborskyi; **S. 382:** FCA Germany AG; **S. 383:** stock.adobe.com / Gina Sanders